구원 바로 알기

정동수 지음

Rightly
Understanding
The Salvation

— D. JUNG —

 그리스도예수안에

그리스도예수안에

도서출판 '그리스도예수안에'는 킹제임스 흠정역 성경을 출간하는 성경 전문 출판사로서 하나님의 은혜와 성령님의 인도에 힘입어 주 예수 그리스도의 유일한 복음과 진리가 훼손되지 않고 신약 성경에 기록된 대로 보존되고 전파되는 일에 주력하고 있습니다.

The King James Bible publishing company, 'In Christ Jesus', makes all efforts through the grace of God and the leading of the Holy Ghost to preserve and spread the only gospel and the truth of the Lord Jesus Christ as revealed in the New Testament without any defect.

구원 바로 알기

지은이 / 정동수

1판 2쇄 / 2010년 7월 15일
2판 1쇄 / 2014년 8월 25일
3판 1쇄 / 2022년 6월 10일

발행처 / 그리스도예수안에

인천광역시 남동구 서창방산로 83
웹사이트: www.KeepBible.com
전자우편: webmaster@KeepBible.com

ISBN 978-89-92485-20-3 03230
정가 : 15,000원

잘못된 책은 바꿔 드립니다

본서에 있는 성경구절은 특별한 언급이 없는 한 〈킹제임스 흠정역 마제스티 에디션〉(그리스도 예수안에, 2021)에서 모두 인용되었습니다

하나님의 말씀

나는 어젯밤 대장간 문 옆에서 잠시 멈추어 섰습니다.
그리고 모루가 울리는 소리를 들었습니다.
그것은 마치 저녁 기도를 알리는 종소리와도 같았습니다.
안으로 들어서자 여기저기 흩어져 있는 낡은 망치들이 보였습니다.
수년 동안 두들긴 탓에 망가져 버린 낡은 망치들을.

그때 나는 물었습니다.
"얼마나 많은 모루를 사용하셨죠?"
"이 모든 망치들이 이렇게 망가지고 닳아 못쓰게 됐으니 말입니다."
"오직 하나뿐이라오." 이렇게 대답하며 그는 반짝이는 눈동자로
다음과 같이 말했습니다.
"보시다시피 이 모루가 이 망치들을 다 망가뜨렸습니다."
그때 나는 깨달았습니다.
"아, 하나님의 말씀이 바로 모루와 같구나! 수 세기 동안
회의와 의심의 망치질은 거세게 말씀의 모루를 내리쳤지만,
두들기는 소리는 요란했지만 모루는 지금도 변함없이 건재하며
그 많던 망치들은 간데없이 사라져 버렸구나!" 하고 말입니다.

목 차

서 문	6
1장 인간의 문제	13
2장 하나님의 구원	48
3장 회 개	106
4장 믿 음	131
5장 은 혜	145
6장 구원 패키지	156
7장 구원 관련 이슈	175
8장 구원 요약	193
부록 1 아이들의 구원	209
부록 2 아이들의 천국	230
부록 3 구원 방정식	245
부록 4 구원의 방법, 지식, 기쁨	258
부록 5 구원의 안전 보장	278
부록 6 종교와 복음	292
부록 7 다시 태어나야 한다	300
부록 8 다시 태어남의 진정한 의미	313
부록 9 예수 그리스도의 피	321
부록 10 예수 그리스도의 복음	337
부록 11 복음의 핵심	355
부록 12 폴 워셔와 로드십 구원	362
부록 13 창조와 진화	368
부록 14 용어 정리	391

서 문

인생은 너무 짧습니다.
더구나 인생의 앞날은 아무도 예측할 수 없습니다.
그러므로 누구든지 언제라도 창조주 하나님을 만날 준비를 해야 합니다(암 4:12).

"오늘 인생을 마감한다면 당신은 틀림없이 천국에 갈 수 있습니까?"

이 질문에 마음이 상하셨다면 용서하십시오. 비록 마음이 상할지라도 이것은 매우 심각하게, 매우 진지하게 생각해 보아야 할 질문입니다. 우리에게 주어진 시간은 곧 끝나기 때문입니다.

세상 모든 사람들은 본인이 인정하든지, 인정하지 않든지 두 길을 가고 있습니다. 하나는 영원한 생명의 길이고 다른 하나는 영원한 형벌의 길입니다. 생명으로 인도하는 문은 좁은 길이므로 사람들에게 그다지 인기가 없습니다. 그러나 멸망으로 인도하는 문은 길이 넓어 많은 사람들이 찾습니다(마7:13-14).

"독자께서는 지금 어느 길로 가고 있습니까?"

어떤 사람들은 천국과 지옥 사이에 연옥이 있다고 속이지만 성경은 천국과 지옥 외에 제3의 다른 장소는 없다고 분명히 말합니다(계20:12-15; 21:2-27).

이 책에서 저는 지금까지 하나님의 말씀을 공부하면서 깨달은 구원의 진리를 차근차근 소상히 알려 드리려 합니다. 이 책이 전하는 복음의 말씀을 독자께서 듣고 마음속으로 깊이 생각한 뒤 예수님을 구원자로 받아들일 것을 간곡히 부탁합니다.

먼저 제 소개를 하겠습니다. 저는 1959년 생으로 어려서부터 교회에 다녔습니다. 제가 어렸을 때는 대부분의 교회들이 구원을 제대로 가르치지 않았습니다. 하지만 저는 중학교 때 하나님의 은혜로 성경 말씀을 읽고 구원을 받았습니다(딤후3:15). 그 뒤로 공과대학을 졸업하고 1982년 가을에 캐나다로 유학을 가서 공학 석사 과정을 마쳤습니다. 그리고 미국으로 가서 1988년 5월에 만 28세에 메릴랜드 주립대학에서 공학 박사 학위를 받았습니다. 저는 미국 표준 연구소에도 근무했고 메릴랜드 주립대학에서 4년 동안 교수 생활도 했습니다. 그리고 1992년부터 귀국해서 공과대학에서 가르치며 에너지/환경 관련 연구를 수행하고 있습니다.

비록 어려서 구원은 받았지만 저는 미국에서 처음으로 종교와 복음의 차이를 분명히 알게 되었습니다. 즉 '로마 카톨릭주의'(Roman Catholicism)라는 종교와 성경의 기독교를 비교해 가면서 행위 종교와 예수님의 복음이 무엇인지 확실히 알게 되었습니다. 이때에 제게 가장 큰 영향을 준 곳은 천주교를 대적하는 칙 출판사였습니다.[1] 이곳과 여러 출판사의 서적들을 통해 저는 성경대로 믿는 것이 무엇인지 알게 되었습니다. 또 1611년에 출간된 이래로 세계에서 가장 많이 출간되고 가장 많이 타 언어로 번역되었으며 전 세계의 모든 사람들에게 'The Holy Bible'로 인식되고 있는 '킹제임스 성경'(King James Bible)도 알게 되었습니다.

그런데 귀국해 보니 불행히도 국내에는 이 귀중한 하나님의 말씀이 번역되지 않았고 다만 카톨릭 교회 사본들에서 나온 개역성경과 공동 번역 등만 있었습니다. 이에 바른 믿음을 위해서는 바른 성경이 가장 먼저 필요하다는 확신을 갖고 곧바로 몇몇 성경 신자들과 함께 약 15년 동안 킹제임스 흠정역 성경을 번역해서 출간했습니다.[2] 바른 성경을 출간한 뒤 이제는 바른 성경을 근간으로 영혼의 자유를 추구하는 바른 교회를 해야겠다는 확신을 가지고 미국에서 가장 크고 근본적인 침례교 신학대학원에서 석사 공부도 하고 2년 전에는 부천에서 지역 교회를 세워 목사로 섬기고 있습니다.[3]

그동안 여러 가지 일을 하며 가슴앓이와 고생도 했지만 제 인생은 전적으로 하나님의 은혜로 아름답게 장식되었습니다(고전15:10). 특히 자연 과학을 하는 사람이 예수님을 믿기 어렵다는 이 시대에서도 하나님의 말씀이 꿀송이처럼 달다는 것을 느끼게 해 주시고 더럽고 악한 저의 모든 행위에도 불구하고 은혜를 베푸셔서 먼저 죄들에서 구원해 주시고 영생의 소망을 주신 하나님 아버지께 감사합니다.

부족한 인생이지만 창조주 하나님께서 지금까지 인도해 주신 것을 감사하며

---

1) 칙 출판사(www.chick.com)는 천주교, 뉴에이지, 각종 이단들을 대적하는 서적들과 300여 종이 넘는 만화 전도지로 많은 사람들을 주 예수님의 진리로 인도하는 곳이다.
2) 킹제임스 성경에 대해서는 '그리스도 예수안에' 출판사(www.KeepBible.com)를 참조하기 바란다. 2021년에는 약 30년 작업 끝에 킹제임스 흠정역 마제스티 판이 출간되었다.
3) 저자가 섬기는 사랑침례교회는 2012년 5월에 인천 소래 포구 옆의 논현동으로 예배 처소를 옮겼고(www.cbck.org 참조 바람) 다시 2018년 9월에 서창 캠퍼스로 옮겼다.

이제는 제가 알게 된 하나님과 성경의 진리를 다른 사람들에게 전해야겠다는 생각을 많이 하고 있습니다. 특히 그 어떤 진리보다도 예수 그리스도의 복음과 구원의 진리를 알리는 것이 가장 중요하다고 생각합니다.

요즘 한국 교회들은 구원에 대해 심각하게 가르치지 않습니다. 중세 카톨릭 교회처럼 교회에 오면 구원받은 것으로 여기는 풍토가 정착되어 있습니다. 많은 지식과 재물과 명예가 있고 교회를 오래 다녔어도 구원받지 못하면 모두 허사가 아닙니까? 교회에서 목사가 자기의 모든 양들의 구원을 점검하기 위해 상담하고 조언하는 일은 거의 찾아볼 수 없습니다. 교회의 외형은 커지는데 속은 썩어 가고 있습니다. 실로 이 시대에서 많은 교회에서는 구원받기가 대단히 어렵습니다.

이러다 보니 신천지 같은 이단들이 횡행하여 교인들을 유린하고 있습니다. 대부분의 교인들은 신유, 방언, 입신, 출세, 성공, 액땜, 예언, 록 음악 등을 추구하며 아까운 세월을 보내고 있습니다. 이런 안타까운 현실 속에서 서점에 가 봐도 구원 문제를 알기 쉽게 심도 있게 다룬 책을 발견하기란 쉽지 않습니다.

이 책은 근 50년을 교회에 다닌 한 성도가 회의와 낙심과 절망을 거듭하는 가운데 전적으로 하나님의 은혜로 다시 태어나 하늘의 소망을 붙잡게 된 일을 서술하고 있습니다. 지금까지 저는 한국과 미국의 교회들을 다니며 많은 사람들과 교리들을 접하면서 늘 부족함을 느꼈습니다. 그런 가운데 "성경은 과연 사람의 구원에 대하여 무어라고 이야기하는가?"를 탐구하였고 여기서 얻은 결론을 이 안에 기록하였습니다.

이것은 신학교 교재로 만든 책이 아닙니다. 다만 성경이 가르치는 구원에 관한 진리를 보통 사람들이 알아듣기 쉽게 설명하고 요약한 책입니다. 이 책의 내용을 담은 '구원 바로 알기 시리즈 설교'는 사랑침례교회 사이트에서 다운받을 수 있습니다.[4] 이 시리즈에는 사랑침례교회에서 12시간에 걸쳐 행한 구원 강좌 세미나와 성경의 하나님이 어떤 분인가를 알려 주는 설교들이 들어 있습니다. 이런 설교들을 통해 독자께서 성경이 말하는 '광대하고 위엄이 넘치며 거룩하신 하나님'을 만나기를 간절히 원합니다.

이 책이 출간되어 나오기까지 여러 성도님들이 도움을 주었습니다. 사랑침례교회의 하은경 자매님이 구원 세미나 음성 파일 녹취 작업을 해 주었습니다. 중국에

---

[4] www.cbck.org에서 우측 상단의 무료다운로드로 가면 구할 수 있다. 사랑침례교회 사이트와 성경 지킴이 사이트(www.KeepBible.com), 그리고 유튜브(www.youtube.com)에서도 믿음 생활에 대한 문서와 음성 및 동영상 설교 자료를 구할 수 있다. 본서의 뒤표지 하단에 있는 QR 코드를 찍으면 쉽게 관련 링크로 갈 수 있다.

계신 진미희 자매님께서 원고를 교정해 주셨습니다. 이 책과 CD의 표지는 김재욱 형제님이 만들어 주셨습니다. 최근에 출간된 우리 출판사의 책과 CD의 표지는 다 김 형제님이 디자인해 주셨습니다. 이 책에 나오는 상세한 성경 선도들은 이승철 형제님이, 간단한 삽화들은 김재욱 형제님이 그려 주셨습니다. 또 다른 분들이 꼼꼼히 교정을 봐 주셨습니다. 감사합니다.

끝으로 남편을 위해 늘 사랑으로 조언해 준 아내와 또 부족한 목사 형제의 설교를 들으면서 늘 기도로 성원해 주시는 사랑침례교회의 모든 성도들에게 감사합니다.

한 번 죽는 것은 사람에게 약속으로 정해졌고 그 뒤에는 심판이 있습니다(히 9:27). 오늘 하나님께서 부르실 때에 응답하기 바랍니다. 하나님의 부르심을 멸시하면 결코 그분의 진노를 피할 수 없습니다.

그분께서 천사들을 통해 하신 말씀이 확고하여 모든 범법과 불순종이 정당한 보응의 대가를 받았거든 우리가 이렇게 큰 구원을 소홀히 여기면 어찌 피할 수 있겠느냐?(히2:2-3)

(그분께서 이르시되, *내가* 받아 주는 때에 내가 네 말을 들었고 구원의 날에 내가 너를 구조하였노라, 하시나니, 보라, 지금이 *그분께서* 받아 주시는 때요, 보라, 지금이 구원의 날이니라.)(고후6:2)

이 책을 읽으며 '구원 바로 알기 시리즈' 설교[5]를 듣는 모든 분들이 하나님의 은혜로 다시 태어나 예수 그리스도의 산 소망에 이르기를 간절히 원하고 우리 주 예수 그리스도께서 이런 모든 분들에게 은혜와 긍휼을 풍성히 베풀어 주시기를 간절히 원합니다.

2010년 6월 10일
인천에서
정동수

---

[5] 유튜브에서 '정동수 목사 구원 바로 알기'로 검색하면 '구원 바로 알기 시리즈' 설교를 들을 수 있다.

제 1 부

구원 바로 알기

(Rightly Understanding The Salvation)

모세가 광야에서 뱀을 든 것같이 그렇게
사람의 아들도 반드시 들려야 하리니
이것은 누구든지 그를 믿는 자는 멸망하지 아니하고
영원한 생명을 얻게 하려 함이니라.
하나님께서 세상을 이처럼 사랑하사
자신의 독생자를 주셨으니
이것은 누구든지 그를 믿는 자는 멸망하지 아니하고
영존하는 생명을 얻게 하려 하심이라.
(요3:14-16)

1장

인간의 문제

먼저 성경 말씀 베드로후서 3장 9절을 보겠습니다.

주께서는 자신의 약속[재림의 약속]에 대해 어떤 사람들이 더디다고 생각하는 것같이 더디지 아니하시며 오히려 우리를 향해 오래 참으사 아무도 멸망하지 아니하고 모두 회개에 이르기를 원하시느니라.

이 말씀에서 보듯이 하나님은 오랫동안 재림을 늦추시며 모든 사람이 구원받고 회개에 이르기를 원하십니다. 우리를 향한 하나님의 1차적인 뜻은 죄지은 사람을 정죄하고 심판하는 것이 아니라 긍휼을 베푸셔서 모두 회개하고 구원에 이르게 하는 것입니다.

믿지 않는 사람들은 교회에 가면 누구나 다 구원받는 줄로 압니다. 또 교회에 다니는 사람들 중에서도 많은 분들이 주일에 교회에 가고 헌금하니까 자신이 구원받은 줄로 생각합니다. 독자께서는 정말로 구원이 무엇인지 알고 있습니까?

한국에는 워낙 교회가 많으므로 신자나 불신자나 한 번쯤은 구원이라는 말을 들어 본 적이 있을 것입니다. 그런데 막상 믿는 사람들에게 "구원이 무엇을 뜻합니까?"라고 물으면 잘 대답하지 못하는 경우가 많습니다. 이것은 구원을 못 받아서 그럴 수도 있고 믿는 바를 제대로 요약하지 못해서 그럴 수도 있습니다. 믿는다고 하는 사람들도 이런 상황이니 믿지 않는 사람들은 더더욱 기독교의 구원이 무엇을 뜻하는지 잘 모를 것입니다.

대부분의 사람들이 교회에 가면 구원받는 것으로 생각하지만 사실 교회 다니는 것으로는 구원받지 못합니다. 부디 이것을 잘 깨달아 알기 바랍니다. 누구나 예수님을 믿어야 구원을 받습니다. 그렇습니다. 성경은 예수님을 믿고 그분을 구원자로 받아들일 때 하나님께서 구원이라는 선물을 거저 주신다고 말합니다.

그러면 대체 기독교의 구원은 무엇일까요? 구원이 왜 필요할까요? 또 구원에는 어떤 원리가 있을까요? 또 어떠한 절차를 거쳐야 구원을 받을까요? 구원받은 이후에는 어떤 삶이 있을까요? 이 책에서는 이런 모든 것을 요약해서 알려드리려 합니다.

구원받지 못한 분은 이 책을 잘 읽고 깊이 생각한 뒤 굳게 결심을 하고 예수님을 마음에 받아들여 구원받는 기쁜 일이 있기를 간절히 원합니다. 또 이미 구원받았으나 아직 구원에 대한 지식이 부족해서 구원의 확신 문제 등으로 고민하는 분들도 있을 것입니다. 또 남에게 구원의 기쁜 소식을 전해야 될 텐데 어떻게 바로 전달해야 할지 고민하는 분들도 있을 것입니다. 이런 분들도 이 책을 통해서 예수 그리스도의 복음과 구원에 대해 좀 더 바로 알아서 먼저 자신이 큰 평안을 얻고 다른 이들에게 바른 것을 전달해 주었으면 좋겠습니다.

이 책을 읽는 모든 분들이 사도행전 17장에 나오는 베레아 지방 사람들처럼 성경 말씀이 구원에 대해 무어라 말하는지 부지런히 성경기록들을 탐구하고 하나님이 우리에게 주신 양심의 증언을 살펴보면서 '하나님의 선물인 인간 구원'에 대해 심도 있게 살펴보기 바랍니다.

저는 늘 설교도 준비하고 성경 공부도 준비합니다. 여러 가지 성경 교리도 가르칩니다. 그런데 이번에 구원에 대해서 이처럼 집중적으로 준비해서 가르치려고 하니 굉장히 큰 부담이 되었습니다. 그래서 몇 주 동안 성경과 이런저런 관련 서적들을 보고 준비하면서 어떻게 구원의 말씀을 바르게 전달해야 하나님이 기뻐하시는 방식으로 또 사람들이 이해할 수 있는 방식으로 구원 메시지가 효과적으로 전달될지 많이 생각하게 되었습니다.

그 결과 먼저 기독교의 구원에 대해 폭넓게 제시하고 그 뒤에 개인의 구원 문제를 깊이 있게 다루는 것이 좋겠다는 생각이 들어 이번 장에서는 먼저 인류의 역사와 종말 등을 포함한 인간의 문제를 살펴보도록 하겠습니다.

1. 인류의 운명

대부분의 교회는 기독교의 구원이라는 주제를 단순히 개인의 영혼 구원 차원에서 다루지만 저는 이 구원을 조금 더 넓은 차원에서 여러 각도로 살펴보려 합니다. 그래서 먼저 종말론적인 구원을 생각해 보려 합니다.

지금 전 세계 인구는 약 68억 명입니다. 지금도 초마다 몇 명씩 태어나고 또 몇 명씩 죽습니다. 인터넷에서 최근 자료를 찾다가 매초 죽고 태어나는 것을 반영하여 전체 인구 숫자가 시시각각으로 변하면서 현재 인구가 몇 명인가를 알려 주는 사이트가 있음을 알게 되었습니다. 지금 이 땅에서는 일초마다 4.4명이 태어나고 일초마다 1.7명이 죽습니다. 그러므로 대략적으로 매초 2.7명씩 인구가 증가하고 있습니다.

그러면 논리적으로 생각해 봅시다.

인구가 이렇게 계속해서 늘면 과연 이 지구가 이렇게 늘어나는 사람들을 다 감당할 수 있을까요? 이 많은 사람들을 먹여 살리려면 많은 식량이 있어야 하는데 과연 이 땅에는 이들을 먹여 살릴 만큼의 충분한 식량이 있을까요? 또 사람이 늘면 환경이 파괴되는데 이런 상태로 사람이 계속해서 늘 때 과연 지구가 이것을 다 감당할 수 있을까요?

강과 바다가 파괴되고 있습니다. 우리가 먹는 물고기는 다 강이나 바다에서 나오지 않습니까? 여기 저기 개발하느라 땅이 파괴되고 있습니다. 환경 오염으로 인해 하늘이 파괴되고 있습니다. 이처럼 바다가 파괴되고, 땅이 파괴되고, 하늘이 파괴되면 여러 가지 기상 조건이 변합니다. 앞으로 인구가 68억 명에서 70억, 80억, 90억, 100억, 200억 명으로 늘면서 식량 문제, 에너지 문제 또 이에 따른 여러 가지 환경 문제가 발생할 텐데 과연 이 지구는 계속해서 이런 모든 것을 감당할 수 있을까요?

이 문제의 답을 얻기 위해 자료를 찾아봤습니다. 한 보고서에 따르면, 지구가 최대로 감당할 수 있는 인구는 85억 명이며 이것을 넘어서면 식량, 에너지, 여러 가지 환경 문제 때문에 사람이 더 이상 살 수가 없다고 합니다. 그러면 결국 서로 죽이고 빼앗는 엄청난 전쟁이 일어나든지 혹은 어떤 다른 종류의 급진적인 변화가 생길 것입니다. 그러면 언제 지구의 인구가 85억 명이 될까요? 다시 자료를 찾아보았습니다. 2009년 8월 13일, '연합뉴스' 보도에 따르면 2050년에 전 세계 인구는 94억 명이 된다고 합니다.

이것은 무엇을 뜻할까요? 앞으로 약 30-40년이 지나면 우리가 살고 있는 이 지구가 감당할 수 없는 정도로 인구가 팽창해서 무언가 대격변이 일어나지 않고서는 지구에 사는 사람들이 지금처럼 평화롭게 살 수 없다는 것입니다.

그러면 인구 팽창만 문제가 될까요? 우리가 지금 이렇게 안락하고 즐겁게 사는 것은 연료가 있기 때문인데 이런 연료는 대부분 화석 연료입니다. 화석 연료라고 하는 것은 나무나 풀 같은 것들이 옛날에 대격변에 의해서 땅속에 깊이 묻힌 채 고온 고압의 상태에서 순식간에 석유나 석탄 등으로 변한 것입니다. 지금 우리는 이렇게 된 최종 생산물을 땅에서 파내서 쓰고 있습니다.

그런데 이런 연료에도 한계가 있습니다. 즉 계속해서 이런 연료를 채취해서 다 써버리면 더 이상 쓸 수 있는 연료가 남지 않게 됩니다. 그러면 화석 연료는 어느 때까지 채취해서 쓸 수 있을까요? 다시 자료를 살펴봤더니 2040-50년경이 되면 사람이 쉽게 채취하여 사용할 수 있는 화석 연료가 다 동이 난다고 합니다. 물론 땅속 깊이 더 내려가면 채취할 수 있지만 비용이 많이 들어 수지가 맞지 않습니다.

그러니까 다른 대체 연료를 개발하지 않으면 연료 문제 역시 우리에게 심각한 문제로 다가올 것입니다. 이것은 제가 만들어 낸 이야기가 아니고 이 세상의 인류학자들과 기후학자들 그리고 에너지 및 자원공학 학자들이 자기들의 정부나 UN 같은 국제 협약 단체에 보고한 자료에서 내린 결론입니다. 이처럼 믿지 않는 사람들도 결국 종말이 - 어떤 종류라고 단정 짓지는 않지만 - 있음을 인정하고 있습니다.

이와 같이 '종말'이라는 말을 실감할 수 있는 시대에 우리가 살고 있으므로 저는 먼저 종말론적인 구원에 대해 생각해 보려고 합니다. 여러분이 아시다시피 예수님을 믿는 기독교는 분명히 세상의 종말이 있다고 말합니다. 근래에는 증산도 같이 예수님을 믿지 않는 이단들도 "천지가 개벽이 된다!"고 말합니다. 천지가 개벽이 된다는 것을 성경적 용어로 바꾸어 말하면 세상의 종말이 온다는 것입니다. 뉴에이지 운동을 주도하는 사람들도 다 종말이 있다고 말합니다. 세상에 있는 대부분의 믿음 체계 역시 종말이 있다고 말합니다.

그러면 성경은 종말에 대해 뭐라고 이야기합니까? 분명히 예수님께서 이 땅에 한번 오셨듯이 즉 '초림'(First coming)이 있었듯이 예수님이 다시 오시는 '재림'(Second coming)이 있다고 성경은 분명히 증언합니다.

> 내가 너희를 위해 처소를 예비하러 가노니 가서 너희를 위해 처소를 예비하면 <u>내가 다시 와서</u> 너희를 내게로 받아들여 내가 있는 곳, 거기에 너희도 있게 하리라(요14:2-3).

> 이것들을 증언하시는 분께서 이르시되, <u>내가 반드시 속히 가리라</u>, 하시는도다. 아멘. 주 예수님이여, 과연 그와 같이 오시옵소서(계22:20).

그러면 예수님이 지금부터 약 2,000년 전에 사람의 몸을 입고 이 땅에 오셨다는 사실이 어디에 기록되어 있습니까? 성경에 기록되어 있지 않습니까? 예수님께서 이 땅에 오시기 전에 약 1,500년 동안 구약 성경이 존재했습니다. 이 구약 성경에 예언된 그대로 예수님은 유대 땅 베들레헴에서 태어나셨습니다(미5:2; 마2:6). 나사렛 출신의 이 예수님은 이 땅에 존재하신 역사적 인물로 지금 온 세상 모든 사람에게 널리 알려져 있습니다.

예수님과 그분의 제자들 그리고 다른 사도들은 신약 성경에서만 무려 300번이 넘도록 예수님께서 영광과 심판의 주님으로 이 땅에 다시 오실 것을 말했습니다. 예수님의 공생애 기간을 통해 그분께서 가장 빈번히 전하신 말씀은 바로 재림에 관한 것이었습니다. 십자가에 달리기 바로 전에 예수님은 자신의 제자들에게 자신이 다시 올 것을 말씀하셨습니다(요14:3). 예수님이 승천하실 때 두 천사가 나타나 거기 서 있던 사람들에게 그분께서 다시 오실 것을 말하였습니다(행1:11). 그들이 또한 이르되, 너희 갈릴리 사람들아, 너희가 어찌하여 서서 하늘을 바라보느냐? 너희를 떠나 하늘로 들려 올라가신 이 동일한 예수님께서는 너희가 그분께서 하늘로 들어가심을 본 것처럼 그렇게 같은 방식으로 오시리라, 하니라(행1:11).

또한 사도들도 그분께서 다시 오실 것을 분명하게 기록하였습니다(빌3:20-21; 약5:7-8; 벧후1:16; 계1:7). 한편 교회의 두 가지 규례 중 하나인 주의 만찬 역시 예수님의 재림을 증언합니다(고전11:26). 또 구약 시대에는 모세, 이사야, 예레미야, 에스겔, 다니엘, 요엘, 아모스, 스바냐, 스가랴, 말라기, 시편 기자 등과 같은 많은 대언자들이 주의 날의 심판 즉 예수님의 재림의 때에 이루어질 심판과 그 뒤에 땅에 세워질 메시아 왕국에 대해 예언하였습니다.

보라, 주의 날[예수님의 재림의 날]이 오리니 *사람들이* 네게서 취한 노략물을 네 한가운데서 나누리라…그 날에 그분의 발이 예루살렘 앞 동쪽에 있는 올리브 산 위에 서실 것이요, 올리브 산이 그것의 한가운데서 동쪽과 서쪽으로 갈라지므로 심히 큰 골짜기가 생길 것이며 그 산의 반은 북쪽으로, 그 산의 반은 남쪽으로 이동하리라(슥14:1-4).

다시 한 번 강조하지만 신약 성경과 구약 성경에는 예수님께서 이 세상의 끝에 다시 이 땅에 오신다는 재림의 약속이 아주 명백하게 많이 기록되어 있습니다. 예수님의 초림이 성경기록에 따른 사실이라면 예수님의 재림 또한 성경기록대로 사실로 드러나리라고 우리는 믿습니다. 즉 성경기록대로 예수님이 처음에 이 땅에 오셨으니까 성경기록대로 예수님이 이 땅에 다시 오십니다. 따라서 예수 그리스도의 재림은 '정말로 그분이 오시느냐, 안 오시느냐?'의 논쟁의 대상이 아니라 확신의 대상입니다. 우리는 분명히 그렇게 이야기할 수 있습니다.

지금 세상에서 일어나는 여러 가지 일들을 보면서 이제는 심지어 예수님을 믿지 않는 사람들도 2030-40년경이 되면 종말이 올 것 같다고 생각하고 있습니다.

말세의 징조가 여럿 있지만 그중에 가장 확실한 징조는 유전자 조작을 통한 생명체 복제라고 저는 생각합니다. 이제 이 땅의 사람들은 포유류 짐승들을 복제해 내고 있습니다. 또한 지금 이 시간 스스로 생명체를 만들어 낼 수 있습니다. 2010년 5월 21일, 「사이언스」지는 크레이그 벤터 박사가 "500억 원을 들여 인공적으로 합성한 유전자를 이용해 '인공 합성 세포'를 만드는 데 성공했다."고 발표했습니다. 말은 '인공 합성 세포'라고 했지만 실제로 이것은 명백하게 '최초의 인공 생명체'입니다. 그 잡지는 "신은 인간을 창조하고 인간은 마침내 세균(박테아)을 창조했다."고 말했습니다.
 벤터 박사는 맞춤형 박테리아가 친환경 바이오 연료 생산, 대기 중 탄소 제거, 효과적인 백신 생산 등에 유용하게 쓰일 것이라고 말했습니다. 즉 그는 이런 생명체가 인간에게 필요한 물질을 만들어내는 요술 방망이 역할을 할 것이라고 주장했습니다.
 한편 이에 대한 반대도 만만치 않습니다. 인공 생명체가 자연으로 퍼져 나가면 생태계를 파괴하거나 다른 생명체와 결합해 치명적인 병균이 될 수도 있고 테러리스트의 손에 넘어가 생물학 병기로 악용될 수도 있다는 것입니다. 그래서 이 문제의 심각성을 깨닫고 미국의 오바마 대통령은 바로 며칠 뒤인 5월 27일에 청문회를 열었습니다.
 이처럼 우리는 사람이 스스로 유전자 조작을 통해 자기가 원하는 생명을 만들면서 하나님의 권위에 직접적으로 도전하는 시대에 살고 있습니다. 증산도의 표현을 빌리자면 말 그대로 '천지가 개벽하는 시대'에 살고 있습니다.
 머지않아 사람들은 스스로 사람을 만들 수 있는 능력을 갖게 될 것입니다. 즉 사람이 사람을 복제해 내는 시대를 열 것입니다. 사람은 하나님께서 친히 자신의 형상대로 지은 존재입니다. 그러므로 저는 사람이 스스로 유전자를 조작하여 하나님의 형상을 파괴하려는 일을 그분께서 용납하지 않으시리라고 믿습니다. 그래서 이런 사악한 일이 절정에 달하기 전에 예수 그리스도의 재림이 있으리라고 믿습니다.
 이와 같은 악한 일이 최고조에 이르게 되는 때에 에너지 문제, 환경 문제, 식량 문제, 인구 팽창 문제 등이 겹칠 것으로 보는 사람들이 많습니다. 그래서 이러한 문제들로 인해 종말론적인 어떤 대격변이 30-40년 내에 지구에 임하게 된다고 생각하는 사람들이 많습니다. 요즘 나오는 공상 과학 영화들을 보면 세상 사람들의 마음을 읽을 수 있습니다. 종류야 어떻든 공상 과학 영화 시나리오를 쓰는 사람들도 한결같이 지구의 종말이 가까이 왔음을 증언합니다.
 이제 성경의 주장과 세상의 현상들을 연결시켜 봅시다. 완전한 진리의 책인 성경에서 가장 많이 나오는 말씀은 예수님께서 이 땅에 다시 오신다는 재림의 말씀입니다. 이 성경은 예수님의 재림이 가까이 왔을 때에 다음과 같은 일이 이 땅에 있을 것을 우리에게 알려 줍니다.

(1) 유대인들의 일부 회복 및 성전 건축 시도(마24:15-22)
(2) 과학과 기술의 폭발적 증가(단12:4)
(3) 세상에 편재해 있는 진화론적 인본주의(벧후3:3-4)

(4) 극도로 만연되어 있는 윤리와 도덕의 붕괴(딤후3:1-7)
　(5) 사회적 다원주의로 인한 극도의 양극화 현상(약5:1-8)
　(6) 유전자 조작(마24, 창6)

　이러한 성경의 징조들과 위에서 언급한 현시대의 종말론적 현상들은 정확하게 일치하고 있습니다. 예수님 이후로 지금까지 인류 역사에서는 지금처럼 성경에 나오는 명백한 재림의 징조들과 세상의 현상들이 일치하는 때가 없었습니다.
　그래서 저는 독자께서 현재 세상에서 일어나고 있는 종말론적 현상들과 성경에 나오는 예수님의 재림의 징조들에 대해 깊이 생각해 보실 것을 촉구합니다. 시간을 떼어서 세상이 돌아가는 일들을 살펴보고 과연 이 지구와 온 인류는 어느 방향으로 나아가고 있는지 한번 심각하게 생각해 보시기 바랍니다. 또한 성경이 전해 주는 징조들도 심각하게 생각해 보기 바랍니다. 예수님의 재림의 때는 정말로 가까이 우리 눈앞에 왔습니다!

2. 인류의 문제들

　이제부터는 구체적으로 우리 주변에서 일어나는 문제들을 생각해 보겠습니다. 먼저 재난을 생각해 봅시다. 여러분이 아시다시피 2010년 1월에 아이티라는 중남미 국가에 엄청난 규모의 지진이 발생했습니다. 처음에는 지진으로 인해 5만 명이 죽었다고 하다가 10만, 15만, 20만 명으로 피해 사망자 수가 늘더니 지금은 아예 사망자 수를 알 수 없다고 합니다. 너무나 많은 사람이 죽어서 몇 명이 죽었는지 파악이 안 된다고 합니다.
　지금 지구 곳곳에서 이런 종류의 강한 지진이 일어나고 있습니다. 이것 역시 제 말이 아닙니다. 지진의 강도와 빈도가 1900년 이후로 특히 1950년을 넘어서면서부터 엄청나게 증가하고 있습니다. 이것은 누구나 다 아는 사실입니다. 마태복음 24장에서 예수님은 자신이 다시 이 땅에 올 무렵에 땅의 곳곳에서 지진이 있으리라고 분명하게 말씀해 주셨습니다.

　민족이 민족을 대적하여 일어나고 왕국이 왕국을 대적하여 *일어나며* 곳곳에
　기근과 역병과 지진이 있을 터인데…(마24:7)

　이와 같은 성경의 자료를 제가 언급하지 않아도 세상의 기상학자들과 지진학자들이 이미 이런 데이터들을 모아 놓고 분석하고 있습니다. 그런데 그들의 데이터는 지진의 강도와 빈도가 엄청나게 늘고 있으며 요즘 들어서는 기하급수적으로 늘고 있음을 보여 줍니다. 우리나라는 거의 지진이 없는 나라인데도 얼마

전에는 시흥시에서 지진이 발생했고 또 북한의 두만강 유역에서도 발생했습니다. 지금 계속해서 칠레와 중국을 포함한 온 세상에서 여러 크기의 지진이 발생하고 있습니다.

이제 기근을 살펴봅시다. 아프리카에 살고 있는 아이들이 기근으로 인해 바싹 마른 모습을 하고 있는 사진들을 못 보신 분은 거의 없을 것입니다. 아프리카에는 엄청난 기근이 있어서 매해 수십만 명이 죽고 있습니다. 그런데 아프리카만 그런 것이 아닙니다. 우리 바로 위에 있는 북한에서도 이번 겨울에 수십만 명이 아사했다는 보고가 있습니다. 또 지난 몇십 년 동안 북한 어린이 영양실조 비율이 60%로 세계 제1위라는 보고도 나오고 있습니다. 이것은 먼 나라 아프리카 이야기가 아닙니다. 바로 위에 있는 우리 동포들이 사탄 마귀의 독재 체제하에서 지도자를 잘못 만나 지난 몇십 년 동안 이와 같은 어려움을 겪고 있습니다.

전쟁을 생각해 볼까요? 20세기에 들어서면서부터 제1차 세계 대전, 제2차 세계 대전이 있었고 그다음에 한국에서의 6·25 전쟁이 있었으며 그 이후에도 최근에 이라크와 아프가니스탄 등에서 대규모 전쟁이 있었습니다. 또 이런 전쟁으로 인해서 미국에서는 2001년에 9·11 테러 사건이 있었습니다. 여하튼 세계 곳곳에서 전쟁과 테러가 끊이지 않고 계속해서 일어나고 있습니다.

질병도 한번 살펴볼까요? 질병 중에 가장 두려운 질병을 들라고 하면 에이즈를 들 수 있습니다. 지금 에이즈가 가장 많이 번지고 있는 데가 아프리카입니다. 아프리카의 사하라 사막 밑부분은 거의 70% 정도가 에이즈에 감염되거나 감염될 가능성이 있으며 앞으로 20-30년이 되면 아프리카 지역에 사는 모든 사람들이 에이즈에 걸린다는 보고가 나올 정도로 에이즈가 창궐하고 있습니다. 에이즈는 사람이 고치지 못하는 병입니다(롬1:27).

또 이번 겨울과 지난해 가을에는 신종 플루 때문에 마스크를 쓰고 다니고 열심히 손 닦으면서 정말 큰 어려움을 겪었는데 아직 끝나지 않았습니다. 신종 플루 외에도 조류 독감 또 사스와 같이 유전자 변이로 인한 질병 즉 사람이 고칠 수 없는 병들이 계속해서 늘어나고 있습니다.

또 빈부의 양극화가 발생해서 우리나라도 굉장히 큰 어려움을 겪고 있습니다. 사실 양극화는 우리나라만의 문제가 아닙니다. 아프리카와 미국을 대비해 보기 바랍니다. 대륙과 대륙 간에도 엄청난 양극화가 있습니다. 또 나라와 나라 사이에, 집단과 집단 사이에, 개인과 개인 사이에도 양극화가 있습니다. 즉 엄청난 규모의 양극화가 전 세계 모든 곳에서 여러 형태로 실제로 존재하고 있습니다.

우리는 또한 하나님의 창조 세계가 신음하고 있음을 살펴보아야 합니다. 하나님이 만들어 놓은 짐승이나 물고기 혹은 날짐승 가운데 종이 멸절하는 종류가 매일 늘어나고 있습니다. 여러분과 저의 잘못으로 말미암은 오존층 붕괴로 인해, 기후 변화로 인해 어떤 일이 발생하고 있습니까? 남미의 안데스 산맥에서는 산양들이 절벽에서 떨어져 죽습니다. 지구의 보호막인 오존층이 붕괴되어 양들의 눈에 백내장이 생겨 눈이 멀어서 양들이 앞을 보지 못하므로 낭떠러지에 갔다가 거기서 떨어져 죽고 있습니다.

또 지구 온난화를 보십시다. 요즘 거의 매일 TV와 인터넷에는 온난화 관련 기사가 나오고 있습니다. '북극의 눈물'이라는 TV 프로그램을 기억하십니까? 곳곳에서 얼음과 눈이 녹고 있습니다. 아프리카의 킬리만자로에는 여름에도 늘 눈이 있었는데 이제는 그 눈을 보지 못한다고 합니다. 알래스카도 마찬가지입니다. 이 정도로 지구 온난화가 지금 우리 눈앞에 심각하게 다가와 있습니다.

매년 봄이 되면 황사가 생깁니다. 중국에서 많은 땅이 계속해서 사막으로 변하기 때문에 황사가 발생하고 올해에는 특히 소금 황사가 발생했습니다. 이처럼 우리 피부에 와 닿는 환경 피해가 주변에서 시시각각으로 늘고 있습니다.

또 우리 주변에는 독재와 학정으로 인해서 고통받는 사람들이 엄청나게 많습니다. 먼저 북한을 봅시다. 거기 사람들은 우리하고 똑같은 사람들입니다. 똑같은 말을 합니다. 똑같이 생겼습니다. 그런데 지도자를 잘못 만나니까 수백만 명이 죽거나 독재 체제 속에서 아무 소리 못하고 저렇게 불쌍하게 살고 있습니다. 이것은 단지 북한만의 문제가 아닙니다. 전체 아랍 국가들은 완전 독재 국가입니다. 거기에는 자유가 없습니다. 아프리카도 거의 다 이렇다고 볼 수 있습니다. 이번에 지진이 난 아이티라고 하는 나라도 천연자원이 많은 나라입니다. 그런데 독재와 학정 때문에 민주주의가 완전히 붕괴되었습니다. 이런 상태에서 이처럼 큰 재앙을 당하니까 손을 쓸 수 없는 상태에 빠지게 되었습니다.

이와 같은 것들은 우리 주변에서 일어나는 자연적인 현상들입니다.

그러면 사람들이 인위적으로 만들어 놓은 문화를 한번 살펴보겠습니다. 현재 전 세계의 문화는 날이 갈수록 저질로 변하고 있습니다. 이 같은 문화의 저질화 현상이 무엇을 통해 일어나고 있습니까? 인터넷을 통해서 대중 매체를 통해서 지금 퍼지고 있지 않습니까? 조선일보든 아니면 한겨레신문이든 인터넷판에 가서 한번 보기 바랍니다. 무슨 기사를 하나 보고 나면 그 밑에 선정적인 모습의 여자 사진이 뜨지 않습니까? 이제 이런 것은 아주 보편적인 것으로 굳어져서 어떻게 할 수가 없는 상태가 되었습니다. 기사마다 대개 이런 것들이 붙어 있습니다. 어른들도 이런 것을 감당하기 어려운데 청소년 아이들이 어떻게 이런 것을 감당하겠습니까? 지금 세상은 완전히 소돔과 고모라처럼 변하고 있습니다.

텔레비전 프로그램을 봅시다. 도대체 찜질방 화면이 왜 드라마/코미디/대담 프로그램에 매일 나옵니까. 이렇게 유치한 텔레비전 프로그램이 나오고 코미디언/개그맨들이 찜질방 옷을 입고 가서 목욕탕 사진을 찍어 방영하는 나라, 그렇게 유치한 일을 해도 시청자들이 하루 종일 좋다고 웃는 한심한 나라가 바로 대한민국입니다. 사람들이 다 이런 것들에 심하게 중독되어 있습니다. 인터넷, TV, 영화, 책, 음악과 같은 거의 모든 매체가 이렇게 변해 버렸습니다.

이렇다 보니 이번에 중학교 아이들이 졸업하면서 알몸 사진을 찍어 인터넷에 유포해서 사회 문제를 일으키고 있습니다. 도무지 사람들이 부끄러움을 못 느끼고 있습니다. 남녀노소 모든 사람들이 옳고 그른 것을 구분하지 못하는 시대에 우리가 살고 있습니다.

또 이런 가운데 여러 종류의 심각한 죄도 매체들을 통해 급속히 퍼지고 있습니다. 성경의 하나님이 가장 미워하시는 사악한 죄 중에 하나가 동성애(Homosexuality, Sodomy)입니다. 성경이 보여 주듯이 사람들이 하나님을 떠나서 자기 지식 속에 하나님 두기를 싫어할 때 첫째로 나타나는 가장 사악한 죄가 동성애입니다. 남자가 남자와 더불어 보기 흉한 짓을 행함으로 자기 몸속에 보응을 받는 죄가 세상에 계속해서 유행하며 퍼지고 있습니다(롬1:26-27). 최근에는 김수현이라는 유명 작가의 동성애 드라마가 지상파를 타고 버젓이 좋은 시간대에 안방에까지 들어가고 있습니다. 아무 여과 장치 없이 부모들과 함께 이런 것들을 보는 아이들의 사고는 어떻게 형성될까요?

요새는 살인 사건이 하도 많이 일어나기 때문에 사람들의 감각이 아주 완전히 무뎌지고 말았습니다. 살인의 경우에도 끔찍한 토막 살인이나 아이들을 유괴해서 죽이는 반인륜적인 것들이 늘어나고 있습니다. 또한 간음과 음행이 모든 매체에서 너무나 당연하게 보도되고 있습니다. 이런 죄악이 없으면 드라마가 안 되고 영화가 안 되기 때문에 이제 그런 악한 일은 어디서나 일어나고 볼 수 있는 보편적인 일이 되고 말았습니다.

성인의 날에는 성인이 되는 남녀가 성인식을 하느라 너도나도 모텔로 몰려 방을 구하기가 어렵다는 뉴스를 접합니다. 우리 아이들 세대는 태어나면서부터 죽을 때까지 이 같은 문화에 젖어서 살므로 이런 사악한 죄가 악하다는 생각조차 하지 않고 있습니다. 그래서 악을 선하다고 하고 선을 악하다고 하는 세대가 지금 우리 가운데서 자라면서 악이 기하급수적으로 팽창하고 있습니다.

또 이런 가운데 진화론이 확산하고 있습니다. 지금부터 200년 전에는 어떤 사람이 와서 "사람은 원숭이에서 났어요."라고 말하면 모든 사람이 "당신 미쳤소?"라고 말했습니다. 믿는 사람이나 믿지 않는 사람이나 다 마찬가지였습니다. 150년 전에는 "원숭이에서 사람이 났습니다."라고 말하거나 "아메바에서 물고기가 생기고 개구리가 생기고 나중에 가서 이런 것들에서 사람이 나왔습니다."라고 이야기하면 "저 사람 완전히 정신 나갔구나."라고 말했습니다. 온 세상 사람들이 다 그렇게 했습니다. 그런데 지금은 그렇게 말하는 것이 진리가 되고 말았습니다.

그래서 어떤 사람이 실은 그것이 아니라 하나님께서 이 세상에 존재하는 모든 식물과 동물과 사람을 처음부터 '그것들의 종류'(after their kind)대로 만들었다고 말하면(창1:21, 24 등) 오히려 그 사람이 정신없는 사람으로 몰리는 아주 이상한 시대가 우리에게 왔습니다. 이처럼 진화론 체계의 바탕인 유물론 혹은 물질 만능주의가 거의 모든 사람들의 정신세계를 지배하다 보니 돈 버는 것, 좋은 차 갖는 것, 좋은 집 갖는 것 등이 아이들이 공통적으로 바라는 유일한 소망으로 정착하고 있습니다.

세상이 이렇게 변하다 보니 인간성이 상실되고 있습니다. 사람은 태어나면서부터 본래 가지고 있는 애정이 있습니다. 그런데 마귀의 문화로 인해 이제는 인간 본연의 애정 파괴 즉 인간성 상실이 너무나 심각하게 발생하고 있습니다. 이 중에서 가장 큰 것이 낙태입니다. 난자와 정자가 결합이 되는 순간부터 생명이 형성되므로 바로 그 순간부터 하나님 보시기에 이미 영이 아이에게 들어가 있습니다. 그래서 태아는 수태가 되는 때부터 살아 있는 사람입니다.

나이를 셀 때 우리 방식으로 나이를 세는 것이 맞습니다. 서양 사람들과 달리 우리는 아기가 뱃속에 있는 기간도 1년으로 치므로 아기가 태어난 이후의 기간에 1년을 더해 나이를 말합니다. 사실 그것이 맞지 않습니까? 사람의 나이는 태어나면서부터 세는 것이 아니라 엄마 뱃속에서 수태될 때부터 세는 것이 성경적으로는 맞습니다.

현재 전 세계에서 매해 수천만 명의 태아가 낙태로 인해 죽고 있습니다. 또한 어린아이들을 유괴하고 유기하는 일이 수없이 발생하고 있습니다. 이와 같은 인간성 상실은 우리나라뿐만 아니라 전 세계에 만연하고 있는 공통적인 문제입니다.

세상이 이렇다 보니 이 시대에서는 진리를 탐구하고 바른 것을 찾으려고 하는 사람을 만나기가 극히 어렵습니다. 그래서 우리 예수님은 "내가 다시 올 때에 땅에서 믿음을 보겠느냐?"라고 말씀하셨습니다(눅18:8).

제가 이 모든 것을 언급하는 이유는 무엇일까요? 그 이유는 사람들 안에 혹은 이 지구 안에 무언가가 잘못되어 있음을 보여 주려는 것입니다. 분명히 무언가가 잘못되어 있습니다. 그렇지 않습니까? 사람이나 지구 안에 무언가가 잘못되어 있으므로 이 같은 재난과 기근, 전쟁, 하나님이 미워하는 일들, 태어나면서부터 우리가 가지고 있는 양심과 이성이 미워하는 일들이 곳곳에서 횡행하고 있습니다. 그러면 이와 같이 악한 일들은 날이 갈수록 늘어날까요, 줄어들까요? 기하급수적으로 늘어나면 늘어나지 줄어들지는 않습니다.
　그래서 이런 것들을 종합해 볼 때 성경이 이야기하는 종말의 때, 심지어 예수님을 믿지 않는 증산도 추종자들도 이야기하는 천지개벽하는 종말의 때가 가까이 오고 있음을 모든 사람이 인지할 수 있습니다. 이처럼 세상의 끝이 가까이 왔다는 것은 예수님을 믿는 사람이든 믿지 않는 사람이든 시간을 조금 내서 세상의 자료들을 살펴보면 금방 인지할 수 있습니다.

3. 교회의 상태

　그러면 진리의 보루라고 할 수 있는 교회는 지금 어떤 상태에 있을까요? 교회는 하나님의 말씀이 진리라고 믿고 이 말씀대로 살아야겠다고 다짐하는 사람들이 모인 곳입니다. 그런데 지금 교회의 모습은 어떻습니까?
　교회가 지금 진리의 마지막 보루로 우뚝 서서 세상 사람들에게 하나님의 진리와 공의와 심판과 하나님이 원하는 바른 길을 힘 있게 외치고 있습니까?
　말세의 믿는 자들에 대해 예수님이 무어라고 하셨습니까? 위에서 보았듯이 누가복음 18장 8절에서 예수님은 "내가 이 땅에 다시 올 때 믿음을 보겠느냐?"라고 말씀하셨습니다. 이것은 무슨 말입니까? 말세가 되면 믿음이 있다는 이야기입니까, 없다는 이야기입니까? 없다는 이야기입니다.
　세상에 수많은 교회가 있고 많은 사람이 예수님을 믿는다고 하지만 실질적으로 말세에는 자기 배만을 불리는 교회가 거의 대부분이라고 예수님은 예언하셨습니다. 뜨겁지도 않고 차갑지도 않아서 구역질이 나는 교회들 천지라고 하셨습니다. 그런데 그런 교회들이 다 물질 면에서는 부자라고 말씀하셨습니다.
　그러므로 우리 주님은 말세에 사는 우리를 보시면서 이제 눈을 똑바로 뜨고 교회의, 각 성도의 영적 상태가 어떤지 바로 보고 회개하라고 말씀하셨습니다. 말세의 교회들을 상징하는 라오디게아 교회에게 경고하시는 예수님의 이런 충고를 우리는 심각하게 받아들이고 회개해야 합니다.
　라오디게아 사람들 교회의 천사에게 쓰라. 아멘이요, 신실하고 진실한 증인이요, 하나님의 창조를 시작한 자가 이것들을 말하노라. 내가 네 행위를 아노니 네가 차지도 아니하고 뜨겁지도 아니하도다. 나는 네가 차든지 뜨겁든지 하기를 원하노라. 그런즉 네가 이같이 미지근하여 차지도 아니하고 뜨겁지도 아니하므로 내가 내 입에서 너를 토하여 내리니 이는 네가 이르기를, 나는 부자며 재산을 불렸으므로 아무것도 부족한 것이 없다, 하면서 네 비참한 것과 가련한 것과 가난한 것과 눈먼 것과 벌거벗은 것을 알지 못하기 때문이라. 내가 네게 권고하노니 너는 내게서 불로 정제한 금을 사서 부유한 자가 되고 흰옷을 사서 입어 네 벌거벗은 수치를 드러내지 말며 네 눈에 안약을 발라서 볼지니라. 내가 사랑하는 자들을 다 내가 책망하고 징계하노니 그러므로 열심을 내고 회개하라(계3:14-19).

예수님은 마태복음 24장 36-41절과 누가복음 17장 22-35절에서 자신이 이 땅에 다시 올 때에 이 땅의 상태가 구약 시대 노아의 때와 롯의 때와 같을 것이라고 분명히 말씀해 주셨습니다.

노아의 때에 이 땅에는 수십억 명의 사람이 살았습니다. 그 당시 하나님은 120년 동안 노아를 통해 자신의 심판 메시지를 전달하시고 회개를 촉구하셨습니다. 그런데 몇 사람이 구원받았습니까? 여덟 명이 구원받았습니다. 소돔과 고모라 땅에 그렇게 많은 사람들이 살고 있었는데 몇 사람이 구원받았습니까? 롯과 그의 아내와 그의 딸 둘만 구원받았습니다.

그래서 하나님은 이 모든 것을 통해 우리에게 다음을 이야기해 주십니다.

선한 양심을 가지고, 바른 정신을 가지고 세상을 살면서 이런 모든 악과 재난과 재앙과 사람이 해서는 안 될 악한 일들이 폭발적으로 팽창하는 것을 보게 되면 바로 그때가 예수님의 재림이 광장히 가까이 온 때라는 것을 심각하게 느끼고 준비하라!

사도 베드로는 이에 대해 다음과 같이 권면의 말을 주었습니다.

그런즉 이 모든 것이 해체되리니 너희가 어떤 사람이 되어야 마땅하겠느냐? 모든 거룩한 행실 속에서 하나님을 따르는 가운데 하나님의 날이 오는 것을 기다리고 서두르라. 그날에 하늘들이 불이 붙어 해체되고 원소들도 뜨거운 열에 녹을 것이나 그럼에도 불구하고 우리는 그분의 약속에 따라 의가 거하는 새 하늘들과 새 땅을 기다리느니라. 그러므로 사랑하는 자들아, 너희가 그러한 것들을 기다리나니 너희가 점도 없고 흠도 없이 화평 중에 그분께 발견되도록 힘쓰라(벧후3:11-14).

이런 것을 생각해 보면서 또 예수님이 친히 자신의 재림의 때에 이 땅에서 믿음을 보겠느냐고 하신 것을 기억하면서 우리는 성경에 기록된 대로 살려고 하는 사람들이 얼마나 있고, 성경에 기록된 말씀만이 진리라고 믿고 그 말씀을 통해 구원받으려고 하는 사람들이 얼마나 있을지 한번 깊이 생각해 보아야 합니다.

지금 한국에는 그리스도인이 800만 명이라고 합니다. 어떤 교회는 주일 하루에 50만 명이 예배를 드린다고 합니다. 또 어떤 교회는 현재의 예배당이 부족해서 자그마치 3,000억 원을 들여서 엄청난 규모의 예배당을 짓는다고 합니다. 그런데 과연 이 많은 사람들 가운데 몇 사람이 구원을 받았을까요?

예수님은 구원받는 것을 어렵게 만들지 않았습니다. 성경을 살펴보면 아이들도 구원의 도리를 깨닫고 예수님께 돌아올 수 있음을 우리는 발견할 수 있습니다. 즉 구원의 도리 자체는 엄청나게 쉽습니다. 이 세상에서 영원한 생명을 얻는 것보다 쉬운 것은 아무 것도 없습니다.

성경의 구원은 물 마시는 것보다 쉽습니다.
문을 여는 것보다 쉽습니다.
초대에 응하는 것처럼 쉽습니다.
선물을 받는 것처럼 쉽습니다.

그런데 왜 사람들이 구원을 받지 못할까요?

첫째, 구원받으려는 의지가 없어서 구원을 받지 못합니다.

둘째, 사람들이 구원의 길을 너무 어렵게 만들어 놓아서 구원을 받지 못합니다. 요즘 교회들은 하나님의 구원을 제대로 가르치지 않습니다. 교회에만 오라고 하지 실제로 구원받게 하지 않습니다. 목사들이 시간을 내서 한 영혼 한 영혼의 구원을 위해 대화를 나누지 않습니다. 교회를 늘리는 것에만 관심이 있습니다. 이것이 현시대 한국 교회의 가장 큰 문제입니다.

4. 인류의 역사

위에서 우리는 하나님의 구원에 대해 조명해 보면서 먼저 우리 안에 무언가가 잘못되어 있다는 것을 살펴보았습니다. 또 지구 안에 무언가가 잘못되어 있다는 것을 우리의 양심과 과학적 데이터가 증언하는 것을 보았습니다. 그러므로 이런 것들을 고려하면서 우리는 하나님의 구원이 무엇인지 근본적으로 다시 생각해 보아야 합니다. 이를 위해 이제부터는 인류의 역사를 한번 생각해 보겠습니다.

중고등학교에 가면 인류와 우주의 역사를 배웁니다. 대부분의 교사들은 아주 옛날에 - 약 200억 년 전에 - 콩알만 한 것 안에 온 우주가 다 들어 있었는데 '빅뱅'(Big Bang)이라는 커다란 대폭발에 의해 이것이 갑자기 터져 나가게 되었다고 말합니다. 그래서 그 파편 조각들이 온 우주 공간으로 날아가 수천억 개 혹은 수조 개의 별이 됐다고 말합니다. 현재 우리 아이들이 학교에 가면 이런 것을 배우고 있습니다. 그들은 또한 지구는 50억 년 전에 생겼다고 이야기합니다.

그러면 사람은 언제 생겼을까요? 그들은 사람과 원숭이의 공통 조상이 지금부터 5,000만 년 전에 생겼다고 말합니다. 그리고 사람과 원숭이의 공통 조상에서부터 4,900만년 동안 계속해서 진화를 하다가 지금부터 약 100만 년 전에 첫 번째

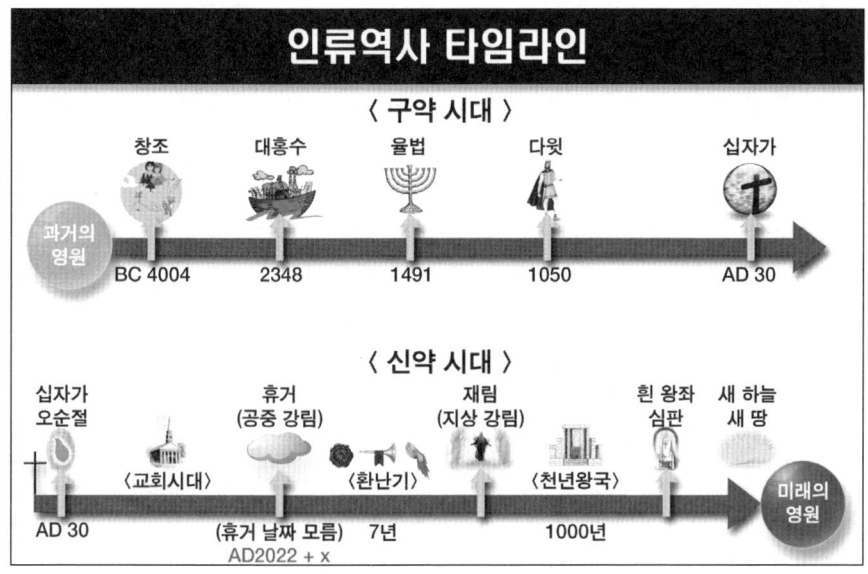

사람이 생겼다고 말합니다. 아이들이 학교에 가면 이 세상의 과학자라고 하는 사람들이 상상력으로 꾸며 만든 '이런 가짜 이야기'들을 교사들이 아이들에게 주입하고 있습니다. 물론 이들의 이야기는 다 가설에 불과합니다. 다 허구입니다. 그들은 다 자기들의 상상 속에서 그랬을 것이라고 확실하게 생각하고 그렇게 믿으면서 가르칩니다.

그들은 한 번도 '빅뱅'과 같은 것을 본 적이 없습니다. 그들이 주장하는 연대와 이야기들은 단 한 번도 증명된 적이 없습니다. 모두 그랬으리라고 믿고 있을 뿐입니다. 부디 제 이야기를 잘 이해하기 바랍니다. 그런 것은 '믿음'(Faith)이지 결코 '과학'(Science)이 아닙니다.

우리는 예수님을 믿습니다. 그분을 보지 않습니다. 그분을 믿습니다. 천국도 믿습니다. 지옥도 믿습니다. 하나님도 믿습니다. 그런데 200억 년 전에 '빅뱅'이 생기고 100만 년 전에 사람이 생겼다고 말하는 것도 다 '믿음'(Faith)입니다. 즉 진화론은 '믿음 체계'(Faith system)이지 '과학 체계'가 아닙니다. 그러므로 진화론은 마귀가 가져다주는 '인본주의 믿음 체계'입니다. 그것은 믿음을 필요로 하는 종교입니다. 그것은 결코 과학이 아닙니다.

진화론은 지금부터 200억 년 전에 '빅뱅'에 의해서 모든 것이 생겼다고 말합니다. 그러나 여러분과 제가 손에 들고 있는 성경은 뭐라고 이야기합니까? 아주 명확합니다. 지금부터 약 6,000년 전에 하나님께서 지구를 포함하는 온 우주 만물과 첫 사람 아담과 이브를 창조하셨다고 성경은 단순명료하게 말합니다. 여기에 동의하지 않는 사람이 있을지 모릅니다. 하지만 "지금부터 약 4,000-4,500년 전에는 문서로 기록된 역사가 없기 때문에 이때를 선사 시대라고 한다."는 진술에는 모두 동의할 것입니다. 이것은 사실 이 세상의 거의 모든 사람들이 동의하는 것입니다. 믿지 않는 사람들도 다 그렇게 이야기를 합니다. 그리고 그때 이후로는 역사와 문화 기록이 문자로 남아 있기 때문에 역사 시대라고 말합니다.

그들은 지금부터 4,000-4,500년 전의 일들에 대해서는 아무도 알지 못한다고 주장합니다. 즉 그 시대 이전에는 기록이 없고 그 이후부터 지금까지 우리에게 역사라고 하는 것이 남아 있다고 그들은 주장합니다. 아마 믿는 사람이나 믿지 않는 사람이나 여기에는 다 동의를 할 것입니다.

그러면 역사란 무엇일까요? 영어로 우리는 역사를 'History'라고 말합니다. 이제 역사를 한번 생각해 봅시다. 역사는 어디를 중심으로 어디를 향해 지금 나아가고 있을까요? 이제 세계 지도를 한번 펴 보기 바랍니다. 세계 지도를 펴 보면 재미있는 것을 하나 발견하게 될 것입니다.

세계 지도에는 오대양 육대주가 있습니다. 유럽이 있고 아시아가 있고 아프리카가 있고 북미와 남미가 있고 오세아니아가 있습니다. 또 태평양, 대서양, 인도양, 북극해, 남극해가 있습니다. 이것을 오대양 육대주라고 이야기합니다.

그러면 이제 세계 지도를 한번 자세히 봅시다. 지도를 보면 유럽 남부와 중동 지방 그리고 아프리카 북부를 붙이면 딱 맞게 되어 있습니다. 또 아프리카의 서쪽 부분하고 남아메리카의 동쪽 부분하고 붙여 보시기 바랍니다. 딱 맞게 되어 있습니다. 또 유럽의 서쪽 부분하고 북아메리카의 동쪽 부분하고 붙여 보시기 바랍니다. 딱 맞게 되어 있습니다. 이것은 즉 옛날에는 땅이 한 덩어리로 되어 있었다는 것을 뜻합니다.

그래서 독일의 학자 중에 베게너(A. L. Wegener)라고 하는 사람은 '대륙이동설'이라는 이론을 만들었습니다. 그 사람의 이론은 원래 '판게아'라고 하는 하나의 대륙(원래 지구)에서 분열이 일어나 오대양 육대주로 발전이 됐다는 것입니다.[1]

이것은 세상 사람들의 이야기입니다. 그런데 성경은 과학적으로 분명하게 이것을 이야기하고 있습니다. 창세기 10장 25절을 보시기 바랍니다.

> 에벨에게 두 아들이 태어났는데 하나의 이름은 벨렉이었으니 이는 그의 날들에 땅이 나뉘었기 때문이더라(창10:25).

---

1) 네이버 백과사전의 대륙이동설(http://100.naver.com/100.nhn?docid=44502)을 참조하기 바란다.

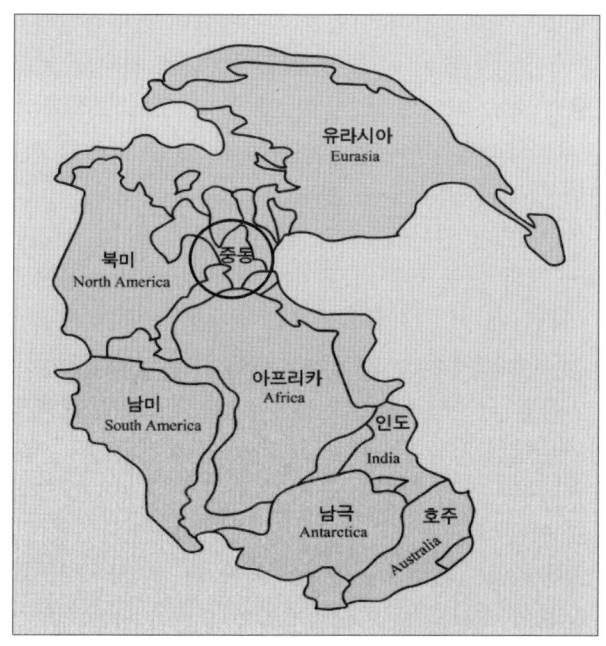

〈베게너의 대륙이동설의 '판게아' 땅〉

우리말 성경에는 '땅'이라고 기록되어 있는데 영어로 가서 보시면 "In his days was the earth divided."라고 되어 있습니다. 즉 이 땅 곧 지구가 벨렉이라는 사람이 살던 시대에 여러 조각으로 나뉘었다는 것입니다. 언제 그렇게 나뉘었을까요? 바벨탑 사건이 일어날 때 즉 지금부터 약 4,200년 전 쯤에 이와 같은 일들이 생겼다고 성경은 말합니다.

그러므로 그 전에는 지구가 한 덩어리였단 말입니다. 그러면 한 덩어리 지구의 중심이 어디입니까? 이스라엘입니다. 판게아 지도로 가서 대륙 조각들이 붙었을 때 모습을 보시기 바랍니다. 그러면 지구의 중심이 중동 지방 즉 이스라엘, 팔레스타인, 가나안 땅임을 누구나 알 수 있습니다. 이 지역을 좀 더 크게 이야기하면 에덴동산이 있던 곳으로 볼 수 있습니다. 바로 그곳이 원래 지구 즉 창세기의 창조 때에 하나님이 만든 지구의 중심이었습니다. 이것은 제가 이야기하지 않아도 이 세상의 모든 학자들도 인정하는 사실입니다.

그러니까 그때의 중심이던 땅은 중동 땅, 좀 더 자세히는 팔레스타인, 현재 이스라엘이 거하고 있는 땅, 하나님의 성전이 지어질 저 땅, 바로 지금 이스라엘이라는 국가가 서 있는 중동의 저 땅이 온 땅의 중심지였습니다.

과거에는 거기에 에덴동산이 있었고 이스라엘이 있었습니다. 하나님께서는 약 2,500년 동안 유대인들이 이 땅을 떠돌아다니게 하시고 지금 다시 거기로 데려다 놓으셨습니다. 거기가 바로 이 땅 곧 지구의 중심입니다.

우리나라는 우리나라에서 벌어진 사건들을 중심으로 뉴스를 진행합니다. 그런데 미국에 가면 CNN 등의 뉴스를 봅니다. CNN 뉴스에서는 미국이 전 세계를 지배하기 때문에 특별한 일이 없는 한, 전 세계에서 벌어진 사건들이 대개 가장 먼저 나옵니다. 그런 미국 뉴스의 톱기사는 무엇일까요? 대개 이스라엘/중동 문제입니다. 1948년에 이스라엘이 국가를 형성한 이래로 특별한 사건이 없는 한 미국이나 영국 뉴스에서 늘 보도되고 중요하게 다루어지는 것이 이스라엘 문제입니다. 이슬람 국가와 팔레스타인 그리고 이스라엘 문제입니다. 그것이 이 세상 모든 사람들의 가장 큰 관심사요 가장 큰 문제입니다. 이것은 이 세상의 뉴스 미디어가 이야기하는 것이지만 성경 자체도 우리에게 그와 같은 일들을 이야기해 주고 있습니다.

그러니까 다시 말씀드리면 이 세상의 가장 큰 문제는 이스라엘 문제이고, 세상의 모든 문제의 핵심은 지금 이스라엘과 상관이 있습니다. 그래서 중동에 우뚝 서 있는 저 이스라엘은 구약 성경의 예언을 증명해 주는 강력한 근거가 됩니다.

하나님은 창세기 12장에서 지금부터 약 4,000년 전에 아브라함을 갈대아 우르라고 하는 곳 - 지금의 이라크의 바그다드 지역 - 에서 불러내시고 그에게 가나안(팔레스타인) 땅을 주시면서 그 땅은 영원토록 너와 네 자손이 차지할 상속 유업의 땅이 되리라고 말씀해 주셨습니다. 그래서 그 말씀을 이루시려고 우리 하나님은 1948년 5월에 과거 2,500년 동안 이 세상을 떠돌아다니던 유대인들을 다시 거기에 데려다 놓으시고 자신의 손을 통해 기적적으로 이스라엘이라는 국가가 지금 저렇게 부흥하도록 만들어 놓았습니다.

현재 많은 그리스도인들이 구약 시대 이스라엘은 없어지고 교회가 이스라엘을 대체했다고 하는 주장 즉 천주교회가 주장하는 이스라엘 대체신학을 수용하고 있지만 성경은 절대 그렇게 말하지 않습니다. 천주교와 거기서 나온 장로교, 감리교, 성결교 등의 프로테스탄트 개신교는 대부분 이런 거짓 교리를 믿고 있습니다. 그러나 지금 저 중동 지방에 있는 이스라엘은 아브라함의 육적인 후손인 이스라엘로서, 구약 성경에 나와 있는 하나님의 예언을 문자 그대로 이룰 민족으로 거기에 있습니다.

그러면 말세의 이스라엘이 성경에는 어떻게 묘사되고 있나 살펴보도록 하겠습니다. 스가랴서 12장 1, 2절을 보겠습니다.

이스라엘을 위한 주의 말씀의 엄중한 부담이라. 주 곧 하늘들을 펼치고 땅의 기초를 놓으며 사람 속에 사람의 영을 짓는 자가 말하노라. 보라, 사방 모든 백성들이 유다와 예루살렘을 대적하려고 에워쌀 때에 내가 예루살렘을 그 백성들에게 *사람을* 떨게 만드는 잔이 되게 하리라.

이 말씀은 분명히 말세에 대한 것입니다. 아브라함의 육적 자손인 이스라엘의 회복과 역사에 대한 것입니다. 마지막 때에 이스라엘이 팔레스타인 땅에 돌아가서 거하는 때에 이스라엘을 침공하기 위해서 많은 민족들이 몰려오는 일이 발생하는데, 바로 그와 같은 때에는 온 세상 모든 사람들에게 이스라엘이 무거운 짐과 사람을 떨게 만드는 잔이 된다고 성경은 말합니다.

1948년 5월에 이스라엘이 부활한 이후부터 이스라엘 국가는 온 세상 사람들이 지기 힘든 짐으로, 사람을 두렵게 하는 잔으로 역사 속에 존재해 오고 있습니다. 우리는 매일 이란 핵무기, 이라크 사태, 아프가니스탄 전쟁 등에 대해 듣습니다. 이 모든 것이 무엇 때문에 생깁니까? 다 이스라엘 때문에 생깁니다. 이스라엘로 인해 전 세계의 중요 문제가 다 나오고 있습니다.

그래서 근 2,500년 동안 나라 없이 유랑하던 이스라엘 민족은 하나님의 섭리를 통해서 구약 성경에 기록된 예언을 이루기 위해, 구체적으로는 성전을 다시 지어야 한다고 하는 계시록 11장, 에스겔서 40-48장의 예언을 이루기 위해 지금 팔레스타인(가나안) 땅에 돌아와 있습니다.

이스라엘의 인구는 1,400만 명밖에 안 됩니다. 전 세계에 퍼져 있는 이스라엘 자손을 포함해서 1,400만 명인데 이 1,400만 명이 68억 명의 인류가 지기 어려운 부담의 짐으로 무겁게 작용하고 있습니다. 성경은 말세에 분명히 그렇게 될 것을 이야기하고 있습니다.

세계의 재물과 학문과 예능과 노벨상 등을 다 어느 민족이 석권하고 있습니까? 유대인들이 석권하고 있습니다. 자료를 찾아보니까 하버드/예일 대학 입학생의 30%가 유대인이라고 합니다.

왜 지금 이스라엘 백성이 저기 중동 땅에 가 있습니까? 성전을 지으려고 가 있습니다. 여호와 하나님께 피의 희생 제물을 드리려고 그럽니다. 그렇게 하려하니까 그것을 반대하는 아랍 사람들과의 마찰이 엄청나게 발생하고 있습니다.

우리는 역사를 배우면서 유럽 역사 특히 영국과 프랑스, 러시아 등의 역사를 배웠습니다. 또 몽골을 포함해서 세계를 지배했던 나라들에 대해 다 배웠습니다. 이제 세계 역사의 축이 대서양 너머로 넘어가서 이제는 미국이 온 세상을 지배하고 있고, 이제 또 그 축이 태평양 너머로 넘어가서 이제는 중국이 온 세상을 지배하려는 것처럼 보입니다. 비록 세상의 역사는 그렇게 흘러가고 있는 것처럼 보이지만 하나님의 일정표 속의 인류 역사는 유대인들을 중심으로 성경에 기록된 대로 진행되고 있습니다.

BC 550년경에 하나님은 다니엘이라고 하는 대언자를 사용해서 다니엘서라는 하나님의 말씀을 주셨습니다. 다니엘서 2장과 그 이후에 나와 있는 말씀 기록을 보면서 우리는 세상 역사의 변천에 대해 잘 알 수 있습니다. 하나님께서 친히 거기에 예언해 주셨기 때문입니다.

다니엘서 2장을 보면 첫째로 온 땅을 다스리는 바빌론 왕국이 세워지고 그다음에 페르시아 왕국이 나오며 그 이후에 그리스 왕국이 나옵니다. 그리고 그다음에 로마제국이 나오고 로마제국의 맨 끝에 가서는 죽어 있던 로마제국이 다시 부활하게 됩니다. 그리고 이때 즉 온 세상의 맨 끝에 이스라엘이 다시 나라를 이루고 부흥하며 메시아의 천년왕국이 이루어진다는 것이 예언되어 있습니다. 그래서 이와 같은 예언의 기록을 따라서 온 세상이 그렇게 변화가 되고 있습니다.

지금은 바로 죽어 있던 로마제국이 다시 부활하는 때입니다. 그래서 이제 로마제국의 뿌리가 있는 유럽 연합(European Union, EU)이 부흥을 해야 합니다. 그러면 미국과 영국은 어떻게 될까요? 성경에는 미국과 영국에 대한 기록이 없습니다. 그러나 이 나라들은 유대인들을 보호하고 성경을 보존하는 임무를 다하면 점점 망하는 길로 갈 수밖에 없습니다. 영국은 이미 쇠하는 길로 접어들었고 이제 미국 또한 힘을 잃는 시대가 되었습니다.

이런 일들을 이루시려고 하나님은 순식간에 엄청난 일들을 하십니다. 과거에 구소련은 엄청나게 큰 나라였습니다. 한 국가였는데 하나님이 일시에 이 나라를 붕괴시키니까 나라들이 다 나뉘었습니다. 또 하나님이 일시에 지금 유럽 연합을 만들어 버리니까 수많은 나라가 갑자기 한 나라가 되는 일이 지금 우리 눈앞에 일어나고 있습니다. 그렇지 않습니까?

미국과 영국이 지금까지 해 준 일이 무엇입니까? 앵글로·색슨족은 유대인들을 보호하고 하나님의 말씀인 성경을 보존하는 일을 하기 위해서 하나님께서 쓰신 민족입니다. 그래서 하나님은 지금 온 세상이 영어 세상이 되도록 만들어 주심으로 하나님의 말씀을 영어로 보존해 주시고 또 유대인들을 보호해 주셨습니다. 그런데 이제 앵글로·색슨족이 할 일은 거의 다 끝났습니다. 그러니까 어떻게 되고 있습니까? 쇠퇴하는 길로 지금 들어서고 있습니다.

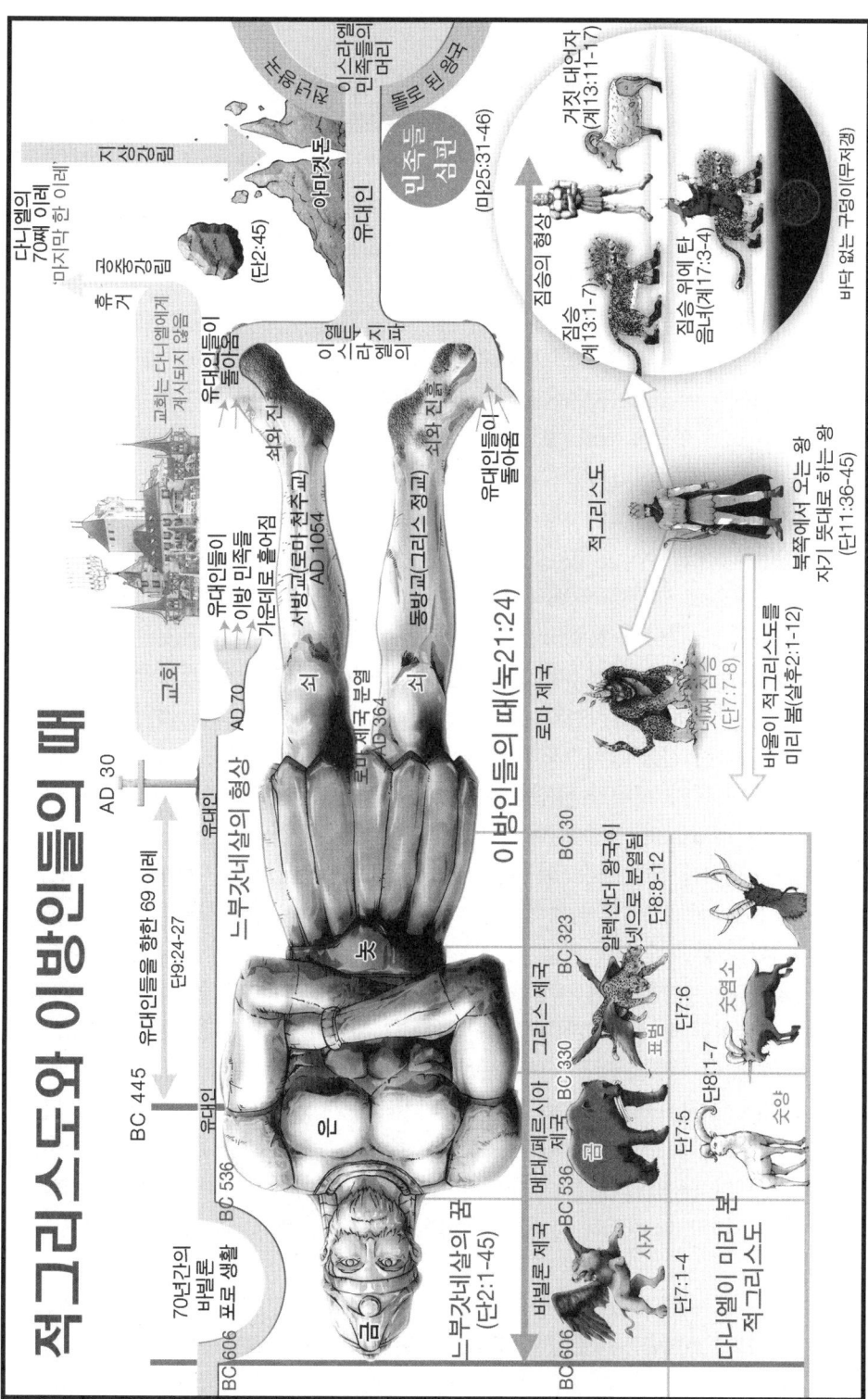

〈적그리스도와 이방인들의 때〉

유대교, 이슬람교, 기독교, 천주교 이 모든 것이 다 아브라함에 기원을 두고 있습니다. 아브라함에 기원을 두고 있는 이 종교들을 다 합치니까 전 세계 인구의 반 이상이 이 종교들을 믿는 신자들입니다. 자기들의 기원에 아브라함에 있다고 주장하는 사람들의 숫자가 지금 전 세계 인구의 반 이상이 되면서 이들로 인해 세계의 역사가 바뀌어 왔고 또 이들로 인해 그리고 하나님의 계획으로 인해 지금 이 세상이 바뀌고 있습니다.

이 가운데 요즘 들어서 가장 크게 발흥하는 종교가 두 개 있습니다. 하나는 이슬람교입니다. 이슬람교의 세력은 아프리카와 유럽 전체를 삼키고 있습니다. 지금 영국은 기독교 국가라 할 수 없습니다. 거의 이슬람 국가라 할 정도로 이슬람 세력이 영국을 거의 다 삼켜 버렸습니다. 프랑스도 비슷한 수준에 있습니다. 지금 우리나라도 이 문제가 심각합니다. 이슬람 세력이 얼마나 많이 들어와 있는지 알 수가 없습니다. 이 세상에서 가장 무서운 것이 이슬람교입니다. 비록 그들은 아니라고 주장하지만 그들은 "코란이 아니면 죽음을 선택하라!"는 무서운 종교 정책으로 세상을 지배해 왔습니다.

그다음에 또 하나가 천주교입니다. 여러분이 반드시 알아야 할 것은 천주교는 기독교가 아니라는 점입니다. 천주교는 기독교와 비슷한 탈을 썼지만 기독교가 아닙니다. 천주교는 마리아와 성인들을 섬기며 곳곳에 우상들을 세워 하나님이 가장 미워하는 일을 그리스도의 이름으로 하고 있습니다. 예수님이 십자가에서 죽으심으로 구약 시대가 완전히 폐해졌는데도 여전히 '제사장'(Priest) 시대를 유지하여 하나님이 가증히 여기는 성직자 계급 체제와 구약의 제사 제도를 미사라는 형식을 통해 매주 몇 차례씩 전 세계의 모든 성당에서 시행하고 있습니다. 천주교는 또한 행위 구원을 강조합니다. 하나님 보시기에 사람의 의는 걸레 누더기와도 같은데 이런 것을 가지고 하나님께 나오라고 사람들을 강요합니다.

이와 같은 가짜들이 온 세상을 지배하면서 기독교와 유대교를 크게 대적하고 있습니다. 이런 적대 관계가 형성되면서 9·11 사태가 생기게 되었습니다. 이슬람 과격분자들의 시도가 너무 심하다 보니까 일반 검색으로는 이들의 테러를 막을 수 없어서 이제는 공항에 알몸 투시기를 가져다 놓게 되었습니다. 그래서 인천공항도 이제 예외가 아닙니다. 시간이 걸리고 수치스러워도 그것을 통과하는 것이 죽는 것보다 낫지 않습니까? 지금 일어나고 있는 이런 일들이 다 이슬람교와 천주교 그리고 기독교와 유대교 사이의 갈등으로 발생하고 있음에 유의해야 합니다.

이런 가운데 종교들이 통합되고 있습니다. 성경대로 바르게 예수님을 믿는 사람들 외의 종교인들은 모두가 같은 하나님, 같은 그리스도 그리고 같은 구원을 믿는다고 주장합니다. 오직 성경에 따라 예수님만을 유일한 구원자로 믿는다고 하는 사람들만 종교 통합에 참여하지 않습니다. 나머지 가짜들은 다 종교 통합을 하고 있습니다. 이들은 부처를 믿든 크리쉬나를 믿든 무함마드를 믿든 마리아를 믿든 다 그게 그거라고 말합니다.

종교 통합에 앞장섰던 마더 테레사는 산의 정상에 오르는 길이 여럿 있지만 결국 다 같이 정상에서 만나지 않느냐고 말합니다. 이런 식으로 세상의 가짜 종교들이 하나로 통합되고 있습니다. 오직 성경에 기반을 둔 성경적인 그리스도인들만 여기에 반대하며 참여하지 않습니다. 이 세상 산의 정상에 가는 길은 여럿이지만 하나님께 가는 길은 유일합니다. 성경의 예수 그리스도 외에는 다른 길이 없습니다.

이렇게 되니까 어떤 일이 발생합니까? 그리스도인들이 왕따가 돼서 완전히 세상 사람들의 오물같이 되고 찌꺼기같이 되는 일이 지금 세상에서 발생하고 있습니다.

지금까지 우리는 인류의 역사를 살펴봤습니다. 인류의 역사는 지금 어디를 향해서 가고 있는지, 무엇을 이루고 있는지 보았습니다. 한 마디로 인류의 역사는 하나님께서 기록해 놓으신 성경 말씀을 따라 진행되고 있습니다. 그래서 역사 즉 'History'는 'His story' 곧 '그분의 이야기'로 볼 수 있습니다.

이런 것들을 살펴보면서 우리는 종말론 차원의 구원이 무엇이며 왜 인류에게 이런 많은 문제들이 발생하고 있는지, 이 문제들의 근본 원인이 무엇인지 이해하게 되었습니다. 그러니까 기독교의 구원은 단순히 개개인 영혼의 구원뿐만 아니라 이런 모든 것을 커버하는 구원 즉 인류의 역사와 관련이 있는 큰 차원의 구원임을 이해해야 합니다. 부디 이 점을 꼭 이해하고 나머지를 보시면 도움이 될 것입니다.

교회 다닐 때 가장 기본이 되는 것은 저와 여러분이 각각 구원받는 것입니다. 그런데 하나님의 스케일에서 봤을 때 성경의 구원은 저와 여러분 개개인의 영혼 구원을 넘어서서, 시간과 공간을 초월하여 온 우주 공간을 다스리시는 하나님의 통치 섭리가 임하는 것이라 할 수 있습니다. 이것이 바로 성경이 이야기하는 통합적인 구원입니다.

5. 인간의 공통 문제

지금까지 우리는 왜 세상에 여러 가지 어려운 일들, 나쁜 일들, 원치 않는 일들이 생기는지 살펴보면서 무언가 땅에 문제가 있다는 결론에 다다르게 되었습니다. 또 이스라엘과 그 주변의 여러 국가와 인류 역사를 살펴보면서 이 세상의 모든 역사가 성경에 기록된 것을 성취하며 진행되고 있음을 살펴봤습니다. 또 인류가 언제까지 이대로 갈 수 있는지 살펴보면서 심지어 세상 학자들까지도 앞으로 30-40년 지나면 결국 어떤 종말론적인 사태가 생기지 않겠느냐고 예측한다는 것을 살펴보았습니다.

저는 공과 대학의 교수입니다. 미국에 가서 공부를 하다가 교과서를 지은 저자를 만날 때가 있었습니다. 아주 유명한 교수 즉 제가 읽고 있는 교과서를 지은 분이 와서 강의를 하는 경우가 있었습니다. 이런 훌륭한 학자들을 만났을 때 그분들의 강의를 들으면서 한 가지 느낀 것이 있습니다. 그분들은 너무나 어려운 것을 쉽게 가르칩니다. 아주 어려운 주제를 알아듣기 쉽게 말합니다.

사실 이런 면에서 우리 예수님은 이 세상에서 가장 훌륭한 선생님이었습니다. 그분은 이 세상에서 가장 어렵고 심오한 것을 아이들도 이해할 수 있게 가르쳐 주셨습니다. 천국에 관한 일들, 하나님에 관한 일들, 이런 어려운 것들을 우리 예수님은 아주 쉽게 말씀하셨습니다. 이런 예들을 보면서 저 역시 구원 문제를 논리적으로 쉽게 상식적으로 이해할 수 있는 수준으로 잘 설명을 해 봐야 되겠다는 생각을 가지고 고민을 하면서 이런 데이터들을 제시하였습니다.

이제부터 우리가 생각해 봐야 할 것은, 이런 모든 것들 즉 외적으로 드러나는 문제들 외에도 본질적으로 사람 안에 큰 문제들이 있다는 것입니다. 그런 문제들 중에 가장 큰 문제는 모두가 죽는다는 것입니다. 여기서 벗어날 사람은 아무도 없습니다. 위에서 말씀드렸듯이 1초마다 전 세계에서 4.4명이 출생하고 1.7명이 사망하고 있습니다.

그러면 사람이 죽어서 어디로 가는지 알고 있는 사람이 있을까요? 아무도 없을 것입니다. "당신이 죽으면 어디에 가는지 압니까?"라고 물으면 "그냥 없어집니다. 더 이상 뭐가 있겠습니까?"라고 대답하는 사람이 거의 대부분입니다.

죽는 것이 우리 인간에게 가장 큰 문제이기 때문에 역사의 많은 영웅호걸들은 불로초나 불사약을 구하려 했습니다. 힘 있고 권세 있는 사람들의 다수는 어떻게 늙지 않고 영원히(혹은 오랫동안) 살 수 있는가를 찾아서 헤맸습니다.

물론 죽음은 우리 모두가 최종적으로 당하게 될 문제입니다. 그러나 사실 죽음만 문제가 되는 것은 아닙니다. 사람이 태어나서 조금만 성장해도 양심이 원치 않는 일들을 하기 때문에 양심이 자꾸 우리를 찔러서 아주 괴롭게 만드는 일들이 우리 안에 자주 생기는 것을 양심이 있는 사람이라면 누구나 다 경험했을 것입니다. 제 말에 동의하십니까?

"이건 도저히 해서는 안 되는 일인데 이것을 내가 하다니 어찌된 영문일까?" 혹은 "이것은 정말 사람으로서 해야 할 일이 아닌데, 양심이 허락하지 않는 일인데."라고 말하면서 이런 일 때문에 괴로워하고 밤이 되면 잠을 못 이루는 일이 우리 가운데 분명히 있습니다.

로마서 1장 29-31절에서 하나님은 사도 바울에게 자신의 말씀을 기록하게 하시면서 이렇게 말씀했습니다.

> 그들은 모든 불의와 음행과 사악함과 탐욕과 악의로 가득하며 시기와 살인과 논쟁과 속임수와 적개심으로 가득하고 수군수군하는 자들이요, 뒤에서 헐뜯는 자들이며 하나님을 미워하는 자들이요, 업신여기며 교만하고 자랑하는 자들이며 악한 일들을 꾸미는 자들이요, 부모에게 불순종하며 지각이 없고 언약을 어기는 자들이며 본성의 애정이 없고 화해하기 어려우며 긍휼이 없는 자들이라.

이 말씀에 걸리지 않는 사람이 있을까요?

창원에서 어떤 분이 방문하셨는데 그분이 저를 좀 고귀한 사람으로, 특별한 사람으로 생각하는 것 같았습니다. 그래서 저보고 "참 젊어 보인다."고 하며 좋은 말을 했습니다. 그래서 제가 말했습니다. "형제님, 어제 이발해서 그렇습니다. 저도 형제님하고 똑같이 죄 짓고 삽니다."

하나님 앞에서 목사도 여러분과 다른 것이 전혀 없습니다. 대통령도 똑같습니다. 벌거벗고 하나님 앞에 서면 다 같습니다. 죄 없는 사람은 하나도 없습니다. 죄 문제를 해결하지 않으면 양심이 자꾸 우리를 압박하고 찌르므로 많은 사람들이 괴로워 죽겠다고 합니다.

이것을 해결하는 데는 몇 가지 방법이 있습니다. 이것을 어떻게든 해결해서 죄에서 자유를 얻는 방법들 말입니다. 그중에 하나는 자기 자신을 학대하고 술을 먹고 담배를 피우고 마약을 하며, 이런 것들을 잊어버리고 사는 방법입니다. 그러나 이것은 사람을 파멸로 이끌 뿐 문제를 해결하지 못합니다.

지각 있고 양심 있는 사람들은 누구나 사람 안에 무언가 잘못이 있다는 사실에 동의합니다. 사람은 다 죽음이라는 큰 문제를 안고 있고 또 칠팔십 년 정도 이 세상을 살아가는 동안에 양심이 속에서 팍팍 찌르는 문제 때문에 고민하며 아픔을 겪고 있습니다. 이것은 우리가 다 알고 있는 사실입니다. 이런 것을 어떻게 해결할 수 있을까요? 이 해결 방법이 기독교에서 이야기하는 구원입니다.

6. 기독교와 다른 종교들의 차이

이제부터는 기독교가 무엇인지 생각해 보겠습니다. 기독교는 도대체 무엇일까요? 이 세상에는 종교가 많습니다. 불교, 이슬람교, 기독교, 천주교, 남묘호랑게교, 몰몬교, 안식교 등과 같이 다양합니다.

그렇다면 먼저 종교는 왜 생기는지 살펴봅시다. 종교는 죽음의 문제와 양심의 문제를 해결하기 위해서 사람이 만들어 놓은 체제입니다. 사람이 무엇을 하려고 하다 보면 자기가 잘못이나 죄를 자꾸 범하는 것을 알게 됩니다. 그래서 이것을 해결하기 위해 혹은 죄나 잘못을 보상하기 위해 선한 일을 자꾸 많이 하면 된다고 생각합니다. 즉 나중에 하나님이든 조물주든 '어떤 신적 존재'(절대자) 앞에 가서 자기가 서게 될 때 그 앞에 있는 저울에 선한 행위와 악한 행위가 놓이는데 이때 선한 행위가 더 많으면 저울이 선한 행위 쪽으로 기울게 됩니다. 이처럼 악한 행위를 다 보상하고도 남을 만큼 선한 행위가 많기 때문에 그 신적 존재가 "너는 극락행이다." 혹은 "너는 천당행이다."라고 말하면서 그의 최종 운명을 지정해 줄 것이라고 생각합니다. 이런 식으로 사람들이 만들어 놓은 체계를 종교라고 이야기합니다.

이런 구원 체계는 이슬람교든 천주교든 불교든 뉴에이지든 남묘호랑게교든 안식교든 다 똑같습니다. 이것들의 특징은 선한 행위를 많이 해서 악한 행위를 보상하게 되거나 혹은 능가하게 되면 즉 저울에 놓았을 때 선한 행위가 더 무거우면 천당을 간다는 것입니다. 이것이 바로 종교라는 시스템입니다.

저는 위에서 천주교는 기독교가 아니라고 했습니다. 천주교는 기독교가 아닙니다. 그것은 기독교와 비슷한 것이지 기독교가 아닙니다. 그래서 감리교에서 장로교로 교회를 옮기면 교회를 옮겼다고 그럽니다. 그러나 기독교에서 천주교로 가든지 천주교에서 기독교로 오면 개종(改宗)했다고 그럽니다. 개종은 종교를 바꿨다는 말입니다.

이 세상 사람들도 이에 대해서는 다 알고 있습니다. 천주교는 말만 예수를 섬긴다고 하지 실은 이방 여신인 마리아와 각종 이교도들의 풍습을 추구하는 시스템이고 사실 성경과는 거리가 먼 거짓 종교 시스템입니다.

그래서 천주교를 비롯한 모든 종교가 추구하는 것은 내 힘과 재력과 명예와 권세와 선한 행위들을 가지고 내 악한 행위들을 가림으로써 하나님 앞에서 의롭다고 인정받으려는 것입니다. 그래서 그들은 선행을 통해 천국(극락)에 갈 수 있다고 이야기합니다. 이것을 우리는 인간의 종교 체제라고 말합니다.

이런 면에서 이 세상의 불교도나 천주교도가 예수님을 믿는 사람보다 선한 행위를 훨씬 더 많이 하는 것을 볼 때가 많습니다. 비교가 안 될 정도로 많이 합니다. 이 세상의 좋은 일들을 하는 면에서 보면 그들은 예수님을 믿는 사람들과 비교할 수 없을 정도로 많이 합니다. 그런데 무언가가 잘못 되어 있습니다. 이 사람들이 이런 일을 통해 이루고자 하는 목적이 잘못되어 있습니다.

그러면 기독교는 어떨까요? 기독교는 하나님이라는 절대자 앞에 서면 마더 테레사나 교황이나 대통령이나 목사나 성도나 아이나 어른이나 노인이나 모두

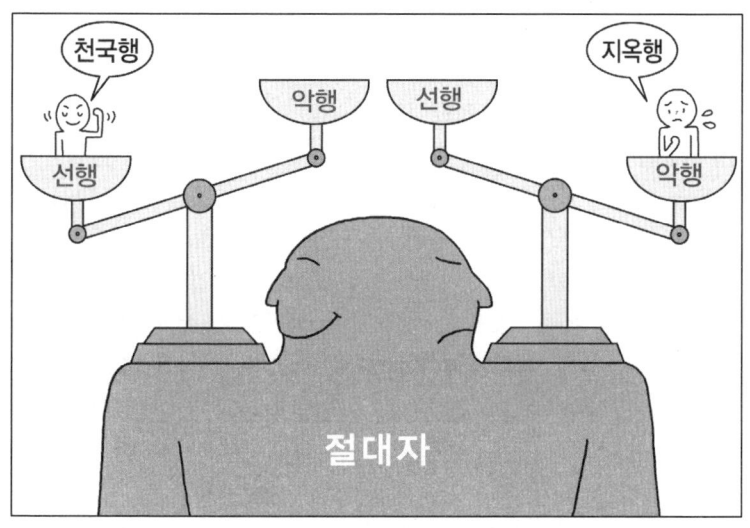

〈이 세상 종교들의 구원 시스템〉

죄악으로 가득한 죄인이라는 것을 가르칩니다. 이해하시겠습니까?

사람마다 선행의 정도 면에서 차이가 있고 악행의 정도 면에서도 차이가 있지만 전능하시고 거룩하시며 완벽하신 하나님 앞에 가서 서면 모든 사람이 시뻘건 죄인이라는 것입니다. 그러니까 기독교는 이 세상에 죄가 없는 사람은 아무도 없다는 것을 선포합니다. 이것은 다시 말해 사람이 자기의 선한 행위를 가지고 하나님께 나아가려고 해도 그런 일로는 하나님 앞에 의인으로, 죄 없는 자로 설 수가 없다는 것입니다.

여러분과 제가 좀 더 이해하기 쉽도록 이것을 조금 단순화해서 다른 식으로 이야기하면 개미와 사람의 예를 들 수 있습니다. 개미들의 집이 조그만 바위에 눌려 무너졌다고 생각해 봅시다. 사람이 볼 때는 조그만 바위를 치우는 것이 아무것도 아니지만 개미 입장에서는 엄청난 일입니다. 그렇지 않습니까? 사람에게는 별 것 아니지만 개미는 아무리 노력을 해도 바위를 치울 수 없으므로 그 일은 불가능합니다. 아무리 개미가 좋은 일을 해도, 노력을 해도 자기가 감당할 수 없는 엄청난 바위를 치우고 집을 다시 세우는 일은 불가능합니다. 즉 이 일은 같은 힘을 가진 '개미 종류'의 힘으로는 해결할 수 없는 것입니다.

사람도 이와 동일한 문제를 가지고 있습니다. 그래서 능력과 부류가 동일한 사람은 아무도 다른 사람들의 근본적인 문제를 풀 수 없습니다. 소크라테스든 공자든 무함마드든 몰몬교의 창시자 조셉 스미스든 누구든지 간에 우리와 똑같은 차원에 있는 사람으로서는 사람의 문제를 해결할 수 없습니다. 이것이 기독교의 핵심입니다.

그래서 기독교에서는 사람이 어떤 선한 일을 해도, 최선의 노력을 해도 하나님이 원하시는 완전함에 이를 수 없기 때문에 하나님께서 친히 우리를 불쌍히 여기시고 이 모든 일을 수행하십니다. 사람은 단지 하나님이 이루신 일을 믿음으로 믿고 받아들일 뿐입니다. 인간에게는 선한 것이 있을 수도 없고 인간은 스스로 선한 것을 이룰 수도 없습니다. 이것이 바로 기독교의 핵심입니다. 그래서 기독교는 하나님께서 사람의 몸을 입고 오셔서 사람이 안고 있는 죽음의 문제와 죄와 양심의 문제를 일시에 하나님의 방법으로 해결해 주심을 가르칩니다.

그러므로 기독교는 사람이 선행으로 구원받거나 돈이 많거나 교회에 가서 일을 많이 하거나 목사 말을 잘 들어서 구원받는 시스템이 아닙니다. 하나님 앞에 나아가 자랑할 것이 우리 가운데는 하나도 없습니다. 단 하나도 없습니다. 우리의 행위 중에는 하나님의 일에 더해서 그 일을 완전하게 할 것이 단 하나도 없습니다. 하나님과 사람은 다른 차원에 있기 때문입니다.

이것은 기록된 바, <u>의로운 자는 없나니 단 한 사람도 없으며</u> 깨닫는 자도 없고 하나님을 찾는 자도 없으며 그들이 다 길에서 벗어나 함께 무익하게 되었고 <u>선을 행하는 자가 없나니 단 한 사람도 없도다</u>. 그들의 목구멍은 열린 돌무덤이고 그들은 자기 혀로 속임수를 썼으며 그들의 입술 밑에는 독사의 독이 있고 그들의 입은 저주와 쓴 것으로 가득하며 그들의 발은 피 흘리는 데 빠르므로 파멸과 고통이 그들의 길에 있어 그들이 화평의 길을 알지 못하였고 그들의 눈앞에는 하나님을 두려워함이 없느니라, 함과 같으니라(롬3:10-18).

그렇다고 악행을 하라는 이야기는 결코 아닙니다. 하나님의 은혜를 받고 나서 어떻게 계속 악한 일을 하고 죄 가운데 거할 수가 있습니까? 그것은 불가능하지 않습니까? 그러니까 다른 종교들과 기독교는 구원 시스템이 완전히 다릅니다.

옷을 입을 때 처음에 단추를 잘못 끼우기 시작하면 맨 끝에 가면 완전히 돌이킬 수 없는 것을 아시지 않습니까? 그러므로 종교 시스템에 들어가면 그것은 첫 단추를 잘못 끼우는 것입니다. 계속해서 무언가를 하는데 끝에 가면 지옥행으로 결정 나고 맙니다. 하나님의 요구 조건을 만족시킬 수 있는 사람은 하나도 없기 때문입니다. 그래서 하나님이 원하시는 구원 시스템은 사람의 행위와 상관이 없이 이루어지는 시스템입니다.

개미집에 바위가 무너져 내리고 개미 사회에 다리가 파괴되면 개미는 그런 것을 회복할 방법이 없습니다. 그런 일은 개미와는 다른 차원의 존재 즉 사람 같은 존재만이 해 줄 수 있습니다. 마찬가지로 하나님께서 우리의 이 답답한 죄 문제와 죽음의 문제, 양심의 문제, 온 지구가 안고 있는 창조물의 신음 문제, 인류 역사의 갈등 문제, 온 우주 공간에서, 영적 세계에서 일어나고 있는 영적 갈등의 문제, 이런 모든 문제를 하나님이 우리 뜻과 우리의 방법이 아니라 하나님의 방법대로 이루어 나가시는 체제가 바로 기독교입니다.

그러니까 기독교는 창조주 하나님이 창조물에게 다가오는 시스템입니다. 반면에 다른 종교는 창조물이 자기 힘을 가지고 절대적인 존재에게로 찾아가는 시스템입니다. 따라서 기독교는 하나님이 사람과 모든 창조물과 지구와 우주와 인류 역사의 모든 문제를 일순간에 한 번에 영원히 해결해 주는 통합 해결책입니다. 즉 인간 내면의 죄 문제와 육신의 죽음의 문제를 다루면서 동시에 이 시간에서부터 영원이라고 하는 시공간까지의 모든 문제를 일시에 하나님께서 완벽하게 자신의 방법으로 해결해 주는 종합적인 해결책이 기독교입니다.

우리가 구원에 대해 이야기할 때에는 물론 개인 구원이 가장 중요합니다. 그러나 이제는 스케일을 크게 넓혀서 하나님의 '큰 틀의 구원'을 보아야 합니다. 영적인 세계에서 천사들에게까지 이르는 모든 문제를 우리 하나님은 구원을 통해 통합적으로 완전하게 이루어 놓으십니다. 기독교의 구원 즉 예수님이 이루시는 일은 온 우주 공간에까지 효력이 미치는 것입니다. 이제부터는 이와 같은 큰 스케일을 가지고 하나님의 구원을 생각해야 합니다.

7. 한국 교회의 부패와 타락

그런데 문제가 있습니다. 예수님을 믿는 사람들이 잘못하기 때문에 교회에 대해 부정적인 의견이 매우 많습니다. "교회에 같이 갑시다."라고 말하면 "너나 가서 잘하세요."라고 말합니다. 왜 그럴까요? 지금의 기독교가 잘못되어 있기 때문에 그렇습니다. 그래서 안티 기독교 사이트에서는 '기독교와 목사'라고 하지 않고 '개독교와 먹사'라고 합니다. 이렇게 기독교가 개독교가 되고 목사가 먹사가 되는 안타까운 일이 눈앞에서 벌어지고 있습니다. 왜 '개독교와 먹사'가 됐을까요? 이것은 참으로 슬픈 일이며 그리스도인들은 이에 대해 크게 반성하고 회개해야 합니다. 성경적으로 이야기하면 목사와 교회가 뼈저리게 회개해야 합니다. 분명하게 말씀드리는데 지금 한국의 기독교는 성경의 기독교와 너무 많이 다릅니다. 기독교는 성경에 있는 대로 행하는 시스템입니다. 거기에는 미국식도 없고 한국식도 없고 남아프리카공화국 식이 따로 없습니다. 성경에 있는 대로 해야 기독교입니다.

그런데 한국의 기독교는 특히 미국의 기독교와 비교했을 때 너무나 많이 성경과 동떨어져 있습니다. 그 이유는 처음에 이 땅에 기독교가 들어올 때부터 우리나라는 기독교를 받아들일 수 있는 토양이 형성되어 있지 않았기 때문입니다.

그래서 기독교는 샤머니즘이라는 토속 무속 신앙과 함께 자라게 됐습니다. 그러다 보니 교회에 가면 하는 이야기가 죄다 "교회에 다니면 복 받는다. 교회에 다니면 아들이 대학 붙는다. 교회에 가면 사업이 잘된다. 교회에 가면 병 낫는다."라는 것뿐입니다.

여러분에게 교회에 같이 가자고 하는 사람들의 대부분이 "교회에 가면 복 받습니다. 병이 낫습니다. 사업이 잘됩니다. 방언도 합니다. 귀신도 쫓습니다."라고 하지 않습니까? 더욱이 우리 목사님이 용해서 우리 교회에 가면 만사형통의 복을 받는다고 말하지 않습니까? 참으로 이것은 성경의 기독교가 아닙니다. 예수님을 믿으면 세상적인 기준에서 잘 살 수도 있고 잘 살지 못할 수도 있습니다. 재정적으로 부유할 수도 있고 부유하지 않을 수도 있습니다. 대학 시험에 붙을 수도 있고 붙지 못 할 수도 있습니다. 이런 것들은 결코 기독교의 핵심이 아닙니다.

지금 엄청나게 큰 예배당을 지어 놓고 그것이 교회인 줄 알고 착각하는 사람들이 많습니다. 그런 건물 안에 하나님이 있는 줄로 알고 지극정성을 다해 온갖 보석으로 예배당을 치장하고 심지어 예배당을 성전이라고 부르는 얼빠진 사람들이 너무나 많습니다. 하나님은 그런 건물 안에 계시지 않습니다. 구약 시대에는 이스라엘의 예루살렘에, 모리아산이라고 하는 바로 그 산에 사람들이 성전을 지어 놓았고 실제로 하나님의 영이 그 안에 거했습니다. 물론 처음부터 하나님의 영은 사람들 가운데 거했지만 구약 시대 중반부에서 시작되는 이스라엘 신정 왕국 시대부터는 그분의 영은 이스라엘의 예루살렘 성전에 특별히 거하셨습니다.

그러나 우리 예수님께서 십자가에 달려 돌아가신 바로 그 순간에 그 예루살렘의 성전 휘장이 위에서부터 아래로 쫙 갈라진 뒤부터는 하나님의 영이 저와 여러분을 성전으로 삼으시고 우리 몸 안에 들어와 계십니다(고전6:19). 이 영광스러운 시대를 우리는 신약 시대라고 말합니다. 그래서 이 신약 시대에는 구원받은 모든 사람들이 '걸어 다니는 성전'입니다. 지금 우리에게는 이와 같이 멋진 시대가 열려 있습니다.

그러니까 건물을 자랑할 필요가 없습니다. "우리 교회는 이천억 원짜리다."라고 자랑하는 사람들이 많은데 이것이 도대체 무슨 소용이 있습니까? 아무 소용이 없습니다. "우리 교회 파이프 오르간은 오십억 원짜리다."라는 말 역시 아무 소용없는 말입니다. 많은 무지한 사람들이 교회당 건물을 성전으로 숭배하고 있습니다. 그런 교회에 가 보시기 바랍니다. 모두 꽝꽝대며 록 음악을 하지 않습니까? 왜 록 음악을 합니까? 교회에서 록 음악을 안 하면 젊은 사람들이 안 온다고 그들은 말합니다. 세상의 모든 사람들이, 단체들이 록 음악을 하는데 교회만 안 하니까 안 온다는 것입니다.

이번에 미국에 갔다가 볼티모어에서 한 청년을 만났습니다. 그 청년은 "목사님, 교회에서 록 음악을 안 하면 교회 올 아이들이, 청년들이 거의 없습니다."라고 제게 말했습니다. 교회는 록 음악을 하는 장소가 아닙니다. 랩 음악을 하고 귀 뚫고 여자처럼 긴 머리를 한 히피족 같은 남자아이들이 강단에 올라와서 십자가 메고 발광하는 그런 지저분한 장소가 아닙니다.

우리의 교회들 안에는 매관매직이 너무나 보편화되어 있습니다. 총회장, 노회장, 감독, 감독 회장 한번 하려면 적어도 몇 억 원을 써야 됩니다. 누구나 다 아는 일입니다. 그 돈 다 누가 냅니까? 성도들이 낸 돈을 목사들이 매관매직하려고 가져다 쓰고 있습니다. 장로 한번 하려면 많은 돈을 내야 합니다. 집사 한번 하려 해도 돈 안 내고는 안 됩니다. 지금 이러한 일들 즉 하나님이 원치 않는 일들이 교회 안에 너무나 만연되어 있습니다. 이렇게 악한 일들이 만연되어 있는데도 그것이 틀렸다고 이야기하는 사람이 별로 없습니다. 중세 카톨릭 교회의 부패를 초월하는 엄청난 규모의 부패가 교회 안에서 일어나는데도 다 수수방관하고 있습니다. 멸망을 앞둔 유다 왕국의 예레미야 대언자가 살던 시대처럼 목사와 성도들이 합작하여 거짓을 사랑하고 하나님의 공의를 무시하고 있습니다.

그 땅에서 놀랍고도 무서운 일이 저질러졌도다. 대언자들은 거짓으로 대언하고 제사장들은 자기 방법으로 다스리며 내 백성은 그렇게 하는 것을 사랑하니 그것의 마지막에는 너희가 무엇을 하려느냐? 하라(렘5:30-31).

또 어떤 일이 발생합니까? 교회와 세상이 구분이 안 되니까 음악도 구분이 안 됩니다. 문화도 구분이 안 됩니다. 정의 구현 사제단이니 민주화 목사들 모임이니 하는 것들이 다 예수님하고 전혀 상관없습니다. 정당 대표가 목사라고 하는데 이런 대표 역시 예수님하고는 전혀 상관없습니다.

다시 한 번 말하지만 이런 것들은 성경의 복음과 전혀 상관없습니다. 이런 것들을 주장하고 추구하는 사람들은 이 복된 신약 시대에 성경의 예수님이 가르쳐 주신 기독교하고는 전혀 상관없는 사람들입니다.

이러다 보니 교회 안에서 하나님의 거룩함을 찾기가 어렵습니다. 교회 안에 하나님의 거룩함이 없습니다. '거룩하다'는 말을 하면 무언가 머릿속에 들어오는 것이 있지 않습니까? 우리 교회에 한 부부가 방문하셨는데 남편은 양복으로 정장을 하고 오셨습니다. 자매님도 마찬가지였습니다. 처음 오시는데 왜 그렇게 했을까요? 교회에서 거룩한 하나님을 만나야겠다고 생각했기 때문입니다. 최선을 다해 하나님 앞에 깨끗한 모습으로 나타나야겠다고 작정했기 때문입니다. 이것은 결코 율법주의를 준수하려는 것이 아닙니다. 하나님을 사랑하고 그분을 두려워하면 내적 경외심이 반드시 외적으로 드러나게 되어 있습니다.

하나님을 찾으려 하면서 그분의 거룩함을 구하지 않기 때문에, 교회에 그분의 거룩함이 실종되어 늘 속된 것을 보고 배우기 때문에 1년, 2년, 3년 지나게 되면 아이나 어른이나 교회 다닌다고 하는 사람들이 다 세상 사람들과 하나도 다른 것이 없게 됩니다. 이러다 보니 어떻게 되는지 아십니까? 교회에 가서 구원받기가 대단히 어렵게 됩니다. 이것은 참 슬픈 일인데 사실입니다.

다시 한 번 말씀 드리겠습니다. 오늘날에는 교회에 가서 구원받기가 대단히 어렵습니다. 많은 목사들이 성경 말씀 한두 구절 읽고 거의 다 다른 이야기하지 않습니까? 이것이 지금의 현실입니다. 구원받게 한 다음에 혹은 구원하지도 못한 채 예수님 표현대로 두 배나 더 지옥 자식을 만드는 경우가 허다합니다. 율법 시스템으로 사람을 집어넣어 목사나 교회의 종이 되게 하는 교회 시스템으로 인해 세상 사람들은 교회 다니는 사람들을 보면서 하나님의 거룩함과 공의를 보지 못합니다. 믿는 사람이나 불신자나 다 똑같기 때문입니다.

이제 천주교에 대해 다시 한 번 이야기하려고 합니다. 천주교는 기독교가 아닙니다. 마리아를 섬기고 하나님과 사람 사이에 '신부'(神父) 즉 제사장을 가져다 놓고 사람이 제사장에게 가서 무언가 고백을 하면 제사장이 죄를 용서해 준다고 선언하는 이런 시스템은 하나님이 지극히 미워하시는 니골라당의 시스템입니다. 예수님도 친히 이런 것을 미워한다고 하십니다(계2:6). 그냥 미워하시는 것이 아니라 극도로 미워하십니다.

그런데 지금 교회가 그런 일을 하고 있습니다. 목사가 신부 노릇을 하고 있습니다. 교회당을 옛날엔 다 예배당이라고 했는데 지금은 뭐라고 합니까? 성전이라고 그럽니다. 이것은 천주교의 성당하고 똑같은 개념입니다. 예배당에 성스러운 무언가를 모셔 놨습니까? 아니지 않습니까? 예나 지금이나 미국의 성경적인 그리스도인들은 예배당을 그냥 '강당'(Auditorium)이라고 부릅니다. 그것이 맞지 않습니까?

또 교회 성도들의 헌금을 갈취해서 신문사 만들고 자기 사업을 벌이는 목사들도 있습니다. 교회들이 많은 돈을 들여서 건물을 치장하고 있고 수천억 원 들여서 교회 건물을 짓는다고 하니 한국에서는 교회에 가자고 하는 말이 통하지 않습니다. 일반 사람들의 눈에 이미 교회는 비정상적인 단체로 보이기 시작했다는 것입니다. 이런 현실을 직시하고, 이런 것은 예수님을 믿는 것이 아니라고 분명하게 말해야 합니다. 그렇게 하는 것은 예수님이 원치 않는 것입니다.

8. 그리스도의 교회

 그러면 성경에 나타난 예수 그리스도의 교회는 어떤 것일까요? 즉 성경이 이야기하는 교회 말입니다. 그것은 전적으로 하나님의 은혜로 예수 그리스도를 믿는 믿음으로 말미암아 지금 현 세상에서의 인간 내면의 죄 문제, 육신의 사망의 문제, 그리고 양심의 문제를 해결한 사람들이 교회입니다. 교회는 건물이 아닙니다. 성경이 이야기하는 교회는 하나님께서 은혜로 불러내서 예수 그리스도의 십자가의 보혈의 공로만을 의지해서 죄와 죽음과 양심의 문제를 해결한 사람들 혹은 사람들의 모임이 교회입니다.

 그러니까 교회가 되려면 무엇이 있어야 됩니까? 죄 문제가 먼저 해결되어야 합니다. 이로써 죽음의 문제가 해결되어야 합니다. 이로써 인류의 근본 문제와 우주 공간의 모든 문제가 동시에 해결되는 통합 시스템이 바로 우리 주 예수님께서 우리에게 보여주신 신약 교회입니다.

 교회는 세상과 구별된 거룩한 모임으로 세상의 빛과 소금의 역할을 하는 사람들입니다. 세상과 거룩히 구별이 돼서 "야 저 사람들 보니까 나도 한번 저렇게 살아봐야 되겠구나."라든가 혹은 "저 사람들 참 깨끗한데. 정말 삶이 멋있는데. 아이들도 제대로 키우는데."라는 고백이 세상 사람들에게서 나와야

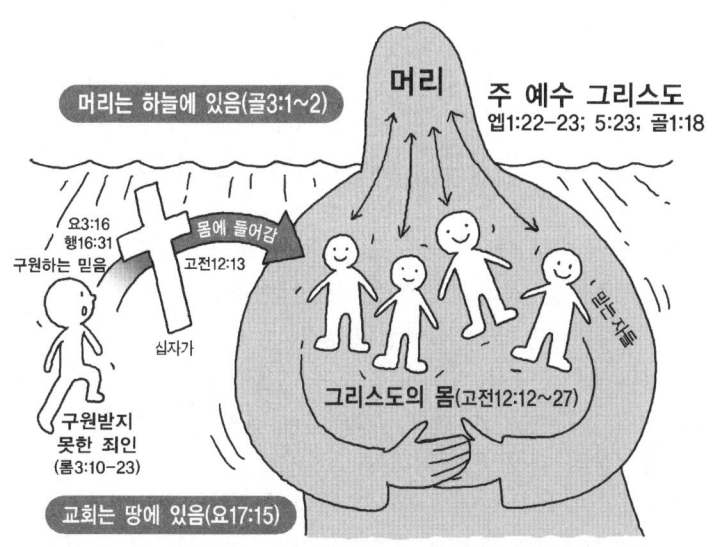

사람이 믿을 때 하나님은 그를 그리스도의 몸 안에 둔다(침례의 의미-고전12:13).

〈예수 그리스도의 교회〉

합니다. 이런 칭찬을 받으며 빛과 소금의 역할을 하는 사람들의 모임이 교회입니다. 성경이 그렇게 이야기합니다.

이러한 사람들을 가리켜 성경은 그리스도인이라고 말합니다. 그리스도인은 곧 그리스도를 따르는 사람을 뜻합니다. 그리스도를 따르는 사람, 그리스도의 생명이 안에 있어서 그리스도의 생명으로 말미암아 열매를 맺는 사람이 그리스도인입니다.

예수님 안에는 거룩하지 않은 것이 하나도 없습니다. 모든 선함, 모든 아름다움, 모든 영광, 모든 권능, 모든 존귀한 것, 명예스러운 것, 이런 모든 것의 극치가 바로 우리의 예수님입니다. 그래서 그리스도를 따르는 그리스도인이라면 예수님이 지니신 이런 특성이 나와야 합니다. 그러므로 원칙대로 예수님을 믿으면 손해 볼 것이 하나도 없습니다. 예수님의 이런 특성들이 우리 삶을 통해서 나오게 될 때 그것이 정말 예수님이 원하는 그리스도인이며 그런 사람들의 모임이 그리스도의 교회입니다.

9. 통합적인 구원

이제 구원을 큰 스케일로 달리 표현해 보겠습니다. 하나님께서 처음에 하나님의 형상과 하나님의 모양대로 사람을 만드시면서 하나님의 본성에 참여하는 특권을 허락해 주셨습니다. 그런데 사람이 하나님을 배반함으로 말미암아 하나님의 본성에 참여하는 특권이 박탈됐습니다. 상실됐습니다. 그래서 인간의 구원은 처음에 하나님이 허락하신 '하나님의 본성에 참여하는 특권'을 되찾는 것입니다. 그것을 인간의 구원이라고 성경은 말합니다. 그래서 인간의 구원이 대단히 중요합니다. 이렇게 인간의 구원 문제가 해결이 되면 모든 창조물이 신음하는 창조 세상의 문제, 지구의 환경 문제, 온 우주 공간의 문제, 영적인 세상에서의 모든 문제가 다 하나님의 아들 예수 그리스도에 의해서 완전히 통합적으로 해결됩니다. 이런 시스템을 우리는 기독교의 복음 시스템이라고 이야기합니다.

그러니까 인류의 역사 속에 하나님의 공의가 세워지고 궁극적으로 온 우주 공간에 하나님의 뜻이 온전히 세워져서 온 우주 공간 모든 곳에 하나님의 영광이 빛나는 시스템이 세워지는 것, 바로 그것이 하나님이 저와 여러분을 구원하셔서 이루고자 하는 일의 최종 목적입니다.

그러면 사람의 존재 목적은 먼저 영과 육과 혼의 구원을 받는 것입니다. 하나님과 교제하기 위해서 하나님의 본성에 참여하는 자가 돼야 합니다. 그것이 된 다음에 무엇을 해야 됩니까? 하나님의 영광을 위해서 사는 사람이 되는 것, 그것이 사람의 존재 목적입니다.

이제 다시 간단히 요약하겠습니다. 이 세상에서 일어나고 있는 죄와 재난과 우주 공간에서 벌어지고 있는 일과 또 인류의 역사와 인간의 내부에서 생기는 죄와 죽음과 양심의 문제 같은 것들을 한 번에 통합적으로 해결하는 것을 가리켜서 성경은 '넓은 의미의 구원'이라고 말합니다. 성경이 다루는 구원이라는 주제는 이런 광활한 스케일 속에서 이루어집니다. 그냥 나 하나 구원받고 잘 먹고 잘 사는 샤머니즘 식의 구원이 아닙니다. 물론 먼저 개개인이 구원을 받아야 합니다. 그런데 구원의 스케일이 점차 점차 커져서 온 우주 공간과 영적 세계에까지 미치는 그런 스케일 안에서 이루어지는 구원, 바로 이런 구원에 대해 성경은 우리에게 가르쳐 주고 있습니다.

그런데 중요한 것이 있습니다. 하나님의 구원이 우주 공간에까지 이르는데 만일 내게 구원이 이루어지지 않으면 아무 소용이 없지 않습니까? 그렇지요? 그러니까 가장 중요한 것이 무엇입니까? '내가 구원받는 것'이 역시 가장 중요합니다. 다시 말씀드리지만 하나님의 구원 스케일이 아무리 크다 해도 나 자신이 구원받는 것이 가장 중요합니다. 하나님의 뜻이 온 우주 공간에서 다 이루어졌는데 나는 구원을 못 받았다면 얼마나 슬픈 일입니까? 그렇지 않습니까? 그러니까 '내가 구원받는 일'이 이 모든 구원 역사에서 가장 중요합니다.

그러면 왜 제가 이와 같은 '큰 스케일의 구원'을 이야기했을까요? 저와 여러분이 그리스도인으로 그런 스케일을 가지고 살아야 함을 알려 주기 위함입니다. 그냥 육신적인 복을 받고 지금 살고 있는 지역에, 교회에 머리 집어넣고 여기가 끝인가 보다 하고 생활하면 하나님의 진짜 복을 놓칩니다. 우리가 구원받으면 앞으로 그리스도와 함께 공동 상속자가 돼서 - 하나님의 상속자요 그리스도와 공동 상속자가 돼서 - 온 우주 공간을 통째로 다스리는 하나님의 아들이 됩니다(롬8:17).

이런 관점에서 '큰 구원의 스케일' 속에서 우리가 영과 진리 안에서 하나님의 영광과 존귀함과 죽지 아니함을 추구할 때 하나님이 우리에게 영원한 생명을 주신다고 성경이 말합니다(롬2:7). 바로 이런 감격 속에서 살아야 함을 말씀드리기 위해 저는 위에서 큰 스케일에서의 구원을 다 말씀드렸습니다.

2장

하나님의 구원

이제부터 '인간 구원'이라는 주제의 본론으로 들어가겠습니다. 앞에서 언급한 큰 스케일의 구원도 중요하지만 가장 중요한 것은 역시 저와 여러분이 구원받아 하나님 앞에 부끄러움이 없이 서는 것입니다. 따라서 이제부터 스케일을 작게 해서 개인의 영혼 구원을 생각해 보도록 하겠습니다.

1. 구원의 정의

누가 와서 "구원이 도대체 무엇입니까?"라고 물으면 무어라 대답하시겠습니까? '구원'(Salvation)은 '구출받는 것'을 뜻합니다. 이 이상 아무것도 없습니다. 구렁텅이에 빠진 사람을 건져 낸다는 뜻입니다. 저와 여러분이 성경을 읽다 보면 구원이란 말이 여러 차례 많이 나옵니다. 이집트의 속박에 빠져서 약 400년 동안 종살이를 하던 이스라엘 백성을 하나님이 구원해 내셨습니다. 그 구원은 우리가 지금 이야기하는 영적 구원이 아닙니다. 구원은 어디에서 빠져나오는 것입니다. 성경은 이집트 속박의 종살이에서 빠져나오는 것을 구원이라고 표현했습니다(출14:30; 시106:8). 이해하시겠지요? 그것도 구원입니다.

베드로가 예수님이 물 위로 걸어오는 것을 보고는 "예수님 저도 물 위로 좀 걸어갈 수 있게 해 주십시오."라고 간청했습니다. 그리고는 물로 내려가서 걸었습니다. 그러다가 믿음이 없어 밑으로 빠지니까 "주여, 저를 구원해 주십시오."라고 말했습니다(마14:30). 이럴 때 구원은 천국 보내 달라는 이야기가 아닙니다. 그것은 "물속에서 이 위험에서 나를 구출해 주십시오."라고 말하는 것입니다. 그러니까 성경에 나오는 구원이라는 말은 아주 간단합니다. 어떤 위기 상황이든 무슨 급박한 상황이든 어떤 종살이든 어디에 속박되어 있든 거기서 구출해 내는 것을 성경은 구원이라고 말합니다.

앞 장에서 우리는 사람들이 안고 있는 이런저런 문제를 살펴보았습니다. 그런데 사람이 이런 문제들로부터 빠져나오는 것이 바로 구원입니다.

먼저 양심의 문제가 있습니다. 죄를 지으면 사람의 양심이 찔립니다. 이 같은 양심의 문제를 벗어나는 것이 구원입니다. 죄 때문에, 죄 짐에 눌려 사람이 죽게 되었습니다. 이 경우 죄에서 벗어나는 것이 구원입니다.

또 사망의 문제가 있습니다. 이것이 우리를 얽어매므로 모든 사람이 죽음 앞에 서면 벌벌 떨지 않습니까? 여기서 벗어나는 것이 구원입니다. 맞습니다.

지금 세상의 온 창조물이 크게 신음하고 있습니다. 이 신음하는 일에서 벗어나는 것이 구원입니다. 인류의 역사가 하나님의 뜻대로 진행되어 그분의 뜻이 온전히 이루어지는 것이 우주적 관점에서의 구원입니다.

그러므로 성경의 구원은 죄와 사망과 지옥과 또 우리가 원치 않는 모든 더러운 것을 벗어나 탈출해서 하나님이 원하시는 방향으로 가는 것, 그런 것들에서 구출받는 것을 뜻합니다.

따라서 예수님을 믿는다는 것은 개개인의 구원부터 시작해야 합니다. 각자의 구원 문제가 해결되어야 합니다. 어머니 뱃속에 있는 아기가 아직 밖으로 나오지도 않았는데 열 살짜리, 스무 살짜리 옷 사다 놓고 즐거워해 봐야 무슨 소용이 있습니까? 일단은 배 속에서 나와야 그다음에 성장을 해서 열 살도 되고 스무 살도 되어 무슨 일을 하지 않겠습니까?

엄밀한 의미에서 예수 그리스도의 교회는 구원받은 사람들의 모임입니다. 이 땅의 예배당에는 구원받은 사람이 있고 구원받지 않은 사람이 있습니다.

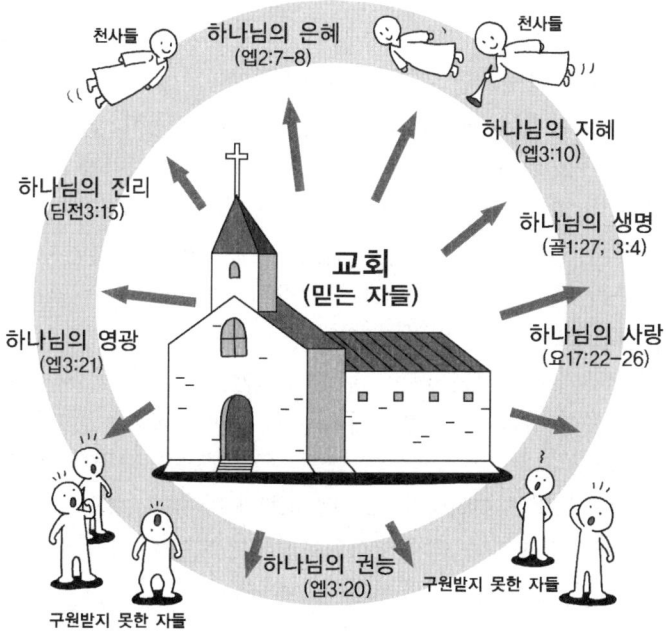

그러나 예수 그리스도의 교회는 오직 구원받은 사람들만의 모임입니다. 하지만 목사는 어떤 사람이 구원받았는지 받지 않았는지 병아리를 감별하듯 감별할 수 없습니다. 그래서 목사는 교회 나오는 모든 사람들에게 동일하게 구원받으라고 선포합니다. 오직 각 사람 자신과 하나님만 개개인의 구원을 알고 있습니다.

자기가 구원받았는지 받지 않았는지 본인이 모를 수가 있습니까? 없습니다. 모두 압니다. 알 수 있습니다. 또 하나님이 알고 있습니다. 성경은 분명하게 하나님의 영께서 우리 영과 더불어 우리가 구원받아 하나님의 자녀가 되었음을 증언하다고 말합니다(롬8:16). 또 사도 요한은 우리가 구원받으면 그리스도 안에 있음을 안다고 말합니다.

또 하나님의 아들께서 오셔서 우리에게 깨달음을 주사 우리가 진실하신 분을 알게 하셨음을 우리가 알고 또 우리가 진실하신 분 곧 그분의 아들 예수 그리스도 안에 있음을 아노니 이분은 참 하나님이시요 영원한 생명이시니라(요일5:20).

기독교의 믿음은 구원받는 데서 시작이 됩니다. 그래서 개인의 구원이 없으면 교회생활 30년, 십일조 생활 50년 해도 아무 소용이 없습니다. 목사 말 아무리 잘 들어도 소용이 없습니다. 교회 가서 무슨 선행을 했든지 다 소용이 없습니다. 그러므로 교회 목사와 지도자들이 가장 크게 신경을 써야 할 일은 교회에 오는 사람들이 구원받았는지, 받지 않았는지 체크하는 일입니다. 교회 사이즈가 적당해서 목사가 시간을 내서 최소한 한 번은 모든 사람을 만나 구원에 대해 개인적으로 이야기할 수 있어야 합니다. 사람들이 늘어났는데 나중에 가서 바람을 훅 부니까 다 날아가는 겨로 판명되면 곤란하지 않습니까?

그래서 모든 교회에서 목사나 집사나 신경 써야 할 문제 중의 하나가 새로운 사람이 왔을 때 구원을 체크하는 것입니다. 물론 교회에 오자마자 그러란 이야기는 아닙니다. 시간이 지나면서 그 사람과 인격적인 관계를 맺게 되고 적당한 시간이 됐을 때 "형제님, 자매님, 혹시 구원받으셨습니까? 구원이 무엇인지 아십니까?"라고 말하며 구원 문제를 이야기해서 구원받지 않았으면 구원의 도리를 알려 주어야 합니다. 그런 곳이 바른 교회입니다.

교회는 날마다 가서 일하는 곳이 아니고 구원받은 사람들을 양육해서 성장하게 하고 구원받지 못한 사람들을 구원받게 하는 곳입니다. 교회는 날마다 전도하라고 내모는 곳이 아닙니다. 1차적으로 교회에 오는 사람을 구원의 길로 인도하는 곳이 예수 그리스도의 교회입니다. 그런데 교회가 이 일을 게을리 하고 있습니다. 그래서 교회 나와서 교인이 되기는 쉬워도 그리스도인이 되기는 대단히 어려운 시대에 우리가 살고 있습니다.

2. 기원의 문제

위에서 우리는 구원의 정의를 살펴보았습니다. 이제부터는 구원받아야 하는 이유를 생각하면서 먼저 기원의 문제를 살펴보려고 합니다. 기원 이야기를 꺼내려 하면 어떤 사람들은 "시간과 정열을 쏟아가며 기원의 문제를 연구할 필요가 있을까요?"라고 말합니다.

기원에 관해 올바르게 이해하는 것이 왜 중요한 것인가에 대해서는 많은 이유가 있습니다. 사실 우리는 그것들을 자세히 공부해야 할 필요가 있습니다. 어느 누구나 자기 자신의 정체와 살아가는 목적 그리고 개인적 목표 등을 깨달을 필요가 있습니다. 그런데 기원에 대한 이해가 없이는 이런 것들을 깨닫는다는 것 자체가 불가능합니다. 어떤 사람이 자신의 기원에 대해 어떻게 생각하는가가 그 사람의 생활 형태를 조정할 것이며 결국 그 사람의 운명을 결정할 것입니다.

인류가 안고 있는 많은 사회적 문제에 대한 해결책은 기원을 올바르게 이해하는 데 달려 있습니다. 만일 진화론의 철학이 옳다면 삶이란 아무런 목적도 없는 것입니다. 반면에 사람이 하나님에 의해 창조되었다면, 사람의 기원에 대한 올바른 이해가 우리가 갖고 있는 여러 가지 확신, 행동, 그리고 신조의 기초가 될 것입니다. 따라서 사람과 우주의 기원에 관한 질문은 결코 무시할 수 없는 중대한 사안입니다.

위에서 우리는 사람들 가운데, 창조 세상 가운데 큰 문제들이 있다는 것을 살펴보았습니다. 그러면 이 모든 문제가 처음에 어디서 생겼을까요? 이것을 알지 못하면 근본적으로 이 문제를 해결할 수 없습니다. 즉 이 문제들이 처음에 어디서 어떻게 생겼는지를 알아야 그런 문제들을 해결할 수 있다는 것입니다.

저와 여러분은 지능과 지각을 가지고 있습니다. 이러한 인간으로서 우리는 삶을 살면서 한 번쯤은 다음과 같은 세 가지 중요한 질문을 생각해 보아야 합니다.

첫째 질문: "나는 어디에서 왔는가?"
둘째 질문: "나는 왜 여기에 있는가? 여기서 무엇을 해야 하는가?"
셋째 질문: "나는 어디로 가는가?"

이 질문들은 우리의 과거와 현재와 미래에 대한 것입니다. 시작과 끝을 알지 못하면 불안해서 살기가 대단히 어렵습니다. 여행을 하려고 하면 먼저 시작점을 알아야 하지 않습니까? 또 종착점을 알아야 하지 않습니까? 종착점을 알지 못하고 그냥 차에 기름 넣고 계속해서 떠돌면 어떻게 되겠습니까? 불안해서 옆에 있는 사람이 "당신 도대체 어디 가는 거요?"라고 묻지 않겠습니까? 그러면 "나도 몰라요. 그냥 차 가는대로 갑니다."라고 대답할 사람이 있겠습니까?

마찬가지로 인류와 우주의 출발점이 어디고 종착점이 어디인가를 알지 못하면 대단히 불안합니다.

1. 우리의 과거: 우리는 어디에서 왔는가?

그러면 먼저 "나는 어디에서 왔는가?"라는 질문을 한번 생각해 봅시다. 언제 어디서 모든 것이 시작되었을까요? 여러분의 이해를 돕기 위해 한강이 어디서 시작이 되는지 찾아봤습니다. 그랬더니 강원도 태백시 대덕산 검룡소가 남한강의 발원지라고 되어 있습니다. 북한강은 금강산 부근이 발원지입니다. 이 두 강이 5백 킬로미터 넘게 흘러 양수리에서 만나 한강을 이루고 바다로 흘러들어 간다고 알려져 있습니다. 그러니까 강도 그냥 나오지 않습니다. 어디엔가 발원지가 있습니다. 거기에서 나와서 맨 끝에 가면 종착지가 있습니다.

그러면 인간도 기원이 있을 것이 아닙니까? 내가 있고 내 아버지가 있고 내 아버지의 아버지가 있고 내 아버지의 아버지의 아버지가 있습니다. 이렇게 계속해서 올라가 맨 끝에 가면 원숭이가 나오겠습니까?

저는 공과 대학에서 학생들을 가르치고 연구를 합니다. 얼마 전까지는 새로 들어오는 학생들 가운데 몇 명씩 자동 할당돼서 그들을 상담해야 했습니다. 그래서 학교생활 등에 대해 다 상담한 다음에 한 5분 정도 남겨 놓고 끝에 가서 물어보곤 했습니다.

"너의 기원에 대해 물으려 한다. 네 할아버지는 뭐였다고 생각하니?"

그러면 아이들이 십 대 위의 할아버지까지는 다 사람이라고 말합니다. 그러면 제가 이렇게 말합니다. "아 그래? 그러면 백 대 정도 거슬러 올라가면 어떨까? 또 백 대, 이백 대, 삼백 대 이렇게 거슬러 올라가면 어떨까?" 그러면 아이들이 이상하게 여기고는 대답을 잘 못합니다. 대부분의 아이들이 스무 살이 넘도록 한 번도 그런 생각을 안 해 봤습니다.

또 아이들 중에는 자기의 처음 조상이 원숭이였다고 스스럼없이 말하는 아이들도 있습니다. 그러면 제가 말합니다. "학교에 가면 원숭이가 사람의 조상이라고 그러는데 정말로 원숭이가 네 처음 조상일 것 같니? 너는 지금 과학을 한다고 공과 대학에 들어왔는데 정말로 네 처음 조상이 원숭이일 것 같니?" 이렇게 진지하게 물으면 "원숭이는 아닐 것 같아요."라고 말합니다.

한번 생각해 봅시다. 우리의 아버지, 그 아버지의 그 아버지, 그 아버지의 그 아버지 이런 식으로 계속해서 위로 올라가면 어떻게 되겠습니까? 우리의 첫 조상이 원숭이일까요, 사람일까요? 사람입니다! 과학자라고 하는 사람들이 원숭이라고 주장하며 억지를 부리기에 무심코 원숭이라고 생각하는 것이지 정상적인 사람이라면 누구나 원숭이에서 사람이 되지 않는다는 것을 다 알고 있습니다. 이것은 일반 상식에 지나지 않습니다. 진화론을 믿는 과학자들만 상식도 모르고 있습니다.

그러면 질문을 한 가지 더 하겠습니다.
"사람은 항상 존재했을까요?"
지난 장에서 이미 말씀드렸습니다. 진화론자들도 지금부터 100만 년 전에 이 땅에 사람이 나왔다고 말합니다. 그러니까 이 말은 사람이 존재하지 않았던 때가 있었다는 말입니다. 믿지 않는 사람들도 다 그렇게 이야기합니다. 그러면 그들은 지구가 언제부터 존재했다고 말합니까? 약 50억 년 전에 존재했다고 합니다. 그러면 50억 년 전에는 지구가 없었다는 것이 아닙니까? 그렇죠? 그러므로 믿지 않는 사람이나 믿는 사람이나 다 같이 동의하는 것이 있습니다. 그것은 사람이 존재하지 않았던 때가 있었다는 것입니다. 지구가 존재하지 않았던 때가 있었다는 것입니다. 우주가 존재하지 않았던 때가 있었다는 것입니다. 그러면 언제부터 어떻게 동물과 식물과 사람이 이렇게 존재하게 되었을까요?

2. 인간의 기원

문제를 간단히 하기 위해 이제부터 인간의 기원에 대해서만 말씀드리겠습니다. 인간의 기원에 대해서는 대표적으로 세 가지 견해가 있습니다.

A. 진화론

첫째 이론은 '무'(無)에서 '유'(有)가 나왔다는 '진화론'입니다. 이 이론은 'Nothing'에서 'Something'이 나왔다고 말합니다. 아무것도 없었는데 거기서 뭐가 나왔다는 것입니다. 무생명에서 질서가 낮은 아메바가 나오고 거기서 고등 질서를 가진 사람이 나왔다는 것입니다. 이것이 중고등학교와 대학교에서 과학 교사들과 물리학자들과 생물학자들의 대부분이 가르치는 이론입니다. 이들에게 "사람이 어디서 나왔습니까?"라고 물으면 원숭이에서 나왔다고 말합니다. 그러니까 이들의 주장에 따르면 사람은 짐승에 지나지 않습니다.

그러면 여러분에게 물어보겠습니다. 무생명에서 생명이 나온다는 이야기를 들어본 적이 있습니까? 없을 것입니다. 생명은 다 어디서 나옵니까? 생명에서 나옵니다. 무생명에서 생명이 나온다는 것은 아무리 훌륭한 과학자가 이야기해도 거짓말입니다. 죽은 개나 돌덩어리는 결코 생명을 만들 수 없습니다. 이것이 가장 과학적이며 상식적인 만고불변의 법칙입니다.

이제 종이 바뀌는 일에 대해 이야기해 봅시다. 이 세상과 온 우주 역사 속에, 인류 역사 속에서 고양이가 개를 낳았다는 이야기를 들어 본 적이 있습니까? 없을 것입니다. 왜 없습니까? 그런 일은 생길 수도 없고 한 번도 생긴 적이 없기 때문입니다. 또 어떤 이들은 지금도 진화가 이루어지고 있다고 말합니다. 그러면 원숭이하고 사람 사이에 중간 단계가 지금도 나와야 하지 않습니까? 지금도 원숭이랑 비슷한 사람이 있습니다. 그런데 그것은 사람입니다. 사람하고 비슷한 원숭이도 있습니다. 그런데 그것은 원숭이지 사람이 아닙니다.

진화론자들의 주장이 맞으면 중간 단계가 있어야 할 것 아닙니까? 과연 그런 것이 있을까요? 없습니다. 화석에도 단 하나도 없습니다. 땅속에도 없고 땅 위에도 없고 하늘에도 없습니다. 그러면 어디에만 그런 것이 있습니까? 믿지 않는 사람들의 머릿속에만 그런 것이 있습니다. 중간 단계란 것은 존재하지 않습니다.

설계가 없이 이 세상에 어떤 창조물이 나올 수 있습니까? 설계하지 않고 볼펜 같은 것이 나올 수 있습니까? 안경, 마이크, 컴퓨터, 자동차, 항공기 이런 것들이 설계 없이 하늘에서 뚝 떨어집니까? 그런 일은 불가능하지 않습니까?

시간이 있으면 종로에 가서 얼마 전에 새로 세워진 세종대왕 동상과 이순신 장군 동상을 보시기 바랍니다. 그런 동상들이 하늘에서 뚝 떨어졌을까요? 아니면 누가 만들었을까요? 두말하면 잔소리입니다. 초등학교 다니는 아이들도 다 압니다. 불신 과학자들만 이런 상식을 모릅니다.

그러면 지혜가 많다고 공언하는 학자들 즉 케임브리지, 옥스퍼드, 하버드 대학교 물리학과를 다녔다는 물리학자, 생물학자들은 뭐라고 말합니까? 온 우주 공간이 '빅뱅'에 의해 갑자기 생기고 무생명에서 아메바가 생기고 원숭이가 생기고 사람이 생겼다고 이야기합니다. 그러면 대부분의 사람들은 "저렇게 공부를 많이 한 분이 이야기하는데 그것이 틀릴 리가 있습니까?" 하고는 그런 사람들의 믿음을 믿고 맙니다.

다시 한 번 말씀드리지만 이것은 믿는 것입니다. 보는 것이나 경험하는 것이 아닙니다. 과학은 항상 보는 것과 경험하는 것으로 증명이 되어야 합니다. 그런데 이들의 주장은 믿는 것이므로 종교 체제에 지나지 않습니다. 그냥 저절로 생기는 일은 불가능합니다. 이 세상에 그런 것은 존재하지 않습니다. 그것은 아이들도 다 알고 초등학교만 다닌 노인들도 다 압니다.

B. UFO 이론

둘째 이론은 UFO 이론입니다. 요새 UFO 이야기가 많이 나오지 않습니까? 이 이론의 핵심은 다른 별에서 고등 생명체가 와서 지구의 사람을 만들었다는 것입니다. 이 이론을 주장하는 사람들 가운데 본 다니켄이라는 유명한 사람이 있는데 그는 이렇게 말합니다.

지구에는 원래 진화에 의해 동물과 식물만이 살고 있었다. 그런데 지금부터 약 40,000년 전에 우주에서 지적인 초인간들이 와서 유전 공학을 통해 땅에 있는 원숭이들을 변화시켜 사람과 비슷하게 만들었다. 그리고는 지금부터 약 7,000년 전쯤에 이 땅에 다시 와서 그중에 두 명을 취해 유전 공학을 좀 더 잘 이용해서 아담과 이브라는 사람을 만들었는데 이 두 사람이 바로 현시대 인류의 조상이다.

그래서 요즘 나오는 공상 과학 영화들은 대개 외계에서 UFO와 외계인들이 와서 사람을 만들었다는 내용을 담고 있습니다. 이와 같은 UFO 이론으로 인해 그런 영화들과 책들이 지금 이 세상에 쏟아져 나오고 있습니다. 너무나 우스운 이야기 아닙니까? 그런데 이런 허튼 주장을 펴는 사람들도 다 성경의 연대와 맞추려고 7,000년 전에 이런 일이 생겼다고 그립니다. 성경을 문자 그대로 읽으면 온 우주와 땅과 첫 사람 아담과 이브는 지금부터 약 6,000년 전에 처음 생겼습니다 (27쪽의 '인류 역사 타임라인' 선도 참조).

얼마 전에 '2012년'이라는 제목으로 나온 영화 보셨습니까? 거기 보니까 각본이 어떻습니까? 노아의 존재나 노아의 홍수를 믿지 않는 사람들이 영화에서는 종말을 맞아서 노아처럼 배를 짓고 산 위로 피신하지 않습니까? 이것도 다 성경을 따서 줄거리를 만든 것입니다. 공상 과학 소설이나 영화의 작가들은 많은 경우 성경에서 어떤 단편적인 것을 추려서 자기 머릿속에서 상상한 뒤 마음대로 해석합니다.

그런데 UFO 이론에는 몇 가지 진리가 있습니다.

첫째는 지적 설계에 대한 것입니다. UFO 이론을 펴는 사람들은 초인간들이 와서 유전 공학을 이용해 지적으로 설계를 해서 사람이 나왔다고 말합니다. 그러니까 이 사람들도 지적 설계를 믿고 있습니다. 즉 설계자가 없으면 사람이 될 수 없다고 스스로 인정하고 있습니다.

그러면 우리는 이들에게 이렇게 물어봐야 합니다.

"그러면 그 초인간들은 누가 만들었을까요? 초인간들이 지적 설계를 이용해서 사람을 만들었다면서요? 그러면 이 초인간들도 누가 만들었을 것 아닙니까? 그냥 생기지는 않았을 것 아닙니까?"

여러분이 잘 알고 있는 이집트의 피라미드 이야기를 해 보겠습니다. 이집트의 피라미드는 지금부터 4,000년 전에 만들어졌습니다. 그것은 정말 한번 볼만합니다. 돈 모아서 이집트와 이스라엘에 다녀오면 매우 좋습니다. 이집트의 피라미드는 4,000년 전에 믿음의 조상 아브라함도 직접 가서 봤습니다. 지금 과학 문명이 이렇게 발전했음에도 불구하고 인류는 이집트의 피라미드를 못 만듭니다. 그 정도로 그것은 정교하게 만들어졌습니다.

그런데 진화론자들은 뭐라고 이야기합니까? 지금부터 4,000년 전에는 원시인들이 짐승 가죽으로 몸의 앞부분만 가린 채 동굴에 살았다고 합니다. 물론 그들은 글도 못 쓰는 무식한 존재들이었습니다. 그런데 과연 이들이 그런 피라미드를 만들 수 있을까요? 진화론에 따르면 그들은 그런 건축물을 만들 수 없습니다. 그러니까 UFO 이론을 펴는 사람들은 외계인들이 와서 이스터섬의 석상이나 영국의 스톤헨지 고인돌이나 이집트의 피라미드를 다 만들어 줬다고 말합니다.

그러나 성경대로 믿으면 그 당시 사람들은 노아의 후손들로 지적 능력이 매우 뛰어났으며 수명이 500세나 되어서 많은 지식을 소유하고 있었습니다. 열역학 제2법칙에 따라 모든 것은 쇠퇴하는 방향으로 나가고 있습니다. 인간의 지적 능력도 마찬가집니다. 현시대 인류가 더 지적으로 우수할 수 없습니다. 다만 우리에게는 지난 4,000년 동안의 지식이 축적되어 있어서 여러 가지 복잡하고 정교한 것들을 만들 수 있습니다.

이 세상 사람들은 참으로 어리석은 것들을 따르고 있습니다. 그래서 무생명에서 생명이 나왔다고 하고 아메바에서 사람이 되었다고 하며 지적 설계가 없이 지적인 것이 나왔다고 합니다. 또 말이 막히면 외계에서 UFO가 와서 고대의 건축물들을 만들었다고 말합니다. 이 모든 주장의 공통점은 무엇입니까? 하나님이 없다는 것입니다.

세상 학자들의 이론에는 공통적인 것이 있습니다. 다른 것은 다 허용해도 되지만 창조주 하나님은 있을 수 없다는 것입니다. 그것이 바로 마귀가 가져다 놓은 인본주의 철학 체계, 종교 체제의 핵심입니다.

C. 하나님의 특별 창조

셋째 개념은 하나님의 특별 창조입니다. 진화론과 UFO 이론 그리고 특별 창조 외에는 기원에 대한 다른 대안이 없습니다. 창조의 핵심은 어떤 지적인 설계자가 모든 것을 만들지 않고는 이 모든 것이 생겨날 수 없다는 것입니다. 사람보다 훨씬 뛰어난 창조자가 사람과 동식물과 온 우주를 만들었다고 하는 것이 성경이 가르치는 바요, 가장 과학적인 진술입니다.

진화론자들은 무에서 유가 생길 수 있다고 믿습니다. 그럴듯해 보이지만 이것은 불가능합니다. 어떻게 모든 것이 그냥 생길 수 있을까요? 과학을 공부한 사람들은 질량 보존의 법칙, 에너지 보존의 법칙 같은 것을 알 것입니다. 이것은 질량이나 에너지는 생성되지도 않고 소멸되지도 않으며 보존만 된다는 것입니다.

이 법칙에 따르면 지금이나 1,000년 전이나 온 우주 만물의 질량을 재면 똑같습니다. 온 우주 만물의 에너지를 재면 똑같습니다. 1,000년 전도 똑같고 2,000년 전도 똑같고 3,000년 전도 똑같고 이렇게 거슬러 올라가면 시간이 0일 때에도 똑같습니다. 시간도 기원이 있으므로 분명히 0일 때가 있습니다. 그렇지 않습니까? 그러면 그때 즉 시간이 시작되었을 때 그 에너지와 질량은 어디서 나왔을까요? 그냥 생겼을까요? 그냥 생기는 일은 불가능합니다. 물질이 그냥 생기면 과학이 형성되지 않습니다. 누군가가 무에서 유로 창조해야만 가능합니다. 물론 그 이후엔 보존이 됩니다. 즉 질량이나 에너지는 생성된 이후로는 보존이 됩니다.

그러면 처음에 어떻게 우주 공간의 전체 질량과 에너지가 생겼을까요?

사실 UFO 이론은 진화론의 또 다른 형태로 볼 수 있습니다. 그러니까 결국 이 우주 공간에 모든 별들이 어떻게 생기고 사람이 어떻게 생기고 모든 창조물이 어떻게 생겼느냐에 대한 견해는 단 두 가지밖에 없습니다. 진화 아니면 창조 이 둘밖에 없습니다. 믿지 않는 사람에게 가서 물어봐도 똑같습니다. 그냥 생겼든지 누가 만들었든지 둘 중 하나지 그것 말고 다른 것이 있을 수 있습니까? 없습니다. 이 두 가지밖에 없습니다.

그런데 성경은 사람보다 훨씬 뛰어난 창조주 하나님이 모든 동식물과 온 우주를 만들었다고 분명히 이야기합니다. 창세기 1장 1절에서 하나님은 "내가 존재한다. 나는 어떤 존재다." 등과 같은 말씀을 하나도 하지 않으시고 "처음에 하나님께서 온 우주 공간 즉 하늘과 땅이라고 하는 온 우주 공간을 무에서 유로 창조하셨다."고 선언하십니다. 여기서 처음이라고 한 것은 시간이 0일 때를 가리킵니다.

영원이라는 공간이 있는데 이것은 유한한 사람이 알 수 없는 무한대의 공간입니다. 과거의 영원(Eternity past)이라는 것이 있었습니다. 그리고 그 영원 이후에 시간이 생겨나면서 처음에 시간이 0일 때가 있었습니다. 그 시작의 시점으로부터 지금은 성경적으로 보면 약 6,000년 지난 때입니다. 그리고 앞으로 언제가 될지 모르지만 천년왕국이 이 땅에서 이루어지고 그 이후에 사람의 머리로는 생각할 수 없는 무한대의 미래의 영원(Eternity future)이라는 차원이 우리 앞에 다가오게 됩니다(27쪽의 '인류 역사 타임라인 선도 참조).

창세기 1장 1절은 처음에 하나님께서 하늘이라는 우주 공간과 땅 즉 지구를 창조하셨다고 말합니다. 성경은 "처음에 하나님이 하늘과 땅을 만드셨다."고 하지 않고 "창조하셨다."고 합니다. 이것은 즉 하나님께서 무에서 유로 우주 공간의 모든 것을 창조해 내셨다는 것입니다.

그렇게 말씀하시고 창세기 1장 27절에서는 "이렇게 하나님께서 자신의 형상대로 사람을 창조하시되 하나님의 형상대로 그를 창조하시고 남성과 여성으로 그들을 창조하셨다."라고 하십니다. 여기 보니 사람도 창조된 존재입니다. 그렇게 하나님께서 말씀하십니다. 또 창세기 2장 7절은 사람의 창조를 자세히 설명하면서 "주 하나님께서 땅의 흙으로 사람을 지으시고 생명의 숨을 그의 콧구멍에 불어넣으시니 사람이 살아 있는 혼이 됐다."고 기록합니다.

이것은 대단히 중요합니다. '살아 있는 영'이 아니라 '살아 있는 혼'(living soul)이 되었습니다. 개역성경이 이 부분을 "산 영이 되었다."고 번역함으로 말미암아 한국에서는 여러 이단들이 나왔습니다. 그러나 바른 성경은 그렇게 이야기하지 않습니다. 하나님이 땅의 흙을 가지고 사람을 빚은 다음에 자신의 생명의 숨을 그의 콧구멍에 불어넣으니까 사람이 살아 있는 존재, 모든 것을 가지고 있는 '살아 있는 혼' 즉 '살아 있는 전 인격체'가 되었다고 성경은 말합니다. 그래서 하나님은 사람을 가리켜 혼이라고 하십니다. 그래서 혼의 구원을 받으라고 하십니다(히10:39; 벧전1:9-10). 우리 예수님도 마태복음 19장 4절에서 "하나님께서 처음에 그들을 남성과 여성으로 만드셨다."고 말씀하시면서 사람의 특별 창조를 증언해 주셨습니다.

이 세상에는 종교가 많은데 그 모든 종교들과 기독교의 차이를 잠시 이야기해 보겠습니다. 위에서 저는 이 세상의 모든 종교는 사람이 자기 노력으로 하나님을 찾아가는 것이라고 말씀드렸습니다. 사람이 자기의 재능이나 지식이나 학식이나 돈이나 선행 등을 가지고 하나님을 찾아서 영생을 얻으려고 하는 시도를 우리는 종교라고 말합니다.

그런데 이것 말고도 종교와 기독교를 구분할 수 있는 또 다른 시금석이 있습니다. 그 시금석은 사람들이 이야기하는 믿음 체계에 창조가 있느냐는 것입니다. 이것을 살펴보면 종교와 기독교의 차이를 금방 알 수 있습니다.

이 세상의 믿음 체계 중에 창조를 주장하는 것은 기독교와 유대교밖에 없습니다. 기독교의 경전은 구약 성경과 신약 성경으로 구성되어 있는데 이 구약 성경은 원래 유대인들의 경전입니다. 많은 사람들이 "그런데 기독교에 왜 그것이 필요하냐?"고 묻습니다. 마태복음부터 나와 있는 신약 성경을 읽어서는 사람이 왜 죄인인지 알 수 없습니다. 사람이 어떻게 만들어졌는지 알 수 없습니다. 신약

성경만 보면 하나님이 어떻게 이 세상과 온 우주 만물을 창조했는지 알 수 없지 않습니까? 그래서 하나님께서는 신약 성경과 구약 성경이라는 이 둘을 합쳐서 하나의 성경전서로 만들어 주셨습니다.

위에서 저는 창조를 주장하는 믿음 체계는 기독교와 유대교밖에 없다고 했습니다. 이것은 말로만 창조를 이야기하는 것이 아니라 실질적으로, 적극적으로 창조를 믿고 창조 사실을 지지하기 위해서 신자들이 연구하고 책을 펴서 알리는 일들을 하는 종교는 기독교와 유대교밖에 없다는 말입니다.

불교에 창조가 있습니까? 없습니다. 그들은 어떻게 주장합니까? 사람이 살다가 나쁜 일 하면 벌레도 되고 잘하면 그다음에 또 사람도 되고 개도 되고 하면서 빙빙 돌아가는 시스템을 말합니다. 그것이 불교입니다. 힌두교나 뉴에이지도 100% 불교와 같습니다.

올해에는 5월 21일이 석가 탄신일입니다. 올해 석탄일에 방영된 어떤 TV 프로그램에는 개가 불교 신도들과 함께 부처를 공경하는 장면이 나왔는데 그때 거기 있던 사람이 이 개는 전생에 사람이었다고 말했습니다. 그래서 부처에게 불공을 드린다고 합니다. 그러니까 그 개는 '견부처'라고 합니다. 과거에는 소도 그런 적이 있었다고 합니다. 그래서 그 소는 '우부처'라고 합니다. 이 얼마나 우스운 일입니까? TV 방송에 이런 것이 나오니 어리석은 사람들이 그대로 믿지 않겠습니까?

하나님의 구원 *59*

그다음에 천주교도 마찬가지입니다. 천주교는 기독교가 아닙니다. 1996년도에 교황 바오로 2세가 무어라고 이야기했습니까? 그는 하나님의 창조를 부인했습니다. 그는 진화론을 인정했습니다. 그는 종이 불변한다고 하는 사실을 부인했습니다. 사실 교황이란 말은 교회의 황제라는 말입니다. 벌써 이상하지 않습니까? 그것이 천주교입니다. 어쨌든 교회의 황제라고 하는 사람이 진화론을 인정해야 된다고 주장합니다. 지금도 많은 신부들이 교황의 주장에 동조하고 있습니다. 그래서 이 사람들은 원칙적으로 유신론적/진화의 창조를 말하는데 이것은 하나님이 말씀하신 대로의 절대적 창조가 아닙니다.

그다음 이슬람교를 봅시다. 물론 이 사람들도 아브라함을 믿는다고 말합니다. 그런데 이슬람교도에게 창조를 믿느냐고 물어보기 바랍니다. 이슬람교 학자나 종교 지도자 중에 알라라고 하는 그들의 신이 온 세상 사람들을 만들고 우주 공간을 만들었다는 것을 적극적으로 입증하려고 연구하고 책을 써내는 것을 본 적이 있습니까? 없을 것입니다. 그들은 말로만 창조를 이야기하지 실질적으로는 그것을 믿지 않습니다. 또한 알라에게는 아들이 없습니다. 아들이 없는 신은 성경의 하나님이 아닙니다. 온 우주 공간과 사람을, 하나님이 24시간의 하루를 여섯 번 사용해서 6일 동안에 무에서 유로 창조했다고 하는 실질적인 창조를 믿는 체계는 기독교와 유대교밖에 없습니다.

이슬람교 이야기가 나와서 잠시 언급합니다. 이 종교를 모두 조심해야 합니다. 이슬람교는 앞으로 천주교와 더불어 예수님을 믿는 그리스도인들을 크게 핍박할 마귀의 믿음 체계입니다. 그 안에는 이성이나 자유가 없습니다. 그것은 사람을 마귀의 속박으로 이끄는 무서운 체계입니다. 이슬람교에서는 기독교인들만 따로 가는 지옥이 있다고 가르칩니다. 지옥에는 여러 개의 지옥 층이 있는데 그중의 한 층은 기독교인들만을 위해 예비된 곳이라고 합니다. 이처럼 그들은 그리스도인들을 매우 미워합니다.

뉴에이지 종교는 지금 온 세상에 널리 파급되고 있는 이단 사상입니다. 뉴에이지는 힌두교가 서양으로 넘어가서 미국/유럽 사람들의 구미에 맞게 바뀐 것입니다. 그러니까 그것을 추구하는 사람들은 모두 윤회를 믿습니다. 끝으로 무신론이 있는데 그런 헛된 주장에서는 창조라는 것이 있을 수 없지 않습니까?

그러니까 우리가 기독교를 믿는다고 이야기할 때는 기독교가 다른 종교와 아주 확실한 차이가 있음을 알아야 합니다. 그 차이는 우리의 믿음 체계에는 창조가 있다는 것입니다. 하나님의 절대적 창조란 하나님께서 지금과 같은 24시간의 하루를 여섯 번 사용하셔서 온 우주 공간의 모든 것을 무에서 유로 창조하셨다는 것입니다. 이와 같은 창조의 개념이 없으면 구원이 이루어질 수 없습니다. 이것은

창조의 신비

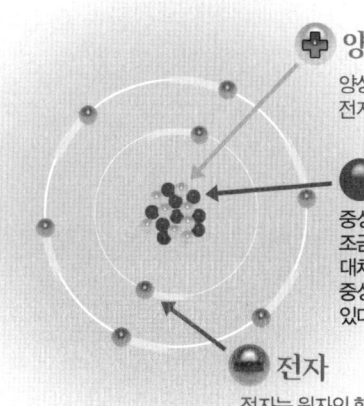

⊕ 양성자
양성자는 핵에서 발견되는 두 종류의 입자 중 하나이며 전자보다 2,000배 정도 무겁고 양 전하를 띠고 있다.

● 중성자
중성자는 핵에서 발견되는 또 다른 입자로서 양성자보다 조금 더 무거우며 전하를 갖지 않아 중성이다. 중성자는 대체로 같은 수의 양성자와 함께 원자핵을 구성하며 중성자와 양성자는 핵력(核力)에 의해 굳게 결합되어 있다. 원자핵 내의 양성자 수는 원자 번호와 같다.

● 전자
전자는 원자의 핵 주변을 도는 아주 가벼운 입자로서 음 전하를 띠고 있고 핵 주변의 궤도에 배열되어 있다. 핵으로부터 전자까지의 거리는 핵 지름의 10,000배 정도 된다.

원자는 화학 원소로서의 특성을 잃지 않는 범위에서 도달할 수 있는 물질의 기본적인 최소 입자를 말하는데 각각의 원자는 전기적으로 완전하게 균형을 유지한다. 양 전하를 띤 양성자의 숫자와 음 전하를 띤 전자의 숫자가 같기 때문이다. 원자에서 가장 놀라운 기적은 핵에서 발견되는 핵력이라는 응집력이다. 원자의 핵에서 우리는 자연의 법칙을 위배하는 놀라운 현상을 발견하게 되는데 이것이야 말로 창조의 기적 중 하나라 할 수 있다. 기초 물리에서 배우듯이 같은 전하를 띤 입자들이 서로 가까이 있으면 서로가 서로를 밀어낸다. 그런데 원자의 핵에서 창조주께서는 전혀 다른 법으로 이 같은 현상을 억제하고 계신다. 다시 말해 같은 전하를 가진 양성자들이 핵에 모여 있음에도 불구하고 그것들은 서로를 밀어내지 않고 알 수 없는 신비의 엄청난 응집력에 의해 굳게 결합되어 있다. 이것은 원자에 대한 가장 신비한 사실 중 하나로서 '우주의 근본적인 신비'라 불린다. 만일 이런 현상이 없다면 온 세상 만물은 다 해체될 수밖에 없다.

온 우주를 지탱하는 시멘트 같은 힘은 중력이다. 원자를 함께 모으는 것은 전자기적인 견인력이다. 그러나 원자의 핵을 다 같이 모으는 힘은 현존하는 물질 세상의 경험과 지식을 모두 무시하는 신비의 힘이다. 이 힘은 지금까지 사람이 이해한 다른 모든 힘과 다르므로 제대로 그것을 묘사할 방법이 없다(Robert E. Marshak, "PIONS", American Scientific 창조주의 큰 손에 의해 마치 큰 스프링처럼 둘둘 말려 압축되어 있는 이 엄청난 에너지는 보통 핵 에너지라 불리며 이 에너지는 위력이 대단해서 원자 폭탄 하나가 수천 톤의 TNT에 해당하는 파괴력을 지니고 있다. 전자 현미경으로 겨우 관찰할 수 있는 이 작은 원자에 이 같은 신비가 감추어져 있다는 사실을 알게 되면 과연 모든 것이 우연히 생겼다는 진화론의 우화를 믿을 수 있을까? 누구라도 원자의 핵을 주의 깊게 살펴보면 그 안에 엄청난 지적 설계가 들어 있고 창조주의 놀라운 힘이 들어 있음을 깨닫게 될 것이다. 성경의 하나님은 처음에 말씀으로 하늘과 땅을 무에서 유로 창조하신 분이시다(창 1:1). 바로 그 하나님의 아들 예수님께서 자신의 권능의 말씀으로 모든 것을 떠받들고 있기에(히1:3) 원소들이 붕괴되지 않고 유지되고 있다. 처음이 있으면 반드시 끝이 있듯이 주님의 날이 오면 원소들이 뜨거운 열에 녹으며 그 안에 있는 일들도 불타서 만물이 해체될 것이다(벧후3:10-11). 우리 주님은 자신의 재림 약속에 대하여 어떤 사람들이 더디다고 생각하는 것 같이 더디지 아니하시며 오히려 우리를 향해 오래 참으사 아무도 멸망하지 않고 모두 회개에 이르기를 원하신다(벧후3:9). 창조주 참으심의 끝이 오기 전에 오늘 주님의 부르심에 응하는 자가 지혜로운 자이다.

〈창조의 신비〉

대단히 중요합니다. 예수님의 구원은 믿는데 하나님의 창조는 믿을 수 없다는 것은 그리스도교의 믿음이 아닙니다. 예수님을 믿는 것에는 하나님의 특별 창조와 사람의 타락, 하나님의 전적인 은혜, 사람의 부활이 포함되어 있습니다.

따라서 인본주의 신학교에서 창조가 틀렸다고 하거나 유신론적인 진화론이 맞는다고 하면서 하나님이 원래 고릴라 같은 종류를 만들었는데 시간이 지나니까 이것이 사람이 되었다고 가르치는 것은 결국 하나님의 구원과 사람의 부활을 믿지 않는 것입니다. 그래서 제가 다시 한 번 강조해서 말씀드리는 것은 올바른 구원이 이루어지기 위해선 올바른 창조 신앙이 확고히 서야 한다는 것입니다.

그러면 기원에 대한 결론은 무엇일까요? 이 세상에는 기원에 관한 한 창조와 진화라는 두 개의 믿음 체계만 있다는 것입니다.

D. 과학자들의 증언

그러면 믿지 않는 과학자들은 도대체 뭐라고 이야기할까요? 유명한 과학자 이야기 하나를 여러분에게 말씀드리겠습니다. 미국 하버드 대학의 교수로 1967년도에 생리학 의학 분야에서 노벨상을 수상한 생물학자 조지 왈드(G. Wald) 박사라고 하는 사람이 있습니다. 「사이언티픽 아메리칸」이라는 잡지는 미국에서 나오는 여러 잡지 중에 가장 인본주의적인 잡지로서 하나님과 기독교를 공격하는 데 맨 앞장을 서고 있습니다. 1967년에 왈드 박사는 그 잡지에서 '나는 불가능한 것을 믿는다.'라는 제목을 붙여 놓고 이렇게 썼습니다.

> 생명이 어떻게 발생하는지에 대해서는 오직 두 가지 가능성이 존재한다. 한 가지 가능성은 자발적인 발생 곧 진화이고 다른 하나는 하나님의 초자연적인 행위이다. 셋째 가능성은 없다. 그런데 자발적인 발생론 즉 진화론은 이미 120년 전에 파스퇴르와 다른 과학자들에 의해 거짓으로 탄로가 났고 그래서 불신임을 받았다. 이로써 우리에게는 한 가지 논리적인 귀결 즉 하나님의 초자연적인 행위로 생명이 발생했다는 결론만 남게 되었다. 그러나 나는 철학적 관점에서 이러한 결론을 수용하지 않을 것이다. 왜냐하면 나는 하나님을 믿지 않기로 작정했기 때문이다. 그러므로 나는 내가 아는 것을 과학적으로 설명하는 것이 불가능하다는 것을 믿기로 작정을 했다.

이 글은 세상에서 가장 좋다고 하는 하버드 대학교의 교수로 노벨상을 수상한 사람이 쓴 글입니다.

여러분, 무슨 이야기인지 이해하시겠습니까? 그는 스스로 생명이 어떻게 생겨났는가를 진지하게 살펴보았으며 그 결과 진화론은 불가능하다는 것을 알게 되었습니다. 노벨상을 받은 생리학 박사의 말입니다. 그러면 왜 그는 하나님을 믿지 않을까요? 그의 믿음 때문입니다. 만일 하나님을 믿으면 결국 자기의 창조자 하나님 앞에서 나중에 심판을 받아야 되기 때문에 그는 자기 위에 누군가가 있어서 자기를 만들고 나중에는 심판한다는 개념 자체를 철학적으로 수용할 수 없다고 말합니다. 그러니까 그는 무엇을 믿기로 했습니까? 그는 '불가능한 것'을 믿기로 했습니다.

그러면 그가 말한 '불가능한 것'은 무엇입니까? 그것은 진화론입니다. 그래서 그는 진화론이 허구임을 알면서도 하나님의 심판을 인정하지 않으려고 그 거짓 시스템을 믿기로 그렇게 마음속에 작정을 했습니다.

사실 이 사람은 상당히 솔직합니다. 물론 학식도 있습니다. 그러나 대부분의 사람들은 그냥 학교에서 진화론이 맞는다고 배웠기 때문에 원숭이에서 사람이 나오고 오랜 시간만 주어지면 자연히 무생명에서 생명이 나오며 아메바가 사람이 될 것이라고 막연히 생각합니다.

다음은 미국 우주항공국(NASA)에서 우주 프로그램을 담당했던 폰 브라운 박사(Dr. Wernher von Braun)가 1972년 9월 14일에 미국 캘리포니아주 교육위원회에 보낸 편지입니다.

존경하는 그로스 씨:

저는 온 우주와 생명 그리고 인간의 기원에 대한 창조론이 과연 신뢰할 수 있는 과학적 이론인가에 대해 제 의견을 진술해 달라는 부탁을 받았고, 이에 대한 대답으로 다음과 같은 점을 기쁘게 말씀드릴 수 있습니다.

저는 창조라는 것이 어느 누군가가 설계하지 않았다면 결코 가능하지 않은 것이라고 생각합니다. 우주의 법칙과 질서를 본 사람이라면 누구라도 그 모든 것 뒤에 반드시 설계와 목적이 있어야만 한다는 결론을 내릴 수밖에 없을 것입니다.

우리는 우리 주변에서 질서 정연하며 잘 짜인 계획이나 설계가 명백하게 드러나 있음을 볼 수 있습니다. 우리는 동식물의 모든 종류가 살아남으려 하며 계속해서 퍼져 나가려 하는 것을 봅니다. 또한 우리는, 우리가 생각해 볼 수도 없을 정도의 대규모로 작용하고 있는 강력한 힘 앞에 겸손해질 수밖에 없으며 또한 조그만 씨를 아름다운 꽃으로 발전하게 해 주는 질서 즉 대자연에서 쉽게 발견할 수 있는 목적으로 가득한 질서에 의해 겸손해질 수밖에 없습니다. 우주와 그 안에 거하는 만물의 기묘함을 더 많이 이해하면 할수록 우리는 그 모든 것 밑에 깔려 있는 내적 설계를 보고 더욱더 놀라게 됩니다.

온 우주가 처음부터 설계되어 창조되었다는 생각을 정리해 보면 결국 우리는 과학의 영역 밖에 어떤 설계자가 존재할지도 모른다는 생각을 하게 됩니다. 사실 과학적 방법은 온 우주와 사람을 포함한 모든 생명체가 처음부터 어떤 설계에 의해 이루어졌음을 보여 주는 자료들을 배제하는 것을 허락하지 않습니다.

우주에 있는 모든 것이 우연히 생겼다는 단 하나의 결론만을 믿도록 강요하는 것은 과학 그 자체의 객관성을 위배하는 것입니다. 물론 어떤 사람들은 온 우주가 어떤 비규칙적 과정으로부터 진화했다고 믿고 있습니다. 그런데 과연 사람의 뇌나 눈과 같이 고도로 정밀한 기관을 만들어낼 수 있는 비규칙적 과정은 도대체 어떤 것을 말합니까?

어떤 사람들은 과학이 우주의 설계자가 존재함을 증명할 수 없다고 말합니다. 그들은 또한 우리 주변의 세상에서 발견하는 많은 기록들이 이해하기 어려운 것임을 인정합니다. 그러면서도 그들은 과학이 지금까지 우리에게 많은 해답을 주었으므로 언젠가는 그 위대한 설계자의 의도나 목적이 없이도 대자연의 기본 법칙들을 설명하는 창조를 사람들이 이해할 수 있게 될 것이라고 주장합니다. 그들은 과학에게 하나님의 존재를 증명하라고 요구합니다. 그러나 우리가 어디에나 존재하는 태양을 보기 위해 촛불을 켜야 한단 말입니까?

지적이며 훌륭한 믿음을 갖고 있는 사람들은 자기들이 그 설계자를 그려서 보여 줄 수는 없다고 말합니다. 과연 물리학자가 전자를 그려낼 수 있습니까? 전자는 너무나 작아서 물리적으로 생각해 볼 수도 없는 그런 것입니다. 그러나 그 효과는 이미 널리 알려져 있고 우리는 그 효과를 이용해서 불을 밝히기도 하고 밤중에 비행기를 안내하기도 하며 매우 정확한 것을 측정하기도 합니다. 자신이 우주에 설계자가 존재함을 생각해 볼 수 없다는 이유만으로 그런 창조주의 존재를 받아들이는 것을 거부하는 물리학자가 있다면, 그는 도대체 무슨 근거로 아무도 생각해 볼 수 없는 전자들이 실제로 있다고 주장합니까?

그가 전자를 제대로 이해하지 못하면서도 그것의 존재를 받아들이는 이유는, 그가 다른 분야로부터 매우 제한적인 자료들을 가지고 와서 전자에 대한 '참으로 엉성한 기계적 모델'을 만들 수 있었기 때문이라고 저는 생각합니다. 그런데 이렇게 제한된 자료들로 전자에 대한 엉성한 모델을 만들어 온 그런 사람들은 하나님에 대한 모델 즉 창조론 같은 모델에 대해서는 알려고 시도도 하지 않습니다.

저는 위에서 설계자라는 측면에 대해 조금 길게 이야기를 했습니다. 그런데 사실 사람들이 - 혹은 과학자들이 - '설계에 의한 창조'를 현재 유행하고 있는 '우연에 의한 진화'에 대한 과학적 대안으로 받아들이지 못하는 주요 이유는 그들이 마음속에서 그 설계자/창조자를 생각해 볼 수 없기 때문입니다. 과학적 한계를 초월하는 어떤 최종적인 문제들을 생각해 볼 수 없다는 것, 그 자체가 지금까지 우리가 관찰한 자료들 간의 상호 관계를 잘 설명해 준다고 저는 생각합니다. 그래서 저는 매우 유용하게 무엇인가를 예측하게 해 주는 어떤 이론을 배제하도록 해서는 안 된다고 생각합니다.

미국 우주 항공국(NASA)에 근무하는 우리는 달에 보낸 아폴로 우주선이 그토록 놀랍게 성공적으로 임무를 수행하게 된 이유가 무엇인지에 대해 답변해 줄 것을 종종 요청받곤 합니다. 우리가 할 수 있는 가장 정직한 답변이란 "우리는 그 어떤 것도 간과하려 하지 않았다." 라는 것입니다. 바로 이 같은 과학적 정직성의 관점에서 저는 학생들이 과학 시간에 우주와 생명과 인간의 기원에 대한 다른 이론들 즉 진화론과는 전혀 다른 이론들에 대해 교육을 받아야 한다고 생각합니다. 온 우주가 우연에 의해 생긴 것이 아니라 계획에 의해 생겼을 가능성을 배제하는 것은 참으로 큰 실수일 것입니다.

감사합니다.

폰 브라운(Wernher von Braun)

이 얼마나 진솔하고 겸손한 편지입니까? 하나님이라는 창조자 앞에 겸손하게 서려는 과학자들이 우리 주변에는 매우 많습니다. 수많은 획기적 진보와 발견과 발명들이 하나님의 창조를 믿는 과학자들에 의해 이루어졌습니다. 대부분의 사람들이 교과서 등을 통해 잘 알고 있는 위대한 과학적 지성인들의 상당수가 성경을 믿는 창조론자들이었습니다.

예를 들면 다음과 같습니다. 보일(Robert Boyle), 패러데이(Michael Faraday), 플레밍(John Ambrose Flemming), 주울(James Joule), 켈빈(Lord Kelvin), 린네(Carolus Linnaeus), 맥스웰(James Maxwell), 멘델(Gregor Mendal), 뉴턴(Isaac Newton), 파스칼(Blaise Pascal), 파스퇴르(Louis Pasteur) 등.

지금도 많은 과학자들이 이미 붕괴된 진화론의 사상을 과학적으로 거부하며 조롱하고 있습니다.

E. 그냥 생기는 것은 불가능하다.

이제 간단하게 몇 가지를 생각해 봅시다. 만물이 그냥 생겼다고 주장하는 사람 즉 자연 발생설을 믿는 사람은 사실 양심을 속이는 사람입니다. 그런 사람은 사실 불가능을 믿고 있습니다.

제가 요새 입이 좀 써서 집에 가면 오렌지를 한두 개 먹고 잡니다. 미국산 오렌지나 제주도에서 나오는 노란 귤을 자세히 살펴보기 바랍니다. 그 색이 정말 아름답습니다. 그런데 오렌지나무나 귤나무가 노란 물을 쭉쭉 빨아들이니까 과일이 그렇게 노랗게 나옵니까? 아닙니다. 포도를 한번 보기 바랍니다. 어제는 귤을 사러 갔는데 귤이 없어 포도를 샀습니다. 포도가 굉장히 달지 않습니까? 칠레에서 오는 씨 없는 포도는 참으로 답니다. 그런데 포도나무가 땅에서 단물을 쭉쭉 빨아들여 모아 놓으니까 포도가 달게 됩니까? 아닙니다. 포도나무는 땅에서 물만 빨아들입니다. 다른 것은 없습니다. 땅에서 물만 쭉쭉 빨아들이는데 하나는 노란 색의 오렌지를 맺고 또 하나는 붉은 색의 달콤한 포도를 맺습니다.

또 젖소를 한번 보십시오. 젖소가 하얀 물을 쭉쭉 먹으니까 밀크가 하얗게 나옵니까? 아닙니다. 그러면 소는 무엇을 먹습니까? 녹색 풀이나 말린 풀을 먹지 않습니까? 그런데 이상하게 하얀 밀크가 소에게서 나오지 않습니까?

집에서 손톱 깎을 때 손톱을 잘 보시기 바랍니다. 어디서 이렇게 딱딱한 것이 계속해서 나올까요? 특별히 딱딱한 것을 먹지 않았는데 자꾸 나오지 않습니까? 머리털도 새까만데 이것이 도대체 어떻게 이렇게 계속해서 까맣게 나올까요?

이제 사람의 눈을 한번 보도록 합시다. 부부가 같은 곳에 있으면 남편은 아내의 눈을 보고 아내는 남편의 눈을 보기 바랍니다. 아이들이 있으면 아이들하고 서로 눈을 바라보기 바랍니다. 기가 막히지 않습니까? 도대체 이것을 어떻게 사람이 만들 수 있습니까? 오랜 시간 그냥 두었더니 흙탕물에서 눈이 나왔다고 누가 말하면 그 사람이 미쳤다고 하지 않겠습니까? 그런데 이 세상 대부분의 사람들이 미쳤습니다. 거의 모든 사람이 실제로 생기는 것이 불가능한 진화론을 진리로 믿고 있기 때문입니다.

위에서 살펴본 왈드의 말을 다시 생각해 봅시다. 그의 주장은 한 마디로 "내 위에 하나님이 있어서 나를 간섭하는 것, 나를 인도하는 것, 그래서 결국 내가 이 땅에서 삶을 산 것에 대해서 나중에 하나님이라는 절대자 앞에 서서 회계 보고를 해야 한다는 것, 바로 그것이 나는 싫습니다."라는 것입니다. 즉 이것은 내 마음대로 살다가 내 마음대로 죽겠다고 이야기하는 것입니다.

사람들은 하나님을 마음속에 두려고 하지 않기 때문에 특별 창조를 믿지 않습니다. 우리 주변에는 하나님의 창조를 보여 주는 사례가 눈 더미처럼 쌓여 있습니다. 곁에 널려 있는 모든 것이 다 하나님의 창조를 증언합니다. 사람이라면 누구나 알 수 있도록 하나님이 그렇게 만들어 주셨습니다. 그런데도 사람들은 이런 명백한 증거를 거부하고 있습니다. 성경은 이렇게 기록합니다.

> 하나님의 진노가 불의 안에서 진리를 붙잡아 두는 사람들의 하나님을 따르지 않는 모든 것과 불의를 대적하여 하늘로부터 계시되었나니 이는 하나님을 알 만한 것이 그들 속에 분명히 드러나 있기 때문이라. 하나님께서 그것을 그들에게 보이셨느니라. 그분의 보이지 아니하는 것들 곧 그분의 영원하신 권능과 신격은 세상의 창조 이후로 분명히 보이며 만들어진 것들에 의해 이해될 수 있으므로 그들이 변명할 수 없느니라 (롬1:18-20).

F. 창조의 증거

그런데 이렇게 말하는 분도 있습니다. "오렌지, 밀크, 눈 이런 것 말고 조금 더 과학적인 데이터를 줄 수 있습니까? 그러면 믿을 수 있을 것입니다." 이런 분들을 위해 몇 가지 과학적인 데이터를 제시하겠습니다.

인구 증가율이 얼마나 될까요? 사람에 따라 다르지만 0.4-0.5%의 비율로 매해 인구가 증가한다는 것은 다 알려져 있습니다. 위에서 우리는 인구 폭발에 대해 논의했습니다. 지금 인구가 68억 명인데 이 68억 명을 복리로 계산해서 2050년이 되면 인구가 90-95억 명이 된다고 말씀드렸습니다.

진화론은 '균일론'(Uniformitarianism)에 근거를 두고 있습니다. 즉 처음부터 끝까지 모든 것이 균일한 비율로 변화했다는 것이 진화론의 가장 큰 특징입니다. 진화론자들은 지금부터 약 백만 년 전에 첫째 사람이 나왔다고 말합니다. 즉 원숭이가 진화해서 지금부터 약 백만 년 전에 한 쌍의 인간 부부로 발전하였습니다. 그러면 그때부터 지금까지 균일하게 0.4-0.5%의 인구 증가율로 백만 년 동안 사람이 계속해서 번성했습니다. 그러면 지금 인구는 얼마나 될까요? 이것은 너무 간단한 계산입니다. 이렇게 계산하면 현재 인구가 10^{2100}명이 돼야 됩니다. 10에 2100승 명입니다. 그러면 이것이 어느 정도 큰 숫자일까요? 온 우주 공간을 채울 수 있는 전자의 숫자가 10^{130}개입니다. 그러면 이것은 무엇을 뜻합니까? 이것은 불가능을 뜻합니다. 지금의 인구는 68억입니다.

반면에 성경기록대로 따지면 어떤 결과가 나올까요? 약 6,000년 전에 하나님이 아담과 이브를 만드셨지만 그때부터 1,500년이 지나 창세기 6장에서 노아의 시대에 사람들에게 너무나 난폭한 일들이 생기고 또 거인 종족들이 생겼습니다. 즉 하나님의 아들들인 천사들과 사람들의 딸들이 결합을 해서 유전자 변형이 생기면서 거인 종족이 생겼습니다. 자신이 원치 않는 일들을 보시고 하나님은 노아의 대홍수를 통해 노아의 식구 여덟 명만을 빼고 모든 인류를 멸절시키셨습니다. 그렇게 된 이후에 노아의 '방주'(Ark)에서 나온 사람이 여덟 명입니다.

이것은 지금부터 대략적으로 4,500년 전에 일어난 일입니다. 성경을 자세히 보면 그 홍수 이후에 노아와 그의 아내가 다시 아들딸을 낳았다는 기록은 없습니다. 결국은 여섯 명 즉 노아의 세 아들과 세 며느리로 말미암아 홍수 이후에 온 세상에 사람이 퍼졌습니다. 그러면 여섯 명이 0.4-0.5%의 인구 증가율로 4,500년 동안 불어나면 인구가 얼마가 될까요? 약 50-70억 명이 됩니다. 50억이든, 60억이든, 70억이든 지금의 인구 정도의 수치가 나옵니다. 이런 수치는 진화론의 비현실적인 수치와는 상대가 되지 않을 정도로 실제적입니다.

이처럼 성경의 데이터는 실제적이고 현실 상황과 잘 맞으며 진화론과 달리 매우 과학적입니다. 노아의 홍수 이후에는 온 세상을 파멸로 이끈 대격변이 없었습니다. 물론 전쟁과 같은 재난도 있었고 자연히 죽는 경우도 있었습니다. 이 모든 것을 포함하는 것이 바로 0.4-0.5%의 평균 인구 증가율입니다. 이 비율을 가지고 4,500년 동안 복리로 인구를 계산하면 대략 지금의 인구가 합리적으로 나옵니다.

노아의 대홍수는 BC 2348년경에 발생했습니다. 성경기록대로 믿으면 지금부터 약 4,358년 전에 이와 같은 일이 일어났다는 것입니다. 그러면 그때에 모든 사람이 죽었으니까 그 이후에 노아의 세 아들로 말미암아 온 세상에 사람이 퍼졌습니다. 그러면 우리 조상이라고 하는 단군 할아버지도 그 이후에 나왔음에 틀림이 없습니다.

단기는 단군의 기원을 뜻하며 BC 2333년부터 시작이 됩니다. 즉 노아의 홍수 이후에 단기가 시작이 됩니다. 그러니까 성경에 나와 있는 모든 기록들은 실제로 이 세상에 존재하는 모든 기록과 잘 맞습니다.

역사 공부를 하면서 우리는 역사 시대와 선사 시대에 대해 배웠습니다. 그러면 역사 시대는 대개 언제부터 시작이 됩니까? 그것은 대개 BC 2000년경부터 시작이 된다고 합니다. 중국의 경우도 BC 2000년 이전을 선사 시대라 하고 인도, 이집트 문명도 BC 2000년 이전을 선사 시대라고 합니다. 왜 그 이전에는 그 모든 지역에 역사가 없었을까요? 그 이유는 그 당시에 그런 지역에는 사람이 살지 않았기 때문입니다.

성경을 보기 바랍니다. 노아의 홍수 이후에 사람들은 다 어디에 살았습니까? 노아의 홍수 이후에 모든 사람들은 바벨탑 부근 즉 지금의 이라크 지역에 모여 살았습니다. 그리고 이들이 흩어지기를 거부하자 하나님이 개입하셔서 이들을 온 세상으로 흩으시니까 사람들이 퍼져 나갔습니다. 그래서 그때 처음으로 사람들이 중국에도 가고 한국에도 가고 인도에도 가고 유럽에도 갔습니다. 그러므로 그런 지역에는 바벨탑 사건 이전에 즉 BC 2000년 이전에는 역사나 문화라는 것이 있을 수 없었습니다. 사람이 없는데 무슨 일이 있을 수 있습니까? 너무 명백하지 않습니까?

다시 강조해서 말씀드리지만 성경에 나와 있는 모든 기록은 실질적으로 우리가 알고 있는 세상의 모든 기록과 잘 맞습니다. 심지어 단군기원도 성경의 기록과 정확하게 맞습니다.

여러분, 노아의 방주에 몇 명이 탔습니까? 여덟 명이 탔습니다.

중국 사람들은 배를 표현할 때 두 개의 글자를 사용합니다. 하나는 배 '주(舟)'이고 다른 하나는 배 '선'(船)입니다. 여기서 '주'(舟)는 조그만 배를 가리킬 때 사용합니다. 큰 배를 가리킬 때는 '선'(船)을 씁니다. '선'(船) 자를 잘 보기 바랍니다. 이것은 배 '주'(舟)에다 입을 나타내는 '구'(口)가 여덟 개(八) 합쳐서 된 글자입니다. 즉 큰 배에는 입이 여덟 개 있다는 뜻입니다. 이것은 무엇을 뜻할까요? 이것은 노아와 함께 방주에 오른 여덟 명을 뜻합니다. 즉 노아가 탄 큰 배에는 여덟 식구가 있었다는 것입니다.

예수님을 믿으면 사람이 의롭게 된다고 합니다. 다시 말해 예수님을 믿으면 하나님의 '의'(義)를 얻습니다. '의'(義) 자를 잘 보기 바랍니다. 이것은 '양'(羊) 밑에 '나'(我)라는 존재가 무릎 꿇고 항복하면 의롭게 됨을 말합니다. 하나님의 말씀은 우리 예수님이 하나님의 어린양이라고 합니다.

다음 날 요한이 예수님께서 자기에게 오시는 것을 보고 이르되, 세상 죄를 제거하시는 하나님의 어린양을 보라 (요1:29).

흉악하다고 할 때의 '흉'(兇) 자를 보기 바랍니다. '흉'(兇)은 형이 도끼를 내려치는 것을 뜻합니다. 성경을 보시기 바랍니다. 처음에 누가 동생을 내리쳤습니까? 형 가인이 동생 아벨을 내려치지 않았습니까? 그것을 표현한 것이 '흉'(兇) 자입니다. 참으로 묘하지 않습니까? 어떻게 이런 일들이 가능할까요?

바벨탑에서 흩어져 나간 사람들의 일부가 중국으로 가면서 자기들의 상형 문자 안에 이 땅에서 일어난 일들을 집어넣었습니다. 그래서 이러한 것들이 이미 중국 사람들의 상형 문자 안에 성경의 다른 이야기들과 함께 들어 있습니다. 관심이 있으시면 미션하우스에서 나온 「한자에 담긴 창세기의 발견」이라는 책을 사서 연구해 보시기 바랍니다.

인구 증가율, 선사 시대와 역사 시대, 심지어 단군기원 등의 모든 자료들이 성경기록을 지지합니다. 이런 데이터들은 소위 과학자라고 하는 사람들의 이야기를 전혀 지지하지 않습니다.

이제는 통계 쪽으로 가 보겠습니다. 우리가 비행기를 만들지 않습니까? 비행기는 실로 대단한 것입니다. 비행기는 세상에 나온 지 이제 100년 정도밖에 되지 않았습니다. 사실 예수님도 비행기를 못 타 봤습니다. 이것은 정말로 멋있는 기계입니다. 비행기가 뜨면 그 안의 모든 것이 마치 땅에 그냥 가만히 멈추어 있는 것처럼 움직이지 않습니다. 물론 급격한 기류 변화가 생기면 조금 흔들리지만 대개는 움직이지 않는 것처럼 가만히 있습니다. 비행기는 처음으로 목사의 아들들인 라이트 형제가 만들었습니다.

그런데 이 비행기를 만들려면 그 안에 들어가는 부품이 매우 많습니다. 작은 비행기는 백만 개 그리고 우주 왕복선 같은 복잡한 비행기는 적어도 천만 개 정도의 부품이 있어야 만들 수 있습니다. 그중에 단 하나라도 잘못되면 문제가 생깁니다. 심한 경우 터져서 폭발합니다.

그러면 어떻게 이런 복잡한 기계를 만들까요? 이런 기계가 그냥 생길 리는 없지 않습니까? 과학자들과 엔지니어들이 머리를 쓰고 고안을 해서 천만 개 부품을 다 설계하고 청사진을 만들어 그것과 대조해서 하나하나 제대로 조립할 때 드디어 비행기가 설계한 대로 나옵니다. 2009년에 우리나라는 처음으로 나로호 라는 우주 발사체 즉 100kg급 인공위성을 지구의 저궤도에 진입시킬 수 있는 발사체를 쐈습니다. 그런데 이것이 궤도를 이탈해서 우주 공간의 미아가 되어 아무 임무도 수행하지 못했습니다. 2010년에도 또 발사에 실패를 했습니다. 설계한 대로 제품이 나오지 않아 이런 문제가 생긴 것입니다.

그러면 이런 우주 발사체 같은 것이 설계도 하지 않았는데 그냥 하늘에서 뚝 떨어졌다고 이야기할 사람이 있습니까? 아니면 부품 천만 개를 10년 동안 흔드니까 우주선이 되었다고 말할 사람이 있습니까? 그렇게 이야기하면 모두 미쳤다고 말하지 않겠습니까?

세상에 존재하는 이런 모든 것들은 반드시 사람이 설계하고 그 설계대로 제작해서 조립해야 제대로 기능을 발휘할 수 있습니다. 그러면 우주 공간에 있는 큰 별들을 한번 봅시다. 우리는 지금 대한민국이 굉장히 크고 또 지구는 그보다 훨씬 더 큰 것으로 생각하고 있습니다. 그런데 사실 지구는 태양계의 한 행성으로 '우리 은하'라고 하는 넓은 우주 공간에서 보면 거의 흔적조차 발견할 수 없는 티끌만한 존재입니다. 우주 과학자들은 다 이것을 알고 있습니다.

다시 한 번 말씀드리지만 우리의 지구를 품고 있는 은하는 크기가 아주 작습니다. 그런데 이 은하 안에 몇 개의 별이 있는지 압니까? 천억 개의 별이 있습니다. 앞에서 비행기 부품이 몇 개라고 했습니까? 많아야 천만 개라고 했습니다. 그런데 우리 은하 안에 별이 천억 개가 있는데 이것들이 하나도 부딪치지 않고 계속해서 궤도를 유지하며 돌고 있습니다. 놀랍게 질서를 유지하면서 전체 은하가 존재하고 있습니다.

이런 은하들이 수십 개 모이면 은하군이 되고 은하군이 모여 은하단이 되며 은하단이 모이면 초은하단이 됩니다. 그리고 초은하단이 모이면 우주가 됩니다. 우주 과학자들이 다 이렇게 말합니다. 이것은 사실입니다. 그러면 우주 공간 안에 은하가 몇 개일까요? 천억 개가 넘습니다. 그러면 별이 몇 개일까요? 사람이 셀 수 없을 정도로 많습니다. 즉 무한개의 별이 지금도 질서 정연하게 각각의 궤도 안에서 돌고 있습니다.

그러면 이런 모든 것이 질서를 가지고 궤도를 유지하면서 이처럼 전혀 흐트러짐 없이 회전하는 것이 설계 없이 가능할까요? 그냥 흔들든지 혹은 '빅뱅'이라는 우주 대폭발에 의해 무작위로 펑 하고 튀겨 나오니까 그런 것이 가능하다고 말한다면 어리석은 일이 아니겠습니까? 일단 논리적으로 말이 안 되지 않습니까? 이 엄청난 숫자의 별들과 그 별들이 가지고 있는 질량과 또 그것들을 움직이는 데 필요한 에너지를 생각해 보기 바랍니다. 그 안에 들어 있는 에너지나 질량이 그냥 생긴다고 하는 것은 과학적으로나 논리적으로 불가능하지 않습니까?

지구와 태양과의 거리는 약 일억 오천만 킬로미터입니다. '빅뱅'에 의해 콩알이 펑 하고 튀겨 나오면서 다른 별들과 함께 지구와 태양이 나오더니 이 둘 사이의 거리가 일억 오천만 킬로미터로 우연히 정해지게 되었다고 하면 누가 이 말을 믿을 수 있습니까? 다시 말해 펑 하고 뻥튀기를 튀기듯이 튀겼더니 태양과 지구가 나오면서 거리가 딱 일억 오천만 킬로미터로 고정이 된다는 것을 여러분은 믿을 수 있습니까? 이것은 불가능하지 않습니까?

시간이 지나면서 일억 오천만 킬로미터가 됐다고 주장하는 사람도 있을 것입니다. 그러면 시간이 지나는 동안에 이 지구에는 단 하나의 생명체도 살아남을 수 없습니다. 한번 생각해 보시기 바랍니다. 태양으로부터 지구가 조금이라도 멀면 추워서 다 죽고 조금이라도 가까우면 다 타서 다 죽습니다. 태양과 지구의 거리는 딱 일억 오천만 킬로미터가 되어야 창조물이 지구에 살 수 있습니다. 그러면 언제부터 그래야 할까요? 처음부터 그래야합니다. 처음의 한 달만 거리가 달라도 모두 다 죽습니다. 하나도 남지 않습니다. 심지어 둘 사이의 거리가 일주일만 달라도 다 얼어 죽거나 타 죽습니다.

모두 알다시피 일주일만 태양이 뜨지 않으면 지구의 모든 것이 얼어 죽습니다. 일주일만 태양이 조금 더 가까이 오면 타서 죽습니다. 그러니까 이 온 우주 공간에 있는 모든 것들은 처음부터 규칙이 맞고 질서가 있어야 지금까지 유지되어 올 수 있습니다. 시간이 지나면서 규칙이 맞으면 모든 것이 죽고 맙니다. 그래서 하나님이 처음부터 설계해서 처음 생기는 순간부터 모든 것이 완벽하게 질서를 갖추어야 모든 것이 지금까지 존재할 수 있습니다.

어느 분이 딱따구리 이야기를 했습니다. 딱따구리는 '딱딱딱딱' 하면서 머리로 나무를 쫍니다. 1분 동안에도 수십 번씩 나무에 머리를 박습니다. 그런데 이상하게도 죽지 않습니다. 왜 그럴까요? 딱따구리의 머리에는 완충 장치가 들어있습니다. 자동차를 타고 울퉁불퉁한 길을 갈 때 바퀴에 달린 완충 장치 즉 쇼크를 흡수하는 '쇼크업소버'(Shock absorber)라는 장치가 쇼크를 흡수하므로 운전자는 큰 충격을 느끼지 못합니다. 마찬가지로 딱따구리의 부리와 뇌 사이에도 이런 충격 완화

장치가 들어 있습니다.

그런데 진화론자들은 이런 완충 장치가 시간이 지나면서 개발되었다고 말합니다. 즉 진화가 됐다는 것입니다. 그러면 처음 딱따구리는 하루 지나면 다 죽었을 것 아닙니까? 몇 번만 '딱딱딱딱' 하고 헤딩하면 머리가 아파서 어떻게 살겠습니까? 그러면 종족 보존이 안 되지 않습니까? 딱따구리가 지금까지 보존되려면 처음부터 완충 장치가 제대로 존재해야만 합니다. 그래야 하루 종일 '딱딱딱딱' 하며 머리를 받아도 죽지 않고 알을 낳고 지금까지 존재할 수 있습니다.

철새들은 수천 킬로미터를 날아갑니다. 진화론자들은 처음에 이주 본능이 없었는데 시간이 지나면서 이주 본능이 생겼다고 말합니다. 그러면 처음에 존재하던 철새들은 다 떨어져 죽었을 것 아닙니까? 바다를 가다가 새끼도 낳지 못하고 다 죽었을 것입니다. 그러니까 결론적으로 이 세상에 있는 모든 것들은 처음에 생길 때부터 시스템이 완벽하게 구성되고 제대로 돌아가야만 합니다. 그렇지 않으면 지금 이 시간에 그런 것들이 존재할 수 없습니다.

이런 이야기가 논리적으로 잘 이해되십니까? 이런 것들은 너무 쉬운 것입니다. 초등학교, 중학교 아이들도 다 아는 것입니다. 다만 과학자들이 그렇지 않다고 하니까 모두 주눅이 들어서 아닌가 보다 하고 생각할 뿐입니다. 이런 것은 다 상식으로 누구나 알 수 있는 것입니다. 어려운 이야기가 아닙니다.

우리가 숨 쉬는 공기 중에는 산소가 체적비로 약 21% 들어 있습니다. 산소가 너무 많아도 죽습니다. 독이 됩니다. 산소가 너무 적으면 사람이 살 수가 없습니다. 얼마만큼 있어야 될까요? 약 21%만 있어야 됩니다. 21%입니다. 그러면 21%가 우연히 나올 수 있을까요? 처음부터 그렇지 않으면 모든 생물이 죽었을 것입니다. 따라서 진화의 여지는 있을 수 없습니다.

하나님은 또 우주를 만들면서 지구에서부터 약 40km 상공에 성층권이라는 층을 만들고 거기에 오존을 두셨습니다. 이 오존층이 없으면 태양으로부터 들어오는 자외선이 사람이나 생물에게 투사되어 오랜 시간이 지나면 피부암, 백내장 등이 생겨서 다 죽을 수밖에 없습니다. 그러므로 오존층 역시 처음부터 있어야 합니다. "시간이 지나다 보니까 오존층이 형성이 됐습니다."라고 하는 말은 합리적이지 않습니다. 처음에 땅이 생길 때부터 혹은 노아의 홍수 이후에 오존층이 있어야 사람과 동물과 식물이 지금까지 살 수 있습니다.

지구는 약 23.5도 기울어졌습니다. 이번에 아이티에, 칠레에 지진이 나서 지구 축이 조금 더 기울어졌다는 이야기를 들으셨을 것입니다. 지구가 23.5도 기울어야만 사계절이 생깁니다. 여름과 겨울이 생깁니다. 이런 기울기가 있어야 곡창 지대가 북쪽에 형성될 수 있습니다. 그 지역이 바로 캐나다와 미국입니다. 지금도 캐나다와 미국이 식량을 대주지 않으면 중국과 러시아를 포함한 많은 나라들이 곤란을 당합니다. 우리나라도 마찬가지입니다. 많은 나라들이 현재 식량 자급자족이 안 되므로 미국이 식량을 팔지 않으면 어려움에 봉착할 수밖에 없습니다. 전 세계가 지금 그렇게 되어 있습니다. 그것도 북반구에 곡창 지대가 나타나도록 하나님이 만들어주었습니다.

이와 같은 것들을 살펴보면 하나님이 신비하게 이 모든 것을 창조하셨음을 금세 알 수 있지만 그래도 여전히 안 믿는 사람들이 있습니다. 이들은 이렇게 말합니다. "성경에 이런 이야기는 없지 않습니까? 23.5도 기울기 등은 성경에 없으니 성경에 있는 이야기로 하나님의 존재를 증명을 해 주면 어떻습니까?"

그리스/로마 신화를 보면 그리스/로마 사람들은 어떤 신이 지구를 등에 메고 있다고 생각했습니다. 그 신의 이름은 아틀라스입니다. 우리나라에도 아틀라스라는 말이 많이 쓰입니다. '아틀라스 타이어', '아틀라스 배터리' 등. 아틀라스는 지도라는 뜻으로도 쓰입니다. 이런 아틀라스가 지구를 등에 메고 있다가 갑자기 감기가 걸려 '에취' 하고 재채기를 하면 지진이 생긴다고 그들은 믿었습니다. 즉 지금부터 약 2,000-3,000년 전에는 그 당시에 화려한 문화를 꽃피우고 살던 사람들이 아틀라스에게 문제가 생기면 땅에 지진이나 화산과 같은 대격변이 생긴다고 생각했습니다. 그 정도로 이들은 무지 속에서 살았습니다.

그러나 성경은 그렇게 이야기하지 않습니다. 욥기를 봅시다. 욥기는 지금부터 약 4,000년 전에 기록된 책입니다. 노아의 홍수가 난 이후에 기록된 책입니다. 욥기 26장 7절에는 이렇게 기록되어 있습니다.

그분[하나님]께서는 북쪽을 빈 곳에 펼치시며 땅을 허공에 매다시고…

지금부터 4,000년 전에 욥이 우주인이었습니까? 그래서 지구 밖으로 나가서 지구가 이렇게 허공에 걸려 있는 것을 보았습니까? 아닙니다. 그런데 그는 어떻게 지구가 허공에 달린 줄 알았을까요? 또 지구만 허공에 걸려 있습니까? 태양도 허공에 걸려 있지 않습니까? 또한 온 우주 공간에 있는 모든 별이 줄에 매달려 있지 않습니다. 몽땅 다 허공에 그냥 걸려 있습니다.

우리 하나님은 이 정도의 권능을 갖고 계신 분입니다. 이 모든 것들을 허공에서 그냥 들고 계십니다. 이해하시겠습니까?

지금부터 4,000년 전에 욥은 이런 과학적인 사실을 기록해 놓았습니다. 물론 그는 지구 밖에 나가 보지 않았지만 하나님의 영의 인도를 받아 이처럼 과학적인 사실을 기록해 놓았습니다.

이제 구약 성경의 이사야서를 보도록 합시다. 지금부터 약 500년 전까지만 해도 사람들은 지구가 직육면체처럼 생겨서 사람들이 배를 타고 앞으로 쭉 나가면 낭떠러지 밑으로 떨어져서 죽는다고 생각했습니다. 그래서 멀리 나가는 것을 두려워했습니다. 가다가 낭떠러지에서 떨어지는 것으로 생각했기 때문입니다. 그런데 이사야서 40장 22절을 보면 땅이 둥글다고 되어 있습니다. 거기에는 "땅의 원 위에 앉으신 이가 바로 그분이시다."라고 되어 있습니다. 하나님은 사람들을 심판하는 분인데 그 하나님이 '땅의 원'(circle of the earth) 위에 앉아 계신다고 되어 있습니다. 여기서 이사야는 땅을 원으로 묘사하고 있습니다. 이것은 지금부터 약 2,700년 전에 기록된 말씀입니다. 이해하시겠습니까?

그러니까 성경은 골동품이며 그 안의 기록은 거짓이라고 하는 사람들은 하나님의 말씀이 처음부터 끝까지 진리라는 사실에 주목해야 합니다. 사람들이 이런 것을 탐구하지 않기 때문에, 이 안에 있는 것들을 믿지 않기 때문에 성경을 구닥다리 책으로 인식합니다. 땅이 이렇게 허공에 들려 있다고 해도 "아이고 그것이 어떻게 가능해."라고 말합니다.

여러분 허공에다 연필을 한번 올려놓기 바랍니다. 그것이 뜹니까, 안 뜹니까? 이렇게 들어 올리면 안 뜨지 않습니까? 대부분의 사람들이 "땅에서는 물체가 허공에 걸려 있지 않은데 어떻게 지구는 허공에 매달려 뜰 수 있을까요?"라고 의문을 제기합니다. 우주선을 타고 지구 밖에 나가 보니까 지구가 어떻게 돼

있습니까? 허공에 걸려 있습니다. 이상하게 땅 안에 들어 있는 것들은 허공에 걸려 있지 않습니다. 그런데 이 모든 것을 담고 있는 땅은 허공에 걸려 있습니다. 이것이 바로 하나님의 신비입니다.

저는 과학을 탐구하는 사람이고 논리적인 것을 좋아하며 여러 가지 의문을 가지고 사는 사람입니다. 그런데 성경의 데이터들이 과학적으로나 논리적으로나 모든 면에서 합당하며 너무너무 신기하기에 이런 것들을 보면서 그냥 자연스럽게 "아 정말 기가 막히네! 그런데 왜 이것을 몰랐을까!"라고 탄복합니다. 그리고는 하나님의 모든 말씀에 동의를 합니다.

사람들이 하도 어리석게 구니까 하나님께서 욥기 12장 7절에 다음과 같이 기록해 놓으셨습니다. 욥기 12장에서 욥은 이 세상의 여러 가지 섭리에 대해서 이야기하다가 7-10절에서는 하도 답답하니까 하나님의 섭리에 대해서 다음과 같이 말합니다.

그러나 이제 짐승들에게 물어보라. 그것들이 너를 가르치리라. 공중의 날짐승들에게 물어보라. 그것들이 네게 일러 주리라. 혹은 땅에게 말하라. 땅이 너를 가르치리라. 바다의 물고기들이 네게 밝히 알려 주리라. 이 모든 것들을 통해 주의 손이 이것을 이루셨음을 누가 알지 못하느냐? 모든 생물의 혼과 모든

하나님의 구원 *75*

인간의 숨이 그분의 손에 있느니라.

하나님이 창조 세계의 모든 것을 창조하고 섭리로 지금까지 이 모든 것들을 유지해 주시는 것은 사람만 모르지 심지어 물고기와 새와 땅도 다 안다고 그는 말합니다. 또 그는 모든 생물의 혼과 모든 인간의 호흡이 그분의 손에 있다고 말합니다. 이것은 4,000년 전에 기록된 글입니다.

그래서 우리는 이와 같은 하나님의 말씀에 들어 있는 데이터 즉 사람이 상식적으로 생각할 수 있는 과학적인 데이터를 가지고 이야기합니다. 무엇을 이야기합니까? 하나님이 모든 것을 창조하셨다고 말합니다. 저와 여러분을 창조하셨다고 말합니다. 이렇게 저는 분명하게 하나님의 특별 창조에 대해 이야기할 수 있습니다.

3. 우리의 현재: 우리는 왜 여기에 있는가?

이제부터는 우리가 왜 여기에 있는지 살펴보겠습니다.
"나는 왜 여기 있을까요? 또 여기서 무엇을 해야 할까요?"
축구팀은 무엇을 하기 위한 단체입니까? 축구하려고 만든 단체입니다. 아이스 스케이트 선수가 열심히 스케이트를 탑니다. 목표는 무엇일까요? 우승하는 것이고 가능하면 일등을 하는 것입니다.

우리 주변에 빗자루도 있고 냉장고도 있고 에어컨도 있고 창문도 있고 히터도 있고 볼펜도 있습니다. 이런 것들은 다 무엇에 쓰려고 만듭니까? 이것들은 모두 만들어진 것이 맞습니까? 그러면 무엇에 쓰려고 이것들을 만들까요?

이 세상의 모든 것에는 고유의 목적이 있습니다. 목적 없이 만들어지는 것이 하나라도 있습니까? 이것을 연장하면 하나님이 우리를 만드신 일에도 우리를 만드신 목적이 있다는 것입니다. 그렇지 않습니까? 성경은 그 목적을 찾아서 이루는 것이 인생의 행복이라고 말합니다.

창세기 1장 26절에 보면 하나님께서 자신의 형상을 따라 자신의 모양대로 사람을 창조했다고 합니다. 그분께서 우리를 만들었기 때문에 우리 삶에는 목적이 있습니다. 왜 사느냐고 물어보면 "재물을 모으려고 삽니다."라고 말하는 사람들도 많이 있습니다. 2010년은 삼성가의 창업주 이병철 씨의 출생 백 주년이 되는 해입니다. 그분의 삶의 기록들을 살펴보니 그분은 인간적으로 훌륭한 점이 많습니다. 매우 열심히 자기를 억제하면서 성공하려고 시간을 쪼개가며 살았습니다. 그런데 궁극적인 목적이 무엇으로 드러났습니까? 삶에서 많은 것을 절제하고 규칙적인 삶을 살며 시간을 아끼고 일본을 오고 가면서 부지런히 책을 읽고 어떻게 하든지 돈을 벌려고 애를 썼습니다. 그런 면에서는 훌륭합니다. 그런데 그 끝이 무엇입니까? 아무것도 아닙니다. 결국 죽고 말았습니다. 물론 자식들에게 또 나라에 여러 가지 긍정적으로 기여한 것이 있지만 하나님 보시기에는 사람의 목적을 전혀 이루지 못한 사람으로 죽고 말았습니다.

박정희 대통령이 이렇게 나라를 일구어서 지금 우리가 잘 살 수 있는 터전을 마련해 놓았습니다. 그분의 머릿속에는 어떻게 하든지 이 민족을 가난에서 빼내야 겠다는 일념이 있어서 그분은 자기 삶의 거의 모든 시간을 거기에 소비했습니다. 그런데 그분의 끝이 무엇입니까? 아무것도 아닙니다. 그렇지 않습니까? 하나님이 이루고자 하시는 삶의 목적이라는 측면에서 그렇다는 것입니다. 이 세상의 영웅호걸들의 삶이 대부분 이러합니다. 사람들에게는 인정받을지 모릅니다. 그러나 그들을 지은 하나님 앞에서는 목적을 이루지 못한 비참한 존재로 판명 나는 경우가 대부분입니다.

이 세상에는 성공을 추구하는 사람도 있고 쾌락을 추구하는 사람도 있고 행복을 추구하는 사람도 있습니다. 물론 사람은 다 정도의 차이는 있어도 스스로 자신만의 무언가를 꼭 추구하려고 애씁니다. 무언가를 추구하는 것이 나쁜 것은 아닙니다. 이런 추구가 없으면 사람은 죽습니다. 무언가 목적이 없으면 사람은 다 죽게 되어 있습니다. 이 세상에 살면서 세상의 무언가를 추구하는 것은 좋은데 이 모든 것에 어느 정도 절제가 있어야 합니다. 어느 정도껏 이 세상의 것을 추구해야지 세상의 것을 추구하느라 인생을 다 소비하면 이 땅에 사람을 만드신 하나님의 목적에서 벗어나게 됩니다.

그러면 하나님이 사람을 지은 가장 큰 목적을 알아야 우리가 그 목적에 맞게 살지 않겠습니까? 하나님은 왜 사람을 만들었을까요? 그 이유는 무엇일까요?

여러분은 혼자 지내면 좋습니까? 안 좋지요. 그래서 모두 친구를 사귑니다. 그렇지요? 하나님은 원래 삼위일체로 계십니다. 그러니까 전혀 다른 세 분이 서로 친근한 교제를 하며 사랑하기 때문에 전혀 부족함이 없습니다. 그런데 하나님께서는 자신과 교제하게 할 목적으로 처음에 그룹, 스랍, 천사장, 천사 등과 같은 천상의 존재들을 만들었습니다. 그런데 그 천상의 존재들 중 일부가 하나님을 대적하고 반역하고 죄를 지었습니다(사14장, 겔28장).

이에 하나님께서는 그 천상의 존재들에게 "그러면 내가 다른 계획을 가지고 나와 교제할 수 있는 존재를 만들어서 너희가 행한 일들이 악하다는 사실을 온 우주 공간에 사는 모든 천상의 존재들에게 입증하겠다."고 하시면서 자신의 형상을 따라 사람을 만드셨습니다. 따라서 사람이 존재하는 가장 큰 목적은 하나님과 교제를 나누면서 하나님께 영광을 돌려드리는 삶을 사는 것입니다. 이것이 바로 하나님께서 사람을 창조하신 가장 큰 목적입니다.

하나님은 영이십니다(요4:24). 이런 하나님과 교제를 나누고 하나님과 사귀기 위해서는 하나님의 속성을 부여받아야 되지 않겠습니까? 그래서 영이신 하나님께서 사람에게 무엇을 주셨습니까? 하나님의 본성에 참여하는 특권을 첫 사람 아담과 이브에게 주셨습니다. 그것을 성경은 하나님의 형상과 하나님의 모양이라고 이야기합니다(창1:26). 이것은 하나님과 사귈 수 있도록 하나님이 특별히 부여하신 특성입니다. 오직 사람에게만 이런 특권이 부여되었습니다. 심지어 천사들에게도 이런 특권이 부여되지 않았습니다.

영어에 "깃털이 같은 새끼리 같이 모인다."는 속담이 있습니다. 하나님도 하나님과 비슷한 속성을 가진 존재들과 사귀길 원하십니다. 그래서 하나님은 하나님 자신의 특성과 본성과 형상과 모양을 가진 사람을 창조하셨습니다. 사람을 창조하신 목적은 무엇일까요? 그것은 곧 온 우주 공간에 있는 모든 영적 창조물들에게 하나님의 영광과 하나님의 모든 계획의 완벽함을 증명해서 보여 주시려는 것입니다. 특별히 하나님은 예수님을 믿는 사람들의 모임인 교회를 통해서 이것을 보여 주시려 하셨습니다(엡3:9-11).

그리고 하나님께서 자신의 형상의 일부로 사람에게 무엇을 주셨습니까? 사람에게 가장 중요한 자유 의지를 주셨습니다. 자유 의지는 하나님이 사람에게 주신 모든 특성 중에서 가장 중요한 것입니다. 하나님의 본성에 참여하려면 자유 의지가 있어야 합니다. 그래서 베드로후서 1장 4절에도 하나님의 본성에 참여하는 특권이 자유 의지로 주님을 믿는 우리에게 주어졌다고 기록되어 있습니다.

> 그것들로 말미암아 지극히 크고 보배로운 약속들이 우리에게 주어졌나니 이것은 이 약속들에 힘입어 너희가 정욕으로 인해 세상에 있게 된 썩을 것을 피하여 하나님의 본성에 참여하는 자가 되게 하려 함이니라(벧후1:4).

로봇하고 노는 것을 좋아하는 사람이 있습니까? 한 시간 놀면 끝입니다. 더 이상 재미가 없습니다. 왜 그럴까요? 자유 의지가 없기 때문입니다. 사람의 창조 이전에 하나님께서는 천상의 존재들을 지으셨습니다. 그리고 이 천상의 존재들에게 자유 의지를 주셨습니다. 그런데 그들은 자유 의지를 가지고 하나님을 대적하는 일을 했습니다.

그 이후에 하나님은 아담과 이브에게 자유 의지를 주셨습니다. 그런데 이 사람들도 마귀의 사주를 받아 자유 의지를 가지고 잘못을 범했습니다. 성경은 이와 같은 일을 하나님을 대적하는 죄라고 말합니다.

하나님이 이와 같은 선물을 주신 것이 잘못입니까? 너무너무 기가 막힌 선물을 주신 것이 잘못입니까? 예를 들어 제게 딸이 있는데 제가 그 아이를 사랑해서 좋은 차를 한 대 사 줬다고 생각해 봅시다. 선물을 주는 것은 좋은 일입니다. 그것을 가지고 아이가 필요한 곳에 다니면서 일도 보고 원하는 것을 제때에 할 수 있으니 얼마나 좋습니까?

그런데 이렇게 좋은 일만 생기지는 않습니다. 이런 선물을 받아서 오용하고 남용하다가 자동차 사고를 낸다든지 혹은 차를 가지고 다른 악한 일들을 하면 그것은 문제가 됩니다. 제가 말씀드리려는 것은 선물을 준 것이 잘못이 아니고 선물을 받은 사람이 그것을 남용하고 오용해서 선물을 준 사람의 뜻을 어기는 것이 잘못이라는 점입니다. 그러니까 "왜 하나님이 에덴동산에 선악과나무를 두었느냐, 왜 자유 의지를 그들에게 주었느냐?"라고 따지는 것은 아무 의미가 없습니다.

선악과나무는 하나님이 우리에게 주신 무한대의 모든 자유 속에서 사람이 자발적으로 하나님을 신뢰하느냐, 신뢰하지 아니하느냐를 알아보기 위한 시금석으로 준 것입니다. 하나님이 사람에게 주신 무한대의 자유가 얼마나 좋은 것인가를 먼저 생각해야 그 안에 들어 있는 조그만 시금석을 가지고 하나님을 나쁘다고 이야기하는 것은 말이 안 됩니다.

그러면 아예 하나님이 사람을 로봇으로 만들었으면 좋았겠습니까? 하나님을 나쁘다고 하는 사람들에게 "그러면 하나님이 당신을 로봇으로 만들면 좋겠습니까?"라고 물어보시기 바랍니다. 그러면 분명히 그것은 더 싫다고 할 것입니다. 사람이 자유 의지를 가진 존재가 되기를 그들은 분명히 원합니다. 그래서 하나님은 천사들과 사람들에게 그 무엇보다도 좋고 중요한 자유 의지를 주셨고 그들이 선하게 그것을 쓰기를 바랐지만 그들은 그것을 남용하여 하나님을 배반하고 불법과 죄를 지었습니다.

이제 이 부분의 결론을 내리겠습니다. 사람은 대단히 귀중한 존재입니다. 예수님은 한 사람의 혼(魂)이 온 세상보다 더 귀중하다고 말씀하십니다.

> 사람이 만일 온 세상을 얻고도 자기 혼을 잃으면 그에게 무슨 유익이 있겠느냐? 혹은 사람이 무엇을 주어 자기 혼을 대신하게 하겠느냐?(마16:26)

여러분 주위를 보기 바랍니다. 좋은 차도 있고 집도 있고 먹을 것과 입을 것도 있고 여러 가지 필요한 것들이 많이 있습니다. 그러나 그 어떤 것도 사람의 혼보다 귀중하지 않습니다. 이처럼 사람이 귀중한 존재이기에 하나님은 사람을 구원하기 위해 심지어 자기의 아들을 보내십니다. 이것이 기독교의 핵심입니다.

> 하나님께서 세상을 이처럼 사랑하사 자신의 독생자를 주셨으니 이것은 누구든지 그를 믿는 자는 멸망하지 아니하고 영존하는 생명을 얻게 하려 하심이라. 하나님

께서 자신의 아들을 세상에 보내신 것은 세상을 정죄하려 하심이 아니요, 그를 통해 세상을 구원하려 하심이라(요3:16-17).

하나님 보시기에 귀중한 존재인 사람이 자기의 존재 목적을 이루려면 하나님을 알아야 됩니다. 개가 자기 주인을 알아보듯이 창조물인 사람이 자기를 창조하신 하나님을 알고 하나님을 주인으로 대접하는 것이 곧 구원입니다. 그것이 예수님을 믿는 것입니다. 별다른 것 아닙니다. 창조자 하나님을 알고 그 하나님을 하나님으로 대접하는 삶을 사는 것, 배은망덕하지 않게 하나님의 은혜에 합당하게 사는 것, 바로 이것이 예수님을 믿고 구원받는 것입니다.

4. 우리의 미래: 우리는 어디로 가는가?

지금까지 우리는 사람의 과거와 현재에 대해 이야기했고 이제부터 사람의 미래를 살펴보려 합니다. 이것은 다른 말로 "사람은 어디로 가느냐?"는 것입니다.

제가 이야기하지 않아도 "인생은 나그네 길이요 여행이다."라는 말을 이미 많이 들으셨을 것입니다. 그런데 목적지를 모르고 여행하면 얼마나 불안하겠습니까? 지금도 고속도로에 차들이 많이 다니고 있는데 어디로 가는지 모른 채 무조건 핸들이 인도하는 대로 가는 차가 하나라도 있습니까? 운전하는 사람은 다 어딘가 목표를 정해 놓고 내비게이션을 보든지 지도를 보든지 머릿속에서 길을 생각하면서 최종 종착지를 향해 갑니다.

아프리카 남부에 가면 '스프링벅'(Springbuck)이라고 하는 산양이 있습니다. 스프링처럼 통통 튀면서 빨리 달려가므로 이 양들의 이름은 '스프링벅'으로 지어졌다고 합니다. 이 산양들은 대개 큰 떼를 지어서 살고 있습니다. 떼를 지어 살다 보니까 앞에 있는 무리가 앞으로 나가면서 잔디를 먹어 치우면 뒤에 있는 것들은 먹을 것이 없게 됩니다. 그러니까 뒤에 있는 것들이 앞에 있는 무리를 밀어붙입니다. 그러면 앞에 있는 것들은 뒤에서 미니까 밀려서 뛰기 시작합니다. 물론 스프링처럼 통통 튀면서 앞으로 나아갑니다. 그러면 뒤에 있는 것들은 아무것도 모른 채 앞에 있는 것들이 뛰어나가니까 자기들도 그냥 뜁니다. 이름이 '스프링벅'이니까 얼마나 잘 뛰겠습니까? 이렇게 한 떼의 양들이 아무 이유도 모른 채 뛰다가 결국 낭떠러지로 가서 떨어져 죽는 사례가 많습니다.

이 양들과 비슷하게 이 세상에는 도대체 왜 사는지, 걷는지, 뛰는지 전혀 알지 못한 채 남들이 하니까 아무 생각 없이 남들을 따라 걷거나 뛰는 사람이 엄청 많습니다. 여러분은 어떻습니까? 여러분은 지금 어디로 무슨 목적을 가지고 뛰고 있습니까? 남들이 뛰니까 통통통통 뛰다가 나중에 다른 사람들과 같이 낭떠러지로 떨어지면 곤란하지 않습니까? 최소한 우리는 어디를 향해서 지금 달려가고 있는지 알아야 합니다.

저도 나이가 오십이 넘었습니다. 인생은 마치 초와 같습니다. 처음에 태어날 때는 길이가 30센티미터 정도 되는 '새 초'로 볼 수 있습니다. 그런데 저 같은 경우 이미 '새 초'에서 삼분의 이가 타 버렸습니다. 제 인생이 이처럼 타서 날아갔고 이제 삼분의 일 정도 남았습니다. 그것도 하나님이 70-80세를 살 수 있도록 허락하셔야 가능합니다.

젊을 때는 다 영원히 살 것으로 생각합니다. 그러나 실제로 살아 보면 안 그렇습니다. 저도 마음은 아직 이십대 청년입니다. 그런데 실제로 저의 인생은 많이 타서 이제 10센티미터 정도 남았습니다. 즉 이것만 타면 제 인생은 끝난다는 것입니다. 그러므로 우리는 인생에 종착역이 있다는 것을 알아야 합니다.

우리는 모두 죽는다!

그러면 모든 사람이 100% 확실히 가는 종착역이 어디일까요? 무덤입니다. 그렇지 않습니까? 학생들을 가르치다가 "지금 너희 나이에서는 무덤, 죽음 같은 것을 이야기하면 그것이 무슨 얘긴지 도저히 이해가 안 될 것이다. 그런데 조금 지나면서 옆에 계시던 할아버지가 돌아가시고 그다음에 어머니와 아버지가 돌아가시고 쭉 인생을 살면서 주변 사람들이 죽는 것을 보게 되면 결국 사람의 최종 종착지는 무덤이구나 하는 것을 알게 될 것이다."라고 말합니다.

히브리서 9장 27절은 "한 번 죽는 것은 사람들에게 약속으로 정해진 것이다."라고 말합니다. 성경은 분명히 그것을 기록하고 있습니다. 사실 이것은 누구나 다 알고 있는 사실입니다. 시편 90편 10절에서 하나님의 사람 모세는 사람의 삶의 연수가 70-80세라고 말했습니다.

지난 수십 년 동안 건강에 관한 여러 가지 지식이 늘어났습니다. 또 암과 같은 무서운 질병을 정복하는 연구가 진행되었습니다. 그러다 보니 예수님이 오시는 것을 늦추신다면 아마 다음 세대는 특별한 일이 없으면 백세까지 살 것으로 보입니다. 그런데 이것도 잘 생각해야 합니다. 사실 장수(長壽)가 많은 경우에 재앙입니다.

공부를 가르치다가 학생들에게 "너희들 이렇게 공부해서 취직했다가 오십 세에 직장에서 나오면 그 뒤 오십 년을 어떻게 살아야 될지 생각해 보았니?"라고 물어봅니다. 아시다시피 요즘에는 오십 세가 되면 대부분 직장에서 나옵니다. 여러분은 별 수입 없이 나머지 오십 년을 어떻게 살아야 할지 생각해 보았습니까? 그래서 수명이 늘어나는 것 자체가 많은 경우에 좋은 일만은 아닙니다. 오히려 이것이 심각한 문제가 될 수 있습니다.

히브리서 2장 14-15절을 보니까 죽음은 지금까지 인류가 가지고 있던 두려움 중에서 가장 큰 두려움이라고 말합니다.

그런즉 자녀들은 살과 피에 참여한 자들이므로 그분도 마찬가지로 친히 같은 것들에 참여하셨으니 이것은 그분께서 죽음을 통해 죽음의 권능을 가진 자 곧 마귀를 멸하시고 또 죽음을 두려워하여 평생토록 속박에 얽매인 자들을 구출하려 하심이라(히2:14-15).

그런데 어떤 사람은 "죽는 게 뭐가 두려워? 나는 죽을 때까지 용기 있게 살다가 죽을 수 있어."라고 호언장담합니다. 그런데 아마 이런 사람도 어디가 아파서 병원에 가서 진단을 받았더니 "당신은 암에 걸렸습니다. 그리고 말기 암이라 2개월 이상 살기 어렵습니다."라는 판정을 받으면 그렇게 큰소리치지 못할 것입니다. 아무리 용기 있는 사람이라도 대개 그와 같은 판정을 받으면 얼굴이 새까매질 것입니다.

이처럼 죽음은 사람이라면 누구나 느끼는 공통적인 두려움입니다. 그래서 심지어 소와 같은 짐승도 도살장에 갈 때는 운다고 합니다.

우리가 의사나 변호사와 무슨 일로 약속을 했는데 갑자기 다른 일이 생기면 취소하고 다음에 다시 약속할 수 있습니다. 그런데 죽음하고 맺은 약속은 기한이 딱 정해져 있습니다. 한번 딱 약속이 잡히면 취소가 안 됩니다. 그것은 내가 원하든 원하지 아니하든 정확하게 제시간에 이루어지는 약속입니다. 그래서 죽음은 '그것으로 끝이냐, 아니냐'라는 관점에서 주의 깊게 생각해 봐야 할 문제입니다.

어떤 사람이 제게 와서 어떻게 나이아가라 폭포를 갈 수 있고 거기 가면 무엇을 하고 또 어느 계절에 거기 가는 것이 제일 좋으냐고 물으면 저는 거기에 대해 아주 자신 있게 이야기해 줄 수 있습니다. 미국에 살면서 손님이 올 때마다 대여섯 번 거기에 갔으니까 이런 정보에 관해서는 쉽게 말할 수 있습니다. 여름에 담요 하나 갖고 나이아가라 폭포 옆에 가서 하늘 바라보며 잔디에 누워서 한잠 자면 정말 좋습니다. 나이아가라 폭포에 가서 보시면 "야 정말 이 많은 물이 어떻게 이처럼 쉬지 않고 떨어질 수 있을까?"라고 할 정도로 엄청나게 많은 물이 떨어집니다. 여하튼 나이아가라 폭포에 대해 누가 물으면 저는 어느 정도 자신 있게 이야기할 수 있습니다. 즉 여행지나 내가 과거에 해 본 어떤 일을 누가 물으면 어느 정도 소상하게 이야기해 줄 수 있다는 말입니다.

그런데 죽음에 대해서는 아무도 그렇게 할 수가 없습니다. 물론 저 역시 아무것도 말해 줄 수 없습니다. 죽음을 실험해 보고 다시 돌아올 수 있는 사람이 있습니까?

없습니다. 다시 한 번 물어보겠습니다. "이 세상에 죽었다가 다시 살아난 사람이 있습니까?" 아무도 없습니다. 물론 성경에 나오는 나사로 같은 인물은 제외하고 말입니다.

그런데 요즘 들어 천국에 다녀왔다거나 지옥에 다녀왔다는 사람이 많습니다. 그런데 실제로 그들은 죽지 않았습니다. 그들은 죽음 일보 직전까지 갔다가 다시 돌아왔습니다. 이것을 영어로는 'Near death experience'라고 합니다. 다시 한 번 말씀드리지만 이들은 죽음 일보 직전까지 갔다 왔지 결코 죽었다가 다시 살아오지 않았습니다. 지금 이 세상에는 죽었다가 다시 살아온 사람이 하나도 없습니다.

죽었다가 다시 살아온다는 것은 불가능합니다. 왜 그럴까요? 한 번 죽는 것이 사람에게 정해졌기 때문입니다. 즉 한 번 죽는 것은 정해진 약속이라는 것입니다. 두 번, 세 번, 네 번 이렇게 죽는 사람은 없습니다. 죽었다가 예수님이 특별하게 살리신 몇 사람을 제외하고는 죽었다가 이 세상에 다시 돌아오는 일은 모든 사람에게 불가능합니다.

그러므로 이 세상의 어떤 사람도 죽음 이후의 삶에 대해서 확실하게 이야기할 수 없습니다. 너무 당연하지 않습니까?

그러니까 사람은 어떻게 합니까? 하는 수 없이 다음과 같이 추측을 합니다.

첫째는 진화론자들의 이야기입니다. 그들은 사람이 죽으면 그것으로 끝이라고 말합니다. 사람은 몇 가지 원소(元素)로 이루어진 물질에 지나지 않으므로 생명이 다하면 그냥 뼈가 썩고 살이 썩어 없어져서 원래의 원소들로 이 땅속에 들어가고 이것이 끝이라고 말합니다. 그러므로 그들은 죽음 이후의 일에 대해서는 더 이상 생각할 것이 없다고 주장합니다.

둘째는 윤회론자들의 주장입니다. 잘 알다시피 진화론자들 중에서 한 부류는 '윤회'를 믿고 가르칩니다. 그들은 사람이 죽은 다음에 땅에서의 삶의 질에 따라, 개처럼 산 사람은 개로 태어나고 소처럼 산 사람은 소로 태어나고 벌레같이 산 사람은 벌레로 태어난다고 주장합니다. 그래서 벌레로 열심히 좋은 삶을 유지하면 다음 생에서는 한 단계 위로 올라가고 또 올라가고 해서 맨 끝에는 신(부처)이 된다고 주장합니다. 불교에서는 이런 상태를 열반의 세계라고 말합니다. 이런 이유로 불교에서는 살생을 금합니다. 지금 죽이는 벌레나 짐승이 전생에 사람이었을 수 있기 때문에 살생은 안 된다고 말합니다.

불교나 힌두교에서는 사람이 죽은 뒤 그다음 삶에서 짐승이 될 수도 있다고 가르칩니다. 그런데 이런 윤회 사상이 서구로 넘어가면서 서구 사람한테 "당신 잘못 살면 다음 세상에서 개나 소가 됩니다."라고 말하니 그들은 이런 주장을 잘 받아들이지 않습니다. 그래서 서구에서는 사람은 죽은 뒤 다시 사람으로만 태어난다고 가르칩니다. 그것이 바로 뉴에이지 사상입니다. 물론 뉴에이지를 추구하는 사람들은 궁극적으로 사람이 진화해서 신이 되어야 한다고 주장합니다.

진화론의 특징은 일단 무에서 유가 나온다는 것입니다. 무생명에서 생명이 나옵니다. 이렇게 아메바가 나오면 아메바에서 양서류가 나오고 어류가 나오고 조류가 나오고 파충류가 나오고 맨 끝에 포유류가 나오고 포유류 중에 제일 질서가 높은 사람이 나옵니다. 이게 진화론의 핵심입니다.

그런데 사실 진화론은 거기서 끝나지 않습니다. 그것이 종교적인 색채를 띠면서 종교적인 진화론으로 바뀌면 사람이 끝이 아니고 그다음 한 단계가 더 있습니다. 즉 그들은 사람이 영성 훈련을 통해 영적으로 진화하면 신이 된다고 주장합니다. 이것이 바로 뉴에이지입니다. 그러므로 뉴에이지는 처음부터 끝까지 진화론입니다.

창세기 3장 1-4절에는 다음과 같이 기록되어 있습니다.

그런데 뱀은 주 하나님께서 만드신 들의 어떤 짐승보다 더 간교하더라. 그가 여자에게 이르되, 참으로 하나님께서 이르시기를, 너희는 동산의 모든 나무에서 *나는 것*을 먹지 말라, 하시더냐? 하니 여자가 뱀에게 이르되, 동산 나무들의 열매는 우리가 먹어도 되지만 동산 한가운데 있는 나무 열매에 관하여는 하나님께서 이르시되, 너희는 그것을 먹지도 말고 만지지도 말라. 너희가 죽을까 염려하노라, 하셨느니라, 하매 뱀이 여자에게 이르되, 너희가 절대로 죽지 아니하리라.

여기를 잘 보기 바랍니다. 여기에 윤회가 나옵니다. 뱀은 사람이 절대로 죽지 않는다고 말합니다. 마귀가 에덴동산에서 가르친 첫째 원리는 사람이 절대로 죽지 않는다는 것입니다. 돌고 돌 수는 있으나 절대 죽지 않는다는 윤회 사상을 마귀는 가르칩니다.

또 여기에 보니 "너희가 그것을 먹는 날에 너희 눈이 열린다."고 되어 있습니다. 눈이 열리면 그들은 무엇이 될까요? 신이 됩니다. 그리고 열반의 세계로 갑니다. 그래서 뱀은 아담과 이브가 누구처럼 된다고 말합니까? 바른 성경은 그들이 하나님(God)처럼 되는 것이 아니라 신(god)처럼 된다고 말합니다. 그리고 선과 악을 구분할 줄 알게 된다고 말합니다. 그러면서 뱀은 "이렇게 좋은 것들을 하나님이 자기만 차지하려 하고 너희에게는 주려고 하지 않는다. 그래서 하나님은 나쁜 존재다."라고 말합니다.

이렇게 사람을 속인 뱀이 에덴동산 때부터 무엇을 가르쳤습니까? 결코 죽지 않는 윤회론을 가르쳤습니다. 그러나 사람이 선악과를 먹었는데 그 결과는 어떠했습니까? 그가 신이 되었습니까? 아닙니다. 그러자 마귀는 영성 훈련 같은 것을 통해 사람이 신이 되도록 부추겼습니다. 바로 이런 이유로 이교도들의 신앙 안에는 신이 되는 것을 가르쳐 주는 각종 고등 영성 기법이 들어 있습니다.

증산도에서는 '공중 부양'(Levitation)을 합니다. 즉 사람을 공중에 뜨게 만듭니다. 힌두교, 불교, 뉴에이지에서는 명상과 요가를 통해 '유체 이탈'(Astral projection)을 시도합니다. 또 모든 이교도 문화에서는 만트라가 있습니다. 이것은 같은 말이나 음악을 빨리 반복하는 것입니다. 이제는 교회들도 이 기법을 받아들여 방언이라 하고 있습니다. 이런 것을 통해 "랄랄랄라!" 하면서 자기를 잃어버린 채 무아지경에 이르면 곧 "열반에 이른다." 혹은 "입신한다."고 그들은 말합니다. 그런데 이것들은 다 마귀의 영성 훈련의 하나입니다. 모든 이교도들에게서 공통적으로 발견되는 것들입니다.

또한 마귀의 사주에 따라 사람들은 "하나님이 정해 놓으신 절대적인 선과 악이 없고, 사람이 각각 자기 보기에 옳은 대로 행하면 된다."는 상대 윤리를 추구해 왔습니다. 요즘 전 세계 교육 시스템의 가장 큰 문제가 무엇입니까? 미국이나 한국이나 절대적인 것을 가르치지 않는다는 것입니다. 그래서 각 사람이 자기 보기에 좋으면 그것이 선한 것이라고 가르칩니다. 바로 이것이 가장 큰 문제입니다. 강간을 해도, 살인을 해도 나만 옳으면 좋다는 것입니다. 이번에 신문에 보니 갓난아이를 집에 두고 PC방 다니면서 아기에게 젖을 주지 않아 아기가 죽었다고 합니다. 이처럼 사람이 자기 좋은 것만을 추구하다 보면 본성의 애정을 잃어버립니다.

미국은 처음부터 기독교의 이상을 가지고 국가를 시작했습니다. 비록 처음에는 하나님과 그분의 윤리와 도덕의 절대성을 인정하는 국가로 시작했으나 이제 미국은 진화론을 신봉하는 인본주의자들에 의해 상대 윤리를 중시하는 사회가 되었습니다. 그러다 보니 윤리적인 모든 것들이 완전히 와해가 되면서 사악한 것들이 넘치는 사회가 되고 말았습니다. 그래도 여전히 기독교의 바른 정신이 남아 있어서 미국에는 이 세상에서 가장 선한 것도 존재하고 가장 악한 것도 존재합니다. 예수님을 가장 잘 믿는 그리스도인들도 거기에 있고 가장 사악한 사탄주의자들도 다 거기에 있습니다.

이런 상대주의가 팽팽하게 대립을 하며 절대적인 기준을 무너뜨리다 보니 미국에서는 많은 부부가 이혼하고 있고 이로 인해 가정이라는 '사회의 기초 단위'가 완전히 붕괴되고 있습니다. 이혼은 하나님의 절대적인 기준에 따라 해서는 안 되는 일입니다. 그런데 많은 사람들이 "나만 좋으면 되지 않나?"라고 생각하므로 결국 하나님의 법을 무시하고 죄를 짓습니다. 한국도 이 점에서는 미국과 똑같거나 그 이상입니다.

이러한 상대주의가 득세하다 보니 미국에서는 근친상간과 같은 일들도 자주 발생합니다. 특히 이단 교리를 따르는 자들 가운데 더 그렇습니다. 윤회론의 관점에서 보면 자기가 키우는 아이가 사실은 자기 아이가 아니라 이전 세상에서 넘어온 다른 사람이지 않습니까? 이런 식으로 사고가 굳어지면 고칠 수가 없습니다. 그래서 사악한 일이 생깁니다. 자기 아기가 전생에 다른 사람이었다고 생각하면 얼마나 끔찍하겠습니까? 이런 식으로 생각이 돌면 정상적으로 아이를 키울 수 있겠습니까?

바로 이런 상대주의에 의해 도덕과 윤리가 완전히 붕괴가 되는 시점에 우리가 살고 있습니다. 이번에 중학교 아이들이 졸업식하고 알몸 뒤풀이를 했다는 이야기를 접하면서 씁쓸하지 않았습니까? 중학교 남자아이들이 초등학교 여자아이를 성적으로 폭행하고도 전혀 잘못을 모른 채 경찰 앞에서 키득키득하는 일이 기사로 나오고 있습니다.

사탄 마귀가 창세기의 에덴동산에서부터 사람들에게 가져다주려고 했던 개념은 크게 세 가지로 나눌 수 있습니다.

1. 윤회
2. 영성 훈련을 통해서 신이 되는 것
3. 상대적인 도덕과 윤리 개념

지금 세상은 마귀의 이런 사상들로 가득 차 있습니다. 그런데 이런 것들은 최근 들어 얼마 전에 나온 것들이 아닙니다. 하나님께서 첫 사람 아담과 이브를 만들어 놓자마자 마귀가 사람들에게 접근해서 이런 개념들로 사람들을 유혹해서 죄를 짓게 했습니다. 그래서 창세기를 잘 이해하는 것이 중요합니다.

결론적으로 진화론자들은 사람이 죽으면 없어진다고 말하거나 빙빙 돌아서 여러 단계의 삶을 거쳐 나중에 신이 된다고 말합니다.

그러나 성경은 다음과 같이 단언합니다.

한 번 죽는 것은 사람들에게 [약속으로] 정해진 것이요 이것 뒤에는 심판이 있나니 (히9:27)

성경은 사람이 영과 혼과 육으로 구성된 존재라고 말합니다. 그런데 많은 사람들이 잘못 생각하고 있습니다. 성경이 잘못 번역됐기 때문에 심지어 그리스도인이라고 하는 사람들도 사람은 영혼과 육의 이중적인 존재라고 말합니다. 또 혼에 대해서도 아주 잘못 생각하고 있습니다. 성경은 사람 자체를 가리켜 혼이라고

사람의 세 요소

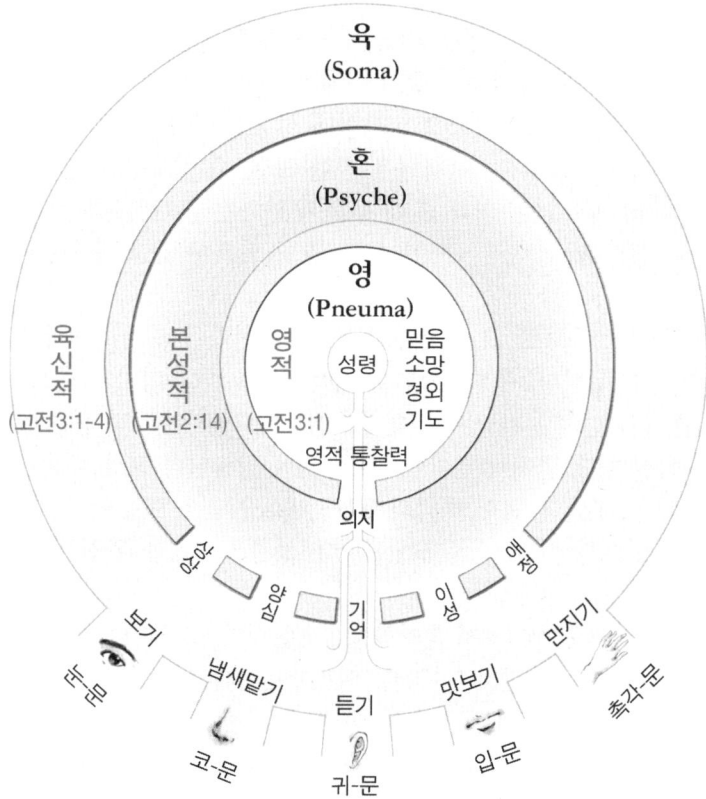

    화평의 바로 그 하나님께서 너희를 온전하게 거룩히 구별하시기를 원하며 또 너희의 온 영과 혼과 몸이 우리 주 예수 그리스도께서 오실 때까지 흠 없이 보존되기를 내가 하나님께 기도하노라(살전5:23).

    하나님의 말씀은 살아 있고 권능이 있으며 양날 달린 어떤 검보다도 예리하여 혼과 영 및 관절과 골수를 찔러 둘로 나누기까지 하고 또 마음의 생각과 의도를 분별하는 분이시니(히4:12)

    하나님의 형상대로 빚어진 사람 역시 하나님처럼 영과 혼과 육의 세 부분으로 구성된 삼위일체적 존재이다. 다만 아버지, 아들, 성령 하나님이 각각 개별적으로 완전한 하나님인 것과는 달리 사람의 영과 혼과 육은 개별적으로 각각 완전한 사람이 되지 못한다. 몸은 세상을 의식하고 혼은 자기를 의식하며 영은 하나님을 의식한다. 모든 사람은 영적으로 죽은 상태에서 태어나 본성으로는 하나님을 의식할 수 없으며, 하나님의 말씀을 듣고 주님에게서 오는 믿음을 받아 자기의 의지의 문을 열고 자신을 주님께 내어 맡기며 그분을 구원자와 주님으로 모셔들일 때 영적으로 죽은 상태에서 살아나 하나님을 의식하고 하나님의 아들이 된다. 마귀는 주로 보는 것을 통해 사람의 혼에 접근하며(창3:6; 수7:21; 삿14:2; 삼하11:2; 요일2:16) 하나님은 주로 듣는 것을 통해 사람의 혼에 접근하신다(롬10:17).

〈사람의 세 요소〉

말합니다. 창세기 2장 7절을 다시 보겠습니다.

> 주 하나님께서 땅의 흙으로 사람을 지으시고 생명의 숨을 그의 콧구멍에 불어넣
> 으시니 사람이 살아 있는 혼이 되니라.

하나님 보실 때에 사람은 혼입니다. 물론 사람 안에는 영적 요소, 혼적 요소, 육적 요소가 있으므로 이것들을 구분할 때에는 사람이 영과 혼과 육으로 구성되어 있다고 말합니다(히4:12; 살전5:23). 그런데 성경이 이야기하는 원초적 의미의 사람은 혼입니다. 그러니까 하나님은 저를 보실 때 정동수라고 하는 혼으로 보십니다. 우리 예수님은 영과 혼과 몸을 구원하는 분이십니다. 그래서 영을 구원한다는 말도 맞고 혼을 구원한다는 말도 맞으며 몸을 구원한다는 말도 맞습니다.

우리가 구원받는 바로 그 순간에 영과 혼에 변화가 생겨서 영원한 것들을 소유할 수 있게 됩니다. 구원받으면 위치적으로 우리는 이미 그리스도와 함께 하늘에 있는 하나님의 왕좌 옆에 있습니다(엡2:6). 그렇지만 우리 몸은 예수님께서 공중 강림하실 때 무덤에서 부활함으로 구원을 받습니다(고전15:51; 살전4:16). 그래서 다시 영과 혼과 육이 하나의 몸 즉 새로운 몸을 이루어서 완벽한 존재 즉 하나님과 교제할 수 있는 존재가 됩니다. 성경은 이것을 '완전한 구원'이라고 말합니다.

어느 목사님께서 돌아가셔서 장례식장에 갔습니다. 그랬더니 장례식을 인도하는 목사님이 설교를 하면서 "여러분, 여러분은 지금 이 몸을 보고 있습니다. 여기 있는 이 몸은 아무개 목사님이 이 땅에 거하실 때 쓰던 집입니다."라고 말했습니다. 맞습니다. 이 몸이 사람이 아닙니다. 그 안에 사람 즉 혼이 들어 있습니다. 그 사람이 바로 혼입니다. 지금 이 몸은 장차 무너지게 될 껍데기 집에 불과합니다.

그런데 사람에 대해 잘못 생각하다 보니 산소에 가서 땅에 엎드려 크게 절을 하고 술을 부어 올리면서 무덤 속에 진짜로 자기 부모가 있는 줄로 생각하는 사람들이 많습니다. 샤머니즘에서는 이런 것들을 그렇게 가르칩니다. 그런데 우리 그리스도인들은 그렇게 하지 않습니다. 우리는 가서 부모님이 과거에 우리에게 어떻게 사랑을 베푸셨는지 기억하고 그 은혜에 감사드릴 뿐입니다. 거기 가서 아버지나 어머니를 만나려 하지 않습니다. 거기에는 아버지나 어머니가 없습니다. 그분들은 지금 천국이든 지옥이든 둘 중 하나에 있습니다. 무덤에는 아버지나 어머니가 없습니다.

산소에는 아버지나 어머니가 이 세상에서 쓰던 집이 있을 뿐입니다. 그리고

그 집은 이미 몇 년 지나면 다 썩어서 부패가 되고 맙니다. 그러므로 우리는 아버지 어머니의 사랑을 기억하고 형제자매들이 다시 모여 부모님의 은혜를 기리기 위해 그리고 형제들 간에 사랑을 좀 더 돈독하게 하기 위해 부모님 산소에 갑니다.

그래서 우리 예수님은 마태복음 10장 28절에서 다음과 같이 말씀하셨습니다.

몸은 죽여도 혼은 죽일 수 없는 자들을 두려워하지 말고 오히려 혼과 몸을 둘 다 지옥에서 멸하실 수 있는 분을 두려워하라.

이 말씀에 따라 초대교회의 많은 성도들이 죽는 것을 두려워하지 않고 믿음을 지키다가 순교의 자리까지 갔습니다. 심지어 사자의 밥이 되기도 했습니다. 사자는 이 껍데기 육체는 먹을 수 있어도 그 사람 자체는 못 먹습니다. 그래서 우리 예수님은 이렇게 이야기하십니다.

몸은 죽여도 혼은 죽일 수 없는 자들을 두려워하지 말고 오히려 혼과 몸을 둘 다 지옥에서 멸하실 수 있는 분을 두려워하라.

우리는 혼과 몸을 지옥에서 멸하실 수 있는 하나님, 유일하신 그분, 우리를 만드신 그분을 두려워해야 합니다. 왜냐하면 이 세상 모든 것에는 심판하는 때가 있기 때문입니다. 심판은 소기의 목적을 이루었는지 이루지 못했는지 판단하는 것입니다.

볼펜을 보기 바랍니다. 이것은 누군가가 설계를 해서 만든 것입니다. 그런데 모든 설계물에 대해서는 그 물건이 정말 설계대로 나왔는지 여부를 판단하는 사람이 있습니다. 볼펜 공장에 가서 보면, 볼펜이 만들어져서 나오는 끝부분에 누가 기다리고 있습니다. 그 사람은 볼펜에 인쇄된 것들이 제대로 인쇄되었는지, 색깔이 맞는지 등을 판단해서 살펴봅니다. 그리고 설계대로 나오지 않은 것들은 따로 모아 폐기 처분합니다. 이것은 단지 볼펜에만 적용되는 사실이 아닙니다. 사람이 설계하여 만드는 모든 제품은 반드시 다 심판의 과정을 거칩니다.

이제 야구 시즌이 되었습니다. 야구 경기를 보기 바랍니다. 투수가 야구공을 던지면 심판이 앞에 서서 스트라이크인지 볼인지 판정을 하지 않습니까? 그 사람을 심판이라고 말합니다. 그는 말 그대로 스트라이크 존에 공이 들어왔는지 여부를 판단하는 사람입니다.

이로 보건대 이 세상의 모든 것에는 심판하는 때가 있음을 알 수 있습니다. 그래서 로마서 2장 5-8절에서 우리 하나님은 다음과 같이 말씀합니다.

오히려 네가 네 강퍅함과 뉘우치지 아니하는 마음에 따라 진노의 날 곧 하나님의 의로운 심판이 나타나는 그날에 닥칠 진노를 네게 쌓아 올리는도다. 그분께서 각 사람에게 그의 행위대로 갚으시되 참고 꾸준히 잘 행함으로 영광과 존귀와 죽지 아니함을 구하는 자들에게는 영원한 생명으로 갚으시고 논쟁하기 좋아하며 진리에 순종하지 아니하고 불의에 순종하는 자들에게는 격노와 진노로 갚으시리라.

하나님은 각 사람에게 그의 행위대로 갚아 주십니다. 이것은 사람이 이 땅에 살면서 창조주 하나님께 어떻게 반응했느냐에 따라 하나님이 정당하게 심판해서 갚아 주신다는 말입니다. 이렇게 갚아 주려면 반드시 심판을 해야 합니다. 그러므로 사람에게도 심판의 때가 있습니다.

비록 대부분의 사람들이 진화론이 맞는다고 하면서 예수님을 믿는 것을 조롱하고 핍박해도 이런 일들 속에서도 예수님에 대한 믿음을 가지고 참고 꾸준히 잘 행하면 영광과 죽지 아니함을 주십니다. 즉 창조주 하나님을 인정하고 그분께 '올인'하는 자들에게 그분은 영원한 생명으로 갚아 주십니다.

그러니까 예수님을 믿는 것은 이 구절에 있는 것처럼 하나님이 원래 사람들에게 주시려고 했던 영광, 바로 그것을 구하는 것입니다. 하나님은 사람에게 영원히 죽지 아니함을 주시려 했습니다. 그러나 죄로 말미암아 사람이 죽게 되었습니다. 그런데 하나님의 은혜를 깨닫고 영원히 죽지 아니함을 구하는 자들에게는 하나님이 영원한 생명으로 갚아 주십니다.

그런데 진화론이나 윤회론 등을 들고 나와 논쟁하기 좋아하며 진리에 순종하지 아니하고 불의에 순종하는 자들에게는 하나님이 격노와 진노로 갚아 주십니다.

이 세상에 살면서 어느 때 가장 속상합니까? 심판이 제대로 이루어지지 않을 때 가장 속상하지 않습니까? 이번에 동계 올림픽에서도 분명히 우리가 금메달을 땄는데 반칙을 했다고 해서 중국 사람이 일등을 하니까 얼마나 속상합니까? 우리도 속상한데 본인은 얼마나 속상하겠습니까, 그렇지 않습니까? 이처럼 심판이 제대로 이루어지지 않으면 속상합니다.

그러나 우리 하나님께는 그런 일이 없습니다. 하나님은 정당하기 때문에 각 사람이 추구하는 대로 그대로 이루어 주십니다.

구약 성경에 가서 보면 사사들 즉 재판관들이 거하던 때가 있었습니다. 그때에 하나님은 백성들이 원하는 대로 갚아 주셨습니다. 마찬가지로 저와 여러분이 죽지 아니함과 영원한 생명과 영광을 구하면 하나님이 거기에 합당하게 또 공정하게 갚아 주십니다.

그러나 "난 모르겠다. 하나님이 어디 있어! 내 마음대로 살면 되지!"라고 말하면서 온 세상에 널려 있는 무수한 창조의 증거들을 평생 보고 살면서도 거기에 반응하여 참된 하나님을 구하지 않으면 하나님이 거기에 상응하는 격노와 진노로 갚아 주십니다. 이것이 바로 성경의 진리입니다. 즉 성경의 진리는 맨 마지막에 심판이 있고 영원한 천국과 영원한 지옥이 있다는 것입니다.

믿지 않는 사람의 경우도 나중에 몸이 부활합니다. 불신자가 몸이 부활해서 영원히 불 호수에 들어가서 하나님과 격리되어 사는 것을 성경은 '둘째 사망'이라고 말합니다.

또 내가 보니 죽은 자들이 작은 자나 큰 자나 하나님 앞에 서 있는데 책들이 펼쳐져 있고 또 다른 책 즉 생명책이 펼쳐져 있더라. 죽은 자들이 자기 행위들에 따라 그 책들에 기록된 그것들에 근거하여 심판을 받았더라. 바다가 자기 안에 있는 죽은 자들을 내주었고 사망과 지옥이 자기 안에 있는 죽은 자들을 넘겨주매 그들이 각각 자기 행위들에 따라 심판을 받았으며 사망과 지옥이 불 호수에 던져졌더라. 이것이 둘째 사망이니라. 누구든지 생명책에 기록된 것으로 드러나지 않은 자는 불 호수에 던져졌더라(계20:12-15).

믿는 사람의 경우에도 물론 몸이 부활합니다. 그래서 그는 영원히 하나님의 속성을 부여받아서 하나님의 본성에 참여하는 자가 되어 하나님과 함께 영원히 살게 됩니다. 성경이 그렇게 이야기하고 있습니다.

또 내가 왕좌들을 보았는데 *사람*들이 그것들 위에 앉아 있고 그들에게 심판이 맡겨졌더라. 또 내가 예수님의 증언과 하나님의 말씀으로 인해 목이 베인 자들의 혼들을 보았는데 그들은 짐승과 그의 형상에게 경배하지도 아니하고 자기 이마 위에나 손안에 짐승의 표를 받지도 아니한 자들이더라. 그들이 살아서 그리스도와 함께 천 년 동안 통치하였으나 그 나머지 죽은 자들은 그 천 년이 끝날 때까지 다시 살지 못하였더라. 이것이 첫째 부활이니라. 첫째 부활에 *참여할* 몫을 가진 자는 복이 있고 거룩하도다. 둘째 사망이 그런 자들을 다스릴 권능을 갖지 못하고 도리어 그들이 하나님과 그리스도의 제사장이 되어 천 년 동안 그분과 함께 통치하리라(계20:4-6).

저는 이제 여러분의 상태가 어떤지 물어보려 합니다. 인생을 살면서 누구나 다 시행착오를 거칩니다. 저도 얼마나 많은 시행착오를 거쳤는지 모릅니다. 목회를 한다고 하면서도 시행착오를 거쳐서 처음에 실패했고 지금 두 번째 목회하고 있습니다. 지금 이 시간에도 여러 가지 문제를 두고 시행착오를 거치고 있습니다.

대부분의 인생 문제에서 발생하는 시행착오는 괜찮습니다. 많은 경우 그런 시행착오가 사람을 성장시키는 계기가 됩니다. 시행착오가 있어서 인생의 쓴맛을 알아야 인생의 깊은 것을 알게 되고 사람이 성숙해집니다. 그래서 그런 것이 필요할 때가 있습니다.

하지만 인생의 종착역에 도달하는 문제에서 시행착오가 있다면 그것은 무서운 일입니다. 두 번 기회가 없기 때문입니다. 죽은 다음에 다시 태어나는 일은 없습니다. 죽은 다음에 예수님이 또다시 거기서 복음을 선포하지 않습니다. 한 번 죽는 것은 사람들에게 약속으로 정해진 것이요 그 이후에는 심판만 남아 있습니다. 성경이 우리에게 분명히 이렇게 이야기하기 때문에 우리는 우리의 최종 목적지에 관한 한 절대로 시행착오를 범해서는 안 됩니다.

기독교의 구원은 아주 간단합니다. 먼저 인간의 기본 상태가 무엇인가를 분명히 알고, 그다음에 죄와 사망의 문제를 어떻게 해결할 것인가를 깊이 생각해 보고, 창조주 하나님만이 유일한 창조주시요 구원자시요 심판자라고 하는 사실을 인지하고 그 하나님 앞에 납작 엎드러지는 것, 바로 이것이 기독교의 구원입니다.

다른 이야기는 필요 없습니다. 그냥 창조주 하나님 앞에 납작 엎드러져서 "하나님, 하나님의 은혜로만 제가 한순간 한순간 살 수 있습니다. 여기서도 그렇고 천국에서도 그렇고, 과거에도 그렇고 지금도 그렇고 앞으로도 그렇고 오직 하나님 은혜로만 제가 살 수 있습니다." 하고 하나님을 인정하는 것, 하나님을 하나님으로 대접하는 것, 하나님을 기쁘게 하는 것 그것이 기독교의 구원입니다.

이런 자세를 가진 사람은 성경에 기록된 대로 하나님의 은혜가 오직 그분의 아들 예수 그리스도만을 통해 온다는 것을 알게 되어 예수님의 피와 그분의 십자가의 공로만 의지합니다.

3. 하나님의 해결책

위에서 우리는 인생에 문제가 있다는 것을 알게 되었습니다. 그러면 사랑이 많으신 하나님께서 해결책을 주셔야 하지 않습니까? 작품을 만들고 난 다음에 작품이 잘못된 것을 알면 누구라도 고치려 하지 않겠습니까? 볼펜이든 배든 자동차든 다 마찬가지입니다. 누구라도 고칠 것입니다.

그러면 하나님도 마찬가지가 아닐까요? 물론 하나님이 잘못한 것은 하나도 없습니다. 자유 의지를 주었기 때문에 사람이 잘못했음에도 불구하고 하나님은 자신의 작품인 사람을 고치기 위해 살 길을 마련해 주십니다.

사람의 타락 이전에 하늘에서는 천상의 창조물 중의 일부가 역시 자유 의지를 잘못 사용하여 하나님을 배반하고 그분을 대적했습니다. 하나님께서는 자신의 길과 생각이 창조물과는 다른 것을 보여 주기 위해 또 영계에 있는 모든 천상의 창조물들에게 자신의 영광의 지극히 뛰어난 것을 보여 주기 위해 사람을 지으셨습니다. 그리고는 사람에게 하나님의 본성에 참여할 수 있도록 자신의 형상과 모양을 입혀 주셨습니다. 이런 것은 천사들에게는 허락되지 않은 것들입니다. 그런데 마귀가 와서 사람을 타락으로 이끌었습니다.

마귀는 이제 하나님의 모든 계획이 수포로 돌아갔다고 생각했지만 하나님은 그렇게 생각하지 않으셨습니다. 그래서 인류 역사를 통해서 하나님께서는 열심을 가지고 타락한 인간을 구원하셔서 온 우주 공간의 영적 창조물들에게 자신의 길과 지혜의 뛰어남을 보여 주고 계십니다. 그래서 타락한 사람들을 회복시켜 주십니다. 다시 말씀드리면 하나님께서 사람들에게 죄와 사망의 문제를 해결하는 길을 주고 계십니다. 그래서 기독교는 왜 사람이 죽는가를 알려 줍니다. 왜 죽는지 알면 사는 걸 알 수 있기 때문입니다.

다시 한 번 종교에 대해서 이야기하겠습니다.

세상의 종교는 사람이 자기 힘으로 구원을 이루겠다는 시도입니다. 이러한 종교의 특징은 그 안에 하나님의 특별 창조가 없다는 것입니다. 그런 종교로 가면 "모든 것이 그냥 생긴다."고 말합니다. 그러므로 심판이 없다고 말합니다. 그리고 죽으면 끝이라고 하든지 또 윤회해서 다른 삶을 산다고 말합니다.

세상의 모든 종교들은 사람이 죽는 이유를 가르쳐 주지 않습니다. 왜 안 가르쳐 줄까요? 모르기 때문입니다. 그래서 그런 종교에서는 사람이 늙으니까 죽는다거나 병이 들어 죽는다고 하며 또 죽는 것은 그저 자연계의 일반 현상 중 하나라고 말합니다. 이 말에도 어느 정도 일리가 있습니다. 사람은 늙으니까 죽고 병드니까 죽습니다.

그러면 사람은 왜 늙고 병이 들까요? 왜 사람에게 이런 악한 일이 발생할까요? 이 세상의 누구도 이런 근본적인 문제에 대한 답을 주지 못합니다. 해답을 얻으려면 어디로 가야 할까요? 세상 종교들의 경전이나 철학자들 혹은 과학자들의 책에는 이에 대한 대답이 없습니다. 우리는 성경으로 가야 합니다. 성경도 신약이 아니라 구약으로 가야 합니다. 마태복음에는 없습니다. 사람이 왜 죽는가에 대한 답은 요한계시록에도 없습니다.

어디로 가야 찾을 수 있을까요? 창세기로 가야 합니다. 창세기에 해답이 있습니다. 사람이 죽는 이유가 창세기에 있습니다. 창세기 2장 17절을 보겠습니다.

선악을 알게 하는 나무에서 *나는 것*은 먹지 말라. 네가 그 나무에서 *나는 것*을 먹는 날에 반드시 죽으리라, 하시니라.

이 같은 하나님의 명령에도 불구하고 사람은 그분의 법을 어기고 열매를 먹었습니다. 그러므로 사람은 죄 때문에 죽습니다. 이것이 성경이 명백하게 전달해 주는 진리입니다.

"사람은 왜 죽습니까?" 죄 때문에 죽습니다.

"그러면 어떻게 하면 살 수 있습니까?" 죄 문제를 해결하면 살 수 있습니다.

다시 말씀드리지만 죄 문제를 해결하면 사람이 살 수 있습니다. 이 세상 어느 종교도 이런 것을 가르쳐 주지 않습니다. 이 세상 종교들은 죄와 불법이 생긴 이유를 알려 주지 않습니다. 그래서 예수님을 믿게 되면 사람이 왜 죽는가를 알 수 있기 때문에 성경을 통해서 또한 사람이 영원히 하나님과 함께 사는 것도 알 수 있습니다. 이것이 바로 성경이 우리에게 전해 주는 진리의 복음입니다.

그러면 이제 죽음이 무엇인지 살펴보도록 하겠습니다. 대부분의 사람들은 호흡이 멈추면 죽는다고 알고 있습니다. 이것도 어느 정도는 맞는 말입니다만 성경적으로는 조금 부족합니다. 왜 호흡이 멈출까요? 성경적인 의미의 죽음은 분리를 뜻합니다. 어디서 무언가가 분리되면 성경은 이것을 죽음이라고 말합니다. 그래서 아버지가 돌아가셨다고 말하는 것은 아버지의 영과 혼이 아버지의 집인 몸에서 분리가 됐다는 것입니다. 그렇게 되어 영과 혼은 천국으로 가든지 지옥으로 가든지 둘 중 하나로 가고 몸은 여기 무덤에 남습니다. 성경은 이와 같은 분리 즉 육체적인 분리를 죽음이라고 이야기합니다.

그러면 창세기의 이야기를 다시 한 번 살펴봅시다. 하나님은 분명히 "그 나무에서 나는 것을 먹는 날에 네가 반드시 죽는다."고 하셨습니다. 그런데 아담과 이브가 이것을 먹는 바로 그날에 육체적으로 죽었습니까, 안 죽었습니까? 육체적으로 안 죽었습니다. 그 이후에도 아담은 900년 정도를 더 살았습니다.

이것은 곧 육체적 죽음이 아닌 다른 종류의 죽음이 이들에게 생겼음을 뜻합니다. 물론 그들은 약 900년 뒤에 육체적으로도 죽었습니다.

그러면 선과 악을 알게 하는 나무의 열매를 먹는 순간에 그들에게 어떤 죽음이 일어났을까요? 그때에 영이신 하나님과 교제하는 것이 끊어졌습니다. 이것을 우리는 '사람이 영적으로 죽어서 하나님과 분리가 되었다'고 말합니다.

이 사건 전에는 그들이 영이신 하나님과 어느 때고 이야기할 수 있었습니다. 그런데 이 일이 일어난 이후에는 그 일이 불가능해졌습니다. 그래서 그 이후에 이 땅에 태어나는 사람들은 하나님의 형상이 아니라 아담의 형상대로 태어나서 영적으로 하나님과 교통할 수 없는 존재로 태어납니다.

> 아담이 백삼십 년을 살며 자기 모양대로 자기 형상에 따라 아들을 낳아 그의 이름을 셋이라 하였고(창5:3)

예수님은 바로 이와 같은 영적 죽음을 치료하기 위해 이 땅에 오셨습니다.

그래서 지금 이 시간에 하나님의 말씀을 듣고 예수님만을 의지하려는 사람들의 죽어 있는 것을 성령 하나님께서 순식간에 살려 주시면 사람이 다시 태어나게 됩니다. 이것은 '중생'(Regeneration) 혹은 '다시 태어남'이라고 말합니다. 바로 이런 일이 사람에게 있어야 그는 비로소 하나님과 교제할 수 있습니다. 하나님의 본성에 참여할 수 있습니다.

다시 한 번 죽음 혹은 사망을 정리해 보겠습니다. 육체의 사망은 영과 혼이 몸에서 분리되는 것입니다. 불신자들은 앞으로 영원히 지옥 불 속에 들어가서 살아야 합니다. 성경은 이것을 둘째 사망이라고 합니다. 첫째 사망은 육체의 죽음입니다. 반면에 이 둘째 사망은 영과 혼과 몸을 가진 전 인격체가 하나님 앞에서 완전히 분리가 되어 영원히 불 호수 속으로, 깜깜한 데로 들어가 사는 것을 뜻합니다. 이처럼 생명이신 하나님에게서 완전히 분리되는 것을 성경은 둘째 사망이라고 말합니다.

불 속인데 왜 깜깜할까요? 엄청난 온도의 뜨거운 불은 까맣습니다. 왜 그럴까요? 하나님은 빛이십니다. 그러므로 하나님을 신뢰하지 않는 사람들은 빛이신 하나님과 완전히 결별되므로 전혀 빛이 없는 깜깜한 어둠 속으로 들어갑니다. 그래서 하나님은 죄인들이 궁극적으로 바깥 어두운 데 가서 슬피 울며 이를 갈게 될 것이라고 말합니다.

> 그때에 왕이 종들에게 이르되, 그의 손발을 묶고 그를 데려다가 바깥 어둠 속으로 내쫓으라. 거기서 슬피 울며 이를 갊이 있으리라, 하니라(마22:13).

아담은 죄를 지은 뒤에 곧장 육체적으로 죽지 않았습니다. 그는 약 구백 년을 더 살았습니다. 다만 영적으로 죽는 일이 생겨서 그는 하나님과 교통할 수 없는 신세가 되었습니다. 다시 말씀드리면 그의 영이 스스로의 힘으로 하나님을 찾지 못하게 되었습니다. 그 이후에 아담의 후손으로 태어난 모든 사람은 전적으로 믿음으로 은혜로 말씀으로 성령님에 의해 다시 태어나서 하나님의 왕국으로 옮겨지기까지 하나님을 바로 알 수 없습니다. 그러므로 다시 태어나서 영적으로 살아나기 전에는 하나님을 하나님으로 알아보고 대접할 수 없습니다. 그래서 하나님과의 교제가 불가능합니다. 그러니 그런 사람은 하나님과 같이 살 수 없습니다.

교제가 안 되는데 어떻게 같이 삽니까? 그래서 에베소서 2장 1절은 죄들과 범법들로 인해 우리가 다 영적으로 죽은 자라고 말합니다.

> 범법들과 죄들 가운데서 죽었던 너희를 하나님께서 살리셨도다(엡2:1).

육체적으로는 살아 있지만 아직 구원받지 못한 사람들을 향해 성경은 "너희가 다 영적으로 죽어 있다."고 말합니다. 그래서 예레미야 17장 9절에서 대언자 예레미야는 모든 사람이 마음에 병든 채 태어나며 그래서 극도로 사악하다고 말합니다.

마음은 모든 것보다 거짓되고 극도로 사악하니 누가 그것을 알 수 있으리오?

이 세상에 태어나는 모든 사람의 마음은 극도로 사악합니다.
또다시 예레미야 대언자의 말을 들어 보기 바랍니다.

에티오피아 사람이 자기 피부를, 표범이 자기 반점을 변하게 할 수 있느냐? 그럴 수 있다면 악을 행하는 데 익숙한 너희도 선을 행할 수 있으리라(렘13:23).

표범을 생각해 보기 바랍니다. 온 몸에 반점이 있지 않습니까? 그런데 표범이 자기 노력으로 반점을 없앨 수 있습니까? 불가능하지 않습니까? 에티오피아 사람은 피부가 새까만 상태로 태어납니다. 이런 사람은 아무리 성형 수술해도 피부가 새까맣습니다. 사람의 노력으로 이런 것을 고칠 수 없습니다. 그러면서 대언자는 악에 익숙한 너희도 너희 힘으로 너희 죄에서 벗어나는 것은 불가능하다고 말합니다. 즉 스스로의 힘으로 악에서 떠나, 죄를 버리고 떠나 거룩하게 산다는 것은 사람에게 불가능하다는 것입니다. 이것이 바로 하나님이 모든 사람에게 내리는 판결입니다.

그래서 예수님은 마가복음 7장 20-23절에서 다음과 같이 말씀하십니다.

또 그분께서 이르시되, 사람에게서 나오는 것, 그것이 사람을 더럽게 하느니라. 속에서 곧 사람들의 마음에서 악한 생각, 간음, 음행, 살인, 도둑질, 탐욕, 사악함, 속임수, 색욕, 악한 눈, 신성모독, 교만, 어리석음이 나오는데 이 모든 악한 것들이 속에서 나와 사람을 더럽게 하느니라, 하시니라.

이와 같은 죄의 목록에 안 걸릴 사람이 있습니까? 없습니다. 아무도 여기서 벗어나지 못합니다. 이것이 바로 하나님이 보시는 '사람의 기본 상태'입니다. 이것이 바로 이 세상 모든 사람의 '기본 설정치'(Default)입니다. 하나님께서 그렇다고 판결을 내리십니다.

인류의 모든 문제가 바로 여기에 있습니다. 듣기에 좋지는 않지만 성경은 이 세상에 태어난 모든 사람이 구원받기 전에는 다 마귀의 자녀라고 선언합니다(요8:44; 요일3:8). 성경은 그렇게 명확하게 선포합니다. 로마서 3장 10절은 의로운 자는 단 한 사람도 없다고 말합니다. 또 로마서 3장 23절은 모든 사람이 죄를 지어 하나님의 영광에 이르지 못했다고 말합니다.

사람의 상태

에티오피아 사람이 자기 피부를, 표범이 자기 반점을 변하게 할 수 있느냐? 그럴 수 있다면 악을 행하는 데 익숙한 너희도 선을 행할 수 있으리라(렘13:23).

보소서, 내가 불법 가운데서 형성되었으며 내 어머니가 죄 가운데서 나를 수태하였나이다(시51:5).

의로운 자는 없나니 단 한 사람도 없으며(롬3:10)

모든 사람이 죄를 지어 하나님의 영광에 이르지 못하더니(롬3:23)

사람은 태어나면서부터 죄인이다. 그의 몸에는 첫 사람 아담의 피가 흐르므로 그는 죄를 지을 수밖에 없다. 즉 사람은 죄를 지으므로 죄인이 아니라 죄인이기에 죄를 짓는다. 그러므로 '모태 신앙'이라는 말은 성경적으로 틀린 말이고 '모태 죄인'이라고 해야 맞는다. 사람 안에는 본성적으로 선한 것이 하나도 없다(롬7:18). 성경은 본성에 속한 사람 즉 자연인을 가리켜 '지각이 어두워진 사람'이라고 말한다(엡4:18). 그는 하나님의 영과 그분의 일을 인식할 수 없다. 하나님의 것은 영적으로 분별할 수 있기 때문이다(고전2:14). 그는 본질상 진노의 자녀이며(엡2:3) 하나님과 원수지간이고 따라서 결코 그분을 기쁘게 할 수 없다(롬8:7-8). 그의 마음은 거짓되고 극도로 사악하여 부패되어 있다(렘17:9). 그래서 그 속에서 나오는 것은 오직 '악한 생각, 간음, 음행, 살인, 도둑질, 탐욕, 사악함, 속임수, 색욕, 악한 눈, 신성모독, 교만, 어리석음' 등이다(막7:21-22). 영적으로 볼 때 그는 죄와 범법으로 인해 죽은 존재이다(엡2:1). 에티오피아 사람이 자기 피부를, 표범이 자기 반점을 변하게 할 수 없듯이 자연인도 초자연적인 도움이 없이는 자신의 성품을 변화시킬 수 없다(렘13:23). 이런 상태를 심각하게 인식하는 일이 구원의 첫걸음이다. 그와 같은 처지에 있는 사람이나 그보다 낮은 단계에 있는 세상의 어떤 창조물도 그를 변화시킬 수 없다. 오직 그를 지으신 분 곧 창조주 하나님만이 그를 변화시켜 새 생명을 줄 수 있다. "그러므로 누구든지 그리스도 안에 있으면 그는 새로운 창조물이라. 옛것들은 지나갔으니, 보라, 모든 것이 새롭게 되었도다"(고후5:17).

〈사람의 상태〉

그래서 이대로 죽으면 하나님의 본성에 참여할 수 없기 때문에 하나님과 분리가 되어 영원토록 하나님 곁을 떠나 심판받을 수밖에 없다고 성경은 이야기합니다.

그러면 하나님이 치료책을 주셔야 하지 않을까요? 맞습니다.

인생은 짧고 죽음은 확실합니다. 그러면 죽음의 원인은 무엇입니까? 죄입니다. 그러면 죄의 치료책은 하나님이 마련해 주실 수밖에 없습니다. 사람은 할 수 없습니다.

그러면 그 치료책은 무엇일까요? 그것은 곧 성경에 기록된 대로 사람의 몸을 입고 이 땅에 오신 하나님 곧 예수 그리스도이십니다. 사람이 사람의 근본 문제를 해결할 수 없으므로 하나님이 오십니다. 이것이 바로 기독교의 핵심입니다. 기독교의 논리가 바로 그것입니다. 인생은 짧고 죽음은 확실하며 죽음의 원인은 죄이기 때문에 죄를 치울 분이 이 땅에 오셔야 한다고 성경은 말합니다.

사람의 죄를 제거할 분이 외부에서 이 땅에 오셔야 한다고 성경은 말합니다. 이 세상 사람들 가운데는 죄를 제거할 사람이 하나도 없습니다. 온 우주 공간에도 없습니다. 짐승 중에도 없습니다. 그러니 누가 와야 합니까? 우리를 만들어 놓으신 하나님만이 이 일을 해결하실 수 있습니다. 그 창조주 하나님이 바로 사람의 몸을 입고 이 땅에 오신 예수 그리스도이십니다. 그래서 로마서 8장 1-4절은 우리가 이것을 할 수 없을 때에 예수님이 하셨다고 말합니다.

그러므로 이제 <u>그리스도 예수님 안에 있는 자들에게는 결코 정죄함이 없나니</u> 그들은 육신을 따라 걷지 아니하고 성*령*을 따라 걷느니라. 이는 그리스도 예수님 안에 있는 생명의 성*령*의 법이 죄와 사망의 법에서 나를 해방하였기 때문이라. 율법이 육신으로 말미암아 연약하여 할 수 없는 것을 하나님께서는 *하셨나니* 곧 죄로 인해 자신의 아들을 죄 많은 육신의 모양으로 보내사 그 육신 안에 죄를 정죄하셨느니라. 이것은 육신을 따라 걷지 아니하고 성*령*을 따라 걷는 우리 안에서 율법의 의가 성취되게 하려 함이니라.

1절을 잘 보기 바랍니다. 교회에 있는 자들이 아니라 '그리스도 예수님 안에 있는 자들'에게 결코 정죄함이 없습니다. 십일조, 주일성수, 교회 봉사는 우리의 저주의 몸을 구속하지 못합니다. 오직 예수님만 할 수 있습니다.

아담으로 말미암아 죄와 사망의 법 안에서 우리가 갇혀 있었는데 그리스도 예수님 안에 있는 생명의 성령의 법이 들어와서 아예 법 시스템을 바꿔 버렸다고 성경은 말합니다. 그러니까 이런 식으로 이야기하면 이해가 될 것입니다.

북한에는 지금 엄청나게 고생하는 사람들이 많습니다. 그것이 바로 죄와 사망의 법에 갇혀 있는 것입니다. 그곳에 민주주의, 자유경제 체제가 들어가면 즉 법이 바뀌면 어떻게 됩니까? 먼저 그곳 사람들이 자유를 얻지 않습니까? 그리스도인에

종교와 복음

영존하는 하나님의 형상을 따라 지어진 사람은 누구나 마음속에 내세 혹은 영원에 대한 의문을 품고 산다. 많은 철학자들과 사상가들의 사유의 핵심은 사람의 영원성에 대한 것이었다. 이 세상에는 두 종류의 구원 시스템이 존재한다. 하나는 대부분의 세상 종교들이 추구하는 것으로서 한 사람의 선한 행위가 악한 행위보다 많으면 그 사람이 구원받는다고 가르치는 것이다. 그래서 그들은 철학, 선행, 고행, 예배, 문화, 희생, 자선 등을 통해 스스로의 행위를 가지고 영원하며 거룩하신 하나님께 도달하려고 노력한다. 성경은 이런 것을 가리켜 가인의 길이요, 종교라고 부른다(유11). 우리 주 예수님은 자신의 지상 사역 기간에 종교를 가르치는 자들을 '독사의 자식들'이라 부르며 크게 꾸짖으셨다(마3:7; 23:33). 사도 바울 역시 그의 서신서에서 3회나 종교라는 말을 쓰면서 종교 체제 하에서의 부정적인 것을 기술하였다(행26:5; 갈1:13-14). 종교는 결코 사람을 구원하지 못하며 오히려 지옥 불 속으로 그를 밀어 넣는다. 왜냐하면 모든 사람이 죄를 지어 하나님의 영광에 이르지 못하기 때문이다(롬3:23). 모든 창조물이 창조주 하나님의 심판 자리에 서면 다 더러운 존재로 판명난다. 이런 의미에서 기독교는 종교가 아니라 복음이다. 기독교의 핵심은 사람 안에 있는 의는 모두 '더러운 누더기'라는 데 있다(사64:6). 그러므로 창조 세계의 외부로부터 오는 의 즉 사람을 지은 창조주께서 친히 베푸시는 의가 아니고는 그분 앞에 설 수 없음을 인식하는 것이 구원의 첫걸음이다. 즉 기독교의 핵심은 하나님께서 사람을 불쌍히 여기고 스스로 사람을 찾아오셔서 자신의 영광에 도달할 수 있는 길을 제공했다는 것이다. 죄 없는 하나님의 아들께서 완전한 희생 제물이 되어 하나님의 공의를 만족시키려고 십자가에서 죄로 인한 형벌을 다 담당하고 피를 흘리고 죽었다가 사흘 만에 다시 일어나심으로써 부활의 첫 열매가 되사 그 뒤에 부활의 소망이 되신 것, 바로 이것이 복음의 핵심이다(고전15:2-4; 20-23).

〈종교와 복음〉

게도 바로 이런 일이 생겼다는 것입니다.
 어떤 사람들에게 이런 일이 생겼습니까? 그리스도 예수님 안에 있는 사람들에게 생겼습니다. 교회 안에 있는 사람들이 아닙니다. 교회 다니는 사람들이 아닙니다. 십일조 하는 사람들도 아닙니다. 헌금 많이 한 사람들도 아닙니다. 인물이 좋은 사람들도 아닙니다. 돈 많은 사람들도 아닙니다. 어떤 사람들입니까? 그리스도 예수님 안에 들어와 예수님을 인격적으로 알고 그분만을 신뢰하는 사람들에게 자유와 해방이 생겼습니다. 할렐루야!
 생명의 성령의 법이 죄와 사망의 법에서 그런 사람을 해방하였다고 지금 성경이 분명히 이야기합니다. 그리고는 다음과 같은 설명이 나옵니다.

 율법이 육신으로 말미암아 연약하여 할 수 없는 것을 하나님께서는 *하셨나니* 곧 죄로 인해 자신의 아들을 죄 많은 육신의 모양으로 보내사 그 육신 안에 죄를 정죄하셨느니라. 이것은 육신을 따라 걷지 아니하고 *성령*을 따라 걷는 우리 안에서 율법의 의가 성취되게 하려 함이니라(롬8:3-4).

 이제는 예수님이 왜 오셨는가를 살펴보겠습니다.
 기독교에는 이 세상 종교와 다른 또 하나의 특징이 있습니다. 이 세상 종교는 사람이 스스로 노력해서 구원을 이루려는 시도입니다. 이 세상 종교에는 창조가 없으며 또한 심판이 없습니다. 또한 이 세상의 종교는 만물이 쇠퇴하고 사람이 죽는 이유를 가르쳐 주지 않습니다. 또한 세상 종교에는 대신 속죄가 없습니다.
 오직 기독교만이 대신 속죄를 가르칩니다. 다시 말씀드리지만 이 세상의 종교들은 다 사람이 스스로 노력하여 구원을 이루려는 것입니다. 그러나 기독교는 사람이 스스로의 행위로는 구원을 얻을 수 없다는 것을 가르쳐 주며 동시에 '죄 많은 사람'을 대신하여 '죄 없는 완벽한 존재'가 속죄를 이룬다는 것을 가르쳐 줍니다. 이것이 '대신 속죄' 즉 대속의 은혜입니다.
 네팔이나 부탄 같은 후진국에 가서 이교도들의 속죄 풍속을 살펴보기 바랍니다. 그들도 죄와 양심의 문제로 인해 어떤 영적인 의식을 행합니다. 그래서 무당이 와서 춤을 추고 제사를 지냅니다. 이때에 닭이나 어떤 짐승을 반드시 죽여서 마귀들에게 바칩니다. 이것이 바로 대신 속죄입니다. 이들이 그것을 어떻게 알았을까요? 하나님이 아담을 통해 나온 모든 인류의 마음속에 대신 속죄가 있어야 살 수 있음을 심어 주셨습니다. 그래서 아무리 미개한 종족이라도 자기들의 신에게 대신 속죄 의식으로 희생물을 잡아 제사를 드립니다. 그래서 미개한 아프리카 종족들도 짐승을 잡아 피를 흘리고는 자기들이 섬기는 신에게 갖다 바칩니다. 그것이 바로 대신 속죄입니다.

대신 속죄

다음 날 요한이 예수님께서 자기에게 오시는 것을 보고 이르되, 세상 죄를 제거하시는 하나님의 어린양을 보라, 하니라(요1:29).

여호와 하나님은 눈이 정결하셔서 악을 보지 못하신다(합1:13). 그러므로 누구라도 죄가 있는 존재는 그분 앞에 설 수 없다. 성경은, 아담의 타락 이후에 하나님께서 죄 없는 짐승을 잡아서 그의 수치를 가리도록 옷을 만들어 주신 이후로(창3:21) 죄인이 하나님 앞에 서려면 죄 없는 희생물을 대신 죽이고 피를 흘려서 속죄를 이루어야만 함을 보여 준다. 특별히 구약 성경에서 하나님은 이 점을 시청각 교육으로 잘 보여 주셨다. 이스라엘 사람이 죄를 지으면 그는 소나 양 등의 짐승을 끌고 성막 앞의 제사장에게 간다(레1:2-9). 그리고 그 짐승의 머리에 안수하여 자기의 죄를 짐승에게 전가시키고 칼로 직접 짐승의 목을 찌른다. 그가 칼을 양의 목에 꽂는 순간 양은 비명을 지르고 피가 몸에서 튀어 나온다. 이로써 죄인은 죄가 있으면 반드시 피를 흘리는 희생물이 있어야만 함을 뼈저리게 느낀다. 그런데 여기서 끝나지 않고 그는 이 제물을 여러 조각 내서 번제 헌물 제단에 던져 태워야 한다. 이것을 통해 죄인은 죽음이 끝이 아니라 그 이후에 뜨거운 지옥 불의 정죄가 있어서 불의 고통을 받아야 함을 깨닫는다. 이런 일은 또 유월절(출12)과 속죄일(레23:27-32)에도 이루어져서 사람의 죽음을 막기 위해 흠 없는 어린양이나 소가 피를 흘리고 죽어야 했다. 그러나 이런 짐승의 희생은 죄를 제거하지 못하고 잠시 덮는 역할을 하며 예표의 기능을 했을 뿐이다(히10:4). 이 세상의 모든 창조물 가운데 창조주 하나님의 공의를 만족시킬 수 있는 존재는 단 하나도 없다. 그러므로 창조 세계의 외부에 계신 우리 주 예수님께서 스스로 사람의 몸을 입고 이 땅에 오셔서 완전한 희생물로 십자가에서 피를 흘리고 지옥의 고통을 다 담당해서 단 한 번에 영원한 대신 속죄를 이루셨다(히9:12). 구약시대에는 사람과 하나님 사이에 제사장이라는 중보자가 있었으나 우리 주님께서 죽으실 때에 성전의 휘장이 위에서부터 아래로 찢어지면서 사람이 하나님께 직접 나갈 수 있는 길이 활짝 열렸다(마27:51; 히6:19-20). 그분께서 단 한 번에 세상의 모든 죄를 영원토록 제거하셨으므로 이제는 더 이상 다른 희생물이나 제사장이 필요 없다(히10:18).

〈대신 속죄〉

그러면 대신 속죄를 조금 더 구체적으로 살펴보겠습니다.

죄는 누가 짓습니까? 사람이 짓습니다. 그런데 왜 짐승을 죽입니까? 짐승은 죄를 짓지 않았습니다. 소나 양이 무슨 죄를 짓습니까? 짐승은 아무 죄도 짓지 않습니다. 그러니까 죄를 지은 사람을 위해 무죄한 소나 양을 잡아서 죽이고 피를 흘리고는 "이 피를 보고 나를 용서해 주십시오."라고 비는 것이 바로 대신 속죄입니다.

그러니까 대신 속죄 개념은 기독교뿐만 아니라 심지어 샤머니즘을 행하는 아주 미개한 종족들의 마음과 양심 속에도 다 들어 있습니다. 즉 죄 없는 무언가가 죄 있는 사람을 위해서 죽어야만 속죄가 이루어진다는 개념이 이 세상 모든 사람의 마음속에 들어 있다는 것입니다. 그래서 구약 시대 이스라엘 백성은 하나님의 법에 따라 희생 제사를 드렸습니다.

하나님은 희생 제사 제도를 통해 그들에게 시청각 교육을 하셨습니다.

사람이 죄를 짓습니다. 죄를 지으면 어떻게 합니까? 소나 양을 끌고 성막으로 갑니다(레1:2-9). 성막으로 가면 제사장이 그를 기다리고 있습니다. 제사장이 그에게 칼을 넘겨줍니다. 당사자는 짐승에게 안수하여 자기의 모든 죄를 짐승의 머리로 옮깁니다(전가 행위). 그 뒤에 직접 칼로 그 짐승을 잡습니다. 제사장이 대신 잡아 주면 얼마나 좋겠습니까? 그러나 제사장은 짐승을 잡아 주지 않고 오히려 죄인보고 짐승의 멱을 따라고 말합니다.

이제 죄 지은 사람이 푹 하고 짐승의 목에다 칼을 집어넣습니다. 그러면 짐승이 소리를 지르고 피가 쏟아져 나옵니다. 그러면 이 사람은 짐승의 멱을 따는 일을 통해 죄가 있으면 이렇게 죽는다는 사실을 시청각적으로 확실히 알게 됩니다. 그러나 이것이 끝이 아닙니다.

그가 죽은 짐승을 조각조각 나누면 제사장이 그 나눈 조각들과 내장과 다리를 모두 제단 위에 놓습니다. 그러면 조각들이 지글지글하며 탑니다. 이를 통해 그 사람은 "아 죄가 있으면 죽는 것으로 끝이 아니구나. 지옥 불이 또 남아 있구나. 지옥에서 영원히 타는구나!"라는 사실을 알게 됩니다. 이 모든 예식을 통해 그 죄 없는 짐승은 주님께 향기로운 제물이 되어 죄인을 위해 속죄합니다.

이런 희생 제도를 통해 하나님은 시청각 교육을 하시면서 사람에게 죄가 있으면 죄 없는 무언가가(짐승이) 죽어야만 속죄가 이루어짐을 알려 주셨고 또 동시에 죽음이 끝이 아니라 영원한 지옥 불의 형벌이 있음을 가르쳐 주셨습니다. 그래서 약 1,500년 동안 구약의 율법 시대를 통해서 하나님은 이스라엘 백성에게 이 대신 속죄의 진리를 가르쳐 주셨습니다.

그런데 여기에 한 가지 문제가 있습니다. 하나님은 짐승의 희생을 가지고 이 일을 하셨는데 이때 죽는 짐승은 사실 사람보다 못한 존재입니다. 죄가 없다는 것을 빼고는 짐승은 사람보다 못합니다. 그러니까 짐승을 아무리 가져다 바쳐 봐야 하나님이 죄를 덮어 주실 뿐 죄가 완전히 제거되지는 않습니다. 따라서 짐승의 희생으로는 완전 속죄가 불가능하고 그래서 수없이 많은 짐승들이 죽어 갔습니다.

    이는 황소와 염소의 피가 죄들을 제거하는 것이 불가능하기 때문이라(히10:4).

    그러므로 하나님의 완전하신 속죄를 이루기 위해서는 최소한 사람보다는 더 나은 어떤 존재가 이 일을 해야 합니다. 그런데 온 우주 공간에 그런 존재가 있습니까? 사람 가운데 있습니까? 사람보다 나으면서 피를 흘릴 수 있는 '죄 없는 존재'말입니다. 우주 공간에서 지구 외에는 사람과 같은 존재가 없습니다. 그러므로 우주 공간에는 사람의 죄를 속할 완전한 희생물이 없습니다. 그러면 천사는 어떻습니까? 천사는 영이므로 죽을 수 없습니다.

    그들[천사들]은 다 구원의 상속자가 될 자들을 위해 섬기라고 보내어진 섬기는 영들이 아니냐?(히1:14)

    진실로 그분께서는 자기 위에 천사들의 본성을 취하지 아니하시고 자기 위에 아브라함의 씨를 취하셨도다(히2:16).

    땅속이나 바닷속에는 어떨까요? 완전한 희생물이 거기에도 하나도 없습니다. 그러니까 결국 죄 없으신 하나님이 이 땅에 오셔서 죄 있는 사람의 모양을 입으시고 죄가 없는 완벽한 희생 제물이 되셔서 피를 흘리고 죽으심으로 말미암아 하나님의 완전하신 공의를 만족시키시고, 그 순간에 하나님의 완전하신 사랑을

그리스도께서 우리를 위해 죄가 되셨다(고후5:21)

온 인류에게 베풀어 주시는 일을 해야만 한다는 것입니다. 그런데 실제로 이 일을 하나님이 하셨고 예수 그리스도께서 단 한 번에 완전한 희생 제물이 되셔서 영원히 우리의 구속을 이루셨습니다. 이것이 바로 대신 속죄 교리입니다. 대신 속죄를 위해서 우리 예수님이 이 땅에 오셨습니다. 그런데 우리는 이 십자가 사건을 단지 하나님의 사랑으로만 이해하면 안 됩니다. 하나님의 사랑만 강조하면 십자가 사건의 진실이 왜곡됩니다.

이 십자가 사건을 통해서 우리 예수님은 죽으시는 바로 그 순간에 온 세상 모든 사람의 죄가 되셨습니다. 그분은 자기 어깨에 죄를 짊어지셨을 뿐만 아니라 스스로 죄가 되셨습니다. 이것은 우리가 예수님으로 말미암아 하나님 앞에서 의가 되게 하려 하심입니다(고후5:21).

이로써 예수님이 완전한 희생 제물이 되셔서 하나님의 온전하신 공의와 거룩함을 만족시켰기 때문에 아버지 하나님이 기뻐하셨습니다. 동시에 또한 하나님이 사람의 몸을 입고 오셔서 심지어 사람을 위해서 죽어 주셨기 때문에 하나님의 완전한 사랑이 그분 안에서 아주 완벽하게 드러났습니다. 그래서 이 십자가 사건을 통해 하나님의 공의와 사랑이 완벽하게 만족되고 드러나게 되었습니다. 그래서 이것으로 말미암아 하나님의 인류 구속 계획이 일시에 단 한 번에 영원토록 끝나 버리게 되었습니다. 우리는 이것을 '단번 속죄'라고 말합니다.

> 그러나 그리스도께서는 다가올 좋은 일들의 대제사장으로 오시되 손으로 만들지 아니한 성막 곧 이 건물에 속하지 아니한 더 크고 더 완전한 성막을 통해 <u>오셔서</u> 염소와 송아지의 피가 아니라 자기 피에 의거하여 <u>한 번</u> 거룩한 곳에 들어가사 우리를 위해 <u>영원한 구속</u>을 얻으셨느니라(히9:11-12).

그러면 이런 과정 속에서 사람이 해야 할 일이 있을까요? 없습니다. 사람이 하나님 앞에서 의롭다고 인정받기 위해 해야 할 일은 하나도 없습니다. 그래서 사람들은 하나님의 이 놀라운 경영을 믿는 것 외에 다른 어떤 것도 할 수 없습니다. 따라서 우리는 예수님을 믿습니다. 기독교의 믿음은 보는 것이 아닙니다. 만지고 체험하는 것이 아닙니다. 믿는 것입니다.

사람은 여기에 어떤 것도 더할 수 없습니다. 할 것이 아무것도 없습니다. 창조 세계와 양심의 증거를 통해 하나님께 반응하는 것밖에 없습니다.

그런데 반응을 한다고 해서 구원이 이루어지지는 않습니다. 그것은 계기는 될 수 있지만 구원의 길은 아닙니다. 하나님께서 마련해 놓으신 예수 그리스도라고 하는 유일한 해결책을 나의 유일한 해결책으로 인정하고 받아들이는 것이 필요합니다. 이것이 여러 가지 구원 방도 중 하나라는 생각을 철저히 버리고 오직 이분만을 통해서 내가 구원을 받을 수 있음을 인정하며 그분을 마음에 받아들여야 합니다. 이렇게 하고는 어떻게 합니까? 우리의 인생을 가져다 베팅을 합니다. 예수님이라는 그 해결책에다 우리의 인생을 '올인'합니다. 이것이 구원입니다.

옛날에 어릴 때 '뽑기 놀이' 할 때 가진 돈을 몽땅 넣고 내기하지 않습니까? 예수님을 믿는다는 것은 바로 우리의 인생을 그분께 맡기겠다고 다짐하며 그분만을 신뢰하는 것입니다. 그것이 바로 구원입니다.

이 모든 증거를 보고 죄와 죽음의 문제를 해결하기 위해 예수님만을 신뢰하면 하나님께서 "그래 네가 나를 신뢰했으니까 됐다. 네 행위와 상관없이 내 아들 예수 그리스도의 희생의 대속의 은혜를 통해서 내가 너를 값없이 의롭다고 인정해 주마. 너는 이제부터 내 본성에 참여하는 자가 되었다. 영원히 살게 되었다."라고 선언해 주십니다. 이것이 바로 기독교의 구원입니다.

그래서 어느 면에서 예수님을 믿어 구원받는 것은 생명 보험과 비슷합니다. 생명 보험이 평상시에 효력을 발휘합니까? 생명 보험은 언제 효력을 발휘합니까? 사람이 죽어야 발휘합니다. 예수님을 믿는 것도 비슷합니다. 다만 한 가지 차이는 예수님을 믿는 경우 살아서도 성화되는 과정 속에서 하늘의 기쁨과 화평을 누릴 수 있다는 것입니다.

3장

회 개

이제부터는 하나님께서 사람을 구원하시는 방법에 대해 성경이 무어라 가르치는지 설명하겠습니다.

첫째로 사람이 구원을 받으려면 회개가 있어야 합니다. 제가 회개를 이야기하니까 어떤 분들은 벌써 "구원받으려면 많이 울어야 하는가 보다."라고 생각합니다. 눈물을 펑펑 흘리고 이삼일 새벽 기도를 하고 철야 기도를 하면서 소나무 붙잡고 씨름하면서 흔들다가 뿌리째 나무를 하나 뽑아야 회개가 이루어지는 것으로 생각하는 사람이 많습니다. 믿는 사람들 중 다수의 회개 경험이 이러합니다. "기도원 가서 나무 붙잡고 밤새도록 회개했다. 그리고 눈물 콧물이 나도록 아이 때부터 지금까지 범한 모든 죄를 하나님 앞에 다 아뢰었더니 마음에 평안이 오고 구원의 확신을 갖게 되었다."라는 스타일의 회개 이야기가 한국 교회에는 대단히 많습니다.

1. 회개: 구원의 기초

그러면 성경적 회개는 어떤 것일까요? 회개는 구원의 밑바닥 기초이므로 이것을 성경적으로 잘 이해해야 합니다. 구원의 기초는 회개이고 구원의 방법은 믿음입니다. 다시 한 번 말씀드리지만 구원의 기초는 회개입니다.

집을 짓는다고 생각해 보시기 바랍니다. 집을 지을 때 기초가 부실하면 짓고 난 집이 흔들흔들하지 않습니까? 맞습니다. 우리가 다 예수님을 믿으려 합니다. 또는 이미 믿고 있습니다. 믿는 가운데 인생에 여러 가지 어려움이 생기면 기초가 흔들릴 때가 있습니다. 회개라는 기초가 확실하게 서서 이 확실한 회개 기초 위에 구원을 쌓은 사람은 어려움이 와서 그를 흔들어도 별로 요동이 없습니다. 그런데 회개라는 기초가 부실한 상태에서 즉 회개가 무엇인지 잘 모르고 누가 영접하라고 하니 엉겁결에 영접 기도를 하고는 구원받았다고 생각하는 사람들은 믿음의 어려움이 닥치면 넘어지기 쉽습니다.

최근에 지진이 세계 도처에서 일어나고 있습니다. 올해에는 아이티, 칠레,

중국 등에서 큰 지진이 발생했습니다. 지진이 일어나면 기초가 부실한 집들은 다 무너져 내립니다. 인생을 살다보면 불신자가 와서 예수님이 없다고 이야기하기도 하고 옆에 있는 가족들이 핍박하므로 예수님을 믿는 것으로 인해 어려움을 당할 때가 있습니다. 또 사업이 안 되거나 갑자기 사랑하는 가족을 잃을 때에도 사람이 낙담하기 쉽습니다. 이럴 때 우리가 가지고 있는 구원의 기초가 든든하면 아무 문제가 없는데 구원의 기초가 부실하면 그때마다 왔다 갔다 하며 불안해 할 것입니다.

이 책을 읽는 분들 중에 많은 분들이 이미 구원받으셨을 줄로 압니다. 구원받으셨더라도 회개라는 기초가 정확하지 않거나 조금 부실하다고 느끼시는 분은 지금이라도 회개가 무언가를 정확히 앎으로써 부실 기초를 치워 버리고 확실한 기초를 세우기 바랍니다. 그러면 여러분이 가지고 있는 구원이 강력한 기초 위에서 강력하게 지지를 받으면서 평생 동안 여러분을 기쁨으로 인도할 것입니다.

바르게 구원받으려면 꼭 회개와 믿음이 있어야 합니다. 이 둘은 동시에 같이 다닙니다. 즉 회개 없는 믿음은 불가능합니다. 믿음 없는 회개 역시 불가능합니다. 이 둘 중 어느 것이 먼저 오느냐를 정확하게 이야기할 수 없습니다. 회개와 믿음은 바른 구원을 이루기 위해서 꼭 함께 다닌다는 것만 기억하면 됩니다.

최근에 어느 미국 선교사님이 보내는 선교 뉴스레터를 봤습니다. 필리핀에 가서 복음을 전했더니 그 집회에서 ㅇㅇㅇㅇ명이 손을 들고 예수님을 영접했다고 그분은 적었습니다. 또 지난번에는 인도에 갔더니 ㅇㅇㅇㅇㅇ명이 손을 들고 예수님을 영접했다고 보고했습니다. 그분은 1년에 몇 차례 이렇게 선교 여행을 다니며 대략 1년에 ㅇㅇㅇㅇㅇ명 정도 구원을 한다고 자랑스레 말합니다. 그분이 제시하는 이런 수치는 끝자리까지 정확하게 기록되어 있고 연간 보고에는 1년 동안 총 몇 만에서 몇 십만 명이 구원을 받았다고 기록되어 있습니다. 이런 분이 필리핀을 십년 동안 다니면 아마 족히 백만 명은 이미 구원받았을 것입니다. 그렇게 많은 사람이 인도, 필리핀에서 구원을 받았는데 어떻게 구원받은 사람들의 증거가 그 지역에서 거의 일어나지 않을까요? 그것은 가짜를 양산해 냈기 때문입니다.

간단히 설교하고 영접 기도를 따라서 하라고 해서는 구원이 이루어지지 않습니다. 구원받은 사람의 숫자를 세는 경우가 신약 성경에 분명히 나와 있습니다. 오순절 날 유대인 삼천 명이 구원을 받았습니다. 그 뒤에 예루살렘에서 유대인 오천 명이 구원받았습니다. 이런 기록이 성경에 몇 번 나옵니다. 그러나 이것을 오용하여 선교사나 목사가 매번 구원받은 사람들의 숫자를 세는 것은 비성경적입니다. 하나님이 필요할 때는 숫자를 기록하게도 하시지만 대부분은 기록하게 하지 않습니다. 사도 바울이 소아시아와 유럽을 다니면서 무수히 말씀을 증언했지만 거기서 몇 명이 구원받았다고 적었습니까? 거의 안 적었습니다. 필요할 땐 하나님이 적으시고 필요치 않을 땐 안 적습니다. 그런데 대부분의 경우 적습니까, 안 적습니까? 안 적습니다.

그러므로 현대 교회에서 교회 주보나 혹은 선교 보고서에 자기들이 구원한(?) 사람들의 총계를 명시하는 것은 대단히 위험한 일입니다. 또 선교사를 보내고는 선교사의 총계 보고에 눈을 돌리는 것 역시 대단히 위험합니다. 구원받은 사람의 수는 하나님만 아십니다. 굳이 적을 필요가 없습니다. 그리고 그날 주보에 있는 대로 정말로 25명이 구원받았는지 누가 알 수 있습니까? 이 모든 수치들은 결국 다 사람에게 보여 주려는 시도에 지나지 않습니다. 교회에서는 이런 일을 하면 안 됩니다. 교인들을 전도하라고 내몰고 목사는 교회에 가만히 있다가 몇 명 구원하였는지 보고를 받는 것은 마치 깡패 두목이 졸개들을 풀어 할당량을 정해 주고 앵벌이 시키는 것과 비슷합니다.

교회에서는 숫자 세는 일을 해서는 안 됩니다. 사실 할 필요가 없습니다. 저도 과거에는 말씀을 선포하고 그날 구원받은 사람은 손들라고 한 적이 있습니다. 그러면 몇 사람이 손을 들기도 하고 앞으로 나아오기도 합니다. 이것이 다 나쁘다는 것이 아닙니다. 잘 깨닫기 바랍니다. 그런데 문제는 하나님의 말씀이 선포돼서 그 사람이 양심에 찔려서 회개하고 구원을 받은 경우 손을 안 들어도 이미 그 사람은 구원받았습니다. 앞으로 나오지 않아도 마찬가지입니다. 그러나 손을 들었어도 하나님의 생명책에 기록되지 않은 사람이 있을 수 있습니다. 그러니까 교회에서 교인과 구원받은 사람의 수와 헌금 액수를 세서 공개적으로 기록하고 발표하기 시작하면 이미 그 교회는 세속화의 물결에 휘말리고 만 것입니다. 이런 교회와 목사는 마귀의 올무에 빠질 확률이 굉장히 높습니다. 이런 일은 대부분 하나님이 원치 않는 일입니다.

숫자 세는 사람들이 어떤 사람을 구원하는 것을 잘 보기 바랍니다. 놀이터에 가면 유치원에 다니는 아이들이 놀고 있습니다. 그러면 전도자는 교회의 명령에 따라 그 아이들에게 가서 10분 정도 말씀을 전합니다. 그리고는 곧바로 예수님을 영접하기 원하는 아이들은 손을 들라고 그럽니다. 그러면 세 아이가 손을 듭니다. 전도자는 기뻐하며 교회 목사에게 돌아가 오늘 세 명 구원받았다고 보고합니다. 이런 식의 구원은 소위 '영접 구원'이라고 말합니다.

어른들에게는 보통 사영리(四靈理)라는 소책자를 가지고 그 안의 것을 설명합니다. 사영리는 "하나님은 당신을 사랑하십니다."로 시작합니다. 원래 사영리는 '네 가지 영적 원리'가 아니라 '다섯 가지 영적 원리' 즉 오영리였습니다. 그런데 첫째 원리를 사람들에게 말하려니 듣는 사람이 부담이 될 수 있으므로 첫째

것은 빼야 한다는 주장이 나와 첫째 원리를 뺐습니다. 이런 일을 시작한 사람이 바로 CCC의 창설자 빌 브라이트 박사입니다.

그러면 이들이 빼 버린 첫째 원리는 무엇일까요? 그것은 다음과 같습니다.

"사람은 모두 죄인입니다. 그래서 하나님의 심판을 받을 수밖에 없습니다. 따라서 누구나 회개해야 합니다."

사실 복음 전도에서 이와 같은 첫째 원리가 제시되지 않으면 바르게 예수 그리스도의 복음을 전한 것이 아닙니다. 이것을 빼고 "하나님은 당신을 사랑합니다."라는 달콤한 말로 복음을 전하는 것은 그리스도 교회의 방법이 아닙니다. 이렇게 반쪽짜리 복음을 전하고 나서는 또 회개에 대해 생각할 여유도 주지 않고 대개 "예수님이 다 해 놓으셨습니다. 그것을 믿기만 하면 구원받습니다."라고 말하면서 "저를 따라 이렇게 기도하세요."라고 말하고는 영접 기도를 따라 하게 합니다.

전도를 받는 사람의 경우 아는 사람이 와서 설명을 하고는 기도를 같이 해서 구원받자고 하니 어쩔 수 없이 따라 하는 경우가 많습니다. 아는 사람인데 어떻게 거절합니까? 그래서 눈치를 보면서 따라 합니다. 그러면 전도자는 영접 기도를 한 사람의 수를 세어 교회에 보고하고 이렇게 많은 사람을 인도한(?) 경우 전도 상을 타게 됩니다. 이런 식으로 이루어진 구원은 회개가 없이 된 것이므로 부실 기초 위에 놓여 있습니다. 아슬아슬합니다.

단적으로 말씀드리겠습니다. 예수님 믿는 것을 이렇게 부실하게 해서는 안 됩니다. 구원 자체가 어려운 것은 아닙니다. 그러나 매우 쉬움에도 불구하고 회개와 믿음이 없이 간단한 설명과 함께 영접 기도를 따라 하게 하는 것은 많은 경우 잘못된 구원에 이르게 합니다. 이런 일은 자유 의지와 생각이 없는 로봇에게는 가능하지만 사람에게는 가능하지 않습니다.

예수님의 복음서를 보시기 바랍니다. 예수님이 복음을 전해서 어떤 사람이 구원받을 때 예수님의 접근 방법이 어떠하였습니까? 대상에 따라 다 다르지 않았습니까? 사람의 필요가 다르기 때문에 니고데모같이 학식 있는 사람에게 접근하는 방법이 다르고, 수가성의 여인에게 접근하는 방법이 다르며, 세관의 우두머리인 삭개오에게 접근하는 방법이 다릅니다.

비록 그들이 같은 구원을 받았지만 기계적으로 공식을 외우듯이 구원이 이루어지지는 않았습니다. 그러니까 사람의 형편과 사정과 학식 수준과 하나님과의 관계 등을 모두 고려해서 복음의 에센스를 전하도록 노력하고 성령님의 도움을 구해야 합니다. 가능하면 사람들에게 온전한 복음을 선포해야 하며 이 경우 회개가 반드시 포함되어야 합니다. 말씀을 듣고 사람이 자신의 모습을 살펴보고 돌이켜서 하나님께로 올 때, 바로 그때 구원이 이루어집니다. 그래서 복음 선포와 전도에서 가장 중요한 것은 회개입니다.

대부분의 교회에 가서 설교를 들어 보시기 바랍니다. 회개하라는 메시지를 들은 적이 있습니까? 대부분의 교회가 복 받는다는 이야기, 성공한다는 이야기, 귀신 쫓고 뒤로 넘어지는 이야기, 성공하고 번영한다는 이야기만 합니다. 심각하게 회개를 이야기하는 교회는 많지 않습니다. 왜 그러는지 이유를 물어보면 대개 회개를 선포하면 교인이 줄어들기 때문이라고 합니다.

현대 목회 성장학 세미나에서는 절대로 죄인이란 이야기를 하지 말고 회개를 선포하지 말라고 목사들에게 가르칩니다. 그러면 교인이 줄어든다고 그들은 말합니다. 교인이 줄어드는 것과 하나님의 말씀의 진리를 그대로 가르치는 것 중에 어느 것이 더 중요합니까? 사람들이 싫어하든 좋아하든 하나님의 말씀을 있는 그대로 가르쳐야 합니다. 사람이 줄든지 안 줄든지 상관없습니다. 교회에 가짜들만 잔뜩 있으면 무슨 소용이 있습니까?

그러하기에 사실 교회는 하나님의 말씀에 기록된 대로 진리를 잘 이해하고 사람이 많든지 적든지 하나님의 복음 안으로 들어와서 구원받은 사람들이 모인 곳입니다. 바로 이런 모임 자체가 교회입니다. 사람의 수에 상관없이 많든지 적든지 구원받은 사람들이 모여야 교회입니다.

2. 회개의 정의

이제부터 회개가 무엇인지 성경적으로 정의를 내리겠습니다. 영어로 회개는 '리펜트'(Repent)라고 합니다. 명사로는 '리펜턴스'(Repentance)라는 단어를 씁니다. 일반적인 차원에서 '리펜트'는 어떤 일을 행한 것에 대한 유감과 슬픔과 더불어 그렇게 하지 않았어야 한다는 간절한 소원이 나타나면서 마음을 바꾸어 행동이 변하는 것을 말합니다.

이런 경우 한자로는 보통 '개과천선'(改過遷善)했다고 이야기합니다. 이렇게 변하는 것을 보고 어떤 이들은 "개처럼 살던 사람이 사람처럼 변하는 것이 개과천선이다."라고 우스갯소리로 말합니다. 어찌됐든 이것이 일반 사람들이 생각하는 회개의 개념입니다. 어머니 아버지께 무엇인가를 잘못해서 깨달은 뒤에 큰 슬픔이 밀어 닥치고 그래서 그다음부터 어머니 아버지께 잘 하면 회개한 것입니다. 이것이 보통 사람들이 생각하는 '리펜트'에 대한 개념입니다.

하지만 성경이 이야기하는 '리펜트'는 그것 이상입니다. 그것만 나타나서는 성경의 '리펜트'가 아닙니다. 성경이 이야기하는 '리펜트'는 '성령님에 의해서 죄와 하나님에 대해, 지금까지 자기중심적으로 계획해 오던 것에 대해 생각의 변화가 생겨 궁극적으로 생각의 변화가 행동으로 입증이 돼서 나타나는 것입니다.
하나님에 대해서, 죄에 대해서, 나 자신에 대해서 돌이켜서 행동으로 변화가 나타나는 것이 성경적인 회개입니다.
좀 더 구체적으로 말씀드리면 지금까지 하나님이 없다고 하는 사람들이 '리펜트'하면 하나님이 계심을 말로 고백하고 그분이 계신 것처럼 믿고 그렇게 행동하는 것을 모든 사람이 볼 수 있도록 나타냅니다. 이것이 성경적 회개입니다.
지금까지 이 세상에 살면서 내 것만 추구하면 된다고 생각하고 자기중심적으로 살던 사람이 '리펜트'하면 하나님 중심으로 돌이켜서 생각이 바뀌게 되고 생각이 바뀐 것이 삶으로 나타납니다. 이것이 성경적 회개입니다.
죄를 지으면 좀 어떠냐고 생각하고 죄에 대해 아무 생각 없던 사람들이 회개하면 죄를 미워하게 되고 죄를 안 지어야겠다고 생각하며 죄에 대해 생각이 완전히 180도 바뀌어서 죄를 미워하는 적극적인 행동으로 나타납니다. 이것이 성경적 회개입니다.
지금까지 마귀가 없다고 하고 지옥이 없다고 하던 사람이 하나님의 말씀을 듣고 회개하면 모든 생각이 변화되어 마귀가 있어서 자기를 유혹한다고 생각하고, 예수님을 믿지 않으면 지옥 간다는 생각이 들어서 보이지 않는 그곳에 대한 두려움을 갖게 되고 실제로 그곳을 알고 믿는 사람처럼 행동하는 행동이 그 사람 속에서 나타납니다. 이것이 성경적 회개입니다.
지금까지 세상에서 성공하는 것만을 인생의 목표로 삼던 사람이 하나님을 향해 회개하면 세상의 성공도 중요하지만 그것 이상으로 목표가 바뀌면서 하나님 앞에서 어떤 삶을 살아야 성공적인 삶이 될 것인가 생각하면서 그의 삶의 목표가 바뀐 것이 행동으로 나타납니다. 이것이 성경적 회개입니다.
이해하시겠습니까?
다시 한 번 말씀드리면 성령님이 들어오셔서 그에게 마음에 확신을 주고 마음에 찔림을 주기 때문에 죄와 하나님에 대해서 생각의 변화가 생겨 이런 변화가 실제 삶으로 나타나기 때문에 주변 사람들도 그를 보면 "저 사람 뭔가 바뀌었는데."라고 생각합니다. 이것이 성경적 회개입니다.
제 말을 이해하시리라 믿습니다. 사도 바울이 예전에 율법 안에 거할 때에는 회개하지 않았습니다. 그래서 성경적 회개를 하기 전까지 그는 "율법의 의로 말하자면 나는 흠이 없는 자다. 또 이 세상에서 내가 제일 많이 배운 자다."라고 말하면서 사람들을 얕보고 예수님 믿는 사람들을 잡아 죽이는 일들을 했습니다. 세상에서 자기가 가장 잘난 사람으로 알고 살았습니다.

그런데 예수님을 만난 이후에 그의 삶이 180도 바뀌었습니다. 세상의 관점이 아니라 영원의 관점에서, 하나님의 관점에서 모든 것을 보기 시작했고 삶의 목표를 바꾸었습니다. 바로 이것을 성경은 회개라고 말합니다.

사도 바울이 회개한 이후 평생 동안 한 일이 사도행전 26장 19-21절에 짤막하게 기록되어 있습니다.

그러므로, 오 아그립바 왕이여, 내가 하늘에서 온 그 환상 *계시*에 불순종하지 아니하여 먼저는 다마스쿠스와 예루살렘과 유대의 온 지방 전역 사람들에게 그리고 그다음에는 이방인들에게 <u>그들이 회개하고 하나님께로 돌아서서 회개에 합당한 일들을 행해야 함을 보이매</u> 이런 이유들로 인해 유대인들이 *성*전 안에서 나를 붙잡아 죽이려 하였나이다.

회개를 정리하겠습니다. 길 가던 사람이 생각을 바꿔서 30도 옆으로 가도 '리펜트'한 것입니다. 50도 옆으로 가도 '리펜트'한 것입니다. 그러나 성경이 말하는 '리펜트'는 30도, 50도 바뀌는 것이 아니라 180도 완전히 반대 방향으로 돌이켜 하나님께로 돌아서는 것을 뜻합니다. 그래서 자기중심적으로, 세상적 관점으로 살던 사람이 하나님 중심으로, 영원의 관점으로 삶을 사는 것이 회개입니다.

사도 바울은 사도행전 20장에서 사람들을 밀레도에서 에베소로 보내 에베소에 있는 장로들을 불렀습니다. 그리고 19-21절에서 다음과 같이 말합니다.

내가 온전히 겸손한 마음과 많은 눈물로 주를 섬기고 숨어서 기다리는 유대인들로 말미암아 내게 닥친 시험들을 겪으며 *주를 섬겼고* 너희에게 유익한 것은 어떤 것도 숨기지 아니하고 너희에게 보여 주었으며 공중 앞에서 가르치고 집집마다 다니면서 너희를 *가르쳤으며* <u>유대인들과 또한 그리스인들에게 하나님을 향한 회개와 우리 주 예수 그리스도를 향한 믿음을 증언하였노라</u>.

그는 자기가 회개한 뒤에 두 가지 목표를 가지고 삶을 살아왔다고 말합니다. 먼저 그는 만나는 모든 사람들에게 하나님을 향해 돌이키라고 권면하였습니다. 지옥을 향해 마귀를 좇아가며 살던 사람들에게 하나님을 향해 180도 돌이키라고 회개를 외쳤습니다. 그것을 가리켜 '하나님을 향한 회개'라고 말합니다.

그다음에 그는 예수 그리스도를 향한 믿음을 외쳤습니다. 이 두 가지가 평생 동안 그가 외친 복음의 핵심이었습니다. 그러니까 회개와 믿음이 얼마나 중요한지 알겠습니까? 예수님을 믿는 도리를 한 마디로 이야기하면 하나님을 향해 돌이켜서 회개하는 것과 예수님을 향해 믿음을 갖는 것입니다. 사도 바울은 자기가 평생 동안 이 두 가지를 외치며 살아왔다고 증언하였습니다.

기독교는 다른 것을 가르치지 않습니다. 죄악을 향해 나아가던 길에서 돌이켜 하나님을 향해 가는 것을 가르칩니다. 180도 유턴을 해서 하나님을 향해 돌이키는 회개를 하고 예수님께로 믿음을 고정하는 것이 바로 예수님을 믿는 것입니다.

3. 회개에 대한 성경의 증거

이제 회개에 대해 하나님이 뭐라고 말씀하시는지 살펴보기 위해 베드로후서 3장 9절을 보겠습니다. 베드로후서 3장 9절에는 우리 예수님의 재림이 늦추어지는 이유가 나와 있습니다.

> 주께서는 자신의 약속에 대해 어떤 사람들이 더디다고 생각하는 것같이 더디지 아니하시며 오히려 우리를 향해 오래 참으사 아무도 멸망하지 아니하고 모두 회개에 이르기를 원하시느니라(벧후3:9).

하나님은 모든 사람이 회개에 이르기를 원하십니다. 세상을 바라보고 살던 사람이 하나님을 향해 돌이켜서 하나님께로 향하는 회개를 원하십니다.

마태복음 4장 17절에는 예수님께서 공생애를 시작하시면서 하시는 첫째 말씀이 기록되어 있습니다.

> 그때부터 예수님께서 선포하기 시작하여 이르시되, 회개하라. 하늘의 왕국이 가까이 왔느니라, 하시더라(마4:17).

우리 예수님도 이처럼 회개를 강조하십니다. 마태복음 9장 13절을 읽어보겠습니다. 마태복음 9장 13절 역시 우리 예수님께서 하신 말씀입니다.

> 오히려 너희는 가서, 나는 긍휼을 원하고 희생물을 원치 아니하노라, 하신 말씀이 무슨 뜻인지 배우라. 나는 의로운 자들을 부르러 오지 아니하고 <u>죄인들을 불러 회개하게 하려고 왔노라</u>, 하시니라(마9:13).

예수님은 개역성경에 있는 것처럼 단순히 죄인들을 부르러 오시지 않았습니다. 그분은 킹제임스 성경에 있는 것처럼 죄인들을 불러 회개하게 하려고 오셨습니다. 이처럼 회개를 삭제한 성경은 하나님의 온전한 말씀이 아닙니다. 그것은 변개된 성경입니다. 진짜 성경에는 죄인들을 불러 회개하게 하려고 예수님이 오셨다고 기록되어 있습니다. 예수님은 죄인들이 180도 돌이켜서 하나님께로 향하게 하려고 자신이 왔다고 말씀하십니다.

누가복음 13장에서 우리 예수님은 빌라도가 사람들을 죽인 것에 대해 이야기하면서 충고의 말씀을 주십니다. 1-5절을 보기 바랍니다.

> 그때에 *거기* 있던 몇 사람이 빌라도가 *어떤* 갈릴리 사람들의 피를 그들의 희생물에 섞은 것을 그분께 고하매 예수님께서 그들에게 응답하여 이르시되,

회개 113

너희는 이 갈릴리 사람들이 그런 일들로 고난을 당하였으므로 모든 갈릴리 사람들보다 더 큰 죄인들이었다고 생각하느냐? 내가 너희에게 이르노니 아니라. 그러나 너희가 회개하지 아니하면 다 그와 같이 멸망하리라. 또 너희는 실로암에서 망대가 무너져 깔려 죽은 저 열여덟 사람이 예루살렘에 거한 모든 사람들보다 더 큰 죄인들이었다고 생각하느냐? 내가 너희에게 이르노니 아니라. 그러나 너희가 회개하지 아니하면 다 그와 같이 멸망하리라, 하시니라.

실로암 망대가 무너져서 열여덟 명이 죽었습니다. 그런데 예수님은 "그 열여덟 사람이 예루살렘 사람들보다 더 큰 죄인들이었다고 생각하느냐? 아니라. 너희도 회개하지 않으면 다 멸망하리라."고 말씀하십니다. 지금 식으로 말하면 이와 같습니다. "아이티에서 지진으로 죽은 저 30만 명의 사람들이나 칠레에서 지진으로 죽은 그 많은 사람들이 너희보다 더 큰 죄인들이었다고 생각하느냐? 아니라. 너희도 회개하지 않으면 다 멸망하리라." 이와 같이 우리 예수님이 선포하신 복음의 핵심은 회개였습니다. 회개!

하나만 더 읽겠습니다. 누가복음 24장에서 예수님은 부활하신 이후에 제자들이 앞으로 어떤 일들을 해야 되는지 말씀해 주십니다. 46-48절을 봅시다.

[그분께서] 그들에게 이르시되, 이같이 기록되었으므로 이같이 그리스도가 고난받고 셋째 날 죽은 자들로부터 일어나야만 했으며 <u>또 회개와 죄들의 사면이</u> 그의 이름으로 예루살렘에서 시작하여 모든 민족들 가운데 선포되어야 하리니 너희는 이 일들의 증인들이라.

따라서 저와 여러분이 해야 할 일은 회개에 대해 증인이 되는 것입니다. 즉 하나님께로 돌이키는 회개를 사람들에게 증언해야 합니다. 그렇게 될 때 죄들의 사면이 이루어집니다. 회개를 촉구할 때 죄들이 용서됩니다.

그러니까 예수 그리스도의 복음에서 회개가 빠지면 '앙꼬 없는 찐빵'이 되는 것입니다. 그러므로 회개는 기독교에서 대단히 중요한 기초입니다.

제가 회개에 대해서 이렇게 강조하는 것은 대부분의 교회가 회개를 제대로 가르치지 않으므로 부실한 교인이 양산되기 때문입니다. 이처럼 중요한 회개가 구원의 기초이기 때문에 든든한 기초를 놓기 위해 제가 자꾸 회개에 대해 말씀드립니다.

이제 예수님의 제자인 베드로가 뭐라고 이야기했는지 살펴보겠습니다. 사도행전 2장 38절에 그 내용이 있습니다.

그때에 베드로가 그들에게 이르되, 회개하고 너희 각 사람이 예수 그리스도의 이름으로 침례를 받아 죄들의 사면을 얻으라. 그러면 너희가 성령님을 선물로

받으리니

베드로가 유대인들에게 전하는 메시지의 내용 역시 회개와 죄들의 사면입니다. 이것은 교회 시대의 첫째 오순절 날 이루어진 일입니다. 사도행전 3장 19절에서도 베드로는 유대인들에게 동일한 것을 촉구합니다.

그러므로 너희는 회개하고 회심하라. 그러면 새롭게 하는 때가 주의 앞으로부터 올 때에 너희 죄들이 말소될 것이요.

이제 사도행전 17장을 봅시다. 사도 바울이 아테네에 갔습니다. 거기 가서 보니 거기 사람들이 우상들을 섬기는데 그 우상들이 한두 개가 아니었습니다. 그런데 어느 제단을 가서 보니까 사람들이 신의 이름을 적어 놨는데 신의 이름을 알지 못하니까 '알지 못하는 신에게'라는 푯말을 붙여 놓고 거기다 희생물을 드리면서 그 신에게 경배하는 것을 보고 분한 마음이 생겼습니다. 그래서 그는 거기서 하나님의 특별 창조를 선포하기 시작했습니다. 창조에 대한 선포를 마친 뒤에 사도 바울은 사도행전 17장 30-31절에서 다음과 같이 말합니다.

하나님께서 이같이 무지하던 때를 눈감아 주셨으나 이제는 모든 곳에서 모든 사람들에게 회개하라고 명령하시나니 이는 그분께서 한 날을 정하사 그날에 자신이 정하신 그 사람을 통해 세상을 의로 심판하실 것이기 때문이라. 그분께서 친히 그 사람을 죽은 자들로부터 일으키심으로써 모든 사람들에게 그 일에 대한 확신을 주셨느니라.

과거에 무지하던 때에는 사람들이 돌덩어리에 절하고, 짐승의 형상을 깎아 놓고 거기다 절하고, 돈 갖다 놓고 거기다 절하고, 정화수 떠 놓고 별 보고 달 보고 절했습니다. 그런데 하나님은 무지한 때의 이런 일들을 눈 감아주셨으나 그리스도 예수님이 온 이후로는 모든 곳에서 모든 사람에게 회개하라고 명령하십니다. 즉 이제는 너희가 행하던 우상 숭배를 다 버리고 하나님께로 180도 돌이켜서 하나님을 믿는 믿음을 가져야 한다고 바울은 외쳤습니다.

그 이유는 무엇입니까? 하나님께서 한 날을 정하사 그날에 자신이 정하신 그 사람 예수 그리스도를 통해 세상을 의로 심판하실 것이기 때문입니다. 그분께서는 그 사람을 죽은 자들로부터 부활시켜 일으키심으로써 그 일에 대한 확실한 증거를 주셨습니다.

따라서 예수님을 부활하게 하신 하나님의 목적은 간단합니다. 하나님께서 이후에 세상을 심판할 일이 확실하다는 것을 보여주기 위함이었습니다. 죽은 자를 살리는 능력을 가진 이가 심판을 할 테니 깨어 대비하라는 것입니다. 그러려면 회개가 가장 먼저 필요합니다.

4. 회개가 아닌 것

이제부터 회개를 설명하기 위해 회개가 아닌 것을 알려드리겠습니다.

1. 개선은 회개가 아니다

개선이나 개혁은 회개가 아닙니다.

사람이 무언가 잘못을 저질렀습니다. 거짓말을 열 번 하던 사람이 횟수를 줄이기 시작해서 아홉 번 여덟 번 일곱 번 이렇게 줄여 나가는 것은 개선입니다. 개혁하는 것입니다. 그러나 그것은 성경적 회개가 아닙니다. 성경적 회개는 악한 행실을 조금씩 뜯어 고치는 것이 아닙니다. 위에서 성경적 회개를 설명하면서 지금 나가는 방향에서 180도 유턴(U turn)하는 것이 성경적 회개라고 했습니다. 180도에 못 미치는 것은 성경적 회개가 아니라 개선이요 개혁입니다.

누가 악한 것을 개선하면 사람이 볼 때는 무언가가 바뀐 것처럼 보입니다. 그러나 하나님이 보실 때는 그렇지 않습니다. 그래서 행실을 조금씩 고치는 것은 회개가 아닙니다.

2. 참회와 보속은 회개가 아니다

카톨릭 교회에서 하듯이 참회하고 거기에 따른 보속 행위를 하는 것은 회개가 아닙니다. 카톨릭 교인들은 잘못을 저지르면 죄를 용서받기 위해 신부에게 갑니다. 신부에게 가서 죄를 자백하면 신부가 죄를 다 듣고는 "마룻바닥을 열 번 닦아라. 무릎 꿇고 마루를 오십 번 돌아라."라는 지침을 줍니다. 그래서 교인이 그렇게 하면 그들은 그것이 회개라고 말합니다. 또 죄에 대한 대가를 치르는 것을 '보속'(Penance)이라고 말합니다.

지난여름에 저는 예루살렘에 갔습니다. 성지 순례라는 이름으로 예루살렘을 방문할 때 까딱 잘못하면 사실 성지가 아니라 카톨릭 교회의 유물들만 잔뜩 보고 오기 십상입니다. 성지라고 만들어 놓은 것들의 대부분이 로마 카톨릭 교회나 그리스 정교회의 우상 단지들입니다.

그들은 예루살렘에서 예수님이 잡혀 돌아가신 골고다 옆에 커다란 건물을 지어 놓고 그곳을 성당이라고 합니다. 거기에 들어가려고 사람들이 줄을 길게 섰습니다. 그런데 줄 옆에 뭐가 있는 줄 압니까? 카톨릭 신부들이 거기다 고해성사를 할 수 있는 고해소를 여러 개 만들어 놓았습니다. 저하고 같이 갔던 사람 중에 미국 사람이 한 명 있었는데 이 사람은 카톨릭 신자였습니다. 그런데 그분이 갑자기 없어졌습니다. 한참 있다가 그분이 오더니 이 중요한 예루살렘 성지에까지 와서 어떻게 고해를 안 하고 갈 수 있냐고 하면서 그래서 고해소에 가서 신부에게 고해를 하고 왔다고 말했습니다. 그분은 예루살렘에서 고해성사를 하면 다른 곳에서 할 때보다 연옥에서 더 많은 죄가 용서될 줄로 생각했던 것입니다. 이것이 카톨릭 신자들이 이야기하는 회개입니다. 이런 회개는 수천만 번 해도 하나님이 인정하지 않습니다. 이것은 성경적 회개가 아닙니다.

3. 후회는 회개가 아니다

잘못을 후회하는 것은 성경적 회개가 아닙니다. 구약 시대에 이스라엘에는 사울이라는 왕이 있었습니다. 그는 정말 아무 이유도 없이 다윗을 잡아서 죽이려고 했습니다. 그런데 다윗은 자기가 사울을 죽일 수 있는 계기가 있었는데도 죽이지 않았습니다. 그리고는 자기를 죽이려 하던 사울을 살려 주고는 저만큼 떨어져서 이렇게 말합니다. "왕이시여, 제가 당신을 죽일 수 있었는데도 불구하고 죽이지 않았습니다." 그렇게 말하니 사울이 대답합니다. "오 네가 다윗이냐, 내가 크게 잘못했다. 내가 죄를 지었다." 그는 이렇게 후회를 했습니다. 그는 여러 차례나 이렇게 후회를 했지만 하나님이 원하시는 회개에 이르지 못합니다. 계속해서 후회하고 후회하는데 하나님이 원하시는 회개에는 이르지 못했습니다.

가룟 유다라고 하는 예수님의 제자가 자기 스승인 예수님을 은 삼십 개에 팔았습니다. 이렇게 돈을 받고 그분을 판 다음에 그의 마음이 그를 찌르니까 그는 견디다 못해 하는 수 없이 은 삼십 개를 종교 지도자들에게 도로 가져다주었습니다. 여기에서도 영어 성경은 그의 행동을 묘사하면서 '리펜트'라는 말을 쓰고 있습니다. 그러므로 분명히 가룟 유다는 '리펜트'했습니다. 그런데 그것은 성경적인 회개가 아니었습니다. 180도 유턴을 하지 않고 거기에 못 미친 상태에서 돌아선 것입니다. 그런 뒤에 어떻게 합니까? 그는 죄책감을 이기지 못하고 자살하고 맙니다.

그러니까 '리펜트'라는 말의 원래 뜻은 가룟 유다처럼 뜻을 바꾸어 행동이 바뀌는 것을 뜻합니다. 그는 분명히 은 삼십 개도 가져다주고 울고 잘못했다고 했습니다. 비록 그에게 이런 행동이 나타났지만 그는 하나님께로 180도 돌이키지 않았습니다. 즉 그는 후회만 했을 뿐입니다. 그는 결코 성경적 의미의 회개를 하지 않았습니다.

4. 고백은 회개가 아니다

죄를 인정하고 고백하는 것은 성경적 회개가 아닙니다. 구약 성경에는 이스라엘 민족이 이집트 땅에서 탈출하는 이야기가 나옵니다. 그 당시 이집트 왕은 파라오였습니다. 개역성경에서 그는 바로로 되어 있습니다. 하나님이 열 가지 재앙을 내리니까 그는 여러 차례 "내가 죄를 지었노라."라고 말합니다. 출애굽기 9장 27절, 출애굽기 10장 16절 등을 보기 바랍니다. 그는 분명히 "내가 죄를 지었노라."라고 말하면서 자신이 죄를 지었음을 인정합니다. 그런데 회개가 이루어지지는 않았습니다. 그러니까 죄를 인정하고 고백하는 것 자체는 180도 유턴을 하는 것이 아니라 거기에 못 미친 상태에서 돌이켜 하나님께로 나아가려는 것입니다.

이와 관련해서 한국 사람들의 회개 풍습을 살펴보겠습니다. 한국 사람들의 회개는 대개 부흥회식 회개입니다. 부흥회에 가면 부흥강사가 하라는 대로 대개 눈물 콧물 쏟으면서 회개를 합니다. 50세까지 살았으면 50세, 49세, 48세, 47세 해서 뒤로 돌아가면서 자기가 한 살 이후에 지은 모든 죄를 하나님께 눈물 콧물을 쏟으면서 고백하는 것을 대개 회개라고 말합니다. 그런데 우리가 우리의 모든 죄를 다 고백하는 것이 가능합니까?

만일 회개가 자기가 알 수 있는 모든 죄를 고백하는 것이라면 그것은 성경적 회개가 아닙니다. 또 그렇게 회개하는 것은 가능하지도 않습니다. 그러면 내가 기억하지 못하는 죄들은 어떻게 합니까? 물론 하나님의 은혜를 느끼면 자기가 지은 커다란 죄악들이 생각나서 그것들을 고백합니다. 그것은 맞습니다. 그런데 회개를 잘못 오해해서 지금까지 사는 동안에 지은 모든 죄악을 낱낱이 하나님 앞에 고해야 된다고 하는 것은 성경에 없는 말입니다.

이런 잘못된 회개의 사슬에 묶이면 사람이 힘들어 죽고 맙니다. 성경에는 그렇게 회개한 사람이 아무도 없습니다. 물론 생각나는 죄악은 고백해야 합니다. 그런데 생각이 안 나는 것을 생각나게 하려고 밤새 울고불고 하면서 나무뿌리를 송두리째 뽑는 것은 성경적 회개가 아닙니다. 그것은 이교도들이 하는 일로서 자기의 의를 세우려는 일입니다. 이렇게 회개한 사람은 다음 부흥회 때에 동일한 것을 반복합니다. 그리고 또 다음 부흥회까지 기다렸다가 동일한 일을 반복합니다. 그러므로 모든 죄를 고백하는 것 혹은 고백하려고 노력하는 것은 성경적 회개가 아닙니다.

5. 믿는 것은 회개가 아니다

믿지 않는 사람이 믿는다고 해도 그것 자체가 회개는 아닙니다. 어떤 이들은 사람이 믿기만 하면 이미 회개가 이루어졌다고 주장합니다. 믿는 사람에게 "사람이 왜 지옥에 갑니까?" 하고 물으면 대부분 "예수님을 믿지 않아서 지옥에 갑니다."라고 말합니다. 대부분 그렇게 이야기하지 않습니까? 그러니까 지옥에 가지 않게 하는 원인이 회개이므로 믿지 않는 상태에서 믿는 상태로 바뀌면 회개가 이루어졌다고 주장하는 이들이 많습니다.

미국에서도 성경적이라고 하는 많은 독립침례교회들이 이런 주장을 폅니다. 유명한 목사님들도 그렇게 주장합니다. 다시 말해 이들은 누가 믿는다고만 하면 회개가 이미 이루어졌다고 봅니다. 그래서 이런 목사들은 누가 "믿습니다."라고만 하면 이미 회개가 이루어졌으니까 그날 믿겠다고 손든 사람들의 숫자를 세서 구원받은 것으로 보고하게 합니다. 그러나 이것은 성경에 없는 것입니다. 아무리 유명한 목사의 말이라도 성경에서 벗어났으면 버려야 합니다.

그런데 성경적으로 믿는다고 하는 많은 교회들이 이런 함정에 빠져 있습니다. 이것은 영어로 '이지 빌리비즘'(Easy believism)이라고 합니다. 그런데 믿는 것 자체는 쉬운 일이므로 이 말이 구원을 어렵게 보이도록 만들 수 있습니다. 그래서 클라우드 선교사 같은 이들은 이것을 '이지 프레이어리즘'(Easy prayerism)이라고 부릅니다.

확실한 회개 없이 단순히 믿는다고 말하거나 영접 기도로 예수님을 받아들이면 그것은 성경적인 구원이 아닙니다. 사실 이런 것은 성경과 거리가 멉니다. 그래서 그런 교회에서는 "믿기만 하면 됩니다. 믿기만 하면 됩니다. 믿으면 손들기 바랍니다."라고 외칩니다. 그러나 실제로 이런 데에는 많은 경우 회개가 빠져 있습니다. 그러면 거짓 회심자들이 양산됩니다. 구원에는 반드시 회개가 있어야 합니다.

6. 마음을 바꾸는 것은 회개가 아니다

어떤 사람들은 마음을 바꾸면 그것이 회개라고 말합니다. 행동이, 결심이 나타나지 않아도 마음만 바꾸면 회개라고 그들은 말합니다. 그러나 성경적 회개는 마음을 바꿔서 하나님을 향해 180도 돌이키며 그것이 행동으로 나타나는 것을 뜻합니다. 이것을 주장하는 사람도 유명한 사람입니다. 미국에는 '소드 오브 더 로드'(주의 검, The Sword of the Lord)라는 이름의 침례교 보수 잡지/신문이 있습니다. 또 이 잡지에서는 연중행사로 많은 목사들을 초대하여 큰 대회를 엽니다. 거기의 주 편집자 중에 한 분도 유명한 분이었습니다. 그런데 바로 이분은 마음이 바뀌면 회개가 이루어졌다고 주장했습니다. 행동이 나타나지 않아도 마음이 바뀌면 구원받은 것이라고 그분은 주장했습니다. 하지만 이것은 성경적인 회개가 아닙니다. 바뀐 것이 행동으로 나타나야 합니다. 그것이 성경적 회개입니다.

7. 회개와 믿음은 동일하지 않다

마지막으로 살펴볼 것은 회개와 믿음은 동일한 것이라는 주장입니다. 이것은 댈러스, 트리니티, 탈봇 신학교 등과 같은 신복음주의 신학교에서 가르치는 주장입니다. 저는 2010년 겨울에 미국에 갔다가 깜짝 놀랐습니다. 구원 세미나를 하겠다고 약속했으므로 미국에서 3주 정도를 지내면서 저는 시간이 나는 대로 책들과 문헌들을 보면서 세미나를 어떻게 진행해야 할 것인가 생각했습니다. 특별히 회개에 대해서 어떻게 가르쳐야 할 것인가 생각하면서 인터넷도 찾아보고 또 아마존에서 책을 사서 보기도 하였습니다. 그 책은 댈러스 신학교(Dallas Theological Seminary) 교수들이 적어 놓은 1,500쪽 분량의 조직 신학 책이었습니다.[1]

댈러스 신학교는 미국에서 가장 많이 공부를 시키는 신학교로 이름이 나 있습니다. 신학 프로그램은 어렵지만 그래도 그곳은 제대로 가르친다는 소문이 나 있습니다. 일반 대학으로는 예일, 하버드 등이 유명하지만 기독교계에서는 댈러스 신학교가 예일, 하버드 대학 같은 대우를 받는 것 같습니다. 그래서 댈러스 신학교 교수들이 구원론을 포함해 여러 가지 교리를 자세히 적어 놓은 두꺼운 서적을 구입했습니다. 거기에는 회개에 대해서 댈러스 신학교에서 가르치는 내용이 심도 있고 일목요연하게 정리되어 있었습니다.

그런데 글을 읽다가 저는 깜짝 놀랐습니다. 그들은 한 마디로 구원을 받는데 회개는 필요 없다고 가르칩니다. 그들은 단지 믿기만 하면 구원을 받는다고 가르칩니다. 이게 말이 됩니까? "신학교 학생들이 신학교에서 이런 것을 배워 교회에서 그대로 가르치면 정말 큰일이구나!" 하는 생각이 들었습니다. 댈러스 신학교 같은 신복음주의 신학교는 거의 다 이렇게 가르칩니다.

댈러스 신학교를 세운 분은 쉐퍼(Lewis S. Chafer)라는 아주 유명한 신학자입니다. 그런데 그분은 "회개하라!"는 말은 예수님이 사역하던 유대인들에게만 해당되고 예수님 십자가 사건 이후에는 믿는 것이 곧 회개라고 주장했습니다. 저 역시 이분을 존경하고 이분의 신학적 사상에 대부분 동의하지만 이런 주장에는 동의할 수 없습니다. 예수님이 더 옳기 때문입니다.

> [그분께서] 그들에게 이르시되, 이같이 기록되었으므로 이같이 그리스도가 고난받고 셋째 날 죽은 자들로부터 일어나야만 했으며 또 회개와 죄들의 사면이 그의 이름으로 예루살렘에서 시작하여 모든 민족들 가운데 선포되어야 하리니 너희는 이 일들의 증인들이라(눅24:46-48).

---

1) 「Understanding Christian Theology」, C. Swindoll, R. Zuck 편집자, Zondervan

분명하게 예수님은 부활하신 뒤에 제자들에게 나타나 모든 민족들에게 회개를 선포하라고 명령하십니다. 이것으로 문제는 다 끝났습니다. 그래서 베드로도, 바울도, 다른 제자들도 회개와 믿음을 선포하였습니다.

실제로 한국에서 있던 일입니다. 댈러스 신학교처럼 회개를 강조하지 않는 미국의 신복음주의 신학교를 다닌 아들이 아버지 교회를 인수받으면서 회개 문제로 교회가 쪼개지는 것을 저는 보았습니다. 아버지는 성경적으로 배워서 구원을 받으려면 반드시 회개라는 기초가 있어야 한다고 몇십 년을 가르쳐 왔는데 아들은 회개가 필요 없다고 하니 성도들 가운데 분란이 생길 수밖에 없었습니다. 그래서 결국 아들은 교회를 쪼개서 다른 데로 나갔습니다.

성경은 분명히 회개와 믿음이 다르다고 말합니다. 사도 바울은 자기가 하나님을 향한 회개와 예수 그리스도를 향한 믿음을 선포했다고 증언하였습니다. 회개와 믿음은 서로 다릅니다.

하나님의 사람들은 모두 회개를 선포했습니다. 예수님도 자신의 사역의 시작부터 끝까지 회개를 선포했습니다. 예수님께서 제자들에게 주신 대위임의 말씀에도 회개가 들어 있습니다. 그렇기 때문에 회개와 믿음이 100% 같은 것이라고 말하는 것은 틀립니다. 그런 의미의 회개는 성경적 회개가 아닙니다.

5. 성경적 회개의 사례

이제부터는 성경적으로 회개가 어떻게 이루어지는지 몇 가지 사례를 말씀드리겠습니다. 솔로몬의 이야기를 구약 성경 열왕기상 8장 46-48절에서 보겠습니다. 여기에는 솔로몬이 성전을 짓고 이 성전을 향해서 사람들이 기도할 때 하나님이 이루어 주실 일에 대해 기도하는 대목이 나와 있습니다.

(죄를 짓지 않는 사람이 없사오니) 만일 그들이 주께 죄를 지어 주께서 그들에게 분노하사 그들을 그 원수에게 넘겨주시므로 저들이 그들을 포로로 사로잡아 멀든지 가깝든지 그 원수의 땅으로 끌고 갔을 경우 그럼에도 그들이 자기들이 포로로 사로잡혀 간 땅에서 스스로 생각하고 자기들을 포로로 사로잡아 간 자들의 땅에서 회개하며 주께 간구하여 말하기를, 우리가 죄를 짓고 그릇되게 행하였으며 사악한 일을 행하였나이다, 하고 또 그와 같이 자기들을 포로로 사로잡아 간 자기 원수들의 땅에서 마음을 다하고 혼을 다하여 주께 돌아와 주께서 자기 조상들에게 주신 자기들의 땅을 향해 곧 주께서 택하신 도시와 내가 주의 이름을 위하여 건축한 집을 *향해* 주께 기도하거든…

여기서 보듯이 회개에는 죄에 대한 고백이 있어야 합니다. "우리 조상들이 이렇게 엄청난 죄악을 졌습니다. 내가 죄악을 졌습니다. 내가 죄 가운데 태어나이 같은 일들을 했습니다."라는 고백이 있어야 합니다. 그리고는 하나님께로 돌아와야 합니다. 이것이 회개입니다. 즉 하나님께로 돌아오는 행동이 수반되어야 한다는 것입니다.

마태복음을 보겠습니다. 마태복음 3장 2절에 가서 보니까 침례자 요한이 이 땅에 나타나서 행한 첫째 설교 메시지가 나옵니다. 그는 "너희는 회개하라. 하늘의 왕국이 가까이 왔느니라."라고 말했습니다. 그가 말씀을 선포할 때에 서기관들과 바리새인 같은 악한 자들이 나타났습니다. 그랬더니 7-8절에 가서 침례자 요한이 이렇게 말합니다.

> 그러나 바리새인들과 사두개인들 중의 많은 자들이 자기에게 침례를 받으러 오는 것을 그가 보고 그들에게 이르되, 오 독사들의 세대야, 누가 너희에게 경고하여 다가오는 진노를 피하게 하더냐? 그러므로 회개에 합당한 열매를 맺고…

그러니까 이 세상으로 향하던 것, 죄를 향하던 것, 이 모든 것을 돌이켜서 회개에 합당한 열매 즉 하나님이 원하시는 열매를 맺도록 행동이 바뀌어서 나타나는 것이 회개입니다. 침례자 요한은 바로 이런 회개를 촉구했습니다.

누가복음 15장에는 탕자 이야기가 나옵니다. 둘째 아들인 탕자가 아버지 것을 가지고 가서 돈을 다 허비하고 탕진했습니다. 그다음에 그는 "내가 하나님 아버지께 죄를 짓고 아버지께 죄를 지었습니다." 하고는 아버지께로 돌이켜 돌아옵니다. 그는 이 세상의 친구에게로 가지 않았습니다. 누구에게로 갔습니까? 고백만 한 것이 아니라 행동을 취해서 그는 자기 아버지께로 돌이켜 돌아왔습니다. 이것이 바로 예수님이 원하시는 회개입니다.

사도행전 26장 20절에도 똑같은 말씀이 나와 있습니다. 사도 바울 역시 이 세상을 두루 돌아다니면서 회개를 선포하고 회개에 합당한 열매를 맺어야 된다고 외쳤습니다.

이제 구체적으로 우리 삶에 적용할 수 있는 회개의 사례를 한번 살펴보겠습니다. 데살로니가전서 1장 9-10절을 보겠습니다. 사도 바울이 데살로니가 교회 성도들에게 보낸 편지에 이렇게 기록되어 있습니다.

> 그들이 스스로 우리에 관해 보여 주되 우리가 어떤 식으로 너희에게 들어갔는지 또 너희가 어떻게 우상들을 버리고 하나님께 돌아와 살아 계시고 참되신 하나님을 섬기며 그분께서 죽은 자들로부터 일으키신 그분의 아들께서 하늘로부터 오실 것을 기다리는지 보여 주는데 이분은 다가올 진노로부터 우리를 구출하신 바로 그 예수님이시니라.

성경적 회개가 일어나니까 어떤 일이 발생했습니까? 데살로니가 사람들이 자기들이 섬기던 우상들을 버리고 참되고 살아 계신 하나님께로 돌아왔습니다. 지금 식으로 이야기하면 제사 지내고 조상신 섬기던 사람들이 회개하면 그것을 버리고 살아 계시고 참되신 하나님을 섬기는 행동을 한다는 것입니다. 모든 사람들에게 이것이 증표로 나타납니다. 물론 지혜롭게 해야 하므로 시간이 걸릴 수는 있습니다. 그러나 회개가 이루어지면 변화가 안 생기는 것이 불가능합니다.

또 하나 살펴보겠습니다. 사도행전 19장 17-20절을 보면 사도 바울이 에베소에 가서 하나님의 말씀을 선포하는 가운데 마귀들린 사람을 내쫓는 일이 발생했습니다. 그랬더니 17절에 기록된 것과 같이 그 일이 에베소에 거하던 모든 유대인과 그리스인들에게도 알려졌고 그래서 그들 모두에게 두려움이 임하고 주 예수님의 이름이 크게 높여졌습니다. 그러자 믿은 사람들이 많이 와서 자백하며 자기 행위들을 알리고 또 신기한 술수를 사용하던 많은 사람들도 자기 책들을 다 가지고 와서 모든 사람 앞에서 태웠는데 그들이 그것들의 값을 계산하니 은화로 50,000개나 되었습니다.

예수님을 믿기 전에 또 예수님을 믿은 후에도 그들에게는 마술을 행하는 데 쓰는 주문 등을 기록해 놓은 책들이 있었습니다. 그런데 하나님께로 돌이켜서 회개하니까 그들은 공개적으로 와서 마술을 행할 때 쓰던 모든 것들을 가져다 불태웠습니다. 그러니까 성경적 회개가 나타나면 생각이 바뀌고 생각이 바뀐 것이 행동으로 이와 같이 나타납니다. 이것이 참된 회개입니다.

누가복음 19장에는 삭개오라고 하는 사람이 예수 그리스도를 영접하고 회개하는 일이 기록되어 있습니다. 누가복음 19장 8절에는 삭개오가 예수 그리스도를 받아들인 뒤에 하는 말이 기록되어 있습니다.

삭개오가 서서 주께 이르되, 주여, 보소서, 내가 내 재물의 절반을 가난한 자들에게 주겠사오며 만일 내가 거짓 고소하여 어떤 사람에게서 무엇이든지 빼앗았으면 그에게 네 배로 갚겠나이다, 하매

여기서도 볼 수 있듯이 성경적 회개를 하면 생각만 바뀌는 것이 아니라 행동이 바뀌어서 드러나게 나타납니다.

하나님께로 돌이키면서 그것이 행동으로 나타납니다. 그것이 바로 성경이 이야기하는 회개입니다. 이것을 다른 식으로 이야기하면 회개란 죄인이 백기를 드는 것이라고 할 수 있습니다. 지금까지는 내 힘으로 할 수 있다고 생각하며 살던 사람이 회개하면 하나님 앞에 백기를 들고 나아가 "제가 항복합니다." 하고 고백하며 "이제부터는 하나님 뜻대로 살겠습니다."라고 하면서 행동이 바뀝

니다. 이것이 성경적 회개입니다.

오늘 구원에 대해 이야기하면서 4학년 아이에게 물었습니다. "성화야, 회개가 뭔지 이해했니?" 그랬더니 그 아이가 "180도 트는 것이 회개예요."라고 말했습니다. 또 그 아이에게 "사람이 왜 죽니?"라고 물었습니다. 그랬더니 "사람은 죄 때문에 죽습니다."라고 대답하였습니다. 아이들도 이 귀한 진리를 알고 있으니 얼마나 기쁜지 모릅니다.

가던 길에서 180도 돌이키는 것이 회개입니다. 179도가 아니라 180도 돌이켜야 합니다. 강도가 칼을 버리는 것이 회개이고 도둑이 훔친 것을 되돌려 주는 것이 회개입니다. 그래서 회개가 나타나면 언제나 행동으로 변화되는 것이 보입니다.

6. 회개와 믿음만 언급된 사례

그런데 지금까지 제가 말씀드린 것에 대해 반론을 제기하는 사람들이 더러 있습니다. 그들은 이렇게 말합니다. "요한복음에 가서 보면 회개란 말이 한 번도 나오지 않습니다. 요한복음 3장 16절을 보시기 바랍니다. '하나님께서 세상을 이처럼 사랑하사 자신의 독생자를 주셨으니 이것은 누구든지 그를 믿는 자는 믿기만 하면 구원을 받고 영생을 얻는다.'고 되어 있습니다. 여기 이 유명한 구절에 어디 회개가 나옵니까?"

또 그들이 단골 메뉴로 들고 나오는 유명한 구절이 있습니다. 그것은 사도행전 16장에 기록된 빌립보 감옥의 간수 이야기입니다. 그는 바울과 실라가 기도하는 것을 보고 또 감옥이 열리는 것을 보고 놀라서 자결하려다가 바울과 실라의 말을 듣고 포기합니다. 그리고는 "선생들이여 내가 무엇을 해야 구원을 받겠습니까?"라고 묻습니다. 그랬더니 그들인 "주 예수 그리스도를 믿으라. 그러면 네가 구원을 받고 네 집이 구원을 받으리라."라고 말했습니다. 반론을 펴는 사람들은 이 유명한 구절들을 인용하면서 구원에는 회개가 필요 없다고 말합니다. 단지 믿음만으로 충분하다고 말합니다.

그러면 왜 이런 구절들에는 회개가 언급되지 않았을까요? 이런 구절들에 나오는 사람들은 이미 바뀌었기 때문에 다시 회개하라고 이야기하지 않을 뿐입니다. 잘 생각해 보시기 바랍니다. 성경을 성경으로 비교해서 풀어야 바른 해석이 됩니다. 성경을 다른 성경과 분리해서 풀면 이단 해석이 되고 맙니다.

지금까지 저는 많은 지면을 할애하면서 계속해서 회개와 믿음이 다르다는 것을 알려 드렸습니다. 또 예수님이 회개를 선포했고 그분의 제자들이 회개를 선포했으며 특히 사도 바울과 베드로가 다 회개를 선포했음을 말씀드렸습니다. 성경의 많은 구절들이 회개와 믿음이 있어야 한다고 분명히 이야기합니다.

그러나 이런 특별 구절들에는 회개는 안 나오고 믿음만 나옵니다. 그러니까 회개는 불필요할까요? 아닙니다. 회개는 반드시 필요합니다.

빌립보 감옥의 간수는 감옥 문이 흔들리고 죽을 뻔했다가 다시 살게 되는 과정 중에 이미 회개를 했습니다. 즉 그는 전지전능하신 하나님이 계신 것을 깨닫고 이미 그분께로 돌이키기로 작정했습니다. 그러므로 이미 회개한 사람더러 회개하라고 할 필요는 없습니다. 그래서 바울과 실라는 주 예수 그리스도를 믿으면 된다고 말했습니다.

그래서 참된 회개가 나타나고 참된 믿음이 나타난 곳에는 다른 것을 이야기하지 않아도 됩니다. 참된 회개가 나타나면 거기에는 반드시 참된 믿음이 따라오게 되어 있습니다. 참된 믿음이 나타나면 거기에는 반드시 참된 회개가 따라오게 되어 있습니다. 그래서 이 두 개는 분명히 다름에도 불구하고 어떤 구절들에 가서는 하나만 나올 수 있습니다.

예를 들어 요한복음 4장에는 수가성의 여인 이야기가 나옵니다. 예수님은 이 여인에게 다가가 "내게 물 좀 달라."고 하면서 결국 "내가 네게 줄 물이 있는데 그것을 마시면 네가 영원히 살리라."고 말씀하십니다. 영생하는 물을 얻으면 물 길러 나오지 않아도 되니 얼마나 좋겠습니까? 그러니까 그 여인은 "그 물을 내게 좀 주십시오."라고 말합니다. 그렇게 하니까 예수님이 뭐라고 하십니까? "네 남편을 데려오라."고 하지 않습니까? 그러자 그 여인이 "나는 남편이 없습니다."라고 말합니다. 바로 여기서 예수님이 무슨 일을 하십니까? 죄 문제를 끄집어내서 이 여인이 스스로 회개할 수 있도록 하십니다. 그리고는 그녀에게 영생을 주었습니다. 그러므로 이런 경우 굳이 "회개하라."고 하지 않아도 이미 앞뒤 문맥상 이 여인이 회개하도록 예수님이 대화를 이끌고 있다는 것을 알 수 있습니다.

요한복음 3장의 니고데모 이야기도 마찬가지입니다. 예수님을 찾아온 것 자체가 이미 그가 회개했음을 증명합니다. 그렇지 않고서야 어떻게 산헤드린의 고위 공직자 - 지금의 국회의원이 - 가 한낱 목수에 지나지 않는 예수님께 나올 수 있었겠습니까?

결론적으로 성경은 회개와 믿음이 구원에 절대적으로 필요하다고 말합니다. 그래서 대부분의 경우는 회개와 믿음을 동시에 이야기합니다. 하지만 어떤 경우에는 믿음만 이야기하기도 합니다. 요한복음 3장 16절, 사도행전 16장 31절 등은 믿음만 이야기합니다. 왜 그럴까요? 회개가 이미 이루어졌기 때문입니다.

또 회개만 이야기하는 구절도 있습니다. 마태복음 9장 13절에 보면 예수님은 "내가 죄인들을 불러 회개하게 하려고 왔노라."고 하십니다. 거기에는 믿음이 없습니다. 그러면 믿지 않아도 구원을 받을까요? 그럴 수 없음을 우리는 이제 잘 알고 있습니다. 이미 성경적인 회개를 하면 당연히 누구를 믿겠습니까?
누가복음 24장 47절, 사도행전 2장 38절도 마찬가지입니다. 베드로후서 3장 9절에서 하나님은 모든 사람이 회개에 이르기를 원한다고 합니다. 거기에는 믿음이 안 나옵니다. 믿음이 안 나오니까 믿지 말라는 이야기입니까? 아닙니다. 그러니까 앞뒤 문맥을 통해 우리는 회개만 나올 때 그 안에 이미 믿음이 포함되어 있고, 믿으라는 이야기만 나올 때 이미 그 안에 회개가 포함되어 있다는 사실을 알 수 있습니다.

7. 회개는 죄를 다룬다

회개는 명백하고 확실하게 죄를 다루는 것입니다. 그러니까 회개를 교회에서 가르치지 않으면 가짜 신자가 많이 생겨납니다. 회개가 무엇인지 좀 더 구체적으로 보여 주기 위해 사례를 하나 들겠습니다. 다음은 클라우드라고 하는 네팔 선교사의 증언입니다. 그는 네팔에 가서 하나님의 말씀을 열심히 전했습니다. 그랬더니 옆에 사는 부자가 와서 그의 말을 듣기 시작했습니다. 그는 힌두교도였습니다. 그런데 그 힌두교도에게는 문제가 있었습니다. 그는 첩을 여러 명 두고 살고 있었습니다. 또 정직하지 않은 방법으로 돈을 벌고 있었습니다. 이런 상태에서 자꾸 와서 하나님의 말씀을 듣다가 하루는 선교사에게 "제가 예수님을 영접하고 침례를 받고 구원을 받으면 안 되겠습니까?"라고 물었습니다.

이런 경우에 우리는 어떻게 답해야 할까요? 이에 클라우드 선교사는 그 사람에게 "첩 문제를 해결하고 정직하게 사업을 할 것입니까?"라고 물었습니다. 지금 당장 첩들을 버리라는 것이 아니라 회개하고 예수님을 믿으면 이 문제를 어떤 식으로든 바르게 다뤄서 하나님이 원하시는 방향대로 할 것인가를 물었습니다. 그랬더니 그 부자는 "그 문제들은 별개 문제이기 때문에 저는 할 수 없습니다."라고 말했습니다. 그래서 그 사람은 예수님을 영접할 수 없었습니다.

그러니까 제가 말씀드리는 것은 지금 하던 일을 100% 당장 한 번에 바꾸라는 것이 아닙니다. 지금 술 담배를 하고 있다고 생각해 봅시다. 사실 술 담배를 하는 것이 뭐 엄청나게 사악한 죄는 아닙니다. 진짜 사악한 죄는 마음속에서 나오는 살인하려고 하는 죄, 미워하는 죄, 간음하려고 하는 죄입니다. 이런 것들에 비하면 술 먹고 담배 피우는 것은 죄 중에 아주 가벼운 죄입니다. 그런데 그런 것들이 우리를 억압하면 끊어야 되겠다고 마음을 먹어야 합니다. 지금 당장 못 끊어도 좋습니다. 끊어야겠다는 결심을 하고 하나님께 나아와서 "제가 회개하고 예수님을 구원자로 영접하겠습니다. 이것들은 주님이 거하시는 제 몸을 파괴시키는 것들이므로 이것들을 먹는 죄를 미워하겠습니다. 성령님께서 저의 연약함을 도우시고 제가 이것들을 하나님의 힘으로 끊을 수 있도록 도와주시기 바랍니다."라는 마음을 가지고 주님께 나와야 구원을 받습니다. 그런 생각은 추호도 없이 "저는 그저 예수님만 믿습니다."라고 하면 성경의 구원이 이루어지지 않습니다.

그러니까 제가 말씀드리려 하는 것은 최소한 자신의 부도덕함이나 눈에 드러나게 보이는 죄들은 끊어야겠다는 의지적인 요소가 회개 속에 포함돼야 한다는 것입니다. 구원받으려면 반드시 성경적인 회개가 있어야 됩니다. 또 바른 구원이 이루어지면 이전에는 보지 못했던 죄악들이 날이 가면서 점점 더 환하게 드러납니다. 그때마다 회개해야 합니다.

그러니까 "그냥 믿기만 하면 됩니다. 그러면 예수님이 나중에 다 알아서 해결해 줍니다. 그러면 다음에 자동으로 바뀝니다. 그러니 지금은 아무것도 필요 없습니다. 그저 교회에 오기만 하면 됩니다. 믿기만 하면 됩니다. 영접 기도만 하면 됩니다."라고 누가 말하거든 그 말에 넘어가지 말기 바랍니다. 그것은 성경적인 가르침이 아닙니다. 믿기만 하면 안 됩니다. 반드시 회개가 동반돼야 합니다.

이 회개는 결코 100% 모든 죄를 다 잘라 버리고 그것을 몽땅 다 하나님께 고하라는 것이 아닙니다. 그렇게 할 수 있는 사람은 아무도 없습니다. 다만 사람들에게 이미 알려진 죄악, 자기 마음을 누르는 죄악이 있다면 하나님께로 돌이키면서 "하나님, 제가 이런 것들을 미워합니다. 어떻게든 돌이키도록 할 테니 하나님이 저를 도와주십시오, 저의 연약함을 도와주십시오. 주님의 뜻대로 하겠습니다."라고 말하면서 죄악을 끊으려는 의지적인 반응이 나타나야 합니다. 바로 그것이 성경적인 회개입니다.

8. 회개에 대한 오해

회개의 횟수에 대해 오해하는 사람이 많습니다. "회개는 한 번만 하는 것이다. 한 번 회개한 뒤에 또 회개하는 것은 회개를 안했다는 증거다."라고 주장하는 사람들이 있습니다. 그래서 어떤 사람이 기도하면서 "하나님 제가 죄를 지었습니다. 회개합니다."라고 하면 "아이고 저 사람 구원 못 받았구나!"라고 말하는 사람들이 있습니다.

그러나 성경은 그렇게 이야기하지 않습니다. 잘 이해하시기 바랍니다.

사도행전 11장 18절에는 베드로를 통해 이방인들에게 이루어진 '생명에 이르는 회개'가 있습니다. 영적으로 죽어 있던 사람에게 복음을 전할 때 그 사람이 듣고 믿어 새 생명을 얻는 회개 즉 '생명에 이르는 회개'는 일생에 단 한 번 일어납니다. 다시 한 번 강조합니다. 이와 같은 생명에 이르는 회개는 일생에 한 번만 합니다.

그런데 성도들은 계속해서 회개해야 됩니다.

우리는 위에서 사도행전 19장 18-20절을 보았습니다. 거기 보니 에베소에 살고 있던 사람들이 자기들이 행하던 마술을 하던 책들을 가져다 불살랐다는 이야기가 나옵니다. 그 일은 이미 믿은 사람들이 한 것입니다. 그들이 그날 믿고 그 일을 한 것이 아니라 이미 믿었던 사람들이 믿은 이후에 회개하고 그와 같은 일을 한 것입니다.

고린도후서 7장 7-11절에는 사도 바울이 고린도 교회 성도들에게 보낸 글이 있습니다. 사도 바울을 음해하고 모함하던 사람들이 사도 바울의 편지를 받고는 하나님의 심정을 가지고 하나님의 뜻에 따라 하는 회개를 했습니다. 거기에 분명히 그렇게 기록되어 있습니다.

이제 내가 기뻐함은 너희가 근심하였기 때문이 아니요, 오히려 <u>너희가 근심함으로 회개하게 되었기 때문이라</u>. 너희가 하나님께 속한 방식대로 근심하게 된 것은 어떤 일로도 너희가 우리로 말미암아 상처를 받지 않게 하려 함이니 하나님의 뜻대로 하는 근심은 회개를 이루어 다시 돌이킬 수 없는 구원에 이르게 하지만 세상의 근심은 사망을 이루느니라(고후7:9-10).

이들이 회개를 하자 그 증표가 11절에 행동으로 나타났습니다.

너희가 하나님께 속한 방법대로 근심한 것, 바로 이것을 보라. 그것이 너희를 얼마나 조심하게 하며 참으로 얼마나 너희 자신을 해명하게 하며 참으로 얼마나 분개하게 하며 참으로 얼마나 두려워하게 하며 참으로 얼마나 열렬히 갈망하게 하며 참으로 얼마나 열심 있게 하며 참으로 얼마나 징계하게 하였는가! 너희 자신이 이 일에 결백함을 너희가 모든 것들로 입증하였느니라(고후7:11).

그러니까 예수님을 믿는 사람 역시 구원받은 이후에도 죄에 대해서 잘못한 것을 인정하고 거기서 돌이켜야 합니다. 즉 회개가 필요합니다.

결정적인 것이 계시록에 있습니다. 계시록 2장 5절을 보겠습니다. 요한계시록 2장과 3장은 일곱 교회 - 즉 구원받은 사람들 - 에 보내는 편지입니다. 요한계시록 2장 1절부터 7절은 에베소 교회에 보내는 편지입니다. 믿지 않는 사람에게 보내는 편지가 아니라 믿는 사람들에게 보내는 편지입니다.

그러므로 네가 어디에서 떨어졌는지 기억하고 회개하며 처음 행위를 하라.

그러므로 예수님을 믿는 사람도 회개해야 합니다. 이 편지는 교회에 보낸 것입니다. 회개가 한 번만 나타나지 않습니다. 2장 16절에도 있습니다.

회개하라. 그리하지 아니하면 내가 속히 네게 가서 내 입의 검으로 그들과 싸우리라.

21절에는 예수님이 두아디라 교회의 한 여인에게 회개를 촉구하였으나 회개하지 않은 내용이 있습니다.

내가 그녀에게 그녀의 음행을 회개할 기회를 주었으나 그녀가 회개하지 아니하였으므로

3장 19절에도 있습니다. 그것은 라오디게아 교회에 주는 글입니다.

내가 사랑하는 자들을 다 내가 책망하고 징계하노니 그러므로 열심을 내고 회개하라.

예수님을 믿지 않는 사람이 하나님께로 180도 돌이켜서 생명에 이르는 회개를 하는 것은 일생에 한 번 일어납니다. 그런데 그 이후에도 죄를 짓거나 열심을 못 내는 일이 예수님을 믿는 사람들 가운데도 있습니다. 하나님의 뜻대로 살지 못하는 일이 있습니다. 그러므로 그런 일이 있으면 돌이켜서 행동에 변화가 나타나도록 해야 됩니다. 그것이 바로 성경적인 회개입니다. 이것은 성화의 과정에 필요한 회개이며 이 경우에도 영어로는 '리펜트'라는 단어가 사용됩니다.

회개하려면 눈물 콧물을 흘려야만 될까요? 흘려도 되고 안 흘려도 됩니다. 눈물 콧물이 나도 되고 안 나도 됩니다. "나는 회개를 했는데 왜 눈물 콧물이 하나도 안 나지? 이거 뭐가 잘못된 것 아닌가? 소나무 뿌리라도 하나 뽑아야만 되는 것 아닌가?"라고 생각하는 사람들이 있습니다. 그러나 그럴 필요가 없습니다. 소나무 같은 것은 안 뽑아도 됩니다. 다만, 의지적으로 돌이켜서 하나님의 뜻대로 살려고 하면서 행동으로 그것을 보이면 됩니다. 그런데 내 힘만으로는 안 됩니다. 그러므로 성령님의 도우심에 의해 180도 돌이켜서 하나님께로 가면 됩니다. 그러면 눈물 콧물이 안 나도 회개한 것입니다.

소나무 뿌리를 뽑지 않아도 됩니다. 철야 기도를 하지 않아도 됩니다. 무엇으로 될까요? 하나님의 말씀으로 됩니다. 다른 것 없습니다. 오직 하나님의 말씀을 들을 때에 성령님께서 우리의 이 딱딱한 마음을 쳐서 녹여 주시면 회개가 됩니다. 믿음이 생깁니다.

그래서 사람이 예수 그리스도를 믿는 믿음을 가지면 반드시 참된 회개가 나타나게 됩니다. 이런 회개가 나타나면 예수 그리스도의 공로로 말미암은 죄들의 용서가 이 사람에게 거저 이루어지게 됩니다. 따라서 구원에 있어서 회개와 믿음은 떼려 해도 뗄 수가 없는 불가분의 관계입니다.

9. 회개 요약

이제 회개를 요약합니다. 회개는 성령님에 의해 죄와 세상과 나 자신과 하나님에 대해서 생각의 변화가 생겨서 하나님께로 돌이키는 행동이 나타나는 것입니다. 그래서 예수님의 부활 이후에 또 예수님 부활 이전에 예수님과 그분의 제자들이 전한 복음은 회개의 복음입니다. 이것이 없으면 가짜 신자가 양산되기 때문에 저와 여러분이 이것을 꼭 기억해야 합니다.

또한 내가 과거에 하나님께로 돌이킨 적이 있는지 확인해 보기 바랍니다. 그것이 한 번이라도 있어야 합니다. 생명을 얻는 회개가 반드시 한 차례 있어야 구원받습니다. 그러므로 회개 없이 구원받는 일은 불가능합니다.

구원의 기초는 회개입니다. 또 구원의 방법은 믿음입니다. 이 두 개가 확실해야 구원이 흔들리지 않습니다. 특별히 회개가 확실해야 구원이 흔들리지 않습니다.

4장
믿음

믿음은 영어로 'Faith'라고 합니다. 명사로는 'Faith'인데 동사로는 'Believe'입니다. 우리말에서는 'Faith'나 'Believe'가 '믿음', '믿는다'로 표현되어 있습니다. 이 둘은 이렇게 나누어 판단하시면 됩니다. '빌리브'(Beileve)는 말씀을 들은 사람 쪽에서의 반응입니다. 반면에 '페이쓰'(Faith)는 하나님과 사람 둘 다에 쓰입니다. 물론 이것은 명사입니다.

1. 사람은 다 믿음으로 산다

믿음은 무엇일까요? 사실 믿음은 별게 아닙니다. 이미 우리가 다 알고 있는 것입니다. 우리의 일상생활은 거의 다 믿음에 의해 이루어집니다. 학교에 가면 누구나 다 의자에 앉아 있습니다. 의자가 무너져 내리지 않을 거라고 믿기에 누구나 학교에 가면 의자에 앉습니다. 하지만 의자가 무너져 내릴 거라고 믿으면 아무도 앉지 않을 것입니다.

빌딩에 가면 엘리베이터가 있습니다. 이것을 타고 30층에도 올라갑니다. 이것을 탈 때에는 어떤 믿음으로 탑니까? "큰 문제가 없겠지."라는 믿음으로 타지 않습니까? 제 집은 24층인데 24층에서 엘리베이터가 뚝 떨어지면 어떻게 되겠습니까? 죽지 않습니까? 죽습니다. 그런데 저는 "이것을 타도 아무 문제가 없을 것이다."라는 믿음으로 오늘도 엘리베이터를 탑니다.

우리는 아침저녁으로 자동차 타고 다닙니다. 운전하고 가다가 다른 차가 나타나는 경우 내가 브레이크 밟으면 내 차가 설 것이라는 믿음을 가지고 모든 사람이 차를 몰고 다닙니다.

저는 개를 좋아합니다. 그래서 직장 앞에 있는 쇼핑센터의 펫스토어에 가끔 가서 개를 쓰다듬어 줍니다. 제 아내가 개를 사면 안 된다고 하니까 가서 쓰다듬어 주기만 하고 옵니다. 개와 고양이는 굉장히 예쁩니다. 그런데 저는 제가 쓰다듬어 주는 개가 저를 물리라고 예상하지 않습니다. 예쁘다고 쓰다듬어 주면 좋아할 것이라고 믿고 쓰다듬어 줍니다. 결코 강아지가 저를 물리라고는 믿지 않습니다.

이렇게 우리는 다 믿음을 갖고 하루하루를 살고 있습니다. 그런데 이 같은 믿음에는 아주 중요한 것이 있습니다. 그것은 바로 이런 모든 믿음에는 무엇보다도 믿음의 대상이 가장 중요하다는 것입니다.

제 학교에는 연못이 있습니다. 어릴 때 저는 그 연못에 가서 스케이트를 탔습니다. 하지만 3월이 되면 다 녹습니다. 그런데 "3월에도 거기 가면 비록 얼음은 얇지만 그래도 충분히 스케이트를 탈 수 있을 거야."라고 제가 제 믿음을 엄청 크게 하고 거기 가서 스케이트를 타려 하면 아무리 제 믿음이 커도 스케이트를 탈 수 없습니다. 아무리 내 믿음이 커도 믿음의 대상이 확실하지 않으면 내 믿음이 제대로 작동하지 않습니다. 그렇지 않습니까?

그러니까 결국 "우리가 믿는다."고 이야기할 때는 내 편이 중요한 것이 아니고 내가 믿고자 하는 대상이 무엇이냐가 가장 중요하다는 것입니다.

2. 기독교의 믿음

이 세상에서 우리는 학습을 하며 삽니다. 그런데 학습을 하는 방법에는 대개 세 가지가 있습니다.

첫째는 과학적 방법입니다. 과학적 방법은 사람의 '오감'(五感)을 이용해서 어떤 물리적인 실험을 하거나 시험을 하는 것입니다. 화학 시간이나 물리 시간에 온도를 재면 딱딱 온도가 나타납니다. 그것이 오감을 통해서 나타나는 과학적 방법입니다.

둘째는 이성적 방법입니다. 이것은 이성적인 논리를 가지고 설명을 해 주는 방법입니다.

셋째는 믿음의 방법입니다. 위에서 말한 과학적 방법과 이성적 방법을 잘 사용하면 석사도 되고 박사도 되고 정치가도 되고 돈도 많이 벌 수 있습니다. 그런데 하나님께 나아가는 방법은 그 두 가지로 절대 안 됩니다. 왜 그런지 이유를 알려드리겠습니다.

먼저 하나님은 영이시기 때문에 사람이 가지고 있는 '오감'(五感)으로는 그분을 감지할 수 없습니다(요4:24). 오감은 세상을 접하는 데 씁니다. 오감의 기관인 귀, 눈 등은 세상과 접하는 기관입니다. 세상과 접하는 이런 기관들로는 또는 이런 기관들이 느끼는 감각들로는 하나님께 나아갈 수 없습니다.

다음으로 이성적 방법은 혼의 작용을 통한 것입니다. 그러나 혼적 요소 혹은 정신적 요소로는 영이신 하나님께로 나아갈 수가 없습니다. 그러므로 하나님께 나아갈 수 있는 유일한 방법은 믿음의 방법입니다. 여기서 믿음은 '제육감'이라고 할 수 있습니다. 예수님을 믿는 사람에게는 본성의 오감 외에 믿음이라는 다른 감각이 생깁니다.

그러면 왜 믿음이 필요한지 말씀드리겠습니다. 왜 하나님은 믿음을 요구하실까요? 저도 여러 각도에서 많이 생각을 해 봤습니다. 하나님이 믿음만을 요구하시는 이유는 단 하나밖에 없습니다. 사람은 유한하고 하나님은 무한하기 때문에 사람이 하나님을 다 안다는 것은 불가능합니다. 그래서 하나님은 믿음만을 요구하십니다. 보이지 않는 것 즉 믿음만을 요구하십니다. 이에 대해 성경은 다음과 같이 말합니다.

무엇이든지 믿음에서 나지 아니하는 것은 죄니라(롬14:23).

기독교의 믿음은 언제나 보지 않는 것을 직관적으로 인지하고 신뢰하는 것입니다. 하나님을 보신 분 있습니까? 하나님이 천지를 창조하실 때 천지가 창조되는 것을 본 사람 있습니까? 예수님을 본 사람 있습니까? 성령님을 보신 분 있습니까? 천국에 갔다 오신 분 있습니까? 지옥에 갔다 오신 분 있습니까? 아무도 없습니다.

그래서 고린도후서 5장 7절에서 사도 바울은 "우리는 믿음으로 걷고 보는 것으로 걷지 않는다."고 말합니다. 이처럼 하나님은 무한하시기 때문에 유한한 사람이 아는 것을 통해서 그분을 이해하는 것은 불가능합니다. 또 하나님은 영이시기 때문에 인간의 육신적 방법이나 혼적(정신적) 방법을 통해서는 하나님께 도달할 수가 없습니다. 그래서 반드시 우리는 영적인 방법으로 하나님께 나아가야 합니다. 그래서 하나님은 우리가 그분을 믿으라고 하십니다.

친구나 아내와 이야기할 때 하도 답답하면 "제발 좀 나를 믿어라."고 말합니다. "너 내 말 그렇게 못 믿겠냐"라고 하기도 합니다. 하나님도 그렇게 말씀하십니다. 천지 만물에 주어진 모든 자연 계시와 사람의 양심의 증거에 나타난 계시와 마지막으로 하나님이 성경에 기록해 놓으신 모든 사실을 통해 하나님을 믿고 자신에게 '올인'하라고 하나님은 말씀하십니다. 전적으로 하나님께 베팅을 하라고 하십니다.

다 아는 것은 믿음이 아닙니다. 보는 것은 믿음이 아닙니다. 보는 걸 누가 바라겠습니까? 그래서 하나님은 보지 않고 나아가는 믿음을 통해 자신에게 나오라고 하십니다. 히브리서 11장 6절은 이렇게 말씀합니다.

그러나 믿음이 없이는 하나님을 기쁘게 할 수 없나니 그분께 가는 자는 반드시 그분께서 계시다는 것과 또 그분께서 부지런히 자신을 찾는 자들에게 보상해 주는 분이시라는 것을 믿어야 하느니라.

이 말씀은 매우 중요합니다!

하나님의 사람 사도 바울은 믿음이 없이는 하나님을 기쁘게 할 수 없다고 말합니다. 그래서 하나님께 나아가는 자는 반드시 하나님이 계시다는 것과 하나님이 부지런히 자기를 찾는 자들에게 보상을 주시는 분이라고 하는 사실을 믿어야 한다고 말합니다.

고린도후서 5장 7절에 따라 우리는 믿음으로 걷고 이 세상에 사는 동안에 하나님에 대해서 천국에 대해서 지옥에 대해서 설교하거나 가르칠 때 다 믿음으로 합니다. 믿음으로 하지 결코 보는 것으로 하지 않습니다.

그런데 믿음은 막 밀어붙이는 우격다짐 방식으로 생기지 않습니다. 진리를 하나하나 설명해 주고 제시해 주는 것을 통해 상대방이 이해하고 동의하는 일이 생겨야 믿음이 생깁니다. 창조주 하나님이 있다고 하는 사실은 창조의 자연 계시를 통해서 양심의 계시를 통해서 모든 사람이 다 알 수 있습니다. 하지만 구원에 이르는 계시는 오직 하나님의 말씀을 통해서 찾을 수 있습니다.

그래서 목사와 교사는 처녀 탄생의 신비, 천국과 지옥, 재림과 휴거 등에 대해 성도들이 알아들을 수 있도록 잘 전해야 합니다. 성도들이 그것들을 바르게 이해하고 바르게 알아야만 남들에게 바르게 전할 수 있습니다.

그래서 기독교의 믿음은 하나님의 계시를 온전히 충만하게 담고 있는 성경 말씀의 진리들과 그 안에 들어 있는 사건들과 교리들을 이해하고 납득하여 자발적으로 하나님을 신뢰하는 것을 뜻합니다.

기독교의 믿음은 하나님의 말씀으로 설복을 당하는 것입니다. 설득을 당하는 것입니다. 그리고 그것이 진리라는 사실에 동의하고 수용하는 것입니다. 성경 말씀을 읽으면서 "하나님이 이런 분이구나. 아 그렇지. 사람은 이런 존재구나. 죄는 이런 거구나. 하나님이 죄 문제를 해결하시기 위해서 이런 일들을 하셨구나. 예수님이 인간의 몸을 입고 오셨구나. 그분께서 십자가에서 죽으실 때 온 인류의 모든 죄악을 완벽하게 단 한 번에 영원토록 완전히 해결하셨구나."라는 사실이 읽는 사람을 사로잡아 그 사람이 이에 동의하고 설득되며 이해를 하고 인정하고 수용하게 될 때, 바로 그때에 믿음이 생깁니다.

그런데 무엇을 믿습니까? 목사나 사람의 말이 아니라 성경에 있는 것만 믿습니다. 성경에 없는 것을 믿으면 큰일 납니다. 성경에 있는 것만 믿는 것, 그것이 기독교의 믿음입니다.

학교에 가면 지금부터 약 2,000년 전에 소크라테스, 예수, 공자, 부처 같은 사대 성인이 있었다고 배웁니다. 믿지 않는 사람들도 지금부터 2,000년 전에 예수 그리스도가 이 땅에 살았다는 것을 알고 있습니다. 그래서 그분이 존재했음을 믿느냐고 물으면 대부분의 사람들이 믿는다고 말합니다. 사대 성인이 역사 속의 인물이므로 안 믿을 이유가 없습니다. 그런데 이런 믿음은 효력을 발휘하지 않습니다. 구원하고 아무 상관이 없습니다. 역사적인 사실을 아는 것이나 예수님을 역사 속 인물로 인정하는 믿음은 아무 작용도 일으키지 않는 죽은 믿음입니다.

예수님이 이 땅에 와서 사람을 살리고 죽은 자를 살리고 마귀를 내쫓으니까 마귀들이 뭐라고 그럽니까? "왜 이러십니까? 하나님의 아들 예수시여, 왜 우리를 내쫓으시려고 합니까?" 하면서 그들은 그분이 하나님의 아들인 것을 사람들보다 먼저 알아보았습니다. 마귀들이 먼저 그분을 알아보았습니다.

그런데 그렇다고 마귀들이 예수님을 믿습니까? 안 믿습니다. 이것이 바로 죽은 믿음입니다(약2:19). 그런데 산 믿음 즉 사람을 구원하는 믿음은 성경에 나와 있는 진리를 듣고는 "아 정말 그렇구나!" 하고 설득을 당해 그것을 인정하고 동의하고 온 마음과 열정으로 그것을 받아들이는 것입니다.

이렇게 되니까 이런 믿음은 하나님의 뜻에 순종하려는 신실한 마음의 근원이 되며 궁극적으로 성도의 삶에서 열매로 표출됩니다. 이렇게 행동으로 옮겨지는 것이 산 믿음입니다.

3. 믿음의 정의

믿음은 히브리서 11장 1절에 정의 내려져 있습니다.

한편 믿음은 바라는 것들의 실체요 보이지 않는 것들의 증거니

믿음이 바라는 것들의 실체라는 말에서 실체는 기초 혹은 알맹이를 뜻합니다. 성경이 말하는 믿음은 바라는 것들이 실제로 이루어지는 것처럼 보고 거기에 맞게 행하는 것을 뜻합니다. 이것이 무슨 뜻인지 잠시 설명하겠습니다.

예수님을 믿기 전에는 이 세상 것을 향해 모든 것을 고정하고 살았습니다. 그런데 하늘나라에 영원한 소망이 있다는 것을 알게 됐습니다. 사실 하늘나라나 하늘나라의 소망은 눈에 안 보입니다. 그런데 믿음을 갖게 되면 그것이 보이는 것처럼 생각이 돼서 한 사람의 인생이 거기를 향해 질주하며 변화가 됩니다. 이처럼 보이지 않는 것을 보이는 것처럼 여기고 거기에 소망을 두며 삶을 이루어 나가는 것이 바로 믿음입니다.

이것은 참으로 기가 막힌 것입니다. 보이지 않는 하나님이 보이는 것처럼 생각이 듭니다. 그래서 죄악을 저지르려 하면 무서운 마음이 들어 벌벌 떨게 되고 "하나님이 나를 보시는데 내가 이럴 수 있나."라는 마음이 자동적으로 생기는 것, 바로 이것이 성경의 믿음입니다.

믿음은 또한 보이지 않는 것들의 증거라고 했습니다. 우리는 천국을 보지

못합니다. 예수님을 잘 믿느냐, 잘 믿지 않느냐는 한 사람의 인생의 목표와 소망이 어디에 고정되어 있는가를 보면 알 수 있습니다. 믿음의 사람은 보이지 않는 것을 보이는 것처럼 생각하고 거기다 목표를 두고 인생을 거기다 '올인'하며 삽니다. 그것이 성경의 믿음입니다.

히브리서 11장에는 아벨부터 시작해서 구약 시대 믿음의 사람들의 이야기가 나오면서 아브라함의 이야기가 길게 나옵니다. 하나님은 아브라함을 갈대아 우르에서 팔레스타인 땅으로 옮겨 놓으셨습니다. 거기서 그는 큰 부자가 됐습니다. 그럼에도 그는 어떻게 살았습니까? 그는 이 땅에서의 삶을 나그네와 순례자처럼 살았습니다. 이 땅에서 잘 먹고 잘 살 수 있었고 또 원하면 자기 고향으로 돌아갈 수 있었음에도 불구하고 그는 "이곳은 내가 영원히 거할 곳이 아니다."라고 생각하고는 하나님이 만들어 놓으신 하늘의 저 도시에 소망을 두고 살았습니다.

이 땅에서 잘 살든지 못 살든지 또 과거가 어찌 되었든지 신경 쓰지 않고 오직 하나님만 바라보고 믿음의 삶을 사니까 그의 믿음의 행적이 다른 사람들에게 행위로 표출돼서 알려졌습니다. 바로 이것이 하나님이 원하는 믿음이라고 성경은 이야기합니다.

4. 그리스도인의 믿음

히브리서 11장에는 믿음의 선진들인 아벨, 노아, 에녹, 아브라함 등이 나옵니다. 그 이유는 히브리서 10장 38절 때문입니다. 거기에는 "이제 의인은 믿음으로 살리라."라고 기록되어 있습니다. 바로 이 말씀을 증명하기 위해 구약 시대의 의인들이 믿음으로 산 행적이 11장에 기록되었습니다. 신구약 시대를 통해 의인은 반드시 믿음으로 삽니다. 이와 같은 믿음의 선진들을 볼 때에 제 양심이 저를 찌릅니다. 믿음대로 살지 못하기 때문입니다.

세상을 살다보면 "저 사람은 왜 저러지? 믿는 사람이 정말로 왜 저래?"라고 말할 때가 있습니다. 사실 하나님이 나중에 보상해 주는 것을 생각하면 누가 뭐라 해도 나쁘게 대응하지 않는 것이 좋습니다. 그런데 믿음의 사람이 못 되니까 자꾸 우리의 혈기로 나쁘게 대응합니다. 세상에서 억울한 일을 당하고 핍박을 받아도 우리는 세상을 바라보지 말고 하늘을 바라보고 살아야 합니다. 그것이 믿음의 사람들이 한 일입니다. 이런 일을 통해 날이 갈수록 하나님을 향한 믿음이 굳건해지는 삶이 우리의 인생 여정에서 표출되어야 합니다. 그것이 성경의 믿음에 따른 그리스도인의 삶입니다.

교회사 강좌를 통해서 우리는 마르틴 루터 이야기를 들었습니다. 루터는 로마카톨릭 교회에 있으면서 갖가지 수행과 훈련을 했지만 도무지 마음속에 평안이 없었습니다. 그때 누군가가 로마에 순례를 다녀오면 이 문제가 풀릴 것이라고 말했습니다. 그래서 루터는 기회가 왔을 때 마음의 평안을 얻기 위해 로마에 갔습니다. 로마에는 여러 종류의 대성당이 있는데 그중 하나에는[1] 옛날 예수님 당시에 빌라도 총독이 만든 계단이 있었습니다. 이 계단은 예수님이 빌라도 앞에서 심판을 받을 때 올라갔던 계단으로 알려져 있습니다. 그런데 어느 날 천사가 이 계단을 로마로 옮겨 놨다고 천주교회에서는 가르칩니다.

저도 몇 년 전에 로마에 갔다가 빌라도 계단을 보려고 그 성당에 갔습니다. 한참을 기다리고 있었는데 드디어 문이 열렸습니다. 그러자 어디서 나타났는지 많은 사람들이 애들을 끌고 가서 무릎을 꿇고 계단을 기어 올라갔습니다. 지금도 이런 일이 일어나고 있습니다. 루터 당시의 1500년대에만 그런 것이 아닙니다. 지금도 카톨릭 신자들이 이 계단을 기어 올라가면 연옥에서 죄가 용서된다는 믿음을 갖고 부지런히 기어 올라가고 있습니다.

그런데 그 계단의 중간에는 움푹 파인 곳이 있습니다. 그곳은 예수님의 눈물(혹은 피)이 떨어진 곳이라고 합니다. 그래서 거기를 통과하면 다른 계단보다 연옥에서 더 많은 죄가 없어진다고 그들은 주장합니다. 그러므로 로마를 순례하면서 카톨릭 신자들은 꼭 여기를 기어 올라갑니다.

루터 역시 전통을 따라 그 계단을 무릎으로 기어 올라갔는데 여전히 마음에 평안이 생기지 않았습니다. 로마 시내 전체의 유적들을 보고 참배를 해도 평안이 생기지 않았고 죄 문제가 해결되지 않았습니다. 즉 이것은 고행이나 선행 같은 것으로는 인간 내부의 죄를 없앨 수 없음을 보여 줍니다. 바로 이것이 성경이 증언하는 것입니다.

이렇게 고뇌하며 여러 가지 고행을 하던 마르틴 루터는 마침내 로마서 1장 16-17절 말씀을 읽다가 믿음으로 구원을 받았습니다.

> 내가 그리스도의 복음을 부끄러워하지 아니하노니 이는 그 복음이 믿는 모든 자에게 구원을 주시는 하나님의 권능이기 때문이라. 먼저는 유대인에게요 또한 그리스인에게로다. 복음에는 하나님의 의가 믿음에서 믿음까지 계시되어 있나니 이것은 기록된 바, 의인은 믿음으로 살리라, 함과 같으니라.

16절을 보십시오. 그냥 복음이 아니라 '그리스도의 복음'입니다. 개역성경은 또 여기서 그리스도를 삭제했습니다. 그리스도인은 처음 예수님을 만나는 것도 믿음으로 하고 살면서 성화되는 것도 믿음으로 하며 죽을 때도 믿음으로 죽습니다.

---

[1] 스칼라 산타 교회, The church of Scala Santa, 네이버에서 '로마 빌라도 계단'이라고 치면 기사가 나옴.

그래서 하나님의 의는 '믿음에서 믿음까지' 계시되어 있습니다.

이것은 다음과 같이 해석할 수도 있습니다. 인류 역사에서 맨 처음 구원받은 사람도 믿음으로, 맨 마지막에 구원받은 사람도 믿음으로, 그 사이에 구원받은 모든 사람도 오직 믿음으로만 구원을 받습니다. 사람은 결코 육신의 오감이나 어떤 흔적 요소로 구원받을 수 없습니다. 반드시 믿음이 있어야 구원을 받을 수 있습니다.

믿음이 생기는 길은 아주 간단합니다. 로마서 10장 17절을 봅시다.

그러므로 믿음은 들음에 의해 오며 들음은 하나님의 말씀에 의해 *오느니라*.

믿음은 들음에 의해 옵니다. 들어야 설득을 당합니다. 들어야 인정이 됩니다. 들어야 동의가 됩니다. 들어야 인생을 '올인'하며 베팅을 할 수 있습니다. 그런데 이 들음은 반드시 하나님의 말씀에 의해서 옵니다. 그러니까 교회 강단에서는 하나님의 말씀만 전해야 합니다. 신문 잡지 소설 이야기 등은 아무리 많이 들어도 믿음을 주지 않습니다. 목사들이 강단에서 신문, 인터넷 이야기를 아무리 재미있게 해도 소용이 없습니다. 50분이면 50분, 40분이면 40분 설교 시간의 처음부터 끝까지 하나님의 말씀을 선포해야 합니다. 그 일을 위해 목사가 노력해야 합니다.

그러면 믿음의 대상은 무엇일까요? 잘 이해하시기 바랍니다. 믿음의 대상은 처음부터 끝까지 하나님이나 하나님의 말씀입니다.

그러면 왜 예수님을 믿어야 한다고 말할까요?

히브리서 11장으로 가서 믿음의 사람들 이야기를 자세히 살펴봅시다. 히브리서 11장에 나오는 첫 번째 믿음의 사람은 4절에 나오는 아벨입니다. 그다음에 나오는 사람은 에녹이고 그다음에 나오는 사람은 노아이며 그다음에 나오는 사람은 아브라함입니다.

이 사람들이 예수님을 믿었습니까? 아브라함이 어떻게 의롭다고 인정받았을까요? 의롭다고 인정받는다는 말은 구원받는다는 말입니다. 하나님의 본성에 참여하는 자가 된다는 말입니다. 창세기 15장 5-6절을 보겠습니다. 5절을 보면 아직 아브라함에게 아들이 없을 때에 하나님이 그를 데리고 밖으로 나가 말씀하십니다. "이제 하늘을 쳐다보고 네가 별들을 셀 수 있거든 세어 보라." 그리고는 그에게 말씀하셨습니다. "네 씨가 그와 같으리라." 바로 이때에 아브라함의 반응이 6절에 기록되어 있습니다.

아브람이 **주**를 믿으니 그분께서 그것을 그에게 의로 여기시며…

아브라함이 누구를 믿었습니까? 하나님을 믿었습니다. 하나님이나 하나님의 말씀을 믿었습니다. 아브라함이 예수님을 믿었습니까? 아닙니다.

구약 성경에 나와 있는 모든 의인들은 하나님이나 하나님의 말씀을 믿었습니다. 그런데 예수님이 오신 이후에는 하나님께서 자신의 아들 예수 그리스도를 믿으라고 이야기하십니다. 그래서 이 신약 시대에는 하나님이나 하나님의 말씀을 믿는 것이 예수 그리스도를 믿는 것과 똑같습니다. 그러므로 이제는 하나님은 믿는데 예수님은 못 믿는다고 하면 그것은 성경의 믿음이 아닙니다.

구약 시대의 믿음 즉 히브리서 11장에 있는 구약 사람들의 믿음과 신약 시대 사람들의 믿음이 같습니까, 다릅니까? 같습니다. 그 둘은 다 똑같은 믿음입니다. 로마서를 기록한 사람도 사도 바울이고 히브리서를 기록한 사람도 사도 바울입니다. 그런데 사도 바울은 두 서신서에서 "의인은 오직 믿음으로 구원받고 믿음으로 산다."고 말합니다. 에베소서를 기록한 사람도 사도 바울입니다. 그는 거기서도 오직 믿음으로만 된다고 이야기합니다.

그러므로 구약 시대나 신약 시대나 하나님이 요구하는 것은 동일한 믿음입니다. 그것은 하나님에 대한 믿음입니다. 하나님의 말씀에 대한 믿음입니다. 그런데 하나님의 말씀에 대한 믿음이 신약 시대에 와서 좀 더 확실하게 하나님의 아들 예수 그리스도를 믿는 것으로 구체화되었습니다.

히브리서 11장과 12장은 구약 시대 사람들의 믿음을 이야기합니다. 11장에서 사도 바울은 구약 시대 사람들의 믿음을 말하면서 이 땅에 살 때에는 세상적인 관점에서 잘 산 사람도 있고 잘 못산 사람도 있고 재물이 많은 사람도 있고 재물이 적은 사람도 있고 지식이 많은 사람도 있고 지식이 적은 사람도 있었지만 이 모든 사람들은 다 믿음으로 살았다고 말합니다. 그리고 나서 사도 바울은 12장 1절에서 다음과 같이 말합니다.

> 그러므로 이렇게 큰 구름 같은 증인들이 또한 우리를 둘러싸고 있으니 우리가 모든 무거운 것과 너무 쉽게 우리를 얽어매는 죄를 떨쳐 버리고 인내로 우리 앞에 놓여 있는 경주 길을 달려가며…

여기서 처음에 '그러므로'라는 말은 '구약 시대 사람들이 믿음으로 살았으므로'를 뜻합니다. 그리고 여기의 '우리'는 신약 시대 성도들을 뜻합니다. 따라서 그는 구약 시대 사람들이 믿음을 갖고 살았고 우리에게 이런 증인들의 역사가 있으니 우리도 그들처럼 그렇게 믿음으로 살자고 권면합니다.

그다음에 2절이 매우 중요합니다.

> 우리 믿음의 창시자요 또 완성자이신 예수님을 바라보자. 그분께서는 자기

앞에 놓인 기쁨으로 인해 수치를 멸시하시며 십자가를 견디셨고 하나님의 왕좌 오른쪽에 앉혀지셨느니라.

여기에는 예수님이 '우리의 믿음을 창시한 분'으로 나옵니다. 잘 이해하시기 바랍니다. 그러니까 이 말은 우리의 믿음 즉 신약 시대 성도들의 믿음을 만드신 분이 예수님이라는 것입니다. 또한 신약 시대 성도들의 믿음을 완성하실 분도 예수님이라는 것입니다.

그러면 예수님이 어떤 믿음을 가지셨을까요? 예수님도 믿음을 가지셨을까요? 그렇습니다. 예수님은 원래 하나님이시지만 이 세상에서 육신을 입고 사시는 동안에는 참 하나님이요, 참 사람으로 사셨습니다. 사람으로 사셨기 때문에 그분은 하나님께 기도하셨습니다. 우리처럼 믿음으로 기도하셨습니다.

예수님은 엄청난 형벌의 십자가를 바라보면서 "앞으로 이 십자가를 견딘 이후에 내게 주어질 영광의 소망이 심히 크다!"는 믿음을 가지고 그 수치를 이기고 나아가셨습니다. 즉 십자가의 고통과 수치를 당하신 예수님은 이 일 뒤에 아버지 하나님께서 자기에게 영광을 주시리라는 확고한 믿음을 가지셨습니다. 그래서 예수님은 이 땅에 사시는 동안 참 사람으로서 아버지 하나님께 기도를 드리면서 하나님을 온전히 신뢰하는 믿음을 가짐으로써 신약 시대 성도들의 믿음의 창시자가 되셨습니다. 또한 이분은 맨 마지막에 우리의 믿음을 완성해 주실 믿음의 완성자가 되십니다.

히브리서 11장은 구약 시대 성도들의 믿음을 보여 줍니다. 그런데 12장에서 신약 성도들의 믿음은 조금 더 구체화되었습니다. 신약 시대를 열기 위해 예수님은 이 땅에 사는 동안에 아버지 하나님을 굳게 믿고 나아가면서 하나님께서 십자가 이후에 주실 영광을 바라보고 자기 앞에 놓인 그 고통의 십자가를 달게 지셨습니다. 바로 이와 같은 소망과 영광의 믿음을 바로 우리 주 예수님이 열어 주셨고 그 예수님이 그것을 마감해 주십니다. 그래서 그분은 신약 시대에 사는 우리들의 믿음의 창시자가 되시고 우리들의 믿음의 완성자가 되십니다.

그래서 우리는 예수 그리스도의 믿음의 본을 따라 예수님 그분을 우리의 유일한 구원자요 왕이요 대언자요 대제사장으로 받아들이며 그분을 그런 존재로 인정하고 그분에게 순종합니다.

그러므로 기독교의 믿음은 결코 교리나 신조나 신앙 고백서를 믿는 것이 아닙니다. 우리 사람 편에서 그것은 예수 그리스도를 인격적으로 신뢰하는 것을 뜻합니다. 하지만 이 믿음의 원천은 예수님 바로 그분이십니다. 그분은 우리의 믿음의 창시자입니다. 그래서 그리스도인은 그리스도를 믿으면서(believe) 동시에 그분의 믿음(faith)으로 삽니다. 이것이 바로 기독교에서 이야기하는 믿음입니다.

내가 그리스도와 함께 십자가에 못 박혀 있으나 그럼에도 불구하고 사노라. 그러나 내가 아니요 그리스도께서 내 안에 사시느니라. 나는 지금 내가 육체 안에서 사는 삶을, 나를 사랑하사 나를 위해 자신을 주신 <u>하나님의 아들의 믿음으로 사노라</u>(갈2:20).

5. 믿음과 은혜

이제부터 믿음과 은혜의 관계를 말씀드리겠습니다. 그리스도인의 믿음은 어디서 올까요? 아는 데서 옵니다. 하나님을 아는 데서, 예수 그리스도를 아는 데서 옵니다. 우리의 믿음은 그냥 맹목적인 믿음이 아닙니다. 그래서 우리는 성경을 아는 것을 통해 하나님께 설득을 당해야 합니다. 그분의 말씀에 동의해야 하고 그분을 인정해야 합니다. 이렇게 믿음이 생기면 하나님이 우리에게 거저 은혜를 주십니다. 그래서 믿음은 하나님의 은혜를 받는 통로가 됩니다. 로마서 5장 1-2절을 보겠습니다.

그러므로 우리가 믿음으로 의롭다고 인정받아 우리 주 예수 그리스도를 통해 하나님과의 화평을 누리는도다. 우리가 또한 그분으로 말미암아 *지금* 우리가 서 있는 이 은혜에 믿음으로 들어감을 얻었고 하나님의 영광의 소망을 기뻐하느니라.

이 땅에 태어날 때 우리는 다 마귀의 자녀로 태어나 본질상 하나님의 진노의 대상입니다. 그런데 믿음을 통해 우리는 하나님 앞에서 순식간에 영원토록 의로운 사람이 되며 이로써 하나님과의 화평이 이루어집니다. 그래서 더 이상 하나님과 싸우는 존재가 아닙니다.

그리고 우리는 그분을 통해 지금 서 있는 이 은혜 안에 믿음으로 들어감을 얻습니다. 믿음으로 들어갑니다. 그러니까 우리가 누리는 모든 은혜 즉 하나님이 거저 주신 이 모든 은혜는 믿음을 통해서만 옵니다. 바로 이런 믿음을 통해 우리 행위와 상관없이 하나님의 전적인 은혜로 구원을 얻습니다. 그래서 이런 믿음이 없이는 아무도 죄들의 용서와 거룩한 삶을 살 수가 없다고 성경은 말합니다.

6. 믿음과 삶

믿음과 삶에 대해 잠깐 살펴보겠습니다. 이렇게 믿음으로 의롭게 된 자들만 믿음으로 살고 믿음으로 걸을 수 있습니다. 그러니까 믿음이야말로 그리스도인들의 삶의 원천입니다.

위에서 로마서를 보니 복음에는 하나님의 의가 믿음에서 믿음까지 계시되어 있다고 했습니다. 그러므로 의인이 되어 사는 방법은 시작도 믿음이요 중간도 믿음이요 끝도 믿음입니다. 즉 구원받을 때도 믿음, 성화가 되면서 이 세상을 사는 동안에도 믿음, 죽을 때도 믿음입니다. 이처럼 믿음은 우리 그리스도인들의 삶의 원천입니다. 그래서 믿음을 통해 우리가 세상과 육신과 마귀를 이기고 의의 왕관을 받습니다.

이 세상을 살다보면 우리가 다 사람의 몸을 입고 있기 때문에 예수님을 영접해서 새로운 사람이 돼도 우리 속사람이 원하는 대로 몸이 움직여 주지 않습니다. 즉 육체의 소욕을 이기고 주님이 원하는 대로 사는 것도 내 힘으로 안 됩니다. 그런데 예수님은 십자가를 내다보시면서 그 수치를 감당하셨습니다. 그 이유는 무엇일까요? 이것을 견디고 나면 하나님이 내게 주시는 영원한 영광이 있다는 것을 믿으셨기 때문입니다. 우리도 그분처럼 그렇게 하는 가운데 이 삶을 승리로 이끌 수 있습니다.

성경은 이런 믿음을 통해서 믿음의 선진들이 다 놀라운 일들을 이루었다고 이야기합니다. 그래서 참된 믿음은 그것의 열매로 인해 온 세상에 두루 알려집니다. 그러니까 믿음 있는 사람이 하는 일은 온 세상에 알려질 수밖에 없습니다.

고린도후서 8장을 보면 마케도니아 지방의 사람들이 많은 헌금을 한 이야기가 나옵니다.

> 형제들아, 또한 우리는 마케도니아 교회들에 주어진 하나님의 은혜를 너희에게 알리노라. 즉 고난의 큰 시련 속에서도 그들의 넘치는 기쁨과 극심한 가난이 그들로 하여금 풍성하고 너그러운 선물을 넘치도록 하게 하였느니라. 내가 증언하노니 그들이 자기 힘이 닿는 대로 *하였고* 참으로 자기 힘 이상으로 자원하여 하였으며…(고후8:1-3)

그들의 극심한 가난이 엄청나게 많은 헌금을 하게 했습니다. 이것은 참으로 큰 아이러니입니다. 헌금 이야기를 하니까 뭔가 좀 이상하게 생각하는 분들이 있는데 그럴 필요 없습니다. 지금 믿음 이야기를 하고 있습니다. 어떻게 그렇게 가난한 사람들이 그렇게 많은 헌금을 할 수 있었을까요? 사람의 머리로는 이해가 안 되지 않습니까? 그런데 무엇으로 이해할 수 있을까요? 믿음으로 이해할 수 있습니다. 믿음으로! 그래서 하나님은 믿음의 사람을 기뻐하십니다.

7. 믿음이 아닌 것

그러면 믿음이 아닌 것은 무엇일까요? 믿음은 우격다짐으로 믿어서 어떤 일이 일어나게 하는 신비한 능력이나 자기 확신 혹은 소원을 표현하는 것이 아닙니다. "주여 삼창합시다." 하고는 "주여, 주여, 주여!" 하고 세 번 외치고는 "백만 원 갖다 바쳤으니 하나님이 천만 원을 주실 줄로 믿습니다."라고 기도하는 것은 믿음이 아닙니다. 다시 한 번 말하지만 그것은 믿음이 아닙니다. 이해하시겠습니까? 그것은 우격다짐이지 믿음이 아닙니다.

한국의 그리스도인들 특히 오순절/은사주의 교회에 다니는 분들이 쉽게 빠지는 오류가 바로 이런 오류입니다. 그들은 이렇게 우격다짐으로 밀어붙이는 것을 믿음으로 생각합니다. 새벽 기도 집회에 가서 다니엘 21일 기도를 하고 일천번제를 작정하고 한 번 두 번 세 번 해서 결국 일천 번 제사를 드리면 하나님이 무언가를 해 주실 것으로 믿는 것은 맹신이고 우상 숭배이며 하나님이 원치 않는 가증한 일입니다. 그것은 하나님을 멸시하고 시험하는 일이지 믿음의 행위가 아닙니다.

잘 깨닫기 바랍니다. 내가 하나님을 위해서 무엇을 하면 하나님이 나를 위해서 무엇을 해 주신다는 것은 바로 이 세상 사람들이 믿는 종교요 우상 숭배입니다. 하나님은 그런 것을 원치 않습니다. 그분은 믿음의 삶을 원하십니다. 믿음의 삶! 이것을 기억하며 히브리서 11장을 객관적으로 한번 읽어 보시기 바랍니다. 그러면 믿음의 삶이 무엇인지 금세 알 수 있을 것입니다.

창세기 11장에 보면 사라 이야기가 나옵니다. 사라는 이미 주기적으로 나오는 멘스가 그쳤습니다. 그런데 사라가 믿음을 가졌습니다. 하나님이 함께하시면 내가 아이를 낳을 수 있다는 믿음 즉 육신으로는 불가능하지만 약속으로는 아들을 얻는 것이 가능하다는 믿음을 가졌습니다. 그래서 사라는 믿음의 사람이라고 성경은 기록했습니다. 이것은 실로 대단한 것입니다. 아기를 낳을 때도 믿음으로 낳습니다. 하나님이 그와 같은 믿음을 우리에게 요구하시는 때가 있습니다.

8. 믿음 요약

믿음은 스스로 존재할 수 없고 사랑처럼 반드시 어떤 대상을 향한 태도로서만 존재합니다. 대상이 있어야만 믿음이 형성됩니다. 그러므로 믿음은 어떤 대상에 대한 신뢰의 태도로서 그 대상이 반응하게 만드는 것입니다. 우리의 친구가 우리를 믿어 주면 얼마나 좋습니까? 큰 어려움을 당할 때에 다른 사람들은 다 안 믿어 주는데 어떤 친구가 우리를 믿어 주면 얼마나 좋습니까.

하나님도 똑같습니다. 우리가 "하나님을 믿습니다."라고 고백하면 "네가 나를 이렇게 믿는구나." 하고는 하나님이 우리에게 은혜를 베풀어 주십니다. 그것이 바로 기독교의 믿음이며 이 믿음은 언제나 '인격 대 인격'의 신뢰 관계를 뜻합니다. 그래서 바른 믿음은 교리나 신조나 구원 체계를 깨닫는 데서 오지 않고 예수 그리스도라는 인격체를 전적으로 알고 받아들이며 신뢰하는 데서 옵니다.

믿음이 효력이 있느냐 없느냐는 믿음의 대상에 의해 결정이 됩니다. 그러므로 믿음에서 가장 중요한 것은 내가 가지려고 하는 믿음이 아니라 믿음의 대상입니다. 우리 믿음의 대상은 하나님이나 하나님의 말씀입니다. 하나님의 경륜에 따라 신약 시대에서는 믿음의 대상이 좀 더 구체화되어 주 예수 그리스도밖에 없습니다.

예수님을 봤습니까? 예수님에 대해서 가르쳐 주는 것은 유일하게 성경 말씀뿐입니다. 그러니까 우리는 예수님이라는 인격체만을 믿고 좀 더 나아가서는 그 인격체가 어떤 분인가를 가르쳐 주는 하나님의 말씀만 믿습니다. 그래서 그리스도인의 믿음은 예수 그리스도에 대한 신뢰의 태도입니다. 이런 믿음의 소유자는 자신의 삶 속에서 그분께서 그분의 성품과 능력을 나타내시도록 허락합니다.

그러니까 다른 말로 하면 내가 예수님을 믿으면 더 이상 내 안에서 내가 살지 않고 예수님이 사십니다. 따라서 예수님을 위해 무엇을 하려고 하지 말고 예수님이 내 안에서 일을 하도록 맡겨야 합니다. 그것이 믿음의 삶입니다. 다시 말씀드리겠습니다. 내가 무엇을 하려고 하지 말고 내 속에 들어오신 예수님의 생명이 내 속에서 무언가를 하도록 나 자신을 내려놓는 것이 믿음의 삶입니다.

내가 그리스도와 함께 십자가에 못 박혀 있으나 그럼에도 불구하고 사노라. 그러나 내가 아니요 그리스도께서 내 안에 사시느니라. 나는 지금 내가 육체 안에서 사는 삶을, 나를 사랑하사 나를 위해 자신을 주신 하나님의 아들의 믿음으로 사노라(갈2:20).

5장

은혜

지금까지 우리는 회개와 믿음에 대해서 살펴보았습니다. 이제는 '은혜'(Grace)가 무엇인지 살펴보려고 합니다.

1. 은혜의 정의

은혜를 이야기하니까 아이 이름이 생각나지 않습니까? 한국 아이들은 특히 미국에 가면 '그레이스'(Grace)라는 이름을 많이 갖습니다. 그래서 교회에 가서 '그레이스' 하고 부르면 많은 아이들이 쳐다봅니다. '그레이스'는 참으로 좋은 말입니다.

그런데 이 은혜는 우리가 교회 갔다 오면서 "오늘 목사님 설교가 은혜가 되었습니다."라고 말할 때의 은혜와는 전혀 다릅니다. 성경이 말하는 은혜는 참 중요한 단어입니다. 그래서 성경에 가서 '그레이스'라는 단어를 성경 전체에서 찾아봤습니다. 그랬더니 그 단어는 성경에 170번 나왔습니다. 그레이스만 170번 나오고 '그레이스풀', '그레이셔스' 등을 다 찾으면 200번 이상 나올 것입니다.

은혜라는 단어는 창세기 6장 8절에 처음 나옵니다. 하나님께서 대홍수로 온 세상을 멸망시키려 할 때 노아라고 하는 의로운 사람을 찾으셨는데 이 장면에서 "노아는 하나님의 눈앞에서 은혜를 입었다."라고 기록되어 있습니다. 온 세상에 사는 모든 사람이 홍수로 말미암아 죽게 되는 가운데서 노아와 그의 가족들만 구원을 받았습니다. 성경은 그것을 은혜라고 이야기합니다. 성경의 맨 마지막 장 맨 마지막 절은 요한계시록 22장 21절입니다. 여기에는 "주 예수 그리스도의 은혜가 너희 모두와 함께 있기를 원하노라. 아멘."이라고 기록되어 있습니다. 성경은 맨 마지막에 예수님의 은혜를 언급하면서 끝납니다.

은혜는 한 마디로 '받을 자격이 없는 사람에게 거저 베푸시는 호의'라고 정의 내릴 수 있습니다. 특별히 기독교에서는 이 은혜가 그리스도를 통해서 옵니다. 그래서 하나님의 은혜를 다음과 같이 정의할 수도 있습니다.

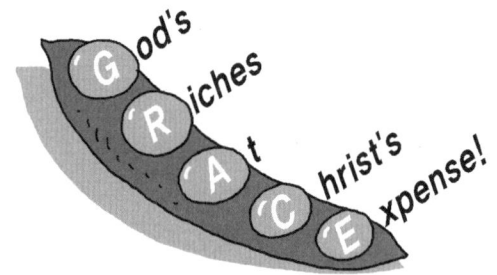

은혜: 그리스도의 희생으로 얻은 하나님의 부요함
(God's Riches At Christ's Expense)!

고린도후서 8장 9절은 이렇게 말합니다.

우리 주 예수 그리스도의 은혜를 너희가 알고 있는데 그분께서 부요하셨으나 너희를 위해 가난하게 되셨으니 이것은 *그분께서* 자신의 가난으로 말미암아 너희를 부요하게 하려 하심이라.

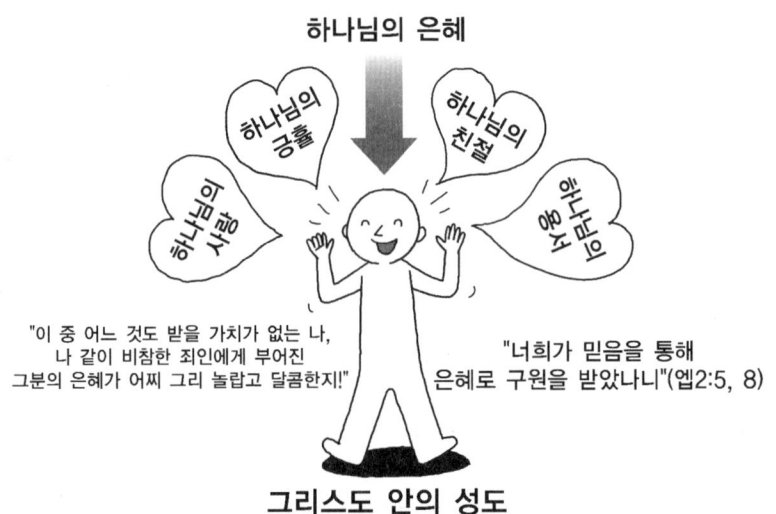

2. 세상 종교와 기독교: 은혜와 행위 시스템

위에서 저는 이 세상의 종교와 기독교는 여러 면에서 다르다고 했습니다. 믿음의 시스템 자체가 다릅니다. 이제 세상 종교의 특징을 하나 더 말씀드리겠습니다. 이 세상의 모든 종교에는 규율이 있습니다. 그래서 그것을 따라서 선행을 자꾸 쌓으면 나중에 천당이든 극락이든 간다고 그들은 생각합니다. 이 세상의 종교를 믿는 사람들의 마음에는 공통적으로 선행으로 악행을 보상하면 구원을 받는다는 생각이 있습니다. 즉 나중에 죽어서 심판자 앞에 가면 거기에 선행과 악행을 재는 저울이 있습니다. 그때에 심판자가 저울의 양쪽 끝에 선행과 악행을 올려놓습니다. 이때에 선행이 악행보다 많아서 저울이 선행 쪽으로 기울면 이 사람은 극락이나 천당에 간다고 그들은 믿습니다. 이 세상의 종교 시스템이 다 이것을 믿고 가르칩니다.

그런데 기독교는 이것들과 완전히 다릅니다. 기독교에서는 우리의 행위와 상관이 없이 하나님이 구원과 영생이라는 선물을 거저 주십니다. 그래서 기독교는 구원에 관한 한 믿음으로 되는가, 행위로 되는가의 문제에서 100% 믿음으로 되는 것을 가르칩니다. 행위는 사람의 구원에 일조하지 않습니다. 이런 시스템을 은혜 시스템이라고 합니다. 그래서 이제 성경 말씀을 통해서 은혜가 무엇인지 말씀드리도록 하겠습니다.

로마서 4장 1-5절을 한번 보도록 하겠습니다.

그러면 육체에 관한 한 우리 조상인 아브라함이 발견한 것에 대해 우리가 무슨 말을 하겠느냐? 만일 아브라함이 행위로 의롭다고 인정받았으면 그 일에 대하여 자랑할 것이 그에게 있겠지만 하나님 앞에서는 없느니라. 성경기록이 무어라고 말하느냐? 아브라함이 하나님을 믿으매 그것이 그에게 의로 여겨졌느니라, *하느니라*. 그런데 일하는 자에게는 품삯이 은혜로 여겨지지 아니하고 빚으로 여겨지지만 일하지 않더라도, 하나님의 뜻대로 살지 않는 자를 의롭다 하시는 분을 믿는 자에게는 그의 믿음이 의로 여겨지느니라.

예수님을 제대로 믿으려면 국어를 잘해야 됩니다. 즉 성경을 읽고는 성경이 무슨 말을 하는지 문맥을 잘 보고 문단의 대강을 잘 파악해야 합니다.

2절을 보니 "아브라함이 행위로 의롭다고 인정받았으면 그 일에 대하여 자랑할 것이 그에게 있겠지만 하나님 앞에서는 없다."고 되어 있습니다. 따라서 아브라함이 의롭다고 인정받은 것은 행위로 된 것이 아닙니다. 그리고 3절에 "아브라함이 하나님을 믿으매 그것이 그에게 의로 여겨졌다."는 말씀이 나옵니다. 그러면 그가 하나님을 믿은 것은 행위입니까, 아닙니까? 지금 저는 교리가 아니라 국어를 묻고 있습니다.

2절은 아브라함이 행위로 하나님 앞에 의롭다고 여겨지지 않았음을 보여줍니다. 그다음 절은 그가 하나님을 믿으니 그것이 그에게 의로 여겨졌다고 말합니다. 지금 이 대목은 아브라함이 구원받은 것을 말하고 있습니다. 아브라함은 하나님을 믿었습니다. 이렇게 그가 믿은 것은 행위입니까, 아닙니까? 칼빈주의 예정론을 믿는 많은 사람들은 '믿는 것도 행위'라고 이야기합니다. 즉 그들은 믿는 것도 사람이 믿는 것이므로 행위라고 이야기합니다. 그러나 하나님은 그렇게 말씀하시지 않습니다. 성경을 왜곡하면 안 됩니다.

사람이 하나님을 믿는 것은 행위가 아닙니다. 여기 성경에 분명히 그렇게 나와 있지 않습니까? 성경은 아브라함이 행위로 의롭다 인정받지 않았다고 이야기하면서 하나님을 믿으니까 그의 믿음이 그에게 의로 여겨졌다고 말합니다. 그러니까 하나님을 믿는 것은 행위가 아닙니다. 분명합니까?

그다음에 나오는 4, 5절은 누구나 다 아는 이야기입니다.

홍길동이라는 사람이 직장에 가서 열심히 일을 했습니다. 열심히 일했더니 사장님이 월말에 2백만 원의 월급을 주었습니다. 그러면 홍길동 씨는 그 월급을 보수로 생각할까요? 아니면 사장님이 주는 은혜로 생각할까요? 물론 보수로 생각할 것입니다. 왜 보수로 여길까요? 일을 했으니까 일을 하고 무언가 거기에 상응하는 것을 받았으면 그것은 더 이상 은혜가 아니기 때문입니다.

그러면 하나님 앞에서 우리가 구원을 받는 것도 보수가 아닙니다. 그것은 전적으로 거저 은혜로 주어집니다. 얼굴이 잘나고, 돈이 많고, 신학 공부를 많이 하고, 십일조를 열심히 죽을 때까지 하고, 30억 원을 건축 헌금으로 냈더니 하나님이 "너는 내 자녀다."라고 하시면서 구원과 영생을 주면 그것은 보수를 받은 것입니다. 은혜가 아닙니다. 그것은 내가 준 것을 다시 받는 것이 아닙니까? 이런 것은 다 보수입니다. 즉 빚 준 것을 다시 돌려받는 것입니다. 그러므로 이것은 은혜가 아닙니다.

은혜는 아무 일도 안 했는데 거저 받는 것입니다. 아이가 아무것도 안 했는데도 아빠가 만원을 주면서 "아들아, 정말 너 잘 커줘서 고맙다. 용돈하렴." 하면 이것은 빚일까요, 아빠가 거저 주는 선물일까요? 선물입니다.

바로 이런 선물이 은혜입니다. 아이가 아무것도 안 했는데 아빠가 "너 여태까지 이렇게 잘 자라주어서 고맙다." 하고 주는 것이 은혜입니다. 다시 강조하지만 아무것도 안 해도 주는 것이 은혜입니다. 내가 무엇을 했는데 누가 그 대가나 보수로 무엇을 주면 그것은 더 이상 은혜가 아닙니다.

다시 강조해서 말씀드립니다. 내가 무언가를 하니까 누가 보답으로 무엇을 내게 주면 그것은 은혜가 아닙니다. 로마서 11장 6절을 보겠습니다.

만일 그것이 은혜로 된 것이라면 더 이상 행위에서 난 것이 아니니 그렇지 않으면 은혜가 더 이상 은혜가 아니니라. 그러나 만일 그것이 행위에서 난 것이라면 더 이상 은혜가 아니니 그렇지 않으면 행위가 더 이상 행위가 아니니라.

이 말씀은 하나님이 우리에게 주시는 구원과 의롭다고 칭해 주시는 칭의, 우리를 자녀로 삼아 주신 것, 영원한 생명을 주시는 것 등과 같은 모든 것은 100% 하나님의 은혜로 되든지, 100% 행위로 되든지 둘 중 하나라고 말합니다. 그러니까 99%는 은혜로 되고 1%는 행위로 되는 법은 성경에 없습니다. 로마서 11장 6절에 따르면 행위면 100% 행위이고 은혜면 100% 은혜입니다. 50% 은혜, 50% 행위로 되거나 99% 행위, 1% 은혜로 되는 것은 하나님의 법에 없습니다. 성경은 하나님께서 이 구원의 선물을 100% 은혜로 준다고 말합니다.

그런데 일하는 자에게는 품삯이 은혜로 여겨지지 아니하고 빚으로 여겨지지만 일하지 않더라도, 하나님의 뜻대로 살지 않는 자를 의롭다 하시는 분을 믿는 자에게는 그의 믿음이 의로 여겨지느니라 (롬4:4-5).

비록 일을 하지 않아도 좋은 행위가 없어도 경건치 아니한 자, 하나님을 닮지 않은 자, 죄에 빠져 사는 사람 즉 죄인을 의롭다 하시는 분을 믿는 자에게는 하나님께서 그의 믿음을 의로 여겨 주십니다. 다시 말해 우리 행위와 상관없이 하나님은 거저 은혜로 우리에게 구원을 주십니다.

이것이 바로 이 세상 종교인들이 착각하거나 오해하는 것입니다. 그들은 예수님을 믿는 사람들이 왜 불교도들보다 선행을 못하느냐고 이야기합니다. 그때에 저는 "네. 그래서 저는 예수님을 믿습니다."라고 말합니다. 그 사람들의 종교 시스템은 선행을 많이 해서 나중에 선행이 악행보다 더 많아야 구원을 얻는 시스템입니다.

그런데 하나님이 우리에게 주시는 거룩함과 의는 그렇게 얻지 못합니다. 세상의 것들은 그렇게 얻을 수 있습니다. 그런데 하나님의 것은 그렇게 얻을 수 없습니다. 왜 그런지 보여 드리겠습니다. 개미와 사람이 다르듯이 하나님과 우리는 클래스가 다른 종류의 존재입니다. 개미의 일이 사람에게 무슨 소용이 있습니까? 마찬가지로 사람의 것을 가지고 아무리 노력을 해도 하나님께는 아무 소용이 없습니다. 개미들이 사는 동네에 사람이 지은 다리가 무너졌다고 생각해 봅시다. 개미들이 하는 일로는 그런 다리를 치우는 것이 불가능합니다. 아무리 노력을 해도 마찬가지입니다. 사람들에게는 죄라는 엄청난 규모의 다리가 무너져 내렸습니다. 그래서 아무리 사람이 노력해도 그 죄를 치울 수 없습니다. 그래서 이사야서 64장 6절에 나와 있는 것처럼 사람의 모든 의는 하나님 보시기에 더러운 걸레 조각과 같습니다.

그러나 우리는 다 부정한 물건 같고 우리의 모든 의는 더러운 누더기 같으며 우리는 다 잎사귀같이 시들므로 우리 불법들이 바람같이 우리를 몰아갔나이다.

사람이 쌓아 놓은 선행과 의는 하나님 보시기에 더러운 걸레와 같습니다. 마더 테레사든 교황이든 신부든 목사든 대통령이든 다 같습니다.

그런데 어른들에게는 이런 개념이 문제가 됩니다. 예를 들어 아이들에게 천 원을 주면서 빵을 사 먹으라고 하면 대개 순진하게 "고맙습니다." 하고는 은혜로 그것을 받고 아무 소리 안하고 가서 빵을 사 먹습니다. 그런데 어른에게 돈을 주면서 무엇을 하라고 하면 "왜 돈을 주십니까? 무엇을 바라십니까?" 등과 같은 말이 나옵니다. 그 이유는 어른이 되면 공짜로 주어지는 것은 없다는 사실에 이미 머리가 굳어졌기 때문입니다. 그래서 어른들은 거저 준다고 하면 무슨 다른 속셈이 있느냐고 자꾸 묻습니다.

예수님은 "너희가 회심하여 어린아이들과 같이 되지 아니하면 하늘의 왕국에 들어갈 수가 없다."고 하셨습니다(마18:3). 어린아이처럼 무엇을 주면 아무 생각 없이 "감사합니다." 하고 받아서 내 것으로 삼으면 아무것도 문제가 안 됩니다. 그러나 점점 나이가 들면서 사람이 성장하면 "이것을 내가 왜 거저 받지?"라고 생각합니다. 이 세상의 모든 시스템에는 거저 주는 것이 없기 때문입니다. 그래서 어른들은 나이가 들수록 구원받기가 어렵습니다. 거저 되는 것이 없는 시스템 속에서 1년, 2년, 10년 이렇게 살다 보니까 구원이 거저 이루어진다는 것을 믿기 어렵습니다. 그러므로 구원도 젊을 때 받는 것이 좋고 또 쉽습니다.

3. 은혜를 거저 얻는 이유

그러면 왜 구원을 거저 받는지 설명하겠습니다.

사람의 생명과 필수적으로 연관이 있는 것은 하나님이 다 거저 주십니다. 예를 들어 보겠습니다. 공기를 보기 바랍니다. 공기가 없이 5분이나 10분 지나면 모든 사람이 죽습니다. 10분 동안 숨 안 쉬고 살 사람이 있습니까? 그러면 돈 내고 공기 사 먹는 사람이 있습니까? 없습니다. 왜 그럴까요? 사람의 생명과 연관된 '너무 귀중한 것'은 100% 거저 주어집니다. 사람이 돈 내고 사 먹을 수 없습니다.

한번 잘 생각해 보기 바랍니다. 햇빛이 한 시간만 비치지 않으면 온 지구가 꽁꽁 얼어 모든 것이 죽습니다. 이 햇빛도 거저 받습니다. 우리 모두 어머니 뱃속에서 나왔습니다. 어머니 뱃속에서 나오면서 조금이라도 출생에 일조한 사람이 있습니까? 아무도 없습니다. 사람의 생명과 같이 너무 귀중한 것은 사람이 무엇을 해서 얻을 수 없습니다.

이 세상에서 우리는 보통 칠팔십 년을 삽니다. 이 짧은 기간 동안 생명을 유지하는 일도 하나님이 다 거저 해 주시는데 하물며 영원한 생명을 얻는 것

율법과 은혜

율법은 모세를 통해 왔고 은혜와 진리는 예수 그리스도를 통해 왔다(요1:17). 율법은 전적으로 이스라엘에게만 주어졌으며 그 대표적인 예가 안식일에 관한 법이다. 안식일은 결코 이방인들에게 주어진 것이 아니며 모세와의 언약의 표적으로 이스라엘에게만 주어진 것이다(출20:12; 19-21; 겔 20:12, 19-21). 율법은 결코 사람을 의롭게 하기 위해 주어진 것이 아니다. 왜냐하면 율법을 행함으로 그분 앞에서 의롭다 인정받을 육체는 하나도 없기 때문이다(롬3:20; 갈2:16). 율법은 죄가 무엇인지 사람들이 깨닫게 하려고 주어졌다(롬3:20). 유대인들의 일곱 명절이나 번제 헌물과 같은 의식법의 모든 예식과 의식은 예표로서 예수 그리스도를 가리킨다. 예수님이 오셔서 완전하게 율법을 이루셨으므로 이제 우리는 더 이상 율법 아래 있지 않다(롬10:4; 갈2:19). 반면에 은혜는 하나님의 선물로서 받을 만한 가치가 없는 자에게 거저 주어지는 그분의 긍휼이다(엡2:8-9). 은혜의 유일한 통로는 예수 그리스도이며(딛2:11) 은혜를 입기 위한 유일한 도구는 믿음이다(엡2:8).

율법: 너는 네 마음을 다하고 혼을 다하고 힘을 다하여 주 네 하나님을 사랑하라(신6:5).

은혜: 우리가 하나님을 사랑한 것이 아니라 그분께서 우리를 사랑하사 자신의 아들을 보내셔서 우리 죄들로 인한 화해 헌물이 되게 하신 것, 여기에 사랑이 있느니라(요일4:10).

율법	은혜
종(히3:5)	아들(히3:6)
네 신을 벗어라(출3:3-5)	네 신을 신어라(눅15:22)
행하라. 그러면 살리라(레18:5).	살라. 그리고 행하라(엡2:8-10).
거룩함을 요구함	거룩함을 줌
양이 목자를 위해 죽음	목자가 양을 위해 죽음
여러 번 드리는 수많은 짐승 희생물	한 번 드리는 영원한 희생물

〈율법과 은혜〉

즉 하나님의 아들딸이 되는 것, 천국 백성이 되는 것을 우리가 우리 힘으로 할 수 있겠습니까? 그런 귀중한 것을 돈이나 명예나 헌금이나 십일조로 살 수 있을까요? 없습니다. 이런 귀중한 일에는 우리의 행위가 하나도 도움이 안 됩니다. 인간의 모든 일은 더러운 누더기 걸레와 같습니다. 그러니까 다시 말씀드리지만 사람의 생명과 연관이 있는 필수 불가결한 요소는 하나님이 다 거저 주십니다. 이 세상의 생명도 그렇고 앞으로 우리에게 임할 영원한 생명도 그렇습니다.

그래서 하나님은 예수님도 거저 주십니다!

하나님의 은혜는 돈으로, 행위로 살 수 없습니다. 하나님의 사랑을 어떻게 삽니까? 사람이 살 수 없기 때문에 하나님이 거저 줄 수밖에 없습니다.

이런 것들을 청소년들과 이야기하면 풀이 죽는 아이들이 있습니다. 어른들이 죄를 짓듯이 청소년들도 죄를 짓습니다. 그래서 고민을 합니다. "목사님 그것이 맞긴 맞는데요. 그런데 분명히 맞음에도 불구하고 저는 또 죄를 지을 것입니다. 그러니 이것을 어떻게 합니까. 죄를 또 지으면 제 구원이 어떻게 됩니까?"

목사님에게 청소년 아이가 이렇게 심각하게 물으니까 그 목사님이 그 아이에게 대답했습니다. "그게 도대체 무슨 문제니?"

잘 깨닫기 바랍니다. 만일에 사람이 죄를 짓느냐, 안 짓느냐에 의해 하나님의 은혜가 거저 주어졌다가 다시 회수된다면 그것이 과연 은혜입니까? 아닙니다. 그것은 은혜가 아닙니다. 내가 죄를 짓느냐 안 짓느냐에 의해서 하나님이 거저로 주었던 것을 다시 빼앗아 가면 그것은 은혜가 아닙니다. 이해하시겠습니까?

그러니까 예수님을 믿는다는 것은 하나님의 약속을 믿는 것입니다. 그 은혜는 '내가 무엇을 하느냐, 하지 않느냐'에 상관이 없습니다. 내가 무엇을 하면 구원받은 것 같고 내가 무엇을 안 하면 구원받지 못한 것 같은 것은 우리의 감정입니다.

마귀는 종종 우리 사람이 가지고 있는 연약한 한계를 이용하여 자꾸 저와 여러분에게 하나님의 은혜가 거짓이라고 속삭입니다. 그러나 우리의 죄와 감정에 상관없이 하나님의 은혜는 여전하며 결코 변하지 않습니다. 그런 것들에 좌우되지 않습니다. 그것이 은혜입니다.

저와 여러분이 영원토록 사는 것이 구원이므로 이런 구원은 하나님이 거저 줄 수밖에 없습니다. 다른 방법으로 사람이 일을 해서 구원을 얻는다고 하면 그것은 이 세상 종교 시스템의 구원이요, 마귀가 가져다주는 허구의 구원입니다.

그러면 사람은 무엇을 해야 할까요?

아이가 아무것도 안했는데도 아빠가 "너 너무 착하다."고 하면서 돈을 주고는 새우깡을 사먹으라고 했습니다. 그런데 이 아이가 "저는 싫습니다." 하고 안 받으면 그 돈이 은혜의 선물이 될까요?

우리 예수님께서 이 세상의 모든 죄를 다 담당하시고 십자가에서 죽으셨습니다. 그래서 하나님은 이것을 통해 누구든지 아들을 믿으면 이 구원의 선물을 은혜로 주겠다고 공포하셨습니다. 누구든지 값없이 와서 선물을 받으라고 하셨습니다.

칼빈주의자들의 주장처럼 예수님은 구원받은 사람들만을 위해서 돌아가시지 않았습니다. 예수님은 이 세상 모든 사람의 죄를 위해서 돌아가셨습니다. 그런데 이 선물을 주시면서 거저 받으라고 하는데 "저는 싫습니다." 하고 죽을 때까지 버티면 하나님의 은혜가 실질적으로 그 사람에게는 은혜가 되지 않습니다.

그러니까 하나님이 다 베풀어 놨어도 사람이 "나는 싫습니다." 하고 자유 의지를 써서 그것을 거부하면 하나님은 그대로 두십니다. 하나님이 사람의 자유 의지를 꺾고 그 사람에게 강권적으로 저항할 수 없는 은혜를 가져다주시는 일은 성경에 한 번도 없습니다.

우리가 누구에게 가서 복음을 선포하고 예수 그리스도에 대해서 자세히 설명을 해 주었다고 생각합시다. 이 경우 상대방이 "제가 그것을 받아들이겠습니다." 하고 자신의 의지를 꺾고 "제가 믿겠습니다." 하고는 예수님을 자기 마음속에 받아들여야 그 사람에게 개인적으로 은혜가 효력을 발휘합니다.

지금 저는 어려운 이야기를 하지 않습니다. 그러니까 하나님이 이미 구원받을 자를 정해 놓고는 그 사람이 의지적으로 아무것도 안 해도 "결국 너는 구원받는다." 고 하는 일은 성경에 없습니다. 그것은 사람이 만들어 놓은 허구의 이야기입니다.

그러니까 하나님이 마련해 놓으신 은혜의 선물을 인지하고 또 형편없이 파산된 우리의 상태를 분명히 확인하며 하나님이 마련해 놓으신 길 즉 예수님 외에는 다른 길이 없다는 것을 확신하고는 "제가 졌습니다." 하고 우리 자신의 의지를 꺾고 하나님의 은혜에 '올인'하는 것이 바로 구원받는 길입니다. 이때에 의지적으로 예수님을 수용하는 일이 없으면 구원받는 일이 불가능합니다.

4. 은혜와 행위

이제 에베소서 2장 8-10절을 보겠습니다.

너희가 믿음을 통해 은혜로 구원을 받았나니 그것은 너희 자신에게서 난 것이 아니요 하나님의 선물이니라. 행위에서 난 것이 아니니 이것은 아무도 자랑하지 못하게 하려 함이라. 우리는 그분의 작품이요 그리스도 예수님 안에서 선한 행위를 하도록 창조된 자들이니라. 하나님께서 그 선한 행위를 미리 정하신 것은 우리가 그 행위 가운데서 걷게 하려 하심이니라.

예수님을 믿는 사람들은 선한 일을 안 해도 됩니까? 선한 행위가 없어도 됩니까?

안 됩니다. 구원받은 이후에는 반드시 선한 행위가 있어야 합니다.

위의 성경 말씀이 분명히 그렇게 말합니다. 예수님을 믿으면 믿지 않는 사람보다 더 많이 선한 행위를 해야 합니다. 최소한 이론적으로 그렇고 실제로도 그래야 합니다. 그런데 선한 행위를 왜 합니까? 구원받으려고 합니까? 아니면 구원받은 다음에 하나님의 자녀이므로 합니까?

세상의 모든 종교는 구원을 받기 위해서 선한 행위를 쌓아야 한다고 강조합니다. 그러나 우리는 하나님의 자녀가 되었기 때문에, 선하신 하나님이 원하시는 선한 행위를 하도록 명령을 받았기 때문에, 하나님의 선한 영이 우리 안에 들어 있기 때문에 자동으로 그 영의 인도에 따라 선한 일을 하게 됩니다. 하나님의 영의 인도에 따라 우리의 자유 의지를 굽히고 그분이 기뻐하시는 선한 행위를 하면 하나님과 사람 앞에 은혜와 긍휼을 베풀고 또 받을 수 있는 좋은 사람이 될 수 있습니다.

지금 기독교의 문제는 무엇입니까? 구원은 이야기하는데 선한 행위가 없습니다. 교회를 하려고 빌딩을 구하러 다녀 보면 잘 알 수 있습니다. 교회 한다고 하면 설레설레 머리를 흔들고 안 빌려 줍니다. 매일 새벽부터 록 음악을 하면서 꽝꽝대고 시끄러워서 교회가 들어오면 다른 사람들이 다른 층에 들어오지 않기 때문입니다. 교회가 있으면 주일에 교회 주변에 주차 대란이 생겨 주차할 수 없습니다. 그러면 최소한 다른 날은 교회 주차장을 열어 놔야 할 것 아닙니까? 그래야 사회봉사를 하는 것 아닙니까? 그런데 그렇게 하는 교회는 거의 없습니다.

구제를 하라고 예수님이 분명히 말씀을 했는데 교회들이 헌금의 얼마를 구제에 씁니까? 교회 주변의 가난한 사람들을 위해 밀가루 한 포대라도 나누어 주는 교회가 얼마나 됩니까? 그래서 세상 사람들에게 손가락질을 받습니다.

제가 말씀드리려는 요지는 올바른 그리스도인과 올바른 그리스도인들이 모여 있는 교회는 그렇게 하면 안 된다는 것입니다. 그리스도의 영이 제대로 박혀 있으면 그 사람은 선한 행위를 할 수밖에 없습니다. 그렇게 하도록 창조되었기 때문입니다(엡2:8-10).

우리는 주변에 있는 사람들에게 칭송을 받고 호의를 받도록 하나님이 창조하신 자들입니다. 그러므로 우리 자신이 구원받고 구원의 감격으로 인해 기뻐서 주변에 있는 사람들에게 우리의 선한 행실을 통해서 예수 그리스도를 선포할 수 있어야 합니다.

"교회 다니는 사람이 더 나빠서 나는 교회에 안 갑니다."라고 말하면서 교회를 아주 미워하는 분도 굉장히 많습니다. 그런데 원래는 그렇지 않습니다. 그렇게 되어서도 안 됩니다. 다만 사람이 잘못해서 그런 것입니다. 그리스도인들이 잘못해서 오해가 생기고 또 교회가 제대로 가르치지 않기 때문에 이런 말이 나옵니다. 원래 예수님의 복음에는 그렇게 되어 있지 않습니다.

  구원받을 때에는 우리의 행위가 조금도 도움이 되지 않습니다. 우리의 행위로는 구원받지 못합니다. 오직 하나님의 은혜로 믿음으로 구원을 받습니다. 그러나 구원받은 이후에는 내 주변의 모든 이웃을 향해서 선한 행위를 하라고 하나님이 명령하셨기 때문에 그것을 하는 것이 그리스도인의 마땅한 의무입니다. 또 그것이 교회가 반드시 해야 할 책임입니다.

6장

구원 패키지

교회에 다니면서 구원받아야 된다고 해서 구원받았는데 교회를 옮겼더니 그 교회는 구원받는 것을 다른 식으로 이야기하는 경우가 있습니다. 어디서는 영접해야 한다고 하고 어디서는 칭의를 받아야 한다고 합니다. 또 어떤 사람들은 영존하는 생명을 얻는 것이 구원이라고 합니다. 그러면 구원이 교회마다 다를까요?

1. 구원 패키지

예수님을 믿는 이유는 영원히 살기 위함입니다. 그것을 짧게 '영생'(Eternal life)이라고 합니다. 짧게는 영생, 길게는 영원한 생명, 영존하는 생명이라고 합니다. 킹제임스 영어 성경에는 '이터널 라이프'(Eternal life)가 있고 '에버래스팅 라이프'(Everlasting life)가 있습니다. '이터널 라이프'는 이 세상 삶과는 비교가 안 되는 천상의 삶을 이야기합니다.

이 세상에서의 삶은 칠팔십 년이면 끝납니다. 그래서 이생의 삶은 잠정적입니다. 반면에 하나님이 주시는 삶은 잠정적이지 않고 영원히 존재합니다. 그래서 이것은 영어로 '에버래스팅 라이프' 즉 '영존하는 생명'이라고 말합니다. 계속해서 가도 가도 끝이 안 나는 것이 '에버래스팅'입니다. 그래서 영존하는 기간을 표현할 때 성경은 '에버래스팅 라이프'라고 말합니다.

우리 예수님은 '이터널 라이프'를 우리에게 주시고 또 '에버래스팅 라이프'를 주셨습니다. 성경에 그렇게 되어 있습니다. 그러니까 예수님을 믿는 가장 큰 이유는 '영존하는 생명, 영원한 생명' 즉 영생을 얻는 것입니다.

> 모세가 광야에서 뱀을 든 것같이 그렇게 사람의 아들도 반드시 들려야 하리니 이것은 누구든지 그를 믿는 자는 멸망하지 아니하고 <u>영원한 생명</u>을 얻게 하려 함이니라. 하나님께서 세상을 이처럼 사랑하사 자신의 독생자를 주셨으니 이것은 누구든지 그를 믿는 자는 멸망하지 아니하고 <u>영존하는 생명</u>을 얻게 하려 하심이라(요3:14-16).

얼마나 멋있습니까! 이것이 바로 킹제임스 성경의 아름다움입니다. 다른 데서는 찾기 어렵습니다. 하나님은 우리에게 '영존하는 생명'과 '영원한 생명'을 주십니다.

그런데 하나님은 영생의 구원을 패키지로 주십니다. 영생의 구원 패키지 안에는 여러 가지가 들어 있습니다. 구원은 죄에서 사망에서 구출해 내는 것입니다. 그러니까 영원한 생명을 얻으면 당연히 구원이 따라옵니다.

이제 '칭의'(Justification)를 말씀드리겠습니다. 하나님 앞에 아들딸로 서서 하나님과 교제할 수 있는 신분을 가지려면 하나님이 의롭다고 칭해 주는 법정 선언을 일생에 한 차례 받아야 합니다. 그런데 구원을 받고 영원한 생명을 얻으면 이런 칭의(稱義)가 자동으로 따라옵니다. 그러니까 구원 따로 칭의 따로 영원한 생명 따로가 아니고 하나님 편에서 우리에게 영원한 생명을 주실 때에는 자동으로 칭의가 따라옵니다.

그다음에 '성화'(Sanctification)가 따라옵니다. 구원받으면 그리스도의 영이 우리 안에 들어옵니다. 왜 돼지가 진창에서 뒹굽니까? 돼지의 생명이 그 안에 있기 때문입니다. 그래서 잘 닦아 놔도 그다음 날 보면 또 진창에서 뒹굽니다. 또 닦아 줍니다. 그래도 소용이 없습니다. 또 뒹굽니다. 돼지의 '생명'(Life) 때문입니다. 그래서 돼지의 '삶'(Life)이 나옵니다. 돼지는 다른 삶을 살 수가 없습니다. 'Life'(생명)에서 'Life'(삶)가 나옵니다.

예수님을 믿으면 예수님의 생명이 우리 안에 쑥 들어옵니다. 그러면 무엇이 나타날까요? 예수님의 삶이 나타납니다. 그러니까 예수님을 믿었는데 돼지의 행위가 나타나면 무언가가 잘못된 것입니다. 예수님을 믿으면 예수님의 생명이 들어가므로 예수님의 삶의 일들이 점점 더 많이 나옵니다. 그렇게 되니까 날이 갈수록 시간이 지날수록 그 사람은 점점 더 예수님을 닮는 사람으로 바뀝니다. 바뀌지 않으려 해도 안 바뀔 수가 없습니다. 그것이 성화입니다. 이 성화도 하나님이 영생을 얻을 때 주는 패키지의 하나입니다.

예전에는 "내가 하고 싶다." 혹은 "안 하고 싶다."에 따라 삶이 변했습니다. 그런데 하나님의 영이 들어온 이후로는 그분께서 "너 그것 하면 안 된다. 그것은 죄다."라고 하면서 자꾸 찌르므로 견딜 수가 없습니다. 옛날에 예수님을 믿기 전에는 어떤 나쁜 일을 해도 아무 의식이 없었는데 예수님을 믿은 뒤 그분의 생명이 들어와 "그 일을 하지 말아라."고 하시면 두려워서 하지 않게 됩니다. 그래서 점점 더 거룩한 생활을 하게 됩니다. 이것을 성화라고 합니다.

그다음에 '양자 삼으심'(Adoption)이 있습니다. 예수님도 하나님의 아들이고 우리도 하나님의 아들입니다. 그런데 무슨 차이가 있습니까? 우리는 양자입니다. 아시겠죠? 양자도 아들이므로 하나님이 상속을 주십니다. 그래서 우리는 그리스도 예수님과 공동 상속자가 됩니다. 그러므로 양자가 되어 예수님과 공동 상속자가 되는 영광을 받는 것도 구원의 패키지 선물 중 하나입니다.

구원받으니까 양자도 되고 의롭다는 판결도 받고 성화도 됩니다.

또한 '구속받는 일'(Redemption)이 있습니다. 이전에는 우리가 옛사람의 습관에 매여 마귀의 종노릇을 했습니다. 그런데 예수님이 희생을 치르고 우리를 거기서 빼냈습니다. 딱지치기 하다가 딱지를 다 잃으면 얼마 줄 테니까 도로 물러 달라고 하지 않습니까? 그러면 저쪽 아이가 돈을 받고 물러 줍니다. 이렇게 무르는 것을 구속이라고 합니다. 마찬가지로 우리는 예수님의 희생으로 구속받은 사람들입니다.

이런 상태에서 맨 마지막에 가면 '영화롭게 되는 일'(Glorification)이 있습니다. 저와 여러분은 칠팔십 년 사는 동안에 머리가 하얗게 변하고 몸이 쪼그라들면서 인생이 초라하게 바뀝니다. 왜 그럴까요? 아직 영화로운 몸을 아직 입지 않아서 그렇습니다. 인생은 누구나 다 똑같습니다. 다 이렇게 쪼그라듭니다. 그런데 나중에 우리는 영화로운 몸을 입고 예수님과 같이 된다고 성경은 기록합니다.

우리의 생활 방식은 하늘에 있으며 또한 거기로부터 *오실* 구원자 주 예수 그리스도를 우리가 기다리고 있는데 그분께서는 참으로 모든 것을 자기에게 복종시킬 수 있는 능력을 써서 그 능력대로 우리의 천한 몸을 변화시켜 자신의 영광스러운 몸과 같게 만드시리라(빌3:20-21).

부활하신 예수님처럼 우리 몸이 그렇게 아름답게 변화가 됩니다. 그렇게 돼야 하나님과 영원히 사귈 수 있습니다. 이것을 영화라고 합니다.

또 성화를 이루려면 구원받을 때의 성령님의 침례 외에 성령 충만이 있어야 합니다. 또 구원의 영원한 안전 보장도 있습니다.

그런데 이런 모든 것이 우리가 영원한 생명을 얻을 때에 다 패키지로 통째로 거저 주어집니다. 그러니까 영원한 생명을 얻을 때에 하나님은 영생 외에도 이런 모든 것을 한 패키지 안에, 한 박스 안에 몽땅 담아서 주십니다.

그런데 어느 교회에 가면 특별히 성화를 더 강조하고, 어느 교회에 가면 특별히 칭의를 더 강조하고, 어느 교회에 가면 특별히 성령 충만을 더 강조합니다. 이러다 보니 교회를 옮기면 교회마다 강조점이 조금 다르므로 "나는 구원 못 받았나?" 하고 생각할 수 있습니다.

사람은 이 모든 것을 다 이해하지 못해도 됩니다. 우리가 영존하는 생명 즉 그리스도의 생명만 받으면 나머지는 다 자동으로 오게 되어 있습니다. 그것을 구원의 패키지라고 말합니다.

2. 구원의 복음

제가 창세기부터 계시록까지 다 이해해야 구원받는다고 선포한 적이 있습니까? 어떻게 해야 구원을 받는다고 했습니까? 아니면 무엇을 믿어야 구원을 받는다고 했습니까? 예수 그리스도의 복음을 믿어야만 한다고 했습니다.

로마서 1장 16절을 다시 한 번 보겠습니다.

내가 그리스도의 복음을 부끄러워하지 아니하노니 이는 그 복음이 믿는 모든 자에게 구원을 주시는 하나님의 권능이기 때문이라.

권능이란 말은 영어로 '파워'(Power)입니다. 예수님의 복음이 파워입니다. 성경 말씀 안에 있는 모든 것은 진리입니다. 그런데 그 모든 것이 다 복음은 아닙니다. 이제부터 무엇이 복음인지 말씀드리겠습니다.

첫째로 복음에는 반드시 하나님은 공의로운 분이라 죄를 미워하신다는 사실이 들어가야 합니다. 하나님은 죄를 미워하시고 죄를 심판하신다는 것이 들어가야 복음입니다.

둘째로 사람은 하나님 앞에 다 죄인이라는 사실이 분명하게 들어가야 합니다.

셋째로 하나님이 마련해주신 예수 그리스도 외에는 다른 방법이 없다는 것이 반드시 포함돼야 합니다. 그 예수님이 저와 여러분을 대신해서 십자가에서 죽으시고 피를 흘리시고 사흘 동안 땅에 묻히셨다가 사망 권세를 이기시고 부활하셨다는 것이 반드시 제시되어야 합니다. 그래서 누구든지 이 예수님을 믿기만 하면 은혜를 통해 믿음으로 거저 하나님의 선물인 구원이 주어진다고 제시되어야 합니다. 그것이 참 복음입니다.

그러면 열왕기상, 열왕기하 등의 구약 성경에서 이와 같은 복음을 발견할 수 있을까요? 없습니다. 그러면 왜 읽습니까? 모든 성경기록은 우리의 배움을 위하여 기록되었기 때문입니다(롬15:4). 그래서 이것들을 읽으면 우리가 성경기록들이 주는 인내와 위로를 통해 소망을 가질 수 있습니다. 이런 이유로 열왕기도 읽고 역대기도 읽고 사무엘기도 읽고 잠언도 읽으면서 그것들이 주는 인내와 위로를 통해서 소망을 갖습니다. 이런 말씀들은 일차적으로 구원을 받기 위해 읽는 것이 아니라 교훈을 얻고 위로를 얻으려고 읽습니다.

그러면 구원을 받으려면 어디를 읽어야 될까요? 복음이 제시된 신약 성경을 읽어야 합니다. 특히 사도 바울의 서신서를 읽어야 합니다. 사람에게 구원을 가져다주는 것은 예수 그리스도의 복음이기 때문에 이 책에서 우리는 열왕기나 잠언, 아가서 등을 이야기하지 않습니다. 오직 그리스도의 복음만 이야기합니다.

성경에 있는 모든 것은 진리지만 그 모든 것이 다 복음은 아닙니다. 따라서 성도의 성화에 대한 성경기록은 진리지만 그것은 사람을 구원하는 복음이 아닙니다. 그러므로 우리가 성경의 이 모든 진리를 이해하지 못해도 예수 그리스도의 복음만 잘 이해하면 하나님이 구원을 주십니다. 영원한 생명과 함께 위에서 언급한 여러 가지 선물을 패키지로 주십니다.

어떤 사람이 비행기 타고 미국에 가려 하면서 "비행기가 어떻게 생겼는지, 그 안의 수많은 부속들이 어떻게 만들어졌는지 다 알기 전에는 안 가겠다."라고 작정하면 그 사람은 평생 가도 미국에 못 갑니다. 어떻게 해야 갈 수 있습니까? 이것만 타면 내가 미국에 갈 수 있다는 믿음을 가지면 갈 수 있습니다. 비행기의 구조를 다 몰라도 갑니다. 그것이 믿음입니다.

그래서 믿음으로 구원받아 "응애!" 하고 엄마 배 속에서 나오면 그다음부터 양식을 먹으면서 점점 장성한 사람이 됩니다. 엄마 배 속에서 다 큰 다음에 나오려면 배가 터져서 안 됩니다. 불가능합니다. 그러니까 가장 중요한 것은 배 속에서 나오는 것입니다. 일단 나와야 합니다. 그래야 엄마 젖을 먹고 자랄 수 있습니다. 엄마 배 속에서 다 큰 다음에 나오려 하는 것은 난센스입니다.

3. 구원의 세 단계

이제부터 구원의 세 단계를 살펴보겠습니다. 어떤 분은 "그게 무슨 소리요!"라고 말할 것입니다. 잘 이해하시기 바랍니다. 보통 우리가 이야기하는 구원은 과거에 이루어진 구원입니다. 특별한 말이 없는 한 우리가 언급하는 구원은 항상 과거의 구원입니다. 과거의 구원이란 예수님을 내 주님이요 구원자로 신뢰했을 때 바로 그 순간에 '죄의 형벌'(Punishment of sin)로부터 영원히 단번에 구출받는 것을 뜻합니다. 그러면 구원받은 사람에게 구원은 이미 과거에 일어난 사건입니다.

그런데 구원 이후에도 우리가 죄악의 몸을 가지고 살므로 죄를 짓습니다. 물론 그럼에도 불구하고 하나님이 우리를 의롭다고 선언해 주셨기 때문에 하나님 앞에서는 영원토록 의인이 되었습니다. 이것을 하나님 앞에서의 '위치적 구원'(Positional salvation) 혹은 '신분상의 구원'이라 부릅니다.

신분 면에서 구원받은 사람은 이미 과거에 하나님 앞에서 의인이 되었습니다. 그래서 대부분의 교회에서 구원받으라고 할 때의 구원은 이와 같이 하나님 앞에서 위치적으로 신분 면에서 의인이 되는 구원을 말합니다.

그런데 구원받은 이후에도 삶을 살다 보면 죄의 유혹이 있습니다. 죄가 아주 큰 능력을 가지고 접근합니다. 그래서 대부분의 성도들도 종종 넘어집니다. 따라서 구원받은 이후에도 하나님을 신뢰하고 성령님께 우리 자신을 내어맡김으로 '죄의 권능'(Power of sin)으로부터 구출받는 일이 죽을 때까지 매일매일의 삶에서 발생합니다. 이것을 우리는 또 다른 말로 성화라고 합니다. 이것은 현재 시점에서 죄의 힘으로부터 구원받는 것입니다. 즉 죄의 권능으로부터 벗어나는 구원은 매일매일 성도들의 삶에서 일어납니다.

그리고 최종적으로 미래에는 아예 '죄의 존재'(Presence of sin)로부터 영원히 구원받는 일이 발생합니다. 즉 우리가 아예 죄가 없는 곳에 가서 살게 됩니다. 이것은 미래에 이루어질 최종적인 구원입니다. 혹은 절대적인 구원입니다.

그래서 구원의 세 요소를 세 단계로 이야기하면 이렇습니다. 먼저 칭의가 있습니다. 칭의는 구원받는 순간 영원토록 이미 이루어진 것입니다. 그다음에는 성화가 있습니다. 이것은 사는 동안 매일 매순간 우리가 이루어야 할 구원입니다. 그다음에 셋째로 미래에 우리 몸이 영화롭게 변화돼서 하나님의 존전에 가서 거하는 일이 생깁니다. 그때에는 죄가 전혀 없습니다. 유혹이 전혀 없습니다. 이로써 우리가 예수님과 같이 영원한 몸, 영존하는 몸을 입게 되면 절대적인 구원을 받게 됩니다. 이것을 '영화'(Glorification)라고 말합니다.

4. 구원의 안전 보장

이제부터는 구원의 안전 보장과 확신에 대해서 말씀드리겠습니다. 어떤 사람이 구원을 받았습니다. 구원의 모든 원리를 이해하고 "아 정말 나는 죽을 수밖에 없는 죄인이구나!"라고 뼈저리게 느끼면서 하나님이 마련해 놓으신 예수 그리스도 외에는 다른 길이 없다는 것을 알게 되었습니다. 그래서 "아멘!" 하고 예수님을 마음속에 영접했고 성경 말씀을 통해 구원의 확신을 가졌습니다. 그러면 마귀가 이 사람을 그냥 둘까요? 우리의 옛사람이 그냥 둘까요? 그냥 두지 않습니다.

구원받기 전에는 우리 안에 원숭이 하나만 살았습니다. 이것은 우리의 자아입니다. 옛사람입니다. 이것이 우리를 죄악으로 이끌면서 못살게 굴었습니다. 그런데 구원받은 이후에는 거룩한 존재 즉 새사람이라고 하는 존재가 우리 속에 들어와 삽니다. 그러니까 구원받은 것은 구원받은 이후에 죄로 인한 갈등이 증폭되느냐, 증폭되지 않느냐를 통해 어느 정도 알 수 있습니다. 갈등의 삶이 시작되면 구원받은 징조로 볼 수 있습니다.

이 두 사람이 매일 우리 속에서 싸웁니다. 죄를 보면 옛날의 원숭이는 "그래 많이 많이 해라. 얼마나 좋으니!" 하면서 우리를 부추깁니다. 그런데 성령님으로 말미암은 새사람은 "너는 구원받은 사람이다. 그런데 어떻게 죄를 자꾸 지을 수 있니? 그것은 하나님이 미워하신다."라고 말합니다. 그래서 매일 죄로 인한 갈등이 증폭이 됩니다.

옛날엔 큰 죄를 지어야만 "죄를 지었구나!"라고 생각했고 양심의 가책을 조금 느꼈습니다. 그런데 구원받고 나니까 아주 작은 죄를 지어도 양심이 자꾸 찌릅니다. 날이 갈수록 우리 속에서 "너 왜 그런 걸 했니? 다음부터는 하지 말아라."라는 말이 강하게 들립니다. 그러니까 어려움이 발생합니다. 이럴 때 우리의 옛사람인 이 원숭이를 자꾸 발로 밟아서 눌러야 합니다. 이 원숭이가 자꾸 튀어나오게 하면 육적인 그리스도인이 되고 맙니다. 구원은 받았지만 옛사람의 방법대로 사는 그리스도인이 되고 맙니다.

옛사람이 스프링처럼 자꾸 튀어 올라옵니다. 저도 마찬가지입니다. 딴 사람 이야기하는 것이 아닙니다. 그때마다 이것을 자꾸 밟아서 눌러야 합니다. 원숭이를 밟아서 튀어나오지 못하게 하고 새사람에게 자꾸 먹을 것을 줘서 계속해서 양육해야 합니다.

이처럼 구원받은 이후에도 우리는 죄를 짓습니다. 그러면 죄를 지으면 구원을 잃어버릴까요? 결코 아닙니다. 구원받는 것은 하나님과 우리가 부자지간의 '관계'(Relationship)를 맺는 것입니다. 이전에 이 땅에서 엄마 배 속에서 나올 때는 본질상 누구나 다 마귀의 자녀로 나옵니다. 좀 죄송한 이야기지만 구원받지 못한 사람들은 성경에 따라 다 마귀의 자녀들입니다. 구원받지 못한 이 세상의 모든 사람은 아무리 선하다 해도 본질상 진노의 자녀요 마귀의 자녀라고 성경이 이야기합니다. 그러니까 그런 사람들은 마귀와 부자지간의 관계를 맺고 있습니다. 더 쉬운 말로 하면 이런 사람의 아버지는 사탄 마귀입니다.

그런데 예수님을 신뢰하고 난 다음에는 관계가 싹 바뀝니다. 마귀의 왕국에서 하나님의 왕국으로 옮겨져서 하나님의 아들딸로 신분의 변화가 생깁니다. 아이들이 엄마 아빠한테 잘못을 범했습니다. 그러면 엄마 아빠가 무섭게 느껴지고 만나기가 두려워집니다. 그래서 엄마 아빠를 만나는 일이 반갑지 않고 만남이 조금 서먹서먹해집니다. 왜 그렇습니까? 잘못했기 때문에 그렇습니다.

이것은 '교제'(Fellowship)에 문제가 생겼음을 보여 줍니다. 부모자식 간에 교제가 잘 안 되는 것을 뜻합니다. 왜 그렇습니까? 죄가 있기 때문에 그렇습니다. 자식이 잘못을 범했으므로 교제가 잘 안되는 것입니다.

어떤 어머니가 아들을 낳았습니다. 그런데 그 아들이 흉악범이 돼서 살인을 저지르고 지금 감옥에 갇혀 있습니다. 그러면 이 아들은 여전히 그 엄마의 아들입니까, 아닙니까? 아들입니다. 그런데 교제가 거의 다 끊어졌습니다.

하나님과 구원받은 사람들의 관계와 교제도 마찬가지입니다. 구원받은 이후에 우리 안에 새사람이 형성이 돼서 성령님이 죄를 짓지 말라고 우리에게 이야기하는데 우리가 그것을 자꾸 무시하고 옛사람을 좇으면 하나님과의 교제가 끊어집니다.

하나님을 피해 도망가고 싶습니다. 우리 양심이 벌써 알고 있습니다. 교회에 가기 싫습니다. 목사나 성도들을 만나기가 두려워집니다. 그래서 교회도 안 가게 되고, 예수님을 믿는 사람들도 점점 만나기가 싫어집니다. 왜 그럴까요? 죄를 지었기 때문에 그렇습니다.

아이들이 죄를 지으면 어떻게 합니까? 결국 엄마 아빠에게 나아가 "제가 잘못했습니다."라고 고백을 하고 용서를 구합니다. 그러면 엄마 아빠가 거기에 상응하는 벌을 준 뒤에 "다음부턴 잘 해라."고 말합니다. 이로써 다시 교제가 회복됩니다. 그래서 다음부터는 엄마 아빠를 만나도 무서워서 벌벌 떨지 않습니다.

저는 제 아이들에게 그렇게 합니다. 아이들은 엄마 아빠에게 야단맞은 것을 평생 동안 머릿속에 간직하지 않습니다. 매를 맞았어도 며칠 지나면 다 잊어버립니다. 부모도 마찬가지입니다. 평생 동안 아이의 죄를 기억하고 늘 아이를 겁주는 부모는 없을 것입니다. 용서하고 벌을 주어서 바른 길로 가게 하고는 다 잊어버립니다.

그러니까 우리도 우리의 아버지이신 하나님께 그렇게 해야 합니다. 우리가 우리의 죄를 자백을 하면 그분은 모든 것을 용서하십니다.

만일 우리가 우리 죄들을 자백하면 그분께서는 신실하시고 의로우사 우리 죄들을 용서하시며 모든 불의에서 우리를 깨끗하게 하시느니라(요일1:9).

그래서 믿는 사람도 '리펜트'해야 합니다. 회개를 하면서 뜻을 돌이켜 하나님께로 돌아서면 하나님은 신실하시고 의로우셔서 우리의 모든 죄들에서 우리를 깨끗하게 하십니다. 성경이 그렇게 이야기를 합니다. 그러니까 아무리 큰 죄를 지어도 성경적으로는 하나님의 아들딸이 되는 관계에서 벗어나는 일은 생기지 않습니다.

그러면 우리가 계속해서 죄를 지을 수 있을까요? 없습니다. 로마서 6장 1-2절을 보겠습니다.

그러면 우리가 무슨 말을 하겠느냐? 은혜가 넘치게 하려고 우리가 죄 가운데 거하겠느냐? 결코 그럴 수 없느니라. 죄를 향해 죽은 우리가 어찌 그 가운데서 더 살겠느냐?

요즘 교회에서는 간증 집회를 많이 합니다. 간증 집회에 나오는 사람들은 다 과거에 죄로 유명했던 사람들입니다. 그렇지 않은 사람의 간증은 없습니다. "옛날에 제가 사악한 죄를 많이 지었는데 하나님께서 이렇게 저렇게 해서 저를 구원해 주셨습니다."라고 하면 "와 정말 대단하구나!" 하면서 대부분의 그리스도인들이 그런 간증에 감동을 받습니다. 그러면서 한편으로는 주눅 들면서 "나는 그런 죄를 한 번도 지은 적이 없는데 그러면 저렇게 죄를 꼭 지어야만 구원받나?'라고 생각하는 사람들도 많습니다.

사실 이런 종류의 간증은 거의 다 "과거에는 제가 사악한 죄를 지었지만 어떤 계기로 인해 지금은 하나님의 은혜로 새사람이 되었습니다."라는 내용입니다. 그런데 이런 간증 집회는 그 결과가 좋지 않을 때가 많습니다. 잘 이해하시기 바랍니다. 진짜 좋은 간증은 "제가 별 죄를 짓지 않았는데도 하나님의 은혜를 느껴서 하나님의 은혜로 말미암아 구원받았습니다."라는 것입니다. 이 사람이 많은 죄를 짓고 용서받은 사람보다 하나님 앞에 더 좋은 사람입니다. 죄를 짓는 것은 크고 작은 못들을 나무에 박는 것과 같습니다. 못을 빼낼 수 있지만 못 자국은 늘 남아 있습니다. 그러므로 못 자국이 없는 사람이 더 좋은 사람입니다.

그런데 어떤 사람이 극악무도한 죄를 지었는데 그 죄악이 다 용서됐다면 그 사람이 느끼는 그 은혜의 정도는 얼마나 크겠습니까? 그렇기 때문에 그런 사람에게는 구원받은 일이 평생 동안 잊히지 않는 일이요, 너무너무 감격스러운 일이 됩니다.

반면에 어떤 사람은 어려서부터 예수님을 믿는 가정에서 자라면서 특별한 허물이 없이 커가는 가운데 성경 말씀을 통해서 구원을 받았습니다. 어려서부터 성경을 배운다면 이것은 너무나 당연한 일입니다.

> 또 어린아이 때부터 네가 거룩한 성경기록들을 알았는데 그것들은 너를 지혜롭게 하여 그리스도 예수님 안에 있는 믿음을 통해 구원에 이르게 할 수 있느니라(딤후 3:15).

이런 사람의 경우 아까 그 흉악한 범죄자가 구원받을 때 느끼는 그런 감격이 있을까요? 대부분의 경우는 없을 것입니다. 그러면 어느 사람이 더 낫습니까? 점수를 줄 수는 없지만 저는 후자가 훨씬 더 낫다고 봅니다.

그러므로 그 큰 감격을 느끼려고 큰 죄를 짓지 말기 바랍니다. 사도 바울의 말이 바로 그 이야기입니다.

> 그러면 우리가 무슨 말을 하겠느냐? 은혜가 넘치게 하려고 우리가 죄 가운데 거하겠느냐? 결코 그럴 수 없느니라. 죄를 향해 죽은 우리가 어찌 그 가운데서 더 살겠느냐?(롬6:1-2)

그러니까 예수님을 믿고 나서 점점 더 죄를 많이 짓는 사람이 있다고 생각해 봅시다. 그 사람은 은혜를 더 크게 느끼려고 죄를 진다고 말합니다. 그러나 성경은 그렇게 말하지 않습니다. 그 사람은 아직 성령님이 없는 사람입니다. 그런 일은 있을 수 없습니다. 은혜가 넘치게 하려고 죄를 짓는 일은 구원받은 사람에게 불가능합니다.

한국에서는 간증 집회의 폐해가 너무 큽니다. 대개 인기 연예인들이 나와서 자기 자랑하고 들어갑니다. 그들은 다 구원받았다고 하는데 실제로 어떻게 구원받았는지 제대로 성경적으로 설명하는 사람은 거의 없습니다. 대부분의 간증 스토리는 병에서 나았거나, 사업하다 망했다가 다시 부자가 되었거나, 방언, 신유, 예언, 입신 등의 오순절 은사 운동의 신비주의를 체험했다는 것입니다. 구원에 필수적인 회개와 믿음이 빠져 있습니다. 실로 연예인이 변화가 되었으면 나이트클럽에 노래하러 다니면 안 되지 않습니까? 술 마시는 사람들 흥 돋우는 일에 도우미 노릇하면 안 되지 않습니까?

그래서 이런 허접쓰레기 연예인/코미디언 간증자들은 다 사라져야 합니다. 이들은 한국 교회를 좀먹는 마귀의 일꾼들입니다. 먼저 그런 허깨비들을 초청하는 목사나 교회가 크게 회개해야 합니다. 똥과 된장을 구분 못하고 연예인 불러다 놓고 구두 티켓, 솥, 냄비 주면서 사람들 데려다 앉히는 것은 전도가 아닙니다. 이런 유치한 일들이 일어나는 곳이 한국 교회입니다. 성경에는 이런 방식의 전도가 없습니다. 목사들이 먼저 회개해야 합니다.

5. 구원의 확신

어떤 형제님과 이야기하는데 "목사님 전 정말 죽겠습니다. 이전의 죄악이 자꾸자꾸 생각이 나고 그냥 죽겠습니다."라고 말하면서 눈물을 터뜨립니다. 이게 구원받은 징조입니다. 다른 것 없습니다. 조그만 죄를 범해도 양심이 민감해져서 막 찌르므로 이렇게 죽을 것 같은 일이 우리 가운데 점점 더 많이 나타나야 그것이 좋은 그리스도인의 징표고 정말로 성화를 이루는 사람의 징표입니다.

또 이렇게 살다 보니 예수님의 뜻은 분명히 이것인 줄 아는데 자기는 거기에 다다르지 못하니까 너무 괴로워서 심지어 "나는 구원받지 못했나 보다."라고 생각하는 사람도 있습니다.

그런데 실은 그것도 좋은 징조입니다. 왜 그렇습니까? 저기까지 가야 하는데, 그리스도인으로서 가야 할 고지가 저기 있는데, 표준이 있는 것을 분명히 아는데 육신이 약해서 그것을 못하니까 얼마나 답답하겠습니까? 그렇잖습니까? 그러니까 답답해서 울기도 하고 하나님께 매달리기도 하고 어떨 때는 심지어 "나는 구원 못 받았나 보다." 하고 낙심하기도 하며 자포자기에 빠지기도 합니다.

그런데 이런 삶이 생기는 것이 정상입니다. "나는 구원받은 순간부터 이때까지 한 번도 그런 일이 없었다."고 누가 말하면 그 사람은 정말로 구원받았는지 자신을 점검해 보아야 합니다.

이것은 저만의 경험이 아닙니다. 스펄전이라고 하는 유명한 목사님을 아십니까? 그분은 설교의 황제라 불렸습니다. 많은 사람을 구원했습니다. 그런데 그분도 통풍이 와서 너무 아프니까 낙담하기도 하고 너무 가라앉아서 "정말 내가 구원받은 사람인가?"라고 의심하기도 했습니다.

사람이기 때문에 그런 일들이 있을 수 있습니다. 그러니까 그런 일들이 생기면 "아 이것이 좋은 징조구나! 내 힘으로 할 수 없으니까 성화되는 이 일도 믿음으로 하나님의 의로 되도록 내어 맡겨야 되겠구나!"라고 생각하면서 양심을 부드럽게 하고 말씀에 순종하는 삶을 살면 하나님께서 나머지 일들을 책임져 주십니다.

결론적으로 구원의 확신은 감정에서 나오지 않습니다. 우리의 감정은 오늘 아침 다르고 저녁 다르며 내일 다르고 모레 다릅니다. 그러다 보니 하루는 구원받은 것 같고 다음 날은 안 받은 것 같습니다. 죄를 덜 지으면 구원받은 것 같고 죄를 지으면 안 받은 것 같습니다. 왔다 갔다 합니다. 그것은 실로 우리의 감정입니다. 그러나 우리의 구원의 확신은 성경에서만 나옵니다.

두 사람이 배 위에서 대화를 나누고 있었습니다. 작업반장과 그 밑에서 일하는 조수입니다. 반장이 조수를 나무라고 있었습니다. "자네 예수 믿으면서 구원의 확신이 있다고 하고 또 지금 당장 죽으면 천국 간다고 하는데 제발 그런 교만한 말은 하지 말게." 그러자 조수가 말합니다. "아닙니다. 반장님, 저는 구원의 확신이 있습니다. 저는 지금 죽어도 천국에 가는 걸 확신합니다." "그런 교만한 말 좀 하지 말라니까." 그러자 조수가 이야기했습니다. "반장님 여기 배수구 보이시죠? 물 빼는 배수구요. 이 배수구의 직경이 얼만 줄 아십니까?" "아 물론 그것의 직경은 50센티미터지." "반장님, 50센티미터인 줄 어떻게 확신하십니까?" "이 배를 만들 때 만들어 놓은 설명서에 50센티미터라고 적혀 있잖아." "반장님, 저도 지금 똑같은 것을 이야기하고 있습니다. 제가 죄인이었고 제가 죄인이었을 때 하나님께서 나를 사랑하셔서 독생자 예수님을 보내 주시고 그분이 나를 위해서 피를 흘리시고 죽으시고 묻히시고 부활하심으로 저의 구원자가 되셨다는 사실이 이 성경책 안에 기록되어 있기 때문에 저는 이 책을 믿습니다. 이것은 제 말이 아니고 목사님의 말도 아닙니다. 저는 다만 이 성경책을 믿을 뿐입니다."

우리가 구원받은 후에 살면서 이런저런 이유로 구원의 확신이 흔들리면 이 성경책으로 돌아와야 합니다. 목사님의 말이 조금은 도움이 될 수 있습니다. 그러나 구원의 확신은 성경책에서만 나옵니다. 이 성경책으로 들어와서 우리의 감정이 아니라 여기 기록된 대로 하나님이 말씀하신 대로 믿어야 합니다.

성경책이 6일 만에 우주 만물이 무에서 유로 창조되었다고 하니까 그대로 믿어야 합니다. 또 하나님께서 자신의 독생자 예수님을 보내 주셨다고 하니까 그대로 믿어야 합니다. 그 예수님이 죽었다가 묻혔다가 사흘 만에 부활하심으로 말미암아 우리도 부활한다고 하니까 우리도 그대로 믿어야 합니다. 그 예수님을 통해 영원한 소망이 있다고 하니까 이 책을 기준으로 그대로 믿어야 합니다. 그러므로 구원의 확신은 우리 자신의 내적 확신이 아닙니다. 교회 오래 다닌다거나 헌금 많이 한다고 해서 이런 확신이 생기지 않습니다. 그 확신은 오직 성경책에 기록된 대로 믿는 데서 생깁니다.

6. 구원받은 사람의 특징

이제부터는 구원받은 사람의 특징이 무엇인지 생각해 보겠습니다. 구원받는 것은 영어로 '본 어겐'(Born Again)한다고 말합니다. 이 말은 즉 '다시 태어난다'는 말입니다. 여기의 'Born은' 즉 'B-O-R-N' 즉 어머니가 아기를 출산하는 것을 뜻합니다. 여기에 '어겐'이 붙으니 '본 어겐'은 다시 태어난다는 말입니다.

1. 말씀을 사모한다

어머니 배 속에서 누가 나오면 장성한 상태로 나옵니까? 아니면 아기 상태로 나옵니까? 엄마 배 속에서는 아기가 나옵니다. 그러니까 예수님을 믿고 다시 태어나면 그 사람의 영적인 상태는 아기와 같습니다. 다시 태어나자마자 갑자기 거인으로 나오는 사람은 하나도 없습니다.

아기를 키워 보면 알겠지만 배고프면 아이가 가만히 있습니까? 무척 울어댑니다. 보통 울어대는 것이 아닙니다. 무엇을 달라고 우는 것입니까? 젖 달라고 그러는 것입니다. 그러니까 예수님을 믿고 구원받은 사람의 첫째 특징은 젖을 달라고 보챈다는 것입니다. 젖을 줘야 자라니까 젖을 달라고 울어댑니다. 그것이 나타나야 정말로 아이가 태어난 것입니다.

베드로전서 2장 2절을 보겠습니다.

> 새로 태어난 아기들로서 말씀의 순전한 젖을 사모하라. 이것은 너희가 그 젖으로 말미암아 성장하게 하려 함이라.

여기 보니 교회에 나오는 것을 사모하라고 합니까? 헌금하거나 교회 일 하는 것을 사모하라고 합니까? 아닙니다. 말씀의 순전한 젖을 사모하라고 말합니다. 말씀도 섞어 놓은 것 말고 순전한 것을 사모하라고 말합니다. 부모가 갓난아이에게 우유를 줄 때 여러 가지 섞은 것을 줍니까? 아니지요. 부모가 되면 다들 어떻게 합니까? 순전한 것이 더 비싸도 좀 더 순전하다는 것을 찾아서 먹이지 않습니까? 예수님도 똑같습니다. 그래서 교회의 목사는 말씀의 순전한 젖을 공급해 주어야 합니다. 프로그램과 음악과 체험이 아니라 말씀을 주어야 합니다. 신문 기사가 아니라 하나님의 말씀을 주어야 합니다.

아기가 태어나자마자 사람 구실을 합니까, 못 합니까? 못 합니다. 똥 싸고 오줌 싸고 참 귀찮은 존재입니다. 어른이 도와주지 않으면 안 됩니다. 예수님을 믿고 갓 태어난 사람도 똑같습니다. 예수님을 믿고 갓 태어난 사람에게 어른의 일을 부과하거나 어른의 일을 하라고 하면 그것은 부당한 것입니다. 예수님을 믿고 갓 태어난 사람이 제일 먼저 해야 될 일은 교회 봉사가 아닙니다. 말씀을 먹는 일입니다. 그래야 아사(餓死)하는 일이 생기지 않습니다. 그러므로 말씀을 사모하지 않으면 구원받지 못한 것으로 생각해야 합니다.

2. 모이기에 힘쓴다

말씀을 사모하는 일은 두 가지로 나타납니다. 하나는 스스로 성경을 찾아서 읽는 것입니다. 이것은 좋은 아기입니다. 스스로 찾아서 하는 일은 처음에 쉽지 않습니다. 아이가 태어나자마자 혼자 젖 빨고, 우유 통 삶고 합니까? 못합니다. 누가 먹여 줘야 합니다. 그래서 구원받으면 교회를 찾게 되어 있습니다. 어쩔 수 없이 하나님의 말씀을 들어야 되니까 교회를 찾아오게 되어 있습니다.

그래서 구원받은 사람에게 둘째로 나타나는 징표는 모이기에 힘쓰는 것입니다. 그러니까 교회 강단에서 말씀을 선포하는 사람은 오직 말씀의 순전한 젖만을 선포해야 합니다. 신문 읽고 인터넷 기사 읽고 제이씨 페니, 콜게이트, 록펠러, 링컨, 어거스틴, 프란시스, 마더 테레사, 김수환 추기경 등의 딴 이야기로 강단을 채우면 아기의 건강이 부실하게 됩니다. 아무리 시간이 지나도 아기가 자라지 않습니다. 그래서 골칫덩어리가 되고 맙니다. 그런데 젖을 제대로 주고 좋은 이유식을 주면 아이가 부쩍부쩍 자랍니다. 눈에 띄게 자랍니다. 우리가 다 알고 있지 않습니까?

그래서 교회가 일차적으로 해야 할 가장 중요한 일은 말씀을 잘 가르치고 선포하는 것입니다. 그러면 성도들이 자라게 되어 있습니다. 그러면 성도들의 영적 상태가 좋아질 수밖에 없습니다.

위에서 말씀드렸듯이 깃털이 같은 새들끼리 모입니다. 끼리끼리 모입니다. 하나님의 자녀들은 하나님의 자녀들하고 같이 모이기를 원합니다. 그런 모임을 사모하는 마음이 생깁니다.

사실 그리스도인은 비관적이면서 또 낙관적입니다. 구원받은 이후에 이 세상과 자기를 보면 너무 비관적입니다. 그래서 교회에 모입니다. 말씀을 듣고 교제를 나누면서 같은 종류끼리 모이니까 낙관적이 됩니다. 이 땅에서 작은 천국이 실현되는 것을 봅니다. 그래서 교회에 모이게 되어 있습니다.

과거에 마귀 자식이었을 때는 세상에서 노는 것이 그렇게 좋았습니다. 예수님을 믿는 사람이 나타나면 싫었습니다. 예전에 예수님을 믿기 전에는 다 그랬습니다. 그런데 예수님을 믿고 나니까 이젠 그 일이 싫어집니다. 예수님을 믿고 나니까 깃털이 바뀌었고 종류가 변했습니다. 그래서 과거에는 음담패설이 좋았지만 이제는 그런 것이 어색하고 싫습니다. 깃털이 같은 새들끼리 모이는 것처럼 같은 영이 있고 같은 그리스도의 교제가 있는 모임이 좋아집니다.

그래서 구원받은 사람들은 항상 모이기에 힘씁니다. 그런데 목사들이 이것을 이용해서 무조건 월화수목금토일 모두 교회에 오라고 하면 그 교회는 정상적인 교회가 될 수 없습니다. 매일 교회 가야 하는 그리스도인은 정상적인 그리스도인이 아닙니다. 적당히 모여야 합니다.

정상적인 그리스도인의 삶은 가정과 사회에서 나타나야 합니다. 교회에서만 나타나면 문제가 됩니다. 우리의 정상적인 선한 행위는 가정과 사회에서 나타나야 됩니다. 이 세상에서 보내는 대부분의 시간에 나타나야 합니다. 다만 교회는 말씀을 듣고 교제하고 영을 새롭게 충전하고 돌아가는 곳입니다. 우리는 젖을 먹고 자라서 세상에서 좋은 사람이 되어야 합니다.

그러므로 1년 365일 교회만 와서 살면 뭔가 잘못된 것입니다. 물론 그 교회 목사는 좋아할 것입니다. 그런데 그런 것을 바라고 좋아하는 목사는 별로 좋은 목사가 아닙니다. "정상적인 생활을 하십시오."라고 말하는 목사가 좋은 사람입니다. 교회에서 제대로 가르치고 제대로 설교해서 성도들을 자라게 하고 사회에 나가서 바르게 살도록 하는 목사가 좋은 목사입니다. 이렇게 해야 정상적인 그리스도인의 삶이 나옵니다. 예수님은 목사들이 교인들을 교회의 사람으로 만드는 것을 미워하십니다. 그것은 교회의 사람 혹은 목사의 사람이 되는 것이며 결코 그리스도인이 되는 것이 아닙니다.

3. 하나님에 대한 두려움이 생긴다

구원받으면 하나님에 대한 두려움이 생깁니다. 그래서 아주 조그만 죄를 짓거나 머릿속에 생각만 해도 못 견디게 됩니다. 어떤 불신자가 목사님께 다가와서 이야기합니다. "목사님, 목사님은 자꾸 죄 짐이 있다고 하는데 죄 짐이 도대체 얼마나 무겁습니까? 50킬로그램입니까, 100킬로그램입니까? 도대체 몇 킬로그램 입니까, 죄 짐이? 저는 죄 짐이 하나도 없습니다. 아무것도 무거운 것을 느끼지 못합니다." 그러니까 목사님이 말했습니다. "죽은 사람 위에 벼 한 가마니를 가져다 놓으면 무게를 느낄까요, 못 느낄까요?" 그러니까 그 사람이 말했습니다.

"물론 못 느끼죠." "마찬가집니다. 당신은 죽었기 때문에 죄 짐의 무게를 못 느끼고 있습니다. 죽은 사람은 짐이 천근만근이 되어도 못 느낍니다. 이해하시겠습니까?"

그래서 죄 짐을 느끼는 사람이 구원받은 사람입니다. 아니면 구원받을 수 있는 가능성이 있는 사람입니다. "저는 사는 동안에 느끼는 죄의 무게가 0킬로그램입니다."라고 말하는 사람은 참으로 가망성이 없는 사람입니다.

그래서 우리 예수님은 값비싼 향유 옥합을 깬 여인을 향해서 "빚을 많이 탕감받은 자가 많이 사랑한다."고 말합니다. 조그만 죄를 짓거나 생각만 해도 하나님의 성품에 이르지 못한 생각이 들어 "하나님 죄송합니다."라고 말하는 사람이 구원받은 사람입니다. 왜냐하면 그 사람은 하나님을 두려워하기 때문입니다.

4. 영혼의 자유를 얻는다

구원받은 사람에게는 자유가 생깁니다. 옛날에는 마귀의 종으로 살았는데 이제는 하나님의 아들이 됐기에 이로 인한 영적 자유가 생깁니다. 우리는 다 우리 부모님의 아들딸로 자랐습니다. 그런데 정상적인 경우 아버지 앞에 갈 때마다 사시나무 떨듯이 벌벌 떠는 사람이 있습니까? 없습니다. 왜 그렇습니까? 자유가 있기 때문입니다. 부모에게 나가는 데 무슨 어려움이 있습니까? 그렇지 않습니까? 그래서 영적 자유를 주는 교회를 찾아야 합니다. 그래야 영혼의 자유를 가지고 예수님을 섬기는 일들이 나타나게 됩니다.

따라서 교회에서 성도들을 위협하고 협박하면 안 됩니다. 아기가 "응애!" 하고 태어나면 지금 자기 몸도 못 가누는 상태에 있습니다. 그런데 이런 아기를 데려다가 봉사하라고 다그치고 많이 헌금하라고 하고, 월화수목금토 전도 대회 나오라고 하고 가서 10명 전도해서 데리고 오라고 하면 안 됩니다. 그것은 사람을 위협하고 협박하는 것입니다. 그것이 먼저가 아닙니다.

먼저 숨 좀 쉴 수 있게 내버려 두어야 합니다. 말씀을 먹이면 다 알아서 합니다. 예수님은 자발적으로 섬기는 것을 원하십니다. 그 사람은 지금까지 죄 가운데서 죄 짐 지고 사느라고 아주 혼났습니다. 그러니 좀 내버려 둬야 합니다. 구원받았으면 먼저 자유를 만끽하고 말씀으로 많이 배운 다음에 전도도 하고 헌금도 하고 봉사도 해야 합니다. 태어나자마자 전도 훈련, 제자 훈련으로 몰아붙이는 것은 합당하지 않습니다. 갓난아이한테 어른의 일을 시키면 어떻게 합니까? 다들 구원받을 때는 거저 된다고 하고는 구원받자마자 완전히 율법 시스템으로 돌아간다면 그것은 교회가 크게 잘못하는 것입니다.

그래서 교회를 미워하고 싫어하는 사람들이 많이 생깁니다. 믿지 않는 사람들에게 한번 물어보시기 바랍니다. 다들 교회에 몇 번씩은 갔다고 합니다. 한국사람 중에 교회에 한 번도 안 갔던 사람은 거의 없을 것입니다. 그런데 그들이 한결같이 뭐라고 말합니까? 다 교회에 데었다고 말합니다. 이것은 교회가 무엇인가 잘못하고 있다는 말입니다. 기독교인은 뇌가 없다는 말이 이래서 생깁니다.

갓 태어난 아기에게는 아기에 맞는 순전한 영양분의 말씀만 주면 됩니다. 그 사람이 크면 일을 하게 되어 있습니다. 그리스도의 영이 있는데 어떻게 다른 일을 하겠습니까? 그러니까 잘 보살펴 주고 이단이 접근하지 못하도록 말씀으로 양육하는 일이 교회가 해야 할 일입니다. 그래서 구원받은 사람들이 일단 그리스도 안에서의 풍성함과 자유를 만끽하게 해야 합니다. 그 뒤에 그리스도의 생명이 그 사람 안에서 일을 하도록 해야 합니다.

교회 시스템이나 프로그램이 일을 하도록 만들면 지쳐서 나가떨어집니다. 그리스도의 생명이 일을 하게 만들어야 합니다. 생명이 있는데 어떻게 생명에 합당한 일을 안 하겠습니까? 그 생명은 반드시 일을 하게 되어 있습니다.

5. 삶의 태도가 바뀐다

구원받은 사람은 삶의 태도와 목표가 달라집니다. 지금까지 돈만을 추구하던 사람이 조금 달라집니다. 그리스도인들이 이 세상에 목표를 두고 사는 것도 중요한 일입니다. 목표 없이 어떻게 살 수 있습니까? 그리스도인은 직업에 귀천이 없습니다. 목사만 성직이고 밖에 나가서 타이핑치거나 택배 돌리는 일은 성직이 아닙니까? 그렇지 않습니다. 하나님이 주신 모든 직업은 귀한 일이고 성직입니다. 그런 차원에서 목표를 갖고 사는 것은 중요합니다. 그런데 그것이 도를 넘어서서 하나님이 원하지 않는 수준에까지 이르러 과도하게 욕심을 부리면 문제가 생깁니다.

예수님을 바르게 알고 예수 그리스도의 생명이 들어가면 그런 일에 변화가 생깁니다. 변화가 반드시 생기게 되어 있습니다. 삶의 목표나 태도 특히 재물을 대하는 태도, 아이들을 대하는 태도, 가정생활 등의 모든 것에 변화가 생깁니다.

그다음에 선한 행위가 나타나게 되어 있습니다. 예수님이 우리 안에서 일하기 때문에 선한 행위가 나타나게 되어 있습니다. 그래서 남편이 아내를 보든지, 아내가 남편을 보든지, 자식들이 부모를 보든지, 부모가 자식들을 보든지, 직장에서 상사가 보든지 이런 변화가 나타나게 되어 있습니다.

예수님이 일하시면 변화가 안 나타나는 것이 불가능합니다. '변화가 천천히 나타나느냐, 좀 빨리 나타나느냐'에는 차이가 있을 수 있습니다. 그 차이는 얼마나 많이 순전한 젖을 빨아 먹었느냐에 따라 다릅니다. 그리고 성령님의 충만의 정도에 따라 다릅니다. 말씀에 따라 성령님의 욕구에 따라 옛사람을 얼마나 눌렀는가에 따라 다릅니다. 새사람이 안에서 일을 할 수 있도록 우리 자신을 억제하는 정도에 따라 변화의 스피드는 다를 것입니다.

6. 바른 교회를 찾으려고 애쓴다

사람이 구원받으면 선한 행위가 반드시 그에게 나타나며 좋은 교회를 찾아야겠다는 욕구가 그 사람의 삶 속에서 나타납니다. 그리고 그리스도의 영이 들어가면 어떤 것이 바른 것인지 판단하게 해 주십니다. 하나님은 진리의 영이기 때문에 사람을 진리로 인도해 주십니다. 그 진리의 영이 가이드를 하므로 교회에 가서는 "이거 들어보니까 신문 이야기만 하는군." 하고 판단이 되면 거기에 못 다니겠다는 결론을 내립니다. 그래서 성경대로 하는 교회를 찾으려고 합니다.

그런데 문제는 성경대로 실행하는 교회가 실로 많지 않다는 점입니다. 교회들이 다 성경대로 한다고 하는데 정말로 그럴까요? 사실 성경 말씀을 잘 읽고 예수 그리스도의 마음을 잘 이해해서 가르치는 곳이 많지가 않습니다. 애석하게도 지금은 어쩔 수 없습니다. 왜냐하면 홍수가 났기 때문입니다. 홍수가 나면 물은 많은데 정작 마실 물은 없습니다. 지금은 교회의 홍수가 났습니다. 교회는 엄청 많습니다. 교회 없는 데가 어디 있습니까? 그런데 문제가 무엇입니까? 마실 물을 공급하는 교회는 찾기 어렵다는 것입니다. 흙탕물이 쏟아져 나오니까 먹을 물이 더 귀하게 됐습니다.

그러므로 일단 구원받으면 각자의 성장을 일단 각자 책임져야 합니다. 다른 방법이 없습니다. 인터넷도 있고 책도 있고 지금 찾고자만 하면 얼마든지 있습니다. 어쨌든지 구원받으면 영혼의 자유가 있는 교회, 말씀으로 먹이는 교회를 가야 합니다. 특별히 영혼의 자유가 있는 교회, 대단히 중요합니다.

지난주에 어느 분이 "목사님, 저는 이 교회를 못 다니겠습니다."라는 문자를 제게 보냈습니다. 그래서 "아 그래요. 편안한 데 가셔서 신앙생활하시기 바랍니다." 하고 축복해서 보냈습니다. "저놈 나쁜 놈이지!"라고 할 필요가 없습니다. 구원받았으면 결국 천국에서 다 만날 것 아닙니까? 그러므로 각자가 영혼의 자유를 추구할 수 있는 교회를 찾아야 합니다. 그것이 없으면 좋지 않은 교회입니다.

그다음에 중요한 것은 신약 교회를 찾아야 한다는 점입니다. 구약의 제사장 체계로 운영되는 교회로 가면 삶이 대단히 힘듭니다. 그래서 내가 다니고 있는 교회, 구원받은 이후에 찾아야 될 교회가 어떤 교회인지 잘 살펴보기 바랍니다.

대표적인 예가 천주교회입니다. 여기는 아직도 제사장 즉 'Priest'가 있습니다. 사람들이 신부 제사장을 통해 하나님께로 나갑니다. 이런 시스템은 하나님이 가증히 여기는 시스템입니다. 개신 교회에서도 예배당을 성전이라고 하고 목사가 제사장 행세를 하는 곳이 많습니다. 이런 데는 엄청나게 십일조와 율법을 강조합니다. 이런 곳을 자기 교회로 삼으면 영혼이 곧 피곤해집니다. 목사가 축도권을 가졌다고 하고 복을 주는 권세를 가졌다고 하는 교회, 목사가 총회장이나 감독을 하거나 한 교회는 피하는 것이 좋습니다. 다 돈이 지배하는 교회이고 권력이 지배하는 교회입니다.

또한 특정 인물이 병 고친다고 하는 교회, 귀신 쫓는다고 하는 교회, 입시철이 되면 특별 새벽(특새)기도를 한다고 하는 교회, 헌금하면 성공한다고 하는 교회는 피해야 합니다. 그런 교회는 예수님과 거의 상관없는 교회입니다. 목사 배만 불리는 세상적인 교회입니다.

끝으로 하나를 더 추가한다면 하나님의 온전한 말씀인 킹제임스 성경을 쓰는 교회를 찾아서 믿음 생활을 하시기 바랍니다. 킹제임스 성경과 개역성경은 하늘과 땅처럼 다릅니다. 그러므로 바른 성경을 쓰는 교회를 찾기 바랍니다. 그러면 영혼에 큰 유익이 있을 것입니다.

7. 성경적인 침례를 받는다

구원받은 다음에는 또한 침례를 받게 되어 있습니다. 잘 깨닫기 바랍니다. 침례는 구원하고 상관이 없습니다. 침례 탕에 백 번 들어갔다 나와도 구원받지 못합니다.

침례란 예수님이 죽었다가 묻혔다가 부활하셨듯이 우리의 옛사람이 죽어서 묻혔다가 새사람으로 다시 부활하는 것을 보여 주는 상징의 그림입니다. 죽었다가 부활하는 것을 보여 주기 위해 예수님은 물에 잠겼다가 나오도록 명령하셨습니다.

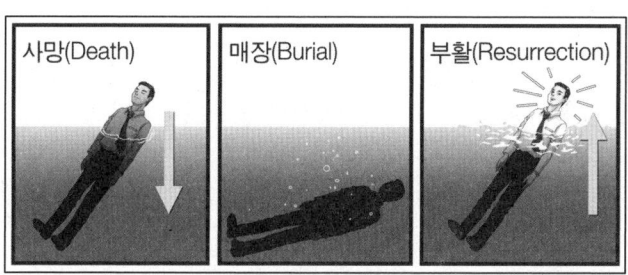

그래서 침례를 통해 우리는 "예수님이 죽었다가 묻혔다가 일어나신 것처럼 나의 옛사람은 죽고 나는 새사람으로 일어났습니다."라고 하나님과 그분의 천사들

과 마귀와 그의 천사들과 사람들 앞에서 증언합니다. 이것이 침례의 목적입니다.[1]

로마서 6장의 말씀을 보고는 "예수님이 말씀하셨으니까 나는 그대로 따라야 되겠구나." 하고 따르는 것, 그것이 침례입니다.

예수 그리스도 안으로 침례를 받은 우리가 다 그분의 죽음 안으로 침례를 받은 줄을 너희가 알지 못하느냐? 그러므로 우리가 죽음 안으로 침례를 받아 그분과 함께 묻혔나니 이것은 그리스도께서 아버지의 영광에 의해 죽은 자들로부터 일으켜지신 것같이 그렇게 우리도 생명의 새로움 속에서 걷게 하려 함이라. 만일 우리가 그분의 죽음과 같은 모양으로 함께 심겼으면 또한 그분의 부활과 같은 모양으로 되리라(롬6:3-5).

이런 말씀에서 '침례'를 개역성경처럼 '세례'로 고쳐 놓으면 '침례'의 의미가 사라집니다. 물을 뿌리는 세례가 어떻게 '죽었다가 묻혔다가 살아나는 것'의 상징이 될 수 있습니까? 하나님의 말씀은 누구라도 이해할 수 있게 쉽습니다. 따라서 단순한 마음으로 거기에 순종하면 하나님이 기뻐하십니다.

---

1) 침례에 대해서는 사랑침례교회(cbck.org)의 관련 자료들을 참조하기 바란다.

7장

구원 관련 이슈

이번 장에서는 믿는 자들의 구원과 관련된 몇 가지 이슈와 의문들을 살펴보려 합니다.

1. 잘못된 구원 방법

먼저 잘못된 구원/전도 방법에 대해서 말씀드리겠습니다.

1. 영접 기도 구원과 '깨달음의 구원'

예수님을 영접해야 구원받습니다. 이것은 맞는 이야기입니다. 배구를 할 때 '서브'(Serve)를 하는 쪽이 있고 받는 쪽이 있습니다. 한쪽에서 서브하면 저쪽에 있는 사람은 공을 '리시브'(Receive) 합니다. '리시브'는 곧 받는다는 말입니다. 마찬가지로 하나님이 복음을 '서브'해 주시면 그것을 우리가 '리시브'해야 합니다. 그래야 구원이 이루어집니다. '리시브'라는 단어를 우리말로 개역성경으로 번역할 때 '영접한다'고 했는데 이것은 '환영하며 접대하며 받아들인다'는 뜻입니다. 이것은 아주 좋은 말입니다. 그런데 이것이 잘못 사용되는 경우가 많기 때문에 우리말로 번역된 킹제임스 흠정역 성경에서는 '리시브란 단어를 쉽게 '받아들이다'로 번역했습니다.

누구든지 예수님을 받아들이면 하나님의 아들이 되는 권능을 주신다고 성경이 말하므로 "제가 그분을 받아들입니다." 하고 마음속에 예수님을 전인격체로 받아들여야 구원이 이루어집니다. "성경기록에 내가 동의합니다."라고만 하면 구원받는 것이 아닙니다. 아시겠습니까? "아 구원의 방법이 이렇군요." 하고 구원의 방법을 이해하는 것은 구원받는 것이 아닙니다.

예수 그리스도의 생명은 영원한 생명이므로 그분의 생명을 받아들이는 것이 곧 영생을 얻는 것입니다. 그래야 예수님이라는 인격체가 우리의 주인이 되십니다. 갈라디아서 2장 20절을 보겠습니다.

내가 그리스도와 함께 십자가에 못 박혀 있으나 그럼에도 불구하고 사노라. 그러나 내가 아니요 그리스도께서 내 안에 사시느니라. 나는 지금 내가 육체 안에서 사는 삶을, 나를 사랑하사 나를 위해 자신을 주신 하나님의 아들의 믿음으로 사노라.

구원받으면 우리 안에 누가 삽니까? 예수님이 사십니다. 예수님이 사시려면 예수님이 들어오셔야 하지 않겠습니까? 그러니까 구원의 방법이나 사영리 혹은 이 책에서 이야기하는 모든 것을 다 이해해도 즉 깨달아도 그것은 구원이 아닙니다.

하나님의 선물도 이해하고 회개도 이해하고 믿음도 이해하고 은혜도 이해했습니다. 그러나 이해해서 깨달은 것은 구원이 아닙니다. 그것은 소위 어느 특정 교회에서 주장하는 '깨달음의 구원'입니다. 그러나 '깨달음의 구원'은 성경에 없습니다.

그러면 어떤 구원이어야 할까요? 예수님이라는 그 인격체를 내 주인으로, 내 구원자로 마음에 받아들이는 구원이라야 합니다. 즉 그분이 내게로 '올인'해야 한다는 말입니다. 그래야 그분의 생명이 우리 안에서 일합니다. 그런 사람이 바로 그리스도인입니다.

너무나 많은 곳에서 '깨달음의 구원'을 가르치므로 강조해서 말씀드립니다. 깨달음은 동의하는 것입니다. "아 그것이 맞는구나." 하고 동의하는 것은 구원이 아닙니다. 예수님이 내 안에 들어와야 합니다. 배구에서 한쪽에서 서브하면 다른 쪽에서 '리시브'합니다. 바로 그것입니다. '리시브'를 해야 구원이 이루어집니다. 그러면 무엇을 '리시브'해야 합니까? 예수 그리스도를 '리시브'해야 합니다. 예수 그리스도를 마음속에 구원자로 주님으로 환영하며 받아들여야 합니다. 그것이 성경에 나오는 온전한 구원입니다.

그런데 이것을 악용을 하는 데가 많습니다. 그들은 사영리 등으로 간단히 복음을 전하고는 "구원받기를 원하십니까?"라고 묻습니다. 그러면 그 사람이 20분 동안 설명을 들었으므로 아니라고 대답하기가 참으로 어렵습니다. 그래서 "네."라고 대답하면 그분이 "감사합니다. 그러면 저를 따라 기도하시면 구원받습니다." 하고는 영접 기도를 시작합니다. 그러면 그분의 기도대로 따라하면 "형제님, 형제님은 이제 영접 기도를 하셨으니까 구원받으셨습니다. 이제부터 하나님의 아들딸입니다."라고 선언합니다.

그러나 이것은 구원이 아닙니다. 그것은 그 사람의 기도를 따라한 것입니다. 아무리 기도를 따라 해도 안 믿을 수 있습니다. 영접 기도를 안 해도 복음의 말씀으로 확증을 받고 주님을 받아들인 사람은 이미 구원받았습니다.

구원은 영적인 일입니다. 그러므로 기계적으로 순서를 밟으면 구원받은 것으로 착각하면 안 됩니다. 어떤 이들은 "저는 기도하다가 구원받았습니다." 혹은 "저는 찬송하다가 구원받았습니다."라고 말합니다. 그러나 기도나 찬송하다가 구원받는 일은 성경에 없습니다. 모두 어떻게 구원받습니까? 하나님의 말씀을 들으면서 그 말씀에 설복이 되어 나 자신을 내려놓고 예수님만을 신뢰하며 받아들일 때 구원받습니다. 그러므로 기도하다가 춤추다가 찬송하다가 구원받는 일은 없습니다. 이런 구원은 성경에 없는 다른 구원입니다. 그것은 다른 예수, 다른 영을 받는 것입니다.

성경의 구원은 하나님의 말씀을 올바로 깨닫고 "아 이대로 살면 안 되겠구나. 돌이켜야겠구나!"라고 작심하고 예수님만을 완전히 신뢰하면서 그분을 자신의 구원자로 받아들이는 것입니다. 예수님과 인격적인 관계를 맺는 것이 성경의 구원입니다. 다시 말씀드리지만 영접 기도를 따라 한다고 해서 구원받지 않습니다.

2. 강대상 앞으로 초청하는 것

저는 미국에서 오래 지냈습니다. 미국 침례교회에서는 설교가 끝난 뒤 목사가 "구원받은 사람은 손들고 앞으로 나오시기 바랍니다. 제가 기도를 해 주겠습니다."라고 초청을 합니다. 그러면 앞으로 나오는 사람들이 있고 목사는 기도를 해 줍니다. 그러면 "저는 오늘 구원받았습니다."라고 말하는 사람들이 많이 있습니다. 물론 손을 들고 앞으로 나간 사람들 중에 많은 사람이 그날 진짜로 구원받습니다.

그런데 사람인지라 꼭 착각하는 사람이 생깁니다. "그날 내가 강대상 앞으로 나갔으니까 구원받았겠지."라고 생각하는 사람들이 있습니다. 그것은 구원이 아닐 수 있습니다. 강대상 앞으로 나왔어도 안 믿으면 구원을 못 받습니다. 이해하시겠습니까?

7-8년 전에 처음 교회를 할 때는 저도 미국 목사들이 하는 방식으로 설교가 끝난 뒤에 "구원받기 원하는 분은 손을 드십시오."라고 구원 영접 초청을 한 적이 있습니다. 물론 "제가 기도해 드리겠습니다."라고도 한 적도 있습니다. 그러나 지금은 그렇게 하지 않습니다. 그 이유는 사람이 손을 들든지 안 들든지 말씀을 듣고 구원받은 사람은 이미 구원받았기 때문입니다. 그런 사람은 이미 하나님의 생명의 책에 이름이 기록되었습니다.

하나님이 아시면 됩니다. 손을 들었다고 해서 구원받고, 손을 들지 않았다고 해서 구원받지 않은 것이 아닙니다. 하나님의 말씀이 들어가서 그 사람을 항복시키면 손을 안 들어도 이미 하나님의 생명책에 그 사람의 이름이 기록되었습니다. 그러니까 하나님이 아시는 일을 손을 들어 확인하고 오늘 다섯 명이 구원받았다고 선포하는 것은 인간의 방법이 되기 쉽습니다. 그래서 사람을 오도하지 않기 위해 지금은 특별한 경우가 아니면 손을 들라고 하지 않습니다. 오히려 마음속으로 깊이 생각하고 기도하라고 합니다.

그러나 지금 그렇게 예수님을 영접한 것을 확인하는 분들도 대부분 좋은 의도로 하고 있습니다. 또 어떤 때는 한국 교회에서 이런 방법이 필요하다고 절실히 느낍니다. 교회를 오래 다녔는데도 구원을 받았는지, 안 받았는지 교회 목사가 거의 체크하지 않으므로 차라리 "저는 구원받았습니다."라고 말하며 앞으로 나가는 것도 구원의 확신을 위해 필요할 수도 있다고 생각합니다. 그러나 이 일이 늘 같은 식으로 피상적으로 반복되면 거기에 물들어 타성적으로 반응하는 사람이 있다는 것을 명심해야 합니다.

그러므로 결론은 '손을 들었느냐, 안 들었느냐' 혹은 '강대상 앞으로 나갔느냐, 안 나갔느냐'가 꼭 구원의 표시는 아니라는 것입니다. 사람의 속을 들여다보시는 하나님이 아시면 다 끝납니다.

3. '로드십 설베이션'(주재권 구원)

이제부터 '로드십 설베이션'(Lordship Salvation)에 대해 말씀드리려 합니다. 이것을 우리말로 번역하는 것은 쉽지 않으므로 인터넷 등에서는 '주재권 구원' 혹은 '주 되심 구원'이라고 번역해서 쓰고 있습니다. 이것의 요지는 예수님을 개인의 구원자로만 영접하면 구원이 안 이루어진다는 것입니다. 그러므로 참된 구원은 그분을 구원자와 주님으로 영접해야 한다는 것입니다. "이것이 도대체 무슨 뚱딴지같은 소리인가?"라고 의문을 갖는 분들이 많을 것입니다.

구원자는 아실 테니 이제부터 주님에 대해 설명하겠습니다. 원래 주님이라고 하는 말 '로드'(Lord)는 주인이라는 뜻입니다. 그러면 "예수님이 내 주인입니다."라고 고백하는 것은 "나는 예수님의 종입니다."라고 말하는 것입니다. 종은 주인의 뜻을 거스를 수 없습니다. 그러니까 '로드십 설베이션'은 한 마디로 구원받은 사람은 예수님의 뜻을 거스르는 일을 단 하나도 해서는 안 된다는 말입니다. 좀 더 쉽게 이야기를 하면 어머니 배 속에서 완전히 장성한 사람이 된 뒤에 태어나야 한다는 것입니다.

그런데 이것이 가능할까요? 장성한 사람으로 태어나면 태어나자마자 처음부터 끝까지 말씀도 잘 알고 하나님의 모든 뜻을 잘 알아서 모든 면에서 그분을 기쁘게 하는 사람이 될 수 있습니다. 그러나 실제로는 그렇지 않음을 누구나 잘 알고 있습니다. 그래도 '로드십 설베이션' 주창자들은 모든 면에서 주님의 뜻대로 사는 사람만 즉 예수님을 주인으로 받아들인 사람만 구원받은 사람이라고 말합니다.

요새 인터넷에서는 폴 워셔(Paul Washer)라는 목사가 유명하다고 합니다. 그런데 워셔 목사가 가르치는 것이 바로 '로드십 설베이션'입니다.[1] 대부분의 교회들이 말씀을 전하고는 손들고 나오라고 하고 영접 기도를 하게 한 뒤 그렇게 한 사람은 이제 구원받았다고 선포합니다. 그것은 사실 대부분 거짓 구원입니다. 현대 교회에는 병이 나아서 구원받았다고 하는 사람, 방언을 해서 구원받았다고 하는 사람, 돈을 잘 버니까 구원받았다고 하는 사람, 사자처럼 울부짖으므로 구원받았다고 하는 사람 등과 같이 잘못된 구원을 이야기하는 사람들이 너무 많습니다. 이런 구원은 성경의 구원이 아닙니다. 거짓 구원입니다. 대개 이런 데서는 자꾸 숫자를 셉니다. 그리고는 위에다 보고합니다.

세태가 이렇다 보니 이에 대한 반작용으로 나타난 것이 '로드십 설베이션'입니다. 이것의 핵심은 100% 하나님 뜻대로 사는 사람만 구원받은 사람이라는 것입니다. 이런 교회에서는 조금이라도 주님의 뜻을 어기면 구원을 못 받은 것이 됩니다. 따라서 이것 역시 '이지 빌리비즘'(Easy believism)에 대한 반작용으로 나타난 또 하나의 극단적 믿음 체계입니다.

성경은 그렇게 이야기하지 않습니다. 성경은 분명히 아기로 태어난 다음에 말씀을 먹고 자란다고 말합니다. 먼저 태어난 다음에 자랍니다.

그러면 질문을 하나 하겠습니다. 다시 태어난 다음에 죽을 때까지 자라지 않는 사람도 교회에 있을까요? 있습니다. 그러면 왜 자라지 않을까요? 말씀을 안 듣고 자기 뜻대로 하기 때문에 그렇습니다.

고린도전서를 보기 바랍니다. 사도 바울은 그 교회에 편지를 보내면서 거기 사람들을 보고 다 '성도'(Saints)라고 부릅니다.

> 하나님의 뜻을 통해 예수 그리스도의 사도로 부르심을 받은 바울과 우리 형제 소스데네는 고린도에 있는 하나님의 교회 즉 그리스도 예수님 안에서 *거룩히 구별되고 성도로 부르심을 받은 자들*과 또 각처에서 우리 주 곧 그들과 우리의 *주이신* 예수 그리스도의 이름을 부르는 모든 자들에게 *편지하노니*(고전1:1-2)

'성도'(saint)란 구원받아 거룩히 구별된 자라는 뜻입니다. 그러므로 사도의 편지의 대상인 고린도 교회 사람들은 다 구원받은 사람들입니다. 그런데 고린도전서를 보면 구원받은 사람들 가운데 간음하는 자도 있고 음행하는 자도 있고 주의 만찬을 업신여기는 자도 있고 방언한다고 하면서 교회에 분란을 일으키는 자도 있고 부활을 오해하는 자들도 있습니다. 이것으로 인해 구원받은 고린도 교회 성도들 안에 각종 어려운 일들이 생겼습니다. 과거에만 그런 것이 아니라

---

[1] 폴 워셔와 로드십 설베이션에 대해서는 부록 10을 참조하기 바람.

역사를 통해 이 세상에 존재한 모든 교회에는 이런 종류의 일들이 생겼습니다. 사도 바울은 이런 사람들을 가리켜서 '육신적인 그리스도인'이라고 말합니다.

> 형제들아, 내가 영에 속한 자들에게 말하는 것같이 너희에게 할 수 없어서 <u>육신에 속한 자들</u> 곧 그리스도 안에 있는 갓난아이들에게 말하는 것같이 하였노라. 내가 너희를 젖으로 먹이고 음식으로 하지 아니하였나니 이는 지금까지 너희가 그것을 감당할 수 없었고 지금도 여전히 할 수 없기 때문이라. <u>너희는 아직도 육신에 속한 자들이니라</u>. 너희 가운데 시기와 다툼과 분쟁이 있으니 너희가 육신에 속하여 *세상* 사람들처럼 걷지 아니하느냐?(고전3:1-3)

다시 태어나긴 했지만 그리스도의 영의 인도를 무시하고 성령님을 누르면 옛사람이 힘을 받아서 그 사람을 주장합니다. 그러니까 이런 사람들의 생활에서는 하나님의 일이 거의 나타나지 않습니다. 이런 그리스도인들이 교회 안에 있으면 꼭 문제가 생깁니다. 교회에서의 자리다툼은 다 그런 사람들이 합니다. 이런 사람들은 사람들의 칭찬을 받으려고 헌금하고는 왜 액수를 밝히지 않느냐고 말합니다. 누가 알아주든지 알아주지 않든지 하나님이 아시면 된다는 심정으로 감사하고 섬기면 아무 문제가 없습니다. 그런데 이런 사람들은 여전히 옛사람이 주장하므로 꼭 육신의 일을 드러내어 보입니다. 이런 사람들은 그리스도의 마음을 잘 모릅니다.

역사를 통해 이런 사람들이 교회에 수없이 존재했으므로 이에 대한 반작용으로 "구원받으면 반드시 예수님께 100% 순종하는 사람이 돼야 한다."는 극단적인 주장이 나타나게 되었습니다.

'로드십 설베이션'을 가르치는 목사들 중에 가장 대표적인 사람은 존 맥아더 목사입니다. 맥아더는 여러 면에서 좋은 글과 설교로 사람들을 주님께로 이끌지만 예수님의 피를 예수님의 죽음에 대한 상징이라고 주장하고 또 '로드십 설베이션'을 강하게 가르쳐서 사실 많은 문제를 일으키고 있습니다.

'로드십 설베이션'의 뿌리는 청교도 신앙이라고 할 수 있습니다. 청교도들은 삶에서 극도의 순수함을 추구하려 했고 그러다 보니 정도가 지나쳐서 보편성을 잃게 되어 결국 과격한 면을 드러내게 되었습니다. '로드십 설베이션'은 극단적 칼빈주의를 주장하는 교인들 가운데서 용인되는 비성경적인 믿음입니다.

다음의 표를 보기 바랍니다. 거기에는 구원과 제자의 길의 차이가 있습니다. 잘 보시기 바랍니다. 구원은 칭의를 말합니다. 칭의는 구원받는 순간에 단 한 번 영원히 일어나는 것입니다. 그런데 그 이후에 오는 성화는 우리가 죽을 때까지 이루어야 하는 과정입니다. 그것은 그리스도의 형상이 우리 안에서 완전히 새겨질 때까지 진행됩니다.

〈구원과 성화 비교〉

구 원: 태어나는 것	성 화: 자라나는 것
칭의(롬3:26)	성화(살전4:3)
은혜로만 된다(롬11:6).	행위가 동반된다(빌2:12).
믿음으로 얻는다(롬1:17).	신실함을 통해 믿음으로 얻는다(고전4:2).
나를 향한 그리스도의 사랑(요3:16)	그리스도를 향한 나의 사랑(고후5:14)
그리스도의 십자가(롬5:6)	나의 십자가(마10:38)
영원한 생명(요3:16, 18)	영원한 보상(고전9:24)
유일한 사건(요3)	일생의 과정(엡4:15)
한 가지 조건(행16:30-31)	여러 가지 조건(마18:3)

구원은 전적으로 은혜로 되지만 성화는 성령님의 인도에 따라 우리가 동조해서 일하는 것을 요구합니다. 빌립보서 2장 12절을 봅시다.

그러므로 내 사랑하는 자들아, 너희가 항상 순종한 것같이 내가 있을 때뿐 아니라 지금 내가 없을 때에도 더욱더 *순종하여* 두려움과 떨림으로 너희 자신의 구원을 일하여 드러내라(work out).

이 말씀은 구원받았으면 구원받은 자로서 행위를 드러내라고 말합니다. 이러한 성화의 과정은 평생 지속되는 것입니다.

구원은 믿음으로만 됩니다. 그런데 제자의 길 즉 성화의 길은 신실하게 일을 하는 것을 통해 됩니다. 물론 그런 일은 다 믿음을 통해서 이루어지는 일입니다. 그러면 구원의 근거는 무엇일까요? 우리를 향한 그리스도의 사랑이 구원의 근거입니다. 그런데 제자의 길은 구원받았으니까 이젠 "제가 주님을 사랑합니다." 하고 주님을 향해 우리의 사랑을 행위로 표시하는 것이 근거가 됩니다. 즉 사랑을 받은 자로서 우리가 주님을 사랑하는 것이 제자의 길이요, 성화의 길입니다.

우리의 구원은 그리스도의 십자가에 달려 있습니다. 그 십자가를 통해서 구원이 이루어집니다. 그러나 구원 다음에 나오는 제자의 길은 우리의 십자가를 지고 주님을 따르는 것입니다. 그것은 평생 지속이 되는 것입니다.

구원은 영원한 생명을 얻는 것이고 제자의 길은 영원한 보상을 얻는 것입니다. 우리 하나님은 공정한 분이기 때문에 사도 바울과 제게 똑같은 보상을 주시지 않습니다. 그러면 어떻게 공정하겠습니까? 사도 바울은 수만 킬로미터를 목숨의 위협을 무릅쓰고 돌아다니면서 복음을 선포했습니다. 그런 분과 비교해서 저는 감히 내세울 것이 없습니다. 그러므로 그분이 받을 보상과 제가 받을 보상은 차이가 있어야 합니다. 모두 같은 보상을 받는다면 그것은 공산주의입니다. 그러나 하나님은 공산주의의 하나님이 아닙니다. 그분은 심는 대로 거두게 하시는 공정한 분입니다. 그러니까 모든 그리스도인의 보상이 다 다릅니다. 이처럼 보상을 얻는 것이 제자의 길입니다.

구원은 유일한 사건입니다. 인생에서 단 한 번 일어나는 사건입니다. 반면에 제자가 되는 것은 평생토록 우리 자신을 쳐서 우리의 십자가를 지고 신실하게 하나님을 따르는 것이기 때문에 일생의 과정입니다.

2. 구원 관련 질문

이제는 구원과 관련된 질문들을 몇 가지 살펴보겠습니다.

1. 구원받은 날짜를 알 수 있는가?

구원과 관련해서 사람들이 가장 많이 질문하는 것 중에 하나는 "구원받은 날짜를 알 수 있습니까?"라는 것입니다. 이에 대한 저의 대답은 "아는 사람도 있고 모르는 사람도 있다."입니다. 지금까지 저는 한국과 미국의 여러 교회를 다녀봤습니다. 그런데 교회마다 어떤 문화가 형성되어 있음을 보곤 합니다. 예수님을 믿는 것이 문화가 되면 많은 경우 아주 악한 일이 발생합니다. 그런 문화 중에 하나가 사람을 만나자마자 구원을 체크하는 것입니다. 어느 교회에 가면 가자마자 "형제님, 언제 구원받았습니까?"라고 교인들이 대뜸 묻습니다. 이것이 그 교회의 문화입니다.

우리는 그런 문화를 만들면 안 됩니다. 성경에 어디 그렇게 하라고 씌어 있습니까? 새로운 사람을 만나자마자 "자매님, 언제 구원받았습니까?"라고 하는 것은 정상적이지 않습니다. "어디 사세요? 어떻게 이 교회에 오셨어요? 오늘 말씀과 교제가 은혜가 되었어요?"라고 묻는 것이 가장 합당한 일입니다. 인간적으로 이런 것들을 진심으로 물으면서 시간을 두고 서로 친해지는 가운데 "저는 이렇게 저렇게 해서 주님의 은혜로 구원받았습니다. 혹시 형제님은 구원받았습니까?"라고 자연스럽게 이야기가 나와야 합니다. 그런데 교회에 오자마자 "언제 구원받았습니까?"라고 다그치듯이 묻는 것은 무례한 일입니다. 이런 것은 그 교회 목사와 성도들의 수준을 말해 줍니다. 교회 다니는 사람들이 만들어 놓은 문화는 종종 사람을 죽입니다. 이런 문화가 교회에서 자라면 안 됩니다.

사실 이것 역시 구원에 대한 일반 교회들의 무관심에 대한 반작용으로 나타난 현상입니다. 요즘 교회에 가서 구원에 대해 목사나 성도들과 허심탄회하게 마음을 털어놓고 이야기하는 일은 하늘의 별 따기만큼 어렵습니다. 목사의 가장 큰 임무는 자기에게 맡겨진 양들의 구원을 확인하고 그들이 구원받도록 늘 관심을 쓰는 것입니다. 그런데 평생 교회를 다녀도 목사와 더불어 진지하게 구원 문제를 의논하는 성도들은 거의 없습니다. 이것 역시 한국 교회 목사들이 회개해야 할 큰 죄악입니다. 목사는 자기 교회를 찾는 사람들의 영혼의 최종 종착지가 어디인지 알려 주고 관심을 갖고 적당한 때에 구원 상담을 해 주어야 합니다.

구원받은 날짜를 알면 참 좋습니다. 이 세상을 살다 보면 여러 가지 어려운 일로 인해 구원받은 것에 대해 의심이 생기는 때가 많습니다. 그런데 분명히 어느 날 구원받았다는 것을 확신하면 "나는 그날 분명히 구원받았어."라고 하면서 의심의 안개를 접고 앞으로 나갈 수 있습니다. 그런 점에서 설교 말씀을 듣고 목사의 초청에 진심으로 손을 들고 반응하여 앞으로 나가 구원을 고백하는 것이 장점이 될 수도 있습니다.

구원의 날짜를 아는 사람들은 대개 과거에 큰 죄악을 저질렀다가 하나님의 은혜를 발견하고 예수 그리스도를 영접한 사람들입니다. 그들에게는 거저 주어지는 구원의 은혜가 너무나 감격스럽기 때문에 대개 구원받은 날을 기억합니다. 그런데 어려서부터 부모 밑에서 늘 성경 말씀 읽으면서 자란 순진한 아이들은 대부분의 경우 구원 날짜를 모르고 또 모르는 것이 당연합니다.

저는 생일이 11월 16일입니다. 그것을 제가 어떻게 알았을까요? 제 부모님이 가르쳐 주셔서 알았습니다. 제가 그날 보지 않았습니다. 제가 말씀드리고자 하는 것은 구원 날짜를 아는 것은 참 좋은 것이지만 진짜로 하나님의 생명책에 기록된 구원의 날짜는 하나님만 아신다는 점입니다. 사람은 정확한 날을 모를 수 있고 또 모른다고 해도 아무 문제가 되지 않습니다. 지금 이 시간 예수님이 내 구원자요, 주님이면 구원의 날짜를 알고 모르고는 중요하지 않습니다.

또 어떤 사람들은 어떤 특정인이 자기를 구원하였다고 말합니다. 그러나 사실 목사가 설교해서 구원을 받았는지 혹은 그의 부모나 주변의 친구나 교회 성도들이 오랫동안 기도해서 기도의 응답으로 구원을 받았는지 아무도 모릅니다. 목사에게서는 아무 능력도 나오지 않습니다. 그는 단지 하나님의 말씀을 선포할 뿐이며 사람을 구원하는 것은 오직 성령님의 권능입니다.

하나님은 구원의 매개 인물에 관심이 없으십니다. 그러므로 우리가 그런 것을 알려고 할 필요가 없습니다. "지금 이 순간에 예수님이 내 안에 있는가? 지금 죽어도 주 예수님의 은혜로 100% 확실하게 천국에 갈 수 있는가?" 하는 것이 가장 중요한 이슈입니다.

위에서 저는 쓸데없는 교회 문화를 만들지 말라고 했습니다. 어느 모임에 갔더니 저보다 나이가 많은 사람이 자꾸 저를 형님이라고 불렀습니다. "정동수, 형님, 형님" 하는데 처음에는 귀를 의심했습니다. 그런데 계속 그러기에 "도대체 왜 자꾸 저보고 형님이라고 그럽니까? 제가 나이가 적은데요."라고 물었습니다. 그랬더니 "우리 모임에서는 나이가 많은 사람이 나이가 적은 사람을 형님이라고 부르기로 했습니다. 그것이 예수님처럼 남을 높여 주는 것이 아닙니까?"라고 말했습니다.

높여 주는 것은 좋지만 그것은 정신 나간 사람들이나 하는 일입니다. 그리스도인이면 정상적으로 살아야지 나이가 많은 사람이 나이가 적은 사람한테 형님이라고 하면 과연 전도가 되겠습니까?

이런 것들이 다 교회에서 발견되는 안 좋은 문화입니다. 사람들의 이런 전통과 문화는 교회를 세워 주지 않고 오히려 넘어뜨립니다. 그리스도인들은 사회 규범과 예절을 지키며 정상적으로 말하고 행해야 합니다. 이런 일들을 하면 어떻게 새로운 사람들이 그 교회에 가겠습니까? 새로운 사람들이 가면 얼마나 이상하게 보이겠습니까?

2. 구원은 특정 교회에서만 받는가?

이제는 구원받을 사람들에게 접근하는 방법의 다양성을 살펴보겠습니다. 구원을 강조하는 교회에 가면 자기들 교회나 자기들 교회와 연합하는 교회들 외의 다른 데서 구원받은 것을 인정하지 않는 경우가 많습니다. 이것은 한 마디로 "우리만 교회다."라고 주장하는 것입니다. 그래서 자기들의 교회에서, 자기들이 제시하는 방식으로 구원받지 않은 것은 구원으로 인정을 안 해 줍니다. 그러므로 이들은 "우리 교회에서 다시 구원 세미나를 듣고 침례를 받아야 합니다."라고 말합니다. 혹은 "우리 교회에서는 반드시 우리 목사님이 하는 6일간의 구원 코스를 들어야 구원받습니다."라고 말합니다. "아니 저는 이미 구원받았습니다."라고 말하면 "그래도 이것을 꼭 6일 동안 들어야 됩니다. 그래야 구원받습니다."라고 말합니다. 이것은 구원파라고 알려진 교회들의 구원 문화입니다. 교회당 문화가 만든 이런 유산들은 속히 버려야 합니다.

사복음서를 읽어보기 바랍니다. 예수님이 얼마나 다양한 방법으로 사람들에게 접근하셔서 그들을 구원하십니까? 수가성 여인을 만날 때 그 여인이 물 길러

나오는 것을 이용해서 구원하기도 하고, 니고데모와 같이 학식 있는 사람을 대할 때는 사람이 다시 태어나야 된다고 말씀하면서 구원하기도 합니다. 또 눈먼 사람의 눈을 고쳐주면서 그의 부모를 구원하기도 합니다. 삭개오 같은 사람은 돈 이야기를 통해서 구원하기도 합니다. 하나님의 영이 자유로운 영이라면 어떻게 특정 교회의 방법대로 그 교회가 정한 날수대로 그 목사에게 들어야만 구원받을 수 있게 하실까요? 세상에 그런 억지가 어디 있습니까? 그런 일은 있을 수 없습니다.

감리교 다니면서도 예수님을 신뢰하여 구원받을 수 있고, 장로교 다니면서도 동일한 예수님의 은혜로 구원받을 수 있습니다. 그런데 사실 사람은 교회에서 구원받지 않고 하나님의 말씀으로 구원받습니다. 하나님의 말씀으로 어느 날 어느 교회에 갔다가 혹은 공원 벤치에 앉아 있다가도 구원받습니다. 교회는 결코 사람을 구원할 수 없습니다. 물론 저도 아무도 구원할 수 없고 오직 하나님의 말씀만이 사람의 마음에 들어가서 사람을 변화시킵니다. 그러므로 이런 잘못된 문화나 틀은 다 가져다 버려야 합니다.

미국에 가면 '랜드마크 뱁티스트'(Landmark Baptist) 혹은 '뱁티스트 브라이드'(Baptist Bride)라 불리는 침례교인들이 있습니다. 이들은 침례받은 사람만 교회에 속한다고 주장합니다. 그것도 자기네 교회에서 받은 침례라야만 한다고 주장합니다. 그들은 자기들만 예수님의 신부라고 하고 자기들만 휴거받는다고 합니다. 이런 교회에서는 누가 다른 교회에서 오면 자기 교회에서 다시 침례받으라고 합니다. 그러나 이런 것은 성경에 나와 있지 않은, 사람의 유물입니다.

이론적으로는 구원받고 교회에 안 다녀도 됩니다. 그래도 영원히 하나님의 자녀입니다. 그런데 현실적으로는 이 일이 조금 불가능합니다. 하나님의 영이 들어가면 하나님의 영이 있는 사람들을 찾아다니게 되어 있기 때문입니다. 성도와 교회는 지남철과 쇠와의 관계로 볼 수 있습니다. 그래서 구원받으면 교회에 다니게 되어 있습니다.

교회의 형태는 다양합니다. 장로교도 있고 감리교도 있고 침례교도 있으며 교파마다 특별하게 강조하는 점들이 다릅니다. 물론 더 성경적인 교회도 있고 성경에서 먼 교회도 있습니다. 사실 하나님은 우리 한국 사람만의 하나님이 아닙니다. 영국 사람의 하나님도 되고 스페인 사람의 하나님도 됩니다. 그런데 각 나라의 민족성은 다 다릅니다.

우리나라의 경우에는 장로교가 가장 세력이 강합니다. 처음에 동시다발적으로 장로교 선교사들이 우리 땅에 많이 들어왔기 때문입니다. 또한 우리나라는 유교 전통이 강합니다. 그래서 위아래 서열을 대단히 중시합니다. 이처럼 유교 전통이 강하므로 할아버지도 형제, 아이도 형제, 목사도 형제, 집사도 형제라고 부르는 침례교회가 들어와 세력을 펴기에는 민족의 정서 측면에서 조금 어렵습니다. 지금부터 100년 전에 여섯 살짜리 아이가 할아버지한테 "형제님, 이것을 해 주시겠습니까?"라고 하면 교회가 되겠습니까? 힘들지 않겠습니까?

　나이가 들고 교회에 오래 다닌 분을 장로님으로 부르며 존경하는 장로교 체제라야만 우리나라에서 쉽게 교회를 형성할 수 있습니다. 그래서 감리교도 원래는 장로가 없는데 할 수 없이 장로 자리를 만들었습니다. 미국의 감리교회에 가 보기 바랍니다. 어디 장로가 있습니까? 그런데 심지어 한국에서는 침례교회도 이제는 장로 자리를 만들려고 합니다. 이것은 다 민족의 정신적 백그라운드 때문에 생기는 문화 현상입니다. 그래서 한국에서는 100년 전에 침례교회가 들어와서 자리 잡기는 쉽지 않았습니다.

　신약 성경에 따르면 예수님 안에서는 오직 한 세대밖에 없습니다(마1:1). 그래서 사도 바울이나 베드로나 루터나 무디나 목사나 집사나 아이나 어른이나 다 한 형제요, 자매입니다. 한 아버지 밑에 있는 자들은 다 형제요, 자매입니다. 이것은 너무나 당연한 성경의 진리입니다.

　그런데 지금 한국에서 아이들이 목사에게 다가와 "형제님! 이렇게 해 주세요."하면 이론적으로는 맞지만 현실에서는 수용하기가 힘든 것이 사실입니다. 그렇기 때문에 하나님은 각 민족의 특색에 맞도록 거기에 맞는 교파가 흥행할 수 있도록 허용해 주셨습니다. 이 말은 하나님이 그런 교파들의 모든 것을 좋다고 인정하셨다는 것이 아닙니다. 다만 사람의 자유 의지를 존중하면서 민족의 특성에 따라 특정 교파가 그 민족 가운데 자리를 잡게 허용하셨다는 말입니다.

　그래서 스코틀랜드 같은 데는 장로교회, 미국 같은 데는 자유가 넘치니까 침례교회가 번창하게 허용하셨습니다. 사실 미국에서는 침례교회 외에는 교회가 잘 안 됩니다. 그들은 처음에 다 아메리카 신대륙에 가서 종교와 양심의 자유를 추구하던 사람들입니다. 그런데 그런 사람들에게 구약 시대의 유물인 장로 계급 체계를 세우려고 하면 되겠습니까? 그래서 장로교는 미국에서 잘 안 됩니다.

　또한 장로교, 감리교 등은 총회장, 노회장, 감독 등이 위에서 지시를 내리는 시스템입니다. 이것은 천주교의 교황 제도를 조금 바꾼 것입니다. 또한 장로교, 성공회, 루터교 등은 모두 국가 종교 시스템입니다. 그래서 이런 교파들은 원래부터 유럽에서 양심과 종교의 자유를 인정하지 않았습니다. 따라서 이런 교파 시스템은 처음부터 아메리카 신대륙의 정서와 맞지 않았습니다. 그래서 미국 사람들은 자연스레 장로교나 감리교 혹은 루터교나 천주교를 떠나서 신약 성경의 원리를 따르는 침례교를 선호하게 되었습니다. 침례교가 사람이 만든 교파들 중에 가장 성경적인 교회요, 민주주의 회중 교회였기 때문입니다.

　결론적으로 누가 와서 "우리만 교회다. 우리 교회 방식대로만 구원을 받아야 한다."라고 주장하면 그 사람을 멀리 해야 합니다. 이것은 모든 이단 종파의 두드러진 특징입니다. 저는 침례교회가 성경에 가장 가깝다는 것을 확신 있게 말할 수 있습니다. 그럼에도 불구하고 누가 "침례교회만 교회입니다."라고 하면 거기에 동의할 수 없습니다.

　구원받은 이후에 성경에 가장 근접한 교회를 찾아야겠다고 생각하면 일단 교단에 속하지 않은 독립 교회를 찾기 바랍니다. 그리고 독립 교회 중에서도 킹제임스 성경을 쓰는 침례교회를 찾기 바랍니다. 하지만 이런 교회 역시 '완벽한 교회'는 아닙니다. 다만 성경에 가장 근접한 교회의 모델이라고 할 수 있습니다.

3. 구원받을 자는 이미 정해져 있는가?

　다음에 고려할 것은 극단적 칼빈주의에서 나온 예정론 문제입니다. "같이 교회 갑시다."라고 이야기하면 "교회 가서 뭐해요? 구원받을 사람은 이미 다 정해져 있고 지옥 갈 사람도 다 정해져 있는데 교회 간다고 구원받겠습니까?"라고 말하는 사람들이 있습니다. 사실 이런 분이 꽤나 많습니다. 그들은 태어나기도 전에 하나님이 천국 갈 사람들과 지옥 갈 사람들을 정해 놓았다는 이야기를 이전에 교회에서 들은 적이 있습니다. 그러니까 "교회에 간들 구원받겠습니까?"라고 말합니다.

　극단적 칼빈주의의 예정론 혹은 운명론적 이중 예정론이라는 것은 세상의 창건 이전에 이미 사람의 운명이 결정되어 있다는 주장입니다. 지금부터 약 500년 전에 칼빈이라는 프랑스 사람이 스위스의 제네바라는 도시에 구약 시대의 신정 통치 교회 왕국을 세우려 했습니다. 이것은 형태만 다를 뿐 천주교회의 교황 시스템과 거의 유사한 것입니다. 그리고 그는 장로교회 혹은 개혁교회의 교황이 됐습니다.

　칼빈은 이처럼 신정 독재 통치를 하면서 당회 제도라는 것을 통해 시의회를 동원하여 자기 말을 듣지 않는 사람은 다 죽이거나 벌을 주는 악독한 일을 했습니다. 이러한 신정 국가 체제를 확립하기 위해 세운 것이 바로 그의 교리 체계였습니다. 따라서 이 같은 칼빈주의를 따르면 하나님에 대해서 사람들이 오해하게 됩니다. "아니 하나님은 공의로운 분이라고 하면서 태어나기도 전에 천국 갈 사람을 정하고 지옥 갈 사람을 정하면 그렇게 극악무도한 하나님이 어디 있냐?"라는 말이 나오게 되어 있습니다. "나는 교회에 속해 있으니까 이미 예정된 것 아닙니까?"라고 생각하는 사람은 괜찮을지 모르지만 천국 갈 것으로 예정받지 못한 사람들의 입장에서 보면 하나님은 극악무도한 분이 되고 맙니다.

그런데 성경의 하나님은 그런 하나님이 아닙니다. 성경의 하나님은 공의의 하나님입니다. 성경에 나와 있는 예정과 선택은 하나님의 미리 아심에 근거한 '예지 예정'입니다. 이것은 모든 것을 아시는 하나님이 미리 미래를 내다보시고는 하나님의 구원 초청을 받아들일 사람을 천국으로 정하시고 그렇지 않을 사람을 지옥으로 정하신다는 것입니다. 그러므로 하나님은 모든 사람에게 구원 초청을 하지만 천국과 지옥을 정하는 것은 각 사람의 몫이라는 것입니다. 신약 성경은 '예지 예정'을 가르칩니다.

베드로전서 1장 2절을 보겠습니다.

곧 하나님 아버지의 <u>미리 아심에</u> 따라 성령의 거룩히 구별하심을 통해 순종함과 예수 그리스도의 피 뿌림에 이르도록 선택받은 자들에게 *편지하노니* 은혜와 화평이 너희에게 더욱 많이 있기를 원하노라.

성경을 보니 하나님이 어떻게 사람을 선택하여 피 뿌림 즉 구원에 이르게 한다고 합니까? '미리 아심을 통해서' 하신다고 합니다. 하나님은 우리가 태어나기도 전에 우리가 어디로 갈지 아십니다. 전지하신 분이기 때문입니다. 홍길동이라는 사람이 태어나기 전에 하나님은 예수 그리스도의 복음이 홍길동에게 전달될 때 그가 마음 문을 열고 "옳은 말씀이구나!" 하고 그것을 받아들이면서 "저는 예수님만 의지합니다."라고 고백하는 것을 미리 보십니다. 그리고는 홍길동을 구원받을 자로 선택하십니다. 즉 그분은 사람의 자유 의지를 존중하셔서 그가 예수님을 택하는 것을 미리 보고 그를 구원받을 자로 미리 정하십니다. 이렇게 예정하는 것이 '예지 예정'입니다.

한편 어떤 사람들의 경우에는 하나님이 미리 보았는데 그 사람들이 계속해서 복음을 듣고도 죽을 때까지 복음을 받아들이지 않습니다. 그래서 하나님은 그들의 선택에 따라 그들이 지옥에 가도록 미리 정하십니다. 그러므로 사람이 태어나기도 전에 하나님이 미리 사람의 운명을 정해 놓는 일은 결코 없습니다. 그래서 사람이 안 믿으려고 필사적으로 노력해도 불가항력적인 은혜로 하나님이 믿게 해 주고 또 어떤 사람이 믿으려 해도 하나님이 못 믿게 하는 일은 성경에 없습니다. 그런 하나님은 악독한 하나님이며 성경의 하나님이 아닙니다. 성경의 하나님은 사람의 자유 의지를 존중하시는 인격적이고 상식적인 하나님입니다.

하나님이 저와 여러분을 불러 주셔서 성도가 되게 하시는 것도 하나님의 미리 아심에 따른 것입니다. 로마서 8장 29-30절에도 동일한 내용이 기록되어 있습니다.

하나님께서 자신이 <u>미리 아신 자들을</u> 또한 예정하사 자신의 아들의 형상과 같은 모습이 되게 하셨나니 이것은 그분이 많은 형제들 가운데 처음 난 자가 되게 하려 하심이니라. 그뿐만 아니라 하나님께서는 자신이 예정하신 그들을 또한 부르시고 자신이 부르신 그들을 또한 의롭다 하시고 자신이 의롭다 하신 그들을 또한 영화롭게 하셨느니라.

사람의 운명에 관해 가장 먼저 나오는 것은 하나님의 '미리 아심' 즉 예지입니다. 그래서 하나님은 이렇게 구원을 선택하는 자들을 미리 아시고 그들을 택하신 뒤 그들을 불러주시고 그들을 의롭다 하시고 그들을 영화롭게 하십니다. 태어나기도 전에 "너는 천국행, 너는 지옥행!" 하고 선언하는 하나님은 성경의 하나님이 아닙니다.

사실 칼빈주의의 이 극단적 예정론으로 인해 몇백 년 동안 하나님의 복음이 전파되지 못했습니다. 구원받을 자와 받지 못할 자가 이미 정해져 있는데 전도와 선교가 무슨 필요가 있겠습니까?

그러므로 누구든지 주님의 이름을 부르는 자는 구원받습니다(롬10:13).

4. 아이들이 죽으면 어떻게 되는가?

하나 더 설명하겠습니다. "아이들은 어떻게 구원받습니까?"라고 묻는 분들이 많습니다. 조그만 아이들이나 정신 지체아 같은 아이들이 죽으면 어떻게 될까요? 천주교에서는 아이들이 죽으면 뜨거운 지옥에서 가장 서늘한 곳인 림보에 간다고 말합니다. 그런데 림보가 어디 있느냐고 물으면 모른다고 말합니다.

그러나 성경은 그렇게 이야기하지 않습니다. 마태복음 18장 3절을 보겠습니다.

[예수님께서] 이르시되, 진실로 내가 너희에게 이르노니 너희가 회심하여 어린아이들과 같이 되지 아니하면 하늘의 왕국에 들어가지 못하리라.

이 말씀에 따라서 어린아이들은 회심할 필요가 없습니다. 어른은 회심하면 어린아이들처럼 됩니다. 그러니까 그런 아이들이 죽으면 천국에 갑니다. 그래서 성경은 선과 악을 구별할 나이가 되어 복음이 제시될 때 그 복음을 충분히 이해하고 깨달아서 예수님을 구원자로 영접할 수 있을 때가 되기 전에 아이들이 죽으면 하나님이 그들을 자신의 품에 받아 주신다고 말합니다. 선과 악을 구별하여 <u>스스로 구원 문제를 판단할 수 있는 능력</u>을 영어에서는 '회계 보고할 수 있는 능력' 즉 '어카운터빌리티'(Accountability)라고 합니다.

사무엘기하 12장 23절에 가서 보시면 다윗이 밧세바와 동침해서 낳은 아이가 죽습니다. 그러니까 다윗이 뭐라고 이야기합니까? "나는 그 아이에게로 갈 수 있지만 그 아이는 다시 내게 올 수 없다."고 말합니다. 다윗은 죽어서 그 아이에게로 간다고 말합니다. 다윗이 죽으면 어디로 갑니까? 궁극적으로 천국에 가지 않습니까? 그러면 아이는 어디로 갔습니까? 천국으로 갔습니다. 그래서 정신 활동을 제대로 하지 못하는 정신 박약아나 어린아이들은 죽으면 하나님의 은혜로 천국에 직통으로 갑니다.

또 어떤 이들은 우리가 죽으면 천국에 가기 전에 무슨 대피소 같은 데 들렀다가 나중에 천국에 간다고 합니다. 그러나 성경은 그렇게 말하지 않습니다. 성도가 지금 이 시간 죽으면 곧바로 주님과 함께 있습니다. 빌립보서 1장과 고린도후서 5장을 살펴보기 바랍니다.

그러나 내가 육체 안에 산다면 이것은 내 수고의 열매이니라. 그럼에도 내가 무엇을 택할지 알지 못하노니 이는 <u>떠나서 그리스도와 함께 있기를</u> 바라며 내가 둘 사이에 끼어 있기 때문이라. <i>떠나는 것</i>이 훨씬 더 좋으나 그럼에도 불구하고 육체 안에 거하는 것이 너희를 위해 더 필요하니라(빌1:22-24).

내가 말하노니 우리는 확신에 차 있으며 오히려 <u>몸을 떠나 주와 함께 있기를 원하노라</u>(고후5:8).

믿는 성도가 죽으면 곧바로 주님과 함께 있습니다. 우리 주님이 지금 어디 있습니까? 천국에 있습니다. 그래서 믿는 사람은 죽어서 즉시 천국에 가고, 믿지 않는 사람은 죽는 순간에 땅속에 있는 지옥으로 가는 것이 성경에 나와 있는 하나님의 말씀의 진리입니다.

5. 조선 시대 사람들은 어떻게 되는가?

이제 마지막으로 이교도들의 구원에 대해 잠시 살펴보겠습니다. "이순신 장군이나 세종대왕은 어떻게 됩니까?"라고 묻는 사람들이 의외로 매우 많습니다. "이순신 장군 같은 이교도 불신자들은 복음을 전혀 들어 본 적이 없는데 그래도 지옥에 던져질까요? 그렇다면 그것이 공정하다 할 수 없지 않습니까?"

그러나 하나님께서는 이런 질문에 대해 우리에게 답변해 주십니다.

이는 하나님께서 사람들을 외모로 판단하지 아니하시기 때문이니라. 율법 밖에서 죄를 지은 자들은 또한 다 율법 밖에서 멸망하고 율법 안에서 죄를 지은 자들은 다 율법으로 심판을 받으리니 (이는 율법을 듣는 자들이 하나님 앞에서 의롭지 아니하고 율법을 행하는 자들이 의롭다고 인정받을 것이기 때문이라. 율법을 소유하지 않은 이방인들이 본성에 따라 율법 안에 들어 있는 것들을 행할 때에 이들은 율법을 소유하지 않아도 <i>자기가</i> 자기에게 율법이 되나니 이들은 또한 자기 양심이 증언하며 자기 생각들이 서로 고소하거나 변명하는 가운데 자기 마음속에 기록된 율법의 행위를 보이느니라.) *이런 심판은* 하나님께서 나의 복음대로 예수 그리스도를 통해 사람들의 은밀한 것들을 심판하실 그날에 *이루어지리라*(롬2:11-16).

하나님은 이교도들에게 양심이 있으며 그 양심이 그들 마음에 새겨진 율법이라고 말씀하십니다. 우리의 창조주께서 그것을 그들의 마음에 심으셨습니다. 그래서 양심은 이교도들이 유죄임을 증언하면서 그들 스스로 자신들에게 율법이 되도록 합니다. 그러므로 복음 없이 죄를 범한 많은 사람들은 또한 복음 없이 멸망할 것입니다!

"그렇지만 과연 하나님께서 빛을 받지 못한 사람을 지옥으로 보내실까요?"라고 묻는 사람도 있습니다. 그런데 실제로 빛을 받지 못한 사람은 하나도 없습니다.

그분 안에 생명이 있었고 그 생명은 사람들의 빛이더라. 그 빛이 어둠 속에서 비치되 어둠이 그것을 깨닫지 못하더라. 하나님께서 보내신 사람이 있었는데 그의 이름은 요한이더라. 바로 그가 그 빛에 대해 증언하려고 증인으로 왔으니 이것은 모든 사람들이 자기를 통해 믿게 하려 함이라. 그는 그 빛이 아니요 그 빛에 대해 증언하도록 보내어진 자더라. <u>그것은 세상에 들어오는 모든 사람을 비추는 참 빛이었느니라</u>(요1:4-9).

하나님의 진노가 불의 안에서 진리를 붙잡아 두는 사람들의 하나님을 따르지 않는 모든 것과 불의를 대적하여 하늘로부터 계시되었나니 이는 하나님을 알 만한 것이 그들 속에 분명히 드러나 있기 때문이라. 하나님께서 그것을 그들에게 보이셨느니라. 그분의 보이지 아니하는 것들 곧 <u>그분의 영원하신 권능과 신격은 세상의 창조 이후로 분명히 보이며 만들어진 것들에 의해 이해될 수 있으므로 그들이 변명할 수 없느니라</u>(롬1:18-20).

하나님은, 하나님이 존재하시며 그분이 의로우시고 사람들은 불의하다는 진리를 충분히 알 만한 빛을 모든 사람에게 주셨습니다(롬1:18). 그래서 성경은 사람의 불의를 대적하시는 하나님의 진노가 사람들 안에 분명히 나타났다고 기록합니다. 또한 성경은 그것이 그들의 가슴에 새겨져 있다고 말합니다.

비록 하나님은 보이지 않지만 사람들은 하나님께서 만드신 창조 세계를 봄으로 하나님께서 존재하심을 분명히 압니다. 또한 사람들은 하나님이 영원토록 능력이 있으시며 삼위일체라는 것을 압니다. 성경이 없이도 누구나 이런 것을 알 수 있습니다. 기독교를 부인하는 모든 이방 종교 역시 영원한 능력을 지닌 절대자를 인정합니다. 그리고 이상한 일이지만 기독교를 부인하는 종교들 중 대부분은 삼위일체 하나님의 모습과 비슷한 신을 숭배해 왔습니다. 단지 여호와의 증인들과 몰몬 교도들과 현대주의자들과 같은 아주 저속한 이교도들만 삼위일체 하나님을 단호히 부인합니다.

하나님은 모든 사람에게 충분한 빛을 주셨고 만일 사람이 그 빛을 따르면 그에게 좀 더 많은 빛을 주시겠다고 분명히 말씀해 주셨습니다. 즉 만일 사람이 자기가 받은 그 빛을 따른다면 주님은 그 사람에게 더 많은 빛을 주실 것입니다.

또 너희가 너희 마음을 다하여 나를 찾을 때에 나를 구하겠고 나를 만나리라(렘 29:13).

"그러나 하나님께서 그리스도의 이름이 전해지지 않은 정글이나 외딴 섬이나 멀리 떨어진 산에 살던 사람들에게 지옥 형벌을 선고하시는 것은 불공평하지 않습니까?"라고 반박하는 사람도 있습니다. 요한복음 1장 9절과 예레미야서 29장 13절을 다시 읽어 보기 바랍니다. 만일 외딴 지역의 사람들이 하나님께서 그들에게 주신 빛을 진심으로 좇았다면, 불가능한 일이 없으신 하나님께서는 어떤 방법으로든 그들에게 구원을 허락하는 복음을 보내셨을 것입니다. 그래서 의로우신 하나님은 "그들이 변명할 수 없다."(롬1:20)고 말씀하십니다. 의로우신 하나님은 결코 불의를 행하지 않을 것입니다.

따라서 조선 시대 사람이든, 아마존 강이나 아프리카의 미개인이든 어떤 이교도든지 하나님이 허락하신 일반 계시 - 창조 세상이나 양심 - 를 보고 반응하여 창조주 하나님을 찾고자 하면 하나님이 반드시 구원받을 길을 예비해 주십니다. 그러나 일반 계시라는 그 빛에 반응하지 않는 경우 더 큰 빛을 주지 않습니다. 비록 그들이 지옥에 간다 해도 하나님을 불의하다고 비난하지 못합니다. 하나님께

그리스도 밖에서
구원받지 못한 사람

불의한 자
"의로운 자는 없나니
단 한 사람도 없으며"
(롬3:10)

그리스도 안에서
구원받은 사람(고후5:17)

그리스도 안에서 의로운 자
"그것은 곧 예수 그리스도의 믿음에 의해
모든 자들에게 미치고 믿는 모든 자들 위에
임하는 하나님의 의니 이는 그 의에 차별이 없기
때문이라."(롬3:22)

서 자신을 알 수 있는 빛을 그들 모두에게도 허락하셨기 때문입니다.

8장
구원 요약

위에서 우리는 구원과 관련된 여러 요소들을 살펴봤습니다. 이번 장에서는 사람의 영혼 구원에 대해 요점 정리를 하려 합니다.

1. 창조주 하나님

미국의 유명한 링컨 대통령은 이렇게 말했습니다.[1]

사람이 세상을 보고서 무신론자가 되는 것은 가능하다고 본다. 그러나 하늘을 보고서 어떻게 하나님이 없다고 말할 수 있는지 도무지 이해가 안 된다.

사람이 구원받기 위해서는 먼저 하나님이 존재한다는 것을 인지해야 합니다. 이것이 구원의 첫째 초석입니다.

우리가 고고학자가 되어 일단의 조수들을 데리고 중남미 과테말라의 정글을 터벅터벅 걷고 있다고 가정해 봅시다. 우리는 빽빽한 초목을 칼로 베어 겨우겨우 길을 열어 가면서 마야 문명의 유적이 있다고 확신하는 지점을 향해 나아가고 있습니다. 정글의 뜨거운 열기와 뱀과 모기와 온갖 벌레들이 진로를 방해합니다. 눈은 따끔거리고 발바닥은 타는 듯이 뜨겁고 온몸의 근육이 쑤십니다. 그래도 우리는 100년도 더 된 덩굴을 헤치고 정글을 빠져나갑니다.

그렇게 어느 지점에 이르자 마치 정글 바닥에서 엄청나게 커다란 녹색 다이아몬드가 불쑥 솟아오르는 것처럼 열대의 덤불에 덮인 거대한 피라미드가 모습을 드러냅니다. 마야 유적이 있을 거라고 우리가 확신했던 지점이 분명합니다. 우리는 즉시 캠프를 설치하고 발굴 작업을 시작합니다. 그리고 몇 년 동안 탐사와 발굴이 진행됩니다. 이제 모험이 시작된 것입니다.

그런데 그곳에 마야 유적지가 있다는 것을 우리는 어떻게 알았을까요? 탐사를

---

[1] 이번 장에서 '창조주 하나님' 부분은 「하루 만에 꿰뚫는 기독교 진리」(맥스 앤더스, 지음, 규장 출판서)에서 인용하였다.

시작하기 얼마 전, 우리는 비행기를 타고 과테말라 정글 상공을 날다가 바닥이 정사각형 모양으로 이루어진 둔덕을 발견했습니다. 순간 우리는 어떤 지적 존재가 의도적으로 그것을 만들었음이 분명하다는 결론을 내렸습니다. 자연은 바닥이 정사각형으로 이루어진 둔덕을 만들어 내지 못하기 때문입니다. 그래서 즉시 그 지점의 위도와 경도를 기록하여 탐사에 착수했던 것입니다.

왜 우리가 하나님을 믿으려 할까요? 중앙아메리카 정글 한가운데 고대 마야 문명의 유적지가 있을 것이라고 우리가 믿었던 것과 같은 이유 때문입니다. 목적과 의도가 있는 것처럼 보이는 어떤 것을 발견했을 때에는 그 이면에 '지적 존재'가 있을 것이라고 추정하는 것이 합당합니다. 우주에는 존재 목적이 있습니다. 우주 자체가 그 이면에 '지적 존재'가 있음을 명백히 드러냅니다.

이제부터 하나님을 믿어야 하는 몇 가지 타당한 이유를 제시하겠습니다.

첫째 이유: 모든 결과에는 원인이 있다.

이것은 모두가 다 아는 것 아닙니까? 실로 하나님은 우주의 존재를 해명하기에 충분할 만큼 광대하시고 위대하신 유일한 '원인'이십니다. 히브리서 기자는 분명히 말했습니다.

이는 모든 집이 어떤 사람에 의해 지어지지만 모든 것을 지으신 분은 하나님이시기 때문이라(히3:4).

우리는 중앙아메리카 정글 한가운데에 바닥이 정사각형으로 된 둔덕이 있다는 사실에 대해 적절하게 설명을 해야 합니다. 우주에 대해서도 마찬가지입니다. 우주는 목적과 의도를 갖고 있는 것처럼 보입니다. 그렇다면 우주에 대해 어떻게 설명할 수 있을까요? 진화론은 지구의 생명체에 대해 하나님을 배제한 채 설명하지만 우주의 기원에 대해서는 아무 말도 하지 못합니다.

우리는 두 가지 입장 중 하나를 선택할 수 있습니다. 하나는 하나님께서 우주를 창조하셨다는 것입니다. 그러나 많은 사람들이 이러한 견해를 거부합니다. 다른 하나는 우주가 저절로 생겨났다는 것입니다. 그러나 이것은 명백히 불가능한 일입니다. 그러므로 '믿음을 요구한다'는 관점에서 보았을 때, 하나님께서 우주를 창조하셨다고 믿는 것보다 우주가 저절로 생겨났다고 믿는 것이 훨씬 더 큰 믿음을 요구합니다. 그렇지 않습니까?

둘째 이유: 지적 창조자의 존재

우주의 질서와 목적은 그 이면에 지적인 창조자가 있다는 것을 암시합니다.

바울은 로마서에서 이렇게 말합니다.

그분의 보이지 아니하는 것들 곧 그분의 영원하신 권능과 신격은 세상의 창조 이후로 분명히 보이며 만들어진 것들에 의해 이해될 수 있으므로 그들이 변명할 수 없느니라(롬1:20).

우주는 분명히 우리 눈앞에 있습니다. 그러므로 우리는 그 존재에 대해 설명하지 않을 수 없습니다. 그뿐 아니라 우주는 분명한 질서와 계획과 목적을 지니고 있습니다. 책상 위에 시계 부속이 난잡하게 어질러진 상태와 그 부속을 짜 맞추어 시계를 움직이게 하는 것의 차이를 생각해 보기 바랍니다. 난잡하게 어질러진 시계 부속들의 기원에 대해 설명해야 하는 것과 어떻게 그것이 정교하고도 절묘하게 조립되어 움직이는지 설명하는 것은 전혀 별개의 문제입니다.

우주는 우리 눈앞에 존재할 뿐 아니라 정밀한 시계처럼 움직입니다. 과테말라 정글의 정사각형 둔덕은 마야 문명을 암시합니다. 한편 우주는 하나님이 존재한다고 소리칩니다.

셋째 이유: 인간의 창조

인간은 하나님의 형상을 따라 만물의 영장으로 창조되었습니다. 이것이 하나님의 존재를 설명하는 셋째 이유입니다. 바울은 말합니다.

이들은 또한 자기 양심이 증언하며 자기 생각들이 서로 고소하거나 변명하는 가운데 자기 마음속에 기록된 율법의 행위를 보이느니라(롬2:15).

인간은 짐승과 다릅니다. 인간은 자신의 정체를 알고 싶어 합니다. 자신의 기원에 대해 알기를 갈망하고 자신의 미래에 대해 알기를 갈망하며 삶의 목적과 의미에 대해 알기를 갈망합니다. 인간은 다른 짐승보다 월등하고 다른 짐승보다 지적입니다. 양심을 갖고 있으며 영적인 세계를 느낍니다. 역사의 모든 문명은 종교를 갖고 있습니다. 그러나 짐승의 세계에는 이런 것들이 없습니다.

넷째 이유: 성경의 계시

성경은 자연과 인간을 정확히 보여 줍니다.

하늘들이 하나님의 영광을 밝히 드러내고 궁창이 그분의 손으로 행하신 일을 나타내는도다(시19:1).

성경은 과학 교과서가 아닙니다. 그러나 성경이 진리라면 과학과 모순되지 말아야 합니다. 그리고 성경은 결코 과학과 모순되지 않습니다. 사실 현대 과학의 토대가 된 것은 성경입니다. 저 우주에는 분명히 어떤 의미가 있다고 믿는 사람들만이, 우주는 예측 가능한 법칙에 의해 통제되고 있다고 믿는 사람들만이 우주를 연구하려는 노력을 경주할 것입니다. 성경은 현대 과학자들에게 이러한 확신을 제공합니다.

시편 19편 1절이 말하는 것처럼, 하나님께서는 우주를 정교하게 설계하심으로써 그것이 하나님을 나타내도록 하셨습니다. 사도 바울은 로마서 1장 18-20절에서 하나님께서 자연과 우리의 내적인 직관적인 인식력을 통해 자신을 우리에게 알리셨다고 말했습니다. 우리의 경험이 사실을 입증합니다. 밤하늘에 광대하게 펼쳐져 있는 별들을 보면 직관적인 생각이 몽실몽실 피어오릅니다.

"하나님이 계신 것이 분명해!"

물질적인 것들에 관한 성경의 언급은 정확합니다. 그러므로 우리는 영적인 것들에 관한 성경의 언급도 정확하다고 믿을 수 있습니다. 그리고 성경은 하나님이 계시다고 분명히 말합니다.

우리는 하나님의 존재를 증명할 수 없습니다.

그러나 믿음이 없이는 하나님을 기쁘게 할 수 없나니 그분께 가는 자는 반드시 그분께서 계시다는 것과 또 그분께서 부지런히 자신을 찾는 자들에게 보상해 주는 분이시라는 것을 믿어야 하느니라(히11:6).

유한한 인간은 무한한 하나님의 존재를 증명할 수 없습니다. 히브리서 기자가 지적했듯이 하나님의 존재는 '증명할' 문제가 아니라 '믿어야 할' 문제입니다. 그러나 우리는 하나님을 발견할 수 있습니다. 시험관이나 컴퓨터 자료를 조사하는 실험실에서는 하나님을 발견할 수 없지만 자연과 역사의 법정에서는 하나님을 발견할 수 있습니다. 자연과 역사의 법정에는 하나님의 존재를 보여 주는 증거들, 이성적인 의심을 압도할 증거들, 방자한 인간의 마음을 설득하여 이성의 의심을 떨치도록 하는 증거들이 충분히 널려 있습니다.

물론 어떤 사람이 하나님의 존재를 믿기를 원치 않는다면 그 사람은 믿지 않을 이유를 찾을 것입니다. 그러나 하나님의 존재를 부정할 만한 증거는 충분지 않습니다. 따라서 불신은 곧 또 하나의 믿음이 됩니다. 하지만 어떤 사람이 하나님의 존재를 믿기를 원한다면 그 사람은 믿을 만한 근거를 발견할 것입니다.

하나님의 존재를 믿을 만한 논리적, 철학적 근거들은 충분히 많습니다. 뿐만 아니라 진화론이 우주의 복잡함을 설명하기에는 부족하다는 사실을 암시하는 강력한 물질적 증거 역시 수도 없이 많습니다.

현대의 유능한 과학자 가운데에도 진화론에 의심을 제기하는 사람들의 숫자가 계속 증가하고 있습니다. 그에 반해, 진화론이 우주를 설명하지 못한다는 점에 동의하지만 유일한 대안인 창조론이 자기 입에 맞지 않아, 진화론이 과학적으로 가능하지 않은 것을 알면서도 이를 믿으려 하는 사람들도 상당수 존재합니다.

우리는 무엇을 믿든지 믿음으로 믿습니다. 하나님을 믿는 것도 믿음으로 믿는 것이며 하나님을 믿지 않는 것도 믿음으로 믿지 않는 것입니다. 그러므로 중요한 질문은 "내가 믿음을 갖고 있나, 그렇지 않은가?"가 아니라 "진화론을 믿을 것인가, 하나님을 믿을 것인가?"입니다.

왜 하나님의 존재를 믿을까요? 오직 하나님만이 우주의 존재에 대한, 그 정교함과 광대함과 목적과 설계에 대한, 인간의 독특함에 대한 가장 설득력 있는 설명이 될 수 있기 때문입니다.

2. 구원의 필요성

이제 구원의 필요성을 살펴보겠습니다. 모든 물건에는 메이커가 있습니다. 여러분이 가지고 있는 펜, 모자, 마이크, 책 등을 보십시오. 모두 메이커가 있습니다. 그런데 메이커는 자기가 원하는 대로 만들어지지 않은 물건들을 판단해서 폐기 처분합니다. 즉 설계가 있고 이것에 따른 제품이 있으며 또 반드시 제품을 판단해서 폐기 처분하는 일이 있습니다. 생산업자라면 누구나 이 일을 합니다. 이와 마찬가지로 기독교에서는 사람을 만든 메이커가 있다고 말합니다. 그러니까 이 세상의 다른 모든 종교와 달리 우리 기독교는 창조와 심판을 가르치는 믿음 시스템입니다.

한번 생각해 보시기 바랍니다. 하찮은 물건에도 다 메이커가 있는데 물건을 설계하고 제작하는 고등 존재인 사람이 아무 설계 없이 그냥 흙에서 생긴다고 믿는 것은 불가능합니다. 물론 대부분의 사람들은 이런 불가능을 믿고 있습니다.

아이작 뉴턴(Isaac Newton)이라고 하는 훌륭한 과학자가 있었는데 그에게는 하나님을 믿지 않는 친구가 있었습니다. 뉴턴은 하나님의 말씀을 따라 과학을 추구하면서도 하나님의 말씀을 따라 모든 것이 성경에 기록된 그대로 창조됐다고 하는 것을 믿고 있었는데 그 친구는 그것을 믿지 않았습니다. 그래서 뉴턴이 하나님이 하늘에 해와 달과 별들을 창조하셨다고 하니까 그 친구는 "그런 것들이 그냥 생기지 어떻게 설계가 되었겠어."라고 반박을 했습니다.

어느 날 뉴턴은 그 친구를 집으로 초대했습니다. 초대하기 전에 그는 자기 집에 태양을 중심으로 한 행성들을 쭉 만들어서 전시를 했습니다. 초대받은 그의 친구가 집에 와서 그것을 보고 "자네 이것을 어떻게 이렇게 멋있게 만들었나? 아주 훌륭한데."라고 말했습니다. 그래서 뉴턴이 말했습니다. "아 그것들은 그냥 생겼어. 그냥 생겼다니까. 하늘에서 그냥 뚝 떨어졌다니까." 그랬더니 이 친구가 말했습니다. "자네 미쳤어? 어떻게 이런 것들이 그냥 생겨? 누가 만들었지." 그랬더니 뉴턴이 이렇게 말했습니다. "자네는 하늘의 저 별들이 다 그냥 생겼다면서? 달이고 태양이고 다 그냥 생겼다면서. 이 땅에 있는 조그만 것들도 다 만들어야 생기는데 어떻게 그런 것들이 그냥 생길 수 있어?"

성경은 하나님이 모든 사람을 창조했다고 말합니다. 따라서 사람을 만든 메이커가 그렇게 만들어진 사람 즉 자기가 만든 그 사람이 자신의 목적에 부합되는 삶을 살았는지 살지 않았는지를 판단하는 때가 반드시 있습니다.

이 세상에서 만든 모든 것도 부실한 것으로 드러나면 판단하는 때에 불에다 놓고 소각을 해서 폐기 처분합니다. 맞지 않습니까? 우리 하나님도 자신의 목적에 따라 살지 않은 부실한 사람들을 다 폐기 처분합니다. 그것을 성경은 지옥으로 보낸다고 말합니다.

구원받기 위해서는 먼저 구원의 필요성을 인지해야 합니다. 즉 내가 만들어진 존재인가 아닌가를 확인하고 내가 만들어진 존재임이 확실하면 심판을 받을 때가 있다는 것을 알아야 합니다. 메이커의 목적에 따라 살지 않은 사람은 폐기 처분돼서 소각이 되는 때가 있다는 것을 알아야 합니다. 그러니까 구원받기 원하는 사람은 무엇보다 먼저 "나는 어디에서 왔는가? 하늘에서 뚝 떨어졌는가? 돌덩어리에서 나왔는가? 원숭이에게서 나왔는가? 아니면 정말 나를 만드신 창조주가 있는가?"라는 것에 대해 깊이 뼈저리게 생각을 해봐야 합니다.

3. 구원의 방해물

그다음으로 살펴볼 것은 구원에 방해물이 있다는 것입니다. 사람이 기계를 만들어 물건을 만들 때에는 꼭 불량품이 생깁니다. 이런 불량품은 대개 사람의 실수로 생깁니다. 사실 이 과정 속에서 물건은 아무것도 못하는 수동적인 존재입니다. 그런데 하나님이라는 메이커는 사람을 이와 같은 수동적 존재로 만들지 않았습니다. 또한 하나님은 처음부터 사람을 불량하게 만들지 않았습니다. 사람과 물건의 차이는 무엇일까요? 사람에겐 자유 의지가 주어졌다는 점입니다. 하나님의 가장 큰 선물이 자유 의지입니다. 그래서 자유 의지를 주었기 때문에 모든 사람이 하나님의 뜻을 따르지 않겠다고 해도 하나님은 거기에 간섭을 안 하십니다. 그냥 폐기 처분만 하면 됩니다.

이제부터 구원의 방해물인 죄에 대해 말씀드리려 합니다. 하나님은 과녁에서 벗어난 것을 죄라고 말씀하십니다. 즉 하나님의 기준이라는 과녁에서 벗어난 것이면 다 죄입니다.

우리는 다 구구단을 배웠습니다. 그래서 '칠 곱하기 칠은 사십구'가 됨을 알 수 있습니다. 그런데 어떤 사람이 '칠 곱하기 칠은 오십'이라고 하면 어떨까요? 또 다른 사람이 '칠 곱하기 칠은 백'이라고 하면 어떨까요?

그러면 선생님이 둘 다 빵점을 주겠지요? '칠 곱하기 칠은 사십구'가 아니면 다 빵점입니다. 그런데 어떤 사람이 "나는 오십이라고 했으니 일만 틀렸고 저 사람은 백이라고 했으니 오십 일이 틀렸습니다. 그러니까 나는 구십 점을 주고 저 사람은 빵점을 주어야 하지 않습니까?"라고 하면 선생님이 무어라고 말할까요? 분명히 그럴 수 없다고 말할 것입니다. '칠 곱하기 칠은 반드시 사십구'가 되어야 합니다. 여기서 조금이라도 벗어나면 빵점을 맞습니다.

마찬가지로 하나님이 정해 놓으신 기준 과녁이 있습니다. 성경은 그것을 하나님의 영광이라고 말합니다. 그래서 조금이라도 하나님의 영광이라는 과녁에서 벗어나면 다 죄가 됩니다. 구구단의 경우와 똑같습니다. '칠 곱하기 칠'의 경우 답은 단 한 가지 즉 사십구밖에 없습니다. 49.1도 틀립니다. 49.000001도 틀립니다. 오직 유일한 답은 49입니다. 하나님이 사람에게 원하시는 것은 하나님의 영광에 이르는 삶을 살라는 것입니다. 여기서 벗어나게 되면 크게 벗어나든 작게 벗어나든 다 죄라고 성경은 말합니다.

따라서 이 세상의 모든 사람은 죄의 문제를 안고 있으므로 다 하나님의 영광에 이르지 못했습니다. 이런 차원의 죄가 없는 사람은 하나도 없습니다. 그래서 죄라고 하는 것이 구원을 받는 데 있어서 가장 큰 방해물이 됩니다. 사람으로 하여금 하나님의 본성에 참여하지 못하게 하기 때문입니다.

그러니까 구원을 다루면서 우리가 생각해 봐야 할 또 다른 것은 "나는 죄인인가, 아닌가?"라는 문제입니다. 자신이 죄인이라는 점을 뼈저리게 느껴야 구원을 받을 수 있습니다.

이제 죄에 대해서 다시 한 번 다른 각도에서 생각해 보겠습니다.

"당신은 죄인입니다."라고 말하면 많은 사람들이 "나는 큰 죄를 짓지 않았습니다."라고 말합니다. 사실 많은 사람들이 죄인이라는 말을 들을 때 죄인은 사악한 죄를 많이 지은 사람으로 생각합니다. 그래서 특히 마음이 착하고 선한 사람이 구원받기가 대단히 어렵습니다. 그들은 대개 "나는 죄를 지은 것이 별로 없다."고 말합니다. "저 사람은 저런 죄를 지었지만 나는 죄 지은 것이 별로 없다. 남에게 해코지한 것이 별로 없기 때문에 나는 죄인이 아니다."라고 말하는 사람이 많습니다.

사과나무 이야기로 예를 들겠습니다.

사과나무는 왜 사과를 맺을까요? 사과나무에 사과나무의 생명이 있기 때문에 사과를 맺습니다. 저와 여러분은 왜 죄를 짓습니까? 죄의 생명이 우리 안에 들어와 있기 때문에 죄를 짓습니다. 그러면 한 가지 더 묻겠습니다. "여러분, 죄를 짓기 때문에 지옥에 갑니까?" 엄밀한 의미에서 이에 대한 대답은 "아닙니다." 입니다. 죄를 지으므로 지옥에 가는 것이 아닙니다. 구원받아도 죄를 짓습니다. 저 역시 목사지만 구원받고 목사가 됐어도 매일 죄를 짓습니다. 죄를 지으므로 지옥에 간다면 저 역시 지옥에 가야 하지 않습니까?

그런데 그것이 아닙니다. 죄를 지어서 지옥에 가는 것이 아니라 죄인이기 때문에 지옥에 갑니다. 죄인이기 때문에 하나님의 속성과 반대되는 성품을 갖고 있어서 하나님과 어울릴 수 없으므로 지옥에 갑니다. 죄의 생명이 우리 속에 있으므로 죄를 짓게 됩니다.

사과나무가 필연적으로 사과를 맺듯이 우리 역시 필연적으로 죄를 짓게 됩니다. 그러니까 우리에게 나타나는 여러 종류의 죄들이라는 잔가지를 아무리 치워 봐야 구원이 이루어지지 않습니다.

그러면 무엇을 치워야 됩니까? 죄를 짓게 만드는 죄의 생명이 우리에게서 없어져야 우리가 하나님과 교제를 할 수 있는 사람이 될 수 있습니다. 그러니까 저와 여러분이 누구에게 전도를 하러 갈 때에도 죄인이 무엇을 뜻하는지 잘 설명해 주어야 합니다. 상대방이 "나는 간음죄도 짓지 않았고 강도질도 하지 않았고 다른 사람에 비해서 지금까지 선한 삶을 살아왔다."라고 이야기하면 잘 설명을 해주어야 합니다. 성경이 죄인이라고 이야기할 때 그 의미를 잘 이해하는 것이 기독교의 핵심을 이해하는 첫걸음입니다. 우리는 다 사람이기 때문에 어쩔 수 없이 첫 사람 아담의 죄의 생명을 갖고 태어납니다. 예수님을 믿는 것은 바로 죄의 생명(혹은 죄성)을 없애는 것입니다.

죄인, 하나님의 심판을 받아야 한다!

그러므로 이 죄성을 없애려고 할 때 우리는 이것이 과연 우리 힘으로 가능한지 깊이 생각해 봐야 합니다. 죄성을 치우는 것이 과연 우리 힘으로 가능할까요?

위에서 우리는 마르틴 루터의 변화를 살펴보았습니다. 루터는 전통을 따라 각종 고행을 하고 자기 절제를 하며 선행을 했습니다. 수도원에서 그처럼 열성을 내어 심신 수도에 임하는 사람이 없었습니다. 조그만 죄라도 다 스승 사제에게 고백했습니다. 로마 시내 전체의 유적들을 보고 참배를 했습니다. 그런데 이 모든 것에도 불구하고 마음에 평안이 생기지 않았으며 죄 문제가 없어지지 않았습니다. 이것은 고행이나 선행 같은 것으로는 인간 내부의 죄를 없앨 수 없음을 분명히 보여 줍니다. 이것이 바로 성경이 증언하는 것입니다.

그래서 구원에 대해 이야기할 때 우리는 죄가 사람의 구원 문제의 방해물로 작용하고 있음을 알아야 합니다.

> 오히려 너희 불법들이 너희와 너희 하나님 사이를 갈라놓았고 너희 죄들이 그분의 얼굴을 너희에게 숨겼으므로 그분께서 듣지 아니하시리니(사59:2)

4. 구원 계획

이제 하나님의 구원 계획에 대해 살펴보겠습니다.

펜 공장에서 펜들이 생산되어 벨트를 타고 나오고 있습니다. 그런데 한 펜이 다른 펜들을 쭉 살펴보고는 잘못된 펜이 있음을 알게 되었습니다. 그러면 그 펜이 잘못된 펜을 고쳐줄 수 있을까요? 없습니다.

이것을 저와 여러분에게 적용하면 이렇습니다. 우리 주변을 보니 저 사람이 잘못된 것이 보입니다. 그 사람이 죄를 지은 것이 보입니다. 물론 그 사람도 우리를 보면 우리가 죄를 지은 것을 알 수 있습니다. 그런데 저나 죄를 지은 다른 사람이 다른 사람의 죄를 없애줄 수 있을까요? 없습니다. 불가능합니다. 왜 그렇습니까? 종류가 같기 때문에 그렇습니다. 모두가 죄인이므로 죄의 문제를 같은 부류의 사람들이 고치는 것은 불가능합니다. 그러면 어떻게 해야 할까요?

펜이 잘못되면 누가 고쳐 줄 수 있습니까? 펜을 설계한 사람만 고칠 수 있습니다. 마찬가지로 사람을 설계한 분만이 사람에게 생긴 문제를 고칠 수 있습니다. 우리는 하나님이 거룩한 분이라고 이야기합니다. '거룩하다'는 말은 '따로 구분이 되었다'는 뜻입니다. 하나님은 사람과는 종류가 다른 '따로 구분된 분'입니다. 즉 하나님은 사람을 창조하신 분이고 우리는 창조를 받은 자로서 완전히 종류가 다릅니다. 생각하는 것과 행하는 것 등의 모든 영역에서 하나님과 사람은 완전히 다릅니다. 그래서 거룩하신 하나님, 사람을 창조하신 하나님만이 사람의 죄와 사망의 문제를 고칠 수 있습니다.

무함마드, 소크라테스, 부처, 법정 승려, 김수환 추기경, 마더 테레사 등과 같이 사람들의 눈에 선하게 보이는 사람들도 모두 하나님 앞에 가서 서면 다 죄 덩어리 인생에 지나지 않습니다. 교황, 신부, 목사도 다 마찬가지로 죄 덩어리입니다. 대통령, 장관, 기업의 총수, 교수 등도 마찬가지입니다. 벌거벗고 하나님 앞에 가서 서면 이 세상의 모든 사람이 다 시뻘건 죄를 갖고 있는 죄인으로 드러납니다.

그러므로 인류 가운데는 사람을 구원할 존재가 하나도 없습니다. 다만 짐승은 죄를 안 지으므로 일시적으로 짐승을 죽여 죄를 덮을 수는 있지만 짐승은 사람을 위한 '영구한 죄 가리개'가 될 수 없습니다.

그래서 죄 문제를 해결하려면 하나님께서 사람의 몸을 입고 오셔서 희생 제물이 되셔서 하나님의 공의를 만족시키고 사람에 대한 사랑을 십자가에서 보여 주셔야 합니다. 이것 외에 다른 방법은 없습니다. 사람의 죄가 하나님의 본성에 너무나 크게 위배가 되지만 사람이나 온 우주 공간의 창조물은 이 죄 문제를 다룰 수 없으므로 하나님이 직접 이 문제를 다루십니다. 그것이 바로 하나님의 구원 계획입니다.

이것을 우리가 기억하면서 창조주, 심판, 죄인 등의 정의에 대해 잘 생각하고 죄와 죽음의 문제를 내가 내 힘으로 해결할 수 있는지 여부를 깊게 생각해야 성경의 구원에 이를 수 있습니다. 전도지 하나 들고 가서 5분 정도 설명하고는 "예수님을 영접하시겠습니까? 저를 따라 기도하시면 다 됩니다."라고 말해서 예수님을 영접하게 하는 식으로는 구원받기가 대단히 어렵습니다.

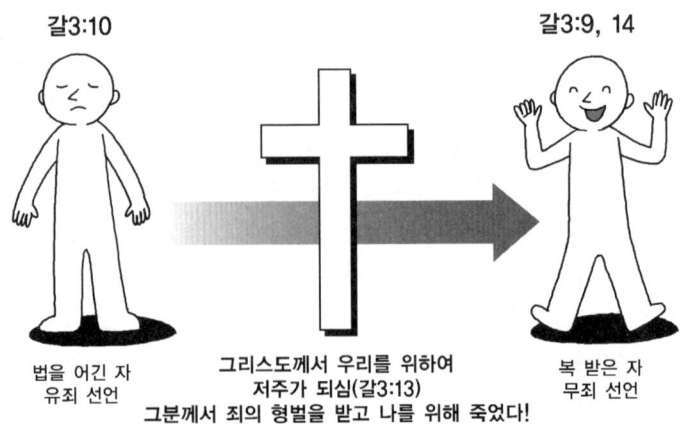

제가 이야기하려는 초점은 사람이 죄와 죽음의 문제와 앞으로의 최종 종착지에 대해 깊이 생각해 보고 고민하며 주 예수 그리스도만이 유일한 대안이라는 것을 알고 그분만을 신뢰하는 과정이 있어야 구원을 받을 수 있다는 것입니다. 별 생각 없이 지내다가 갑자기 친구가 와서 사영리를 설명해 주고는 이래저래 생각할 것 없이 그저 예수님을 영접하는 기도를 따라서 하라고 해서 그대로 따라서 한다면 제대로 구원이 이루어지기 심히 어렵습니다.

자기의 운명에 대해, 앞날에 대해 깊이 생각하는 사람들만이 구원받을 수 있습니다. 부디 이것을 잘 기억하시기 바랍니다.

5. 구원 초청

지진이나 홍수, 비행기 충돌 사고 등의 재난의 소식을 접할 때마다 우리는 많은 사람의 죽음을 보고 굉장히 놀랍니다. 그런데 사실 이 세상에서 가장 큰 비극은 구원받을 수 있는 선한 사람들이 멸망을 받는 일입니다. 구약 시대에 하나님께서 소돔과 고모라라는 사악한 도시들을 심판하신 것은 아주 무서운 사건이었습니다. 그 도시들에 살던 사람들은 갑자기 하늘에서 떨어지는 불과 유황에 의해서 모두 멸망을 받았습니다.

그런데 이 사건 안에 감추어진 가장 큰 비극은 그 사람들이 멸망을 당했다는 것이 아니고 그들이 구원을 받을 수 있었다는 것입니다. 창세기 19장 14절은 롯이 자기 사위들에게 하나님의 심판에 대해서 경고를 했을 때 그들이 "그의 말을 농담으로 여겼다."고 기록합니다. 그렇습니다. 그들은 하나님의 분명한 경고를 농담으로 여겼습니다. 그래서 그들은 충분히 구원받을 수 있었음에도 불구하고 다 죽었습니다.

구약 시대 노아의 대홍수는 전 세계적인 재난이었습니다. 창세기 7장 11-12절을 읽어 보면 "그날에 큰 깊음의 모든 샘들이 터지고 하늘의 창들이 열리며 사십 일 동안 밤낮으로 비가 땅에 쏟아졌다."고 기록되어 있습니다. 그 당시의 사람들이 목숨을 건지기 위해 대홍수 속에서 얼마나 황급해 하며 허우적거렸겠습니까? 예수님께서는 복음서에서 "홍수가 시작되어 모든 사람들을 휩쓸어갔다."고 말씀하십니다.

그런데 과연 이것이 정말 가장 큰 비극이었을까요? 아닙니다. 더 큰 비극은 홍수가 시작되기 전에 그들에게 120년이라는 기간 즉 구원을 얻을 수 있는 기회의 시간이 있었다는 사실입니다. 그런데 예수님은 "그들이 그것을 몰랐다."라고 말씀하십니다.

신약 성경 로마서 3장 10절은 "이 세상에 의인은 하나도 없다."고 기록합니다.

주 하나님께서는 우리를 극진히 사랑하셔서 자신의 '유일하게 낳은 아들' 즉 독생자 예수 그리스도를 우리에게 보내사 인류 역사에서 가장 큰 일을 하셨습니다. 바로 그 예수님께서 저와 여러분의 죄 문제를 해결하기 위해 십자가에서 피를 흘리셔서 우리의 구원을 다 이루어 놓으셨습니다. 로마서 4장 25절은 "예수님께서 우리의 범죄들로 인하여 죽으셨고 또 친히 부활하셔서 우리가 하나님 앞에서 의로운 사람이 되게 하셨다."고 기록합니다.

지금 당신은 가장 큰 비극을 피할 수 있습니다. 지난 2,000년 동안 주 하나님께서는 예수 그리스도의 복음이 온 세상에 퍼지도록 하셨습니다. 그러므로 고린도후서 5장 20절은 "너희는 하나님과 화해하라."고 경고하고 있습니다. 예수 그리스도의 교회에게 주신 가장 큰 사명은 이제 곧 끝이 나고 말 것입니다. 우리 눈앞에서 펼쳐지는 사건들은 정확하게 예언의 말씀들을 이루고 있으며 아주 단순한 사람들 조차도 우리가 말세에 살고 있다는 것을 알 수 있습니다.

이제 당신에게 여쭙고 싶습니다.

"당신은 창조주 하나님의 사랑을 받아들였습니까?"

당신은 당신의 죄로 인해 피를 흘리신 성자 하나님 예수 그리스도를 당신의 구원자로, 주님으로 받아들이셨습니까? 당신은 영생을 얻었습니까?

어쩌면 당신은 "아니오." 혹은 "잘 모릅니다."라고 대답할지도 모릅니다. 만일 당신이 그렇게 대답한다면 확실히 당신에게 가장 큰 비극이 닥칠 것입니다. 그것이 무엇이냐고요? 당신은 영원히 멸망을 받을 것입니다. 이 큰 비극을 맞이하지 말고 지금 이 시간 '우리의 구원자' 예수님께로 나아오십시오. 구약 성경 이사야서 55장 6절은 "너희는 주를 만날 만할 때에 그분을 찾으라. 그분께서 가까이 계실 때에 그분을 부르라."고 기록하고 있습니다.

만약 당신의 마음에 어둠이 있거나, 당신의 과거의 죄로 말미암아 고통을 당하거나 혹은 양심의 가책을 당하고 있다면 이제 예수님 안에서 완전한 용서와 영광스러운 구원을 받으십시오. 예수님께서는 요한복음 6장 37절에서 "내게 오는 자는 내가 결코 내쫓지 아니하리라."고 말씀하십니다.

이 책을 읽고 이 책이 당신에게 의미하는 바를 알게 되었다면 이 책을 옆으로 밀어 놓고 예수 그리스도께 간구하십시오. 진정으로 회개하며 다음과 같이 예수님께 기도하십시오.

예수님, 저는 제가 죄인임을 분명히 알고 있습니다. 제 힘으로는 이 죄의 구렁텅이에서 빠져나올 수 없음을 인정합니다. 주님께서 저를 위해 피를 흘리고 십자가에서 죽었다가 사흘 만에 사망 권세를 이기고 부활하신 것을 저는 믿습니다. 저도 주님으로 인해 오직 믿음을 통해 은혜로 구원을 받아 부활의 소망을 갖고 영원히 살기 원합니다.

지금 이 시간 주 예수님을 저의 구원자와 주님으로 받아들입니다. 예수님의 존귀하신 이름으로 기도합니다. 아멘.

이렇게 해서 당신은 당신 생애에서 가장 큰 비극 즉 구원받을 수 있었는데도 영원히 멸망당하는 것을 피할 수 있습니다. 성경은 노아 시대의 사람들이 하나님의 경고를 "몰랐다."고 기록하며 롯 당시의 사람들은 그것을 "농담으로 여겼다."고 기록합니다.

이제 당신은 똑같은 하나님의 경고에 대해 무어라고 답하시겠습니까?

부 록

구원 바로 알기

(Rightly Understanding The Salvation)

제사장마다 날마다 서서 섬기며
자주 같은 희생물들을 드리지만
그것들은 결코 죄들을 제거할 수 없으나
이 사람은 죄들로 인해 한 희생물을 영원히 드리신 뒤에
하나님 오른쪽에 앉으셔서
그 이후부터 자기 원수들이
자기 발 받침이 될 때까지 기다리시나니
이는 그분께서 한 번 헌물을 드림으로써 거룩히 구별된 자들을
영원토록 완전하게 하셨기 때문이라.
(히10:11-14)

부록 1

아이들의 구원

하나님께서 모든 인류의 조상인 아담을 창조하신 것에 대해 성경은 다음과 같이 말하고 있습니다.[1]

주 하나님께서 땅의 흙으로 사람을 지으시고 생명의 숨을 그의 콧구멍에 불어넣으시니 사람이 살아 있는 혼이 되니라(창2:7).

하나님께서는 아담의 옆구리에서 살과 뼈를 취하사 여자를 만드셨습니다. 그들은 결혼을 통해 하나가 되었고 하나님께서는 '살아 있는 두 혼'에게 다음과 같이 명령하셨습니다.

하나님께서 그들에게 복을 주시고 하나님께서 그들에게 이르시되, 다산하고 번성하여 땅을 가득 채우라. 땅을 정복하라. 또 바다의 물고기와 공중의 날짐승과 땅 위에서 움직이는 모든 생물을 지배하라, 하시니라(창1:28).

그런데 재미있게도 아담의 후손에 대해 성경은 다음과 같이 말합니다.

아담이 백삼십 년을 살며 자기 모양대로 자기 형상에 따라 아들을 낳아 그의 이름을 셋이라 하였고(창5:3)

아담이 '살아 있는 혼'(living soul)이었던 것같이 그의 후손들도 다 '살아 있는 혼'입니다. 독자께서는 아담과 이브가 하나님의 형상대로 만들어졌음을 기억하실 것입니다.

하나님께서 이르시되, 우리가 우리의 형상대로 우리의 모양을 따라 사람을 만들어 그들이 바다의 물고기와 공중의 날짐승과 가축과 온 땅과 땅에서 기어 다니는 모든 기는 것을 지배하게 하자, 하시고 이렇게 하나님께서 자신의 형상대로 사람을 창조하시되 하나님의 형상대로 그를 창조하시고 남성과 여성으로 그들을 창조하시니라(창1:26-27).

---

[1] 부록 1과 2는 레이시(Al Lacy)가 지은 「아이들이 죽으면 어디로 가나요?」를 번역한 것이다.

아담의 타락으로 인해 아담의 후손들이 하나님의 형상 중 많은 부분을 잃어버리긴 했지만 사람들 속에는 여전히 그분의 형상이 어느 정도 남아 있습니다. 그중에는 '혼의 불멸'이 있습니다. 하나님께서 없어질 수 없는 존재인 것처럼 하나님의 형상대로 지어진 사람의 혼도 그렇습니다. 육체의 죽음이 일어나면 사람의 혼은 하늘(천국)이나 지옥으로 가며 물론 거기에서도 그 혼은 영원토록 의식을 가진 채 존재합니다.

이 세상에는 이 같은 기본 진리들을 부인하는 종교나 사교(邪敎)들이 있습니다. 어떤 이들은 사람이 죽으면 그의 혼은 부활 때까지 무의식 상태에 들어간다고 가르칩니다. 다른 이들은 자기들의 종교를 믿지 않는 이들은 모두 지옥에 가되 불꽃 속에서 소멸되어 그 존재가 사라진다고 가르칩니다. 또 어떤 이들은 "사람이 죽으면 그것으로 끝이다."라고 주장합니다. 이것은 다시 말해 무덤 너머에는 아무것도 없다는 것입니다.

우리 예수님께서는 이 세상에 오셔서 이 문제에 대한 진리를 입증해 주셨습니다. 이 땅에 살아 계실 동안 그분은 다음과 같이 말씀하셨습니다.

> 그들이 갈릴리에 거할 때에 예수님께서 그들에게 이르시되, 사람의 아들이 배반을 당해 사람들의 손에 넘어가 그들에게 죽임을 당하고 셋째 날 다시 일으켜지리라, 하시니 그들이 심히 근심하더라(마17:22-23).

그 뒤에 체포당하시고 죽임을 당하시기 전에 예수님께서는 자신이 어떻게 죽을 것인지 미리 말씀해 주셨습니다.

> 예수님께서 이 모든 말씀들을 마치시고 자기 제자들에게 이르시되, 너희가 아는 바와 같이 이틀이 지나면 유월절이요, 사람의 아들이 배반을 당해 십자가에 못 박히리라, 하시니라(마26:1-2).

이 모든 것을 종합해 보면 다음과 같습니다. 예수님께서는 자신이 십자가형을 당할 것을 말씀하셨고 자신이 죽으실 것도 말씀하셨으며 자신이 죽은 자들로부터 되돌아올 것도 말씀하셨습니다.

> 나 역시 받은 것을 무엇보다 먼저 너희에게 전하였노니 그것은 곧 성경기록대로 그리스도께서 우리 죄들로 인해 죽으시고 묻히셨다가 성경기록대로 셋째 날 다시 일어나시고 게바에게 보이시고 그 뒤에 열두 *사도*에게 *보이셨다는 것이라*. 그 뒤에 그분께서 오백여 형제들에게 한 번에 보이셨는데 그들 가운데 대부분은 지금 이때까지 남아 있고 어떤 사람들은 잠들었느니라(고전15:3-6).

현명한 사람이라면 어느 누구도 예수 그리스도의 죽음과 매장 그리고 부활에 관한 성경적 증거 및 수많은 역사적 증거들을 부인하지 않을 것입니다. 모든 것이 그분의 말씀대로 이루어졌습니다. 그분께서는 자신을 믿는 이들에게 다음과 같은 약속을 주셨습니다.

조금 있으면 세상은 더 이상 나를 보지 못하겠지만 너희는 나를 보리니 내가 살아 있으므로 너희도 살리라(요14:19).

그분께서 죽음으로부터 되돌아오셨다는 사실은 죽음이 사람의 혼의 끝이 아님을 보여 주는 증거가 됩니다. 죽음 이후에도 우리는 존재합니다. 다시 한 번 말씀드립니다. 그분께서는 자신이 말씀하셨던 것들을 문자 그대로 행하셨습니다.

그런데 그분께서 자신이 행하리라 말씀하셨던 것들 중에 또 하나가 있습니다. 참혹한 십자가에 달려 있는 동안 그분께서는 자기 옆에 있는 십자가로부터 나오는 한 음성을 들으셨습니다. 죄 가운데 빠진 채 죽음의 벼랑 끝에 서 있는 두 강도 중 한 명이 예수님께 말했습니다.

주여, 주께서 주의 왕국으로 들어오실 때에 나를 기억하옵소서, 하매(눅23:42)

이때 우리 주님께서 무어라 답하셨습니까?

진실로 내가 네게 이르노니 오늘 네가 나와 함께 낙원에 있으리라(눅23:43).

예수님은 자신이 바로 그날 낙원에서 회개하는 강도를 만나겠다고 대답하셨습니다. 만일 그분께서 자신의 죽음과 매장 그리고 부활에 관해 진실을 말씀하셨다면 그분께서 그날 그 강도를 낙원에서 만나는 것에 대해서도 사실을 말씀하셨다고 저는 믿습니다. 이것이야말로 사람이 죽으면 사람의 혼은 무의식 상태에 빠져 잠을 잔다는 사람들의 주장을 무효로 만드는 것입니다. 예수님과 그 강도는 그날 낙원에서 함께 만났습니다.

빌립보서 1장 21-24절에서 사도 바울은 '구원받은 사람들이 사는 것은 육체 안에 거하는 것이며 죽는 것은 그리스도와 함께 있는 것'이라고 말합니다. 같은 맥락에서 사도 바울은 고린도후서 5장 6-8절에서 '죽는 것이 곧바로 주님과 함께 있는 것'이라고 말합니다. 이 사실은 "무덤 뒤에는 아무것도 없다."고 주장하는 사람들을 난처하게 만듭니다.

이에 대해 좀 더 알기를 원하시면 누가복음 16장에 나와 있는 나사로와 아브라함과 부자에 대한 역사적인 기록을 읽어 보시기 바랍니다. 그 부자는 지옥의 그 고통스러운 불 속에서 타고 있었지만 결코 멸절되지 않았습니다. 하나님께서는 지옥에 있는 사람들이 의식을 가진 채로 영원히 고통당함을 분명히 보여 주셨습니다(계14:11). 따라서 '사람의 혼의 소멸'을 가르치는 이론은 마귀의 거짓말입니다. 사람이 죽게 되면 그의 혼은 어디론가 가게 됩니다. 일단 지금은 '아이가 죽어도 그의 혼은 살아 있으므로 어디론가 간다'는 정도만 알고 넘어갑시다.

천주교에서 주장하는 '림보'라든지 혹은 '연옥' 같은 곳에 대하여 성경은 단 하나의 증거도 보여 주지 않습니다. 어떤 성경 구절도 그런 곳이 있음을 암시하지 않습니다. 저는 개인적으로 로마 카톨릭 사제나 신도들을 만나 제 성경이나 그들의 성경에서 그런 곳이 구체적으로 어디에 언급되어 있는지 보여 달라고 했습니다. 물론 그들은 그렇게 할 수 없었습니다.

성경은 이 점에 있어서 너무나 분명합니다. 사람이 죽어서 가는 곳은 딱 두 군데뿐입니다. '천국과 지옥'(Heaven and Hell). 이는 유아나 어린아이들도 죽으면 하늘(천국)이나 지옥 그 둘 중에 하나로 가게 됨을 말해 줍니다.

이제 본론에 들어갑니다. 사람이 죽으면 하늘이나 지옥에서 의식을 지닌 채로 영원을 보내게 된다고 했는데 그러면 어린아이들이 죽었을 경우 그들은 어디로 갈까요?

이제 한 가지 부인할 수 없는 사실을 직시합시다. 그것은 어린아이들도 죽는다는 것입니다. 목회를 하면서 저는 때때로 유아나 어린아이들을 위한 장례식을 치러야만 했습니다. 어린아이들의 장례식에는 특별히 슬픔이 더합니다. 어쩐지 하나님께서 공평하지 않으신 것 같습니다. 이 어린아이는 아직 삶이라는 것이 무엇인지 알지도 못한 채 죽었습니다. 만일 주님께서 개인적으로 그 작은 무덤 옆에 나타난다면 그분께 손가락질하며 그분을 비난할 사람이 있을 것만 같았습니다.

저는 그 무서운 충격과 에이는 듯한 가슴, 쉴 새 없이 흐르는 눈물 그리고 밀려드는 외로움을 이해합니다. 또한 저는 남아 있는 가족들이 다시는 이 세상에서 그 아이를 보지 못한다는 사실로 인해 깊은 슬픔에 빠진다는 것도 이해합니다. 이 모든 감정은 매우 정상적이며 당연한 것입니다. 하늘에 계신 우리 주님께서도 이 사실을 잘 알고 계십니다.

그러나 만일 우리가 하나님의 말씀을 그대로 믿는다면 이 모든 아픔과 슬픔은 사라지게 될 것입니다. 그분은 결코 실수하지 않으십니다. 그분은 하늘 아래에서 작은 꽃 한 송이를 취하신 뒤 그것을 위에다 옮겨 심으십니다. 사도 바울은 하늘에서 그리스도와 함께 있는 것이 옛 죄로 인해 저주받은 사악한 이 세상에서 사는 것보다 훨씬 더 낫다고 말했습니다(빌1:23).

그러니 어린 자녀가 죽었다고 어리석게 하나님을 비난하지 맙시다. 이제 그 아이는 결코 아픔이나, 병, 슬픔, 상심 등을 알지 못할 것입니다. 예수님의 넓은 사랑의 품으로 돌아간 우리 어린아이들을 위해 울고 있습니까? 차라리 우리는 우리 자신을 위해 울어야 할 것입니다.

성경은 어린아이들과 하늘에 대한 내용을 많이 다루고 있습니다. 성경은 유아나 어린아이가 죽으면 즉시로 천사들이 그들을 하늘로 데려감을 분명히 보여 주고 있습니다. 이 주제에 대한 설명을 가장 잘해 주고 있는 마태복음 18장을 읽어 봅시다.

바로 그때에 제자들이 예수님께 와서 이르되, 하늘의 왕국에서는 누가 가장 크니이까? 하매 예수님께서 어린아이 하나를 불러 그들의 한가운데 세우시고 이르시되, 진실로 내가 너희에게 이르노니 너희가 회심하여 어린아이들과 같이 되지 아니하면 하늘의 왕국에 들어가지 못하리라. 그러므로 누구든지 이 어린아이처럼 자기를 낮추는 자, 바로 그자가 하늘의 왕국에서 가장 큰 자니라. 또 누구든지 내 이름으로 이런 어린아이 하나를 받아들이는 자는 나를 받아들이느니라. 그러나 누구든지 나를 믿는 이 작은 자들 중 하나를 걸려 넘어지게 하면 연자방아 맷돌을 목에 달고 바다 깊은 곳에 잠기는 것이 그에게 더 나으리라.

걸려 넘어지게 하는 일들로 인해 세상에 화가 있도다! 걸려 넘어지게 하는 일들이 반드시 일어나기 마련이나 걸려 넘어지게 하는 일을 일으키는 그 사람에게는 화가 있도다! 그러므로 만일 네 손이나 네 발이 너를 걸려 넘어지게 하거든 그것들을 잘라 내어 네게서 던지라. 절뚝거리거나 불구가 되어 생명에 들어가는 것이 두 손이나 두 발을 가지고 영존하는 불 속에 던져지는 것보다 네게 더 나으니라. 만일 네 눈이 너를 걸려 넘어지게 하거든 그것을 빼내어 네게서 던지라. 한 눈으로 생명에 들어가는 것이 두 눈을 가지고 지옥 불 속에 던져지는 것보다 네게 더 나으니라. 너희가 이 작은 자들 중 하나라도 업신여기지 않도록 주의하라. 내가 너희에게 이르노니 하늘에서 그들의 천사들이 하늘에 계신 내 아버지의 얼굴을 항상 뵈옵느니라. 사람의 아들은 잃어버린 것을 구원하려고 왔느니라.

너희 생각은 어떠하냐? 만일 어떤 사람에게 양 백 마리가 있는데 그것들 중의 한 마리가 길을 잃으면 그가 아흔아홉 마리를 남겨 두고 산들로 들어가 길 잃은 것을 찾지 아니하겠느냐? 진실로 내가 너희에게 이르노니 그가 만일 그것을 찾으면 길을 잃지 않은 아흔아홉 마리보다 그 양으로 인해 더 기뻐하리라. 이와 같이 이 작은 자들 중 하나라도 멸망하는 것은 하늘에 계신 너희 아버지의 뜻이 아니니라(마18:1-14).

지금부터는 좀 더 정신을 차리고 성경을 살펴봅시다. 매우 심오한 성경의 진리들이 스스로 그 모습을 드러낼 것입니다. 본문으로 들어가기 전에 저는 신약 성경에서 '아이들'(Children)을 나타내는데 사용된 그리스 단어들을 이해하기 위해 필요한 사항들을 말씀드리고 싶습니다.

두 개의 그리스 단어가 '아이들'로 번역되었는데 그중 하나는 '파이디온'(Paidion)이고 다른 하나는 '테크논'(Teknon)입니다. 이 중에 '테크논'은 성별에 상관없이 일반적인 용례로 '자손'(Offspring)을 나타내는 데 사용됩니다. 좀 더 확실히 하기 위해 몇 가지 용례를 살펴봅시다.

> 엘리사벳이 수태하지 못하므로 그들에게는 아이(Teknon)가 없었고 이제 그들이 둘 다 매우 연로하더라(눅1:7).

위 구절은 단순히 엘리사벳과 사가랴에게 자손 - 남자든 여자든 - 이 없었다는 것을 보여 줍니다.

> 선생님이여, 모세가 우리에게 써 주기를, 어떤 사람의 형이 죽어 자기 뒤로 아내를 남기고 아이(Teknon)를 남기지 아니하면 그의 동생이 그의 아내를 취해 자기 형에게 씨를 일으킬지니라, 하였나이다(막12:19).

이 구절에서 사두개인들이 가정한 것은 어떤 사람들이 죽으며 자손(남자든 여자든)을 남기지 않았다는 것입니다.

반면에 '파이디온'은 '유아'(Baby)나 '어린아이'(Toddler)를 의미합니다. 이 그리스 단어는 기본 형태가 변할 때에만 그 의미가 달라집니다. 예를 들어 기본 형태인 '파이디온'에서 '파이다리온'(Paidarion)이라는 단어가 파생됩니다. 이 단어가 마태복음 11장 16-17절에 사용된 것을 보십시오.

> 그러나 내가 이 세대를 무엇에 비할까? 이 세대는 마치 장터에 앉아 자기 동무들을 부르며 이르기를, 우리가 너희를 향해 피리를 불어도 너희가 춤추지 아니하였고 우리가 너희를 향해 애곡하여도 너희가 애통하지 아니하였다, 하는 아이들(Paidarion)과 같도다(마11:16-17).

17절을 보면 여기 나오는 아이들이 매우 성숙한 사람처럼 자기 친구들에게 이야기하고 있음을 알 수 있습니다. 이들은 유아도 아니며 서너 살 먹은 어린아이도 아닙니다. 그들은 상당히 나이가 든 아이들입니다.

'파이디온'에서 파생된 또 다른 단어는 '파이디스카에'(Paidiskae)입니다. 사도행전 12장 13절에 이 단어가 쓰였습니다.

> 베드로가 입구의 문을 두드리매 로다라 하는 소녀가(Paidiskae)가 들으려고 나왔다가(행12:13)

여기 나오는 '여자아이'(Damsel)도 결코 아장아장 걷는 어린아이가 아닙니다. 그녀는 문으로 뛰어나가 대답할 정도로 성숙한 소녀(혹은 처녀)였습니다.

우리의 주제가 유아나 어린아이들을 다루는 것이므로 이제부터는 '파이디온'의 성경적 용례를 살펴보도록 합시다.

예수님께서 베들레헴에서 탄생했을 때 동방으로부터 지혜자들이 하늘에서 빛나는 별을 보고 그 별을 따라 예루살렘까지 왔습니다. 짐을 실은 짐승과 함께 여행하며 먼 길을 오는 데는 약 2년 정도(만일 중국에서 왔다면) 걸렸을 것입니다. 그들이 예루살렘에 도착하자 사악한 왕 헤롯이 그 사실을 듣게 되었습니다.

그때에 헤롯이 은밀히 지혜자들을 불러 그 별이 나타난 때를 부지런히 그들에게 묻고(마2:7)

동방에서 온 사람들은 그에게 별이 2년 전에 처음 나타났다고 말했습니다.

[헤롯이] 그들을 베들레헴으로 보내며 이르되, 가서 그 어린아이(Paidion)를 부지런히 찾아보고 그를 찾거든 내게 다시 말을 전해 주어 나도 가서 그에게 경배하게 하라, 하니라. 그들이 왕의 말을 듣고 떠났는데, 보라, 동쪽에서 그들이 보았던 그 별이 그들보다 앞서가다가 마침내 그 어린아이(Paidion)가 있는 곳으로 가서 그 위에 멈춰 서므로(마2:8-9)

위의 성경 구절에서 어린 주 예수님은 '파이디온'(Paidion)이라 불립니다. 그분은 그때 두 살이 채 안되었고 아장아장 걷는 아이였습니다. 침례자 요한이 태어난 지 여드레가 지났을 때 성령님께서는 그를 '파이디온'이라 칭하셨습니다.

여덟째 날에 그들이 아이(Paidion)에게 할례를 행하러 와서 그의 아버지의 이름을 따라 그를 사가랴라 부르매(눅1:59)

예수님께서 탄생하셨을 때 들판에 있던 목자들이 와서는 '갓난아기'(Babe 혹은 Baby)가 구유 위에 누워 있는 것을 발견했습니다(눅2:18).

그들이 아기를 보고 *천사가* 이 아이(Paidion)에 대하여 자기들에게 말한 그 말을 널리 알리니(눅2:17)

예수님께서도 갓 태어난 아기를 '파이디온'이라 부르셨습니다.

여자가 산고를 겪으면 자기 때가 왔으므로 근심하지만 아이(Paidion)를 낳는 즉시 세상에 사람이 태어난 기쁨으로 인해 다시는 그 고통을 기억하지 아니하느니라(요16:21).

히브리서를 보면 모세가 석 달이 되기 전에 '파이디온'이라 불린 것을 알 수 있습니다.

믿음으로 모세의 부모는 그가 태어났을 때에 석 달 동안 그를 숨겼으니 이는 그가 특이한 아이(Paidion)인 것을 그들이 보고 왕의 명령을 두려워하지 아니하였기 때문이라(히11:23).

이외에도 비슷한 성경 구절들이 더 있지만 이것들만으로도 성경에서 '파이디온'이라는 단어가 '유아'나 '아주 어린아이'를 지칭할 때 사용된다고 결론 내릴 수 있습니다. 따라서 어린아이인 '파이디온'이 자라서 더 이상 어린아이가 아닐 때 성경은 그를 '아이 혹은 소년'(Paidarion)라고 부릅니다. 이 사실은 하나님 보시기에 둘 사이에 차이가 있음을 알려 줍니다.

그렇다면 하나님의 관점에서 '어린아이'가 '아이 혹은 소년/소녀'로 변하는 때는 언제일까요? 저는 이 질문에 대해 다음과 같이 말씀드릴 수 있습니다.

<u>아이가 자신의 생각과 행동에 대해 하나님께 책임을 질 수 있을 때!</u>

성경은 이 점에 대해서도 매우 명확합니다. 신구약 성경을 통해 이 사실을 확인해 봅시다. 신명기 1장에서 모세는 이스라엘 백성으로 하여금 그들이 광야에서 불신의 죄를 지은 것을 기억하게 합니다. 그들은 약속의 땅에 들어가지 않음으로 고의적으로 하나님께 죄를 지었습니다.

> 주께서 너희 말소리를 들으시고 노하사 맹세하여 이르시되, 분명히 이 악한 세대의 이 사람들 중에서는 내가 너희 조상들에게 주기로 맹세한 그 좋은 땅을 볼 자가 하나도 없으리라. 다만 여분네의 아들 갈렙은 주를 온전히 따랐으므로 그는 그 땅을 볼 것이요, 그가 밟은 땅을 내가 그와 그의 자손들에게 주리라, 하시고 또한 주께서 너희로 인해 내게 분노하사 이르시되, 너도 거기에 들어가지 못하리라. 그러나 네 앞에 서는 눈의 아들 여호수아는 거기에 들어가리니 그의 용기를 북돋으라. 그가 이스라엘이 그 땅을 상속하게 하리라. 또한 탈취물이 되리라고 너희가 말한 너희의 어린것들과 그 날에 선악을 알지 못하던 너희의 자녀들은 거기에 들어가리니 내가 그 땅을 그들에게 줄 것이요, 그들이 그것을 소유하리라(신1:34-39).

하나님께서 분명히 책임질 수 있는 나이를 알고 계심에 주의하시기 바랍니다. 선과 악을 구분하지 못하는 어린아이들이 있었습니다. 이스라엘 민족 전체가 하나님께 죄를 범했을 때 책임질 수 있는 나이가 되었던 어른들은 모두 요르단 강 건너편에서 죽어 약속의 땅을 소유하지 못했지만 선악을 분별하지 못하는 아이들은 그것을 소유할 수 있었습니다. 다시 말해 하나님께서는 어린아이들은 그 죄악에 대해 책임이 없다고 보셨습니다.

또 다른 구절을 살펴봅시다. 장차 오실 메시아에 대해 예언하면서 이사야는 다음과 같이 말합니다.

그러므로 주께서 친히 한 표적을 너희에게 주시리니 보라, 처녀가 수태하여 아들을 낳고 그의 이름을 임마누엘이라 하리라. 그가 버터와 꿀을 먹겠고 이로써 악을 거절하며 선을 택할 줄 알리니 그 아이가 악을 거절하며 선을 택할 줄 알기 전에 네가 혐오하는 그 땅이 자기의 두 왕에게 버림을 받으리라(사7:14-16).

그렇습니다. 심지어 주님이신 예수님조차도 이 땅에 계셨을 때는 선과 악의 차이를 알 수 있을 때까지 성숙한 상태로 자라나셔야만 했습니다. 물론 그분께서 선을 택하시고 악을 거부하실 것에는 의심의 여지가 없지만 우선 그렇게 될 때까지 자라나셔야만 했습니다. 유아 시절을 보낸 아이라면 누구나 이 같은 선택의 순간을 맞이하게 됩니다.

예수님께서 태어난 지 팔 일 만에 요셉과 마리아는 성전에 있던 시므온에게 그분을 데리고 갔습니다.

그들이 주의 율법에 따라 모든 일을 이행하고 갈릴리로 돌아가 자기들의 도시 나사렛에 이르니라. 아이가 자라면서 영이 강하게 되고 지혜가 충만하였으며 하나님의 은혜가 그 위에 있더라(눅2:39-40).

갓난아기였을 때 예수님께서는 선과 악을 구분하지 못했습니다. 그분께서는 그렇게 하실 수 있을 때까지 자라나셨습니다. 열두 살이 되었을 때에야 비로소 그분께서는 선과 악을 완전히 알게 되었고 그것을 구분할 수 있게 되었습니다(눅 2:51 참조). 예수님께서는 "전혀 죄를 짓지 않았다."(히4:15; 벧전2:22)는 점에서 우리와 다르지만 선과 악이 무엇인가를 알 수 있는 나이까지 자라나셨다는 점에서는 우리와 다를 바가 없습니다.

성경 속에서 이 원리는 매우 확실합니다. 우리의 어린 시절 중 어느 특정 시기에 우리는 우리의 죄에 대해 하나님께 책임을 지게 됩니다. 매우 어릴 때에도 우리는 죄를 짓습니다. 그러나 하나님께서는 우리가 죄를 짓고 있음을 깨닫게 될 때까지 그것에 대해 우리에게 책임을 묻지 않으십니다. 물론 우리 모두가 태어나면서부터 죄인이라는 데는 의심의 여지가 전혀 없습니다. 어머니의 태 속에서 우리가 형성되는 동안에 이미 우리는 본질상 죄인입니다.

보소서, 내가 불법 가운데서 형성되었으며 내 어머니가 죄 가운데서 나를 수태하였나이다(시51:5).

그러나 이 세상에 태어난 이후에 우리는 우리 자신의 선택에 의해 죄인이 됩니다.

사악한 자들은 태에서부터 떨어져 나갔으니 그들은 태어나는 즉시 길을 잃고 거짓을 말하는도다(시58:3).

우리는 다 양 같아서 길을 잃고 각각 자기 길로 돌아섰는데 주께서는 우리 모두의 불법을 그에게 지우셨도다(사53:6).

여러분 중에 이 사실을 부인하는 분이 계신다면 저는 어떤 부모도 자기 자식에게 죄 짓는 법을 가르치지 않는다는 사실을 지적해 드리고 싶습니다. 아이들은 태어나면서 본질상 죄인이며 따라서 자연히 불순종하고 죄를 짓습니다. 부모의 책임은 말을 듣지 않는 작은 가지를 올바로 세워 주는 것이지 결코 그것을 굽게 만드는 것이 아닙니다. 좋은 부모는 자녀의 인격이 형성되는 이 시기에 계속해서 그들의 나쁜 버릇을 바로잡아 주려 합니다. 지각이 있는 사람이라면 누구나 이에 동의할 것입니다.

먼저 나왔던 성경 말씀에 따른다면 갓 태어난 아기로부터 어른에 이르기까지 모든 인류는 하나님 앞에서 죄인입니다.

모든 *사람*이 죄를 지어 하나님의 영광에 이르지 못하더니(롬3:23)

물론 이것은 사실입니다. 하지만 지식이 있으면서도 고의적으로 죄를 짓는 죄인들이 있는가 하면 그렇지 않은 죄인들 즉 고의적인 죄를 짓지 않는 죄인들도 있습니다. 물론 후자의 경우는 자신들이 행한 것을 알지 못하는 사람들을 말합니다. 로마서 5장에 기록된 바울 사도의 말씀을 살펴봅시다.

그러므로 한 사람으로 말미암아 죄가 세상에 들어오고 죄로 말미암아 사망이 들어왔으며 이로써 사망이 모든 사람들에게 전달되었으니 이는 모든 *사람*이 죄를 지었기 때문이라.(율법이 올 때까지 죄가 세상에 있었으나 율법이 없을 때에는 죄가 *그들에게* 전가되지 아니하였느니라. 그럼에도 불구하고 아담으로부터 모세까지 아담의 범법과 같은 종류의 죄를 짓지 않은 자들 위에도 사망이 군림하였는데 아담은 오셔야 할 분의 모형이니라(롬5:12-14).

사도 바울은 우리 모두가 죄를 범했음을 지적합니다. 그러나 거기에는 두 가지 경로가 있습니다.

1. 아담의 범법의 유형을 따라서
2. 아담의 범법의 유형을 따르지 않고서

만일 독자께서 성경을 제대로 읽었다면 실제로 죄를 처음으로 지은 사람은 아담이 아니고 이브라는 것을 알게 될 것입니다.

여자가 보니 그 나무가 먹기에 좋고 눈으로 보기에 아름다우며 사람을 지혜롭게 할 만큼 탐스러운 나무이므로 그녀가 그것의 열매를 따서 먹고 자기와 함께한 자기 남편에게도 주매 그가 먹으니(창3:6)

이럼에도 불구하고 하나님께서는 죄가 이 세상에 들어온 것에 대하여 말씀하실 때 이브가 아닌 아담에게 책임을 물으십니다.

그러므로 한 사람(man, 남자)으로 말미암아 죄가 세상에 들어오고(롬5:12)

한 사람의 범죄로 말미암아 사망이 한 사람을 통하여 군림하였다면 은혜와 의의 선물을 넘치게 받는 자들은 한 사람 예수 그리스도를 통해 더욱더 생명 안에서 군림하리라(롬5:17).

이는 한 사람의 불순종에 의해 많은 사람이 죄인이 된 것같이 그렇게 한 사람의 순종에 의해 많은 사람이 의롭게 될 것이기 때문이라(롬5:19).

그럼에도 불구하고 아담으로부터 모세까지 아담의 범법과 같은 종류의 죄를 짓지 않은 자들 위에도 사망이 군림하였는데 아담은 오셔야 할 분의 모형이니라(롬5:14).

그렇다면 왜 하나님께서 이브가 아닌 아담에게 책임을 물으실까요? 이브가 먼저 잘못해서 죄를 짓지 않았습니까? 물론입니다. 이브가 먼저 죄를 지었습니다. 그렇다면 이브가 먼저 죄를 지었는데 왜 아담이 책임을 져야 할까요? 그 답은 성경에 있습니다.

그러나 뱀이 자기의 간교함으로 이브를 속인 것같이 어떤 방법으로든 너희 마음이 그렇게 그리스도 안에 있는 단순함에서 떠나 부패할까 내가 두려워하노라(고후11:3).

위에서 '속이다'로 번역된 단어는 'beguile'인데 웹스터는 이 단어가 '현혹하다', '마음을 홀리다' 등의 의미를 갖고 있다고 정의를 내립니다. 바로 이런 일이 생겼던 것입니다. 사탄은 속임수를 써서 이브를 속이고 그녀의 마음을 홀렸습니다. 다시 말해 그는 그녀로 하여금 사실을 깨닫지 못하게 했고 올바로 생각하지 못하게 하였습니다. 그래서 그녀는 자신이 무엇을 하고 있는지 알지 못했습니다.

아담이 속지 아니하고 여자가 속아 범법 가운데 있었기 때문이라(딤전2:14).

그러나 아담의 마음은 이처럼 현혹되지 않았습니다. 사실 그는 자기가 무엇을 하고 있는지 잘 알고 있었습니다. 비록 이브가 범죄 가운데 있었으나 즉 그녀가 처음으로 죄를 짓기는 했으나 하나님께서는 그녀에게 "책임을 묻지 않으셨습니다." 물론 그 이유는 그녀가 무슨 일이 일어났는지 알지 못했기 때문입니다.

따라서 이브의 죄는 아담의 범죄의 유형을 따라 저질러지지 않았습니다. 그러므로 하나님께서는 이 세상에 죄를 갖고 온 장본인으로서 아담을 지적하시며 그에게 책임을 묻습니다.

로마서 5장 14절이 "아담의 범법과 같은 종류의 죄를 짓지 않은 자들 위에도 사망이 군림하였다."고 기록하고 있음에 유의하십시오. 그러면 그들이 누구겠습니까? 성숙하지 못해서 쉽게 속아 넘어가는 어린아이들이 아니겠습니까?

이브처럼 어린아이들은 자기가 무엇을 하고 있는지 잘 알지 못합니다. 그들도 분명히 죄를 짓고 잘못을 저지르며 범죄 가운데 있습니다. 그러나 그들은 자신들이 그렇게 하고 있음을 깨닫지 못합니다. 물론 죽음이 그들 위에 군림합니다. 사실 죽음은 모든 사람 위에 군림해 왔습니다. 어린아이들도 이브처럼 죽습니다. 그러나 하나님 앞에서 그들은 자기들의 죄에 대해 책임을 지지 않습니다.

그들이 자라서 성숙하게 되면 그들의 마음이 더 이상 홀리는 데 넘어가지 않게 됩니다. 바로 그때에 하나님께서는 그들의 죄에 대해 책임을 물으시는 것입니다. 그들의 이해의 정도가 완전히 성숙해져서 그들이 알면서도 고의적으로 하나님께 대항하여 죄를 짓게 될 때 비로소 그분께서는 그들에게 그들의 죄에 대한 책임을 물으십니다.

따라서 어린아이들이 책임을 질 수 있는 나이가 되기 전에 죽는다면 그들은 안전합니다. 그들은 예수님께서 십자가에서 그들을 위해 행하신 일로 인하여 하늘나라로 가게 됩니다. 그러나 그들이 자기들의 죄에 대한 책임을 질 수 있을 때에 죽는다면 그들이 예수 그리스도를 믿어 구원받지 않는 한 지옥으로 가게 됩니다.

그런데 많은 사람들이 이렇게 묻습니다.

"아이들은 어느 때에 자신의 죄에 대해 책임을 지게 됩니까?"

사실 그때가 어떤 특정한 나이라고 이야기할 수는 없습니다. 아이들 각자의 정신 기능 혹은 심성의 성숙 정도 또 그 아이가 얼마나 많이 영적인 빛을 받았는가에 따라 달라질 수 있기 때문입니다. 여러 가지 배경을 갖고 있는 수많은 아이들을 상대해 온 결과 저는 경험적으로 다음과 같은 사실을 깨닫게 되었습니다.

정상적인 사고를 하며 크리스천 가정에서 양육되고 좋은 주일 학교와 교회에서 하나님의 말씀을 양육받은 아이는 보통 만 6-7세 정도가 되면 자기에 대해 책임을 질 수 있고 구원받을 수 있습니다. 이 범주에 속한 많은 아이들을 상대해 본 결과 저는 이 아이들이 하나님과의 관계에 있어서 '선과 악에 대한 확실한 지식'(신1:39)을 갖고 있으며 '충분히 악을 거부하고 선을 택할 수 있음'(사7:16)을 발견했습니다.

또한 저는 매우 심성이 밝은 아이들의 경우에는 다섯 살만 되어도 구원받을 수 있음을 발견했습니다. 그러나 이런 경우는 흔하지 않습니다. 네다섯 살에 믿음 고백을 한 아이들의 대부분은 얼마 지나지 않아 자신들의 고백에 대해 확신을 갖지 못하게 되고 따라서 재차 구원에 대해 확인할 필요가 있었습니다.

그러나 저는 여기서 몇 가지를 덧붙이고자 합니다. 비록 아이가 구원을 알기에는 아직도 너무 어린 것처럼 보이더라도 그 아이가 구원에 대해 올바로 이야기할 수 있다면 그 아이를 방해하지 마시기 바랍니다. 예수님께서는 다음과 같이 말씀하십니다.

*사람*들이 그분께서 쓰다듬어 주실 것을 바라며 어린아이들을 그분께 데려왔는데 그분의 제자들이 그들을 데려온 자들을 꾸짖으므로 예수님께서 그것을 보시고 심히 불쾌히 여기사 제자들에게 이르시되, 어린아이들이 내게 오는 것을 허락하고 그들을 막지 말라. 하나님의 왕국은 그런 자들의 것이니라(막10:13-14).

오직 성령님만 아이의 마음을 읽을 수 있습니다. 만일 어떤 어린아이가 예수님을 영접해서 구원받기를 원한다면 그 결과는 성령님의 손에 달려 있습니다.

미국이든 한국이든 대다수 어린이들이 크리스천 가정에서 자라지 못합니다. 비록 아이들이 교회에 간다 해도 그들은 참된 성경의 가르침이나 설교를 거의 듣지 못합니다. 많은 교회들이 쓸데없는 종교적 교리나 자유분방한 사회 복음만을 선포합니다. 그러므로 이런 상황에 놓여 있는 아이들이 자신의 죄에 대해 책임을 지게 되는 때는 앞서 말했던 범주의 아이들보다 더 나이가 들 때입니다. 예수님을 믿지 않다가 죽었을 때에 이들이 지옥에 가는 나이는 아마도 여덟 살, 아홉 살 혹은 열 살 정도가 될 것입니다. 저는 단지 수많은 어린아이들을 상대로 조사한 결과에 따라 이렇게 추측할 뿐입니다.

단 한 번도 복음에 대해 들어본 적이 없는 이교도 국가에 사는 어린아이들의 경우 그 나이는 열두 살 혹은 열세 살까지도 될 수 있다고 저는 믿습니다. 물론 몇몇 독자들께서는 사람이 복음을 들어본 적이 없는 한 그들은 자기 죄에 대해 책임이 없고 따라서 지옥에 가지 않는다고 말할 것입니다. 그러나 만일 이것이 사실이라면 우리가 선교사를 보내는 것은 전부 허사일 것입니다. 만일 이것이 사실이라면 예수님께서 다음과 같이 말씀하시지 않았을 것입니다.

그분께서 그들에게 이르시되, 너희는 온 세상으로 가서 모든 창조물에게 복음을 선포하라(막16:15).

성경은 이 점에 대해 매우 명확합니다. 이교도라 할지라도 하나님 앞에서 책임질 수 있는 나이가 되어 하나님을 믿지 않으면 영원히 멸망받게 됩니다.

이는 하나님을 알 만한 것이 그들 속에 분명히 드러나 있기 때문이라. 하나님께서 그것을 그들에게 보이셨느니라. 그분의 보이지 아니하는 것들 곧 그분의 영원하신 권능과 신격은 세상의 창조 이후로 분명히 보이며 만들어진 것들에 의해 이해될 수 있으므로 그들이 변명할 수 없느니라.

그들이 하나님을 알면서도 하나님으로서 *그분이 받으실* 영광을 그분께 돌리지 아니하고 감사하지도 아니하며 오히려 자기들의 상상 속에서 허망해졌고 그들의 어리석은 마음이 어두워졌나니 그들은 스스로 지혜롭다고 선언하나 어리석은 자가 되어 썩지 아니할 하나님의 영광을 썩을 사람이나 새나 네발 달린 짐승들이나 기는 것들과 같은 형상으로 바꾸었느니라.

그러므로 하나님께서도 그들을 그들 마음의 정욕을 통해 부정함에 내주사 *그들이* 자기 몸을 서로 욕되게 하셨으니 그들은 하나님의 진리를 거짓으로 바꾸고 창조자보다 창조물을 더 경배하며 섬겼느니라. *그러나* 하나님은 영원히 찬송받으실 분이시니라. 아멘.

이런 까닭으로 하나님께서 그들을 수치스러운 애정에 내주셨으니 이는 심지어 그들의 여자들도 본래대로 쓸 것을 본성에 반하는 것으로 바꾸었기 때문이라. 이와 같이 남자들도 본래대로 여자 쓰기를 버리고 서로를 향해 욕정에 불타 남자가 남자와 더불어 보기 흉한 짓을 행함으로 자기 잘못에 대한 응분의 대가를 자기 속에 받았느니라.

그들이 자기 지식 속에 하나님 두기를 싫어한 대로 그렇게 하나님께서도 그들을 버림받은 생각에 내주사 합당하지 못한 그 일들을 행하게 하셨으니 *그들은* 모든 불의와 음행과 사악함과 탐욕과 악의로 가득하며 시기와 살인과 논쟁과 속임수와 적개심으로 가득하고 수군수군하는 자들이요(롬1:19-29),

따라서 좀 더 많이 영적인 빛을 받게 되면 좀 더 빨리 하나님 앞에서 책임을 지게 됩니다. 그러나 궁극적으로 모든 사람이 하나님 앞에서 책임을 지게 되는데 그 이유는 모두에게 - 정도의 차이가 있기는 하지만 - 하나님을 알 수 있는 빛이 주어졌기 때문입니다.

그것은 세상에 들어오는 모든 사람을 비추는 참 빛이었느니라(요1:9).

저는 여기서 한 가지 더 덧붙이고자 합니다. 종종 많은 사람들이 다음과 같이 묻습니다.

"정신 박약아같이 정신적으로 뒤쳐진 사람들은 어떻게 됩니까?"

이에 대한 대답은 매우 간단합니다. 하나님과의 관계에 있어서 '선과 악에 대한 확실한 지식'(신1:39)을 갖게 되고 충분히 '악을 거부하고 선을 택할 수 있는'(사7:16) 성숙한 지경으로 그들의 마음이 자라나지 않는다면 그들은 어린아이들처럼 하나님 앞에서 책임을 지지 않습니다. 그들은 죽으면 하늘에 갑니다. 이 문제에 대해 몇 가지 중요한 성경 구절을 찾아 확인해 봅시다.

> 바로 그때에 제자들이 예수님께 와서 이르되, 하늘의 왕국에서는 누가 가장 크니이까? 하매 예수님께서 어린아이(Paidion) 하나를 불러 그들의 한가운데 세우시고 (마18:1-2)

이미 앞에서 살펴본 바와 같이 여기서 '파이디온'은 아기나 아장아장 걷는 아이를 의미합니다. 예수님께서 그 아이를 자기에게로 직접 부르신 것으로 보아 우리는 그 아이가 두세 살 정도 되었음을 알 수 있습니다.

제자들의 질문을 조심스레 살펴보십시오.

"하늘의 왕국에서는 누가 가장 큽니까?"

제자들의 관심은 '어린아이가 하늘의 왕국에 가느냐, 안 가느냐가 아니라 하늘의 왕국 안에 있는 모든 사람들 가운데 누가 가장 존경을 받느냐'는 것이었습니다.

예수님께서는 한 마디 말씀도 아니하신 채 다음의 두 가지 질문에 대해 답을 주셨습니다.

"아이들은 어느 시점에 죽으면 하늘에 갑니까?"
"하늘의 왕국에서는 누가 가장 큽니까?"

이제 예수님께서 자기에게 오라고 부르신 사람을 보십시오. 예수님의 무릎 위에 앉아 있는 귀여운 어린아이에게 관심을 기울이시기 바랍니다. 이것으로 문제는 해결되고 맙니다.

일단 하늘에 어린아이들이 있다는 데는 전혀 의심의 여지가 없습니다. 우리 주님께서는 우리 질문에 소리 없이 침묵의 답을 주셨습니다. 이 구절만으로도 저는 어린아이들이 죽으면 하늘에 간다고 확신 있게 외칠 수 있습니다. 그러나 이 문제를 좀 더 확실하게 매듭짓기 위해 이제 예수님께서 이 주제에 대해 말씀을 하십니다.

> [예수님께서] 이르시되, 진실로 내가 너희에게 이르노니 너희가 회심하여 어린아이들과 같이 되지 아니하면 하늘의 왕국에 들어가지 못하리라(마18:3).

만일 우리 어른들이 하늘의 왕국에 들어가기 위해 회심하여 어린아이와 같은 마음을 가져야 한다면 어린아이들은 회심할 필요가 없으며 이미 하늘의 왕국에 들어갈 준비가 되어 있다는 뜻이 아닙니까! 만일 그들이 책임질 수 없는 나이의 어린아이로 죽는다면 그들은 하늘로 가게 됩니다.

예수님께서는 마태복음 19장에서 또 이렇게 말씀하십니다.

> 그때에 *사람들이* 그분께서 안수하고 기도해 주실 것을 바라며 어린아이들을 그분께 데려왔는데 제자들이 그 *사람*들을 꾸짖으므로 예수님께서 이르시되, 어린아이들이 내게 오는 것을 허락하고 그들을 막지 말라. 하늘의 왕국은 그런 자들의 것이니라, 하시고(마19:13-14)

'그런 자들의 것'은 소유를 의미합니다. 다시 말해 하늘의 왕국은 현재 시점에서 어린아이들의 것입니다. 이것을 쉽게 의역하면 다음과 같이 될 것입니다.

> 어린아이들을 내게 오게 하라. 그리고 그들이 내게 올 수 없다고 생각하지 말라. 왜냐하면 하늘의 왕국이 그들의 것이기 때문이니라.

예수님께서는 분명히 어린아이들과 하늘의 왕국이 떼려 해도 뗄 수 없는 관계임을 보여 주십니다. 왜 그럴까요? 아이들이 책임을 질 수 있는 나이로 자라나 회개가 필요한 때가 되기 전까지는 하늘의 왕국이 그들의 것이기 때문입니다. 수많은 아이들이 현재 그곳에 있습니다.

우리 주님께서는 하늘이 어린아이들의 것이라고 말씀하셨을 뿐만 아니라 그들이 자기에게 속한다고 말씀하십니다.

> 또 누구든지 내 이름으로 이런 어린아이 하나를 받아들이는 자는 나를 받아들이느니라(마18:5).

'내 이름으로'(In My Name)는 곧 '소속'을 말합니다. 구원받은 사람들에게 예수님께서는 다음과 같이 말씀하십니다.

> 누구든지 너희가 그리스도에게 속하므로 내 이름으로 너희에게 마실 물 한 잔을 주면 진실로 내가 너희에게 이르노니 그가 자기 보상을 잃지 아니하리라(막 9:41).

다시 한 번 말씀드리지만 '내 이름으로'는 곧 소속을 의미합니다. 다시 그분께서 아이들에 대해 말씀하시는 것을 들어봅시다.

> 또 누구든지 내 이름으로 이런 어린아이 하나를 받아들이는 자는 나를 받아들이느니라(마18:5).

그분께서 구원받은 사람들에게 말씀하시는 것을 다시 한 번 들어보십시오.

너희를 받아들이는 자는 나를 받아들이며 나를 받아들이는 자는 나를 보내신 분을 받아들이느니라(마10:40).

그분께서 말씀하시는 요점을 살펴봅시다. 예수님께 호의와 친절을 베푸는 것은 곧 아버지 하나님께 하는 것입니다. 왜 그럴까요? 그 이유는 예수님께서 아버지께 속해 있기 때문입니다. 이와 마찬가지로 구원받은 사람들에게 호의와 친절을 베푸는 것은 곧 예수님께 하는 것입니다. 왜 그럴까요? 그 이유는 그들이 예수님께 속해 있기 때문입니다.

이제 이 속에 감추어진 진리가 독자의 마음에 자리 잡도록 하십시오. 예수님께서는 자신의 죄에 대해 책임질 수 없는 어린아이들과 그분의 피로 다시 태어나 하늘행 열차를 탄 어른들, 바로 이 두 그룹의 사람들에게 똑같은 말씀을 하십니다. 왜 그럴까요? 이는 다시 태어난 사람들이 예수님께 속해 있는 것처럼 어린아이들도 그분께 속해 있기 때문입니다. 만일 어린아이들이 어린 그 상태에서 죽게 되면 그들은 곧장 예수님께로 가서 그분의 피로 씻겨서 다시 태어난 사람들처럼 하늘에서 살게 됩니다.

구원받지 못한 분이 이 책을 읽을 수도 있으므로 저는 위에서 제가 보여 드렸던 진리를 다시 한 번 보여 드리겠습니다.

[예수님께서] 이르시되, 진실로 내가 너희에게 이르노니 너희가 회심하여 어린아이들과 같이 되지 아니하면 하늘의 왕국에 들어가지 못하리라(마18:3).

독자여! 어린아이들은 언제라도 죽을 준비가 되어 있습니다. 그들에게는 아무런 문제가 없습니다. 당신도 그렇습니까? 당신은 회심한 적이 있습니까? 제가 말씀드리는 '회심'이란 사실 군대에서 병사들이 훈련받을 때 사용되는 단어입니다. 병사가 한 방향으로 움직이다가 갑자기 서서 180° 회전하여 정반대 방향으로 움직이는 것 즉 '뒤로 돌아 가는 것'이 회심입니다. 바로 이것이 제가 말씀드린 회심입니다.

당신은 지금 길을 가고 있습니다. 어느 방향입니까? 하나님의 방향입니까? 아니면 지옥의 방향입니까? 이제 당신은 하늘을 향해 방향 전환을 해야만 합니다. 결코 이 같은 변화를 '새로운 잎사귀'를 내는 것 정도로 생각하지 마십시오. 성경이 말하는 참된 변화는 '새로운 출생'(New Birth)입니다. 이것은 성령님의 기적 같은 일에 의해 당신 안에 새로운 본성이 생겨나는 것을 의미합니다. 많은 사람들이 믿고 있는 바와는 달리 이것은 결코 침례(혹은 세례)가 아닙니다.

성경 어디에도 이런 이상한 주장을 뒷받침할 만한 근거는 없습니다. 결코 물 침례에 의해 사람이 다시 태어날 수는 없습니다. 이것은 카톨릭교회 등에서 가르치는 사람의 전통(견진 성사나 성찬 그리고 기타 여러 성례전)에서나 발견할 수 있을 것입니다. 하지만 하나님의 말씀에서는 결코 발견할 수 없습니다. 예수님의 선언을 들어봅시다.

오히려 그들이 사람들의 명령들을 교리로 가르치며 내게 헛되이 경배하는도다, 하였느니라. 너희가 하나님의 명령을 버리고 단지나 잔을 씻는 것과 같은 사람들의 전통을 지키며 그 밖에도 그와 같은 많은 일들을 행하느니라, 하시고 또 그분께서 그들에게 이르시되, 너희가 너희 전통을 지키려고 하나님의 명령을 철저히 잘 저버리는도다…너희 전통 곧 너희가 전해 준 전통으로 하나님의 말씀을 무효가 되게 하며 또 그 같은 일들을 많이 행하느니라, 하시니라(막7:7-9, 13).

성경이 말하는 참된 회심과 구원은 예수님 앞에서 당신이 사악한 죄인임을 깊이 깨닫고 주님의 이름을 부르며 용서를 구하고 그분께서 당신의 마음에 구원자로 임하시도록 요청할 때 이루어집니다.

내가 너희에게 이르노니 아니라. 그러나 너희가 회개하지 아니하면 다 그와 같이 멸망하리라(눅13:3).

누구든지 주의 이름을 부르는 자는 구원을 받으리라(롬10:13).

그분을 받아들인 자들 곧 그분의 이름을 믿는 자들에게는 다 하나님의 아들들이 되는 권능을 그분께서 주셨으니(요1:12)

네가 만일 네 입으로 주 예수님을 시인하고 하나님께서 그분을 죽은 자들로부터 일으키신 것을 네 마음속으로 믿으면 구원을 받으리니 사람이 마음으로 믿어 의에 이르고 입으로 시인하여 구원에 이르느니라(롬10:9-10).

사실 어떤 면에서 보면 이것은 그리 쉬운 일이 아닙니다. 왜냐하면 이것이 당신의 마음속에 자리 잡고 있는 모든 종교적 신조들과 상치되기 때문입니다. 다시 말해 당신의 종교와 성경의 진리는 서로 맞지 않습니다. 이것이 당신의 자존심을 건드립니다. 성경의 진리는 너무나 단순합니다. "그래도 구원받으려면 무언가 대가를 치러야 하지 않겠는가?"라고 생각해 왔는데 그렇게 하지 않고도 구원받을 수 있다니 무척 자존심이 상합니다.

예수님께서는 다음과 같이 말씀하시면서 바로 이 점을 지목하셨습니다.

[예수님께서] 이르시되, 진실로 내가 너희에게 이르노니 너희가 회심하여 어린아

이들과 같이 되지 아니하면 하늘의 왕국에 들어가지 못하리라. 그러므로 누구든지 이 어린아이처럼 자기를 낮추는 자, 바로 그자가 하늘의 왕국에서 가장 큰 자니라(마18:3-4).

독자께서도 잘 알다시피 어린아이에게 무슨 자존심이나 프라이드가 있습니까? 그들은 겸손합니다. 그들은 소위 지성이나 위엄, 자기의 의로움이나 종교적 전통에서 비롯되는 프라이드를 갖고 있지 않습니다. 사람을 대할 때 무언가 딴 속셈이 있지 않을까 의심하지 않습니다. 그들은 단순히 어떤 사람의 사람됨으로 인해 쉽게 그 사람의 말을 듣고 그를 받아들입니다.

구원받기 위해 당신의 자존심과 프라이드를 모두 내어놓고 단순히 예수님을 신뢰하지 않는다면 영원한 지옥 불에 들어가게 된다고 주님께서는 분명히 말씀하셨습니다.

만일 네 손이 너를 걸려 넘어지게 하거든 그것을 잘라 내라. 불구가 되어 생명에 들어가는 것이 두 손을 가지고 지옥에, 결코 꺼지지 않을 불 속에 들어가는 것보다 네게 더 나으니 거기서는 그들의 벌레도 죽지 아니하고 불도 꺼지지 아니하느니라. 만일 네 발이 너를 걸려 넘어지게 하거든 그것을 잘라 내라. 절뚝거리며 생명에 들어가는 것이 두 발을 가지고 지옥에, 결코 꺼지지 않을 불 속에 던져지는 것보다 네게 더 나으니 거기서는 그들의 벌레도 죽지 아니하고 불도 꺼지지 아니하느니라. 만일 네 눈이 너를 걸려 넘어지게 하거든 그것을 빼내라. 한 눈으로 하나님의 왕국에 들어가는 것이 두 눈을 가지고 지옥 불 속에 던져지는 것보다 네게 더 나으니 거기서는 그들의 벌레도 죽지 아니하고 불도 꺼지지 아니하느니라(막9:43-48).

사랑하는 독자 여러분! 죄와 자아를 사랑함으로 지옥행을 고집하시렵니까? 알량한 자존심을 버리고 당신의 종교에서 돌아서십시오. 그리고 당신의 죄를 회개하고 예수 그리스도를 당신의 구원자로 영접하십시오. 아마도 당신은 "저도 그렇게 하고 싶은데 어떻게 해야 하는지 모르겠어요."라고 말하실지 모릅니다. 그렇다면 제가 도와 드릴 테니 예수님을 바라보고 다음과 같이 말하십시오.

하나님! 저는 제가 죄인임을 잘 압니다. 제 힘으로는 구원받을 수 없음을 인정합니다. 이제 저는 저의 죄를 미워하고 회개하며 하나님께로 돌아갑니다. 지금 저는 하나님의 구원 계획을 들었습니다. 하나님의 아들 예수님께서 저를 대신해서 십자가에서 죽으시고 묻히셨다가 사흘 만에 부활하신 것을 믿습니다. 예수님, 이 시간에 저의 모든 죄를 용서해 주시고 제 마음에 들어오시기 바랍니다. 이제 저는 주님을 저의 구원자로서 받아들이며 전적으로 신뢰합니다. 예수님의 이름으로 기도합니다. 아멘.

당신이 진심으로 당신의 죄를 깨닫고 회개하며 이렇게 기도한다면 하나님의 말씀에 따라 당신은 영원토록 구원받았습니다. 이제 당신이 해야 할 일은 성경대로 믿는 좋은 교회로 가서 당신 자신에게 어떤 일이 일어났는지를 말하고 침례를 받는 것입니다. 그런 뒤 제게 - 혹은 역자에게 - 편지를 주신다면 저 역시 당신과 함께 그 기쁨을 나눌 수 있을 것입니다. 당신과 제가 하늘에 가서 어린아이들과 함께 영원을 보낸다는 것이 참으로 놀랍지 않습니까?

이제 이번 장의 결론을 내려 봅시다. 우선 우리는 한 아이의 성장 과정에서 그가 충분히 선과 악을 구별할 수 있는 시점이 있고 하나님께서는 그 시점을 아신다는 것을 살펴보았습니다. 하나님만이 아시는 바로 그 순간부터 그 아이는 악을 거부하고 선을 택하는 데 있어 하나님께 도덕적인 책임을 지게 됩니다. 본질상 죄인이며 자신의 선택에 의해 죄인이므로 그 아이는 종종 악을 택하고 선을 거부하며 의도적으로 하나님께 죄를 짓습니다. 만일 그가 살아서 예수 그리스도를 영접하지 않는다면 그는 영원히 지옥에 있게 될 것입니다. 거기에는 변명의 여지가 없습니다. 전지전능하신 하나님께서 그에게 충분한 빛을 주셨기에 그는 응당 자신의 죄에 대한 책임을 져야 합니다. 이제 그는 회심하여 구원받든지 혹은 영원히 지옥에서 지내든지 둘 중 하나를 택해야 합니다.

그러나 어린아이가 책임을 질 나이에 이르지 않았다면 그 아이는 영원토록 안전합니다. 그 아이는 예수님께 속해 있으며 하늘나라가 그분께 속해 있으므로 그 아이가 죽게 되면 곧장 하늘나라로 가게 됩니다.

이제 저는 성령님의 감동에 힘입어서 믿지 않는 독자에게 다음과 같은 실례를 보여 드리며 아이들의 구원에 대해 확신을 가질 것을 기도합니다.

몇 년 전에 어떤 젊은 부부가 18개월 되었을 때에 마비성 질병에 걸린 자신의 아이를 뉴욕 시에 있는 전염병 병원에 입원시켰습니다. 그런데 그 병원의 규정상 아이의 부모는 그 아이를 전혀 볼 수 없었습니다. 매우 고통스러운 가운데 6주가 흘러갔고 그 아이가 죽었다는 소식이 그 부모에게 전해졌습니다. 매우 무서운 질병이었기 때문에 슬픔에 찬 부모들은 멀리서 자신의 어린아이를 볼 수밖에 없었습니다. 또한 장례식 날에도 관 뚜껑이 굳게 닫혀 있었습니다. 가슴이 찢어지는 슬픔과 함께 이 젊은 부부는 조그만 관이 땅에 묻히자 서로 부둥켜안고 몹시 울었습니다.

그 뒤 2주일이 지났을 때 뉴욕의 병원으로부터 전화가 왔습니다.

"죄송합니다. 저희가 실수를 했습니다. 병원으로 곧장 와 주시겠습니까?"

그로부터 한 시간도 못되어 아무 영문도 모르는 어머니는 병원 관계자의 인도로 방 안에 들어섰습니다. 몇 분 뒤 간호사가 자기들의 아이를 데리고 들어오는데 아이를 보니 건강하고 병이 다 나아 있었습니다. 2주 전에 죽은 아이의 신원이 잘못 파악되었던 것입니다. 그 두 아이가 너무나 닮았고 어떤 경위에선지 그들의 이름표가 뒤바뀌게 되었습니다. 그래서 그 아기가 죽자 그 아이의 부모가 아닌 다른 부모에게 그 사실이 통고되었습니다. 건강하게 된 아이가 엄마의 목을 꼭 감고 집에 들어오자 참으로 큰 기쁨이 그 가정에 넘쳤습니다.「뉴욕 타임즈」지는 이 기사를 다음과 같은 제목하에 실었습니다.

- 죽은 것으로 알았던 아이를 되찾다! -

당신은 이 어머니의 기쁨을 이해하시겠습니까? 그러나 그 기쁨에 백만 배를 곱한다 해도 하늘에서 부모와 아이들이 만나 영원토록 함께 있게 되는 기쁨과는 비교할 수 없을 것입니다.

만일 독자께서 아직도 구원받지 못했다면 오늘 이 시간에 예수 그리스도께 당신의 마음을 여십시오. 지금 그분을 영접하시고 하늘에서 당신의 자녀들을 만나기 바랍니다.

주께서는 자신의 약속에 대해 어떤 사람들이 더디다고 생각하는 것같이 더디지 아니하시며 오히려 우리를 향해 오래 참으사 아무도 멸망하지 아니하고 모두 회개에 이르기를 원하시느니라(벧후3:9).

부록 2

아이들의 천국

유아들과 어린아이들이 죽게 되면 곧장 하늘로 간다는 사실을 앞에서 성경 말씀으로 분명히 입증했음에도 불구하고 이것을 믿지 않으려는 완고한 사람들이 있습니다. 저는 실제로 이런 사람들을 만난 적이 있습니다. 매우 경건한 모양을 가지고 있으며 나름대로의 스타일을 고집하는 이 영적 거인들은 자기 철학에다 성경 말씀을 끼워 맞춥니다. 그들은 어린아이들이 죽으면 지옥에 간다는 사실을 절대적으로 증명하는 구절로 요한복음 3장 3절을 인용합니다. 이제 예수님께서 말씀하신 것을 보도록 합시다.

예수님께서 그에게 응답하여 이르시되, 진실로 진실로 내가 네게 이르노니 사람이 다시 태어나지 아니하면 하나님의 왕국을 볼 수 없느니라, 하시므로(요 3:3)

이보다 참된 말씀이 어디 있습니까? 니고데모도 처음엔 이 말씀을 이해하지 못했으나(요3:4) 끝내는 말씀의 진리를 찾아냈습니다. 이에 대한 증거를 우리는 성경에서 찾아볼 수 있습니다(요7:50-51; 19:38-39 참조). 저는 니고데모가 구원을 받아 지금 하늘에 있다고 믿습니다.

자신이 죄인임을 깨닫고 하나님의 말씀에 순종하여 예수님을 자신의 구원자로 받아들이는 사람은 누구든지 바로 그 순간 영원한 구원을 얻습니다. 이처럼 '새로운 출생'(New Birth)을 경험한 그들은 이제 하늘을 그들의 영원한 안식처로 삼고 있습니다.

그러나 잠시 기다리십시오! 여기서 저는 여러분과 함께 상상의 나래를 펼쳐 볼까 합니다(사실 어른이 되면서 이 같은 능력이 점차로 둔화되지요). 필름이 돌아가기 시작하면서 여리고의 길 한 편에 앉아 계신 예수님과 두 살 된 어린아이가 그분의 팔에 안겨 있는 것이 보입니다. 그런데 갑자기 예수님께서 그 두 살 난 어린아이를 보고는 말씀하십니다.

네가 만일 회개하지 않으면 멸망당하리라! 네 손이 너를 실족하게 하거든 잘라 버려라!

너 위선자여! 먼저 잔 안에 있는 것을 씻어라! 그래야만 그 바깥도 깨끗해 질 것이다. 어떻게 네가 지옥 형벌을 피할 수 있겠느냐? 네가 다시 태어나지 않으면 하나님의 왕국을 볼 수 없다! 너 두 살짜리 아이야, 네가 다시 태어나야 하겠다는 내 말을 이상하게 여기지 말라!

누군가 이 지점에 다다르면 스위치를 꺼 버릴지 모릅니다. 저는 메스꺼워 더 이상 참을 수가 없습니다. 저의 뛰어난 상상력도 그 이상으로 필름을 돌리게 할 수는 없습니다. 그러나 어처구니없게도 위에서 언급한 매우 경건한(?) 영적 거인들이 바로 이 장면을 요구하고 있습니다. 유아들이나 어린아이들도 다시 태어나지 않으면 지옥에 가게 된다는 것이 사실이라면 어느 누구도 멸망당하기를 원치 아니하시는 사랑의 주님께서 (제가 방금 묘사했던) 그 장면을 손수 연출하셨다는 이야기밖에는 되지 않습니다. 도대체 이것이 말이 됩니까?

바로 앞에서 저는 "자신이 죄인임을 '깨닫고'(Understand) 하나님의 말씀에 '순종하여'(Obey) 예수님을 자신의 구원자로서 '받아들이는'(Receive) 사람은 누구든지 그 순간 영원한 구원을 얻습니다."라고 말했습니다.

그렇다면 과연 어린아이가 이런 것들을 이해하며 인정할 수 있을까요? 겨우 두 살밖에 안 된 어린아이가 자신이 다시 태어나야만 한다는 것을 이해할 정도의 정신 능력을 가지고 있을까요? 아닙니다! 절대 그렇지 않습니다! 아기 침대에 누워 있는 갓난아이가 하나님께서 존재하며 자신이 하나님과 원수 관계에 있는 사악한 본성을 갖고 있다는 것을 이해하고 인정할 수 있습니까? 이처럼 단순한 젖먹이가 로마서 1장 18-22절에 있는 정죄에 해당된단 말입니까?

하나님의 진노가 불의 안에서 진리를 붙잡아 두는 사람들의 하나님을 따르지 않는 모든 것과 불의를 대적하여 하늘로부터 계시되었나니 이는 하나님을 알 만한 것이 그들 속에 분명히 드러나 있기 때문이라. 하나님께서 그것을 그들에게 보이셨느니라. 그분의 보이지 아니하는 것들 곧 그분의 영원하신 권능과 신격은 세상의 창조 이후로 분명히 보이며 만들어진 것들에 의해 이해될 수 있으므로 그들이 변명할 수 없느니라. 그들이 하나님을 알면서도 하나님으로서 *그분이 받으실* 영광을 그분께 돌리지 아니하고 감사하지도 아니하며 오히려 자기들의 상상 속에서 허망해졌고 그들의 어리석은 마음이 어두워졌나니 그들은 스스로 지혜롭다고 선언하나 어리석은 자가 되어(롬1:18-22)

제가 묻겠습니다. 도대체 언제 그 아기가 하나님께서 존재하는 것을 알았으나 하나님께 드려야 마땅한 영광을 그분께 드리지 않았습니까? 도대체 언제 그 아이가 자신의 상상 속에서 허망해지며 그 마음이 어둡게 되었습니까? 도대체 언제 그 아이가 하나님께서 주신 빛을 거슬러 죄를 지음으로 이제 변명할 수 없게 되었습니까?

어린아이들을 지옥에 넣으려는 신학적 천재들은 이제 이렇게 대답할 것입니다. "물론 아기들은 그런 일을 하지 않았지요. 그러나 아담의 원죄로 인해 그들은 지옥에 가야만 합니다."

"원죄라고요?"

"원죄(Original sin)라는 말의 'original'이라는 단어는 성경에 있지도 않습니다. 도대체 어디에서 그런 용어가 나왔나요?"

그러면 그들은 이렇게 말합니다.

"음, 원죄란 아기가 자기 부모로부터 물려받은 죄 많은 본성을 말합니다."

그렇다면 이 아이가 단지 자기 부모의 죄 때문에 지옥에 가야 한단 말입니까? 이에 대해 하나님은 달리 말씀하십니다.

그럼에도 너희는 이르기를, 무슨 까닭이냐? 아들이 아버지의 불법을 담당하지 아니하느냐? 하는도다. 아들이 율법에 맞고 옳은 것을 행하며 내 모든 법규들을 지키고 그것들을 행하였다면 그는 반드시 살리라. 죄를 짓는 혼, 그 혼은 죽을지니라. 아들이 아버지의 불법을 담당하지 아니하며 아버지가 아들의 불법을 담당하지 아니하리니 의로운 자의 의가 그에게 돌아가고 사악한 자의 사악함이 그에게 돌아가리라(겔18:19-20).

죄에 대한 벌은 사망입니다. 이 사망은 '육체적 사망'(Physical death)과 '둘째 사망'(Second death) 즉 계시록에 나오는 '불 호수'(Lake of fire)를 포함합니다(계20:14; 21:8).

보라, 모든 혼은 내 것이라. 아버지의 혼과 마찬가지로 아들의 혼도 내 것이니 죄를 짓는 혼, 그 혼은 죽을지니라(겔18:4).

죄의 삯은 사망이요(롬6:23)

그런즉 욕심이 잉태하면 죄를 낳고 죄가 완료되면 사망을 낳느니라(약1:15).

이 세상에 태어나는 아이들은 아담의 죄로 인해 누구나 육체의 죽음을 당합니다(롬5:12, 14). 그러나 어느 누구도 아담의 죄로 인해 둘째 사망 즉 영원한 지옥 형벌을 당하지는 않습니다! 즉 어떤 사람이 지옥에 간다면 그것은 자기 자신의 죄 때문이지 결코 아담의 죄나 부모의 죄 혹은 다른 사람의 죄 때문이 아닙니다. 물론 자녀들이 부모들의 죄의 결과로 인해 고통을 당하기는 하지만 그것이 영원한 지옥 형벌은 아닙니다.

그를 믿는 자는 정죄를 받지 아니하나 믿지 아니하는 자는 하나님의 독생자의 이름을 믿지 아니하였으므로 이미 정죄를 받았느니라(요3:18).

정죄를 받은 것이 아담의 죄나 혹은 그의 부모의 죄 때문입니까? 아닙니다! 그는 다음의 이유로 인해 이미 정죄된 상태에 있습니다.

그를 믿는 자는 정죄를 받지 아니하나 믿지 아니하는 자는 하나님의 독생자의 이름을 믿지 아니하였으므로 이미 정죄를 받았느니라(요3:18).

사람을 영원한 지옥 형벌에 처하게 하는 죄는 '단 하나'밖에 없습니다. 그것은 다름이 아니고 '예수 그리스도를 믿지 않는 것'입니다. 다시 말해 사람들을 지옥으로 보내는 죄는 예수 그리스도를 개인의 주님이요, 구원자로서 영접하지 않는 것입니다.

그러나 "아이들이 죽으면 지옥에 간다!"고 주장하는 무리들은 이렇게 말합니다. "만일 아이들이 육체적 죽음을 당한다면 그들은 둘째 사망 즉 지옥 형벌의 저주도 당해야 합니다."

잠깐만요! 예수님의 경우를 생각해 봅시다. 그분께서는 분명 육체적 죽음이라는 저주 아래 이 세상에 태어나셨지요? 즉 죽을 육신의 몸을 입고 이 땅에 오시지 않으셨습니까? 이 질문에 "아니오!"라고 대답할 사람은 아무도 없을 것입니다. 분명히 그분께서는 그렇게 태어나셨습니다.

율법이 육신으로 말미암아 연약하여 할 수 없는 것을 하나님께서는 *하셨나니* 곧 죄로 인해 자신의 아들을 죄 많은 육신의 모양으로 보내사 그 육신 안에 죄를 정죄하셨느니라(롬8:3).

예수님은 죄가 없으신 분이시나(히4:15) 자기 위에 죄 많은 사람들의 모습을 취하셨습니다(빌2:7). 그러기에 결코 죄를 범하지 않으신 그분도 죄의 결과들을 맛보셔야만 했습니다. 그분께서는 때론 피곤케 되셨고 주리고 목마를 때도 있었습니다. 또 육체의 고통을 아셨으며 죄성을 갖고 있는 모든 사람들과 마찬가지로 나이가 드셨습니다. 그리고 그분의 죽음은 실제적인 죽음이었습니다. 저는 그분께서 자신의 혼을 버리셨음을 잘 알고 있습니다. 이것은 결국 죽을 수밖에 없는 인간이 할 수 있는 영역이 아닙니다.

그분께서 진짜 죽음을 당하시지 않으셨습니까? 이 말에 또다시 "아니요!"라고 한다면 이는 두 배로 터무니없는 대답이 될 것입니다. 죄의 결과로 인해 그분은 실제 죽으셨습니다. 그러나 그렇다고 그분께서 영원토록 고통을 받기 위해 불 호수로 가셨던가요? 만일 "예!"라고 대답한다면 그것은 참으로 신성모독이 되고 말 것입니다.

육체적 죽음의 저주하에 태어났다고 해서 둘째 사망의 저주를 받는 것은 결코 아닙니다. 저는 앞에서 사도 바울이 아담의 범죄와 같은 종류의 죄를 짓지 아니한 자들 위에도 사망 - 즉 육체적 죽음 - 이 군림했다고 말했음을 보여 드렸습니다(롬5:12). 하지만 이들은 영원토록 안전합니다. 왜냐하면 이들이 '아담의 범죄와 같은 종류의 죄를 짓지 않았기 때문입니다. 저는 이 시점에서 앞에서 살펴본 내용 중 일부를 다시 한 번 반복하려 합니다. 분명히 못 박아 둘 사실이 거기 있기 때문입니다. 이제 다시 한 번 훑어보도록 하겠습니다.

하나님께 대해 의도적으로 죄를 짓지 않는 죄인들도 있습니다. 다시 말해 자신들이 행한 것을 알지 못하는 사람들 말입니다.

앞 장에서 저는 로마서 5장에 기록된 바울 사도의 말씀을 통해 사람이 두 가지 경로로 죄를 범한다는 것을 말씀드렸습니다.

1. 아담의 범법의 유형을 따라서
2. 아담의 범법의 유형을 따르지 않고서

그러면서 저는 에덴동산의 이브처럼 어린아이들은 자기들이 무엇을 하고 있는지 잘 알지 못함을 보여 드렸습니다. 그들도 분명히 죄를 짓고 잘못을 저지르며 범죄 가운데 있습니다. 그러나 그들은 자신들이 그렇게 하고 있음을 깨닫지 못합니다. 물론 죽음이 그들 위에 군림합니다. 사실 죽음은 모든 사람 위에 군림해 왔습니다. 어린아이들도 이브처럼 죽습니다. 그러나 하나님 앞에서 "그들은 자기들의 죄에 대해 책임을 지지 않습니다."

이런 성경 말씀을 통해 저는 지금 다음과 같은 사실을 강조하려 합니다.

"유아들과 어린이들은 결코 복음을 이해할 수 없다!"

구원과 새로운 출생은 오직 하나님의 말씀을 통해서만 가능합니다. 따라서 하나님의 말씀을 들을 수 없다면 어느 누구도 예수님께로 올 수가 없습니다.

너희가 믿음을 통해 은혜로 구원을 받았나니 그것은 너희 자신에게서 난 것이 아니요 하나님의 선물이니라(엡2:8).

그러므로 믿음은 들음에 의해 오며 들음은 하나님의 말씀에 의해 *오느니라*(롬 10:17).

너희가 다시 태어난 것은 썩을 씨에서 난 것이 아니요 썩지 아니할 씨에서 난 것이며 살아 있고 영원히 거하는 하나님의 말씀으로 된 것이니(벧전1:23)

그러나 그것이 무어라고 말하느냐? 말씀이 네게 가까이 있어 네 입에 있고 네 마음에 있느니라, 하나니 *그것은* 곧 우리가 선포하는 믿음의 말씀이라. 네가 만일 네 입으로 주 예수님을 시인하고 하나님께서 그분을 죽은 자들로부터 일으키신 것을 네 마음속으로 믿으면 구원을 받으리니 사람이 마음으로 믿어 의에 이르고 입으로 시인하여 구원에 이르느니라…누구든지 주의 이름을 부르는 자는 구원을 받으리라. 그러면 그들이 자기들이 믿지 않은 분을 어찌 부르겠느냐? 자기들이 듣지 못한 분을 어찌 믿겠느냐? 선포자가 없이 어찌 듣겠느냐?(롬 10:8-10, 13-14).

바로 위에 있는 성경 말씀에 따라 유아들과 어린아이들과 관련하여 제가 묻고자 하는 바는 다음과 같습니다.

"그들이 믿지 아니한 이를 어찌 부르겠으며 듣지도 못한 이를 어찌 믿겠습니까?"
"어린아이들이 그분을 믿고 그분의 이름을 부를 수 있는 방법이 어디 있습니까?"

그들은 하나님의 말씀을 이해할 수 없습니다.

주의 말씀들이 들어오면 빛을 주며 단순한 자들에게 깨달음을 주나이다(시 119:130).

단순한(우둔한) 사람들에게 말입니까? 그렇습니다. 하나님의 말씀은 그들에게 지각(깨달음)을 줄 수 있습니다. 그러나 단순한 사람들은 아기들과는 다릅니다. 아기들에게는 하나님의 말씀에 대한 이해가 없습니다. 그렇다면 충분히 이해할 수 있을 만큼 자라지 못한 채 죽은 아이들이 아무런 소망도 없이 다 지옥으로 가야 한단 말입니까? 성령님께서는 사도 베드로를 통해 우리에게 다음과 같이 말씀해 주십니다.

주께서는 자신의 약속에 대해 어떤 사람들이 더디다고 생각하는 것같이 더디지 아니하시며 오히려 우리를 향해 오래 참으사 아무도 멸망하지 아니하고 모두 회개에 이르기를 원하시느니라(벧후3:9).

또한 사도 바울을 통해서는 이렇게 말씀하십니다.

우리가 아직 죄인이었을 때에 그리스도께서 우리를 위해 죽으심으로써 하나님께서 우리를 향한 자신의 사랑을 당당히 제시하시느니라(롬5:8).

온 우주를 지으신 위대한 하나님께서는 죄인들을 사랑하시며 그러기에 어느 누구도 멸망당하기를 원치 않으십니다. 그들이 지옥에 가는 것을 원치 않으시기에 그분께서는 구원의 길을 마련해 놓으셨습니다.

그리스도께서 그들을 위해 죽으셨습니다!

주님을 찬양합시다!
놀랍지 않습니까?
지옥으로부터 도피할 수 있는 길이 모든 죄인들에게 주어졌습니다!

이것은 신실한 말이요 전적으로 받아들이기에 합당한 말이니 곧 그리스도 예수님께서 죄인들을 구원하시려고 세상에 오셨다는 말이로다. 내가 죄인들 중에 우두머리니라(딤전1:15).

할렐루야!
주님을 찬양합시다. 아무리 사악한 죄인이라도 구원받을 수 있습니다!

누구든지 주의 이름을 부르는 자는 구원을 받으리라(롬10:13).

*성*령과 신부가 말씀하시기를, 오라, 하시는도다. 듣는 자도, 오라, 할 것이요, 목마른 자도 올 것이며 누구든지 원하는 자는 값없이 생명수를 취할지니라(계 22:17).

이제 저는 무고한 어린아이들을 불타는 지옥으로 보내려는 영적 거인들에게 묻고 싶습니다. 정말 하나님께서 어떤 종류의 죄인이라도 구원받을 수 있는 길을 마련해 놓으셨을까요?

이제 다시 한 번 스위치를 켜서 상상의 필름을 돌려봅시다. 우리는 지금 아프리카의 정글 속을 탐험하고 있습니다. 가시덤불을 헤치며 앞으로 나아가는데 이교도들의 북소리가 들려옵니다. 앞이 훤히 내다보이는 곳에 다다르니 이교도 마술사가 이제 막 사람을 잡아 사탄에게 바치려는 끔찍한 모습이 보입니다. 그는 북소리에 맞추어 축사하는 말을 중얼거리고 있습니다. 주위는 사악한 영들로 가득합니다. 이 마술사는 공공연히 마귀를 숭배하고 있습니다.

이제 제가 묻겠습니다.
"과연 하나님께서는 이 사악한 마술사도 구원받을 수 있는 길을 예비하셨을까요?"
물론 당신은 이렇게 말씀하실 것입니다.
"당연하죠. 하나님께서는 그 마술사도 구원받을 수 있는 길을 마련해 놓으셨습니다. 예수님께서 그 마술사를 위해 죽으셨습니다!"

자, 이제 저와 함께 교도소의 칙칙한 담벼락 가까이로 가 봅시다. 정문을 통과하자 철커덕 문이 닫히고 순간 우리는 마치 몇 년형을 선고받고 들어온 죄수처럼 느껴집니다. 우리는 간수의 안내를 받으며 여러 감방을 지나 긴 복도 끝에 있는 견고한 쇠창살 문 앞에 다다릅니다. 머리 위로 다음과 같은 표지가 걸려 있는 것이 보입니다.

철통 경비!!!

그 문을 통과하자 여러 개의 작은 방이 보입니다. 거기에는 쇠창살 같은 것은 없고 다만 단단한 쇠문만이 있습니다. 그리고 각 문에는 조그만 유리 구멍이 있어 안을 들여다 볼 수 있습니다. 이제 이 구멍을 통해 안을 들여다봅시다. 거기 있는 사람이 보입니까? 그는 수많은 사람을 죽인 장본인입니다. 잡히기 전까지 오랫동안 그는 소녀들을 자기 차로 유인해 한적한 곳에 있는 버려진 집으로 데려가 강제 추행했고 그 뒤 죽기까지 잔인하게 고문을 가하곤 했습니다. 그는 그 집의 지하실을 이들의 무덤으로 만들어 버렸습니다.

이제 제가 묻겠습니다.

"과연 하나님께서는 이런 살인마도 구원받을 수 있는 길을 예비하셨을까요?"

당신은 분명히 이렇게 말씀하실 겁니다.

"물론이지요. 하나님께서는 그 살인마도 구원받을 수 있는 길을 마련해 놓으셨습니다. 예수님께서 그를 위해 죽으셨습니다."

이제 발걸음을 돌려 빈민굴로 가 봅시다. 저기 한 부랑자가 길거리에서 비틀거리고 있습니다. 위태하다 싶더니 또다시 쓰러져 자기가 토해 낸 것 위에서 뒹굴고 맙니다. 구역질이 나지 않습니까? 이 불쌍한 인생 낙오자는 술독에 빠진 채 전 인생을 허비해 버렸습니다. 이제 그는 경건치 못한 주정뱅이에 불과합니다.

저는 묻고 싶습니다.

"과연 하나님께서는 이런 쓰레기 같은 주정뱅이도 구원받을 수 있는 길을 예비하셨을까요?"

당신의 대답은 변함없습니다.

"물론이지요. 하나님께서는 그 쓰레기 같은 인간도 구원받을 수 있는 길을 마련해 놓으셨습니다. 예수님께서 그를 위해 죽으셨습니다."

이제 고개를 돌려보니 저기 싸구려 모텔(여관)이 보입니다. 우리는 창문 너머로 한 여인을 볼 수 있습니다. 그 여인은 창녀입니다. 그녀는 야비한 남자들에게 자기의 몸을 팔며 자기의 죄로 먹고 살고 있습니다. 이 창녀는 하나님의 십계명 중 일곱째 명령을 범하고 있습니다.

이제 제가 묻겠습니다.

"과연 하나님께서는 이런 창녀도 구원받을 수 있는 길을 예비하셨을까요?"

당신은 분명히 이렇게 말씀하실 겁니다.

"물론이지요. 하나님께서는 그 창녀도 구원받을 수 있는 길을 마련해 놓으셨습니다. 예수님께서 그녀를 위해 죽으셨습니다."

경건한 체하시는 영적 천재여!

분명히 당신은 사랑 많은 하나님께서 이교도 마술사와 살인마도 구원받을 수 있는 길을 예비해 놓으셨다고 말했습니다. 또한 당신은 그 하나님께서 알코올 중독자와 창녀도 구원받을 수 있는 길을 예비해 놓으셨다고 말했습니다. 그런데 어떻게 당신은 그런 하나님께서 순진한 어린아이들을 위해서는 아무것도 준비해 두시지 않았다고 말함으로써 하나님의 공의에 먹칠을 한단 말입니까? 그건 가당치도 않습니다.

베드로후서 3장 9절에서 하나님께서는 어느 누구도 멸망당하는 것을 원치 않는다고 분명히 말씀하셨습니다. 이 '어느 누구도'에 어린아이들은 해당되지 않습니까? 다시 한 번 이와 관련된 구절을 찾아봅시다.

앞장에서 우리는 예수님께서 어린아이들과 하늘의 왕국에 관하여 말씀하신 마태복음 18장의 구절들을 공부했습니다. 그 이후의 구절들을 계속해서 살펴보겠습니다.

사람의 아들은 잃어버린 것을 구원하려고 왔느니라. 너희 생각은 어떠하냐? 만일 어떤 사람에게 양 백 마리가 있는데 그것들 중의 한 마리가 길을 잃으면 그가 아흔아홉 마리를 남겨 두고 산들로 들어가 길 잃은 것을 찾지 아니하겠느냐? 진실로 내가 너희에게 이르노니 그가 만일 그것을 찾으면 길을 잃지 않은 아흔아홉 마리보다 그 양으로 인해 더 기뻐하리라. 이와 같이 이 작은 자들 중 하나라도 멸망하는 것은 하늘에 계신 너희 아버지의 뜻이 아니니라(마 18:11-14).

이제 예수님께서 말씀하신 것을 조심스럽게 살펴봅시다. 먼저, 그분은 자신이 세상에 온 목적을 말씀하십니다. 즉 그분은 길 잃은 자들을 위해 오셨습니다. 그 뒤 그분은 목자가 길 잃은 양을 찾아가는 이유를 들어가며 자신의 사명이 무엇인가를 보여 주십니다. 이 목자의 특성 세 가지를 살펴봅시다.

1. 그는 길 잃은 양에 대해 크게 염려하며 그 양을 구출하는 것이 그의 가장 큰 바램입니다.
2. 그는 양을 구하기 위해 모든 것을 제쳐 두고 그 일에만 총력을 기울입니다.
3. 그는 양을 구했을 때 너무나 기뻐합니다.

이것을 통해 우리는 예수님께서 길 잃은 영혼에 대해 깊은 관심을 가지고 계시며 그들을 구원하시기 위해 이 세상에 오셔서 모든 것을 다 바쳤다는 것을 깨닫습니다. 이제 우리는 예수님께서 하신 말씀을 앞뒤 문맥을 살펴보면서 제대로

1. 예수님 사랑하심은 거룩하신 말일세.
   우리들은 약하나 예수님 권세 많도다.
2. 나를 사랑하시고 나의 죄를 다 씻어
   하늘 문을 여시고 들어가게 하시네.
3. 내가 연약할수록 더욱 귀히 여기사
   높은 왕좌 위에서 낮은 나를 보시네.
4. 세상 사는 동안에 나와 함께하시고
   세상 떠나가는 날 천국 가게 하소서.

   후렴: 날 사랑하심 날 사랑하심
   　　　날 사랑하심 성경에 써 있네.

파악해야만 합니다. 사실 이 말씀은 어린아이들에 관한 것입니다! 그래서 그분은 다음과 같은 말씀으로 이 주제를 끝맺습니다.

이와 같이 이 작은 자들 중 하나라도 멸망하는 것은 하늘에 계신 너희 아버지의 뜻이 아니니라(마18:14).

그러므로 예수님의 가르침을 정리하면 다음과 같습니다.

1. 그분은 죄 중에 태어난 어린아이들에 대해 깊은 관심을 갖고 계십니다. 비록 어린아이들도 본질상 죄인이지만 그분의 간절한 바람은 그들이 구원받는 것입니다.
2. 그분은 이 어린아이들을 구원하시기 위해 하늘을 떠나 갈보리에 이르기까지 자신의 모든 것을 드리셨습니다.
3. 많은 어린아이들이 선악을 구분하여 구원의 길을 이해할 수 있는 나이에 이르기 전에 죽습니다. 그럼에도 우리는 기뻐할 수 있습니다. 왜냐하면 그들은 죽자마자 하늘로 가기 때문입니다. 이 어린아이들이 하늘을 선택할 수 없기에 하나님께서 그들을 위해 선택하십니다.

그렇습니다. 구원의 길은 어느 누구에게나 주어져 있습니다. 심지어 갓난아기들이나 어린아이들까지도 말입니다.

우리는 앞에서 성경을 살펴 가면서 자신에 대해 책임을 질 수 없는 모든 아기들과 어린아이들은 예수님께 속해 있음을 증명했습니다. 이제 사도 바울이 이야기하는 것을 들어봅시다.

아담 안에서 모든 *사람*이 죽는 것같이 그렇게 그리스도 안에서 모든 사람이 살게 되리라. 그러나 각 사람이 자기 차례대로 되니 *먼저는* 첫 열매인 그리스도시오, 그다음은 그리스도께서 오실 때에 그분께 속한 자들이니라(고전15:22-23).

이 구절에서 사도 바울은 모든 사람의 몸의 부활에 대해 논하고 있습니다. 아담으로 인해 모든 사람은 육체적으로 죽습니다. 그런데 그리스도로 인해 모든 인류가 육체적으로 부활합니다. 예수 그리스도의 부활은 바로 모든 사람의 부활에 대한 보증입니다.

이는 그분께서 한 날을 정하사 그날에 자신이 정하신 그 사람을 통해 세상을 의로 심판하실 것이기 때문이라. 그분께서 친히 그 사람을 죽은 자들로부터 일으키심으로써 모든 사람들에게 그 일에 대한 확신을 주셨느니라, 하니라(행17:31).

땅의 티끌 속에서 잠자는 자들 가운데 많은 사람들이 깨어나 얼마는 영존하는 생명에 이르고 얼마는 수치와 영존하는 치욕에 이를 것이며(단12:2)

이 말에 놀라지 말라. 무덤 속에 있는 모든 자들이 그의 음성을 듣고 나올 때가 오고 있는데 선을 행한 자들은 생명의 부활로, 악을 행한 자들은 정죄의 부활로 나오리라(요5:28-29).

부활에는 두 가지가 있음을 주목해 보십시오. 첫째 부활은 '생명의 부활'이며 둘째 부활은 '영벌의 부활'입니다. 그런데 성경을 자세히 연구해 보면 첫째 부활과 둘째 부활 사이에는 적어도 1,000년(혹은 1,007년)이라는 기간이 있습니다. 첫째 부활은 마지막 때의 7년 환난이 일어나기 바로 전에 이루어집니다. 그리고 7년 환난 이후에 예수님의 1,000년간의 메시아 통치가 이 땅에서 문자 그대로 이루어집니다.

그 나머지 죽은 자들은 그 천 년이 끝날 때까지 다시 살지 못하였더라. 이것이 첫째 부활이니라. 첫째 부활에 *참여할* 몫을 가진 자는 복이 있고 거룩하도다. 둘째 사망이 그런 자들을 다스릴 권능을 갖지 못하고 도리어 그들이 하나님과 그리스도의 제사장이 되어 천 년 동안 그분과 함께 통치하리라(계20:5-6).

사도 바울은 모든 사람이 자신의 순서에 따라 육체를 갖고 부활하리라고 말합니다(고전15:23). 그리스도께서는 우리 모두에 대한 보증으로서 첫째로 부활하셨습니다. 그다음은 그분께서 오실 때 그리스도께 속한 자들이 될 것입니다(고전15:23). 이것이 바로 생명의 부활입니다. 그 후로 1,000년이 지난 뒤 영벌의 부활이 있게 됩니다.

선악을 구분할 수 있기도 전에 죽은 어린아이들도 그분께서 오실 때에 모두 부활합니다. 왜냐하면 그들은 모두 그리스도께 속해 있기 때문입니다. 물론 그들의 혼은 현재 그분과 함께 있습니다. 그들의 몸은 무덤 속에서 자고 있습니다. 그분께서 오시는 날은 얼마나 영광스러울까요?

그러나 형제들아, 잠자는 자들에 관하여 너희가 모르기를 내가 원치 아니하노니 이것은 너희가 아무 소망 없는 다른 사람들같이 슬퍼하지 아니하게 하려 함이라. …주께서 호령과 천사장의 음성과 하나님의 나팔 소리와 함께 친히 하늘로부터 내려오시리니 그리스도 안에서 죽은 자들이 먼저 일어나고 그 뒤에 살아서 남아 있는 우리가 그들과 함께 구름들 속으로 채여 올라가 공중에서 주를 만나리라. 그리하여 우리가 항상 주와 함께 있으리라(살전4:13, 16-17).

그때에는 눈 깜짝할 사이에 그들의 혼이 부활된 그들의 몸과 하나가 될 것입니다 (고전15:52).

예수님께서 죽으셨다가 다시 일어나셨음을 우리가 믿거든 그와 같이 예수님 안에서 잠자는 자들도 하나님께서 그분과 함께 데려오시리라. 우리가 주의 말씀에 의거하여 너희에게 이것을 말하노니 곧 주께서 오실 때까지 살아서 남아 있는 우리가 결코 잠자는 자들보다 앞서지 못하리라.(살전4:14-15).

하나님을 찬양합시다! 이 복된 첫째 부활에 선악을 구별할 나이에 이르기 전에 죽은 모든 어린아이들도 포함될 것입니다. 왜냐하면 그들은 모두 그리스도께 속해 있기 때문입니다.

아담 안에서 모든 *사람*이 죽는 것같이 그렇게 그리스도 안에서 모든 사람이 살게 되리라. 그러나 각 사람이 자기 차례대로 되리니 *먼저*는 첫 열매인 그리스도시요, 그 다음은 그리스도께서 오실 때에 그분께 속한 자들이니라(고전 15:22-23).

이제 잠시 둘째 부활에 대해 살펴봅시다.

또 내가 크고 흰 왕좌와 그 위에 앉으신 분을 보았는데 땅과 하늘이 그분의 얼굴을 피해 물러가서 그것들의 자리가 보이지 아니하더라. 또 내가 보니 죽은 자들이 작은 자나 큰 자나 하나님 앞에 서 있는데 책들이 펼쳐져 있고 또 다른 책 즉 생명책이 펼쳐져 있더라. 죽은 자들이 자기 행위들에 따라 그 책들에 기록된 그것들에 근거하여 심판을 받았더라. 바다가 자기 안에 있는 죽은 자들을 내주었고 사망과 지옥이 자기 안에 있는 죽은 자들을 넘겨주매 그들이 각각 자기 행위들에 따라 심판을 받았으며 사망과 지옥이 불 호수에 던져졌더라. 이것이 둘째 사망이니라. 누구든지 생명책에 기록된 것으로 드러나지 않은 자는 불 호수에 던져졌더라(계20:11-15).

여기서 어린아이들을 찾아볼 수 있습니까? 전혀 없지요! 이 무서운 심판대에서는 모든 사람이 '자신의 행위대로' 심판을 받습니다. 일부만이 그런 것이 아니고 '모든 사람'(Every person)이 그렇습니다. 다시 한 번 말씀드리지만 여기서는 모든 사람이 자기 행위대로 심판을 받습니다.

과연 어린아이들에게 '행위'라 할 만한 어떤 것이 있습니까? 없지 않습니까? 그렇다면 그 아이들은 이 심판을 받지 않습니다. 그리고 13절에 따르면 이 심판을 위해 지옥이 깨끗이 정리된 상태입니다.

'2 더하기 2는 4'지요? 그렇지 않습니까? 따라서 흰 왕좌 심판에 어린아이들이 없다면 지옥에도 어린아이들이 없습니다.

복음을 이해하지 못하거나 그리스도냐 마귀냐를 선택할 수 없는 어린아이들은 모두 안전한데 그 이유는 그들이 예수님의 속죄 안에 포함되어 있기 때문입니다.

우리가 아직 죄인이었을 때에 그리스도께서 우리를 위해 죽으심으로써 하나님께서 우리를 향한 자신의 사랑을 당당히 제시하시느니라. 그러면 이제 우리가 그분의 피로 의롭다고 인정받았으므로 더욱더 그분을 통해 진노로부터 구원을 받으리니 이는 우리가 원수였을 때에 하나님의 아들의 죽음에 의해 하나님과 화해하게 되었다면 화해하게 된 자로서 더욱더 그분의 생명에 의해 구원을 받을 것이기 때문이라. 그뿐만 아니라 우리 주 예수 그리스도로 말미암아 이제 속죄를 받은 우리가 그분을 통해 또한 하나님을 기뻐하느니라…그러므로 한 사람의 범죄로 말미암아 심판이 모든 사람에게 와서 정죄를 받게 한 것같이 그렇게 한 사람의 의로 말미암아 그 거저 주시는 선물도 모든 사람에게 와서 생명의 의롭다 하심을 얻게 하였나니(롬5:8-11, 18)

'모든 사람에게' 거저 주어지는 이 은혜의 선물을 거부하는 사람들은 모두 지옥에 갈 것입니다. 다시 말해 은혜를 거부하는 것은 그들이 선택한 것입니다. 너무나 어려서 선택할 수 없는 자들에게는 은혜의 선물이 누구에게나 주어지므로 자동적으로 그들의 것이 됩니다.

다음 날 요한이 예수님께서 자기에게 오시는 것을 보고 이르되, 세상 죄를 제거하시는 하나님의 어린양을 보라(요1:29).

그분은 우리 죄들로 인한 화해 헌물이시며 우리의 죄들뿐만 아니요 또한 온 세상 죄들로 인한 화해 헌물이시니라(요일2:2).

오히려 죽음의 고난을 당하시려고 천사들보다 조금 낮게 되셨다가 영광과 존귀로 관을 쓰신 예수님을 보노라. 그분께서 *이렇게 되신 것은* 하나님의 은혜로 말미암아 모든 사람을 위해 죽음을 맛보려 하심이라(히2:9).

그렇습니다. 하늘에 계신 사랑의 아버지께서는 모든 종류의 죄인들에게 구원의 길을 예비해 두셨고, 자신의 전지전능함 가운데 너무나 어려서 스스로 선택할 수 없는 어린아이들을 위해서도 구원의 길을 마련해 두셨습니다. 예수님의 보혈이 그들을 영원토록 안전히 지킬 것입니다.

어린아이들을 잃어버린 부모님들, 결코 두려워 마십시오! 당신의 어린아이들은 현재 예수님과 함께 하늘에 있습니다. 강력한 천사들이 그들을 하늘로 데리고 갔습니다. 우리 주님의 영광으로 가득한 그 아름다운 본향으로 말입니다.

시편 91편 11-12절을 보면 천사들이 자신의 손으로 어린아이들을 나릅니다. 늙어서 죽은 나사로가 그렇게 되었던 것처럼 어려서 죽은 아이들은 천사들에 의해 낙원으로 옮겨집니다(눅16:22).

이와 관련하여 저는 우연찮게 참으로 감동적이고 놀라운 이야기를 접한 적이 있습니다. 저는 그 이야기를 결코 잊지 못할 것입니다.

초기 미국 개척 시절 한 가난한 과부가 네 살 난 아들과 함께 단칸 오두막집에서 살고 있었습니다. 그런데 어느 날 그 아들이 죽을병에 걸리게 되었습니다. 의사를 부를 수 없는 상황인데다 상태는 계속 악화되어 자정쯤 그 아이는 사경을 헤매게 되었습니다. 그의 어머니는 안타까워 어쩔 줄 몰라 했고 자기가 할 수 있는 모든 일을 하며 그를 보살폈습니다. 이마의 땀을 닦아 주며 그녀는 밤늦도록 침대 곁에서 있었습니다. 그녀의 노력과 오랜 시간의 기도에도 불구하고 아이의 얼굴은 더욱 창백해졌고 이미 죽음의 그림자가 그 얼굴에 드리워져 있었습니다. 희미한 등불만이 집안을 비추고 있었습니다. 그런데 그때 갑자기 아이가 눈을 떴습니다. 그리고 부엌 쪽을 주시하였습니다. 그리고 희미하게 입을 열었습니다.

"그… 그들이 왔어요."
"누구 말이니?"
"저기…두 천사가…"

아이의 엄마는 그쪽을 바라다보았습니다. 그러나 거기에는 아무것도 없었습니다. 그녀는 아이를 달래기 시작했습니다.

"애야, 천사들이란 항상 우리 주위에 있단다."
"엄마, 그들이 저를 데리러 왔어요."
"그들이 어디 있단 말이니? 애야"

그는 손을 들어 그들을 가리킬 힘도 없었습니다. 그는 또다시 부엌 쪽으로 눈을 돌렸습니다.

"엄마, 그들이 안 보여요? 그들은 바로 찬장 옆에 서 있어요. 그들은 제가 자기들과 함께 가기를 원해요…"

이후 아이는 몇 번 기침을 하고 다시 눈을 감았습니다. 그는 평안히 잠들었습니다.

이것을 네 살짜리 아이가 그것도 죽어 가는 아이가 꾸며낸 이야기라고 보십니까? 혹자는 말하겠지요. "그 아이는 허깨비를 보았을 뿐입니다." 과연 그 아이가 허깨비를 보았을까요?

부록 3

구원 방정식

문장으로 길게 쓰인 복잡한 수학 문제를 풀 때 문장을 잘 읽고 분석하여 여러 변수들을 어떻게 처리할까 고민한 뒤 방정식을 세워서 풀면, 어렵고 복잡해 보이던 문제가 쉽게 해결되는 것을 경험한 적이 있을 겁니다. 이와 비슷하게, 복잡해 보이는 인간의 구원 문제도 몇 개의 변수로 나누어 요약/정리하면 쉽게 풀릴 수 있습니다.[1]

1. 구원의 필요성

세상의 모든 물건에는 그것들을 만든 존재 즉 메이커가 있습니다. 주변을 보십시오. 펜, 의자, 자동차, 책 등이 모두 메이커에 의해 만들어졌습니다. 그런데 모든 메이커는 자기가 만든 물건이 설계대로 만들어졌는지 판단한 뒤 제대로 만들어지지 않은 물건은 따로 분리하여 폐기합니다. 이와 마찬가지로 사람에게도 메이커가 있습니다. 물건도 메이커가 있는데 하물며 물건을 설계하고 제작하는 고등 존재인 사람이 무(無)에서 그냥 생길 수 있겠습니까? 그러므로 사람을 만든 메이커 역시 자기가 만든 사람이 자신의 창조 목적에 부합하는 삶을 살았는지 여부를 반드시 판단합니다(행17:31; 히9:27). 이 같은 심판에서 부적격자로 드러난 사람은 메이커가 폐기합니다. 성경은 이 같은 메이커를 '창조자 하나님'이라고 말하며 사람이 심판받은 뒤 폐기되는 것을 '영원토록 지옥 불 속에서 사는 것'이라고 말합니다(계20:11-15). 그러므로 하나님의 이러한 폐기 심판에서 벗어나 구원받기 원하는 사람은 무엇보다 먼저 "나를 만든 메이커가 있는가, 없는가?"를 곰곰이 생각해 보아야 합니다.

2. 구원의 방해물

사람과 물건 간에는 큰 차이가 있는데 그것은 곧 사람에게는 자유 의지가 있다는 점입니다. 성경은, 하나님께서 어떤 사람을 자신의 창조 목적에서 벗어난

---

[1] 이것은 2013년 11월에 사랑침례교회 정동수 목사가 선포한 설교를 요약한 것이다.

부적격자로 판정하시는 근거가 죄라고 말하는데 성경적 의미의 죄란 '목표에서 벗어난 것'을 뜻합니다. 하나님은 처음에 사람을 만드시며 사람이 자신의 영광에 이르기를 원하셨습니다. 그러나 사람은 자유 의지를 이용하여 고의로 하나님의 명령을 거부하고 그분의 목적에서 벗어나 그분의 영광에 이르지 못하는 죄를 지었습니다(롬3:23).

첫 사람 아담에게서 시작된 이 죄의 독은 사람의 핏줄을 타고 전 인류에게 퍼졌습니다(창5:3; 롬3:10). 그 결과 죄의 삯은 사망이라는 하나님의 심판에 따라, 아담과 그의 후손인 모든 사람에게 육체적 사망이 임했고(롬6:23) 또 하나님의 영광에 이르지 못한 사람은 결국 영원히 하나님과 떨어져서 지옥 불 속에서 지낼 수밖에 없게 되었습니다. 왜냐하면 하나님은 눈이 정결하셔서 티끌만큼의 죄도 차마 보지 못하시기 때문입니다(합1:13). 그러므로 구원받기 원하는 사람은 "과연 나는 죄가 있는가, 없는가?"를 깊이 생각해 보아야 합니다.

3. 구원 계획

그러면 사람의 죄 문제를 해결할 방법은 무엇일까요? 이해를 돕기 위해 예를 하나 들겠습니다. 공장에서 갓 만들어진 펜이 하나 있는데 무슨 이유인지 몰라도 이 펜은 쓰는 기능을 제대로 발휘하지 못합니다. 설사 이 펜이 자기가 잘못되었음을 알았다 해도 그것이 자기를 고치거나 혹은 그 옆의 펜이 그것을 고칠 수 없습니다. 같은 범주에 속한 것들이 서로의 잘못을 인식할 수 있다 해도 고칠 수는 없기 때문입니다. 마찬가지로 사람이 앓고 있는 죄라는 병 역시 같은 상태에 있는 사람 즉 공자, 석가모니, 무함마드, 소크라테스, 마더 테레사, 교황, 교주, 목사, 사제 등이 절대 고칠 수 없습니다. 펜을 설계한 메이커만이 펜을 고칠 수 있듯이, 사람과 차원이 다른 외부의 고등 설계자 즉, 사람의 설계자인 하나님만이 사람의 죄의 독을 제거함으로써 죽음과 심판의 문제를 해결할 수 있습니다(행4:12).

4. 구원 방법

사람의 죄의 병을 고치기 위해 하나님께서는 처녀 탄생을 통해 직접 사람의 몸을 입고 이 땅에 내려오셔서 죄 없는 삶을 사시고 온 인류를 대신하는 완전한 희생 제물이 되셔서 십자가에서 죽으심으로써 단번에 하나님의 공의를 완전히 만족시키셨습니다(마1:23; 고후5:21; 히9:26). 즉, 예수 그리스도께서는 스스로 죄가 되셔서 하나님의 뜨거운 지옥 불 심판을 다 감당한 뒤 사람들이 가장 무서워하는 사망의 권세를 이기고 몸으로 부활하셔서 자신을 믿는 모든 사람에게 하나님의 영광에 이르는 길을 열어 주셨습니다. 하나님은 공기나 햇빛같이 사람에게 필수 불가결한 모든 것을 거저 주십니다. 이런 것들은 너무 귀하기 때문에 사람이 선행이나 노력으로 얻을 수 없습니다. 마찬가지로 영원한 생명 역시 오직 하나님께서 선물로, 은혜로 거저 주십니다(롬5:15). 그러므로 누구든지 예수 그리스도의 대신 속죄 사역을 믿기만 하면 행위와 상관없이 은혜로, 선물로 공짜로 구원받습니다(엡2:8-9).

5. 구원의 확신

우리는 어떻게 다른 사람의 말을 믿습니까? 그 사람의 신실함에 근거해서 믿지 않습니까? 그런데 거짓말하실 수 없는 하나님 곧 온 천하 만물을 만드신 분께서 분명히 이렇게 말씀하셨습니다.

하나님께서 세상을 이처럼 사랑하사 자신의 독생자를 주셨으니 이것은 누구든지 그를 믿는 자는 멸망하지 아니하고 영존하는 생명을 얻게 하려 하심이라(요3:16).

사람의 말을 신뢰하지 말기 바랍니다. 구원을 주시는 분은 하나님 한 분밖에 없습니다. 창조자 하나님 그분이 영원한 생명을 약속하시기에 우리는 그것이 진리임을 믿습니다(요14:6).

죄의 삯은 사망이나 하나님의 선물은 예수 그리스도 우리 주를 통해 *얻는 영원한 생명이니라*(롬6:23).

6. 구원 초청

인생은 마치 기차역을 향해 달리는 사람과 같습니다. 많은 사람이 단 몇 시간을 아끼려고 열차 시간에 늦지 않게 부지런히 역을 향해 달리고 있습니다. 그렇지만 영원이라는 무궁한 시간을 아끼려 하는 사람은 많지 않습니다. 지혜로운 사람이 되십시오. 하나님의 심판의 시간은 언제 당신에게 닥칠지 모릅니다(히3:13). 나이와 직업과 성별과 지위 고하에 상관없이 오늘 그 시간이 당신에게 닥칠 수 있습니다. 그러므로 사람을 만드신 창조자 하나님을 기억하고 그분께서 베푸시는 방법을 그대로 믿고 수용하십시오. 그러면 <u>다시 태어나는 기적</u>이 당신에게 일어납니다(벧전1:23). 오직 그분의 말씀만을 신뢰하십시오. 그분께서 약속하신 대로, 그분을 신뢰하는 사람은 누구나 다 값없이 구원의 기쁨을 누릴 수 있습니다. 더 미루지 말고 지금 주님께 나오시기 바랍니다.

7. 구원 방정식의 요소들 설명

1. 하나님

앞에서 살펴보았듯이 온 세상 만물은 다 만들어졌습니다. 즉, 창조자가 있습니다. 사람이라는 가장 고등한 생명체 역시 그냥 우연히 생기는 것은 불가능합니다. 아메바 같은 단순한 생명체에서 사람으로 진화했다는 진화론은 하나님을 믿지 않으려는 사람들이 상상 속에서 꾸며낸 허구에 지나지 않습니다. 그 크기를 제대로 측량하기조차 어려운 우주와 그 안에 있는 지구가 그냥 생기는 것은 열역학적으로 불가능합니다. 이 모든 것을 만든 창조자가 반드시 있을 수밖에 없습니다. 성경은 첫머리에서 그 창조자를 '하나님'(God)이라고 말합니다.

처음에 하나님께서 하늘과 땅을 창조하시니라(창1:1).

우주를 창조하신 하나님은 당연히 우주보다 더 크고 권능이 월등하게 넘치는 분이어야 합니다. 또한 온 세상 만물보다 훨씬 더 고등한 존재여야 합니다. 또한, 온 천하 만물을 만드신 창조자 하나님은 누군가에 의해 만들어진 존재가 아니어야 합니다. 그래서 성경은 다음과 같이 말합니다.

하나님께서 모세에게 이르시되, **나는 곧 스스로 있는 자니라**(I AM THAT I AM), 하시고 또 이르시되, 너는 이스라엘 자손에게 이같이 말하기를, **스스로 계신 분**(I AM)께서 나를 너희에게 보내셨느니라, 하라, 하시니라(출3:14).

이 말씀이 보여 주듯이, 하나님은 유일한 창조자시요, 만들어지지 않고 스스로 존재하는 유일무이한 분이십니다. 이 온 우주 공간에 "나는 I AM이다. 즉, 나는 스스로 있는 자다."라고 말할 수 있는 존재는 오직 하나님 한 분밖에 없습니다. 영원 전에도 I AM이시요, 지금 이 순간도 I AM이시요, 영원한 미래 속에서도 I AM이신 분 즉, 변함없이 스스로 존재하시는 분이 바로 성경의 하나님이십니다.

성경의 하나님은 자신의 영광과 권능과 위대함과 전능함을 그 누구와도 나누지 않는 유일한 분이십니다. 성경은 하나님이 무한대의 지혜와 능력과 위엄과 영광과 공의와 사랑과 진노를 지닌, 측량할 수 없는 분이라고 말합니다. 하나님의 사랑과 긍휼과 은혜가 영원토록 무한하듯이, 하나님의 공의와 진노와 심판 역시 영원토록 무한합니다.

몸은 죽여도 혼은 죽일 수 없는 자들을 두려워하지 말고 오히려 혼과 몸을 둘 다 지옥에서 멸하실 수 있는 분을 두려워하라(마10:28).

이렇듯 무한한 권능을 소유하신 하나님의 눈앞에서 지구는 먼지보다도 작고 이 지구에 살고 있는 사람은 먼지의 100만 분의 일도 안 되는 매우 작은 존재에 지나지 않습니다. 이런 차원에서, 성경은 하나님을 가리켜 '거룩한 분'이라고 말합니다. 여기서 '거룩하다'는 말은 창조자 하나님은 창조물과 전혀 다른 범주에 속하는 존재라는 말입니다. 즉, 하나님은 유일하신 주님이시요, 창조자이시고 사람을 포함한 그 외의 다른 모든 것은 다 만들어진 존재라는 뜻입니다. 바로 이것이 창조자 하나님의 '거룩함'입니다.

2. 사람

(1) 사람의 창조와 타락

사탄 마귀는 원래 하나님의 왕좌가 있는 셋째 하늘에서 주님을 섬기던 존재였습니다. 사실 그는 매우 특별한 창조물로서 기름 부음을 받은 '덮는 그룹'이라는 천상의 존재로 창조되었습니다(겔28:14). 그러나 어느 순간 그의 마음속에 지극히 높으신 하나님처럼 되어 보겠다는 불법이 생겨나자 그는 자신을 따르는 악한 천사들과 함께 반역을 일으켰다가 결국 하나님의 왕좌가 있는 곳에서 쫓겨났습니다.

그 뒤에 하나님께서는 말씀으로 하늘과 땅을 창조하시고 하나님의 형상에 따라 이 땅에 사람을 창조하셨습니다. 이것을 지켜본 마귀는 사람을 시기하고 미워하다가 마침내 이브에게 접근해 하나님께서 금하신 것 즉, 선악을 알게 하는 나무의 열매를 먹게 하였고 또 이브는 그것을 아담에게 먹게 함으로써 마침내 하나님께서 창조하신 사람에게 죄가 들어왔습니다. 그리고 이 죄로 인해 하나님과 사람 사이에는 건널 수 심연(深淵)의 간격이 생기게 되었습니다.

> 주 하나님께서 남자에게 명령하여 이르시되, 동산의 모든 나무에서 *나는 것*은 네가 마음대로 먹어도 되지만 선악을 알게 하는 나무에서 *나는 것*은 먹지 말라. 네가 그 나무에서 *나는 것*을 먹는 날에 반드시 죽으리라, 하시니라(창 2:16-17).

하나님께서는 사람에게 에덴동산에서 무한한 선택의 자유를 누리도록 허락하셨습니다. 그러나 단 하나의 금지 항목을 두셨는데 그것은 곧 선악을 알게 하는 나무의 열매를 먹지 말라는 것이었습니다. 이것은 사람에게 주신 가장 값진 선물인 자유 의지를 시험하기 위한 하나님의 장치였습니다. 이 제약의 목적은 사람이 하나님께서 주신 자유 의지를 선하게 사용하여 오직 하나님만 신뢰하는가를 살펴보기 위함이었습니다.

그러나 사람은 하나님을 버리고 마귀를 따르게 되었고 그 결과 죄가 그에게 들어와 타락하게 되었습니다. 최초의 사람인 아담은 본래 하나님의 형상대로 창조된 존재였습니다(창1:26-27). 그러나 마귀의 유혹에 넘어가 하나님께서 금하신 나무의 열매를 먹고 타락한 후에는 하나님의 형상 중 일부만을 유지한 채 본래 형상을 잃어버리게 되었고, 그 뒤 아담의 후손들은 다 아담의 형상에 따라 죄 가운데 태어나게 되었습니다.

아담이 백삼십 년을 살며 자기 모양대로 자기 형상에 따라 아들을 낳아 그의 이름을 셋이라 하였고(창5:3).

죄로 인해 사람은 다 결국 늙고 병들어 육신적으로 죽게 되었고(창5:5) 또 죽는 날까지 하나님과의 관계를 회복하지 못한 사람 즉 '영적으로 죽어 있는 사람'은 영원히 하나님 곁을 떠나 사탄과 그의 천사들을 위해 예비된 지옥 불 속에 들어가게 되었습니다.

(2) 사람의 상태

범법들과 죄들 가운데서 죽었던 너희를 하나님께서 살리셨도다. 지나간 때에는 너희가 그것들 가운데서 이 세상 행로를 따라 걸었고 공중의 권세 잡은 통치자 곧 지금 불순종의 자녀들 안에서 활동하는 영을 따라 걸었느니라. 지나간 때에는 우리도 다 그들 가운데서 우리 육신의 욕심 안에서 생활하며 육신과 생각의 욕망들을 이루어 다른 사람들과 같이 본래 진노의 자녀들이었으나(엡2:1-3)

아담 이후의 모든 사람 즉, 죄 가운데 태어나 '영적으로 죽어 있는 사람'은 이제 막 새로 구매했지만 아직 개통되지 않은 스마트폰에 비유할 수 있습니다. 통신사에 가입되지 않아도 이 스마트폰은 거의 모든 기능을 발휘할 수 있지만 전화기로서의 본연의 역할 즉 의사소통은 할 수 없습니다. 구원받지 못한 사람도 개통되지 않은 스마트폰처럼 거의 모든 기능을 발휘할 수 있지만 인간 본연의 존재 목적 즉 하나님과의 의사소통은 할 수 없습니다. 통신사에 가입해야 통화할 수 있듯이 사람도 성령님을 통해 하나님 나라에 가입해야 그분과 의사소통할 수 있습니다. 성경은 이런 사람을 가리켜 '구원받아 영적으로 살아난 사람'이라고 말합니다.

최신 스마트폰이라 할지라도 통화할 수 없다면 진정한 의미에서 전화기라 할 수 없습니다. 구형 전화기라도 깨끗한 음질로 통화가 가능하다면 전화기로서의 자격을 충족시킵니다. 전화기의 생명이 통신사와의 연결에 달린 것처럼, 사람의 생명도 하나님과의 연결에 달려 있습니다.

사람이 아무리 명예와 권세와 학식이 높다 해도 통화가 안 되는 전화기처럼 하나님과의 관계가 단절되어 있다면, 성경대로 그는 마귀의 자녀요, 진노의 자녀입니다(요일3:10; 엡2:3). 또한, 아무리 선행을 열심히 하여 하나님께 도달하려 한다 해도 하나님 보시기에 사람의 선행과 의로운 행위는 다 더러운 누더기에 불과합니다(사64:6).

오직 하나님의 크신 사랑이 멸망을 향해 달려가는 사람을 살리셨습니다. 구원받은 사람은 예수님께서 십자가에 달리실 때 그분과 같이 달리고 그분께서 무덤에서 부활하실 때 그분과 같이 부활하였습니다. 더욱 놀라운 사실은 구원받은 사람은 즉시 천국에서 하늘의 처소들에 앉아 있다는 점입니다. 예수님께서 허락하신 구원이란 이처럼 사람이 측량할 수 없는 놀라운 복입니다.

긍휼이 풍성하신 하나님께서 친히 우리를 사랑하실 때 사용하신 자신의 크신 사랑으로 인해 참으로 우리가 죄들 가운데서 죽었을 때에 우리를 그리스도와 함께 살리셨고 (너희가 은혜로 구원을 받았느니라.) 또 우리를 함께 일으키사 그리스도 예수님 안에서 하늘의 처소들에 우리를 함께 앉히셨으니 이것은 하나님께서 그리스도 예수님을 통해 우리에게 베푸신 친절 속에 담겨 있는 자신의 은혜의 지극히 풍성함을 다가오는 시대들 속에서 보여 주려 하심이라(엡2:4-7).

하나님께서는 교회를 통해 이토록 놀라운 '인간 구원 드라마'를 천사들과 하늘의 영적 존재들에게까지 드러내 보이시고자 하십니다(엡3:10). 이로써 하나님의 친절과 은혜의 지극히 풍성함은 다가오는 영원한 시대 속에서 무궁토록 빛나게 될 것입니다.

<u>너희가 믿음을 통해 은혜로 구원을 받았나니 그것은 너희 자신에게서 난 것이 아니요 하나님의 선물이니라.</u> 행위에서 난 것이 아니니 이것은 아무도 자랑하지 못하게 하려 함이라. 우리는 그분의 작품이요 그리스도 예수님 안에서 선한 행위를 하도록 창조된 자들이니라. 하나님께서 그 선한 행위를 미리 정하신 것은 우리가 그 행위 가운데서 걷게 하려 하심이니라(엡2:8-10).

구원은 오직 믿음에 의해, 값없이 주어지는 하나님의 은혜를 통해서만 가능합니다. 사람 안에는 자신의 힘으로 구원받을 만한 요소가 단 하나도 없습니다. 이 때문에 구원에서 사람의 행위가 이바지하는 것은 0%이고 하나님이 거저 주시는 은혜는 100%입니다.

이처럼 사람의 구원을 위해 사람의 행위는 전혀 필요치 않습니다. 구원에 필요한 모든 것을 하나님께서 다 마련해 놓으셨습니다. 사람은 하나님을 신뢰하고 그 선물을 받기만 하면 됩니다. 그러나 사람이 구원받은 이후에 성령님께서 그 사람 안에 거하시면 자연스럽게 하나님의 영광과 기쁨을 위해 살고 싶은 마음이 커지게 됩니다. 그래서 성도는 말씀으로 자신을 갈고닦아 시간이 갈수록 예수 그리스도의 장성한 분량에 이르기까지 성장해 가며 하나님께서 기뻐하시는 선한 행위를 하게 됩니다. 그러므로 구원받은 뒤에는 반드시 선한 행위의 열매가 드러나야 합니다.

(3) 사람의 구속

성경에서 '죄'란 근본적으로 '설계자의 목적에서 벗어난 것'을 뜻합니다. 그러므로 창조물이 창조자의 창조 목적에서 벗어난 것이 곧 죄이며 이 죄의 뿌리에서 나오는 열매가 바로 우상 숭배, 살인, 간음, 동성연애, 시기, 질투 등의 '죄들'입니다. 하나님께서는 자신의 영광에 이르도록 즉 자신의 본성에 참여하는 자가 되도록 사람을 창조하셨습니다. 그러나 "모든 사람이 죄를 지어 하나님의 영광에 이르지 못하더니"(롬3:23)라는 성경기록대로 죄 때문에 사람들은 하나님의 창조 목적에서 벗어나 마치 설계대로 나오지 않은 불량 제품이 폐기되듯 지옥 불 속으로 들어갈 수밖에 없는 존재가 되었습니다.

지극히 사랑이 많으신 하나님께서는 이렇듯 절망적 상황에 빠진 사람을 구원하기 위해 세상의 창건 이전에 한 방법을 마련해 놓으셨습니다. 하나님은 공의가 무한하시고 사랑이 무한하신 분입니다. 거룩한 하나님은 이 두 성품 중 어느 하나를 양보하거나 완화할 수 없습니다. 그러므로 하나님은 자신의 무한한 공의와 무한한 사랑을 동시에 충족시키시며 사람을 구원하셔야 합니다. 그런데 이 온 우주 공간 어디에도 하나님의 거룩함과 공의를 충족시킬 완전한 희생 제물이 없습니다.

그래서 하나님께서는 자기 아들을 이 땅에 보내셔서, 그 아들 예수 그리스도께서 사람의 모든 죄를 짊어지고 십자가에서 죄가 되어 죽게 하심으로써 자신의 완전한 공의의 심판을 그분에게 쏟아 부으셨고 이로써 자신의 거룩함과 공의를 완전히 충족시키셨습니다(고후5:21). 또한 동시에 예수 그리스도께서 십자가에서 대신 속죄 희생물로 죽임을 당하게 하심으로써 자신의 완전한 사랑을 증명해 보이시면서 사람의 모든 죄를 깨끗이 제거해 주셨습니다.

그래야 했다면 그분께서 세상의 창건 이래로 반드시 자주 고난당하셨어야 할 것이라. 그러나 그분께서는 자신을 희생물로 드려 죄를 제거하시려고 이제 세상 끝에 한 번 나타나셨느니라(히9:26).

3. 믿음: 구원의 핵심 요소

하나님은 하나님을 찾아 구원받으려는 사람에게 단 하나만을 요구하시는데 그것은 곧 믿음입니다.

그러나 믿음이 없이는 하나님을 기쁘게 할 수 없나니 그분께 가는 자는 반드시 그분께서 계시다는 것과 또 그분께서 부지런히 자신을 찾는 자들에게 보상해 주는 분이시라는 것을 믿어야 하느니라(히11:6).

'믿음'이 없이는 하나님께 나아갈 수 없습니다. 기독교를 제외한 이 세상 모든 종교는 하나같이 사람의 죄 문제를 스스로 해결해 보려고 노력하는 시스템입니다. 그래서 이런 종교들은 악행을 극복하기 위해 선행을 강조합니다. 그러나 성경은 사람이 오직 믿음으로만 하나님께 나아가 구원받을 수 있다고 말합니다.

그렇다면 하나님께서 사람에게 원하시는 '믿음'이란 어떤 것일까요? 예를 들어 설명해 보겠습니다. 어떤 주인에게 귀여운 강아지가 하나 있었습니다. 그런데 어느 날 이 강아지가 길에서 놀다가 갈비뼈다귀를 발견하였습니다. 강아지는 그것이 먹고 싶었지만 자기를 아끼고 보호해 주는 주인을 기쁘게 해 주기 위해 침을 질질 흘리면서도 그것을 먹지 않고 물어다가 주인에게 건네주었습니다. 그러나 주인은 그 뼈다귀를 보자마자 즉시 그것을 쓰레기통에 던져 버리고는 오히려 강아지를 나무라며 더러워진 강아지의 몸을 씻겨 주었습니다. 그리고는 이렇게 말했습니다.

앞으로 이런 쓸데없는 일은 하지 마. 네가 가져온 이 뼈다귀가 오히려 집안을 더럽게 하지 않니? 너는 그저 나만 바라보고 나를 믿고 기뻐하며 내 품 안에서 마음껏 뛰놀면 돼. 내가 원하는 것은 그것이 다야.

자신의 힘으로 구원받고자 하는 사람의 모든 행위가 바로 이 쓸모없는 갈비뼈다귀와 같습니다. 많은 사람들이 칭송하는 선행, 위대한 업적, 찬란한 지식, 고매한 철학, 각종 종교 행위는 오히려 하나님의 진노를 사는 뼈다귀 즉, 쓰레기통에 버려야 할 더러운 뼈다귀에 불과합니다.

믿음이란 마치 강아지가 제 주인을 알아보고 그의 보호를 확실히 믿으며 그의 품에서 기뻐 뛰어놀 듯이, 사람이 자신을 만든 창조자 하나님을 알아보고 믿으며 그분과 교제하고 그분의 품 안에서 즐겁게 뛰어노는 것입니다. 즉, 창조자 하나님 외에 나를 보호하고 나를 온전하게 해 주실 분이 없다는 사실을 깨닫고 오직 그분만을 신뢰하며 그분께만 영광을 돌리고 그분을 기뻐하는 단순한 마음이 바로 하나님께서 우리에게 바라시는 믿음입니다.

4. 은혜: 자격 없는 자에게 거저 주시는 하나님의 선물

그러면 하나님의 구원은 어떻게 받을 수 있을까요? 사람의 선한 행위나 재물, 노력, 학식, 지혜 등이 구원에 조금이라도 도움을 줄까요? 아니면 구원은 전적으로 하나님이 거저 주시는 선물일까요? 우리 주변을 돌아봅시다. 사람의 생명과 관련해서 없어서는 안 될 꼭 필요한 요소인 공기나 햇빛 등은 사람의 공로나 행위와 상관없이 거저 주어집니다. 이것들은 그 가치가 너무 커서 감히 어느 누구도 그 값을 지불하고 누릴 수 없습니다.

70-80년의 인생에서 누리는 모든 자연환경도 사람이 그 값을 지불할 수 없는데 전능하신 하나님과 더불어 영원무궁토록 사는 삶을 과연 사람이 자기 힘이나 노력으로 얻을 수 있을까요? 그것은 불가능합니다. 그래서 영원한 생명은 공짜로 즉, 하나님의 은혜로 거저 주어질 수밖에 없습니다. 따라서 사람의 구원은 오직 믿음을 통해 100% 하나님의 은혜로만 주어질 수 있다는 것을 기억해야 합니다(엡 2:8-9).

5. 예수 그리스도: 사람의 몸을 입고 오신 하나님

기독교의 핵심인 예수 그리스도께서는 구체적으로 어떤 일을 하셨을까요? 이해를 돕기 위해 예를 하나 들겠습니다. 거대한 개미집이 있습니다. 선량한 사람이 지나가다 그것을 발견했는데 공교롭게도 저 멀리 홍수가 나서 잠시 후에는 사나운 물길이 개미집을 온통 집어삼킬 위기에 처해 있습니다. 그러나 이 선량한 사람은 아무리 노력해도 개미들을 구원할 수 없습니다. 그 수많은 개미를 구원하기 위해서는 한 가지 방법밖에 없습니다. 그것은 곧 그 사람이 개미가 되어 개미들 가운데로 들어가 자신이 알고 있는 진실 즉, 지금 빨리 개미집을 버리고 도망가지 않으면 잠시 후 홍수로 몰살당하게 된다는 사실을 알리는 것입니다.

거룩하신 삼위일체 하나님 중 한 분이신 성자 예수님께서도 이처럼 직접 사람의 육신을 입고 사람의 아들로 이 땅에 오셔서 하나님의 창조물인 사람들이 그분을 믿지 않으면 멸망한다는 진리를 선포하셨습니다.

> 하나님께서 이같이 무지하던 때를 눈감아 주셨으나 이제는 모든 곳에서 모든 사람들에게 회개하라고 명령하시나니 이는 그분께서 한 날을 정하사 그날에 자신이 정하신 그 사람을 통해 세상을 의로 심판하실 것이기 때문이라. 그분께서 친히 그 사람을 죽은 자들로부터 일으키심으로써 모든 사람들에게 그 일에 대한 확신을 주셨느니라, 하니라(행17:30-31).

이제는 예수 그리스도의 복음이 온 세상에 퍼져 누구에게나 회개할 것을 명령하고 있습니다. 또한, 예수님께서 십자가에서 죽으시고 부활하심으로써 부활의 소망과 영원한 생명에 대한 확증을 이미 우리에게 주셨습니다. 이제 예수님은 장차 하나님께서 정하신 그날에 심판자로 이 세상에 임하실 것입니다.

이처럼 아버지 하나님께서는 완전한 하나님이시자 완전한 사람인 예수님을 이 땅에 보내셔서 친히 구원의 길을 여시고 사람들에게 알려 주셨습니다. 이렇듯 오직 예수님 외에는 구원의 길이 없으므로 기독교는 타 종교와 달리 절대적으로 배타적입니다. 그러므로 타 종교에도 구원이 있다고 주장하는 종교 다원주의와 WCC 종교 통합 운동 등은 모두 하나님과 상관없는, 진리를 떠난 사람들의 어리석은 종교놀이에 지나지 않습니다.

너희 모두와 이스라엘 온 백성은 *이것*을 알라. 즉 너희가 십자가에 못 박았고 하나님께서 죽은 자들로부터 일으키신 나사렛 예수 그리스도의 이름에 의해 곧 그분에 의해 이 사람이 여기 너희 앞에 온전하게 서 있느니라. 이분은 너희 건축자들에게 업신여김을 당한 돌로서 모퉁이의 머리가 되셨느니라. <u>다른 사람 안에는 구원이 없나니 하늘 아래에서 우리를 구원할 다른 어떤 이름도 *주께서* 사람들 가운데 주지 아니하셨느니라,</u> 하였더라(행4:10-12).

6. 선한 행위

지금까지 살펴본 바와 같이 사람의 구원에는 사람의 그 어떤 행위도 일조하지 않습니다. 그러나 에베소서 2장 10절 말씀에 따라 구원받은 이후의 성도는 하나님의 작품으로서 선한 행위를 하도록 창조되었습니다. 따라서 성도라면 누구나 다 구원받고 말씀 안에서 자신을 훈련하며 나날이 영적으로 성장하여 장성한 분량의 사람이 되도록 노력해야 합니다. 즉, 하나님을 기쁘게 하는 선한 행위를 하며 자신을 희생하여 복음을 전하고 그리스도의 의를 나타내는 사람이 되는 것은 그리스도인의 당연한 의무입니다.

하나님은 모든 사람에게 은혜로 거저 주시는 구원에는 어떤 차등도 두지 않지만, 본래 공의의 하나님이시므로 구원 이후에는 각 사람의 행위에 따라 보상을 달리 주십니다. 그래서 우리는 운동선수가 상을 바라보고 결승점까지 전력을 다해 달리듯이, 생을 마감하고 하나님을 만나는 그 순간까지 순수한 마음으로 섬기며 복음을 알리고 그리스도의 의를 드러내는 선한 믿음의 행위를 신실하게 행해야 합니다(히11:6).

7. 불신자에 대한 최후의 심판

보상에만 하나님의 공의가 적용되는 것이 아닙니다. 하나님의 진노로 인한 형벌에도 하나님의 완전한 공의가 적용됩니다. 생전에 심히 악한 죄를 저지르고 믿음의 사람들을 핍박하며 하나님께 대항한 사람들, 복음을 증언하는 크리스천들의 경고를 수없이 받고도 이를 무시하고 경멸한 사람들은 유황으로 타는 불 호수에서 더욱 뜨거운 형벌의 고통을 당하면서 하나님의 엄중한 공의를 영원토록 쉼 없이 체험하게 될 것입니다.

또 내가 크고 흰 왕좌와 그 위에 앉으신 분을 보았는데 땅과 하늘이 그분의 얼굴을 피해 물러가서 그것들의 자리가 보이지 아니하더라. 또 내가 보니 죽은 자들이 작은 자나 큰 자나 하나님 앞에 서 있는데 책들이 펼쳐져 있고 또 다른 책, 즉 생명책이 펼쳐져 있더라. 죽은 자들이 자기 행위들에 따라 그 책들에 기록된 그것들에 근거하여 심판을 받았더라(계20:11-12).

이 말씀은 구원받지 못하고 그리스도 밖에서 죽은 자들이 천년왕국이 끝난 후에 다 불려 나와 크고 흰 왕좌 심판석 앞에서 심판받을 것을 기록하고 있습니다. 이 심판 뒤에 불신자들은 사탄 마귀와 그의 천사들을 위해 하나님께서 예비하신 지옥 불 속에 들어가 영원무궁토록 고통을 당할 것입니다.

8. 구원 초청

아침 출근 시간에 밖으로 나가 대중교통을 이용해 보면 그야말로 분주하게 단 몇 초를 아끼며 바삐 움직이는 사람들을 흔히 볼 수 있습니다. 사람들은 누구나 시간의 소중함을 잘 알고 있습니다. 지금도 계속해서 지나가는 시간은 양초가 불꽃을 내며 연소하여 없어지듯이 다시는 돌아오지 않는 순간입니다.

흐르는 물과 같은 시간 속에 사는 사람에게 절실하게 꼭 필요한 것은 무엇일까요? 사람은 장성해서 결혼하면 자녀를 낳고 행복한 삶을 위해 땀을 흘리며 일합니다. 세월이 흘러 나이가 들면 누구나 안정되고 행복한 노년을 준비합니다. 그러나 그다음에는 무엇이 있습니까? 정작 가장 중요한 이 문제를 고민하는 사람들은 많지 않습니다. 행복한 노년을 맞이하기도 힘든 세상이지만 그런 노년은 고작해야 20년에서 길면 30년 정도입니다. 그 이후에 펼쳐지는 끝없는 시공간에는 과연 무엇이 있을까요?

요즘처럼 각종 보험이 넘쳐나는 때에도 죽은 후에 삶을 보호해 줄 보험이란 세상에 존재하지 않습니다. 보험이 제공하는 안전장치라고는 고작해야 죽은 후에 유가족들에게 지급되는 사망 보험금 정도뿐입니다. 이것 외에는 그 어떤 대책도 세울 수 없는 것이 언젠가는 꼭 죽어야 하는 사람이 맞이할 냉정한 현실입니다.

당신은 죽은 뒤의 삶을 어떻게 대비하고 있습니까? 당신의 창조자 하나님을 만날 준비가 되어 있습니까? 하나님의 심판 시간은 초대받지 않은 손님처럼 언제 당신에게 닥칠지 모릅니다. 이제 당신의 인생에서 가장 중요하며 시급한 문제가 무엇인지 알게 되셨다면 그 문제를 더는 뒤로 미루지 말고 바로 오늘 이 시간에 당장 해결하시기 바랍니다.

오히려 오늘이라 불리는 때에 날마다 서로 권면하여 너희 중 아무도 죄의 속임수를 통해 강퍅하게 되지 않도록 하라(히3:13).

기회는 항상 당신을 기다리지 않습니다. 특히 구원의 기회를 놓쳤을 때 감당해야 할 대가는 상상을 초월합니다. 무한대의 영역에 계시는 하나님의 진노가 영원무궁토록 바로 당신에게 임할 것이기 때문입니다.

지금 당신의 삶은 맹렬한 속도로 날카롭게 돌아가는 원형의 칼날 바로 앞에 놓여 있습니다. 칼날이 닿기 직전까지 당신에게는 아무 일도 일어나지 않습니다. 칼날과 당신이 아직 떨어져 있기 때문입니다. 그러나 이 시급한 문제를 해결하지 않는다면 당신 앞으로 서서히 다가오는 그 날카로운 칼날에 당신은 결국 파멸당하고 말 것입니다. 그러므로 지금 당장 당신 앞에 놓인 날카로운 칼날을 저 멀리 치워 버려야 합니다.

예수님의 약속대로 누구든지 그분을 신뢰하는 사람은 값없이, 거저 구원의 기쁨을 누릴 수 있습니다. 이렇게 구원받은 사람은 하나님의 본성에 참여하는 놀라운 특권을 받습니다. 예수 그리스도와 함께 온 세상 우주 만물을 공동으로 상속하는 존재가 됩니다. 그러므로 당신의 무지와 교만과 고집을 내려놓고 지금 바로 당신의 창조자이신 하나님 앞으로 나오시기 바랍니다.

하나님은 당신이 끝끝내 진리를 거부하고 마지막 기회마저 소진하며 이 세상을 떠나간 수많은 사람들처럼 되는 것을 절대 원치 않으십니다. 더 이상 미루지 마십시오. 오늘 지금 당장 유일한 구원자이신 예수님께로 돌이키시기 바랍니다.

주께서는 자신의 약속에 대해 어떤 사람들이 더디다고 생각하는 것같이 더디지 아니하시며 오히려 우리를 향해 오래 참으사 아무도 멸망하지 아니하고 모두 회개에 이르기를 원하시느니라. 그러나 주의 날이 밤의 도둑같이 오리니 그날에 하늘들이 큰 소리와 함께 사라지고 원소들이 뜨거운 열에 녹으며 땅과 그 안에 있는 일들도 불태워지리라(벧후3:9-10).

부록 4

구원의 방법, 지식, 기쁨

인생은 여행하고 있는 나그네와 같습니다. 우리는 다 과거라는 역에서 출발하여 현재를 거쳐 영원이라는 종착역을 향해 달리고 있습니다. 그런데 영원이라는 종착역에 이르게 될 순간이 얼마나 가까이 왔는지는 아무도 모릅니다.[1]

이제 저는 진지하게 묻고 싶습니다.

"당신은 어느 대열에 속한 채 여행하고 있습니까?"

인생 여정이 나그네 길이라면 당신은 다음의 세 대열 중 한 대열에 속한 채 여행하고 있을 것입니다.

제1대열 - 구원을 받았을 뿐 아니라 그 사실을 확실히 알고 있는 사람들
제2대열 - 구원의 확신이 없고 그 확신을 갈망하는 사람들
제3대열 - 구원을 받지 않았을 뿐 아니라 이에 대하여 관심이 없는 사람들

다시 한 번 묻겠습니다.

"당신은 어느 대열에 속한 채 여행하고 있습니까?"

이것은 영원이 걸린 중대한 문제이므로 여기에 무관심하다면 이는 참으로 슬픈 일입니다! 사실 이것은 창조주로서 결국 우리를 심판하실 하나님 앞에 설 인간 모두를 향한 중대한 문제입니다.

어떤 사람이 막 떠나려는 기차에 헐레벌떡 뛰어와서 가까스로 올라탔습니다. 아직도 숨이 가빠 헐떡이며 땀을 씻고 있는데 옆자리에 앉아 있던 사람이 말했습니다.

"놓치실 뻔했는데 참 잘 뛰셨습니다."

---

1) 이 글은 커팅(George Cutting, 1843-1934)이 지은 「Safety, Certainty, and Enjoyment」를 번역한 것이다. 영국 출신의 커팅은 구원의 진리와 승리하는 그리스도인의 삶에 관한 많은 소책자를 썼을 뿐 아니라 평생 복음을 전하는 삶을 살았다. 100여 년 전에 기록된 그의 예화들은 조금 구식으로 보이지만 이것들을 통한 그의 메시지는 예나 지금이나 여전히 큰 능력을 발휘하고 있다.

"네! 물론이죠. 이 열차를 타지 못했더라면 네 시간이나 무료하게 기다려야 했을 테니까요."

이 말을 듣고 저는 저 자신에게 말했습니다.

"네 시간을 절약하기 위해서 그처럼 달리다니!"

네 시간을 절약하는 것이 이처럼 노력할 만한 가치가 있는 일이라면 하물며 영원을 위해서라면 최선을 기울여야 하지 않을까요?

오늘날 사람들은 현세에서의 행복을 추구하고 이것을 위해서 늘 장기적으로 계획하며 최선을 다하고 있지만, 앞에 놓인 영원의 문제에 대해서는 별로 관심을 갖고 있지 않습니다. 하나님의 무한하신 사랑에도 불구하고 인류의 역사가 분명히 증언해 주고 있음에도 아랑곳하지 않으며 죽은 다음에 있게 될 심판을 무시한 채 마침내 큰 구렁 저편에 있는 지옥에서 발버둥 치게 될 몸서리치는 불행을 도외시한 채 인류는 이제 불행의 막바지를 향해 치닫고 있으며 하나님도 죽음도 심판도 하늘나라도 지옥도 없는 것처럼 살아가고 있으니 이 얼마나 서글픈 일입니까?

하나님께서 당신의 눈을 열어 주셔서 당신이 자칫하면 헤어날 수 없는 영원한 불행의 문턱에 서 있음을 깨닫게 되기를 바랍니다. 당신이 이 사실을 믿든지 혹은 믿지 않든지 간에 위에서 말씀드린 것이 바로 당신의 운명이요, 모습입니다. 이제는 더 이상 영원의 문제를 외면하지 마십시오. 미루는 것은 당신 자신을 도둑질하는 것과도 같고 당신 자신을 죽이는 것과도 같습니다.

"하루 미루는 일이 열흘 간다."는 속담이 있습니다. 그리고 서양 속담에 "미루는 것은 포기하는 것과 같다."는 말이 있는데 이는 사실입니다. 지금도 이 영원의 문제에 대한 해결을 미루고 있다면 당신은 영원토록 후회하게 되실지 모릅니다. "차차라는 길은 영원이라는 마을로 인도한다."는 스페인 격언이 있습니다. 더 이상 '차차'라는 길로 걷지 마십시오.

보라, 지금이 *그분께서* 받아 주시는 때요, 보라, 지금이 구원의 날이니라(고후6:2).

이렇게 말씀드리면 어떤 분은 "그런데요. 저는 결코 제 영혼에 관해 무관심하거나 그것을 그냥 내버려 두고 있지 않습니다. 다만 저는 구원을 확신할 수 없을 뿐입니다."라고 말합니다. 이런 분은 둘째 대열에 서서 여행하고 있는 분입니다. 무관심과 불확신은 모두 불신이라는 한 가지 요인에서 나온 것들입니다. 불신으로 말미암아 무관심이 생겼고 마침내는 죄와 타락이 생겨났습니다. 또한 불신으로 말미암아 불확신이 생겼고 그래서 사람을 위해 하나님이 예비하신 해결책을 무시하게 되었습니다. 이 글은 하나님 앞에서 구원의 확신을 갖고자 갈망하는 당신을 위해 기록되었습니다. 저는 당신 영혼의 깊은 문제를 잘 알고 있으며 당신이 이 중요한 문제에 대하여 진지하면 할수록 문제가 해결될 때까지 해결책에 대한 갈망이 크다는 것을 분명히 알고 있습니다.

사람이 만일 온 세상을 얻고도 자기 혼을 잃으면 그에게 무슨 유익이 있겠느냐?
(막8:36)

인자한 아버지의 외아들이 항해 중에 있었습니다. 그런데 그 아들이 탄 배가 풍랑으로 인해 외딴 곳에서 침몰했다는 소식이 들려왔습니다. 이때 그 아버지는 자기의 사랑하는 아들이 안전하다는 소식을 확실한 곳에서 듣기 전까지는 결코 마음을 놓지 못할 것입니다.

혹은 당신이 어느 날 집에서 멀리 떨어진 곳에 있다고 생각해 보십시오. 밤은 깊고 날씨도 추우며 빛도 없고 길이 험하여 도저히 방향을 잡을 수가 없었습니다. 이제 두 갈래 길이 나오는 곳에서 당신은 어떤 사람을 만나 반가운 마음으로 그에게 자기가 원하는 곳에 이르는 길을 물었습니다. 그런데 그 사람이 "글쎄요. 저 길로 가시면 맞을 것 같습니다만 저도 초행이라서 확실히는 모르겠습니다. 부디 길을 잃지 않게 되기를 바랍니다."라고 말했다면 당신은 안도의 한숨을 쉴 수 있을까요? 어두운 밤, 초행길에 방향을 모르고 간다는 것은 점점 당신에게 불안과 초조를 더해줄 뿐입니다 그러기에 사람들은 자신의 영혼에 대해 염려하고 초조한 나머지 침식을 잊게 된다거나 심한 갈등이나 초조감에 빠지곤 합니다. 이것은 결코 이상한 일이 아니며 오히려 우리의 영혼이 안전하다는 사실을 확신하는 것이 얼마나 중요한 것인가를 가르쳐 주는 것입니다.

재물을 잃게 되는 것은 안타까운 일입니다. 건강을 잃게 되는 것은 더욱 불행한 일입니다. 그러나 영혼을 잃게 된다면 이야말로 돌이킬 수가 없는 영원한 불행이 아닐 수 없습니다.

이제 저는 성령님의 도움을 받아 당신에게 세 가지를 확실히 알려 드리고 싶습니다. 성경적인 용어로 그것들은 다음과 같습니다.

1. 구원의 방법(사도행전 16장 17절)
2. 구원의 지식(누가복음 1장 77절)
3. 구원의 기쁨(시편 51편 12절)

얼핏 보면 지금 말씀드린 세 가지 사실이 서로 비슷한 것처럼 생각될지 모르겠습니다. 그러나 이 세 가지는 사실 근본적으로 크게 다릅니다. 그것들은 각각 뚜렷한 특징을 지니고 있습니다. 즉 구원의 확신은 없지만 구원의 도리는 잘 알고 있는 경우도 있으며, 구원을 얻었으면서도 그것을 확신하지 못하는 경우도 있습니다. 또한 구원의 확신을 가지고 있으면서도 이에 따르는 기쁨을 전혀 누리지 못하는 분들도 상당히 많습니다.

1. 구원의 방법

성경을 펴서 출애굽기 13장 11-13절 말씀을 주의 깊게 읽어 봅시다.

주께서 너와 네 조상들에게 맹세하신 대로 너를 가나안 족속의 땅으로 데리고 들어가 그 땅을 네게 주시거든 너는 태를 여는 모든 것과 네가 소유한 짐승에게서 나오는 모든 첫 새끼를 구별하여 주께 돌리라. 수컷들은 주의 것이 되리라. 너는 나귀의 모든 첫 새끼는 어린양으로 대속할 것이요, 그것을 대속하지 아니하려거든 그것의 목을 꺾을 것이며 네 자손들 가운데 사람에게서 처음 난 모든 자는 대속할지니라.

이것은 하나님께서 직접 하신 말씀입니다. 이제 저와 함께 약 3,500년 전에 있었던 일을 상상해 봅시다. 하나님의 제사장과 가난하기 짝이 없는 이스라엘 사람이 심각한 표정으로 이야기를 나누고 있습니다. 그들은 지금 그들 곁에 서 있는 어린 나귀에 관해 이야기하고 있습니다.

가난한 이스라엘 사람이 말합니다.

"사정 말씀을 드리려고 왔는데요. 제사장님, 제발 이번만 긍휼을 베풀어 주실 수 없을까요? 이 약하고 어린것이 제 나귀의 첫 새끼입니다. 저도 '나귀의 첫 새끼는 다 어린양으로 대속하라'는 율법의 말씀을 잘 알고 있습니다. 하지만 제게는 그것을 대신해서 내어 줄 어린양이 없습니다. 이 나귀 새끼의 생명을 살려 주실 수는 없으신지요? 제발 부탁입니다. 가진 것이라고는 이 나귀 새끼 한 마리뿐이데 이것마저 잃어버릴 것을 생각하니 너무나 마음이 아픕니다."

그러나 제사장은 딱 잘라 거절합니다.

"사정은 딱하지만 안 됩니다. 엄연한 하나님의 말씀을 어길 수 없기 때문입니다. 대속할 어린양을 찾아보시기 바랍니다. 나도 어쩔 도리가 없습니다. 어린양이 죽든지 아니면 반드시 나귀 새끼의 목을 꺾든지 둘 중에 하나입니다. 다른 방법은 없습니다."

"이젠 다 틀렸군요. 마지막 한 가닥 희망마저 사라져 버렸군요."

그때 옆에서 딱한 사정을 듣고 있던 그의 친구가 말했습니다.

"여보게. 아무것도 염려하지 말게. 내가 해결해 보겠네. 언덕 너머 우리 집에는 점도 없고 흠도 없는 어린양 한 마리가 있는데 아주 말을 잘 들어서 귀염을

독차지하고 있다네. 내가 부지런히 가서 그것을 끌고 올 테니 잠시 기다려 주게나."

마침내 나귀 새끼를 대신해서 그가 데리고 온 '점도 없고 흠 없는 어린양'이 죽어서 그 피가 제단 아래 뿌려지고 그 몸은 불살라졌습니다.

그러자 제사장은 가난한 사람을 쳐다보며 말했습니다.

"이젠 당신의 나귀 새끼를 데리고 평안히 돌아가시오. 목을 꺾지 않아도 되었으니 참 기쁘겠소. 어린양이 대신 죽었으니 나귀는 털끝만큼도 다칠 필요가 없소. 당신의 친구는 참으로 훌륭한 분이시군요."

위의 말씀을 통해서 우리는 하나님께서 죄인을 구원하는 방법을 깨닫게 됩니다. 제사장이 나귀 새끼의 목을 꺾어야 한다고 단호하게 말했듯이 하나님은 공의로우시기 때문에 당신의 죄로 인해 당신의 머리를 꺾으실 것입니다. 이것은 거룩하신 하나님께서 죄에 대해 요구하시는 공정한 판단입니다. 이 같은 죽음을 피할 수 있는 유일한 길은 가난한 이스라엘 사람을 위해 그의 친구가 예비해 주었던 어린양 같은 '대신 속죄 희생물'이 있어야 합니다.

그런데 당신은 죄인이기 때문에 아무리 노력해도 스스로 하나님의 공의를 만족시킬 수 없습니다. 그래서 하나님께서는 우리의 비참한 상태를 보시고 자신이 직접 예비하신 어린양 즉 죄 없으신 자신의 아들 예수님을 보내셨습니다. 침례자 요한은 점도 없고 흠도 없는 예수님을 바라보고는 자기 제자들에게 이렇게 외쳤습니다.

다음 날 요한이 예수님께서 자기에게 오시는 것을 보고 이르되, 세상 죄를 제거하시는 하나님의 어린양을 보라(요1:29).

우리 주 예수 그리스도께서는 마치 도살장으로 끌려가는 양처럼 갈보리 십자가로 가셨습니다. 예수 그리스도께서는 죄가 없는 의로운 분이셨지만 불의한 자를 대신해서 말할 수 없는 고난을 다 당하셨습니다.

그리스도께서도 죄들로 인해 한 번 고난받으사 의로운 자로서 불의한 자들을 대신하셨으니 이것은 그분께서 육체 안에서 죽임을 당하셨으나 성령에 의해 살아나셔서 우리를 하나님께 데려가려 하심이라(벧전3:18).

과연 우리 주 예수님은 우리의 범죄로 인하여 십자가 형벌을 받도록 넘겨지셨으며 죄 있는 우리를 의로운 자로 만들기 위하여 다시 부활하셨습니다(롬4:25).

하나님께서 예수님을 믿는 자들 즉 경건치 않으나 예수님의 공로로 구원받은 자들을 의롭다고 하시는 것은 하나님의 공의와 거룩함을 손상시키지 않습니다. 로마서 3장 26절은 오히려 그렇게 하심을 통해 그분의 공의와 거룩함이 나타난다고 말합니다.

내가 말하노니 *이것은* 곧 이때에 자신의 의를 밝히 드러내사 자신이 의로우시며 또 예수님을 믿는 자를 의롭다 하시는 이라는 것을 보이려 하심이라.

그러므로 우리는 믿음을 통해 구원을 허락해 주신 하나님의 경륜과 예수 그리스도를 우리에게 구원자로 주신 그분의 은혜에 감사를 드릴 뿐입니다.
당신도 하나님의 아들 예수 그리스도를 당신의 구원자로 믿고 신뢰하십니까? 만일 당신이 "예! 저는 비참한 죄인임을 깨달았습니다. 그리고 예수님께서 저를 위해 십자가에서 죽으셔서 제가 받을 심판을 이미 다 받으셨다는 귀한 복음의 말씀을 확실히 믿습니다."라고 마음 중심에서 진심으로 고백하신다면, 주 예수 그리스도께서 당신을 위해 이미 완전하신 희생물이 되어 죽으셨고 하나님께서 당신을 위해 이미 그리스도를 희생 제물로 받아 주셨으므로 하나님께서는 당신을 죄가 없는 자로 인정하십니다. 즉 예수님의 대신 속죄의 죽음과 부활의 공로로 당신은 새사람이 되었습니다. 이렇게 해서 당신은 확실히 구원을 얻게 되었습니다. 이것이 바로 하나님의 말씀의 약속입니다.

이 얼마나 고맙고도 놀라운 구원의 길입니까! 또한 이 구원의 섭리야말로 얼마나 위대합니까! 하나님만이 하실 수 있는 일이 아닙니까!

하나님의 본체의 형상이시며 하나님께서 가장 기뻐하시고 사랑하시는 영광의 독생자 예수 그리스도로 말미암아 죽을 수밖에 없는 죄인들을 구원하시다니 이 얼마나 큰 은혜요, 긍휼입니까!

자신의 사랑하는 독생자가 이 모든 구속 사업을 완수하고 모든 찬양을 받도록 만드심으로 말미암아 죄에 빠져 어쩔 수 없이 지옥 형벌을 받을 수밖에 없는 죄인들이 구원을 받아 하나님의 자녀들이 누리는 모든 복을 누리게 하시고 영원무궁토록 행복을 누리게 하시는 하나님 곧 주 예수 그리스도의 아버지 하나님께 찬양을 드립시다!

오 나와 함께 주를 크게 높이며 우리가 함께 그분의 이름을 높이자(시34:3).

이렇게 엄청난 구원을 믿음으로 거저 받는다고 하니까 많은 사람들이 오히려 주저하며 받지를 못합니다. 하나님께서는 우리가 하나님께 무엇을 드림으로써 그 대가로 구원을 받게 하시지 않았습니다. 하나님께서는 자신의 아들 예수 그리스도로 말미암아 만족을 누리십니다. 그 아들이 십자가에서 죽으신 것이야말로 우리 모두의 죄를 담당하기에 충분합니다. 하나님께서는 자신의 사랑하는 아들을 세상의 구원자로 보내시고 누구든지 그분을 구원자로 믿고 받아들이는 자에게는 심판을 거두시고 영원한 생명을 주시어 영원토록 하나님과 동행할 수 있는 놀라운 특권을 약속해 주셨습니다.

그분을 받아들인 자들 곧 그분의 이름을 믿는 자들에게는 다 하나님의 아들들이 되는 권능을 그분께서 주셨으니(요1:12)

그렇지만 당신은 아직도 의문을 가진 채 이렇게 말씀하실지 모릅니다. "물론 저는 저의 행실이나 능력 또는 율법을 신뢰하지 않으며 오직 예수 그리스도께서 십자가에서 영원히 이루어 놓으신 구속의 공로만을 신뢰합니다. 그런데 제게는 구원의 확신이 없습니다. 이 어찌된 일일까요? 어떤 때는 구원받았다고 장담하다가도 얼마 못 가서 모든 소망이 사라져 버립니다. 마치 제 마음은 폭풍 속에서 닻을 내리지 못한 채 파도에 따라 출렁이는 배와도 같은데 어찌해야 좋을까요?"

당신은 잘못 생각하고 있습니다. 닻을 배 안에 매어 놓고 배가 안정되기를 바라는 사람이 세상에 어디 있습니까? 잘 아시겠지만 배를 안정시키려면 배의 밖에 탄탄한 곳을 골라 닻을 내리는 것이 상식이 아닙니까?

이와 마찬가지로 구원의 확신은 그리스도의 죽으심에 달려 있습니다. 당신의 기분이나 감정에 달려 있지 않습니다. 그런데도 당신은 하루에도 수십 번, 수백 번 변덕을 부리는 느낌, 감정, 기분을 통해 확신을 얻으려 하니 이것이 문제인 것입니다. 예수 그리스도께서 나를 위해 죽으신 사실을 믿는 믿음만이 우리의 안전이 되는 것을 알면서도 시시각각으로 변하는 감정을 통해 확신을 얻으려고 하는 것은 큰 잘못입니다.

2. 구원받은 것을 아는 것

그렇다면 주 예수 그리스도를 믿는 사람이 이미 영생을 혹은 구원을 받았다는 것을 어떻게 확실히 알 수 있을까요? 요한일서 5장 13절은 성도가 그리스도 안에서 구원받았음을 보여 주는 중요한 구절입니다. 저는 이것을 다음과 같이 조금 바꾸어서 제시하려고 합니다.

내가 하나님의 아들의 이름을 믿는 너희에게 이런 느낌들을 준 것은 너희에게 영원한 생명이 있음을 너희가 알게 하고 또 하나님의 아들의 이름을 너희가 믿게 하려 함이라.

조금 이상하지 않습니까?

내가 하나님의 아들의 이름을 믿는 너희에게 이것들을 쓴 것은 너희에게 영원한

생명이 있음을 너희가 알게 하고 또 하나님의 아들의 이름을 너희가 믿게
하려 함이라.

위의 구절과 아래 구절을 대조해서 어떻게 서로 다른가를 보십시오.
이 두 개를 비교하면서 다윗의 고백도 들어 보기 바랍니다.

내가 헛된 생각들은 미워하나 주의 법은 사랑하나이다(시119:113).

첫 번째 유월절 밤 곧 이집트 땅에서 태어난 처음 난 것들에게 하나님께서 큰 재앙을 내리시던 밤에 이스라엘의 자손의 맏아들들은 어떻게 자신의 생명이 안전함을 확신할 수 있었을까요(출애굽기 12장 참조)? 이제 그 당시 이스라엘의 두 가정을 찾아가서 그들과 이야기를 나눠 봅시다.

첫째 집 사람들은 두려움과 불안에 떨며 어찌할 바를 모르고 있습니다. 이들이 이처럼 죽을 지경이 되어 불안해하고 있는 이유는 무엇일까요? 우리가 그 집의 맏아들에게 이유를 묻자 그가 우리에게 알려 줍니다. "오늘 밤에 파멸시키는 천사가 우리 집을 지나갈 것입니다. 처음 난 것은 다 죽는다고 했으므로 제 생사가 어떻게 될지 몰라 온 가족이 안절부절못하고 떨고 있습니다. 정말 무섭습니다." 그는 이어서 이렇게 말합니다.

"다행히 파멸시키는 천사가 우리 집을 그냥 넘어가고 새벽이 온다면 그때는 제가 안심할 수 있지만 그때까지는 안전하다고 장담할 수 없지 않습니까? 옆집 사람들은 자기들이 안전하다고 장담하지만 제가 보기에 그것은 억측인 것 같습니다. 지금 저는 그저 일이 잘 될 것이라고 믿으면서 이 길고 무서운 밤이 지나가기만을 바랄 수밖에 없습니다."

이에 우리는 이렇게 묻습니다.

"그렇지만, 이스라엘의 주 하나님께서 이 재앙을 피할 수 있는 방법을 마련해 주지 않았던가요?"

그는 대답합니다.

"물론이지요. 우리는 이것을 피할 수 있는 방법을 알고 있습니다. 그래서 우리는 점도 없고 흠도 없는 1년 된 어린양을 잡고 우슬초에 그 피를 적셔서 문인방과 좌우 문설주에 발랐습니다. 그렇지만 우리는 아직도 그것이 우리를 안전하게 하는지 확신하지 못합니다."

이번에는 불안에 떨고 있는 첫째 집을 떠나 그 옆집으로 가 봅시다. 언뜻 보기에도 그 집의 분위기는 첫째 집의 분위기와는 대조적으로 다릅니다. 그들의 얼굴에는 평안이 있었고 그들은 허리에 띠를 띠고 손에 지팡이를 들고 서서 구운 고기를 먹으면서 기뻐하고 있습니다.

아니 어찌된 일입니까? 이처럼 엄숙한 밤에 이 같은 평안이 있다니 이것은 무엇을 뜻할까요? 그들은 말합니다.

"그 이유는 간단합니다. 지금 우리는 여호와 하나님께서 떠나라고 하는 명령을 내리실 것만 기다리고 있습니다. 그러면 우리는 이 지긋지긋한 이집트의 종살이에서 풀려나고 작업반장의 잔인한 채찍에서 벗어나서 자유의 몸이 될 것입니다."

"잠깐만요. 오늘 밤이 이집트를 심판하는 밤이라는 것을 잊으셨습니까?"

"물론 잘 알고 있습니다. 그러나 우리 집 맏아들은 안전합니다. 우리는 하나님께서 하라고 하신 대로 어린양을 잡아서 그 피를 뿌렸거든요."

"바로 옆집도 그렇게 했지만 그들은 여전히 불안해하던데요?"

"아 그래요! 그런데 우리는 피를 뿌린 것보다 더 큰 것을 가지고 있습니다. 우리는 결코 실수가 없으신 하나님의 약속의 말씀을 가지고 있습니다. 하나님께서는 분명하게 '내가 그 피를 볼 때에 너희를 넘어가리라.'고 우리에게 약속해 주셨습니다(출12:13). 우리 하나님은 밖에서 그 피로 인해 만족하실 것이고 우리는 안에서 그 말씀으로 인해 안전할 것입니다"

문에 뿌려진 피가 우리를 안전하게 만듭니다.

하나님의 입에서 나온 말씀이 우리를 확신하게 만듭니다.

문에 뿌려진 이 피보다 우리를 더 안전하게 만드는 것이 있을까요? 그분의 입에서 나온 말씀보다 더 확실한 것이 있을까요? 저는 여러분에게 묻겠습니다.

"이 두 집 중에서 어느 집 맏아들이 더 안전하다고 생각하십니까?"

모두 평안히 거하고 있는 둘째 집이라고요? 천만의 말씀입니다. 틀렸습니다. 두 집 모두 안전합니다. 그들의 안전은 하나님께서 밖에 뿌려진 피를 어떻게 대하느냐에 달려 있지 안에 있는 그들의 느낌에 달려 있지 않습니다. 그러므로 당신이 구원의 확신의 복을 누리려면 당신의 속에서 나오는, 하루에도 수 십 번씩 변하는 감정의 소리에 귀를 기울이지 마시고 절대 변하지 않는 하나님의 말씀에 귀를 기울이셔야 합니다.

진실로 진실로 내가 너희에게 이르노니 나를 믿는 자에게는 영존하는 생명이 있느니라(요6:47).

이제 저는 우리의 일상생활에서 발생하는 예를 보여 드리겠습니다. 시골에서 한 농부가 자기의 가축을 위해 좋은 초장을 얻으려고 물색하던 차에 자기 집 근처에 좋은 초장을 세놓는다는 소식을 듣고 부랴부랴 사용을 허가해 달라고 주인에게 신청을 했습니다. 그러나 꽤 오랜 시간이 지나도록 주인에게서는 아무 답이 없었습니다. 그런데 하루는 이웃 사람이 찾아와서 이렇게 말했습니다.

"당신이 분명히 그 초장을 임대받을 수 있을 것이라고 나는 느끼고 있습니다. 작년 크리스마스 때에 주인이 당신에게 선물을 푸짐하게 보내왔고 지난번에는 그분이 마차를 타고 지나가면서 당신을 보고는 손을 흔들기도 했지 않았습니까?"

그 이야기를 듣자 농부의 마음은 희망에 부풀어 올랐습니다.

그런데 그다음 날 농부는 다른 이웃을 만나 이야기를 나누었습니다. 그는 이렇게 말했습니다.

"내 생각에는 이번에 당신이 그 목초지 사용 승낙을 받지 못할 것 같습니다. 실은 주인과 친한 사람이 그 목초지 임대 신청을 했다는데 요즈음 그 사람은 문턱이 닳도록 주인집을 드나든다고 합디다."

이 이야기를 듣는 순간 농부의 희망은 산산조각 났고 한때 희망으로 부풀었던 가슴은 이제 절망으로 터질 것만 같았습니다. 어제는 희망으로 인해 기뻐서 날아갈 듯 했는데 오늘은 온통 걱정과 의심밖에 남지 않은 것입니다.

그런데 바로 그때 집배원이 편지를 전해 주었습니다. 주인에게서 온 편지를 뜯으면서 그는 주인의 글씨가 분명함을 보고는 얼른 펴서 읽어 내려갔습니다. 몇 줄을 읽어 내려가는 농부의 얼굴에는 미소가 넘쳤습니다. 농부는 그것을 읽고 또 읽고 환호성을 올리며 아내를 불렀습니다.

"여보, 이젠 됐어! 이젠 안심해도 돼. 이 편지를 보라고! 주인이 내가 필요한 대로 그곳을 마음대로 쓰라고 했고 임대 조건도 아주 유리하게 해 주었어. 이제 됐어. 끝이야. 다른 사람이 무어라 말하든 아무 상관없어!"

잠깐 생각해 봅시다. 수많은 영혼들이 가련하게도 이 농부와 같이 불안해하며 두려워 떨고 있습니다. 그들은 사람들의 의견이나 자기의 마음속에서 생기는 허탄한 생각으로 인해 초조해하고 불안해하고 있습니다. 의심과 초조함을 물리치고 확신 가운데서 기쁨을 누릴 수 있는 유일한 비결은 하나님의 말씀을 액면 그대로 받아들이는 것입니다. 그러면 구원의 확신이 옵니다. 불신자에게 멸망을 선포하신 말씀이든, 성도들에게 구원을 약속하신 말씀이든 하나님께서 말씀하시면 거기에는 100% 확실함이 있습니다.

시편 119편 89절은 이렇게 말합니다.

오 **주여**, 주의 말씀은 영원히 하늘에 정착되었으며

민수기 23장 19절은 이렇게 말합니다.

하나님은 사람이 아니시니 거짓말하지 아니하시고 사람의 아들이 아니시니 뜻을 돌이키지 아니하시는도다. 그분께서 말씀하셨으니 그것을 행하지 아니하시리오? 그분께서 이르셨으니 그것을 실행하지 아니하시리오?

"나는 어떤 다른 논쟁도 논리도 필요 없습니다.
나는 또 다른 방법으로 청원하기를 원치 않습니다.
예수님께서 죽으신 것으로 충분합니다.
그런데 그분은 나를 위해 죽었습니다."

성도들은 여기에다 다음을 붙이기 바랍니다.

"하나님께서 그렇게 말씀하셨습니다."

당신은 여전히 이렇게 말할 수 있습니다.

"그렇지만 제가 올바른 믿음을 가지고 있는지 어떻게 알 수 있습니까?"

이에 대해 저도 당신에게 물어 보겠습니다.

"당신은 오직 올바르신 분 즉 하나님의 아들 예수 그리스도 우리 주님만을 믿고 그분만을 신뢰하십니까?"

올바른 믿음이란 얼마나 잘 믿느냐 하는 양에 달려 있지 않습니다. 그것은 우리가 과연 믿을 만한 분을 믿느냐 즉 질에 달려 있습니다. 어떤 사람들은 물에 빠져 익사 직전에 있는 사람처럼 그분을 꽉 부여잡습니다. 또 어떤 사람은 간신히 그분의 옷단을 살짝 붙잡습니다. 둘 중에 어떤 사람이 더 안전할까요? 한 사람이 더 안전하거나 더 불안하지 않습니다. 앞에 있는 사람처럼 꽉 붙잡았다고 해서 더 안전한 것이 아닙니다. 그들은 둘 다 같은 것을 발견했습니다. 그들은 자기 자신에게서 나오는 것은 아무 가치가 없음을 알았고 그래서 오직 그리스도만을 신뢰하고 그분의 말씀만을 믿으며 그리스도께서 십자가를 통하여 완전히 이루어 놓으신 구속의 공로만 유일한 구원의 근거임을 확신하고 있습니다.

> 진실로 진실로 내가 너희에게 이르노니 나를 믿는 자에게는 영존하는 생명이 있느니라(요6:47).

이제 확실히 아셔야 될 것이 있습니다. 당신이 선한 행위를 하거나 엄격한 종교 생활 혹은 종교 의식을 잘 지키거나 경건해졌다고 느끼거나 혹은 종교적으로 도덕적으로 어려서부터 훌륭하게 교육을 받았다고 해도 당신이 이런 것들로 말미암아 확신을 갖게 된다는 것은 불가능합니다. 이러한 일들로 인해 엄청나게 큰 확신을 가지고 있다 해도 그런 확신은 당신을 영원한 파멸로 이끌 것입니다. 우리에게서 나오는 좋은 것을 신뢰하지 마십시오. 그리스도를 믿는 믿음이 아주 연약할지라도 바로 그 믿음이 여러분과 저를 영원토록 구원합니다. 이 외의 인간의 어떤 다른 선한 일도 우리를 구하지 못하며 그것은 다 마귀가 가져다주는 속임수에 지나지 않습니다. 그것은 착각이요, 자기 기만에 불과하다는 것을 명심하셔야 합니다.

하나님께서는 주 예수 그리스도를 가리켜 다음과 같이 말씀하셨습니다.

보라, 하늘로부터 한 음성이 나서 이르시되, 이 *사람*은 내 사랑하는 아들이라. 내가 그를 매우 기뻐하노라, 하시니라(마3:17).

그래서 그분은 우리가 100% 확신을 갖고 자신의 아들 예수 그리스도를 믿을 것을 촉구합니다.

어느 날 어떤 여인이 울상이 돼서 제게 이렇게 말했습니다.

"저는 확실히 예수님을 제 구원자로 믿고 있습니다. 그렇지만 누가 다가와서 저보고 구원받았느냐고 물으면 저는 그렇다고 대답하기가 두렵습니다. 혹시 구원받지도 못했으면서 받았다고 하면 거짓말이 될까 봐 걱정이 되기 때문입니다."

이 여인의 아버지는 미드랜드에서 도살장을 경영하고 있었습니다. 어느 화창한 날에 시장이 열렸고 그녀의 아버지는 아직 시장에서 돌아오지 않았습니다. 그래서 저는 말했습니다. 이제 당신의 아버지가 집에 올 때에 당신이 아버지에게 "아빠, 몇 마리나 사 오셨어요?"라고 묻는다고 합시다. 또 그때에 아버지가 "열 마리를 사왔다."고 말했다고 합시다. 그런데 얼마 후에 이웃 사람이 와서 "당신 아버지가 양을 몇 마리나 사 오셨습니까?"라고 묻는다면 당신은 무어라고 대답하겠습니까? "글쎄요. 아빠가 말씀해 주셨지만 그게 거짓말이 될까 봐 말씀드리고 싶지 않네요." 라고 대답하겠습니까? 그렇게 한다면 옆에 있는 어머니가 화를 내면서 "그것은 네 아버지를 거짓말쟁이로 만드는 것이야!"라고 말하지 않겠습니까?

독자 여러분, 만일 여러분이 다음과 같이 말한다면 그것은 위의 젊은 여인처럼 실제로 그리스도를 거짓말쟁이로 만드는 것입니다.

"나는 하나님의 아들을 믿으며 그분께서는 분명히 내가 영존하는 생명을 소유하고 있다고 말합니다. 그러나 나는 내가 그것을 소유하고 있다고 말하고 싶지 않습니다. 혹시 내가 거짓말하는 것은 아닐까 두렵기 때문입니다."

그러나 또 이런 문제로 고민하는 사람도 있습니다. "저는 믿어 보려고 무던히 노력을 해 왔지만 모두가 허사였어요. 나 자신을 들여다볼수록 확신은 고사하고 내가 믿음이 없다는 사실을 확인할 뿐이었어요. 내 믿음을 보면 볼수록 나는 믿음이 없는 사람이라는 생각이 듭니다."

독자여! 지금 당신은 잘못된 방향으로 나가고 있습니다. 당신이 스스로 믿으려고 무척 애를 쓴다는 것이 이미 잘못된 것입니다.

제 말에 잠깐 귀를 기울이십시오. 다른 예를 드리겠습니다.

어느 날 저녁 당신이 집에서 조용히 쉬고 있는데 이웃 사람이 찾아와서 역장이 철도 사고로 죽었다고 말했다 합시다. 그런데 지금 찾아와 이 소식을 전해 준 그 사람은 인근에 소문이 자자한 거짓말쟁이였습니다. 그렇다면 당신은 그 사람의 말을 믿을 수 없겠지요? 믿으려고 노력할 필요도 없을 것입니다.

만일 제가 "당신은 그 사람 말을 믿으십니까? 아니면 믿으려고 노력하십니까?"라고 물으면 당신은 "절대로 믿지 않습니다."라고 말할 것입니다. "아 그래요. 그러면 왜 그 사람 말을 믿을 수 없습니까?"라고 반문한다면 이렇게 말하겠지요. "그 사람에 대해서는 너무나 잘 알고 있습니다. 누가 그런 사기꾼의 말을 믿어 줍니까?"

이로 보건대 어떤 사람의 말을 믿는 것은 우리 속의 우리 믿음이나 감정에 달려 있는 것이 아님을 알 수 있습니다. 우리는 어떤 사실을 전해 준 사람의 됨됨이를 보고 그 말이 믿을 수 있는지 없는지 여부를 판단합니다.

그런데 조금 뒤에 또 다른 이웃이 찾아와서 역장이 화물 열차에 치어 그 자리에서 죽었다는 소식을 다시 전해 주었습니다. 그 사람은 그래도 좀 믿을 수 있는 사람이어서 아마도 당신은 그것이 정말이라고 믿을지 모르겠습니다. 그러나 저는 다시 한 번 묻고 싶습니다. "당신이 그 사람 말을 조금은 믿을 수 있다고 생각하는 것은 당신 내부의 믿음이나 감정 때문입니까?" 그러자 그는 "아닙니다. 나는 그것을 알려준 사람에 의해 그 말이 사실인지 아닌지 판단합니다."

그런데 이 사람이 가자마자 아주 절친한 친구가 찾아와서 같은 소식을 전해 주었습니다. 그러자 비로소 당신은 "자네 말이라면 여부가 있겠나? 딱하게도 역장이 교통사고로 희생을 당했군!" 하고 말할 것입니다.

이제 제가 묻습니다. "당신은 어떻게 그 친구의 말을 고스란히 믿으십니까?" 그러면 당신은 이렇게 말할 것입니다.

"나는 그 친구가 어떤 사람인지 잘 알고 있습니다. 그는 이제까지 거짓말을 한다거나 저를 속인 적이 없습니다."

결국 당신은 사건 현장을 보고 믿는 것이 아닙니다. 또는 당신의 마음속에 그럴 듯하게 보이기 때문에 믿는 것이 아니라 믿을 수 있는 사람의 말이기 때문에 의심하지 않고 믿는 것입니다.

자, 그렇다면 이와 마찬가지로 나는 내게 복음을 전해 주는 그분 즉 그리스도 예수님으로 인해 그 복음을 믿습니다. 내 감정이나 내 속의 믿음 때문이 아닙니다.

만일 우리가 사람들의 증언을 받아들인다면 하나님의 증언은 더 크도다. 그 까닭은 이것이 하나님의 증언 곧 그분께서 자기 아들에 관하여 증언하신 증언이기 때문이라. 하나님의 아들을 믿는 자는 자기 안에 그 증언을 가지고 있고 하나님을 믿지 않는 자는 그분을 거짓말쟁이로 만들었나니 이는 하나님께서 자기 아들에 관하여 주신 증언을 그가 믿지 아니하기 때문이라(요일5:9-10).

아브라함은 사람의 증언이 아니라 자기가 신뢰할 수 있는 하나님의 증언을 받았을 때 그것을 믿음으로 받아들여 의로운 사람이 되었습니다.

성경기록이 무어라고 말하느냐? 아브라함이 하나님을 믿으매 그것이 그에게 의로 여겨졌느니라, *하느니라*(롬4:3).

구원의 확신을 갈망하는 한 불쌍한 영혼이 그리스도의 종에게 나와 상담을 요청했습니다. "선생님, 도무지 믿기지 않으니 어쩌면 좋죠?" 그때 상담을 하던 설교자는 조용하고도 슬기롭게 반문했습니다. "그러세요? 그런데 선생님께서 믿을 수 없다고 하는 그분이 누구시지요?" 이 말을 듣고서야 비로소 그 사람은 이 악순환의 사슬에서 빠져나올 수 있었습니다.

그 사람은 자신이 하늘나라에 갈 수 있다는 확신을 얻기 위해서 자기를 위해 죽으시고 다시 살아나신 주 예수님과 그분의 십자가의 공로를 바라보고 믿지 않았습니다. 그리고 이에 대하여 증언하는 성경 말씀을 신뢰하지는 않았습니다. 즉 자기 밖에서 이루어진 일에 대한 믿음이 없었습니다. 대신 그는 자꾸 자기 자신이 자기 속에서 무언가 느낄 수 있어야 한다고 생각하며 자기 속에서 증거를 찾고자 했던 사실을 확실히 깨닫게 되었습니다.

기억하십시오. 우리 밖에서 일어난 일이 우리 안에 평안을 가져다줍니다. 태양을 등지면 그림자가 앞을 어둡게 하지만 태양을 바라보면 그림자가 등 뒤에서 보이지 않는 것처럼 우리는 우리 자신과 주 예수 그리스도를 동시에 볼 수 없습니다. 하늘나라에 계신 영광의 주 예수 그리스도와 자기 자신을 동시에 보면서 구원의 확신을 가지려는 사람은 이 일에서 성공할 수 없습니다.

구원의 확신은 우리 밖에 계신 하나님의 아들을 바라볼 때 생깁니다. 주 예수 그리스도께서는 십자가에서 단번에 완성하신 구속 사업을 통해 이미 당신과 저를 영원토록 안전하게 해 주셨습니다. 아울러 하나님의 말씀은 우리로 하여금 주 예수님을 믿는 자들이 영원토록 안전하다는 사실을 확신할 수 있게 해 줍니다. 다시 말씀드려서 구원의 방도는 오직 예수 그리스도와 그분께서 십자가에서 단번에 성취하신 일 안에서 찾을 수 있고 구원의 확신과 지식은 하나님의 말씀 안에서 찾을 수 있습니다. 그것은 내 속에서 나오지 않습니다.

3. 구원의 기쁨

"제가 구원받았다는 사실에는 추호도 의심이 없어요. 그렇지만 구원받기 전이나 다름없이 낙심하고 답답해할 때가 자주 있거든요. 위안이나 기쁨을 송두리째 잃게 될 때도 있어요. 왜 그런지 모르겠어요."

이제 또 다른 문제를 살펴봅시다.

성경은 당신이 예수 그리스도의 공로로 말미암아 구원을 받으며 하나님의 말씀으로 이 사실을 확신할 수 있지만 구원받은 사람의 몸 안에 거주하는 성령님에 의해 위로와 기쁨을 누릴 수 있다고 가르칩니다.

주 예수님을 믿어 구원을 받은 성도에게도 육신이라 불리는 옛 성품이 여전히 남아 있는데 이 옛 성품은 우리가 태어날 때부터 지니고 있는 악한 성품을 가리킵니다. 육신이라 불리는 옛 성품은 어머니의 무릎에서 젖을 빨고 있는 어린아이에게서도 볼 수 있습니다.

성도 안에 거하시는 성령님은 육체를 대적하시기 때문에 언행 심사에 있어서 육신적인 모든 일은 성령님을 근심하게 만듭니다. 성도가 주님께서 합당하게 여기시는 대로 걸을 때 성령님께서는 성도의 심령 속에 갈라디아서 5장 22절에 기록된 대로 사랑, 기쁨, 화평 등과 같은 성령의 열매가 풍성히 맺히게 해 주실 것입니다.

반대로 믿은 사람이 세상의 방법대로 살며 자기의 생각대로 행동한다면 이는 우리 마음속에 계시는 성령님을 근심케 하는 일이며 그 결과 이와 같은 열매들이 부족하거나 나타나지 않을 것입니다.

그리스도께서 이루어 놓으신 구속 사업과 당신의 구원이 떼려 해도 뗄 수 없는 관계인 것처럼 당신이 세상에서 걸으며 생활하는 것과 기쁨 역시 불가분의 관계에 있음을 명심하기 바랍니다.

도저히 있을 수 없는 일이지만 만일 그리스도의 공로가 무효가 된다면 당신의 구원도 무효가 될 것입니다. 같은 논리로 당신이 걷는 일이 잘못되면 당신의 기쁨은 사라질 것 입니다. 물론 첫째 논리는 어디까지나 가정에 불과하지만 두 번째 논리는 얼마든지 그럴 수 있습니다.

초대 교회 성도들이 이 같은 체험을 했던 것이 사도행전에 기록되어 있습니다. "그들이 주를 두려워하는 가운데 성령님의 위로 안에서 걸으며 크게 늘어났다."는 사도행전 9장 31절의 기록과 "제자들이 기쁨과 성령님으로 충만했다."는 사도행전 13장 52절의 기록을 보기 바랍니다.

당신이 구원받은 후에 심령에 참으로 기쁨을 누리고 있는가 여부는 당신이 얼마나 하나님의 말씀에 따라 걷고 있는가에 달려 있습니다.

  이제 당신의 문제를 알게 되었습니까? 당신은 구원의 확신과 구원의 기쁨이 서로 완전히 다른 것인데도 불구하고 그것들이 마치 하나인 것처럼 혼동하고 있었음이 분명합니다. 구원받은 이후에 우리가 제멋대로 행하며 절제하지 못하고 세속적으로 살면 성령님을 근심시킬 수밖에 없고 이 경우 구원의 기쁨을 잃게 됩니다. 그런데 이것을 구원의 확신과 관련시켜 생각하면 구원의 확신이 흔들리게 됩니다.

  다시 한 번 요약해서 말씀드립니다.

  당신의 구원은 당신을 위해서 이미 모든 것을 이루어 주신 그리스도의 공로에 달려 있으므로 절대로 안전합니다.

  구원의 확신은 성경을 통하여 당신에게 약속해 주신 하나님의 말씀에 달려 있습니다.

  구원의 기쁨은 당신 안에 거주하시는 성령님을 근심시켜 드리지 않는 데 달려 있습니다.

  다시 태어난 하나님의 자녀가 성령님을 근심시킬 일을 저지를 때에는 하나님 아버지와 그분의 아들 예수님과의 아름다운 교제가 실제적으로 중단됩니다. 바로 이때에 당신이 당신 자신을 판단하고 당신의 죄들을 고백하면 교제의 기쁨이 다시 회복됩니다.

  당신의 자녀가 무슨 잘못을 저질렀다고 가정해 보십시다. 그럴 때 당신은 자녀의 언행과 표정에서 이 사실을 역력히 볼 수 있을 것입니다. 조금 전까지만 해도 어리광을 부리며 태연자약하던 아이의 얼굴에 불안한 빛이 서려 있고 행동이 어색하며 자꾸만 부모의 낯을 피하려 들 것입니다. 이제 이 아이가 해야 할 일은 부모님께 솔직하게 잘못을 자백하여 용서를 받는 길밖에 없습니다. 자존심 때문에 쉽사리 자백하지 않은 채 울며 버틴다고 부자간의 교제가 회복되지는 않습니다. 오직 부모님께 자백하면 용서해 주신다는 확신으로 겸손하게 자백해야 할 것입니다. 잘못을 저지른 순간부터 자백하고 용서를 받기까지 이 아이에게서는 기쁨을 찾아볼 수 없습니다. 일순간에 모든 기쁨이 사라지고 말았습니다. 이는 그가 잘못을 저질러서 더 이상 교제할 수 없게 되었기 때문입니다. 그렇다고 해서 부자간의 관계마저 끊어진 것은 결코 아닙니다. 부자 관계는 출생을 통해 이루어진 것이기 때문입니다. 다만 부자간의 귀한 교제가 어린아이의 잘못된 행실로 인하여 중단되었을 뿐입니다.

  이 아이가 뉘우치는 마음으로 겸손하게 자초지종을 부모님께 자백할 때에 용서해 주고 달래 주며 위로해 주지 않을 부모가 어디 있겠습니까? 이때에야 비로소 이 아이는 다시금 부모와 스스럼없는 교제를 할 수 있게 될 것입니다.

자기의 충신이었던 우리야의 아내를 범하고 그를 죽인 사건에서 엄청난 죄악을 저지른 뒤에 다윗은 "주의 구원을 내게 회복시켜 주시옵소서."라고 기도하지 않고 "주의 구원의 기쁨을 내게 회복시켜 주시옵소서."(시51:12)라고 간구했습니다. 바로 이것은 이 진리를 잘 나타내 줍니다.

앞서 말씀드린 이야기를 계속하겠습니다. 당신의 아들이 시무룩해서 앉아 있는데 갑자기 "불이야!" 하는 소리가 났다고 합시다. 그럴 때에 당신은 어떻게 하시겠습니까? 당신의 아들이 불에 타 죽도록 내버려 두시겠습니까? 그럴 리가 없지요? 아마 당신은 그 아이를 제일 먼저 데리고 밖으로 나갈 것입니다. 이제 당신은 관계를 통한 사랑과 교제가 주는 기쁨이 이처럼 전혀 다르다는 사실을 깨닫게 되셨을 것입니다.

그러므로 성도가 죄를 지으면 하나님과의 원만한 영적 교제가 중단되므로 그가 자백하기까지 즉 자신을 반성하고 통회할 때까지는 결코 구원의 기쁨을 누릴 수 없게 됩니다. 분명한 통회와 자백이 있었다면 죄들의 용서가 이루어진 것을 알게 될 것입니다. 하나님께서 다음과 같이 말씀하셨기 때문입니다.

> 만일 우리가 우리 죄들을 자백하면 그분께서는 신실하시고 의로우사 우리 죄들을 용서하시며 모든 불의에서 우리를 깨끗하게 하시느니라(요일1:9).

하나님과 맺은 생명의 관계보다 더 강한 것은 없으며 그보다 더 아름다운 것도 없습니다. 세상의 모든 힘과 지옥의 세력이 힘을 합쳐도 우리를 하나님의 사랑에서 끊을 수 없습니다(롬8:38-39).

그렇지만 불순종의 생활은 쉽게 하나님과의 교제를 끊어 놓으며 당신의 기쁨을 앗아갑니다. 만일 당신이 확실히 예수 그리스도를 구원자로 믿고 다시 태어난 것이 확실한데 잠시 동안이라도 심령이 답답하며 기쁨이 없고 고민하고 계신다면 주님 앞에 마음을 낮추시고 자신을 반성해 보십시오. 당신에게서 기쁨을 앗아간 도둑을 발견했을 때에는 즉시 빛 가운데 그것을 드러내십시오. 다시 말씀드려서, 왜 내가 기쁨을 잃게 되었는가를 깨달았을 때 하나님께 당신의 죄를 자백하기 바랍니다. 그리고 도둑이 들어와서 노략질하도록 부주의하고 나태했던 자신을 깊이 뉘우치기 바랍니다.

또한 구원의 확신과 구원의 기쁨을 혼동하지 마십시오.

성도라고 해서 하나님의 심판이 불신자들보다 다소 관대하지는 않습니다. 하나님께서는 신자나 불신자를 불문하고 죄 문제에 관한 한 절대 공평하게 다루십니다. 그러나 신자들의 죄는 낱낱이 하나님 앞에 드러났고 그리스도께서 갈보리 십자가에서 고난을 당하셨을 때 이미 그 죗값을 담당해 주셨습니다. 이로 인하여 신자들의 죄 문제는 단번에 그리고 영원토록 해결이 되었습니다. 그렇기 때문에 영생은 영원히 확정되었습니다.

> 이 사람[그리스도]은 죄들로 인해 한 희생물을 영원히 드리신 뒤에 하나님 오른쪽에 앉으셔서(히10:12)

> [그분께서] 친히 나무에 달려 자신의 몸으로 우리 죄들을 지셨으니 이것은 죄들을 향해 죽은 우리가 의를 향해 살게 하려 하심이라. 그분께서 채찍에 맞음으로 너희가 고침을 받았나니(벧전2:24)

주 예수님을 끝내 믿지 아니한 사람은 죄의 대가로 영원토록 불 호수에서 고통을 당하지 않으면 안 됩니다. 반면에 구원받은 사람은 다시금 죄의 대가로 지옥 형벌을 당하지는 않습니다. 그러나 죄를 지음으로 성령님을 근심하게 할 때 하나님과의 교제가 끊어지거나 원만하지 못하게 됩니다.

아름다운 달밤에 한 친구가 연못에 비친 달을 하염없이 들여다보고 있었습니다. 고요한 연못에는 눈부실 듯 빛나는 은빛 보름달이 찬란하게 비쳤습니다. 그런데 다른 친구가 느닷없이 돌멩이를 연못에 던졌습니다. 그러자 쟁반 같은 보름달은 순식간에 일그러져 버렸습니다.

"달이 산산조각 나버렸군!" 하고 중얼거리는 친구에게 한 친구가 응수했습니다. "달이 깨어지다니! 무슨 소릴 하고 있나. 눈을 들어 하늘을 보게나. 달의 모습은 조금도 변하지 않았네. 변했다면 연못 속에 비쳤던 달의 모습이 변한 걸세. 안 그런가?"

이 이야기를 생각해 보십시오. 당신의 마음은 이 연못과도 같습니다. 아무런 장애물이 없으면 성령님을 통하여 하나님께서 위로와 기쁨과 평안을 당신의 심령에 비추어 주십니다. 그러나 성령님을 근심하게 할 때에는 평안과 기쁨이 사라지고 내 마음은 돌멩이가 날아든 연못처럼 어지럽게 흔들리게 됩니다. 이때 당신은 하나님을 근심하게 한 죄들을 자백하고 다시 원래 상태로 돌이키셔야 합니다. 그래야 다시 평화롭고 즐거운 교제가 회복될 것입니다.

이처럼 평안과 불안이 교차된다고 해서 그리스도의 공로도 연못에 비친 달처럼 수시로 변하겠습니까? 결코 그럴 리가 없습니다. 하나님의 말씀은 절대로 변하지 않습니다. 그렇다면 그리스도의 공로가 변하지 않는 한 당신의 구원도 결코 변할 수 없습니다. 다만 당신의 심령에서 일하시는 성령님의 활동이 변했을 뿐입니다. 당신의 심령이 그리스도의 영광과 주님께서 합당히 여기실 것으로 채워지지 아니하고 죄의 욕심으로 채워져 있다면 성령님께서 근심하실 것입니다.

성령님께서 정죄하시고 대적하시는 죄악에 대하여 당신도 마찬가지로 정죄하고 대적하지 않는 한 당신은 위로와 기쁨을 체험할 수 없게 됩니다.

하나님의 거룩하신 영을 슬프게 하지 말라. 그분에 의해 너희가 구속의 날까지 봉인되었느니라(엡4:30).

이 말씀대로 주님께서는 우리에게 성령님의 인도에 순종하라고 권면하십니다.

사랑하는 독자여!

당신의 믿음이 아무리 연약할지라도 당신에게 구원의 확신을 주신 주님은 결코 변치 아니하신다는 사실을 확신하시고 안심하시기 바랍니다.

예수 그리스도는 어제나 오늘이나 영원토록 동일하시니라(히13:8).

주님께서 이루어 놓으신 공로는 결코 변하지 않습니다.

무엇이든지 하나님께서 행하시는 것, 그것이 영원히 있을 줄을 내가 아노라. 그것에 무엇을 더하거나 그것에서 무엇을 뺄 수 없나니 하나님께서 그것을 행하시는 것은 사람들이 자신 앞에서 두려워하게 하려 하심이라(전3:14).

하나님께서 하신 말씀은 결코 변하지 않습니다.

이는 모든 육체는 풀과 같고 사람의 모든 영광은 풀의 꽃과 같기 때문이라. 풀은 마르고 그것의 꽃은 떨어지나 주의 말씀은 영원토록 지속되나니 복음에 의해 너희에게 선포된 말씀이 곧 이 *말씀*이니라(벧전1:24-25).

당신의 구원의 확신의 터가 되시는 주 예수님께서 결코 변치 아니하시기에 당신의 구원은 안전합니다.

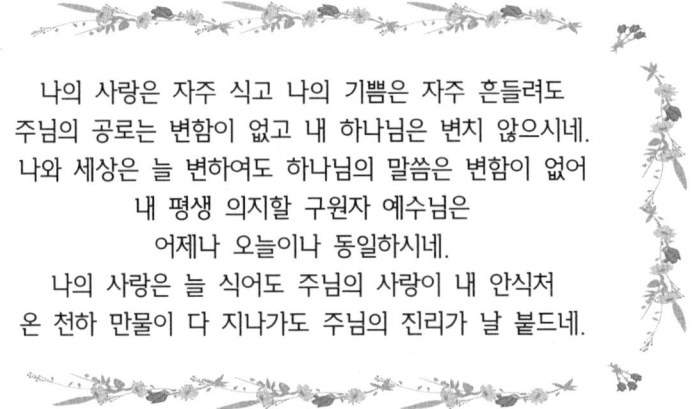

나의 사랑은 자주 식고 나의 기쁨은 자주 흔들려도
주님의 공로는 변함이 없고 내 하나님은 변치 않으시네.
나와 세상은 늘 변하여도 하나님의 말씀은 변함이 없어
내 평생 의지할 구원자 예수님은
어제나 오늘이나 동일하시네.
나의 사랑은 늘 식어도 주님의 사랑이 내 안식처
온 천하 만물이 다 지나가도 주님의 진리가 날 붙드네.

이제 끝으로 다시 한 번 묻겠습니다.

당신은 어느 대열에 서서 인생의 여행을 하고 계십니까? 이제 진정 하나님께로 돌이키심으로 영원한 문제에 대한 해답을 얻으시기 바랍니다.

참으로 하나님은 진실하시되 사람은 다 거짓말쟁이라 할지어다(롬3:4).

그분의 증언을 받아들인 자는 하나님께서 진실하시다는 것에 자기 도장을 찍었느니라(요3:33).

이 글을 읽고 나서 당신도 이제부터 주님께서 오실 때까지 구원의 확신을 누리며 기쁨으로 주님을 섬기시게 되기를 바랍니다.

내가 하나님의 아들의 이름을 믿는 너희에게 이것들을 쓴 것은 너희에게 영원한 생명이 있음을 너희가 알게 하고 또 하나님의 아들의 이름을 너희가 믿게 하려 함이라(요일5:13).

부록 5

구원의 안전 보장

1. 영원한 생명은 말 그대로 영원한 것이다. [1]

내가 그들에게 영원한 생명을 주노니 그들이 결코 멸망하지 않을 것이요 또 아무도 내 손에서 그들을 빼앗지 못하리라(요10:28).

만약 당신이 하나님으로부터 선물로 받은 영원한 생명이 어떤 이유에서든 중간에 끝을 맞는다면 그것은 애초부터 영원한 생명이 아니다. 영적인 생명이 신자의 죄악 된 삶이나 믿음의 변화 혹은 다른 어떤 이유로 인해서 종지부를 찍게 된다고 가르치는 사람들은 처음부터 영생을 얻지 못한 사람들이다. 진정으로 영원한 것이려면 끝없이 지속되어야 한다.

2. 영존하는 생명은 말 그대로 영존하는 것이다.

진실로 진실로 내가 너희에게 이르노니 내 말을 듣고 나를 보내신 분을 믿는 자는 영존하는 생명이 있고 정죄에 이르지 아니할 것이며 사망에서 생명으로 옮겨졌느니라(요5:24).

위에서 언급한 대로 영존하는 생명이 어떠한 이유에서든 중간에 끝을 맞는다면 그것은 그 단어의 분명한 정의에 비추어 볼 때 처음부터 영존하는 것이 아니었다. 하나님께서 신자들에게 주시는 영존하는 생명은 아무리 오랜 후에라도 끝을 맞아서는 안 된다. 그렇지 않다면 그것은 애초부터 영존하는 생명이 아니다.

3. 구원받은 사람이 다시 구원을 잃는 것은 결코 하나님의 뜻이 아니다.

나를 보내신 아버지의 뜻은 이것이니 곧 그분께서 내게 주신 모든 것 중에서 내가 하나도 잃지 아니하고 마지막 날에 그것을 다시 일으키는 것이니라(요 6:39).

---

1) 이 글은 「오순절 은사운동 바로 알기」(출판사 그리스도 예수안에)에서 발췌한 것이다.

에베소서 1장 11절에 의하면 하나님은 '모든 것을 자신이 뜻하신 계획대로 이루시는 분'이므로 그분의 뜻은 당신의 구원을 보존함에 있어서도 반드시 이루어질 것이다.

4. 당신은 이미 천국에 예약되어 있다.

[하나님께서] 너희를 위해 하늘에 마련된 썩지 않고 더럽지 않으며 사라지지 아니하는 상속 유업을 받게 하셨나니(벧전1:4)

마태복음 19장 29절에 의하면 이 상속에는 영존하는 생명도 포함되어 있다.

5. 당신이 상속받은 구원은 썩지 않는 것이다.

[하나님께서] 너희를 위해 하늘에 마련된 썩지 않고 더럽지 않으며 사라지지 아니하는 상속 유업을 받게 하셨나니(벧전1:4)

당신이든 사탄이든 그 어느 누구든 하나님께서 부패하지 않는다고 선언하신 것을 부패하게 만들 수 없다.

6. 당신이 상속받은 구원은 더럽혀질 수 없는 것이다.

[하나님께서] 너희를 위해 하늘에 마련된 썩지 않고 더럽지 않으며 사라지지 아니하는 상속 유업을 받게 하셨나니(벧전1:4)

당신이든 사탄이든 그 어느 누구든 하나님께서 더럽혀질 수 없다고 선언하신 것을 더럽힐 수 없다.

7. 구원에 관한 한 당신은 성령님에 의해 봉인되어 있다.

너희도 진리의 말씀 곧 너희 구원의 복음을 들은 뒤에 그리스도를 신뢰하였고 너희가 믿은 뒤에 또한 그분 안에서 약속의 저 거룩하신 영으로 봉인되었는데(엡 1:13)

봉인된 고대의 파피루스: 봉인은 완전히 둘러싸는 것이다.
구원받으면 성령님께서 우리를 꽁꽁 둘러싸신다.

하늘이나 땅에 있는 그 어떤 힘으로도 전능하신 분에 의해 봉인된 것을 깨뜨릴 수 없다.

8. 성령님은 당신이 부활 혹은 휴거될 때까지 당신을 봉인하셨다.

하나님의 거룩하신 영을 슬프게 하지 말라. 그분에 의해 너희가 구속의 날까지 봉인되었느니라(엡4:30).

구속의 날이란 신자인 당신이 영광스럽게 된 몸을 입게 되는 부활의 때를 가리킨다.

9. 성령님께서 영원히 당신과 함께 계실 것을 약속하셨다.

내가 아버지께 구하면 그분께서 다른 위로자를 너희에게 주사 그분께서 영원토록 너희와 함께 거하게 하시리니 곧 진리의 영이시라. 세상은 그분을 받아들일 수 없나니 이는 세상이 그분을 보지 못하고 알지도 못하기 때문이라. 그러나 너희는 그분을 아나니 이는 그분께서 너희와 함께 거하시며 너희 안에 계실 것이기 때문이라(요14:16-17).

죄인이 구원받을 때 신자 안에 거하기 위해 오시는 성령님의 내주는 영구적인 것이며 영원토록 지속되는 것이다.

10. 당신은 영원히 보존된다.

이는 주께서 판단의 공의를 사랑하시며 자신의 성도들을 버리지 아니하시기 때문이니 그들은 영원히 보존되나 사악한 자들의 씨는 끊어지리로다(시37:28).

성경은 하나님의 은혜로 구원받은 모든 이들을 '성도'(saint)라고 부른다. 그런데 그분의 성도들은 영원히 보존된다.

11. 당신은 이미 하나님으로부터 태어났기에 태어나지 않은 상태로 되돌아갈 수 없다.

그분을 받아들인 자들 곧 그분의 이름을 믿는 자들에게는 다 하나님의 아들들이 되는 권능을 그분께서 주셨으니 이들은 혈통이나 육신의 뜻이나 사람의 뜻에서 태어나지 아니하고 하나님에게서 태어났느니라(요1:12-13).

구원이 무엇인지를 쉽게 이해할 수 있도록 예수님께서는 영원한 생명을 얻는 것을 육적 출생에 비유하셨다. 그리고 그분께서는 그것을 다시 태어나는 것이라고 부르셨다. 만약 하나님으로부터 태어난 어떤 사람이 미래의 어떤 시점에서 태어나지 않은 상태로 되돌아가 버린다면 그분의 이러한 비유는 무의미한 것이 될 것이다.

12. 당신은 하나님에 의해서 창조되었기에 창조되지 않은 상태로 되돌아갈 수 없다.

그러므로 누구든지 그리스도 안에 있으면 그는 새로운 창조물이라. 옛것들은 지나갔으니, 보라, 모든 것이 새롭게 되었도다(고후5:17).

우리는 그분의 작품이요 그리스도 예수님 안에서 선한 행위를 하도록 창조된 자들이니라. 하나님께서 그 선한 행위를 미리 정하신 것은 우리가 그 행위 가운데서 걷게 하려 하심이니라(엡2:10).

창조주는 오직 한 분이시며 그분께서 이미 창조하신 것이 창조되지 않은 상태가 될 수는 없다.

13. 당신은 우주 정권이 안전한 것보다 두 배는 안전하다.

이는 한 아이가 우리에게 태어났고 한 아들이 우리에게 주어졌는데 그의 어깨[단수]에는 정권이 놓이고 그의 이름은 놀라우신 분, 조언자, 강력하신 하나님, 영존하시는 아버지, 평화의 통치자라 할 것이기 때문이라(사9:6).

또 그가 그것을 찾으면 기뻐하며 그것을 자기 어깨에 메고 집에 와서 자기 친구들과 이웃들을 함께 불러 그들에게 이르되, 나와 함께 기뻐하자. 내가 잃어버린 내 양을 찾았노라, 하리라(눅15:5-6).

성경은 주 예수님께서 그분의 '한쪽 어깨'(shoulder)에 전 우주의 정권을 지고 계신 것으로 묘사하는 한편 그분의 '양쪽 어깨'(shoulders)에 구원받은 자를 메고 계신다고 묘사한다. 성경의 계산법에 의해서 당신은 전 우주 정권이 안전한 것보다 두 배는 더 안전하다.

14. 당신은 하늘 왕국에 이르기까지 보존된다.

주께서 나를 모든 악한 일에서 구출하시고 자신의 하늘 왕국에 이르기까지 나를 보존하시리니 그분께 영광이 영원무궁토록 있기를 원하노라. 아멘(딤후4:18).

이것은 성령님의 영감에 의한 사도 바울의 간증이다. 그러나 하나님은 사람을 외모로 취하지 아니하시기에 이것은 또한 우리의 간증이기도 하다. 그분께서 사도 바울을 보존하신다면 당신도 보존하실 것이다.

15. 당신은 하나님의 권능으로 보호를 보고 있다.

너희는 마지막 때에 드러날 준비가 되어 있는 구원에 이르도록 믿음을 통해 하나님의 권능으로 보호받고 있느니라(벧전1:5).

당신은 믿음을 통해서 구원받았고 하나님의 권능으로 보호를 받고 있다. 그렇다면 하나님의 권능으로 보호를 받은 사람이 어떻게 구원을 잃을 위험에 처할 수 있단 말인가?

16. 예수님께서 당신의 안전을 위해서 기도하셨기에 당신의 구원은 안전하다.

이제 나는 세상에 더 있지 아니하오나 이들은 세상에 있고 나는 아버지께로 가오니, 거룩하신 아버지여, 아버지께서 내게 주신 자들을 아버지의 이름으로 지키사 우리와 같이 그들도 하나가 되게 하옵소서(요17:11).

아들 하나님께서 당신이 안전하게 지켜지도록 기도하셨다면 당신은 그분의 기도가 응답되리라고 확신해도 좋을 것이다.

17. 구원은 은혜에 의한 것이기에 행위가 그것에 영향을 미칠 수 없다.

만일 그것이 은혜로 된 것이라면 더 이상 행위에서 난 것이 아니니 그렇지 않으면 은혜가 더 이상 은혜가 아니니라. 그러나 만일 그것이 행위에서 난 것이라면 더 이상 은혜가 아니니 그렇지 않으면 행위가 더 이상 행위가 아니니라(롬11:6).

그러므로 우리는 사람이 율법의 행위 없이 믿음으로 의롭다 인정받는다고 결론을 내리노라(롬3:28).

미래에 어떤 일을 저지르는 것에 의해서 구원을 잃을 수 없다. 왜냐하면 성경에 의하면 행위는 구원에 영향을 미칠 수 없기 때문이다. 행위는 구원을 획득할 수 없다. 행위는 구원을 유지할 수도 없다. 만일 은혜로 된 것이면 더 이상 행위에서 난 것이 아니다.

18. 당신은 당신의 일들을 이미 그친 상태이다.

이는 하나님께서 자신의 일들을 그치신 것같이 그분의 안식에 이미 들어간 자도 자기 일들을 그쳤기 때문이라(히4:10).

구원의 안식에 들어가서 그리스도께서 끝마치신 사역을 의지할 때 당신은 구원을 위한 혹은 그 구원을 유지하기 위한 '스스로의 모든 노력'에 의지하는 행위를 이미 그쳤다.

19. 아무것도 그리스도의 사랑에서 당신을 떼어 놓을 수 없다.

내가 확신하노니 사망이나 생명이나 천사들이나 권력들이나 권능들이나 현재 있는 것들이나 장래 있을 것들이나 높음이나 깊음이나 다른 어떤 창조물이라도 우리를 그리스도 예수 우리 주 안에 있는 하나님의 사랑에서 떼어 놓을 수 없으리라(롬8:38-39).

이 구절에서 '하나님의 사랑'은 구원을 묘사한다. 그것은 사도 요한이 말한 바로 그 사랑이다.

하나님께서 우리를 향해 품으신 사랑을 우리가 알았고 또 믿었나니 하나님은 사랑이시므로 사랑 안에 거하는 자는 하나님 안에 거하며 하나님도 그 안에 거하시느니라(요일4:16).

미래에 지을 어떤 죄로 인해서 구원을 잃게 될까 봐 걱정이 되는가? 사도 바울을 통해서 성령님께서는 '장래 있을 것들' 곧 미래의 어떤 일이 당신을 그리스도의 사랑에서 끊을 수 없다고 하신다. 사탄 혹은 심지어 당신 스스로가 그리스도의 사랑에서 당신을 끊을까 봐 걱정이 되는가? 성경이 어떤 창조물이라도 당신을 그리스도의 사랑에서 끊을 수 없다고 말씀하실 때 그것은 마귀와 더불어 당신 자신도 포함하고 있다. 이 구절에서 언급된 것은 모든 것을 포함한다. 육적인 것이든 영적인 것이든, 생각이든 행동이든 우주에 있는 어떤 것도 우리가 한번 얻은 하나님의 구원의 사랑에서 우리를 떼어 놓을 수 없다.

20. 구원은 주님으로부터 오는 것이다.

나는 감사의 목소리로 주께 희생물을 드리며 내가 서원한 것을 갚겠나이다. 구원은 **주께** 속하나이다, 하니라(욘2:9).

무엇이든지 하나님께서 행하시는 것, 그것이 영원히 있을 줄을 내가 아노라. 그것에 무엇을 더하거나 그것에서 무엇을 뺄 수 없나니 하나님께서 그것을 행하시는 것은 사람들이 자신 앞에서 두려워하게 하려 하심이라(전3:14).

구원이 주님으로부터 오는 것이고 당신을 구원한 분이 바로 그 주님이시라면 무엇이든지 하나님께서 행하시는 것은 영원할 것이다.

21. 당신의 구원은 오직 하나님의 능력에 달려 있다.

그런 까닭으로 나 역시 이 일들로 고난을 당하나 그럼에도 불구하고 부끄러워하지 아니하노니 이는 내가 믿어 온 분을 내가 알며 또 내가 그 날을 대비하여 그분께 맡긴 것을 그분께서 지키실 수 있는 줄 확신하기 때문이라(딤후1:12).

당신의 영원한 혼을 주님께 맡길 경우 그분께서는 당신이 하늘에서 그분과 함께 있게 될 그날까지 당신을 지키실 수 있다고 성경은 말씀하신다.

22. 하나님은 당신이 정죄에 이르지 않을 것이라고 약속하신다.

진실로 진실로 내가 너희에게 이르노니 내 말을 듣고 나를 보내신 분을 믿는 자는 영존하는 생명이 있고 정죄에 이르지 아니할 것이며 사망에서 생명으로 옮겨졌느니라(요5:24).

만일 구원받은 어떤 사람이 어떤 이유에서건 다시 정죄에 이른다면 이 약속은 거짓이다.

23. 예수님께서는 당신이 결코 멸망하지 않을 것이라고 약속하신다.

내 양들은 내 음성을 듣고 나는 그들을 알며 그들은 나를 따르느니라. 내가 그들에게 영원한 생명을 주노니 그들이 결코 멸망하지 않을 것이요 또 아무도 내 손에서 그들을 빼앗지 못하리라(요10:27-28).

그분께서는 당신이 어떤 삶을 살지를 조건으로 해서 위와 같이 약속하지 않았음에 주목하라. 분명히 그분께서는 아무런 전제 조건 없이 "내가 그들에게 영원한 생명을 주노니 그들이 결코 멸망하지 않을 것이다."라고 말씀하셨다.

24. 당신은 결코 쫓겨나지 않을 것이다.

아버지께서 내게 주시는 모든 자는 내게 올 것이요, 내게 오는 자는 내가 결코 내쫓지 아니하리라(요6:37).

예수님께서는 아버지 하나님께서 그분께 주셔서 돌보도록 하신 이들 중 어떤 사람도 어떤 이유에서든 결코 쫓아 버리지 않으신다고 약속하신다.

25. 구원을 잃게 된다면 그것은 당신을 위해서 선을 이룬 것이 될 수 없다.

우리가 아는 바와 같이 하나님을 사랑하는 자들 곧 그분의 목적에 따라 부르심을 받은 자들에게는 모든 것이 합력하여 선을 이루느니라(롬8:28).

이 구절은 오직 신자들에게만 해당된다. 잃어버려진 자들은 하나님을 사랑하지 않는다(요일4:7). 당신이 구원을 잃게 된다면 그것이 당신에게 선을 이룬 것이 될 수 있는가? 하나님께서는 한번 그분의 영원한 생명을 선물로 받은 자에게는 모든 것이 그를 위해 협력하여 선을 이룰 것이라고 약속하시지 않았는가? 당신이 구원을 잃는다면 그것은 당신에게 있어서 선을 이루는 것이 아니다.

26. 당신은 그리스도의 손안에 감싸여 있다.

 내가 그들에게 영원한 생명을 주노니 그들이 결코 멸망하지 않을 것이요 또 아무도 내 손에서 그들을 빼앗지 못하리라(요10:28).

 어떤 이들은 구원받기 위해서는 끝까지 붙들고 버텨야 한다고 주장한다. 그러나 성경 말씀에 의하면 당신의 구원을 붙들고 계신 분은 주님이시다.

27. 당신은 아버지 하나님의 손안에 감싸여 있다.

 그들을 내게 주신 내 아버지는 모든 것보다 크시매 아무도 내 아버지 손에서 그들을 빼앗을 수 없느니라. 나와 내 아버지는 하나이니라, 하시니라(요 10:29-30).

 이것은 이중 안전 보장이다. 당신은 아버지 하나님의 손과 아들 예수님의 손안에 이중으로 싸여 있다. '아무도'에는 당신 자신도 포함된다. 따라서 당신 스스로도 하나님의 손과 예수 그리스도의 손으로부터 미끄러져 나갈 수 없다.

28. 당신은 예수님께 속한 양이고 언제까지나 그분의 양으로 남아 있을 것이다.

 내 양들은 내 음성을 듣고 나는 그들을 알며 그들은 나를 따르느니라. 내가 그들에게 영원한 생명을 주노니 그들이 결코 멸망하지 않을 것이요 또 아무도 내 손에서 그들을 빼앗지 못하리라(요10:27-28).

 성경은 일관되게 구원받지 못한 이방인은 개로, 구원받지 못한 유대인은 돼지로 묘사한다. 구원받은 신자들은 이방인과 유대인에 상관없이 '새로운 창조물'이 되고(고후5:17) 그들은 양으로 묘사된다. 개가 양으로 변했다는 이야기는 들어본 적이 없다. 오직 하나님의 기적만이 그렇게 하실 수 있다. 바꾸어 말해서 양 즉 구원받은 사람이 개 즉 구원받지 못한 이방인으로 바뀔 수 없다. 이것은 당신의 경우에도 마찬가지이다.

29. 구원의 은혜는 결코 다함이 없다.

 그분께서 우리를 구원하시되 우리가 행한 의로운 행위로 하지 아니하시고 자신의 긍휼에 따라 다시 태어남의 씻음과 성령님의 새롭게 하심으로 하셨으며 (딛3:5)

 시편 136편은 26회에 걸쳐서 '그분의 긍휼이 영원하도다.'라고 기록한다. 당신의 구원은 그분의 긍휼히 여기심으로 말미암은 것이고 그 긍휼은 일정 기간 지속되다가 그치는 것이 아니다. 그것은 영원히 지속된다.

30. 하나님이 무엇을 약속하셨다면 그것은 반드시 성취된다.

하나님은 사람이 아니시니 거짓말하지 아니하시고 사람의 아들이 아니시니 뜻을 돌이키지 아니하시는도다. 그분께서 말씀하셨으니 그것을 행하지 아니하시리오? 그분께서 이르셨으니 그것을 실행하지 아니하시리오?(민23:19)

아들 하나님께서는 '나를 믿는 자는 영존하는 생명을 가졌다.'고 약속하셨다(요 6:47). 그분의 말씀은 신실하시므로 그분께서 약속을 지키시리라는 것은 확실하다.

31. 당신의 모든 죄들은 영원히 사라져 버렸다.

동이 서에서 먼 것같이 그분께서 우리 범법들을 우리에게서 멀리 옮기셨으며(시 103:12)

그분께서 다시 돌아서시고 우리를 불쌍히 여기시며 우리 불법들을 짓밟으시리니 주께서 그들의 모든 죄를 바다의 깊음들 속에 던지시리이다(미7:19).

내가 네 범법들을 빽빽한 구름을 지우듯 지웠고 네 죄들을 구름을 지우듯 지웠으니 내게로 돌아오라. 내가 너를 구속하였느니라(사44:22).

보소서, 평안을 얻으려고 내가 큰 쓰라림을 겪었으나 주께서 내 혼을 사랑하사 부패의 구덩이에서 그것을 구출하셨으니 주께서는 내 모든 죄들을 주의 등 뒤로 던지셨나이다(사38:17).

또, 내가 그들의 죄들과 불법들을 다시는 기억하지 아니하리라, 하셨느니라(히 10:17).

'동이 서에서 먼 것같이', '바다의 깊음들 속에 던지시리이다', '네 죄들을 구름을 지우듯 지웠으니', '내 모든 죄들을 주의 등 뒤로 던지셨나이다', '다시는 기억하지 아니하리라' 등과 같은 이 모든 표현은 당신의 모든 죄가 영원히 사라져 버렸음을 증언한다.

32. 성경은 당신이 궁극적으로 그리스도처럼 될 것이라고 약속하신다.

사랑하는 자들아, 이제 우리는 하나님의 아들들이니라. 우리가 앞으로 어떻게 될지는 아직 나타나지 아니하였으나 그분께서 나타나시면 우리가 그분과 같게 될 줄 아노니 이는 우리가 그분을 그분께서 계신 그대로 볼 것이기 때문이라(요일 3:2).

'우리가 그분과 같게 되리라.'는 말은 그렇게 될 가능성에 대해서 말하는 것이 아니다. 그것은 절대적으로 확실한 것에 대한 진술이다.

33. 하나님께서는 당신이 이미 영화롭게 된 것으로 치신다.

그뿐만 아니라 하나님께서는 자신이 예정하신 그들을 또한 부르시고 자신이 부르신 그들을 또한 의롭다 하시고 자신이 의롭다 하신 그들을 또한 영화롭게 하셨느니라(롬8:30).

이미 영화롭게 된 사람이 어떻게 구원을 잃을 수 있는가?

34. 당신은 썩지 아니할 씨로 태어났다.

너희가 다시 태어난 것은 썩을 씨에서 난 것이 아니요 썩지 아니할 씨에서 난 것이며 살아 있고 영원히 거하는 하나님의 말씀으로 된 것이니(벧전1:23).

당신의 새로운 출생은 썩지 않을 씨에 의한 것이기에 사탄이나 그 누구도 하나님께서 썩지 않으리라고 선언하신 출생을 썩게 만들 수 없다.

35. 당신은 그리스도와 함께 영광 가운데 나타나도록 되어 있다.

우리의 생명이신 그리스도께서 나타나실 때에 너희도 그분과 함께 영광 속에서 나타나리라(골3:4).

오직 전능하신 하나님 곧 당신의 미래를 모두 아심에도 불구하고 당신을 있는 그대로 받아 주신 그분만이 위의 성경 말씀이 성취되리라는 것을 미리 약속할 수 있으셨다. 그분은 모든 신자들에게 '너희도 그분과 함께 영광 속에서 나타나리라.'고 말씀하셨다.

36. 당신은 주 예수 그리스도 안에 감추어져 있다.

너희는 죽었고 너희 생명은 그리스도와 함께 하나님 안에 감추어져 있느니라(골3:3).

하나님의 평가에 의하면 당신의 자연적 생명은 죽었다. 이제 당신에게 있는 유일한 생명은 하나님께서 주신 영원한 생명이다. 그리고 그 생명은 사탄이 찾아낼 수 없는 방법으로 숨겨져 있다.

37. 당신은 죄에 대해서 죽어 있다.

결코 그럴 수 없느니라. 죄를 향해 죽은 우리가 어찌 그 가운데서 더 살겠느냐?(롬6:2)

이는 죽은 자가 죄에서 해방되었기 때문이라(롬6:7).

분명히 당신은 죄를 지을 가능성으로부터 벗어나지는 않았다. 위의 구절은 신자와 그리스도가 하나라는 사실에 대해서 언급한다. 우리는 그리스도 안에서 죽었으므로 죄가 미치는 영원한 효력으로부터 죽었다. 따라서 우리의 그 어떤 죄도 우리의 영원한 안전 보장에 영향을 미칠 수 없다.

38. 주님께서 현재 당신을 위해 기도하고 계시므로 당신은 안전하다.

그러므로 그분께서 항상 살아 계셔서 그들을 위해 중보하심을 보건대 그분은 또한 자기를 통해 하나님께 오는 자들을 끝까지 구원하실 수 있나니(히7:25)

주 예수님께서 신자들을 위해서 끊임없이 중재하고 계시므로 당신의 구원은 끝까지 즉 그리스어의 의미대로 '완전히 끝까지' 이른다.

39. 하나님은 자신이 시작한 것을 끝마치실 것이다.

너희 안에서 선한 일을 시작하신 분께서 예수 그리스도의 날까지 그 일을 이루시리라는 것, 바로 이것을 *나*는 확신하노라(빌1:6).

당신의 삶에서 구원의 일을 시작하신 그 하나님께서 그것이 완전히 이루어질 때까지 계속해서 그 일을 이루어 가신다.

40. 당신의 구원은 주님께서 얻어 당신에게 주신 것이다.

[그분께서] 염소와 송아지의 피가 아니라 자기 피에 의거하여 한 번 거룩한 곳에 들어가사 우리를 위해 영원한 구속을 얻으셨느니라(히9:12).

예수 그리스도께서 그분 자신의 피로 한 번 영원한 대속을 이루셨다. 우리는 단지 그분께서 우리를 위해 획득하신 대속을 받았을 뿐이다. 그분께서 한 번 그것을 획득하셨으므로 그것을 영원히 얻으셨다.

41. 당신의 생명과 주님의 생명은 하나이다.

우리의 생명이신 그리스도께서 나타나실 때에 너희도 그분과 함께 영광 속에서 나타나리라(골3:4).

'우리의 생명이신 그리스도'에 주목하라. 예수 그리스도께서 그분의 생명을 다시 잃지 않는 한 어떻게 우리가 우리 생명을 잃을 수 있는가? 주 예수님께서 결코 죽지 않으시고 그분께서 우리의 생명이시라면 당연히 우리는 결코 종말을 고하지 않을 생명을 가지고 있다.

42. 하나님께서 당신과 맺으신 언약은 영원히 지속된다.

이제 영존하는 언약의 피를 통해 양들의 저 큰 목자이신 우리 주 예수님을 죽은 자들로부터 다시 이끌어 내신 화평의 하나님께서 예수 그리스도를 통해 모든 선한 일에 너희를 완전하게 하사 자신의 뜻을 행하게 하시며 자신의 눈앞에서 매우 기쁜 것을 너희 안에서 이루시기를 원하노라. 영광이 그분께 영원무궁토록 있기를 원하노라. 아멘(히13:20-21).

언약은 상호 간의 약속이다. 하나님께서 신자들과 맺으신 약속은 바로 그리스도의 피를 통해서 당신에게 영존하는 생명을 주시는 것이다.

43. 주 예수님께서는 당신이 넘어지지 않도록 보호하실 수 있다.

이제 너희를 보호하사 넘어지지 않게 하시고 넘치는 기쁨으로 자신의 영광이 있는 곳 앞에 흠 없이 너희를 제시하실 수 있는 분(유24)

주님께서는 당신이 넘어지는 것으로부터 당신을 보호하실 수 있을 뿐 아니라 아무도 멸망하지 아니하고 모두 다 회개에 이르기를 원하신다(벧후3:9). 이것이야 말로 '은혜에서 떨어지면 구원을 잃게 된다.'고 넌지시 주장하는 이들에 대한 답변이다.

44. 주님께서 당신을 위해서 죽으셨을 때 당신의 모든 죄들은 미래의 죄였다.

또 이 우리에 속하지 않은 다른 양들이 내게 있으므로 그들도 내가 반드시 데려오리니 그들이 내 음성을 듣겠고 이로써 한 우리와 한 목자가 있으리라(요 10:16).

주님께서는 여기서 당신의 구원에 대해서 말씀하신다. 그분께서는 미래에 속한 어느 날 구원받을 이방인에 대해서 말씀하시면서 유대인의 양 무리가 아닌 다른 양들을 자신이 소유하고 계시다고 하신다. 당신이 구원받은 이후에 짓는 죄들이 당신의 구원을 잃게 만들 수는 없다. 왜냐하면 당신이 평생 사는 동안 지을 죄들은 이천 년 전 주 예수님께서 당신을 위해 죽으신 시점에서는 모두 미래의 죄였기 때문이다. 그때에 당신은 아직 태어나지도 않은 상태였다.

45. 하나님은 거짓말하실 수 없다.

[바울은] 영원한 생명의 소망 안에서 *사도가 되었는데* 이 생명은 거짓말하실 수 없는 하나님께서 세상이 시작되기 전에 약속하셨으나(딛1:2)

하나님은 절대로 거짓말하실 수 없다. 그분은 모든 신자들이 결코 멸망하지 않을 것이며(요10:28), 아들을 믿는 자에게는 영존하는 생명이 있다고 하셨다(요 3:36).

46. 구원은 취소될 수 없는 선물이다.

죄의 삯은 사망이나 하나님의 선물은 예수 그리스도 우리 주를 통해 *얻는 영원한 생명이니라*(롬6:23).

너희가 믿음을 통해 은혜로 구원을 받았나니 그것은 너희 자신에게서 난 것이 아니요 하나님의 선물이니라. 행위에서 난 것이 아니니 이것은 아무도 자랑하지 못하게 하려 함이라(엡2:8-9).

이는 하나님의 선물들과 부르심에는 뜻을 돌이키는 일이 없기 때문이라(롬 11:29).

'뜻을 돌이키는 일이 없다'(without repentance)는 것은 그리스어로 '취소할 수 없다'는 것을 의미한다. 하나님께서 누군가에게 영원한 생명을 한 번 선물로 주신다면 그것은 다시 무를 수 없는 것이다.

47. 당신은 전가된 의를 소유하고 있다.

*이것*은 또한 다윗이 행위가 없어도 하나님께서 의가 있다고 여기시는 사람의 복된 일을 묘사하여 이르되, 자기 불법들을 용서받고 자기 죄들이 가려진 자들은 복이 있으며(롬4:6-7).

여기서 의를 '인정한다'는 말은 '전가한다'는 것인데 이것은 하나님의 간주에 의해 의가 증여된다는 말이다. 당신의 의가 당신 스스로 번 것이라면 당신이 행하는 불의한 행위에 의해서 그 구원을 잃어버릴 수 있다. 그러나 당신의 의는 그리스도의 공로를 바탕으로 해서 당신에게 전가된 것이기 때문에 예수님께서 불의하게 되실 경우에만 당신의 의를 잃을 수 있다.

48. 당신은 그리스도의 신체의 일부분이 되었다.

이는 우리가 그분의 몸과 그분의 살과 그분의 뼈들에 속한 지체들이기 때문이라 (엡5:30).

구원받는 순간 우리는 하늘에 계신 신랑 예수 그리스도와 한 몸이 된다. 이것은 영적인 면으로 사실이며 성경적으로도 글자 그대로도 그 사실을 부인할 근거가 없다. 그리고 '우리가 그분 안에서 살고 움직이며 존재한다.'(행17:28)는 성경의 진리는 '그리스도 안에' 있는(고후5:17) 이들에게는 좀 더 깊은 의미가 있다.

그러므로 그리스도의 살과 뼈는 그들의 구원을 잃어버리는 사람들로 인해서 끊임없이 찢어질 수 없다.

49. 주 예수님께서 당신의 구원의 창시자이며 완성자이시다.

우리 믿음의 창시자요 또 완성자이신 예수님을 바라보자. 그분께서는 자기 앞에 놓인 기쁨으로 인해 수치를 멸시하시며 십자가를 견디셨고 하나님의 왕좌 오른쪽에 앉혀지셨느니라(히12:2).

주 예수님께서는 당신의 믿음을 시작하신 믿음의 창시자이실 뿐 아니라 그 믿음을 끝맺으시는 완성자이시다. 만일 당신이 중도에 어디선가 당신의 구원을 잃어버릴 수 있다면 당신의 삶에서 그분은 성경이 말씀하시는 분이 될 수 없다.

50. 성경의 권위

내가 하나님의 아들의 이름을 믿는 너희에게 이것들을 쓴 것은 너희에게 영원한 생명이 있음을 너희가 알게 하고 또 하나님의 아들의 이름을 너희가 믿게 하려 함이라(요일5:13).

주를 찬송할지어다. 그분께서 친히 약속하신 모든 것에 따라 자신의 백성 이스라엘에게 안식을 주셨으니 그분께서 자신의 종 모세의 손으로 약속하신 자신의 모든 선한 약속 가운데 이루어지지 않은 것이 한 말씀도 없도다(왕상8:56).

풀은 마르고 꽃은 시드나 우리 하나님의 말씀은 영원토록 서리라, 하라(사40:8).

앞에서 제시한 이유들 즉 구원받은 사람이 절대로 구원을 잃을 수 없는 49가지 이유는 지금 말하는 50번째 이유 곧 성경의 권위에 대한 증거들이다. 성령님께서는 영감으로 "이것들을 쓴 것은 너희에게 영원한 생명이 있음을 너희가 알게 하려 함이라."라고 말씀하셨다. 하나님께서는 우리가 그리스도 안에서 '멈추지 않을 영원한 생명'을 가지고 있는 것을 기록된 말씀을 통해서 '알 수 있다'고 하신다.

성경은 그 자체가 스스로의 권위이다. 위의 50가지 성경적인 이유로 인해서 구원받은 사람은 결코 구원을 잃을 수 없다. "우리 하나님의 말씀은 영원히 선다."

부록 6

종교와 복음

크리스천의 삶의 목표는 예수 그리스도의 좋은 증인이 되는 것입니다. 말씀을 많이 읽고 유익을 얻으면 얻을수록 우리는 신실한 증인이 되어 우리의 선교지에서 복음을 선포해야 합니다. 오늘 우리는 '종교와 복음'이라는 제목으로 복음의 핵심을 살펴보도록 하겠습니다. 이 진리의 말씀을 통해 믿는 바가 더 확실해져서 좋은 증인이 되시기를 바랍니다.[1]

선교사와 선교지

로마서 10장은 성경에서 선교사와 선교지를 가장 잘 보여 주는 장이라 할 수 있습니다. 이 장에는 복음 선포에 대한 도전의 말씀이 있을 뿐만 아니라 선교사와 선교지가 무엇인지 잘 정의되어 있습니다.

먼저 선교사에게 주는 도전의 말씀은 13-15절에 있습니다.

누구든지 주의 이름을 부르는 자는 구원을 받으리라. 그러면 그들이 자기들이 믿지 않은 분을 어찌 부르겠느냐? 자기들이 듣지 못한 분을 어찌 믿겠느냐? 선포자가 없이 어찌 듣겠느냐? 보내어지지 아니하였다면 그들이 어찌 선포하겠느냐? 이것은 기록된 바, 화평의 복음을 선포하며 좋은 일들의 반가운 소식을 가져오는 자들의 발이 어찌 그리 아름다운가! 함과 같으니라.

예수님을 믿은 이후에 해야 할 일은 예수 그리스도의 증인이 되는 것입니다. 사도행전에서 사도들이 폭발력을 가지고 사람들에게 선포한 것도 바로 예수님과 그분의 부활이었습니다. 이것을 전하는 사람을 증인이라고도 하고 복음 선포자라고도 하며 선교사라고도 합니다. 선교사는 영어로 'Missionary'인데 이 말의 뜻은 사명을 가진 자, 사명을 전달하는 자입니다. 우리에게는 방금 읽은 13-15절 말씀처럼 화평의 복음을 전할 사명이 있으며 그러므로 구원받은 자들은 누구나

---

1) 이 글은 「마틴 로이드존스의 천주교 사상 평가」(출판사 그리스도 예수안에)에서 발췌한 것이다.

선교사입니다.

그러면 어떤 사람이 선교사인지 알아보겠습니다. '선교사'에 대한 진리는 4절 말씀에 있습니다.

그리스도께서는 믿는 모든 자에게 의가 되시기 위해 율법의 끝마침이 되시느니라.

여기에 나오는 '끝마침'은 영어로 'End'인데 사실 이 단어는 짧지만 참으로 중요한 단어입니다. 길을 가다가 끝이 나면 더 이상 길이 없습니다. 더 이상 없는 것이 바로 끝입니다. 그것이 'End'입니다. 선교사는 바로 이 사실을 믿는 사람입니다.

요한복음 19장 30절에 보면 예수님께서는 십자가상에서 "다 이루었다."고 말씀하셨습니다. 이 말이 무엇을 뜻합니까? 말 그대로 끝을 냈다는 것입니다. 그래서 이 말씀은 예수님께서 행하신 일에 여러분이나 저 같은 사람이 더 이상 추가할 것이 없다는 것입니다.

어떤 사람이 어떤 일을 다 끝냈다고 하는데 여러분이 거기에다 무엇을 더하려고 한다면 그것은 "다 이루었다."고 말한 사람을 거짓말쟁이로 만드는 것입니다. 아니면 그 사람을 모욕하는 것입니다.

저는 가끔씩 접시를 닦습니다. 그런데 제가 접시 닦는 일을 다 마쳤다고 하는데 제 아내가 또다시 닦으면 어떻게 되겠습니까? 저를 모욕하는 것이 되지 않겠습니까? 저를 못 믿는 것이 되지 않겠습니까? 예수님께서 "내가 이미 십자가에서 다 끝냈다."고 하셨는데 여러분이 자꾸 거기에다 무엇을 더하려고 하면 예수님을 믿지 않는 것이 되며 결국 그분을 모욕하는 것이 됩니다.

예수님께서 이미 끝내신 일 즉 요한복음 19장 30절 말씀에 대해 많은 사람들이 주석서를 썼지만 이 일에 대한 가장 좋은 주석서는 성경에 있습니다. 히브리서 10장 11-14절을 보시기 바랍니다.

제사장마다 날마다 서서 섬기며 자주 같은 희생물들을 드리지만 그것들은 결코 죄들을 제거할 수 없으나 이 사람은 죄들로 인해 한 희생물을 영원히 드리신 뒤에 하나님 오른쪽에 앉으셔서 그 이후부터 자기 원수들이 자기 발받침이 될 때까지 기다리시나니 이는 그분께서 한 번 헌물을 드림으로써 거룩히 구별된 자들을 영원토록 완전하게 하셨기 때문이라.

더 이상 무슨 설명이 필요합니까? 우리 예수님은 구약 시대의 제사장들과는 달리 지금도 서서 일하시지 않고 일을 다 끝내시고 앉아 계십니다. 일이 다 끝났으므로 서 계시지 않습니다.

이제 제가 질문을 하겠습니다. 여러분이 2010년에 성령님의 다시 태어나게 하시는 일을 통해 구원을 얻어서 2040년에 죽는다고 생각해 봅시다. 여러분이 천국에 가기 위해 이 30년 동안 무엇을 해야 할까요? 곰곰이 생각해 보시기 바랍니다. 이렇게 대답하는 사람들이 아주 많습니다.

교회에 열심히 나가고, 십일조 하고, 주일 성수하고, 큰 죄를 짓지 않고, 선행을 베풀고, 전도하고, 목사님 말을 잘 듣고 등등

여러분, 이 말이 맞습니까? 아닙니다. 참된 대답은 다음과 같습니다.

여러분이 해야 할 일은 아무것도 없습니다.

예수 그리스도께서 이미 십자가에서 다 끝내 놓으셨습니다. 물론 구원받은 사람이라면 당연히 선행을 베풀고 큰 죄를 짓지 않고 남을 사랑하며 살아야 합니다. 그렇다고 해서 그런 것이 여러분을 하늘나라로 보내지는 않습니다. 오직 예수 그리스도만이 완전하고도 충분한 구원자가 되십니다. 이분을 통해서 우리는 완전한 용서(시103:12)와 완전한 구속(사53:5-6)을 얻으며 사실 이것을 위해 그분께서는 무한대의 값을 치르셨습니다.

기억하시기 바랍니다. 구원의 선물은 누구나 값없이 얻을 수 있지만 값이 싸지는 않습니다. 하나님께서 이 땅에 사람의 몸을 입고 오셔서 십자가의 모진 고통을 당하셨습니다. 엄청난 대가를 치르셨습니다. 그래서 다시 태어난 크리스천은 로마서 10장 4절의 진리 안에 살고 있으며 그래서 모두 선교사입니다.

로마서 10장은 이처럼 선교사가 누구인지 가르쳐 줄 뿐만 아니라 우리의 선교지가 어디인지도 자세히 가르쳐 줍니다. 다 같이 로마서 10장 2, 3절을 보겠습니다.

내가 그들에 대해 증언하노니 그들이 하나님에 대한 열심은 가지고 있으나 *그것은* 지식에 따른 것이 아니니라. 그들이 하나님의 의를 알지 못한 채 자기 자신의 의를 세우려고 힘쓰면서 하나님의 의에 복종하지 아니하였느니라.

여기 나오는 이스라엘 사람들은 단 한 가지 이유 때문에 하나님의 의를 받지 못했습니다. 그 이유는 무엇입니까? 그들이 하나님의 의를 알지 못했기 때문입니다. 여기서 '알지 못하여'로 번역된 'Ignorant'라는 단어는 결코 '무식하다'는 것이 아니고 '무지하다'는 것입니다. 학식이 많은 사람도 칼국수 만드는 법을 모를 수 있습니다. 아무리 지혜로운 여인이라 해도 자동차가 고장 나면 그것을 고치는 방법을 모를 수 있습니다. 우리 모두는 모르는 것이 있는 부족한 사람들입니다. 따라서 학식 있는 사람들도 로마서 10장 4절의 말씀 즉 예수님께서 완전히

이루어 놓으신 일을 모를 수 있습니다. 얼마나 많은 사람들이 자기 의를 따르려고 노력합니까? 그들은 자기가 세워 놓은 기준대로 일들을 행하고는 가슴 뿌듯해 합니다. 바로 이런 사람들이 우리의 선교지입니다.

로마서 10장 3절에 나오는 유대인들은 하나님의 의를 알지 못했습니다. 다시 말해 그들은 로마서 10장 4절 말씀 즉 예수 그리스도께서 율법의 끝마침이 되신다는 사실을 알지 못했습니다. 그런데 중요한 것은 이 세상의 수많은 사람들이 바로 이 범주에 들어 있다는 것입니다. 이 글을 읽고 계신 독자는 어떻습니까? 선교사입니까? 선교지입니까?

힌두교도들은 영원한 복을 얻기 위해 반드시 갠지스강에 몸을 담가야 한다고 믿습니다. 프로테스탄트 교인들 중에서는 도덕률을 잘 지켜야만 구원받는다고 믿는 사람들이 매우 많습니다. 목사가 하라는 대로 하면 구원을 받을 줄 알고 충성 봉사하는 사람이 얼마나 많습니까? 천주교인들은 선행을 하고 주일에 미사에 참석하고 마리아에게 기도를 하면 구원을 받는 줄로 알고 있습니다.

천주교 신부들 중에서 이렇게 말하는 사람도 있습니다.

우리의 구원을 이루기 위해 그리스도께서 90%를 했고 나머지 10%는 각자가 해야 한다.

그러나 이런 것은 모두 그리스도의 완전하신 사역 즉 십자가에서 단번에 끝마치신 일을 부인하는 것입니다. 이처럼 예수 그리스도께서 단번에 끝내신 사역을 모르기 때문에 많은 사람들은 이 시간에도 자기의 의를 세우려고 노력합니다.

일이 끝난 것을 알지 못하는 사람은 스스로 계속해서 일을 해서 그것을 끝내려 할 것입니다. 사실 일이 끝났음을 알게 되면 참으로 큰 위안을 받습니다. 직장에 나가서 일을 하면서도 집에 가서 아직 끝내지 못한 일을 해야 하기 때문에 괴로워하는 사람을 생각해 보시기 바랍니다.

예를 들어 손님들이 많이 와서 대접을 한 뒤에 설거지할 그릇이 수북이 쌓였다고 합시다. 그런데 식사 후 또 곧바로 교회에 가서 예배를 드려야 한다고 생각해 봅시다. 이 경우 제 아내는 교회에 가서도 설거지 때문에 마음이 편치 않습니다. 예배 끝나면 빨리 와서 설거지를 해야 할 텐데 하는 생각이 자꾸 듭니다. 그런데 제 딸이 엄마를 생각하고 이미 설거지를 다 했다고 가정해 봅시다.

예배드리는 동안에 이미 설거지는 다 끝났지만 이 사실을 모르는 제 아내는 그것으로 인해 걱정할 것입니다. 딸이 이미 설거지를 다 끝냈음을 안다면 얼마나 큰 위안이 될까요? 그렇습니다. 일이 끝났음을 알게 되면 언제나 위안이 됩니다.

우리 예수님께서 저와 여러분을 위해 구원 사역을 다 끝내 놓으셨습니다. 이 사실을 알고 내 것으로 적용하면 구원받습니다. 정말로 자유로운 사람이 됩니다.

이 세상의 모든 사람은 선교사든지 선교지든지 둘 중 하나로 분류할 수 있습니다. 선교사는 그리스도의 부르심을 받아 단번 속죄의 복음을 듣고 선교지로 나가는 사람을 가리킵니다. 그런데 우리가 조심할 것은 선교지가 멀리 있지 않다는 점입니다. 내 가족, 이웃, 친구, 직장 동료 등 예수 그리스도의 단번 속죄를 알지 못하는 사람은 다 선교 대상이며 선교지입니다. 선교 후원금을 모금하고 다른 나라로 떠나야만 선교사가 되지는 않습니다. 하나님께서는 로마서 10장에서 바로 선교사와 선교지가 무엇인지 분명하게 보여 주셨습니다. 선교지와 선교사가 바로 붙어 있음을 기억하시기 바랍니다. 여러분이 로마서 10장 4절의 진리 안에 있으면 선교사입니다. 여러분의 선교지는 10장 2-3절에 있는 대로 자기 뜻대로 자기 의를 세우는 사람들입니다.

'Do' 종교와 'Done' 복음

이것을 좀 더 쉽게 설명하기 위해 두 개의 바구니를 비유로 들겠습니다. 하나는 여전히 자기 의를 세우기 위해 애쓰는 사람이 속한 'Do 바구니'입니다. 다른 하나는 예수 그리스도께서 이미 이루어 놓으신 것을 알며 믿는 사람이 속한 'Done 바구니'입니다. 그래서 종교를 추구하는 사람은 우리의 선교지로서 'Do 바구니'에 속한 사람이며 복음을 믿는 사람은 선교사로서 'Done 바구니'에 속한 사람입니다.

'Do 바구니'에 속한 사람은 무엇인가 자신이 계속해서 해야만 의를 이룰 수 있다고 믿기에 쉬지 않고 일하며 자기의 의를 추구합니다. 반면에 'Done 바구니'에 속한 사람은 예수 그리스도께서 이미 완전하게 끝내 놓으신 일을 100% 신뢰하는 사람으로 하나님의 의를 신뢰하는 사람입니다.

이 차이를 보여 드리기 위해 검은색과 하얀색을 비교해 보겠습니다. 이것들을 구분하는 것은 너무 쉽습니다. 그러면 이제부터 검은색만 이야기하겠습니다. 우리말에 검은색을 표현하는 말이 여럿 있습니다. '새까맣다', '까맣다', '검다', '거무튀튀하다', '거무스레하다', '가무잡잡하다' 등등. 도대체 어느 것이 가무잡잡하냐고 물으면 대답이 각양각색일 것입니다.

밤과 낮을 비교해 봅시다. 어떤 이는 이렇게 말합니다. "밤이 낮과 다른 것같이 이것은 저것과 다릅니다." 자 그러면 제가 묻겠습니다. 이 세상 사람들 가운데 언제 밤이 시작되는지 아는 사람이 있습니까? 어느 누가 절대적으로 밤과 낮이 언제부터 시작되는지 알 수 있습니까? 저녁 6시면 밤입니까? 낮입니까? 물론 언제 낮이 시작되는지 아는 사람도 없습니다. 사람마다 다 다릅니다. 이 세상의 것들은 이처럼 정확하게 구분하기 어려울 때가 많습니다.

그러나 '아직도 무엇을 하고 있는 것' 즉 'Do'와 '이미 끝난 것' 즉 'Done' 사이에는 절대적인 구분이 있습니다. 너무 명확합니다. 다시 말해 어떤 일을 하고 있으면 끝난 것이 아닙니다. 거의 끝난 것은 아직도 하고 있는 것입니다. 그래서 '아직도 하고 있는 것'과 '이미 끝난 것'은 확연히 구분됩니다. 이보다 더 절대적으로 확신 있게 구분하기 쉬운 것은 없습니다.

집을 떠나서 교회에 왔으면 집을 떠난 것입니다. 아직도 집에 있으면 교회에 안 온 것입니다. 교회에 와서 찬송을 부르고 설교를 들으면 이미 찬송 부르는 것은 끝난 것입니다. 여러분은 일을 하면서 동시에 일을 끝낼 수 없습니다. 다시 말해 여러분이 아직도 무엇을 하고 있으면 아직 끝낸 것이 아닙니다. 여러분이 끝을 냈으면 더 이상 일하는 것이 아닙니다.

예수 그리스도를 믿으면 이미 구원받은 것입니다. 다 끝났습니다. 여러분이 구원받기 위해 해야 할 일은 이제 아무것도 없습니다. 우리 예수님께서 이미 십자가에서 저와 여러분을 위해 구원에 필요한 속죄 값을 다 지불하셨습니다. 할렐루야!

이제 구원받은 사람으로서 선교사의 사명을 감당하면 됩니다.

그러나 이것은 보상의 문제요 구원받은 사람이 마땅히 해야 할 일입니다. 그래서 구원받은 사람은 다 선교사로서 'Done 바구니'에 속한 사람이고 선행과 학식과 지식과 재물을 통해 자기 의를 세우려는 사람은 선교지로서 'Do 바구니'에 속한 사람입니다. 전자는 복음에 속한 사람이고 후자는 종교에 속한 사람입니다. 이 세상의 모든 종교는 모양만 다를 뿐이지 다 같습니다. 거기 속한 이들은 다 'Do 바구니'에 속한 사람들입니다.

이제부터 여러분은 모든 사람을 'Do 바구니'에 속한 사람이냐, 'Done 바구니'에 속한 사람이냐로 분류하면 됩니다. '정치가냐, 종교인이냐, 잘 생겼냐, 부자냐, 학식이 많냐로 구분하지 마시고 '선교사냐 아니면 선교지냐로 구분하시기 바랍니다.

창세기 15장에 나오는 아브라함의 예를 들어 보겠습니다.

이 일들 뒤에 **주**의 말씀이 환상 속에서 아브람에게 임하여 이르시되, 아브람아, 두려워하지 말라. 나는 네 방패요, 네가 받을 지극히 큰 보상이니라, 하시니 아브람이 이르되, 주 **하나님**이여, 무엇을 내게 주려 하시나이까? 나는 아이 없이 지내오며 내 집의 청지기는 다마스쿠스 출신의 이 엘리에셀이니이다, 하고 또 아브람이 이르되, 보소서, 주께서 내게 씨를 주지 아니하셨으므로,

보소서, 내 집에서 태어난 자가 내 상속자이니이다. 하매 보라, 주의 말씀이 그에게 임하여 이르시되, 이 *사람*은 네 상속자가 아니요, 오직 네 배 속에서 나올 자가 네 상속자가 되리라, 하시니라. 그분께서 그를 밖으로 데리고 나가 이르시되, 이제 하늘을 쳐다보고 네가 별들을 셀 수 있거든 세어 보라, 하시며 또 그에게 이르시되, 네 씨가 그와 같으리라, 하시니라. 아브람이 주를 믿으니 그분께서 그것을 그에게 의로 여기시며(창15:1-6)

도대체 아브라함이 의롭게 되기 위해 무슨 일을 했습니까? 아무것도 한 것이 없지 않습니까? 하나님을 알고 그분을 신뢰할 때에 그분께서 그것을 그에게 의로 여겨 주셨습니다. 여기 나오는 아브라함은 바로 'Done 바구니'에 속한 사람들의 대표입니다. 이 외에도 여러 구절이 이와 비슷한 경우를 보여줍니다. 그래서 에베소서 2장 8-10절은 이렇게 말합니다.

너희가 믿음을 통해 은혜로 구원을 받았나니 그것은 너희 자신에게서 난 것이 아니요 하나님의 선물이니라. 행위에서 난 것이 아니니 이것은 아무도 자랑하지 못하게 하려 함이라. 우리는 그분의 작품이요 그리스도 예수님 안에서 선한 행위를 하도록 창조된 자들이니라. 하나님께서 그 선한 행위를 미리 정하신 것은 우리가 그 행위 가운데서 걷게 하려 하심이니라.

디도서 3장 5절도 동일한 말씀을 하고 있습니다.

그분께서 우리를 구원하시되 우리가 행한 의로운 행위로 하지 아니하시고 자신의 긍휼에 따라 다시 태어남의 씻음과 성령님의 새롭게 하심으로 하셨으며

이제 정리하겠습니다. 독자 여러분, 여러분이 오늘 분명히 알아야 할 것은 무엇을 하고 있는 동안에는 그 일이 아직 끝나지 않았다는 사실입니다. 여러분, 아직도 구원받기 위해 여러분의 선행과 종교와 전통과 학식과 재물과 지혜를 따르시렵니까? 그렇다면 여러분은 'Do 바구니'에 속한 사람입니다. 아니면 우리 주 예수님께서 갈보리 십자가 위에서 완전히 이루어 놓으신 일을 신뢰하며 오직 그분만 의지하십니까? 그렇다면 여러분은 'Done 바구니'에 속한 사람입니다.

기억하십시오.

이 세상에는 오직 두 부류의 사람밖에 없습니다.

제가 묻겠습니다. 스스로 판단하셔서 '나는 Do 바구니에 속했다'고 느끼시는 분은 주님의 말씀을 살펴보고 회개하고 주 예수님을 신뢰하시기 바랍니다. 예수님과 예수님께서 갈보리 십자가에서 단번에 끝내신 일만을 신뢰하기 바랍니다. 우리 주님께서 죄들의 용서와 평안을 주실 것입니다. 'Done 바구니'에 속하신

분들은 다 선교사입니다. 내 선교지가 어디인지 주변을 살펴보시기 바랍니다. 부디 예수님의 'Done 바구니'의 복이 여러분 위에 영원히 임하길 기원합니다.

부록 7

다시 태어나야 한다

목사는 교회에서 여러 가지 일을 해야 하지만 그중 가장 중요한 일은 하나님께서 그에게 맡겨 주신 사람들이 구원을 받았는지 검토하고 그 영혼을 위해서 기도하며 구원받지 못한 경우에는 구원의 도를 가르쳐서 구원받게 하는 것이라고 저는 생각합니다. 그래서 구원과 관련해서 여러 방면으로 생각하며 삽니다. 교회 생활이 아무리 재미있고 헌금을 바치고 시간을 바치고 재능을 바쳐서 보상 심리로 인한 기쁨이 있다 해도 구원받지 못하면 아무것도 아닙니다. 모두가 구원받고 단 한 사람이 구원받지 못했다면 그 사람을 위해 구원의 메시지를 선포하는 것이 목사의 책임입니다. 이번에는 크리스천의 기본 문제인 '다시 태어나는 것'에 대하여 살펴보고자 합니다.[1]

1. 반드시 다시 태어나야 한다.

우리가 자녀들을 낳으면 그들이 다 지혜로운 아이들이 되길 원합니다. 그래서 공부하라고 학교도 보내고 애를 쓰고 매도 들고 훈련을 시킵니다. 그런데 똑똑한 아이들은 질문을 잘 합니다. 아무것이나 질문한다는 것이 아니라 제때에 바른 질문을 잘합니다. 우리의 신앙생활도 바른 질문을 함으로써 시작되며 영적 성장도 바른 질문을 통해 이루어집니다. 질문이 없는 크리스천들은 대개 죽은 사람들입니다.

인생을 살면서 우리에게 가장 중요한 질문은 무엇입니까? "나는 누구인가?", "나는 어디로 가고 있는가?", "나의 종착역은 어디인가?" 등과 같은 여러 가지 중요한 질문이 있습니다. 이런 질문들 가운데 가장 중요한 질문은 "나는 다시 태어났는가?"입니다. 하나님의 자녀가 되어 그분의 왕국에서 영원히 살기 위해 꼭 필요한 일 즉 속사람이 새롭게 되는 경험을 했느냐는 것이 인생에서 가장 중요한 일입니다. 이 질문에 대한 해답을 얻어야 마음에 평안이 있습니다.

---

1) 이것은 2009년 7월에 사랑침례교회 정동수 목사가 선포한 설교를 요약한 것이다.

요한복음 3장은 '다시 태어나는 것'이 무엇인지 자세히 설명해 주고 있습니다. 여기서 예수님은 어떤 사람에게 "네가 반드시 다시 태어나야 한다."고 말씀합니다. 원래 이 말씀은 강한 권유의 형태로 되어 있지만 이것은 곧 "네가 다시 태어났느냐?" 라고 묻는 것이나 다름없습니다.

도대체 예수님은 누구에게 이런 질문을 하고 있습니까?

요한복음 3장 1절은 이 질문을 받은 당사자가 '바리새인들 중에 니고데모라 하는 사람으로 유대인들의 치리자'라고 말합니다. 지금 예수님께서는 고위 관원에게, 학식이 많은 사람에게, 재물이 많은 사람에게, 즉 똑똑해서 성공한 사람에게 "네가 다시 태어난 적이 있느냐?"고 질문하십니다.

그는 하나님에 대한 지식을 갖고 있었습니다.

요한복음 3장 2절은 이렇게 말합니다.

바로 그가 밤에 예수님께 와서 그분께 이르되, 랍비여, 우리는 당신이 하나님으로부터 오신 선생인 줄 알고 있나이다. 하나님께서 함께하지 아니하시면 아무도 당신이 행하시는 이 기적들을 행할 수 없나이다, 하매

그는 하나님을 경험하지 못했습니다. 단지 하나님에 대해 알고 있었습니다. 아브라함의 하나님, 이삭의 하나님, 야곱의 하나님은 알고 있었으나 자기를 구원하는 인격적인 하나님을 알지 못했습니다. 그는 전통대로 믿는 완고한 사람이었습니다.

그는 또한 매우 종교적인 사람이었습니다. 지금의 말로 하자면 모태 신앙인이었습니다. 어쩌면 그는 종교적 체험도 가졌을 것입니다.

"당신은 하나님의 자녀입니까?"라고 물으면 많은 사람들이 "예. 하나님은 제가 필요할 때 기도하면 놀랍게 저를 도와주십니다."라고 대답합니다. 그런데 사실 이것은 매우 주목해야 할 문제입니다. 이런 일이 사실 가능하긴 하지만 이것이 새로 태어난 증거는 아닙니다. 또 어떤 사람은 "우리 아버지가 침례교회 목사님입니다."라고 말합니다. 또 "열심히 살고 있습니다."라고 말합니다. 니고데모가 바로 이런 사람이었습니다.

그는 성경을 갖고 있었고 그것에 정통했습니다.

그럼에도 불구하고 예수님께서는 그에게 "네가 다시 태어나야 한다."고 말씀하셨습니다. 대부분의 사람들은 성경을 하나의 장식물로 또는 종교적인 보물처럼 여기고 귀한 자리에 비치해 둡니다. 어떤 목사님은 자기 교회 교인들 가운데 많은 사람이 단지 교회의 구성원일 뿐 다시 태어난 신자는 아니라는 사실로 인해 크게 염려를 하면서 다음과 같은 이야기를 했습니다.

어느 날 이 목사님은 그런 교인 중의 어느 부인을 심방하고 있었습니다. 목사님은 캐비닛 위에 놓여 있는 아름다운 성경 한 권을 보았는데 아무도 그것을 사용하지 않았다는 것을 쉽게 알 수 있었습니다. 그래서 그는 "참 좋은 성경이군요. 그런데 부인의 성경책이 좀 더 많이 사용된 것처럼 보였더라면 더 좋을 뻔했습니다."라고 말했습니다. 그러자 그 부인은 "오, 아니에요. 목사님! 우리는 성경을 보물처럼 여깁니다."라고 대답했습니다.

여러분과 제가 알아야 할 것은 성경을 갖고 있거나 혹은 그것에 관심이 있다는 것이 우리의 구원과 아무 상관이 없다는 점입니다. 다시 태어나는 일은 그 책을 소유하거나 세상 책을 읽듯이 그것을 읽음으로 이루어지지 않고 그 책이 영원한 생명을 주는 책임을 인식하고 그 책이 말하는 예수 그리스도를 여러분의 개인적인 구원자로 영접함을 통해 이루어집니다. 책 안의 지식이나 책 소유의 문제가 아니라 인격 대 인격의 만남이 있어야 한다는 것입니다.

니고데모는 유대인 회당의 일원이었습니다. 지금으로 말하면 교인이었습니다. 다시 태어난 그리스도인이 성경을 믿는 교회의 회원이 된다는 것은 매우 중요한 일입니다. 어느 곳에도 속해 있지 않는 하나님의 자녀는 사실 영적으로 방황하고 있습니다. 그들은 성경을 믿는 지역 교회가 예수님께서 친히 세우신 교회임을 망각하고 있습니다. 학교에도 회사에도 다 ID 카드 즉 신분증이 있습니다. 그런데 어떻게 예수님을 믿어 다시 태어났다고 하는 사람이 소속된 교회가 없이 방황할 수 있습니까? 참으로 이상한 일 아닙니까? 그래서 우리는 다시 태어난 분들이 반드시 침례를 받고 지역 교회의 회원이 되어야 한다고 말합니다.

한편 이와 다른 부류들이 있습니다. 이들은 '자칭 그리스도인'이라 하는 사람들입니다. 이들은 교회의 울타리 안에만 들어오면 안전하다는 생각을 하고 있습니다. 그들은 이렇게 말합니다. "이 정도면 내게 충분해. 나는 침례도 받았고 직분도 받았고 대부분의 예배에 참석하니까 하나님이 나에게 더 이상 무엇을 요구하실 수 있겠나? 나는 선한 삶을 살고 있고 어느 누구에게도 아무런 해를 끼치지 않는다."

참으로 불쌍한 사람들입니다! 아마 여러분이 모르고 있거나 알려고 하지 않을 수도 있겠지만 이러한 태도야말로 하나님을 가장 슬프게 만듭니다. 니고데모도 예수님을 만나기 전에 그렇게 생각했습니다. 그는 종교에 깊이 빠졌으나 다시 태어난 적이 없었습니다. 그는 믿음으로 예수님을 자신의 개인적인 구원자로 영접하지 않았기 때문에 모든 종교 행위에도 불구하고 하나님 앞에서 소망이 없는 자 즉 지옥 불 속으로 들어갈 수밖에 없는 자였습니다. 평생을 교회에 다녔어도 새로운 탄생을 체험하지 못하면 지옥에 갈 수밖에 없습니다.

아마 니고데모의 지위로 보아서 그는 약 40-50세쯤 되었을 것입니다. 그런 사람이 "네가 반드시 다시 태어나야 한다."는 말을 들었을 때 그 충격이 얼마나 컸을지 상상해 보시기 바랍니다. 그는 아주 진지하게 이 말씀을 듣고는 "어떻게 제가 어머니 배 속에 다시 들어갔다가 나올 수 있습니까?"라고 진지하게 물었습니다. 이것이야말로 여러분과 저의 전형적인 모습 아닙니까? 지금 예수님은 영적인 것을 이야기하고 있는데 그는 여전히 육적인 것을 벗어나지 못하고 있습니다. 이 정도만 되어도 괜찮습니다. 아예 관심이 없는 사람도 많습니다.

저는 여러분이 오늘 소경 바디매오처럼 눈이 열려서 여러분 영혼의 참 모습을 볼 수 있게 되기를 간절히 기도합니다.

2. 어떻게 다시 태어날 수 있는가?

어떻게 다시 태어날 수 있을까요?

다시 태어나는 것은 곧 죽음으로 가는 깊은 잠에서 깨어나기 시작한 것입니다. 아마도 오늘 이 말씀이 여러분의 마음을 편안치 않게 할지도 모릅니다. 혹시 이 가운데 그런 분이 있으면 니고데모처럼 다시 태어나는 것을 체험하게 되기를 간절히 원합니다. 그는 밤에 예수님께 와서 자기의 종교적 열심에 대해 칭찬을 듣고자 했습니다.

그러나 예수님은 다짜고짜 "네가 반드시 다시 태어나야 한다!"고 말씀하셨습니다. 그는 예수님의 이 요구에 너무 당황했습니다. "이때까지 살아온 내 인생이 다 헛된 것이란 말인가? 나의 모든 경건이 하나님 앞에서 아무 가치도 없단 말인가?" 이런 사실로 인해 그는 가슴이 아팠습니다. 예수님은 니고데모의 전 생애를 한 마디로 이렇게 요약해서 말씀하셨습니다.

"육에서 태어난 것은 육이다."(요3:6)

하나님은 오직 그리스도 안에서 새롭게 태어난 창조물만 인정하십니다(고후 5:17). 그 밖의 다른 것은 아무리 좋다 해도 거룩하신 하나님 앞에서 아무것도 아닙니다. 로마서 8장 3절은 "율법이 육신으로 말미암아 연약하여 할 수 없는 것을 하나님께서는 하셨나니 곧 죄로 인해 자신의 아들을 죄 많은 육신의 모양으로 보내사 그 육신 안에 죄를 정죄하셨다."고 선포합니다. 본성에 속한 사람은 이것을 이해할 수 없습니다. 따라서 우리는 니고데모가 이것을 이해하는 일이 매우 어려웠음을 짐작해 볼 수 있습니다.

많은 사람들이 이렇게 생각합니다. "내가 최선을 다하면 하나님이 틀림없이 나를 받아주실 거야. 나는 그렇게 확신해."

그렇지만 성경은 "우리의 의는 다 더러운 누더기 같다."(사64:6)고 말합니다. 다시 말해 인간의 최고의 선(善)도 하나님 앞에서는 더럽다는 것입니다. 사람의 마음은 태어날 때부터 악하기 때문에 위로부터 다시 태어나서 새로워질 필요가 있습니다.

우리의 대적자 사탄은 "사람은 본질적으로 선하다!"고 말하지만 이것은 큰 거짓말 중의 하나입니다. 아담의 범죄 이후에 태어난 사람들은 다 그의 찌그러진 형상대로 그의 죄악 된 모양대로 이 세상에 태어났습니다. 그래서 우리는 다 부정한 존재들입니다. 따라서 사람의 모든 노력과 행위 개선은 시체에 좋은 옷을 입히는 것과 다를 바 없습니다. 시체에게 아무리 좋은 것을 입혀도 죽은 시체는 다시 살아나지 못합니다. 이것이 바로 니고데모가 예수님 앞에서 깨닫게 된 사실입니다. 그래서 그는 깊이 감동을 받고 이렇게 묻습니다.

"어찌 이런 일들이 있을 수 있습니까?"(요3:9)

그는 이제야 비로소 "어떻게 다시 태어날 수 있습니까?"라고 물었습니다. 주님은 이에 대하여 매우 단순한 대답을 주셨으며 동시에 그 길을 보여 주셨습니다. 만일 여러분이 어린아이들처럼 단순하게 이 길을 받아들인다면 새로운 탄생의 이 큰 기적이 여러분의 것이 될 것입니다.

먼저 한 가지 질문을 하겠습니다.

"다시 태어나기 위해 여러분이 해야 할 일은 무엇일까요?"

여러분이 해야 할 일은 아무것도 없습니다!

다시 태어남은 하나님의 놀라운 선물이기 때문에 이것을 얻기 위해 여러분이 해야 할 일은 아무것도 없습니다. 여러분이 이 땅에 한 인간으로 태어날 때 여러분의 어머니는 여러분을 고통 중에 낳으셨습니다. 그분은 여러분에게 생명을 주시기 위해 죽을 고생을 하셨습니다. 하지만 여러분은 아무것도 한 것이 없습니다. 여러분에겐 아무런 고통도 없었습니다. 그러나 어머니에겐 큰 고난이 있었습니다.

하늘로부터 두 번째 태어나는 것도 마찬가지입니다. 살아 계시는 하나님의 아들 예수 그리스도께서 여러분을 위해 고난을 당하고 십자가에 못 박혀 피를 흘리셨습니다. 그분은 세상 죄를 제거하시려고(요1:29) 가장 무서운 산고를 치르셨습니다. 여러분과 저를 살리기 위해 그분은 죽으셨습니다. 하나님께서 여러분과 저를 얼마나 사랑하셨는지 알고 싶으면 그분께서 그렇게 큰 희생을 치른 십자가를 다시 한 번 바라보시기 바랍니다.

잠시만 숨을 죽이고 저기 십자가에 달려 있는 여러분의 구원자를 보십시오. 오직 하나님의 아들만이 할 수 있는 일을 여러분 스스로 할 수 있다고 믿으십니까?

여러분의 새로운 탄생을 위해 그분께서 치러야 했던 그 엄청난 대가를 생각해 보시기 바랍니다. 그분은 저주받은 자로 거기에 달려 있었습니다(갈3:13). 사람들이 그를 저주하고 경멸했습니다. 뺨을 때리고 침을 뱉었습니다. 고린도후서 5장 21절은 그분께서 우리를 위해 죄 자체가 되어 하나님의 정죄를 받았다고 기록합니다. 아버지 하나님께서는 십자가에 죄가 되어 달린 그분을 보지도 않으시고 아예 얼굴을 외면하셨습니다.

"나의 하나님이여, 나의 하나님이여, 어찌하여 나를 버리셨나이까?"(마27:46)라는 그분의 절규를 들어 보시기 바랍니다. 그러나 이 모든 일 뒤에 맨 마지막으로 예수님께서는 승리를 외치셨습니다.

"다 이루었다!"(요19:30)

이 선언과 함께 여러분을 위한 구속 사업은 완료되었습니다. 따라서 여러분과 제가 다시 태어나기 위해 스스로 할 수 있는 일은 단 하나도 없습니다. 예수님께서 다 이루셨습니다.

이제 다시 태어나는 것은 전적으로 여러분에게 달려 있습니다. 하나님은 여러분을 자신의 자녀로 삼기 위해 필요한 일을 다 하셨습니다. 이제 여러분이 해야 할 일은 무엇입니까? 주님께로 돌이키는 것입니다! 회개하는 것입니다. 에스겔서 33장 11절에서 우리 하나님은 이렇게 말씀하십니다.

그들에게 이르기를, 주 **하나님**께서 말씀하시느니라. 내가 살아 있음을 두고 맹세하노니 나는 사악한 자가 죽는 것을 기뻐하지 아니하며 오히려 그 사악한 자가 자기 길을 버리고 돌아서서 사는 것을 기뻐하노라. 오 이스라엘 집아, 너희는 돌아서라. 너희는 너희의 악한 길들을 버리고 돌아서라. 너희가 어찌하여 죽으려고 하느냐? 하라.

그러면 돌이키는 것이 다시 태어나는 것일까요? 아닙니다. 돌이키는 것과 다시 태어나는 것은 별개의 것입니다. 그러나 진정한 회개에는 즉시 다시 태어나는 것이 뒤따르게 됩니다. 그러면 무엇이 돌이킴입니까? 그것은 사람이 하나님께 "예!" 하고 반응하는 것입니다. 다시 태어나는 것은 무엇입니까? 그것은 하나님께서 인간에게 "그래!" 하고 반응하는 것입니다.

사랑하는 여러분, 오늘이야말로 얼마나 좋은 기회입니까! 지금, 바로 지금 십자가로 나오십시오! 여러분의 구원자에게로 돌이키십시오. 지금 이렇게 부르십시오.

"예, 주님! 내 모습 이대로 주님께 가오니 이 불쌍한 죄인에게 긍휼을 베푸소서!"

그러면 주님은 이렇게 대답하실 것입니다.

"그래, 내 아들아, 내 딸아, 내가 네게 영원한 생명을 주노라. 네 죄들이 용서되었느니라."

이로써 우리는 마침내 다시 태어나는 것을 경험하기 위해 우리가 해야 할 유일한 일이 회개하고 예수님을 개인의 구원자로 믿으며 받아들이는 것임을 알게 되었습니다.

비행기가 생긴 지는 그리 오래되지 않습니다. 이제 약 100년 정도밖에 되지 않았습니다. 처음으로 비행기가 등장했던 시절의 이야기입니다. 한 비행사가 시원찮게 만들어진 비행기 시운전을 하려고 비행기를 몰고 바다 위를 날기 시작했습니다. 육지를 떠나 약 10킬로미터 정도 나갔는데 갑자기 조종실 바로 아래서 무엇을 긁는 소리가 났습니다. 신경을 기울여서 가만히 들어보니 틀림없이 쥐가 전선을 갉아 먹는 소리였습니다. 그 선이 끊어지면 이 비행기는 추락할 판국이었습니다. 조종사는 순식간에 공포와 두려움에 휩싸여 어쩔 줄 몰라 하면서 그 쥐를 떨쳐버리기 위해 비행기를 옆으로 날게 하고 별짓을 다했지만 여전히 갉아 먹는 소리가 계속해서 들려왔습니다. 그때 섬광처럼 한 가지 생각이 머리를 스치고 지나갔습니다. 이 조종사는 비행기를 옆으로 날게 하는 일을 그만두고 곧장 고도를 높여 쏜살같이 상승하기 시작했습니다. 한참을 올라가니까 그 갉아 먹는 소리가 딱 멈추었습니다. 나중에 내려와서 보니까 쥐가 기압 차를 견디지 못하고 죽어 있었습니다.

인생의 문제에 부딪쳤을 때 그 문제를 해결해 보려고 아우성치지만 더 큰 문제 속에 빠집니다. 그러다가 기진맥진해서 다 포기해 버리고 절망하고 맙니다. 이제 멈추십시오. 인간의 노력과 수단을 놓으시고 높은 곳으로 오르십시오. 그리고 거룩하신 하나님의 왕좌 앞에 서십시오. 참되게 구하는 이들의 삶 속에 값없이 부어 주시는 은혜, 그리고 이 은혜 속에 들어가는 사람들에게 풍성히 부어 주시는 하나님의 놀라운 보호와 위로와 교제와 만족의 축복 속으로 들어오시기 바랍니다.

다시 태어난 사람의 증거

며칠 전에는 서울에 일이 있어서 어떤 형제와 함께 차를 타고 올라가면서 구원의 중요성에 대해 이야기한 적이 있습니다. 사실 구원은 너무나 중요한 문제이기에 아무리 강조해도 지나치지 않습니다. 저의 경험을 통해서 제가 두렵게 생각하는 것은 말로는 믿는다고 하는데 구원의 열매가 없는 사람이 많다는 점입니다. 예수님을 영접하라니까 엉겁결에 영접 기도를 드리고 침례를 받으려니까 침례를 받았는데 그 삶에서 믿는 자로서의 열매가 보이지 않는 경우가 있어 제가 굉장히 안타깝게 느낍니다. 이런 현상이 몇 주 정도 지속되다가 다시 회복되는 것은 괜찮은데 그렇지 않고 계속해서 열매가 없으면 참으로 큰 문제입니다.

구원이란 사람이 판단할 수 없는 문제이지만 성경은 구원받은 자들에게 공통으로 나타나는 증거들을 제시해 주고 있습니다. 그래서 이런 증거들을 하나하나 구체적으로 살펴보고자 합니다. 사실 말씀을 선포하는 저 역시 두렵고 떨리는 마음으로 다시 한 번 이 중요한 문제를 생각해 보고 있습니다.

1. 다시 태어난 사람은 자기가 다시 태어난 것을 안다.

구원의 확신은 새로운 탄생이 이루어질 때에 나타나는 첫째 결과입니다. 예수님께 나아온 죄인은 구원의 확신을 갖게 됩니다. 갈라디아서 2장 20절 말씀에 따라 그는 그리스도와 함께 십자가에 못 박히고 죄들을 용서받으며 동시에 성령님도 받습니다. 그리고 그는 "이제 나는 하나님의 자녀다."라는 확신을 갖게 됩니다. 어디에서 이런 확신이 올까요? 어떻게 이것을 설명할 수 있을까요? 에베소서 1장 13절 말씀이 이를 잘 설명해 줍니다.

> 너희도 진리의 말씀 곧 너희 구원의 복음을 들은 뒤에 그리스도를 신뢰하였고 너희가 믿은 뒤에 또한 그분 안에서 약속의 저 거룩하신 영으로 봉인되었는데

이것이 구원의 확신을 알 수 있는 기초입니다. 우리가 믿을 때에 하나님께서는 자신의 영으로 인을 치십니다! 이것이야말로 그분께서 다시 태어난 사람들에게 행하시는 거룩한 역사입니다. 믿는 사람은 즉시로 성령을 받습니다. 그러면 성령님은 그 안에서 어떤 일을 하실까요? 로마서 8장 16절은 "성령께서 친히 우리의 영과 더불어 우리가 하나님의 자녀인 것을 증언하신다."고 말합니다.

여러분은 이 사실을 확신하십니까? 하나님의 자녀인지 아닌지 질문을 받으면 이렇게 대답하는 사람이 있습니다.

"그렇게 되기를 바랍니다."

만일 여러분의 대답이 이와 같다면 여러분은 다시 태어난 사람이 아니며 지옥 불의 위험에 처한 사람입니다. 비록 교회에 나오지만 그리스도가 없는 사람입니다. 어쩌면 여러분은 수년 동안 외적으로 기독교적인 믿음의 삶을 살아왔을지 모르지만 여전히 구원이 무엇인지, 죄들의 용서가 무엇인지 확실히 알지 못하고 있습니다. 그렇다면 그 오랜 교회 생활에도 불구하고 여러분은 불쌍한 사람입니다! 펄펄 끓는 지옥 불을 향해 가는 사람입니다.

하나님이 여러분 안에서 성령님을 통해 "너는 내 자녀다!"라고 말씀하지 않는다

면 여러분의 교회 생활이 무슨 유익이 있겠습니까! 만일 여러분에게 구원의 확신이 없다면 이 모든 교회 생활이 한낱 그림자에 불과합니다. 여러분은 여러분 삶이 속임수 가운데 있음을 알아야 합니다.

어떤 분은 "어떻게 사람이 그것을 알 수 있을까요?"라고 질문할지도 모릅니다. 그러나 이것은 "알 수 있을까요?"의 문제가 아니라 '꼭 알아야 하는 것'입니다.

내가 하나님의 아들의 이름을 믿는 너희에게 이것들을 쓴 것은 너희에게 영원한 생명이 있음을 너희가 알게 하고 또 하나님의 아들의 이름을 너희가 믿게 하려 함이라(요일5:13).

이 글을 읽는 분들 중에 많은 분들은 결혼했을 것입니다. 만일 여러분이 제게 결혼했느냐고 물으실 때 제가 "그렇게 되기를 바랍니다!"라고 한다면 "이상한데! 틀림없이 무언가 잘못된 거야."라고 생각하지 않겠습니까? 사실 저는 결혼했느냐는 질문에 즉각적으로 분명한 대답을 할 수 있습니다. 왜냐하면 저는 제 아내와 결혼이라는 띠로 묶여서 부부가 된 것을 너무나 확실히 알고 있기 때문입니다. 하나님의 아들딸이 된 것도 마찬가지입니다. 너무나 확실한 것입니다. 이것을 얼버무리면 문제가 있습니다.

"저는 하나님의 아들입니다."라고 말하면 많은 사람들이 저를 위선자라고 말합니다. 하지만 저는 제가 죄인임을 확신하며 제 힘으로 저 자신을 구원할 수 없음을 확신하고 오직 창조주 하나님만이, 거룩하신 하나님만이 저를 구원할 수 있다고 믿으며 예수 그리스도를 제 개인의 구원자로 받아들였습니다. 사도행전 4장 12절 말씀 즉 "다른 사람 안에는 구원이 없나니 하늘 아래에서 우리를 구원할 다른 어떤 이름도 주께서 사람들 가운데에 주지 아니하셨느니라."는 말씀을 제 것으로 온전히 받아들였습니다.

그 이후로 저는 하나님의 자녀가 되었음을 확신합니다. 저는 지금 이 시간 죽어도 천국에 감을 확신합니다.

2. 새 생활이 나타난다.

어떤 사람이 다시 태어났다고 하는 것은 결코 남이 알지 못하는 비밀로 남아 있을 수 없습니다. 예수님께서는 마태복음 7장 16절에서 "너희가 그들의 열매로 그들을 알리니 사람들이 가시나무에서 포도를 또는 엉겅퀴에서 무화과를 거두겠느냐?"고 말씀하셨습니다.

바로 그렇습니다. 만약 여러분이 단지 이름뿐인 그리스도인이라면 가시나무에서 포도를 거두는 일이 불가능한 것처럼 그리스도인의 열매를 맺을 수 없습니다.

예수님을 믿는다고 고백하는 것을 곤혹스럽게 여기며 중요한 순간이 오면 가장 부담이 적은 길을 택하는 사람이 많습니다. "그만 이야기합시다. 다음에 이야기합시다."라고 말하며 자리를 뜨는 것이 가장 흔히 쓰이는 해결책입니다. 자명한 일이지요! 어떻게 그리스도를 소유하지 않은 사람이 새 생활을 이야기할 수 있으며 예수님을 증언할 수 있겠습니까?

아들이 있는 자에게는 생명이 있고 하나님의 아들이 없는 자에게는 생명이 없느니라(요일5:12).

오늘 이 책을 보는 분들은 잠시 동안 진지하게 생각해 보시기 바랍니다. 여러분은 진정으로 다시 태어난 그리스도인이십니까? 아니면 단지 '이름뿐인 그리스도인'이십니까? 참으로 다시 태어난 사람은 예수님의 증인이 될 수밖에 없습니다. 자기의 죄를 담당하신 그분을 직접 체험했기 때문입니다(행4:20). 다시 태어난 사람은 말과 행실에서, 삶 가운데서 예수 그리스도가 드러나게 됩니다. 왜 그렇습니까? 그리스도 그분 자신이 그분의 영을 통하여 다시 태어난 사람의 마음 가운데 살기 때문입니다(엡3:17; 요14:23).

"목사님, 그 말씀이 맞기는 맞아요! 그런데 그리스도인이라고 말만 거창하게 하는 위선자들도 많이 있습니다."라고 말하는 사람도 있을 수 있습니다. 옳습니다. 곡식 가운데는 가라지도 있습니다. 만일 저나 여러분이 위선을 보였다면 분명히 하나님의 왕좌 앞에서 그 일에 대해 해명을 해야 할 것입니다.

그렇지만 이런 사실이 여러분이 예수님을 영접하지 않는 이유가 될 수 있습니까? 저는 이미 교회나 종교 단체에 속해 있다는 것에만 만족하고 거기에 의존하는 것이 매우 위험한 생각이라고 말씀드렸습니다. 하나님은 여러분이 어디에 속해 있느냐에 관심을 두시지 않고 여러분이 어떤 사람이냐에 관심을 두십니다. 여러분은 하나님의 자녀이십니까? 다시 태어나셨습니까?

치약 효과 대회에서 우승한 어떤 사람에 대한 기사가 있습니다. 어떤 사람이 어떤 회사의 치약이 너무나 좋다는 글을 써서 상을 받게 되었습니다. 그런데 그 상이 그에게 전달되기 전에 그 사람은 지난 20년 동안 이가 없이 틀니로 지낸 사람인 것이 밝혀졌습니다. 이와 같이 우리도 한 번도 경험하지 못한 일에 대해서도 멋지게 이야기할 수 있습니다.

교회에 출석하는 것도 마찬가지입니다. 여러분이 아무리 교회를 오래 다니고 봉사하며 구원받은 경험이 있는 것처럼 이야기해도 두 번째 다시 태어남이 없으면 결코 천국에 갈 수 없습니다. 명심하시기 바랍니다. 늦기 전에 믿음을 고백하시기 바랍니다.

"주 예수님! 이제 저는 잃어버린 죄인으로 주님께 나옵니다. 아직 너무 늦지 않았다는 것에 감사드립니다. 주님께서 저의 죄를 위해 죽으셨습니다. 저의 마음속에 주님을 영접합니다. 저의 모든 종교 행위를 버립니다. 내 마음에 들어와 저의 주인이 되어 주십시오."

갓 태어난 아기를 보십시오. 이 작은 생명체가 살아 있음을 보여 주는 첫째 증거는 무엇입니까? 우는 것입니다! 만약 울지 않는다면 아마도 죽은 아기일 것입니다. 이것은 '제2의 탄생' 즉 영이 다시 살아나는 일에도 그대로 적용되는 진실입니다. 죄 짐에 눌렸던 한 죄인이 십자가에서 다시 태어나면 '울 수밖에 없습니다.' 이것은 실제로 엉엉 울고 다닌다는 의미가 아닙니다. 특별히 우리나라 사람들은 많이 울면 구원받은 것으로 착각합니다. 제가 말하는 것은 그런 것이 아닙니다. 갓 태어난 아이가 우는 것을 통해 자기가 살아 있음을 보이듯이 영이 다시 산 사람도 자기가 막 받은 놀라운 새 생명으로 인해 남에게 살아 있는 증거를 보인다는 것입니다.

구원받지 못하고도 구원받은 것으로 착각하고 살다가 나중에 하나님 앞에서 구원받지 못한 자로 드러난다면 이것처럼 두려운 일이 없을 것입니다. 저는 이 책을 읽는 사람이 다 구원받아 영원을 천국에서 보내기 원합니다. 그래서 저와 여러분은 스스로 다시 태어났는지 확실히 알아야 합니다.

특별히 우리 자녀들과 친지들의 구원 문제에 관심을 가져야 합니다. 여러분의 장성한 자녀들을 보시기 바랍니다. 복음을 가르치고 설명해 준 적이 있습니까? 여러분이 관심이 있으면 당연히 그리할 것입니다. 그렇지 않습니까?

그러면 우리가 어떻게 다시 태어난 사람들을 알아볼 수 있을까요? 그것은 마치 결혼식에 오는 손님들이 서로를 알아보는 것과 같습니다. 한국과는 달리 미국에서는 초대받은 사람들만 결혼식에 옵니다. 물론 예수님 당시의 유대인들도 같은 풍습을 가지고 있었습니다. 그들은 얼굴에 환한 미소를 띠고 대개 아름다운 꽃 한 송이(카네이션)를 옷깃에 달고 나타납니다. 그리고 결혼식에 초대받은 손님들은 다 같이 즐거워하고 자기들이 그 결혼식에 초대받아 같은 연회에 속해 있음을 압니다. 어디에 사는지는 모르지만, 어떤 직장을 가지고 있는지는 모르지만, 심지어 이름도 모르지만 모두가 결혼식에 초대받았음을 압니다. 서로를 알 수 있다는 말입니다.

이것은 다시 태어난 사람들에게도 똑같이 적용됩니다. 그들은 함께 있을 때 서로를 알아봅니다. 우리는 그들의 카네이션을 보고 향기를 맡습니다. 왜 그렇습니까? 성령님께서 친히 우리의 영과 더불어 우리가 하나님의 자녀인 것을 증언하시기 때문입니다.

이런 사람들에게는 그리스도에게로 영혼들을 인도하겠다는 열정이 넘쳐나고 그들은 주의 일에 관심이 큽니다. 목회자를 도와 주님의 일을 합니다. 그리스도인은 그리스도인을 알아봅니다. 왜 그렇습니까? 행위가 있기 때문입니다.

어쩌면 이렇게 말하는 분도 있을지 모릅니다.

"나도 믿습니다. 우리는 결국 같은 하나님을 믿지 않습니까?"

그러나 가장 중요한 것은 꽃이 있어야 한다는 점입니다. 구원받은 사람들이 보고 금방 알아볼 수 있는 증거가 있어야 한단 말입니다. 단지 입술로나 생각으로 믿는다고 하는 것만으로는 새로운 탄생이 이루어지지 않습니다.

한 예를 들어 보겠습니다. 저는 인천에 살고 있는데 이제 대전에 가려고 합니다. 그래서 인터넷으로 버스 시간표를 자세히 살펴봅니다. 그 시간표는 제게 버스가 7시 30분에 인천에서 대전으로 출발한다고 말해 줍니다. 이 버스가 제가 타야 할 버스입니다. 저는 분명히 버스 회사의 시간표가 정확하다는 것을 "믿습니다." 그런데도 여전히 집에 앉아 있습니다. 이제 이 믿음이 제게 도움이 될 수 있을까요? 이런 믿음이 저를 대전으로 데려다 줄 수 있을까요? 그렇지 않습니다. 저의 믿음이 구체적인 행동으로 나타날 때에야 비로소 산 믿음입니다. 제가 바르게 믿는다면 마땅히 터미널에 가서 그 버스를 타야 합니다. 이렇게 될 때 제 믿음은 개인적으로 제게 유효하며 산 믿음이 됩니다. 왜냐하면 구체적인 믿음의 행위가 수반되었기 때문입니다.

만일 여러분이 그리스도께 나아오지 않는다면 여러분의 교회 생활이 무슨 유익을 주겠습니까? 예수님을 향하여 구체적인 믿음의 단계를 밟지 않는다면 여러분의 신앙생활이 무슨 소용이 있겠습니까? 하나님에 대한 믿음이 무슨 소용이 있겠습니까?

이와 같이 믿음도 행위가 없으면 그것만으로는 죽은 것이니라…영이 없는 몸이 죽은 것같이 그렇게 행위 없는 믿음도 죽었느니라(약2:17, 26).

아직도 구원의 확신이 없이 사는 분들, 또 바른 행위로 자기의 믿음을 증명해 보이지 못한 분들은 오늘 십자가 앞에 나와서 무릎을 꿇기 바랍니다! 계시록 22장 17절은 이렇게 말합니다.

성령과 신부가 말씀하시기를, 오라, 하시는도다. 듣는 자도, 오라, 할 것이요, 목마른 자도 올 것이며 누구든지 원하는 자는 값없이 생명수를 취할지니라.

주님께로 나아와 값없이 구원을 소유하시기 바랍니다. 무엇을 부끄러워하십니까? 나의 신앙 연륜이 무슨 소용이 있습니까? 체면이 무슨 소용이 있습니까?

아직 구원받지 못한 사람은 우리 주님께로 속히 나오시기 바랍니다. 주님을 개인의 구원자와 주님으로 맞이하시기 바랍니다. 우리 주 예수님께서 오늘 구원의 확신을 주실 것입니다.

이 은혜를 아십니까? 왜 이 은혜를 거절하십니까? "오라!"고 부르시는 예수님께 귀를 기울이시기 바랍니다. 이제는 어린아이처럼 단순히 그분 앞에 나아가 영생을 받으시기 바랍니다. 아직 구원받지 못한 분이 계시면 이 시간 예수 그리스도를 여러분의 마음에 받아들이시기 바랍니다. 그러면 우리 하나님께서 하나님의 자녀가 되는 권능을 주실 것입니다(요1:12).

부록 8

다시 태어남의 진정한 의미

하나님께서 이 땅에 창조하신 여러 창조물 중에서도 인간에게만 부여해 주신 몇 가지 특징이 있습니다. 그중에서도 신체의 발화기관(發話器官)을 통해서 말을 할 수 있다는 것은 인간에게 부여해 주신 매우 독특하고 월등한 능력입니다. 말을 할 수 있기 때문에 사람은 자신이 가지고 있는 의견이나 생각이나 사상을 다른 사람들에게 전달할 수 있는 능력을 소유하게 되었습니다. 그로 말미암아 사람은 말을 통해 타인을 구원의 길로 인도하기도 하고 때로는 영원한 멸망의 길에 갇혀 있게 만드는 등 엄청난 일들을 하게 됩니다.[1]

한국의 기독교인이면 누구에게나 친숙한 개역성경은 문장이 수려하고 간결한 특성을 가지고 있으며 더불어 고풍스러운 웅장함은 읽는 사람들을 매료시키는 장점이 있습니다. 그러나 개역성경의 치명적 약점 중 하나가 성경의 진리를 나타내는 용어를 잘못 선택해서 그 잘못 선정된 말들로 인해 사람을 오히려 타락의 구덩이로 밀어 넣을 수 있다는 것입니다.

이와 같은 말 중에 하나가 '거듭나다'라는 동사입니다. 크리스천이라면 누구나 많이 들어 보았을 '거듭나다'라는 말의 사전적 의미는 다음과 같습니다.

    거듭나다: 지금까지의 방식이나 태도를 버리고 새롭게 시작하다.

이를 우리가 흔히 쓰는 다른 말로 바꾸어 보자면 '개혁하다'와 비슷한 말이라고도 할 수 있습니다. '거듭나다.'의 예문을 들어 보겠습니다.

    아무개 검찰총장은 대한민국 검찰을 일류 검찰로 거듭나게 하려고 안간힘을 쓰고 있습니다.

    김 아무개 군은 지금까지의 부랑아 생활을 청산하고 새로운 사람으로 거듭났습니다.

---

[1] 이것은 2013년 11월에 사랑침례교회 정동수 목사가 선포한 설교를 요약한 것이다.

그렇다면 '거듭'의 뜻은 무엇일까요? 바로 다음과 같습니다.

거듭: 어떤 일을 되풀이하여

이렇게 어떤 일을 되풀이하는 것을 표현할 때 '거듭'이라는 말을 사용합니다. 이런 잘못된 말이 개역성경에 기록되다 보니 구원받은 이후에도 교회에 나아와 자꾸 거듭나고 또 거듭나려는 사람들이 늘어나게 되었습니다.

이것을 한자어로는 '중생'(重生)이라고 표현하기도 합니다. 분명히 말씀드리지만, 성경이 말하는 바른 구원은 단 한 번 다시 태어나는 것이지 여러 번 거듭나는 것이 절대 아닙니다. 그래서 킹제임스 흠정역 성경은 이런 모호한 말을 전부 물리치고 '다시 태어나야 한다.'는 말로 구원의 진리를 확고히 하였습니다.

한국뿐만 아니라 미국에서도 '다시 태어남'의 의미를 개혁하는 것으로 오해하는 사람들이 많습니다. 일례로 미국 3대 성인 잡지 중 하나의 발행인으로 유명한 래리 플린트(Larry Claxton Flynt)라는 사람이 있습니다. 그는 한때 "저는 예수님으로 인해 다시 태어났습니다."라고 세상에 공포한 적이 있습니다. 그러나 어이없게도 그는 이후에도 변함없이 사악한 음란 잡지를 발행하는 일을 계속했습니다. 또한, NIV성경의 편집자 중 한 사람인 몰렌코트 박사(Virginia Mollencotte)는 자신이 거듭났다고 주장하면서도 한편으로 "동성연애는 나의 일부분이 되어 왔다."라고 말하며 자신이 레즈비언임을 세상에 공개해 충격을 주기도 했습니다.

사람의 절체절명의 모든 것이 걸린 '다시 태어남'의 진정한 의미를 예수님보다 더 잘 설명할 이는 세상에 없을 것입니다. 이제부터 요한복음 3장에 기록된 니고데모와의 대화를 통해 예수님께서 말씀하신 '다시 태어남'의 진정한 의미를 자세히 살펴보도록 하겠습니다.

바리새인들 중에 니고데모라 하는 사람이 있었는데 그는 유대인들의 치리자더라. 바로 그가 밤에 예수님께 와서 그분께 이르되, 랍비여, 우리는 당신이 하나님으로부터 오신 선생인 줄 알고 있나이다. 하나님께서 함께하지 아니하시면 아무도 당신이 행하시는 이 기적들을 행할 수 없나이다, 하매(요3:1-2)

한낮의 뜨거운 태양과 더위가 물러가고 산들바람이 불던 중동의 어느 날 밤, 당시 이스라엘의 최고 의결 기관인 산헤드린 공회의 회원이었던 바리새파 사람 니고데모는 이제 갓 서른 살의 청년 랍비인 예수님을 만나기 위해 홀로 발걸음을 옮깁니다. 많은 사람이 머리를 조아릴 만한 권세와 명성을 가지고 있는 그이지만 자신만이 알고 있는 마음속의 의문과 갈등을 풀기 위해 다른 사람의 눈을 피하여 조용히 얘기 나눌 수 있는 한밤에 청년 랍비인 예수님을 찾아온 것입니다.

사두개파, 에세네파와 함께 당시 유대인의 3대 당파 중 하나였던 바리새파는 그 명칭에 '분리된 자들'이라는 뜻을 가지고 있습니다. 그들은 경건하고 엄격한 종교인이었으며 모든 것을 법으로 해결하려 하였습니다. 현시대의 크리스천들은 흔히 바리새인이라고 하면 위선자를 연상합니다. 물론 많은 바리새인들이 위선자이고 탐욕이 가득한 사람들이었습니다. 그러나 그들 모두가 위선자요, 악한 사람은 아니었습니다. 그중에는 성경에 명시된 율법 외에도 무려 600가지나 되는 전통들을 지키며 인간의 노력으로 하나님께 가까이 가기 위해 안간힘을 쓰는 이들도 있었습니다.

당시 니고데모의 마음속에는 율법을 지키는 것만으로 하나님께 나아가는 것의 한계에 대한 종교적 갈등이 극심했습니다. 더불어 요한복음 3장의 예수님과 대화 속에서 나타난 그의 영적 무지는 자신의 사회적, 종교적 위치와 비교해 너무도 심각한 수준이었습니다. 그는 지금으로 말하면 국회의원에 해당하는 권력가이자 종교적 열심과 지식으로는 최고의 경지에 있다는 바리새파의 핵심인물이었지만 구원에 대한 가장 기초적 지식도 알지 못하는 영적 소경이었던 것입니다. 그러함에도 불구하고 그는 예수님께서 행한 놀라운 기적들을 통해 예수님께서 하나님으로부터 온 분이라는 생각을 가지게 되었고(요2:23) 급기야 자신의 내면에 해결되지 않는 신앙의 갈등과 고민을 들고 찾아오게 되었습니다.

이렇게 겉은 그럴듯하지만, 갈등과 무지함 속에서 방황하는 니고데모에게 예수님께서는 다음과 같이 분명한 말씀을 하십니다.

예수님께서 그에게 응답하여 이르시되, 진실로 진실로 내가 네게 이르노니 사람이 다시 태어나지 아니하면 하나님의 왕국을 볼 수 없느니라, 하시므로(요 3:3)

니고데모의 입장에서는 마치 동문서답과도 같은 예수님의 이 말씀은 사회적 명망가였던 그의 고름 가득한 부패한 내면을 가르는 날카로운 수술용 칼과도 같았습니다. 지금 예수님께서는 누구나 알고 있는 사람의 출생이라는 극히 평범한 이야기를 통해서 니고데모에게 구원의 장중한 원리를 명료하게 설명하고 계십니다.

사람의 첫 출생이 어머니의 자궁 안에서 탯줄을 끊고 세상 밖으로 나오는 것이라면 사람이 구원받기 위해 경험하는 둘째 출생 곧 다시 태어남은 하늘로부터 임하는 신비한 영적 출생임을 말씀하는 것이었습니다.

그러나 안타깝게도 학자로서 성경과 율법에 정통하다는 니고데모는 계속해서 하늘의 관점이 아닌 육적 관점에서 이해하려 노력하며 자신의 무지를 드러내게 됩니다.

니고데모가 그분께 이르되, 사람이 늙으면 어떻게 태어날 수 있나이까? 그가 자기 어머니 태에 두 번째 들어갔다가 태어날 수 있나이까? 하매(요3:4)

지금 우리 예수님께서는 영적인 출생, 초자연적인 출생, 하늘로부터 임하는 출생, 하나님으로부터 나오는 신비한 출생을 말씀하고 있습니다. 그러나 영적 소경인 니고데모는 오히려 엉뚱하게도 눈에 보이는 육적 출생만을 이야기하며 예수님의 진리의 가르침을 전혀 이해하지 못하고 있습니다.

지금도 세상에는 세계적인 석학으로 존경받는 학자들, 뛰어난 정치력을 발휘하는 정치가, 엄청난 재력을 과시하는 재력가, 사람들을 열광하게 하는 인기인, 삶의 다양한 경험을 축적한 노련한 지혜자 등 많은 사람들이 자신이 가진 부와 능력과 지식과 경험을 자랑합니다. 그러나 그들도 영적으로 무지하다면 '다시 태어남'의 의미를 니고데모처럼 어머니 뱃속에 다시 들어갔다가 나와야 한다는 이야기로 착각할 수밖에 없을 것입니다.

교회도 사정은 크게 다르지 않습니다. 자신이 수십 년간 신앙생활을 했고 집사요, 장로요, 심지어 목사라고 하며 자신이 몇 대째 믿음의 명문가라고 자랑하는 사람은 많습니다. 또한, 자신은 십일조와 각종 헌금을 아끼지 않고 교회의 일이라면 두 팔 걷고 충성을 다했다고 자부하는 사람들도 허다합니다. 그러나 정작 이런 사람들 중에는 다시 태어난 현실을 경험하지 못한 명목상의 기독교인이 분명히 있습니다.

이제 이처럼 답답한 니고데모에게 예수님께서 하늘로부터 임하는 신비한 출생 곧, 다시 태어남에 대해 다시 자세히 설명해 주십니다.

예수님께서 대답하시되, 진실로 진실로 내가 네게 이르노니 사람이 물과 *성령*에게서 태어나지 아니하면 하나님의 왕국에 들어갈 수 없느니라. 육에서 태어난 것은 육이요 *성령*에게서 태어난 것은 영이니 내가 네게 이르기를, 너희가 반드시 다시 태어나야 하리라, 한 것에 놀라지 말라(요3:5-7).

여기서 5절 '물에서 나고~'는 절대 물 침례나 세례를 이야기하는 것이 아닙니다. 이 물은 사람이면 누구나 어머니 뱃속에서 경험할 수밖에 없는 자궁 안에 차 있는 양수(羊水)를 이야기하는 것입니다. 이것이 만약 침례나 세례를 말하는 것이라면 구약의 성도들은 모두가 물에서 나지 못했기 때문에 구원받을 수 없다는 결론에 도달합니다. 또한, 십자가상에서 구원받은 강도도 마찬가지가 되며 "오늘 네가 나와 함께 낙원에 있으리라."라는 예수님의 말씀은 실현될 수 없는 이야기가 되는 것입니다.

첫째 출생 즉 육적 출생을 위해서는 아버지의 정자와 어머니의 난자가 있어야 합니다. 둘째 출생 즉 하늘로부터 임하는 거룩한 영적 출생도 이처럼 두 가지가 있어야 합니다. 그것은 하나님의 말씀과 성령님입니다. 하나님의 말씀이 사람에게 진리로서 선포되면 하나님의 영인 성령님께서 그 마음에 자신이 죄인인 것을 확증해 주십니다. 이렇게 두 부분이 결합하여 한 사람 안에서 작용할 때 비로소 사람이 다시 태어나며 구원받게 되는 일이 일어나게 됩니다.

첫째 출생을 하는 사람은 아버지와 어머니의 본성을 받게 됩니다. 그래서 성격이나 식성, 외모 등이 부모와 저절로 닮게 되어 있습니다. 이처럼 둘째 출생을 현실로 경험하는 사람도 거룩하신 하나님의 본성이 그의 안에 자리 잡게 됩니다. 그리하여 구원받은 사람 안에서 옛 본성(옛사람)과 새 본성(새사람)이 공존하게 되는 신비한 일이 일어나게 됩니다.

사람은 육적인 본성에 의해서 식성이 달라집니다. 부모가 육식을 좋아하면 자녀도 그렇게 되고 부모가 채식을 많이 하면 자녀도 자연스럽게 채식을 좋아하는 사람이 됩니다. 이처럼 둘째 출생 즉 거룩하게 다시 태어남을 경험한 사람들은 하나님의 본성을 입어 그 사람이 추구하는 영적인 식성이 달라집니다. 과거 세상의 유흥과 불경건한 오락을 즐기던 자아가 하나님께서 기뻐하시는 거룩한 것들을 찾고 누리며 즐기는 사람으로 변화하게 되는 것입니다. 이것은 다시 태어난 사람 안에 하나님의 영이 들어갔기 때문에 가능한 것입니다.

다시 태어난 사람은 눈으로 보고 귀로 듣고 걷고 행하는 모든 것에서 영적 식성의 변화가 반드시 일어납니다. 그리하여 새롭게 다시 태어난 신자는 영적으로 성장하며 점진적으로 장성한 분량까지 변화해 가는 것입니다.

> 새로 태어난 아기들로서 말씀의 순전한 젖을 사모하라. 이것은 너희가 그 젖으로 말미암아 성장하게 하려 함이라. 주께서 은혜로우신 것을 너희가 맛보았으면 *그리하라*(벧전2:2-3).

영적으로 다시 태어난 사람도 첫째 육적 출생처럼 성장의 단계를 거칩니다. 아기가 성장하면서 젖을 먹다가 이유식을 먹고 나중에 밥을 먹게 되듯이 다시 태어난 영적 아기들은 말씀의 순전한 젖을 사모하고 찾게 되며 이를 통해 자연스럽게 영적으로 성장하여 후에는 장성한 사람의 음식을 먹게 되는 것입니다.

사람의 아기가 혼자의 힘으로 출생하지 못하고 외부의 힘이 작용해야 하듯이 하나님의 아기인 구원받은 신자도 혼자서는 둘째 출생을 할 수 없습니다. 앞서 이야기했듯이 하나님의 말씀과 하나님의 영이신 성령님께서 함께 일하심으로써 다시 태어나는 일이 일어나게 되는 것임을 분명히 알아야 합니다.

갓 태어난 아기는 과거의 기억도 경험도 또한, 그것으로 인한 고민과 걱정도 없습니다. 영적으로 새로 태어난 하나님의 아기도 이와 같습니다. 사람이 영적으로 다시 태어나면 과거의 모든 것은 하나님 앞에서 잊히고 아버지께서 기억조차 안 하신다고 약속하셨습니다.

그러므로 누구든지 그리스도 안에 있으면 그는 새로운 창조물이라. 옛것들은 지나갔으니, 보라, 모든 것이 새롭게 되었도다(고후5:17).

중요한 것은 어떤 특정한 방법이나 구원을 받을 수 있게 하는 특정 훈련 프로그램이나 혹은 특정 목사가 꼭 있어야 다시 태어나고 구원받을 수 있다는 주장을 경계하라는 것입니다. 둘째 출생은 오직 모든 인간들의 조건을 초월해 바른 하나님의 말씀과 하나님의 영으로만 가능하다는 것을 잊지 말아야 합니다.

바람이 자기가 원하는 곳에서 불매 네가 그것의 소리는 들어도 그것이 어디서 와서 어디로 가는지 알 수 없나니 성령에게서 태어난 자도 다 이러하니라, 하시니라(요3:8).

바람이 불면 사람이 그것을 느끼지만 어디서 와서 어디로 향해 가는지 알 수 없습니다. 성령님에게서 난 사람도 다 이와 같습니다. 이것은 하나의 신비(mystery)입니다. 실제 사람의 아기가 태어나는 것도 신비이듯이 주님 안에서 영적 아기로 태어나는 것도 사람이 그 현실을 일일이 규명할 수 없는 신비입니다. 사람의 지혜와 지식으로는 도저히 이해하고 받아들일 수 없는 일이라는 것을 요한복음 3장의 당시 이스라엘 최고의 지식인 중 한사람인 니고데모의 반응을 통해서도 알 수 있습니다.

요한복음 3장에 등장하는 니고데모는 영적 소경이요 어둠 속에 갇혀 있었습니다. 그는 이스라엘의 선생으로 많은 지식과 높은 명성을 소유하였으나 오직 믿음으로 사람이 의롭게 되어 다시 태어난다는 영적 원리는 전혀 알지 못했고 예수님으로부터 "너는 이스라엘의 선생이면서 이런 것들을 알지 못하느냐?(요3:10)"라는 책망을 들었습니다.

땅의 것들로 설명해도 진리의 말씀을 도무지 알아듣지 못하는 니고데모의 모습을 가엽게 여기신 예수님께서는 그를 위해 유대인이라면 누구나 잘 알고 있는 민수기 21장에 나오는 '불뱀과 놋뱀 사건'을 통해 다시 태어남과 구원의 진리를 이해시키시려 은혜를 베풀어 주십니다.

모세가 광야에서 뱀을 든 것같이 그렇게 사람의 아들도 반드시 들려야 하리니 이것은 누구든지 그를 믿는 자는 멸망하지 아니하고 영원한 생명을 얻게 하려 함이니라(요3:14-15).

니고데모에게 구약의 민수기 21장(4~9절)을 상기시키는 예수님은 하나님과 모세를 대적했던 이스라엘 민족이 자신들의 죄로 인해 불뱀에 물렸던 것처럼 사람은 누구나 태어나면서 죄라는 뱀에게 물려 있다는 것을 가르쳐 주고 계십니다. 불뱀에게 물려 그 독으로 죽어가던 이스라엘 백성들 중에 하나님의 말씀을 믿었던 이들은 동일한 뱀인 장대에 달린 놋뱀을 쳐다보는 것으로 구원받았습니다. 이처럼 죄는 죄로 퇴치해야 한다는 것이 매우 중요한 영적 원리입니다.

하나님께서 죄를 알지 못한 그분을 우리를 위해 죄가 되게 하신 것은 우리가 그분 안에서 하나님의 의가 되게 하려 하심이라(고후5:21).

율법이 육신으로 말미암아 연약하여 할 수 없는 것을 하나님께서는 *하셨나니* 곧 죄로 인해 자신의 아들을 죄 많은 육신의 모양으로 보내사 그 육신 안에 죄를 정죄하셨느니라(롬8:3).

예수님께서 십자가에 달려 놋뱀처럼 땅 위로 솟아오르신 뒤에 "다 이루었다."고 하실 때에 그분은 스스로 죄가 되셔서 우리가 하나님의 의가 되도록 하신 것입니다. 인간의 죄 문제를 해결하시기 위해 바로 예수님께서 죄 많은 육신을 입고 이 땅에 오셔서 직접 죄 덩어리가 되어 하나님의 진노를 감당하고 십자가에서 죽임을 당하심으로써 인간의 죄 문제를 깨끗하게 영원히 해결하신 이 놀라운 은혜를 우리는 모두 깊이 깨달아야 합니다.

이것은 누구든지 그를 믿는 자는 멸망하지 아니하고 영원한 생명을 얻게 하려 함이니라(요3:15).

우리 모두의 과거와 현재와 미래의 모든 죄를 담당하시기 위해 십자가에 달리신 예수님만 바라보면 바로 그 순간 누구든지 영존하는 생명을 얻는다고 성경이 말하고 있습니다. 바로 이 경험이 반드시 있어야 다시 태어난 사람이 됩니다.

또한, 구원받은 후에도 사람은 여전히 타락한 육신을 입고 있기에 죄를 짓게 됩니다. 그럴 때에도 오직 예수님만을 바라보아야 합니다.

우리 믿음의 창시자요 또 완성자이신 예수님을 바라보자. 그분께서는 자기 앞에 놓인 기쁨으로 인해 수치를 멸시하시며 십자가를 견디셨고 하나님의 왕좌 오른쪽에 앉혀지셨느니라(히12:2).

우리는 삶 속에 여러 가지 문제가 있을 때마다 예수님을 바라보아야 합니다.

즉, 구원받은 사람도 예수님만을 바라보아야 하며 구원받지 못한 사람은 더더욱 예수님만을 바라보아야 합니다.

이제 구원받은 사람은 구원받기 전의 옛 본성(옛사람)과 구원받은 이후에 생긴 새 본성(새사람) 사이에 계속해서 갈등하게 됩니다. 그러면서 죄에 대한 민감함이 점점 늘어나게 되고 이전에 아무렇지 않게 짓던 죄들을 점차로 멀리하고 거룩하고 선한 하나님이 기뻐하시는 일을 찾아 나서게 됩니다. 이와 같은 특징이 있는 사람들을 성경은 '다시 태어난 사람'이라고 합니다. 아래의 특징들을 잘 참고하십시오.

구원받은 사람의 본성과 영적 식성(食性)의 변화
1. 두 번 태어난 사람은 하나님의 말씀을 애타게 구한다(벧전2:2-3).
2. 두 본성으로 인해 심한 갈등이 생긴다.
3. 두 번 태어난 사람은 죄에 대해 매우 민감해진다(롬6:1-2).
4. 그래서 구별된 삶을 사랑한다(요일2:15-16; 5:4).
5. 두 번 태어난 사람은 믿음의 모임에 나가 그리스도인들을 만나기 원한다(요일3:14).
6. 두 번 태어난 사람은 다른 사람의 혼을 사랑한다(롬9:1-3; 10:1; 고후5:14).

자! 이제 지금까지 읽은 모든 내용을 생각하며 차분하게 자신을 돌아보시기 바랍니다. 혹시 지금 이 글을 읽는 분들 가운데 "나는 아직 다시 태어난 경험이 없습니다. 하지만 오늘 요한복음 3장을 통해 알게 된 진리를 통해서 오직 예수님만을 바라봅니다. 이제 내가 나의 인간적인 행위나 치적이나 공로나 어떤 좋은 장점이나 강점을 통해서가 아니라 십자가에 달려 죽으시고 묻히시고 부활하신 예수님만이 오직 유일한 나의 구원자가 되심을 깨닫고 영접하게 될 때 내가 다시 태어나게 될 줄로 믿습니다."라고 고백하며 예수님께 나아가기 원하시는 분은 지금 이 시간 마음속으로 "주여, 저를 구원해 주소서."라고 외치시기 바랍니다.

그분께서 이르시되, *내가* 받아 주는 때에 내가 네 말을 들었고 구원의 날에 내가 너를 구조하였노라, 하시나니, 보라, 지금이 *그분께서* 받아 주시는 때요, 보라, 지금이 구원의 날이니라(고후6:2).

부록 9
예수 그리스도의 피

지금까지 우리는 구원에 대해 살펴보았습니다. 특별히 하나님께서 구원받은 사람에게 주시는 선물에 대해 살펴보았고 또 구원의 확신에 대해 살펴보았습니다. 이제 우리는 믿음의 기본이 되는 교리 즉 구원의 핵심이 되는 예수 그리스도의 피에 대한 교리를 살펴보겠습니다.[1]

성경대로 믿는 사람들이 굳게 고수하는 몇 가지 교리가 있습니다. 그중에는 예수 그리스도의 '처녀 탄생'과 우리의 죄들을 대신 속죄하신 '속죄 희생'이 있는데 이것들은 다 예수 그리스도의 피와 관련되어 있습니다.

성경은 피에 관한 책이며 피로 젖어 있는 책입니다. 우리가 피의 복음을 전파한다는 비난을 받게 될 때 우리는 그러한 비난 자체가 틀린 것이 아니라고 자랑스럽게 말할 수 있습니다. 단 한 가지 사실만이 우리의 가르침에 생명을 주며 하나님의 말씀에 능력을 부여하는데 그것은 다름이 아니라 예수님의 피가 곧 복음의 생명이며 능력이라는 사실입니다.

또한 성경은 '살아 있는 책' 즉 세상에서 단 하나밖에 없는 생명의 책이라고 스스로 선포하고 있습니다. 그래서 성경은 또한 마음을 다하여 그것이 가르치는 바를 믿는 사람들에게 생명을 줍니다. 히브리서 4장에서 우리는 다음과 같은 말씀을 읽습니다.

> 하나님의 말씀은 살아 있고 권능이 있으며 양날 달린 어떤 검보다도 예리하여 혼과 영 및 관절과 골수를 찔러 둘로 나누기까지 하고 또 마음의 생각과 의도를 분별하는 분이시니 그분의 눈앞에서 드러나지 아니하는 창조물이 하나도 없고 모든 것이 우리와 상관하시는 분의 눈에 벌거벗은 채 드러나 있느니라(히 4:12-13).

이 성경 구절에서 '살아 있고'(Quick)로 번역된 단어는 '생생하여 활동하는'(Alive)을 의미합니다. 하나님의 말씀은 '살아 있는 말씀'으로서 단 한 가지

---

[1] 이 글은 「예수님의 피 바로 알기」(출판사 그리스도 예수안에)에서 발췌한 것이다.

이유 때문에 모든 다른 책들과 전적으로 구별되는데 그 이유는 그 책이 구절구절마다 각 장마다 그 안에서 순환되고 있는 피를 담고 있기 때문입니다.

우리는 성경책의 창세기로부터 계시록에 이르기까지 하나님의 생명 그 자체를 부여해 주는 피가 흐르고 있음을 봅니다. 만일 피가 없다면 성경도 다른 책과 전혀 다를 바가 없으며 아무런 가치도 갖지 못할 것입니다. 왜냐하면 "피 안에 생명이 있다."는 사실을 성경이 평범하게 가르쳐 주고 있기 때문입니다. 그러므로 피에 대한 연구를 시작하려는 시점에서 우리는 성경 안에서 발견되는 한 가지 기본 원리를 먼저 살펴보아야 할 것입니다. 이 기본 원리는 레위기 17장에 있습니다.

> 이는 육체의 생명이 피에 있기 때문이니라. 내가 피를 너희에게 주어 제단 위에 *뿌림*으로 너희 혼을 위해 속죄하게 하였나니 이는 혼을 위해 속죄하는 것이 피이기 때문이라(레17:11).

과학자들이 지금까지 결코 정의를 내리거나 파헤쳐 볼 수 없었던 신비 즉 '생명'(life)은 하나님께서 말씀하셨듯이 바로 육체의 피 속에 있습니다. 그러므로 피 없는 생명이란 있을 수 없습니다. 비록 이것이 모든 육체에게 해당되는 진리이긴 하지만 오늘 우리는 주로 사람의 피와 특히 한때 사람이셨던 '그리스도 예수님'(The Man Christ Jesus)의 피에 대해서만 생각해 보려 합니다. 왜냐하면 그분의 피 속에는 우리가 흔히 육신적인 의미로 생각할 때의 생명뿐만이 아니고 '영원한 생명'(Eternal Life)이 담겨져 있기 때문입니다.

1. 피란 무엇인가?

오늘은 먼저 간단하게 생물 공부를 하겠습니다. 사람의 몸속에는 여러 가지 '조직'(Tissue)이 있으며 우리는 그것들을 근육, 신경, 지방, 내분비선, 뼈, 결합 조직 등으로 정의합니다. 그런데 이 같은 조직들은 한 가지 공통점을 가지고 있습니다. 즉 이런 것들은 고정되어 있는 세포들로서 매우 미세하며 어떤 특정하고도 제한적인 기능을 갖고 있습니다. 그러나 이같이 고정된 조직들과는 달리 피는 유동성이 있어 몸 안을 돌아다니는 조직입니다. 다시 말해 피는 몸의 한 부분에만 제한되어 있지 않고 자유롭게 몸 전체를 돌아다니며 고정된 세포들에게 영양분을 공급해 주며 세포의 활동으로부터 나오는 '폐기물 쓰레기'를 갖고 갑니다. 우리는 이러한 현상을 보통 '신진대사'(Metabolism)라고 부릅니다.

정상적인 사람의 몸에는 약 5리터 가량의 피가 있고 이 피는 심장에서 뿜어져 나와 23초마다 전신을 돌게 됩니다. 이런 과정을 통해 신체의 모든 세포는 끊임없이 영양분을 공급받게 되고 노폐물을 제거받으며 그와 동시에 신체 안의 다른 세포들과 꾸준하게 연락을 취하게 됩니다. 피는 모든 조직 가운데 가장 신비한 것으로서 수많은 원소들과 복합체들과 아직까지도 기능이 밝혀지지 않은 특별한 화학 물질들로 구성되어 있습니다.

어찌됐든 이 모든 것은 생명이라는 신비와 연관되어 있는데 그 이유는 육체의 생명이 피에 있기 때문입니다. 만일 피가 신체의 다른 부위에 있는 세포들에 도달하지 못하게 되면 어떤 생명체든지 곧장 죽게 됩니다. 즉 피의 순환이 완전히 멈추기 전까지는 어느 누구도 죽지 않는데 그 이유는 생명이 바로 피 안에 있기 때문입니다.

2. 그리스도의 피

이 모든 것은 사람의 육적인 몸에 해당되지만 사실 이보다 더 중요한 것은 이것들이 훨씬 더 크고 깊은 영적인 진리를 우리에게 보여 주고 있다는 점입니다. 성경에서 보면 예수 그리스도의 교회는 '그분의 몸'(His body)이라 불리며 우리는 그분의 몸의 '지체들'(Members)이고 우리끼리 서로서로 지체입니다. 이 몸 안에서 예수 그리스도께서는 머리가 되시며 모든 믿는 사람들은 지체가 됩니다. 이 지체들은 모두 그리스도의 피를 통해 서로 연결됩니다.

각 지체의 생명은 그분의 피로 인해 유지되며 각 지체는 생명뿐 아니라 영양분 공급과 노폐물 정화와 성장을 위해 오직 하나님의 어린양의 피에 의존하고 있습니다. 왜냐하면 육체의 생명이 피 안에 있기 때문입니다. 다시 태어난 모든 신자들은 그 몸의 지체이며 다른 지체들과 함께 공동의 삶을 살아갑니다. 다시 말해서 이들을 연합시켜 주며 '형제와 친척'으로 만들어 주는 것이 바로 그리스도의 피입니다.

이 지체들은 몸 안에서 서로 멀리 떨어져 있을 수도 있습니다. 머리와 발가락을 생각해 보기 바랍니다. 또한 그들은 전혀 다른 색을 띠고 있을 수도 있으며 기능이나 구조면에서 서로 다를 수도 있습니다. 그럼에도 불구하고 그들 모두는 한 몸의 지체들이며 한 가지 조직에 의해 연합되는데 그 조직은 모든 부위에 있는 모든 지체들에게 다다르는 피입니다.

이것은 심지어 그리스도의 몸인 참된 교회에 있어서도 마찬가지입니다. 그 지체들은 피부색이 서로 다를 수도 있으며 따라서 백인이거나 흑인이거나 혹은 황색 인종일 수도 있습니다. 북극의 에스키모 사람으로부터 남아프리카 사람에 이르기까지 그들이 사는 곳은 서로 많이 떨어져 있을 수도 있습니다. 그들은 다시 태어난 은사주의자일 수도 있고 근본주의자일 수도 있습니다. 개신교도일 수도 있고 침례성도일 수도 있습니다. 그러나 그 몸의 머리되신 주 예수 그리스도께서 십자가에서 '이미 끝내 놓으신 일'(The finished work)을 신뢰하는 다시 태어난 신자들은 유대인이든 이방인이든 흑인이든 백인이든 왕이든 농부든 또는 교파가 무엇이든 다 지체이며 모두 어린양의 피에 의한 형제이며 한 가족이며 같은 몸의 일원입니다. 이 모든 사람들은 주 예수 그리스도의 피를 통해 하나가 되었습니다.

3. 피에 의해 모두 하나가 됨

하나님께서는 사람들이 만들어 놓은 어떤 구분이나 집단 등에 대해 전혀 상관하지 않으십니다. 또한 자신의 의로움을 나타내기 위해 사소한 것을 따지기 좋아하는 종교적인 사람들이 만들어 놓은 형식이라든가 조직들에 전혀 관심을 두시지 않으십니다. 그분께서는 우리가 그리스도의 몸 안에서 하나인 것을 우리 스스로 깨닫기를 원하십니다. 우리가 해야 할 일은 여러 교파를 세우고 사람들을 어떤 믿음으로부터 다른 믿음으로 바꾸도록 하는 것이 아니고 "사람이 반드시 다시 태어나야만 한다."는 사실과 "그리스도의 귀중한 피로 씻기지 않는 한 어떤 교회에 다니든지 어떤 종교를 갖고 있든지 멸망받고 만다."는 사실을 전파하는 일입니다.

예수 그리스도께로 사람들을 데려오는 데 관심이 있는 것이 아니라 자기 교회 교인 수를 늘리는 데 관심을 기울이고 있는 사람들이 얼마나 많습니까! 한국 사람들의 전도가 대개 이렇지 않습니까? 이런 사람들은 그분 안에서 우리 모두를 하나로 만드는 피 즉 흠 없는 그리스도의 피가 우리를 하나 되게 하며 정결하게 하는 능력을 가지고 있음을 전혀 알지 못하는 사람들입니다.

사실 그들은 어떤 형식이나 의식 혹은 예배 형태를 통해서 우리가 한 몸이 되는 것이 아니라 우리의 머리되시는 주 예수님을 높이며 서로서로 사랑하려는 공통적인 관심을 통해서 우리가 한 몸이 된다는 것을 깨닫지 못합니다.

그래서 교회 협의회 등에서는 인위적인 방법을 통해 하나가 되자고 외치는 것입니다. 그러나 같은 피를 가지고 있는 한 이미 손과 발과 다리는 하나인 것입니다. 더 이상 하나 될 것이 없습니다. 자기가 맡은 임무를 충실히 하면 되는 것입니다. 많은 이들이 자기들이 좋아하는 교리들과 교파주의적 견해를 변호하며 자기 교회의 교인 수를 늘리기에 너무 바빠서 실제로 한 영혼도 예수 그리스도께로 인도하지 못하고 있습니다. 참으로 슬픈 일이라 하지 않을 수 없습니다.

4. 피로 인해 모두가 연결됨

모든 사람들은 죄성으로 가득 차 있고 오염되어 있으며 범죄와 죄들로 인해 죽은 아담의 피에 의해 상호 연결되어 있습니다. 성경은 다음과 같이 가르칩니다.

> 또 그분께서 사람들의 모든 민족들을 한 피에서 만드사 온 지면에 거하게 하시고 미리 지정하신 때와 그들의 거주의 경계를 정하셨으니(행17:26)

모든 사람들은 아담 안에서 '공통된' 기원을 갖습니다. 사람들은 백인이든 흑인이든 혹은 유대인이든 이방인이든 혹은 이교도이든 문명인이든 상관없이 모두 아담의 피에 의한 친척들입니다. 그들의 피는 지금까지도 아담의 죄로 인한 사형 선고를 전하고 있으며 바로 그 이유 때문에 모든 사람이 - 심지어 아기들까지도 - 단 하나의 예외 없이 누구에게나 닥치는 공통적인 죽음을 당하게 됩니다.

생명이 피 안에 있음을 기억하십시오. 만일 사람이 반드시 죽어야 한다면 그것은 사람의 피 안에 죽음이 있기 때문입니다. 비록 우리가 선과 악을 알게 하는 나무의 열매의 본질이 무엇인지 알지 못하지만 우리는 아담이 그것을 먹음으로 인해 '피의 중독 현상'이 생겼고 결과적으로 죽음이 오게 되었다는 것을 알고 있습니다. 하나님께서는 분명히 말씀하셨습니다.

> 선악을 알게 하는 나무에서 *나는 것*은 먹지 말라. 네가 그 나무에서 *나는 것*을 먹는 날에 반드시 죽으리라, 하시니라(창2:17).

그때 생긴 독은 너무나 강력해서 그 일 이후 약 6,000년이 지난 지금에도 자연적 출산에 의해 아담과 연관을 맺고 있는 모든 사람들이 여전히 어떤 방식으로인가 핏속에 담겨서 내려오는 이 죄의 독에 의해 굴복을 당하고 결국 죽고 맙니다.

아담의 창조에 관한 이야기를 다시 한 번 살펴보게 되면 그 진리가 더욱 더 명확해질 것입니다. 우리는 하나님께서 땅의 흙으로부터 사람을 형성하셨다고 배웠습니다. 그때까지만 해도 아담은 생명이 없는 진흙 덩어리에 불과했습니다. 원료로 볼 때에 그는 단지 흙에 지나지 않았으며 사람의 모습으로 빚어졌을 뿐 아직까지 그 안에 생명은 없었습니다.

다시 말해 그는 아무 것도 할 수 없는 허수아비 인형에 불과했습니다. 그 뒤 성경기록은 우리에게 이렇게 말합니다.

> 주 하나님께서 땅의 흙으로 사람을 지으시고 생명의 숨을 그의 콧구멍에 불어넣으시니 사람이 살아 있는 혼이 되니라(창2:7).

하나님의 호흡은 그를 살아서 움직이게 만든 그 무엇인가를 그 안에 넣어 주었습니다. 그때 그에게 들어갔던 것이 바로 피였습니다. 그러했음이 분명합니다. 그것 이외의 다른 어느 것도 될 수가 없습니다. 왜냐하면 우리가 이미 위에서 육체의 생명은 피 안에 있다는 사실을 살펴보았기 때문입니다. 그래서 생명이 하나님의 호흡에 의해 아담에게 주어졌을 때 그분께서는 사람의 모습을 하고 있던 그 진흙 덩어리에 피를 더해 주셨으며 그래서 사람은 '살아 있는 혼'(a living soul)이 되었습니다. 아담의 몸은 흙으로부터 나왔습니다. 그러나 그의 피는 하나님으로부터 온 또 다른 선물이었는데 그 이유는 하나님께서 바로 '생명'(Life)이시며 모든 생명의 창시자이시기 때문입니다.

5. 죄와 죽음

하나님께서 창조하신 사람은 선과 악을 알게 하는 나무 열매를 먹는 죄를 범하게 되었고 결국 죽게 되었습니다. 먼저 영적으로 죽었고 그리고 궁극적으로는 육체적으로 죽게 되었습니다. 생명이 피 안에 있기 때문에 사람이 죄를 지었을 때 어떤 일이 그 피 안에 일어났습니다. 죄는 간접적인 것을 제외하고는 사람의 피에 영향을 미쳤지 몸에 영향을 미치지는 않았습니다. 왜냐하면 피에 의해서 영양분 등이 몸에 공급되기 때문입니다. 그러므로 육체가 단순히 '죄성을 띤 육체'라고 불릴 수밖에 없는 것은 사람의 몸이 죄성을 띤 피에 의하여 영양을 공급받고 채워지며 유지되기 때문입니다. 또한 하나님께서 한 피로 모든 민족을 만드셨기 때문에 죄는 아담의 자손 모두에게 존재하고 있으며 따라서 성경기록대로 한 사람이 죄를 지었을 때 모든 사람이 죄를 짓게 되었습니다.

6. 처녀 탄생

죄가 사람의 피에 영향을 끼쳤다는 사실은 그리스도의 처녀 탄생을 필수적인 것으로 만들었습니다. 왜냐하면 그리스도께서는 아담의 자손이면서도 죄가 없는 사람이셔야만 했기 때문입니다. 바로 이 이유 때문에 그리스도께서는 본질적으로 죄성을 갖고 있지 않은 아담의 육체는 취하실 수 있었지만 완전히 죄성을 띤 아담의 피는 취하실 수 없었습니다. 하나님께서는 사람의 구속을 위해 남자가 아니라 여자로부터 나신 예수님께서 완전한 사람이 되실 수 있는 길을 마련하셨습니다. 그분께서는 혈관 안에 단 한 방울의 아담의 피도 갖고 계시지 않았으므로 아담의 죄를 나누어 갖지 않으셨습니다. 이것이 바로 처녀 탄생의 신비입니다.

하나님은 자신의 독생자의 몸으로 하늘로부터 이 땅에 오셨습니다. 자신의 지혜와 권능으로 하나님께서는 마리아를 통해 처녀 탄생을 이루셨습니다. 하나님께서는 자신이 죽을 수 있도록 마리아를 통해 사람이 되셨습니다. 그러나 하나님께서는 자신의 피를 깨끗이 보전하셨습니다. 왜냐하면 모든 아기는 어머니에게서 단 한 방울의 피도 물려받지 않기 때문입니다.

마리아는 죄인이었습니다. 만일 예수님께서 그녀의 피를 물려받았다면 그 피는 더럽혀졌을 것입니다. 성모 마리아가 죄 없이 태어났다는 로마 카톨릭주의의 '무염 시태' 교리는 위조품입니다. 그녀는 구원을 필요로 하는 죄인이요, 우리와 똑같은 죄인이었습니다. 그녀는 누가복음 1장 47절에서 분명하게 이 사실을 밝혔습니다.

마리아가 이르되, 내 혼이 주를 크게 높이고 내 영이 하나님 곧 내 구원자를 기뻐하였나니 이는 그분께서 자기 여종의 낮은 처지에 관심을 두셨기 때문이라. 보라, 이제부터 모든 세대가 나를 복 받은 자라 하리라(눅1:46-48).

우리는 레위기 17장 11절로부터 육체의 생명이 피에 있다는 것을 알고 있습니다. '생명'(life)은 곧 '혼'(soul)입니다. 히브리어 '네페쉬'(nephesh)가 우리의 「킹제임스 흠정역 성경」 번역자들에 의해 구약 성경에서 '생명'(life) 혹은 '혼'(soul)으로 번역된 것은 참으로 흥미롭습니다. 그 이유는 생명과 혼이 정확하게 같기 때문입니다. 아담의 육체는 하나님께서 그의 코에 생명의 호흡을 불어넣으시기까지는 생명이 없는 상태였습니다. 그러나 그는 곧 '살아 있는 혼'이 되었습니다.

주 하나님께서 땅의 흙으로 사람을 지으시고 생명의 숨을 그의 콧구멍에 불어넣으시니 사람이 살아 있는 혼이 되니라(창2:7).[2)]

아담은 생명의 숨이 들어온 그 순간 혼이 몸 안에 있었기 때문에 살게 되었습니다. 사람은 혼이 몸에서 떠날 때 죽습니다. 왜냐하면 혼이 생명이기 때문입니다. 성경은 라헬이 아이를 낳다가 죽는 것을 묘사하는 부분에서 이것을 입증하고 있습니다.

그들이 벧엘을 떠나 이동하였는데 에브랏까지 갈 길이 조금 남아 있을 *때*에 라헬이 산통을 겪으며 산고가 매우 심하더라. 그녀가 심한 산고를 겪을 때에 산파가 그녀에게 이르되, 두려워하지 말라. 그대가 이 아들도 갖게 되리라, 하니라. 그녀의 혼이 떠나려 할 때에 (이는 그녀가 죽었기 때문이더라.) 그녀가 그의 이름을 베노니라 하였으나 그의 아버지가 그를 베냐민이라 하였더라(창 35:16-18).

---

2) 개역성경은 여기서 '사람이 생령이 되었다'고 오역하여 많은 문제를 일으키고 있다. 사람은 흙에 생명의 숨이 들어간 '살아 있는 혼'(living soul)이지 '살아 있는 영'(living spirit)이 아니다. 여기서 성경은 처음으로 사람의 영과 혼과 육에 대해 정의를 내린다.

라헬의 혼이 그녀의 몸에 있을 때 그녀는 살아 있었습니다. 그 혼이 몸을 떠나자 그녀는 죽었습니다. 생명과 혼은 같습니다. 이제 이 사실을 확증했으므로 에스겔서에서 하나님께서 주신 말씀을 주목해 봅시다.

보라, 모든 혼은 내 것이라. 아버지의 혼과 마찬가지로 아들의 혼도 내 것이니 죄를 짓는 혼, 그 혼은 죽을지니라(겔18:4).

이 말씀을 통해 우리는 사람의 어떤 부분이 죄를 범하는지 확실히 알 수 있습니다. 그것은 곧 혼입니다. 히브리어 '네페쉬'(nephesh)는 창세기 2장 7절과 창세기 35장 18절 그리고 에스겔 18장 4절과 20절에서 다 '혼'(soul)으로 번역되었습니다. 그리고 레위기 17장 11절에서는 동일한 단어가 '생명'(life)으로 번역되었습니다. 이것들은 동일하기 때문에 성경에는 모순이 없습니다. 그러므로 우리가 "육체의 혼(soul)이 피에 있다."고 말해도 하나님의 말씀에 위배되지 않습니다.

이런 이유로 예수님의 처녀 탄생이 필요했습니다. 성경은 죄를 범하는 것이 혼이라고 분명히 말합니다. 혼은 피의 흐름을 타고 가기 때문에 자연히 죄를 범하는 혼은 죄를 가지고 피를 더럽게 만듭니다. 그러므로 다시 말씀드리지만 만일 예수님께서 자신의 혈관 속에 마리아의 피를 단 한 방울이라도 물려받았다면 그분의 피는 죄로 더럽혀졌을 것입니다. 그래서 하나님께서는 자신의 무한한 지혜로 자신의 아들이 기적적인 처녀 탄생을 통해 이 세상에 태어나게 하셨습니다! 바로 이런 방법을 통해 죄 없는 유일한 존재이신 하나님께서 우리를 구속하기 위하여 이 땅에 오셔서 자신의 죄 없는 피를 흘리며 죽으셨습니다.

예수님의 처녀 탄생은 이 일이 실제로 일어나기 700년 전에 하나님께서 대언자 이사야를 통해 말씀하셨을 때 이미 예언되었습니다.

그러므로 주께서 친히 한 표적을 너희에게 주시리니 보라, 처녀가 수태하여 아들을 낳고 그의 이름을 임마누엘이라 하리라(사7:14).

하나님께서는 이 기적을 신약에서 입증하셨습니다.

한편 이 모든 일이 이루어진 것은 주께서 대언자를 통해 말씀하신 것이 성취되게 하려 함이더라. 이르시되, 보라, 처녀가 아이를 배어 아들을 낳을 것이요, 그들이 그의 이름을 임마누엘이라 하리라, 하셨으니 이것을 번역하면 우리와 함께 계시는 하나님이라(마1:22-23).

오직 예수님의 처녀 탄생을 통해 하나님께서 우리와 함께 계실 수 있었습니다! 그분은 반드시 더럽혀지지 않은 피를 가지고 오셔야만 했습니다. 하나님은 죄로 더럽혀지지 않은 피를 지닌 채 사람이 되셨고 사람의 몸을 입으셨습니다. 만일 그분께서 죄로 더럽혀진 피를 가지고 이 세상에 오셨다면 그런 피로 결코 잃어버린 죄인들을 구속할 수 없었을 것입니다! 죄로 더럽혀진 피는 가치가 없습니다! 그러나 마리아가 예수님에게 전혀 피를 주지 않았으므로 그분의 처녀 탄생은 하나님의 목적을 완벽하게 이루었습니다.

조산술 · 임신 · 출산의 생리학자들과 혈액 전문가들은 모두 똑같은 사실 즉 아기는 수태될 때에 자기 어머니로부터 피를 받지 않는다는 사실을 증언합니다. 다시 한 번 강조하지만 아기의 어머니는 아기에게 전혀 피를 주지 않습니다.

절대 무오한 성경은 예수님의 아버지가 하나님이신 사실을 증명합니다.

천사가 그녀에게 이르되, 마리아야, 두려워하지 말라. 네가 하나님께 호의를 입었느니라. 보라, 네가 네 태에 수태하여 아들을 낳고 그의 이름을 예수라 하리라. 그가 크게 되고 가장 높으신 분의 아들이라 불릴 것이요, 주 하나님께서 그의 조상 다윗의 왕좌를 그에게 주시리니(눅1:30-32)

내가, 나는 하나님의 아들이라, 하고 말하였다고 해서 아버지께서 거룩히 구별하사 세상에 보내신 자에 대해 너희가 말하기를, 네가 신성모독 한다, 하느냐?(요 10:36)

시몬 베드로가 대답하여 이르되, 주께서는 그리스도시요 살아 계신 하나님의 아들이시니이다, 하매(마16:16)

이제 요약하겠습니다. 하나님이 예수님의 아버지시며 아기를 수태한 어머니는 자기 자궁 안에 있는 아기에게 전혀 피를 주지 않기 때문에 하나님의 아들 예수 그리스도의 혈관 속에 들어 있는 죄 없고 더럽혀지지 않고 깨끗한 피는 다 하나님의 피입니다! 또한 오류가 없는 성경은 사도행전에서 이것을 확증해 주고 있습니다.

그러므로 너희 자신과 온 양 떼에게 주의를 기울이라. 성령님께서 너희를 그들의 감독자들로 삼으사 <u>하나님의 교회 곧 그분께서 자신의 피로 사신 교회</u>를 먹이게 하셨느니라(행20:28).

위의 구절의 마지막 부분을 자세히 보십시오. 하나님께서 자신의 피로 자신의 교회를 사셨다고 말합니다. 하나님의 피는 어디에 있습니까? 갈보리의 십자가에서 흠 없는 피를 흘리셨던 주 예수님 곧 하나님의 독생자의 혈관에 있습니다! 예수님의 십자가의 피는 바로 하나님의 피였습니다!

7. 예수 그리스도의 피의 효능

미국에서는 예수님의 피가 진짜 피냐 아니면 예수 그리스도의 죽음을 표현하는 상징적인 것이냐 하는 문제로 큰 논쟁이 있어 왔습니다. 특별히 존 맥아더라는 유명한 목사가 예수님의 피가 진짜 피가 아니라 그분의 죽음을 상징하는 것이라고 해서 문제를 일으키고 있습니다. 이에 우리는 이 문제와 함께 예수님의 피가 우리에게 제공하는 13가지 효과에 대해 살펴보겠습니다.

성경을 볼 때 우리는 문맥이 달리 해석할 수 있는 여지를 주지 않는 한 항상 성경을 편지처럼 문자 그대로 받아들여야 합니다. 이에 대해서는 '성경 해석의 황금률'이라는 것이 있습니다.

> 어떤 성경 구절의 평범한 의미가 상식 수준의 의미일 때는 더 이상 다른 의미를 찾으려 하지 말라. 다시 말해 그 구절의 앞뒤 문맥이나 관련 구절이나 근본 진리 등이 분명하게 다른 의미를 주지 않는다면 그 구절의 모든 단어를 평범하게 문자적 의미로 받아들여야 한다. 하나님께서는 자신의 말씀을 계시하시면서 독자가 혼동에 빠지는 것을 원치 아니하셨으며 자신의 자녀들이 분명하게 깨달을 수 있기를 원하신다.
> - 작자 미상

이런 법칙을 적용해서 우리는 성경에 나오는 피가 상식적인 의미의, 문자 그대로의 피라는 것을 알아야 합니다. 예외가 있을 수도 있지만 그렇다고 해서 피가 단순히 죽음을 상징할 뿐이라고 말할 수는 없습니다. 이렇게 하는 것은 성경을 뒤틀어서 성경이 전하지 않는 교리를 전하는 것으로 간단히 말해 이단 교리입니다.

먼저 성경에서 피가 처음 나오는 곳을 찾아보겠습니다. 창세기 4장에서는 가인이 아벨을 죽이는 장면이 나옵니다. 그런데 여기서 하나님께서는 "네 동생의 피 소리가 땅바닥에서부터 내게 부르짖느니라."라고 말씀하시면서 성경에 가장 처음 나오는 대언자 아벨이 살해당하는 것에 대해 말씀하십니다. 물론 이것은 피를 사람처럼 표현한 의인법입니다. 우리는 여기서 마귀가 의로운 사람을 죽여서 피를 흘리고 생명을 빼앗는 것을 알 수 있습니다. 그다음 노아의 대홍수 이후에 창세기 9장에서 하나님께서는 다음과 같이 말씀하십니다.

> 내가 반드시 너희 생명인 너희 피를 요구하리니 모든 짐승의 손에서 그것을 요구할 것이요, 사람의 손에서 곧 각 사람의 형제의 손에서 사람의 생명을 요구하리라. 누구든지 사람의 피를 흘리는 자는 사람에 의해 자기 피를 흘리리니 이는 하나님이 자신의 형상대로 사람을 만들었기 때문이니라(창9:5-6).

먼저 하나님께서는 피가 생명이라고 말씀하십니다. 그래서 그분께서는 창세기 4장에서 아벨의 피가 소리를 낸다고 친히 말씀하셨습니다. 또한 사람의 피를 흘리는 것은 하나님께 대한 직접적인 도전이므로 하나님께서는 사형 제도를 정하셨습니다.

생명은 생명으로 대신해야 합니다. 여러분과 저는 태어나면서부터 죄의 종이 되어 생명이 끊어질 수밖에 없는 존재들입니다. 그러면 무엇으로 우리의 생명을 대신할 수 있겠습니까? 생명으로만 가능합니다. 그래서 하나님께서는 구약 성경에서 계속해서 죄 없는 짐승의 피를 흘려 죄인이 받아야 할 형벌의 대가가 되게 하였습니다. 잘 아시다시피 이것은 결국 장래에 이 땅에 오셔서 온 인류를 위해 자신의 피를 쏟으실 하나님의 어린양이 피를 흘리고 죽는 것을 가리켰습니다.

이제부터 우리는 예수 그리스도의 피가 어떤 효과를 가져오는지 살펴보겠습니다. 부디 여러분께서는 이 피가 진짜 피인지 아니면 상징적인 피인지 판단해 보시기 바랍니다.

1. 예수 그리스도의 피를 통해 우리는 구속을 얻는다

구속이라는 단어는 영어로 redemption이며 이는 값을 치르고 소유물을 되찾는 것을 말합니다. 우리말로는 '무르는 것'으로 표현할 수 있습니다. 우리가 죄에 눌려 마귀의 종이 되었는데 이를 무르기 위해서는 무언가를 지불해야 합니다. 그런데 성경은 예수 그리스도의 피가 우리의 구속을 위해 흘려졌다고 말합니다.

> 이스라엘 집에서 나온 *자*나 너희 가운데 체류하는 타국인 중에 누구든지 무슨 피라도 먹으면 내가 참으로 피를 먹는 그 혼을 대적하여 내 얼굴을 고정하고 그를 그의 백성 가운데서 끊으리니 이는 육체의 생명이 피에 있기 때문이니라. 내가 피를 너희에게 주어 제단 위에 *뿌림*으로 너희 혼을 위해 속죄하게 하였나니 이는 혼을 위해 속죄하는 것이 피이기 때문이라(레17:10-11).

육체의 생명이 죽음에 있습니까? 피에 있습니까? 죽음이 혼을 위해 속죄합니까? 피가 혼을 위해 속죄합니까? 피가 한다고 성경은 말합니다. 그래서 구약 시대에 짐승을 잡아 그 피를 흘려서 대신 속죄를 이루었습니다. 그래서 예수님도 피를 흘렸습니다.

히브리서에서 사도 바울도 분명히 피 흘림이 없으면 사면이 없다고 말합니다.

> 율법에 따라 거의 모든 것이 피로써 깨끗하게 되나니 피 흘림이 없이는 사면이 없느니라(히9:22).

히브리서가 "죽음이 없으면 사면이 없다."고 말합니까? 아닙니다. 피 흘림이 없으면 사면이 없다고 말합니다.

[그분께서] 또 잔을 집어 감사를 드리신 뒤 그들에게 주시며 이르시되, 너희는 다 그것을 마시라. 이것은 죄들의 사면을 얻게 하려고 많은 사람을 위해 흘린 나의 피 곧 새 상속 언약의 피니라(마26:27-28).

여기 나오는 피는 문자 그대로 예수님께서 갈보리 십자가에서 흘리신 피입니다. 물론 우리가 주의 만찬을 행할 때 마시는 잔은 그 피를 상징하는 것입니다.

그러므로 너희 자신과 온 양 떼에게 주의를 기울이라. 성령님께서 너희를 그들의 감독자들로 삼으사 하나님의 교회 곧 그분께서 자신의 피로 사신 교회를 먹이게 하셨느니라(행20:28).

너희가 아는 바와 같이 너희 조상들로부터 전통으로 물려받은 너희의 헛된 행실에서 너희가 구속받은 것은 은이나 금같이 썩을 것들로 된 것이 아니요, 흠도 없고 점도 없는 어린양의 피 같은 그리스도의 보배로운 피로 된 것이니라(벧전1:18-19).

그러면 예수님께서는 그 피로 무엇을 이루셨습니까? 그분께서는 우리를 위하여 갈보리의 낡고 험한 십자가 위에서 자신의 깨끗하고 흠 없고 완전하고 점 없는 피를 흘리심으로써 우리의 구속을 이루셨습니다!

이는 그리스도 예수님 안에 있는 생명의 성령의 법이 죄와 사망의 법에서 나를 해방하였기 때문이라(롬8:2).

할렐루야! 저는 어린양의 피로 구속을 받았기 때문에 죄와 사망의 법에서 해방되었습니다! 그리고 언젠가 기쁜 날에 저는 하늘의 왕좌 주위에 있는 무리들과 함께 예수님의 이름을 힘껏 찬양할 것입니다.

그들이 새 노래를 불러 이르되, 주께서는 그 책을 취하여 그 책의 봉인들을 열기에 합당하시니이다. 주께서 죽임을 당하시고 주의 피로 모든 족속과 언어와 백성과 민족 가운데서 우리를 구속하사 하나님께 드리셨으며(계5:9)

저는 그들을 위해 말할 수 없지만 저 자신을 위해서는 담대하게 말할 수 있습니다. 저는 구속을 받았습니다. 예수님께서 저를 되사셨습니다. 그리고 이렇게 저를 구속하기 위한 대가는 하나님의 어린양의 보배로운 피였습니다. 바울은 구속에 대해 이렇게 이야기했습니다.

너희 몸이 너희 안에 계시는 성령님의 전인 줄을 너희가 알지 못하느냐? 너희가 그분을 하나님에게서 받았고 또 너희는 너희 자신의 것이 아니니 주께서 값을 치르고 너희를 사셨느니라. 그러므로 하나님의 것인 너희 몸과 너희 영으로 하나님께 영광을 돌리라(고전6:19-20).

무엇을 살 때 당신은 보통 그 값을 돈이나 은 또는 금으로 계산합니다. 그러나 예수님은 저를 구속하시면서 자신의 보배로운 피를 그 값으로 지불하셨습니다.

너희가 아는 바와 같이 너희 조상들로부터 전통으로 물려받은 너희의 헛된 행실에서 너희가 구속받은 것은 은이나 금같이 썩을 것들로 된 것이 아니요, 흠도 없고 점도 없는 어린양의 피 같은 그리스도의 보배로운 피로 된 것이니라(벧전1:18-19).

제 구원자의 피는 제게 귀중합니다. 왜냐하면 그분께서 저를 죄로부터 되사실 때에 바로 그 피를 몸값으로 지불하셨기 때문입니다. 저를 구원하기 위하여 그 어떤 것도 몸값으로 지불될 수 없었습니다. 그분께서 흘린 피가 없었다면 저는 여전히 죄의 노예 시장에 있었을 것입니다. 저는 자유로운 존재가 되지 못했을 것이고 아무 소망 없이 영원히 버려졌을 것입니다. 그러므로 저는 성령님과 베드로에게 전적으로 동의합니다. 그리스도의 피는 보배롭습니다.

2. 예수 그리스도의 피는 우리를 위한 화해 헌물이다

그분[예수님]을 하나님께서 그분의 피를 믿는 믿음을 통한 화해 헌물로 제시하셨으니 이것은 하나님께서 참으심을 통해 과거의 죄들을 사면하심으로써 자신의 의를 밝히 드러내려 하심이요(롬3:25),

여기서 화해 헌물은 영어로 'propitiation'으로 성경에 단 세 번 나옵니다. 이것은 앞뒤 문맥으로 보아 구약 시대 사람들의 죄들을 사면하기 위한 헌물이었습니다.

그분은 우리 죄들로 인한 화해 헌물이시며 우리 죄들뿐만 아니요 또한 온 세상 죄들로 인한 화해 헌물이시니라(요일2:2; 참조 4:10).

3. 예수 그리스도의 피를 통해 우리는 의로운 사람이 된다

그러면 이제 우리가 그분의 피로 의롭다고 인정받았으므로 더욱더 그분을 통해 진노로부터 구원을 받으리니(롬5:9)

'칭의'(justification)는 우리가 죄인임에도 불구하고 의롭다고 인정해 주시는 법률 용어입니다. 그런데 이 칭의도 역시 예수님의 진짜 피를 통해 이루어집니다.

4. 예수 그리스도의 피를 통해 우리는 하나님과 교제하게 된다

한때 멀리 떨어져 있던 너희가 이제는 그리스도 예수님 안에서 그리스도의

피로 가까워졌느니라(엡2:13).

5. 예수 그리스도의 피를 통해 우리는 화평을 얻는다

[하나님께서] 그분의 십자가의 피를 통해 화평을 이루사 그분으로 말미암아 모든 것이 자신과 화해하게 하시되 내가 말하노니 그것들이 땅에 있는 것들이든 하늘에 있는 것들이든 그분으로 말미암아 자신과 화해하게 하셨느니라(골1:20).

6. 예수 그리스도의 피를 통해 우리는 죄들을 용서받는다

그 사랑하시는 자 안에서 우리가 그분의 피를 통해 구속 곧 죄들의 용서를 받았으니 이것은 하나님의 은혜의 풍성함에 따른 것이니라(엡1:7).

7. 예수 그리스도의 피를 통해 우리는 거룩히 구별된다

그러므로 예수님께서도 친히 자신의 피로 백성을 거룩히 구별하시려고 성문 밖에서 고난을 당하셨느니라(히13:12).

8. 예수 그리스도의 피를 통해 우리는 하나님과 화목하게 된다

[하나님께서] 그분의 십자가의 피를 통해 화평을 이루사 그분으로 말미암아 모든 것이 자신과 화해하게 하시되 내가 말하노니 그것들이 땅에 있는 것들이든 하늘에 있는 것들이든 그분으로 말미암아 자신과 화해하게 하셨느니라(골1:20).

9. 예수 그리스도의 피를 통해 우리는 죄들로부터 깨끗해진다

하물며 영원하신 *성*령을 통해 자신을 점 없이 하나님께 드린 그리스도의 피는 죽은 행위로부터 너희 양심을 얼마나 더 많이 깨끗하게 하여 살아 계신 하나님을 섬기게 하겠느냐?(히9:14)

율법에 따라 거의 모든 것이 피로써 깨끗하게 되나니 피 흘림이 없이는 [죄들의] 사면이 없느니라(히9:22).

그러나 그분께서 빛 가운데 계신 것같이 만일 우리가 빛 가운데서 걸으면 우리가 서로 교제하고 또 그분의 아들 예수 그리스도의 피가 모든 죄에서 우리를 깨끗하게 하시느니라(요일1:7).

또 신실한 증인이시요 죽은 자들 중에서 처음 나신 분이시며 땅의 왕들의 통치자이신 예수 그리스도로부터 은혜와 화평이 너희에게 있기를 원하노라. 우리를 사랑하사 자신의 피로 우리 죄들에서 우리를 씻으시고(계1:5)

내가 그에게 이르되, 장로여, 당신이 아시나이다, 하니 그가 내게 이르되, 이들은 큰 환난에서 나와 자기 예복을 씻고 어린양의 피로 그것을 희게 한 자들이니라(계7:14).

여기 피는 진짜 피며 씻는 것은 상징입니다. 왜 죄를 피로 씻어야 할까요? 여러분은 죄가 어떤 색깔이라고 생각하십니까? 성경은 죄의 색깔이 붉은 색이라고 말합니다.

주께서 말씀하시느니라. 이제 오라. 우리가 함께 변론하자. 너희 죄들이 주홍 같을지라도 눈같이 희게 될 것이요, 진홍같이 붉을지라도 양털같이 되리라(사 1:18).

붉은 죄를 붉은 피로 덮는 것이 하나님의 방법임을 기억하시기 바랍니다.

10. 예수 그리스도의 피를 통해 우리는 예수님을 기억한다

저녁 식사 뒤에 또한 그와 같은 방식으로 잔을 집으시고 이르시되, 이 잔은 내 피로 세우는 새 상속 언약이니 너희가 그것을 마실 때마다 나를 기억하여 이것을 행하라, 하셨느니라(고전11:25).

여기 피는 진짜 피며 잔은 상징입니다.

11. 예수 그리스도의 피를 통해 우리는 담대함을 얻는다

그러므로 형제들아, *우리가* 예수님의 피에 의거하여 새롭고 살아 있는 길로 지성소에 들어갈 담대함을 얻었는데 이 길은 그분께서 우리를 위하여 휘장 곧 자기 육체를 통해 거룩히 구분하신 것이니라(히10:19-20).

12. 예수 그리스도의 피를 통해 우리는 성장할 수 있다

이제 영존하는 언약의 피를 통해 양들의 저 큰 목자이신 우리 주 예수님을 죽은 자들로부터 다시 이끌어 내신 화평의 하나님께서 예수 그리스도를 통해 모든 선한 일에 너희를 완전하게 하사 자신의 뜻을 행하게 하시며 자신의 눈앞에서 매우 기쁜 것을 너희 안에서 이루시기를 원하노라. 영광이 그분께 영원무궁토록 있기를 원하노라. 아멘(히13:20-21).

13. 예수 그리스도의 피를 무시하면 처벌을 받는다

모세의 율법을 멸시한 자도 두세 증인으로 인해 긍휼을 얻지 못하고 죽었거든 하나님의 아들을 발로 밟고 자기를 거룩히 구별한 언약의 피를 거룩하지 않은 것으로 여기며 은혜의 영께 무례히 행한 자가 당연히 받을 것으로 생각되는 형벌은 얼마나 더 극심하겠느냐? 너희는 생각해 보라(히10:28-29).

그렇습니다. 여러분, 예수님께서 이렇게 중요한 자신의 피를 흘리고 죽으사 여러분과 저의 구원의 길을 제시하셨는데 우리가 이것을 무시하면 어떻게 되겠습니까? 예수님의 보혈을 찬양합시다. 그 피는 보통 피가 아니라 하나님의 피입니다. 여러분과 저 같은 죄인들의 죄성을 하나도 갖지 않은 순수한 피입니다. 바로 이 피가 흘려져서 저와 여러분의 속죄가 이루어졌습니다. 이 피는 죽음을 상징하는 표적이 아니라 구약 시대 짐승이 죽어서 피를 흘릴 때의 그 피처럼 우리 예수님께서 실제로 십자가에서 흘리신 진짜 피입니다. 이 피로 인해 우리 예수님께 감사드리십시다.

8. 우리의 공급원 그리스도

황소와 염소의 피와 암송아지의 재를 부정한 자들에게 뿌려 육체를 거룩히 구별하고 정결하게 하거든 영원하신 *성*령을 통해 자신을 점 없이 하나님께 드린 그리스도의 피는 너희 양심을 죽은 행위로부터 얼마나 더 많이 깨끗하게 하여 살아 계신 하나님을 섬기게 하겠느냐?(히9:13-14)

인류 구속의 전체 계획은 주 예수 그리스도의 피의 능력 안에 존재합니다. 이 피를 통해 우리는 하나님과 화해하고 구속을 받습니다. 죄들의 용서를 받습니다. 의로운 사람이 됩니다. 도우시는 은혜를 얻기 위해 하나님께 나아갑니다. 죄들로부터 깨끗하게 됩니다. 성장할 수 있습니다.

독자들 가운데 아직 구원받지 못한 분이 계십니까? 하나님께서는 모든 사람이 회개하고 구원에 이르기를 원하십니다. 아직 구원받지 못한 분이 계시면 말씀을 듣고 회개하고 하나님의 부르심에 응답하시기 바랍니다. "하나님! 제 영혼의 비참한 처지를 기억해 주시기 바랍니다. 예수님의 피로 저의 모든 죄를 덮어 주시기 바랍니다. 의로운 사람으로 인정해 주시기 바랍니다."라고 외치며 하나님의 초청에 응하시기 바랍니다.

바로 오늘이 여러분의 구원의 날이 되기를 원합니다. 우리의 비천한 처지를 기억하시고 예수 그리스도라는 엄청난 선물을 허락해 주신 하나님께서 이 책을 읽는 모든 사람들과 함께해 주시기를 기원합니다.

부록 10

예수 그리스도의 복음

주 예수님께서 승천하시면서 교회에게 주신 가장 큰 사명은 세상 모든 사람에게 복음을 선포하라는 것이었습니다. 사실 교회의 존재 목적 중 가장 큰 목적은 '영혼 구원'(Soul winning)입니다. 영혼 구원을 위해서는 먼저 복음이 무엇인지 바로 알고 성령님의 도우심을 구하면서 그것을 논리적으로 확신 있게 제시해야 합니다. 이 글은 믿지 않는 사람을 대상으로 썼습니다. 믿고 구원받으신 분들은 다시 한 번 복음을 확인한다는 생각으로 끝까지 읽어 주시기 바랍니다. 이 안의 내용을 잘 정리하고 숙지한 뒤에 다른 이들에게 복음을 제시하면 매우 효과가 있을 것입니다.

혹시 구원받지 못한 분이 이 글을 읽으시면 부디 오늘 예수님을 구원자로, 주님으로 받아들여 구원받으시기 바랍니다. 거저 주시는 하나님의 은혜를 충만히 느끼시기 바랍니다. 다른 영혼을 구원하려는 사람은 성령님의 도우심이 없이 사람의 힘만으로 사람을 변화시킬 수 없음을 기억하시기 바랍니다. 오직 그리스도만이 하나님의 권능이시요, 지혜이심을 기억하고 사명에 임하기 바랍니다. 그분께서 영혼을 사랑하여 구령의 열정을 가진 성도들에게 복음 선포의 권능을 충만하게 부여하시리라 확신합니다.

성경의 메시지는 하나님과 함께 시작됩니다! 따라서 당신이 주 예수 그리스도의 복음을 이해하고 믿을 수 있도록 그분의 복음을 제시하기에 앞서 당신은 먼저 하늘과 땅의 창조주 되시는 저 위대하신 하나님에 대해 알아야만 합니다.

하나님은 만물의 창조자이십니다!

성경의 첫 구절이 "처음에 하나님께서 하늘과 땅을 창조하시니라."로 되어 있는 것은 결코 우연이 아닙니다(창1:1; 행4:24; 골1:16; 계10:6). 지금 존재하고 있는 모든 것은 우연히 생긴 것이 아니고 전능자 하나님께서 손수 계획하시고 창조하신 것입니다. 당신의 시계나 핸드폰을 보시기 바랍니다. 이런 것이 우연히 생겼다고 믿을 사람이 있겠습니까? 그렇다면 시계나 핸드폰보다 훨씬 더 복잡한 우주 만물 그리고 사람은 결코 우연히 생길 수 없으며 고도의 설계자가 정교한 청사진을 만들어 창조한 것임에 틀림이 없습니다.

하나님께서는 자신을 위해 말씀으로 해와 달과 별들과 동물, 식물 등 온 우주에 존재하는 만물을 엿새 동안에 친히 창조하셨습니다. 그런데 하나님의 창조물 중 으뜸이 되는 것은 사람이었습니다! "주 하나님께서 땅의 흙으로 사람을 지으시고 생명의 숨을 그의 콧구멍에 불어넣으시니 사람이 살아 있는 혼(魂)이 되니라."(창2:7)

하나님께서 친히 온 우주 만물을 만들었다는 성경의 가르침은 곧 당신과 온 세상이 하나님의 소유이며 바로 그분께서 지금 이 시간에도 당신을 지탱하고 있음을 의미합니다(히1:3). 하나님은 당신과 온 세상과 상관없이 홀로 독립적으로 존재하시지만 당신과 온 세상은 매 순간 그분께 의존하고 있습니다. 하나님께서 당신을 만드셨으므로 당신은 그분의 소유이며 그분께서 당신에 대하여 권리를 행사할 수 있습니다. 이 같은 창조의 진리는 다른 많은 진리에 다다를 수 있는 초석이 됩니다.

하나님은 어떤 분이실까요?

그렇다면 만물을 창조하신 하나님은 과연 어떤 분이실까요?

먼저 그분은 절대적으로 영원하신 존재입니다(신33:27; 시90:2; 93:2). 다시 말해 그분께서는 시작이 없으며 또한 생명이 다하는 때도 없습니다. 욥은 그분의 연수를 파악할 수 없다고 말했습니다(욥36:26). 이것은 곧 그분께서 하나님이 아니신 적은 결코 없었다는 말입니다. 하나님께서는 친히 이사야 대언자에게 이렇게 말씀하셨습니다.

나는 처음이요, 나는 마지막이니라. 나 외에는 신이 없느니라…나 외에 신이 있느냐? 참으로 신은 없나니 나는 다른 *신*을 알지 못하노라(사44:6, 8).

그분은 항상 존재해 오신 분이며 지금도 계시고 앞으로도 영원무궁히 계실 분이십니다.

예수님께서는 친히 "하나님은 영이시다."라고 말씀하셨습니다(요4:24). 이것은 곧 하나님께서 영적 존재임을 보여 주는 것입니다. 하나님이라는 인격체의 본질은 곧 영이십니다. 따라서 하나님은 본질적 측면에서 볼 때 물질적 요소가 없는 분이십니다. 이 말은 곧 그분께서 본질적으로 우리같이 눈에 보이는 몸을 갖고 있지 않음을 의미합니다(민23:19; 사31:3; 눅24:39; 요4:24).

하나님은 순수한 영이시므로 눈에 보이지 않으며(롬1:20; 딤전1:17) 따라서 그분의 형체를 그려 볼 수도 없고(신4:15-23; 사40:25) 물리적 수단으로 그분을 이해할 수도 없습니다(요4:24; 행17:25). 또한 하나님은 영이시므로 시간이나 공간의 제약을 받지 않으시며 한 곳에만 묶여 있을 수도 없습니다(왕상8:27; 행7:48, 49; 17:24).

또한 하나님께서는 무소부재(無所不在)하시므로 그분의 앞을 떠나 숨을 수 있는 존재는 하나도 없습니다(시139:7-12; 렘23:23-24). 당신이 비밀리에 혹은 공개적으로 어떤 말을 하거나 행동을 해도 하나님께서는 어느 곳에나 계시기 때문에 그 모든 것을 보시며 다 알고 계십니다. 다시 말해 하나님께서는 처음부터 끝까지 만물을 다 알고 계십니다(시139:1-6; 잠15:3; 사46:10; 요일3:20).

하나님은 삼위일체이십니다

우리 주변의 사물들 중에는 우리가 다 이해하지 못하는 것이 많습니다. 이 사실을 염두에 둘 때 우리는 하나님에 대해서도 우리의 유한한 지각으로 다 이해하지 못하는 부분이 있음을 인정해야 합니다. 그 이유는 하나님만이 모든 것을 아시며 만일 우리가 하나님에 대하여 완전히 알고 이해한다면 하나님이 더 이상 하나님이 되지 못하기 때문입니다. 하나님의 절대 확실한 말씀인 성경은 한 하나님이 존재함을 분명하게 가르칩니다(신6:4; 사43:10; 44:6, 8; 45:5, 6, 21, 22; 46:9; 막12:28-32; 고전8:4; 딤전2:5; 약2:19). 그런데 한 하나님은 세 분 즉 아버지, 아들(예수 그리스도), 그리고 성령님이십니다(마28:19; 요1:1, 2, 14; 5:18; 20:28; 행5:3, 4; 요일5:7; 요이9).

이 세 분은 본질, 권능, 영광 등 모든 면에서 하나님이신데 세 하나님이 아니고 한 하나님이십니다! 삼위일체를 설명하기 위해 시간을 예로 들 수 있습니다. 시간에는 과거, 현재, 미래가 있으며 과거도 시간이며 현재도 시간이고 미래도 시간입니다. 그런데 결코 세 개의 시간이 있는 것이 아니라 시간은 단 하나입니다. 동시에 이 셋 가운데 하나라도 없으면 시간이 되지 않습니다. 하나님도 마찬가지입니다. 세 분이 다 하나님이며 이 세 분 중 하나라도 없으면 더 이상 하나님이 아닌 것입니다. 삼위일체의 개념이 조금 모순처럼 보일지 모르지만 우리는 하나님의 권위 있는 말씀에 의존하여 성경이 가르치는 바를 그대로 믿어야 할 것입니다. 어떤 작가는 하나님의 삼위일체 진리를 가리켜 '크리스천 신앙의 최종적이고도 지고한 영광'이라고 말했습니다. 성경은 이러한 삼위일체 하나님의 교리를 믿지 않는 사람은 그리스도인이 아니며 그리스도인이 될 수도 없음을 분명하게 보여 줍니다.

하나님은 전능하십니다

하나님은 하늘과 땅의 모든 권능을 쥐고 계십니다. 그분은 말씀으로 온 우주 만물을 무에서 유로 창조하신 분으로서 자신의 창조 세계, 자연 만물, 사람과 그들의 행동을 다 다스리시며 심지어 사탄 역시 그분의 권능과 제재 아래 있습니다. 성경은 이 세상에 생기는 모든 일이 하나님의 섭리하에 일어남을 보여 줍니다(욥 1:7-12; 시107:25-29; 잠21:1, 31; 단2:21-22; 나1:3-6; 마4:10, 11; 엡1:11). 성경의 하나님께서는 그 어떤 일도 어렵지 않습니다. 그래서 대언자 다니엘은 이렇게 말했습니다. "*그분께서는* 땅의 모든 거주민들을 아무것도 아닌 것으로 여기시며 하늘의 군대 안에서든지 땅의 거주민들 가운데서든지 자기 뜻대로 행하시나니 아무도 그분의 손을 멈추게 하거나 그분께 이르기를, 당신이 무엇을 하시나이까? 할 수 없느니라."(단4:35; 참조 시115:3; 렘32:17; 마19:26; 눅1:37)

하나님은 거룩하고 의로우십니다

성경에 나오는 하나님의 속성 중 가장 중요한 것은 그분의 거룩함입니다. 거룩하다는 말은 구분되어 있음을 뜻하며 따라서 하나님의 거룩함은 곧 그분께서 자신이 창조한 모든 것들과 다르고 그것들로부터 분리되어 있음을 의미합니다. 다시 말해 그분은 순수하며 선하며 의로우십니다. "그런즉 우리가 그분에게서 듣고 너희에게 밝히 드러내는 소식은 이것이니 곧 하나님은 빛이시며 그분 안에는 전혀 어둠이 없다는 것이라."(요일1:5) 하나님은 눈이 정결하셔서 악을 보지 못하시며 불법을 볼 수 없으시므로 더럽거나 악한 것은 결코 하나님께 가까이 나아갈 수 없습니다(합1:13).

> 정결하게 씻을 것을 규정한 모세의 율법체계; 성막의 구분; 하나님께 나아갈 때 짐승의 희생물을 바칠 것; 모세와 여호수아에게 신을 벗으라고 명령하신 것(출3:5; 수5:15); 고라, 다단, 아비람의 죽음(민16:1-33); 나답과 아비후의 죽음(레10:1-3) 등은 모두 하나님께서 지극히 거룩하신 분이심을 보여 주고 이스라엘 사람들의 마음과 생각에 그분의 거룩함을 새겨 주기 위한 교훈들이다(R. A. 토레이).

그래서 하늘의 하나님의 왕좌 위에 서 있는 스랍들은 계속해서 밤낮으로 "거룩하다, 거룩하다, 거룩하다, 만군의 주여"라고 외치고 있습니다(사6:3; 계4:8). 하나님께서는 거룩하시기 때문에 친히 행하시는 모든 일에서 공평하십니다. 그래서 아브라함은 이렇게 말했습니다. "온 땅의 심판자께서 의롭게 행하여야 하지 아니하리이까?"(창18:25) 그렇습니다. 그분께서는 공의로우시며 그분께서 행하시는 일은 다 의롭습니다. 이처럼 공의로우시므로 하나님께서는 모든 죄와 불법을 징계하십니다. 하나님께서는 결코 거룩하지 못한 죄와 불법을 묵과하지 아니하시고 공의롭게 판단하시고 징계하십니다. 그러므로 정한 때가 되어 하나님께서는 공의로 온 세상을 심판하실 것입니다(사45:21; 요5:30; 행17:31; 계15:3).

하나님은 사랑이십니다

이제 당신이 또 다른 하나님의 속성인 사랑에 대해서 생각해 보면 크게 놀라게 될 것입니다. 하나님은 자신을 미워하는 자들을 불쌍히 여기시며 친절을 베푸십니다. 그래서 그분께서는 심지어 자신의 원수들에게도 선을 베푸시며 사랑을 보이십니다. "긍휼이 풍성하신 하나님께서 친히 우리를 사랑하실 때 사용하신 자신의 크신 사랑으로 인해 참으로 우리가 죄들 가운데서 죽었을 때에 우리를 그리스도와 함께 살리셨고 (너희가 은혜로 구원을 받았느니라)"(엡2:4-5; 참조 마5:45; 요3:16).

사람과 첫 번째 죄

하나님께서는 첫 사람 아담과 이브를 창조하시고 그들을 에덴동산이라고 하는 완전한 곳에 두셨습니다. 그들은 단 한 가지를 제외하고는 모든 것을 마음대로 할 수 있었습니다. 그들이 자신의 말에 순종하는지, 순종하지 않는지 알아보시기 위해 하나님께서 그들에게 명령하신 것은 선과 악을 알게 하는 나무의 열매를 먹지 말라는 것이었습니다. 그들에게는 이것만이 유일한 제약 조건이었습니다. 하나님께서는 아주 엄숙하게 명령하였습니다.

선악을 알게 하는 나무에서 *나는 것*은 먹지 말라. 네가 그 나무에서 *나는 것*을 먹는 날에 반드시 죽으리라, 하시니라(창2:17).

그런데 이브는 그 나무가 먹음직도 하고 눈으로 보기에도 좋으며 지혜롭게 할 만큼 좋은 것을 보고 그 열매를 먹고 자기 남편에게도 주었습니다. 바로 이것이 사람이 하나님을 거슬러 행한 첫째 죄요, 반역이었습니다. 바로 이 죄와 불순종으로 인해 온 인류는 죄성을 지닌 채 태어나 영적으로 죽었으며 하나님의 저주 아래 있게 되었고 결국 육체적인 죽음도 맞이하게 되었습니다(롬5:12, 18; 엡2:1).

죄란 무엇인가?

하나님께서는 구약 시대에 소위 십계명이라 불리는 율법을 주셨습니다. 이 율법은 선하고 거룩한 것이며 다음과 같이 요약될 수 있습니다.

1. 너는 내 앞에 다른 신들을 두지 말라.
2. 너는 너를 위해 어떤 새긴 형상도 만들지 말라.
3. 너는 주 네 하나님의 이름을 헛되이 취하지 말라.
4. 안식일을 지켜 거룩히 구별하라.
5. 네 부모를 공경하라.
6. 너는 살인하지 말라.
7. 너는 간음하지 말라.
8. 너는 도둑질하지 말라.
9. 너는 네 이웃을 대적하여 거짓 증언을 하지 말라.
10. 너는 네 이웃의 소유를 탐내지 말라.

죄는 한 마디로 율법을 어기는 것이며 이런 율법 조항 중 하나라도 어기면 율법 전체를 어기는 것입니다(롬3:20; 갈3:10-12; 요일3:4; 약2:10-11).

예수님께서는 신약 성경에서 율법을 더 엄격하게 해석하셨으며 율법의 두 가지 핵심 원리를 다음과 같이 요약해서 보여 주셨습니다.

> 너는 네 마음을 다하고 혼을 다하고 힘을 다하고 생각을 다하여 주 네 하나님을 사랑하고 네 이웃을 너 자신과 같이 사랑하라, 하였나이다, 하매(눅10:27; 참조 마5:21-32; 막12:30-31)

우리는 모두 죄인입니다!

이제 십계명을 자세히 보시기 바랍니다. 그러면 당신이 열 가지를 다 어기지는 않았지만 최소한 한 가지는 어겼음을 곧 인정하실 것입니다. 죄 문제의 심각성은 당신이 고의로 이런 율법들을 어겼다는 데 있습니다. 다시 말해 당신은 하나님의 법을 어긴 사람이며 본질적으로 죄인이고 또한 의도적으로 이런 일을 행한 사람입니다(시51:5; 사64:6; 롬3:9-19, 23; 엡2:2,3). 당신의 죄들로 인해 당신은 하나님으로부터 떨어져 있으며 당신 스스로의 능력으로는 이 같은 상태를 변화시키거나 치유할 수 없습니다(사64:7; 렘10:23; 13:23; 요1:12, 13; 롬7:18).

하나님의 말씀은 하나님께서 날마다 죄인들에게 분노하고 계심을 분명히 보여 줍니다. 죄의 삯은 사망이므로 죄를 범하는 혼은 반드시 죽습니다(시7:11; 겔18:4, 20; 롬6:23).

하나님의 진노가 불의 안에서 진리를 붙잡아 두는 사람들의 하나님을 따르지 않는 모든 것과 불의를 대적하여 하늘로부터 계시되었나니(롬1:18)

따라서 당신이 죽기 전에 그분의 진노를 되돌리지 않으면 당신은 불과 유황으로 타는 불 호수에 던져져서 영원토록 하나님의 진노를 맛볼 것입니다. 성경은 이것을 가리켜 둘째 사망이라고 합니다(마25:31-46; 요3:36; 롬1:18; 계20:11-15; 21:8).

지옥

사람이 죽으면 어떻게 되는가에 대해서는 여러 의견이 있습니다. 어떤 이들은 사람이 죽으면 다 없어지고 만다고 말하며 어떤 이들은 모든 사람이 천국에 간다고 말합니다. 또 다른 사람들은 하나님이 연옥을 마련해서 죽은 이후에 다시 회개할 수 있는 기회를 준다고 믿습니다. 그러나 성경은 이 중 어떤 의견도 지지하지 않습니다. 성경은 이렇게 말합니다.

한 번 죽는 것은 사람들에게 정해진 것이요 이것 뒤에는 심판이 있나니(히9:27)

하나님과 바른 관계를 맺은 사람들은 천국에 들어가 영원히 영화롭게 살 것입니다. 그러나 그렇지 못한 사람들은 하나님의 눈앞을 떠나 영존하는 파멸의 형벌을 받을 것입니다. 성경은 이처럼 사람이 영원토록 형벌받는 장소를 지옥이라고 부릅니다.

● **지옥은 사실입니다.** 지옥은 결코 그리스도인들이 상상해서 만들어 낸 곳이 아닙니다. 성경은 천국보다 지옥에 대해 더 상세히 말하며 그곳이 실제 장소임을 분명히 보여 줍니다. 성경은 지옥의 정죄와 또 지옥에 갈 사람들에 대해 분명히 말합니다.

● **지옥은 두려운 곳입니다.** 지옥은 고통의 장소요, 용광로요, 꺼지지 않는 불이 영원토록 타는 곳입니다. 이곳은 고통을 받는 장소로서 사람들이 슬피 울며 이를 가는 곳입니다. 또 이곳에는 밤낮으로 영원히 안식이 없습니다. 참으로 지옥은 무서운 곳이며 지옥에 거하는 자들은 하나님의 저주를 받아 모든 좋은 것에서부터 격리되어 안식과 평안이 없이 거할 것입니다.

● **지옥은 최종 장소입니다.** 지옥에 이르는 길들은 다 일방통행입니다. 다시 말해 출구가 없습니다. 신약 시대의 경우 천국과 지옥이 전혀 다른 곳에 있으므로 아무도 한쪽에서 다른 쪽으로 갈 수가 없습니다. 지옥의 공포나 외로움 혹은 고통은 사람을 정화시키기 위한 것이 아니라 징벌하기 위한 것입니다.

● **지옥은 정당한 곳입니다.** 성경은 세상을 심판하는 하나님께서 의로우신 분이라고 말합니다. 다시 말해 그분께서 믿지 않는 죄인들을 지옥으로 보내는

것은 아주 의로운 일인 것입니다. 지옥에 들어가는 사람들은 스스로 그곳을 선택한 것입니다. 그들은 여기에서 하나님을 거부했으며 그분께서는 거기에서 그들을 거부하실 것입니다. 그들이 하나님을 떠난 삶을 살기 원하므로 그분께서는 그들이 선택한 것을 영원토록 확정해 주시는 것입니다.

지옥에 대한 이 같은 사실들을 고려해 보면서 이제 당신은 신약 시대의 어떤 사람들에게 예수님께서 다음과 같이 말씀하신 것을 신중하게 생각해 보아야 할 것입니다.

어찌 너희가 지옥 정죄를 피할 수 있느냐?(마23:33)

종교가 해결해 주지 않을까?

사람은 종교심이 많은 존재입니다. 「종교 및 윤리 백과사전」을 보면 사람들이 자기들의 종교적 갈망을 만족시키기 위해 수백 가지 방법을 시도했음을 알 수 있습니다. 사람들은 해, 달, 별, 지구, 물, 불을 숭배해 왔으며 또 돌, 나무, 금, 은 등으로 우상을 만들어 그것들에게 경배해 왔고 또 물고기, 새, 짐승 등을 숭배해 왔습니다. 그들은 마음속으로 수많은 신이나 영을 상상해 내어 그것들을 숭배해 왔습니다. 어떤 사람들은 희생물, 예식, 성사, 봉사 등을 통해 참 하나님께 경배를 드리려고 노력해 왔습니다. 그러나 종교는 아무리 진지하다 해도 다음의 몇 가지 이유 때문에 사람의 죄 문제를 풀 수 없습니다.

● **첫째로 종교는 결코 하나님을 만족시킬 수 없습니다.** 종교는 사람이 스스로의 노력으로 하나님과의 관계를 바르게 해 보려는 것입니다. 그런데 사람이 아무리 최선을 다해 노력해도 거기에는 흠이 있으므로 하나님께서 그런 것을 받으실 수 없으며 따라서 사람의 이 같은 노력은 허사인 것입니다. 성경은 이에 대해 분명하게 말합니다. "그러나 우리는 다 부정한 물건 같고 우리의 모든 의는 더러운 누더기 같으며"(사64:6). 거룩하신 하나님은 완전한 것을 요구하시며 사람의 종교는 결코 이것을 만족시키지 못합니다.

● **둘째로 종교는 결코 죄를 제거하지 못합니다.** 당신의 선행은 결코 악행을 없애지 못합니다. 당신의 미덕은 결코 당신의 악을 취소하지 못합니다. 사람이 하나님과 바른 관계를 가지려 해도 행위를 통해서는 불가능합니다. 유아 세례, 견진 성사, 침례, 세례, 주의 만찬, 교회 참석, 기도, 헌금, 성경 읽기 등과 같은 종교 행위나 경험은 결코 여러분의 죄를 제거하지 못합니다.

● **셋째로 종교는 결코 사람의 죄성을 바꾸지 못합니다.** 사람의 행위는 죄로 인한 현상이지 죄 문제 자체가 아닙니다. 사람의 문제의 핵심은 사람의 속마음에

있으며 본질적으로 사람의 속마음은 부패되고 변질되어 있습니다. "마음은 모든 것보다 거짓되고 극도로 사악하니 누가 그것을 알 수 있으리오?"(렘17:9) 교회에 가서 종교 행위에 참여하면 기분은 좋을 수 있을지 모르지만 그런 행위가 당신을 선한 사람으로, 의인으로 만들지 못합니다. "누가 정결한 것을 부정한 것 가운데서 가져올 수 있나이까? 아무도 없나이다."(욥14:4)

위에서 언급한 종교 행위 중 어떤 것은 그 자체만으로 보면 좋은 것입니다. 예를 들어 교회에 가고 성경을 읽고 기도하는 것은 좋습니다. 왜냐하면 하나님께서 구원받은 성도들에게 그렇게 하라고 하시기 때문입니다. 그러나 아직 당신이 구원받지 않았다면 결코 이런 행위들을 통해 구원받으려고 하지 마시기 바랍니다. 이런 행위들로는 결코 구원받을 수가 없으며 이런 것들을 의지하면 오히려 당신의 죄와 저주만 늘어날 뿐입니다.

예수 그리스도

사람이 처한 상태가 이처럼 비참하기 때문에 긍휼과 사랑이 풍성하신 하나님께서는 아주 놀라운 일을 행하셨습니다. 성자 하나님이신 예수 그리스도께서 사람이 되신 것입니다. 그분께서는 성령님으로 말미암아 남자 없이 마리아의 태 속에서 기적적으로 수태되시고 베들레헴에서 태어나셨습니다(처녀 탄생). 이렇게 태어나신 예수님께서는 완전한 하나님이었으며 동시에 완전한 사람이셨습니다(마1:18-25; 요1:1-14; 딤전3:16).

예수님께서는 자신의 생애의 대부분을 나사렛이란 이름 없는 촌에서 사셨습니다. 비록 그분께서 사람들 가운데 사셨고 사람들처럼 사셨지만 그분은 결코 죄를 짓지 않으셨으며 그분 속에 죄가 없으셨다는 점에서 다른 모든 사람들과 전적으로 달랐습니다. 예수님께서는 죄를 지을 수도 없었고 짓지도 아니하셨으며 거룩하신 하나님의 모든 법을 성취하였습니다(히4:15; 7:26; 벧전2:22).

예수님께서는 서른 살이 되셨을 때에 공적 사역을 시작하셨습니다. 그분께서는 여러 곳을 다니시며 복음을 선포하시고 가르치시며 많은 기적들을 행하시고 선한 일을 하셨습니다. 예수님께서는 복음 선포를 통해 계속해서 사람들로 하여금 헛된 종교를 버리고 자신을 향해 살아 있는 믿음을 가질 것을 촉구하셨습니다. 그분께서 이같이 하신 까닭은 무엇일까요? 그 이유는 하나님께서 자신의 영원한 목적 가운데서 사람들을 구원하시고 그들의 죄와 또 죄로 인한 형벌에서 그들을 구출하려고 계획하셨기 때문입니다(마1:21; 요8:23; 행2:22)

예수 그리스도께서 행하신 일

예수님께서 많은 기적과 놀라운 일을 행하셨지만 그것이 곧 그분께서 이 세상에 오신 근본 목적은 아니었습니다. 우리가 이미 살펴보았듯이 당신은 죄를 범했고 당신의 죄로 인해 당신은 거룩하신 하나님으로부터 분리된 존재가 되었습니다. 또한 거룩하신 하나님은 공의로우셔서 모든 죄를 징계하시는 분이십니다.

하나님께서는 죄를 다루시기 위해 두 장소를 지정하셨습니다. 첫째 장소는 사람들이 자기 죄들로 인해 영원히 고통을 당하는 곳으로 지옥이며 최종적으로는 지옥이 통째로 던져지게 될 불 호수입니다. 둘째 장소는 하나님이시며 사람이신 예수 그리스도께서 고통을 당하고 죽으신 갈보리 십자가입니다. 이 갈보리 십자가에서 죄 없으신 예수님께서는 스스로 죄가 되셔서 하나님의 저주를 다 당하시고 세상의 죄들을 제거하셨습니다(엡2:16; 골2:13, 14; 벧전2:24).

바로 이런 이유 때문에 복된 소식을 뜻하는 복음은 매우 복된 것이요, 값진 것입니다. 구약 시대에는 죄지은 사람을 대신해서 죄 없는 짐승이 희생물이 되어 죗값을 지불하고 대신 속죄 즉 대속(代贖)을 이루었지만 그런 희생물은 완전하지 못하므로 매해 계속해서 희생물을 드려야만 했습니다. 그런데 흠 없으신 예수 그리스도께서는 하나님의 어린양으로서 자신의 죄가 아니라 온 인류의 죄로 인해 완전한 희생 제물이 되셔서 거룩하신 하나님의 요구 조건을 일시에 완전하게 충족시키셨습니다. 이처럼 예수님께서 죽으시고 세상의 죄들을 제거하심으로써 하나님의 진노를 돌이키셨으며 이러한 화해 헌물로 인해 하나님과 사람 사이에 화해할 수 있는 길이 열리게 되었습니다(사53:5, 10-12; 롬3:25; 고전15:3; 갈1:4; 딛2:14; 히1:3; 9:26-28; 10:12; 요일4:10).

이러한 완전 속죄로 인하여 당신과 나 같은 죄인들이 정죄와 저주의 상태에서 하나님과 연합하여 화해를 이룰 수 있게 되었습니다. "그리스도께서도 죄들로 인해 한 번 고난받으사 의로운 자로서 불의한 자들을 대신하셨으니"(벧전3:18; 참조 롬5:10; 고후5:18; 히2:17). 이것이야말로 엄청나게 복된 소식이 아닙니까?

하나님께서 온 인류의 속죄물로 지정하신 예수님께서 이처럼 모든 사람을 위해 세상 죄들을 제거하셔서 하나님의 은혜를 밝히 보여 주셨으나 사람이 이런 선물을 믿고 받아들이지 않으면 이런 엄청난 은혜가 은혜가 되지 못하며 이렇게 믿지 않는 사람들에게는 여전히 하나님의 진노가 남아 있습니다. 은혜가 무엇입니까? 일을 안 해도 사랑으로 거저 주는 선물입니다. 받을 자격이 없는데도 불구하고 사랑으로 넘치게 주시는 것입니다.

그런데 일하는 자에게는 품삯이 은혜로 여겨지지 아니하고 빚으로 여겨지지만

일하지 않더라도, 하나님의 뜻대로 살지 않는 자를 의롭다 하시는 분을 믿는 자에게는 그의 믿음이 의로 여겨지느니라(롬4:4-5).

아들을 믿는 자에게는 영존하는 생명이 있고 아들을 믿지 않는 자는 생명을 보지 못하며 도리어 하나님의 진노가 그 위에 머물러 있느니라(요3:36).

예수 그리스도의 부활과 승천

예수님께서는 대신 속죄를 이루시기 위하여 십자가에서 죽으셨다가 사흘 후에 죽음의 권세를 이기고 부활했습니다. 이 부활은 곧 예수 그리스도께서 십자가에서 이루신 사역에 대하여 아버지 하나님께서 만족해 하셨음을 보여 주신 것입니다. 그 뒤에 예수님께서는 자신이 살아났음을 절대 확실한 증거들을 통해 보여 주셨습니다. 예수님께서 부활해서 나타나자 그분의 제자들은 그분을 영(靈)으로 생각했습니다. 그러자 예수님께서는 그 제자들에게 친히 이렇게 말씀하셨습니다.

> 내 손과 내 발을 보고 바로 나인 줄 *알라*. 나를 만지고 또 보라. 영은 살과 뼈가 없지만 너희가 보는 바와 같이 나는 있느니라, 하시니라(눅24:39; 참조 마28:6; 행1:3; 롬4:25; 벧전1:21).

부활하신 뒤 사십 일이 지나서 예수님께서는 다시 하늘로 올라가셨습니다. 그분께서는 자신의 제자들의 눈앞에서 올리브산을 떠나 승천하셨으며 하나님 아버지의 오른편에 앉으셨습니다. 바로 그곳에서 지금 이 시간에도 그분께서는 하나님과 사람 사이의 유일한 중재자가 되셔서 우리를 위해 중보하고 계십니다(행1:11; 딤전2:5; 3:16; 요14:6).

하나님과 사람 사이의 유일한 중보자 되시는 예수 그리스도께서는 지금도 이 세상일들에 깊이 관여하십니다. 그분께서 성취하고 계신 직분 중 하나는 대언자의 직분입니다. 대언자로서 그리스도께서는 죄인들에게 그들이 구원받아야만 한다는 것을 가르치고 계십니다. 또한 그리스도인들에게는 하나님과 함께 교제하며 동행해야 함을 가르치고 계십니다. 그분께서는 외적으로는 하나님의 말씀인 성경을 통해서 가르치시며 내적으로는 성령님을 통해서 가르치십니다. 그리스도께서 마지막 대언자가 되시며 지금도 하늘에서 살아 계셔서 직무를 수행하고 계시므로 오늘날에는 더 이상 대언자가 없습니다(신18:15; 마21:33-46; 요7:40; 행3:22-26; 히1:1-2).

그리스도께서 성취하고 계신 또 다른 직무는 대제사장의 직무입니다. 예수님께서는 이 땅에 계실 때에 자기 자신을 죄로 인한 희생물로 드림으로써 제사장의 직무를 완수했으며 지금 이 시간에는 하늘에서 대제사장이 되셔서 중보 역할을 하시면서 아버지 하나님께서 죄인들에게 은혜와 구원을 베푸시게 하고 있습니다. 지금 이 시간에는 유대교나 천주교에 존재하는 제사장이나 제사장 체계가 필요 없습니다. 왜냐하면 예수 그리스도께서 친히 계속해서 대제사장으로 살아 계시기 때문입니다(요17:20; 히3:1; 7:21-25; 히8:1-6; 벧전1:5).

그리스도인이 되는 방법

이제 어쩌면 당신은 이렇게 물을지 모릅니다.

이 모든 것이 과연 어떻게 내게 적용됩니까?
어떻게 내가 구원받을 수 있으며 내 죄들을 용서받을 수 있습니까?
내 죄들이 많은데 과연 하나님께서 나 같은 사람도 받아 주실까요?
구원받기 전에 무슨 의식이나 예식 같은 것을 행해야만 합니까?
그리스도인이 되기 전에 어떤 특별한 감정의 변화가 있어야만 합니까?

이런 질문들은 다 좋은 질문들이며 성경적인 대답을 필요로 하는 것들입니다. 구원의 문은 들어가고자 하는 모든 사람에게 활짝 열려 있습니다. 그리스도께서 구원하지 못할 정도로 추하고 더러운 죄인은 하나도 없습니다. 당신은 돈 주고 구원을 사거나 죄 용서를 받을 수 없습니다. 또한 구원받기 전에 무슨 황홀경에 이르는 감정 같은 것을 경험할 필요도 없고 무슨 예식이나 의식을 행할 필요도 없습니다. 구원은 하나님께서 거저 주시는 은혜의 선물이며 오직 주님으로부터 옵니다(욘2:9; 롬6:23; 엡2:8-9; 빌2:13; 딛3:5).

구원받기 원하신다면 당신은 먼저 당신이 죄인이며 죄의 형벌이 있음을 인정하고 죄들을 회개하며 예수 그리스도를 당신의 구원자로, 주님으로 맞아들여야 합니다.

죄를 회개하는 것

회개란 죄에 대해 완전히 태도를 바꾸는 것입니다. 먼저 생각의 변화가 있어야 합니다. 당신은 먼저 당신이 죄인이며 거룩하신 하나님을 대적한 반역자임을 인정해야 합니다. 또한 마음의 변화가 있어서 당신의 더럽고 추한 죄에 대해 수치를 느끼고 슬퍼해야 합니다. 그 뒤에 당신은 죄를 기꺼이 버릴 태세가 되어야 하고 당신 삶의 방향을 180도 바꾸어야 합니다. 하나님께서는 사람들이 회개에 합당한 일들을 행할 것을 요구하십니다. 따라서 당신은 하나님께서 원하시는 것을 행해야 합니다. 하나님께서는 당신이 버리고자 하지 않는 죄를 용서하시지 않을 것입니다. 따라서 회개는 삶의 방향을 180도 틀어서 하나님께로 향하게 하고 하나님께서 기뻐하시는 길로 전심을 다해 걷겠다고 결심하는 것입니다.

그리스도에 대한 믿음

'믿음'(Faith)은 세 가지 요소로 구성되어 있습니다.

첫째 요소는 '아는 것'(Knowing)입니다. 당신은 반드시 '그리스도 예수님께서 죄인들을 구원하기 위해 이 세상에 오셨음'을 알아야 합니다. 그분께서는 사람들을 그들의 죄들로부터 구원하시기 위해 십자가에서 죽으셨습니다. 또한 그분께서는 당신을 구원할 능력을 가지고 계십니다.

믿음의 둘째 요소는 말 그대로 '믿는 것'(Believing)입니다. 당신은 그리스도에 관한 사실들을 알아야 하며 또한 그분께서 당신을 구원할 수 있고 하시리라고 믿어야 합니다.

믿음의 셋째 요소는 '신뢰하는 것'(Trusting)입니다. 그리스도만이 사람의 구원자라 불릴 수 있는 유일한 분입니다. 그리스도께서 당신을 구원할 수 있는 유일한 분이심을 믿으면서 당신은 사람에게 불가능한 일 즉 당신을 구원하고 하나님과 바른 관계를 맺도록 하는 일을 그분께서 하실 수 있다고 신뢰해야 합니다.

구원받기 위해 당신 자신을 신뢰하지 않고 다른 사람을 신뢰한다는 것은 참으로 어려운 일입니다. 대부분의 사람들은 이런 개념에 대해 잘 모릅니다. 그렇지만 나를 대신해서 예수 그리스도께서 피를 흘리고 죗값을 치르셨다는 대신 속죄의 개념은 하나님의 진리입니다. 많은 사람들이 이러한 대속(代贖)의 개념을 이해하지 못하는데 그 이유 중 하나는 모든 사람에게 자만심이 있고 고집이 있기 때문입니다. 그러나 하나님의 말씀을 의지하여 나 자신을 부인하고 완전히 예수님만을 신뢰하여 구원자로, 주님으로 맞아들이게 될 때 당신은 다시 태어나게 됩니다.

배구 시합에서 한 쪽이 공을 '서브'(Serve)하면 다른 쪽이 공을 '리시브'(Receive)하면서 게임이 진행됩니다. 예수님께서 구원의 공을 서브하셨습니다. 그런데 이제 당신이 그 공을 '리시브'하지 않으면 구원이 이루어지지 않습니다. 다시 말해 하나님께서 선물을 마련하시고 큰 은혜를 베푸시려 해도 사람이 그것을 받지 않으면 은혜가 되지 못하는 것입니다.

하나님께 의롭다고 인정받는 것

어떤 사람이 자기가 죄인임을 깨닫고 회개하며 믿음으로 그리스도께 나아올 때에 하나님께서는 그를 구원하시며 동시에 의롭다고 칭하십니다. '의롭다고 여겨진다'는 것은 법적인 용어로서 '의로운 사람으로 판정받는다'는 것입니다. 다시 말해 하나님께서는 그리스도께 믿음으로 나오는 죄인을 보시고 그를 의인으로 받아 주시며 그 시간부터 의인으로 부르겠다고 선포하시는데 우리는 이것을 가리켜 칭의라 합니다. 이렇게 될 수 있는 것은 예수 그리스도께서 이미 모든 죄인들을 위해 그들이 지불해야 할 죗값을 십자가에서 다 지불했기 때문입니다.

하나님께서 죄를 알지 못한 그분을 우리를 위해 죄가 되게 하신 것은 우리가 그분 안에서 하나님의 의가 되게 하려 하심이라(고후5:21).

한자 '의'(義)를 보시기 바랍니다. 무엇이 의(義)입니까? '양'(羊) 밑에 '나'(我)라는 존재가 있을 때 의롭다고 인정받습니다. 우리 하나님께서는 죄인들이 믿음으로 세상 죄를 제거하시는 그리스도께 나오면 그들의 죄들을 제거하시고 그들에게 예수 그리스도의 의를 전가시켜 주십니다.

다음 날 요한이 예수님께서 자기에게 오시는 것을 보고 이르되, 세상 죄를 제거하시는 하나님의 어린양을 보라(요1:29).

예수 그리스도의 '의'(義)가 없이는 아무도 하늘에 계신 하나님의 거룩한 존전에 들어갈 수 없음을 기억하시기 바랍니다.

마지막 날에 당신이 하나님 앞에 섰을 때 누구의 의를 갖고 싶습니까? 불완전하여 더러운 누더기와 같은 당신의 의입니까?(사64:6), 아니면 모든 면에서 완전하신 그리스도의 의입니까? 바울 사도는 이렇게 기록했습니다.

참으로 확실히 모든 것을 손실로 여기나니 이는 그리스도 예수 내 주를 아는 지식이 가장 뛰어나기 때문이라. 내가 그분을 위해 모든 것을 잃는 손실을 입었고 그것들을 단지 배설물로 여기나니 이것은 내가 그리스도를 얻고 율법에서 난 나 자신의 의가 아니라 그리스도의 믿음을 통한 의 곧 믿음에 의해 하나님에게서 난 의를 소유한 채 그분 안에서 발견되려 함이라(빌3:8-9).

하나님께서 죄인을 의롭다 하시는 칭의(稱義)로 인해 우리는 이러한 의를 소유하게 되며 이러한 완전한 의가 당신 자신의 의로부터 당신을 자유롭게 할 것입니다!

100% 확실한 사실

궁극적으로 당신은 죽을 것이며 하나님 앞에서 심판을 받게 될 것입니다. 당신이 죽은 이후에는 또 다른 기회가 주어지지 않습니다. 성경은 이에 대해 분명히 말합니다.

한 번 죽는 것은 사람들에게 정해진 것이요 이것 뒤에는 심판이 있나니(히9:27; 참조 행17:31)

만일 당신이 예수 그리스도를 맞아들여 그분의 의를 덧입지 않으면 불과 유황으로 타는 불 호수에 들어가 영원토록 형벌을 받을 것입니다. 그러나 만일 당신이 예수님을 당신의 구원자와 주님으로 받아들이고 오직 그분만을 신뢰하면 영원토록 하늘의 영광과 존귀를 누릴 것입니다(계20:10-22:5). 이제 당신은 어느 길을 택하시겠습니까?

구원받기 원하십니까?

이만큼 읽은 시점에서 한 가지 묻고 싶습니다. 당신은 정말로 구원받기 원하십니까? 어떤 대가를 치르더라도 하나님과 바른 관계를 갖고 싶습니까? 이런 마음이 들지 않는다면 당신은 아직도 당신이 읽은 것의 중요성을 파악하지 못한 것입니다. 그러므로 앞으로 되돌아가서 지금까지 읽은 부분을 다시 천천히 주의 깊게 읽어 보시기 바랍니다. 또한 하나님께서 당신에게 진리를 보여 주실 것을 간구하기 바랍니다.

하나님을 부르십시오

만일 하나님께서 당신에게 당신의 필요를 보여 주셔서 구원받아야겠다는 갈망을 주셨으면 곧 예수 그리스도께로 돌아가 그분의 말씀에 순종하기 바랍니다! 지금 이 시간 당신이 해야 할 일은 아주 간단하며 가장 좋은 것은 진실한 마음으로 간절하게 하나님을 부르는 것입니다. 구원받는다는 것은 당신과 하나님 사이에 이루어지는 거룩한 일입니다. 당신은 이제 죄에 싫증이 났습니까? 죄를 떠나 거룩한 삶을 살고 싶지 않습니까? 영원한 생명을 소유하고 싶지 않으십니까? 앞으로 다가올 심판을 피하고 지금 이 시간 죄 용서를 받아 기쁨을 누리고 싶지 않으십니까? 예수님을 구원자로 주님으로 친구로 맞아들여 그분과 친밀한 관계를 갖고 싶지 않으십니까? 풍성하고 의미 있는 삶을 살고 싶지 않으십니까? 지금 이 시간 주 예수님을 의지하여 하나님을 부르고 싶지 않으십니까?

당신은 이렇게 말할지 모릅니다. "그런데 저는 기도할 줄 모릅니다." 하나님은 유창한 말에 관심을 두시지 않으며 겸손한 마음으로 진지하게 기도하는 사람의 기도를 들으십니다.

먼저 당신의 죄를 인정하고 고백하십시오.

당신의 죄들로 인해 영원히 형벌받을 수밖에 없음을 인정하십시오.

당신 스스로 당신을 구원할 수 없음을 고백하십시오. 회개하고 주님을 믿음으로 받아들이겠다고 고백하시기 바랍니다.

당신을 구원하고 당신 삶의 주인이 되어 달라고 주님께 간구하기 바랍니다. 이렇게 하시고 하나님을 신뢰하면서 다음의 약속의 말씀을 믿으시기 바랍니다.

누구든지 주의 이름을 부르는 자는 구원을 받으리라(롬10:13).

주 예수 그리스도를 믿으라. 그러면 네가 구원을 받고 네 집이 *구원을 받으리라*, 하며(행16:31)

예수님께서는 자기의 의를 신뢰하는 사람과 회개하고 하나님의 은혜를 간구하는 사람에 대하여 이렇게 말씀하셨습니다.

또 그분께서 자기가 의롭다고 스스로 믿고 다른 사람들을 멸시하는 어떤 자들에게 이 비유를 말씀하시되, 두 사람이 기도하러 *성전*으로 올라갔는데 하나는 바리새인이요 다른 하나는 세리더라. 바리새인은 서서 자기 홀로 이렇게 기도하여 *이르되*, 하나님이여, 내가 다른 사람들 곧 착취하는 자들과 불의한 자들과 간음하는 자들과 같지 아니하고 더욱이 이 세리와도 같지 아니함을 감사하나이다. 나는 일주일에 두 번 금식하며 내가 소유한 모든 것의 십일조를 드리나이다, 하고 세리는 멀리 서서 눈을 들어 하늘을 우러러보지도 못하고 다만 가슴을 치며 이르되, 하나님이여, 죄인인 내게 긍휼을 베푸소서, 하였느니라. 내가 너희에게 이르노니 저 사람이 아니라 오히려 이 사람이 의롭다 인정받고 자기 집으로 내려갔느니라. 자기를 높이는 자는 다 낮아지고 자기를 낮추는 자는 높아지리라, 하시니라(눅18:9-14).

구원받은 다음에는 어떻게 합니까?

구원받은 뒤에는 다음의 세 가지 중요한 일을 해야 합니다.

첫째로 성경이 없으면 성경을 구해서 읽기 시작해야 합니다. 성경은 세상에서 가장 특별한 책입니다. 성경은 하나님께서 영감으로 기록해 주시고 섭리로 보존해 주신 책으로 그리스도인의 믿음과 실행의 유일한 기준이 되는 책입니다. 당신이 성경을 읽을 때에 하나님께서 당신에게 말씀하실 것입니다! 먼저 신약 성경의 넷째 책인 요한복음과 끝부분에 있는 요한일서를 몇 차례 읽기 바라며 또한 구약 성경의 창세기를 읽기 바랍니다. 그 뒤에 전체 성경을 꾸준히 정독하기 바랍니다.

둘째로 당신은 예수 그리스도 중심의 성경적인 교회를 찾아야 합니다. 거기에서 당신은 경배를 드리고 성경 말씀을 배우며 크리스천 친구들을 만나 좋은 교제를 나누고 은혜 안에서 자랄 수 있습니다. 성경적인 신약 교회는 이 책자 안에 담겨 있는 복음의 진리들을 가르치고 영혼 구원에 힘쓰는 교회입니다. 만일 그런 교회를 발견하기 어려우면 이 책 뒤에 있는 주소로 연락하기 바랍니다.

셋째로 당신은 물속에서 침례를 받아야 합니다. 이것은 주 예수 그리스도의 명령입니다. 침례는 결코 여러분을 구원할 수 없으며 죄를 씻어 주지도 않습니다. 오직 예수 그리스도의 피만이 우리의 죄를 씻을 수 있습니다. 침례의 목적은 우리가 예수 그리스도와 하나 되었음을 보이는 것입니다. 예수님께서 죽으셨다가 묻히셨다가 부활하신 것처럼 침례를 통해서 우리는 우리가 구원받아 옛사람이 죽었고 묻혔으며 새사람으로 살아났음을 보이는 것입니다. 다시 말해 침례는 온 세상 사람들에게, 천사들에게 당신이 주 예수 그리스도의 제자가 되었으며 하나님의 자녀가 되었음을 공개적으로 밝혀 알리는 것입니다.

구원의 확신

구원받은 이후에 마귀는 종종 당신이 구원받았다는 것을 의심하게 합니다. 이때마다 다음의 글을 읽고 성경 말씀만을 신뢰하기 바랍니다.

두 사람이 갑판 위에서 대화를 나누고 있었습니다. "나는 자네와 몹시 대화를 나누고 싶었네. 자네는 구원받은 것을 분명히 알고 있다고 하던데…."

"예, 저는 구원받은 것을 분명히 알고 있습니다. 사실 제가 구원받은 것보다 더 분명한 사실은 없을 것입니다."

"사람이 이 세상에 살고 있는 동안 자기가 구원받았다는 것을 어떻게 알 수 있단 말인가? 좀 교만한 말이 아닌가? 사실 나도 한 때는 성실하게 교회에 다녔네. 하지만 내가 구원받았다고 말할 수는 없어. 왜냐하면 나는 진정 그리스도인이 아니거든. 내가 아는 많은 사람들이 교회에 나가지만 사실 위선자가 많아. 그래서 나는 교회에 나가는 일을 그만 두었지. 모든 것이 가짜라는 결론을 내렸기 때문이야. 하지만 나는 가끔 기독교에 어떤 진실이 있지 않을까 생각하곤 하지."

"저는 그 말씀에 전혀 놀라지 않습니다. 하지만 구원받았다는 말과 구원받은 것을 안다는 말은 사실입니다. 반장님, 이 배수구의 둘레는 얼마입니까?"

"배수구의 둘레는 50센티미터가 아닌가! 그런데 왜 그것을 묻지?"

"반장님은 그것을 어떻게 확신하십니까?"

"이 책에 의거하여 확신할 수 있지. 이 책은 본사에서 보내온 것으로 이 배에 대한 설명서가 아닌가!"

"바로 그것입니다. 그것이 제가 구원받은 것을 아는 방법과 같습니다. 저는 성경 말씀에 의해서 구원을 확신하고 있습니다. 이 성경은 하늘의 본부에서 보내온 하나님의 말씀이기 때문입니다. 저는 성경 말씀 안에서 제가 정죄받은 죄인이라는 것과(롬3:23) 지옥의 불 호수로 갈 수밖에 없다는 것을 알게 되었습니다(계21:8). 하지만 저는 또 하나님께서 죄인인 저를 사랑하신다는 것과(롬5:8) 그래서 자신의 유일한 아들 예수님을 이 세상에 보내셔서 저를 대신하여 죽게 하셨다는 것을 알게 되었습니다(벧전2:24). 저는 이와 같은 하나님의 말씀을 그대로 받아들임으로써 구원을 받았습니다. 이 말씀을 보십시오.

진실로 진실로 내가 너희에게 이르노니 내 말을 듣고 나를 보내신 분을 믿는 자는 영존하는 생명이 있고 정죄에 이르지 아니할 것이며 사망에서 생명으로 옮겨졌느니라(요5:24).

이 말씀대로 저는 지금 영원한 생명을 갖고 있으며 장차 있을 심판에 이르지 않으며 이미 사망에서 생명으로 옮겨졌습니다. 이 하나님의 말씀에 근거하여 저는 제가 구원받았음을 다른 사람들에게 분명하게 말할 수 있습니다. 하나님의 말씀을 믿는 것이 교만이겠습니까?"

부록 11

복음의 핵심

구원론을 가르치면서 매년 저는 학생들이 복음을 제대로 이해하고 있는지 알아보기 위해 질문을 던집니다. 저는 학생들에게 다음과 같이 상상해 보라고 말합니다.

당신은 지금 죽음의 문턱에 놓여 있는 불신자를 방문하기 위해 병원에 와 있습니다. 당신은 그 사람에게 단 스물다섯 단어를 말해서 복음을 설명할 수밖에 없습니다. 더는 시간이 없습니다. 스물다섯째 단어가 끝나면 그 환자는 죽게 됩니다. 당신은 이 상황에서 어떻게 복음을 설명할 것입니까?[1]

과연 학생들은 이처럼 복음을 간결하게 표현함으로써 숨이 끊어져 가는 그 사람이 올바로 반응하기만 한다면 구원받게 할 수 있을까요? 과연 학생들은 복음을 완전히 이해해서 그렇게 짧은 몇 마디 안에 구원의 메시지를 담을 수 있을까요? 이제 우리도 학생들이 풀어야 했던 그 문제로 돌아가서 잠시 살펴보도록 하겠습니다.

예수 그리스도께서는 자신의 제자들에게 다음과 같은 명령을 내리셨습니다.

너희는 온 세상으로 가서 모든 창조물에게 복음을 선포하라(막16:15).

그렇다면 이제 다음의 세 가지 사항들에 대해 생각해 봅시다.

첫째, 복음이 아닌 것은 무엇인가?
둘째, 복음은 무엇인가?
셋째, 우리가 어떻게 그 복음을 정확하게 전달할 수 있는가?

1. 복음이 아닌 것들

1. 세계 교회 협의회(The World Council of Churches, WCC)는 케냐의 나이로비에서 열린 제5차 회의에서 "복음은 언제나 정의와 인간의 존엄성을 위한 투쟁에

---

[1] 출처: 〈Do We Really Know the Gospel?〉 by Manfred Kober, Th.D.

참여할 책임을 포함하며 인간의 전체성을 방해하는 모든 것을 고발할 의무를 포함한다."라고 선언하였습니다(「Christianity Today」, 1972년 1월 2일, p.12). 과연 이것이 복음입니까?

수년 전 복음 전도자인 포드(Leighton Ford)는 아이오와 주의 데모인에서 전도 집회를 가졌습니다. 그는 청중들에게 '두 발의 복음을 전하는 설교자'라고 소개되었습니다. 그런데 포드가 전하는 복음은 WCC의 입장과 흡사한 것으로, 복음은 개인의 구원뿐 아니라 사회의 구원도 포함해야 한다는 것입니다. 과연 이것이 복음입니까?

2. 미국의 수정 교회를 담당하던 로버트 슐러(Robert Schuller) 목사는 "그리스도의 복음은 수치에서 영광으로, 자기 회의와 자기 정죄로부터 자기 확신과 자기 긍정으로 나가는 구원 메시지로 선포되어야 한다."라고 역설하였습니다. 슐러는 더 나아가서 "예수 그리스도의 복음은 자기 존중의 신학으로 선포될 수 있다."라고 주장합니다(「자기 존중: 새로운 종교 개혁」(*Self-Esteem: The New Reformation*) p.161, 47). 과연 이것이 복음입니까?

3. 캘리포니아의 그레이스 커뮤니티 교회를 담당하는 존 맥아더(John MacArthur) 목사는 자신의 논쟁적인 저서에서 다음과 같이 썼습니다. "갈보리로 초청하는 것은 그것이 진정으로 의미하는 바대로 인지되어야 한다. 그것은 바로 예수 그리스도께서 '주님이 되신다'(Lordship)는 전제하에서 제자가 되도록 초청하는 것이다(p.21)…예수님께서 선포하셨던 복음은 제자의 길을 가야 한다는 부르심이었다(p.21)…구원을 가져다주는 믿음의 본질은 자아를 철저히 포기하는 것과 절대적으로 복종하는 것이다(p.153)"(「예수 그리스도의 복음」(*The Gospel According to Jesus*)). 과연 이것이 복음입니까?[2]

2. 복음은 무엇인가?

'복음'(Gospel)으로 번역된 그리스어 '유앙겔리온'(Euangelion)은 '좋은 소식'(good news)을 뜻합니다. 그런데 이 말에는 "무엇에 관한 좋은 소식인가?"라는 물음이 뒤따릅니다. 신약 성경은 복음이라는 용어를 몇 가지 다른 방식으로 사용하고 있습니다.

1. 복음은 사람들에 관한 좋은 소식일 수 있습니다. 데살로니가전서 3장 6절에서 바울은 디모데가 데살로니가에 있는 성도들의 흔들림 없는 믿음에 대한 '좋은

---

[2] 맥아더 목사의 '로드십 구원'에 대해서는 이 글 다음의 부록을 참조하기 바란다.

소식' 즉 글자 그대로 '가스펠'(gospel)을 가져왔다고 적고 있습니다.

2. 신약 성경은 더 나아가서 '왕국의 복음'(Gospel of the kingdom)에 대해 언급하고 있습니다. 마태복음에서 '유앙겔리온'이라는 단어는 주로 '왕국의 복음'으로 사용되었습니다(마3:1-2; 4:17; 10:5-7 등). 이것은 메시아가 유대 땅에 오셔서 구약 성경에 예언된 대로 자신의 왕국을 세우실 것이라는 '좋은 소식'입니다. 그리스도의 초림 때에 이스라엘 민족은 하늘로부터 땅에 임하는 그 왕국에 대한 그분의 참된 제안을 공적으로 거절했습니다. 하지만 왕국의 복음은 천년왕국 곧 다윗의 왕국을 세우기 위해서 그리스도께서 재림하시기 직전의 7년 환난기에 다시 한 번 온 세상에 선포될 것입니다(마24:14).

3. '유앙겔리온'이라는 단어의 셋째 용례는 '하나님의 은혜의 복음'(Gospel of the grace of God)입니다(행20:24). 이 복음은 서신서들에 자세하게 기술되어 있으며 바울은 고린도전서 15장 3-4절에서 이에 대해 다음과 같이 정의를 내렸습니다.

> 나 역시 받은 것을 무엇보다 먼저 너희에게 전하였노니 그것은 곧 성경기록대로 그리스도께서 우리 죄들로 인해 죽으시고 묻히셨다가 성경기록대로 셋째 날 다시 일어나시고

바울이 선포한 복음 즉 모든 신자들이 선포해야 할 복음은 무엇입니까? 어느 저자가 간결하게 표현했듯이 '좋은 소식이란 그리스도께서 우리의 죄들로 인해 죽으셨다가 죽음으로부터 부활하셨다는 것'입니다(「복음전도: 성경적 접근」(*Evangelism: A Biblical Approach*), Cocoris, p.60).

라이리(C. Ryrie)는 고린도전서 15장 3-4절에 나오는 복음의 요소들에 대해 다음과 같이 유익한 분석을 했습니다.

> 복음이란 그리스도의 죽음과 부활에 관한 좋은 소식이다. 그분께서 죽으셨고 그분께서 살아나셨다. 이것이 바로 복음의 내용이다. 그리스도께서 묻힌 사실은 그분의 죽음이 사실임을 입증한다…그분께서는 실제로 죽으셨다. 그분께서는 우리의 죄들로 인해서 죽으셨다…부활의 증인들의 목록은 그분의 부활의 사실성을 입증한다(「이토록 큰 구원」(*So Great Salvation*) p.39).

그렇다면 복음은 '예수 그리스도에 대한 좋은 소식' 즉 그분께서 우리를 위해 죽으셨고 그분께서 다시 부활하셨다는 것입니다. 이것이 바로 '하나님의 은혜의 복음'이며 이 복음에서 그분께서는 죄인들에게 영생의 선물을 제안하십니다. 죄인은 단순히 이 복음을 듣고 주 예수 그리스도를 믿어야 합니다(행16:31).

그러면 감사하게도 하나님께서 영원한 생명과 그것에 속한 모든 복을 값없이 허락해 주십니다(엡1:3).

3. 어떻게 복음을 소개할 것인가?

그리스도인의 믿음의 핵심은 복음입니다. 죄인의 구원에 있어서 복음보다 더 중요한 것은 없습니다. 우리는 WCC나 포드(Leighton Ford)처럼 복음을 '죄인을 대속하는 구원의 복음'과 '사회를 개혁하는 사회 복음'으로 나눠서는 안 됩니다. 또한 슐러처럼 그리스도의 죽음을 요구하는 인간의 죄에 대한 개념을 복음으로부터 제거해서는 안 됩니다. 그리고 맥아더처럼 구원과 성화를 혼동하고 '그리스도께서 주님이 되신다'(Lordship of Christ)는 사실에 절대복종하는 것을 구원을 위한 전제 조건으로 만들어서도 안 됩니다.

이제 제가 학생들에게 제시했던 신학적 물음으로 다시 한 번 돌아가 봅시다. 이 질문은 원래 라이리 박사의 신학 과목에서 시작된 것입니다. 똑똑한 몇몇 학생들은 보통 이 물음의 대답으로 스물다섯 단어로 표현되는 요한복음 3장 16절을 인용할 것입니다. 하지만 이 대답에는 점수를 줄 수가 없습니다. 학생들에게 주어진 질문은 자신의 말로 복음을 설명하는 것이었기 때문입니다. 어떤 학생들은 보통 다음과 같은 답을 제출합니다.

예수 그리스도께서 당신을 위해서 자신의 생명을 주셨습니다. 당신이 그분을 당신의 구원자로 받아들이면 그분께서 당신을 구원하실 것입니다.

이러한 대답은 좋은 대답이긴 하지만 썩 훌륭한 대답은 아닙니다. 이 대답에서 부족한 것은 명확한 복음 제시에 필요한 요소들 중 첫째 요소입니다.

완전하면서도 간결하게 복음을 제시하려면 다음의 세 가지 요소가 있어야 합니다.

첫째는 사람의 문제이고 둘째는 하나님의 예비이며 셋째는 개인의 구원 획득입니다. 첫째로, 사람의 문제에 대한 자각이 없이는 구원을 받을 수 없습니다. 복음의 메시지를 받아들이려는 사람은 자신이 죄인이라는 것과 자신이 길을 잃고 헤매며 하나님에게서 분리된 상태에 있다는 것을 깨달아 알고 돌이켜야 합니다.

둘째로, 그는 하나님께서 자기를 위해 예비하신 것에 대해 들어야 합니다. '나쁜 소식'을 먼저 말씀드리자면, 사람은 잃어버려진 상태에 있고 자기 자신의 공로나 행위로는 하나님께 나오는 것이 전적으로 불가능하다는 것입니다. 반면에 '좋은 소식'은 하나님께서 구원자를 예비하셨다는 것입니다. 예수 그리스도께서 죄인들을 위해 죽으셨습니다. 예수 그리스도는 사람의 죄들로 인한 형벌을 자기 위에 몸소 짊어진 '죄인들의 대속 헌물'이십니다. 여기서 대속(代贖)이란 대신 속죄를 뜻합니다.

마지막으로, 구원받지 못한 사람은 개인적으로 구원을 얻어야 한다는 것에 대해 들어야 합니다. 예수 그리스도께서 모든 사람을 위해서 죽음을 맛보셨음을 아는 것은 좋은 것입니다(히2:9). 하지만 그 구원자께서 모든 사람을 위해서 죽으셨다는 사실은 결코 모든 사람이 자동으로 구원받을 것을 의미하지 않습니다. 모든 죄인은 개인적으로 이 구원을 자기 것으로 받아들여야 합니다. 성경적으로 말하면, 모든 사람은 각각 예수 그리스도 그분만을 믿고 신뢰해야 합니다. 각 사람은 모두에게 값없이 제시된 구원의 선물을 자기 것으로 받아들여야 합니다.

복음 제시에 필요한 이 세 가지 기본 요소에 비추어서 학생들의 답안지를 분석한 후에 저는 '사람의 문제'와 '하나님의 예비'와 '개인적인 획득'을 모두 포함시키면서 어떻게 스물다섯 단어로 복음을 제시할 수 있는지 학생들에게 보여 줍니다.

친구여, 당신은 죄를 지었습니다. 그러나 그리스도께서 죄인들을 위해서 죽으셨고 부활하셨습니다. 오직 그분만 신뢰하십시오. 그러면 그분께서 당신을 영원히 구원하실 것입니다. 지금 그분을 신뢰하기 바랍니다.

Friend: You have sinned. But Christ died for sinners and rose again. Trust Him alone and He will save you eternally. Do it now!

간략하지만 이것은 정확하고 효과적으로 복음을 제시한 것입니다. 이것은 복음을 제시할 때 마땅히 포함해야 할 내용과 초청을 포함하고 있습니다. 죄인은 왜 구원받아야 하는지, 자기를 구원할 수 있는 분이 누구인지 그리고 어떻게 구원받을 수 있는지를 알아야 합니다.

과연 우리는 진정 복음을 알고 있습니까?

명확하고 누구나 이해할 수 있도록 복음을 제시하기 위해 신학 교육이 필요하지는 않습니다. 앤더슨 경(Sir Robert Anderson)은 복음의 증언자가 되려는 사람들의 자격 요건에 대해 한쪽으로 치우치지 않으면서 다음과 같이 요약했습니다.

하나님께서 믿고 복음 사역을 맡기시고자 하는 사람들에게 원하는 바는 그들이 세련되고 잘 교육받은 신사들이 되는 것이 아니다. 물론 그들이 천박하거나 무식한 촌뜨기이어야 한다는 것은 더욱이 아니다. 그들이 신학 교리에 능통해야 한다는 것은 아니지만 교리에 무지해야 한다는 것은 더욱 아니다. 그리고 그들이 재기 넘치는 사람이거나 웅변에 뛰어난 사람이어야 한다는 것은 아니다. 그러나 그들이 아예 소질이 없거나 지루하고 따분한 사람이어야 한다는 것은 더더욱 아니다. 그분께서 찾는 사람은 단지 그리스도의 권능을 담을 수 있는 적당한 도구 곧 그분께서 값으로 측량할 수 없는 자신의 보화를 채워 넣을 수 있는 빈 질그릇이다(「복음과 복음사역」(*The Gosple and Its Ministry*), p.6-7).

우리의 책임은 모든 창조물에게 구원자를 알려 주고 죄들의 용서와 평화를 선포하는 것입니다. 우리 모두가 이 일을 할 수 있고 또 이 일을 해야만 합니다. 그리고 우리 모두가 이 일을 날마다 더욱 열심히 해야만 합니다. 주님의 명령에 신실하게 반응할 때 우리는 구원을 선포하는 일에서, 성령님께서 우리에게 권능을 부어주실 것과 전능하신 주님께서 우리의 그 일을 형통하게 하실 것을 기대할 수 있을 것입니다.

〈십자가에 못 박히신 예수님〉

"그때에 예수님께서 이르시되, 아버지여, 저들을 용서하여 주옵소서. 저들은 자기들이 하는 일을 알지 못하나이다, 하시더라."(눅23:34)

부록 12

폴 워셔와 로드십 구원

폴 워셔의 강력한 메시지[1]

한국에서도 많은 팬을 거느린 폴 워셔(P. Washer)는 많은 설교 영상을 통해 세계적으로 유명해진 사람이다. 그는 분명한 어조와 폭발적인 음성으로 복음의 메시지를 전해 많은 사람들의 마음에 찔림을 주기도 하고, 하나님을 다시 생각하도록 만들기도 한다. 그는 옳은 이야기도 많이 하고, 비판받아야 마땅한 일들을 강력히 지적하기도 한다.

그런데 장엄한 음악과 함께 편집되곤 하는 이분의 설교를 들으면 마냥 마음이 편하지만은 않다. 나의 약한 부분을 너무 예리하게 찔러서 그런 것도 있고, 그 이야기들을 내가 실천하지 못하며 앞으로도 다 지키기 어려울 것 같은 참담한 심정 때문인 것도 같다. 그가 말하는 대로 못하면 마치 내가 구원받을 자격이 없는 사람처럼 생각이 되어 불편하다. 그리고 이어서 드는 생각은, 과연 이 사람은 자기가 말하는 것들을 다 지키며 살고 있을까 하는 것이다.

복음은 기쁜 소식이다. 물론 듣기 좋은 이야기가 복음이라는 뜻은 아니다. 우리에게 부담이 되지만 결국 그 참된 진리를 알고 나면 기쁨과 참된 평안함이 찾아온다는 의미이다. 그런데 폴 워셔는 제대로 잘 해 보자는 뜻을 전달하고는 있지만, 사람들에게 너무 겁을 준다.

지옥은 구원받은 자들에게 아무런 위협도 되지 못한다. 지옥의 끔찍한 실상을 들을 때 우리는 구원받지 못한 이들 때문에 마음이 아플 뿐, 우리가 거기 가게 되지 않을까 하는 두려움 때문에 떨지는 않는다. 그런데 폴 워셔의 설교를 듣고 있으면 마치 누구도 지옥을 피하지 못할 것 같고, 정말 고고하고 독야청청한 그런 소수의 사람들을 제외한 대다수가 지옥에 갈 것으로만 보인다. 문제는 그런 고고한 사람이 실제로는 지구상에 단 한 명도 없다는 사실이다.

폴 워셔의 설교가 불편한 이유는 내가 칭의에 의해 구원받지 못했기 때문이

---

1) 이 글은 김재욱 형제가 성경지킴이 사이트(KeepBible.com)에 올린 글이다.

아니라, 그의 메시지가 바로 그 '칭의', 즉 의롭다 하심을 얻어 오직 믿음으로만 받는 구원과는 다른 것을 말하기 때문이다. 이 대목에서 J. C. 라일이 말한, "모든 성경 교리에는 모조품이 있다"는 말이 다시금 떠오른다.

폴 워셔는 칼빈주의 성향의 침례교 목사이며 그를 추천하는 존 맥아더(J. MacArthur) 역시 칼빈주의 추종 목사이다. 장로교는 한국 교회들 중에서 이른바 대세이다. 그것은 한국 기독교 초창기에 장로교 선교사들이 많이 건너왔기 때문이다. 그러나 수적 대세라고 해서 그것이 반드시 진리의 대세일 수는 없다. 장로교가 말하는 칼빈주의는 선택적 구원이라는 모순적 교리를 말하고 있다.

칼빈과 칼빈주의의 모순

내가 선교 기업에 다닐 때 동료 본부장이 교체됐는데, 새로 온 사람은 한국을 대표하는 모 장로교회의 목사였다. 어느 날 대화 중에 구원에 관한 이야기가 나왔는데, 핵심은 우리의 구원 여부를 지금은 알 수 없다는 것이었다. 이거야말로 김수환 추기경이 인터뷰 중에 천국에 갈 수 있느냐는 질문을 받자 "죽어 봐야 알지요."라고 이야기한 것과 다를 바 없는 것이었다. 그의 말은 이랬다.

> 내가 구원받고 안 받고는 나한테 달린 게 아니예요. 내가 아무리 많은 사람을 구원하고 하나님께 쓰임을 받았다 해도 하나님이 마지막에 나를 선택하지 않으시면 그것으로 끝이지요. 사람이 어떻게 할 수 있는 일이 아닙니다.

나는 정말 황당했다. 많은 봉사와 헌신이 구원을 가져다주는 것은 아니지만 우리의 자발적 믿음이나 선택은 대체 무엇이란 말인가? '누구든지' 와서 생수를 마시고 구원을 받아 하나님의 아들이 되고 천국을 소유하라는 말씀은 칼빈주의에서 어떻게 받아들여지는 것일까? 나도 장로교회에 한동안 다녀 봤지만, 그들은 왜 교회를 열고 많은 이들을 전도하라고 외치는 것인지 도무지 모르겠다.

마르틴 루터(M. Luther)와 마찬가지로 로마 카톨릭 사제였던 존 칼빈(장 칼뱅, J. Calvin)은 루터의 종교 개혁 시작 당시 8살이었으므로 종교 개혁에 있어서 한 세대 뒤의 인물이다. 그는 현대의 신학적 논리에 크나큰 이론적 배경을 마련한 사람이고 장로교의 창시자인데, 최초의 조직 신학서라 할 수 있는 「기독교강요」 등 체계적인 저술로 거의 모든 개신교의 신학적 바탕에 많은 영향을 미쳤다.

그러나 머리글자 튤립(TULIP)으로 대표되는 그의 신학적 문제는 지금까지도 성경적으로 모순을 일으켜 구원과 심판, 하나님의 의지와 인간의 자유와 관련해 큰 혼란을 주고 있다. 그는 루터와 츠빙글리의 신학을 조화시킨 신학자였으나 그의 신학은 종말론이 없었고, 이스라엘 대체 신학을 바탕으로 하고 있었으며 어거스틴과 토머스 아퀴나스의 영향을 많이 받았다.

칼빈주의 5대 강령(교리) 즉 'TULIP'은 다음과 같다.

1. 전적 타락(Total Depravity): 사람은 전적으로 타락했으며 무능력함.
2. 무조건적 선택(Unconditional Election): 하나님께서 세상의 창건 이전에 구원받을 자들과 멸망당할 자들을 선택하심.
3. 제한적 속죄(Limited Atonement): 선택받은 자들(택자들)만 구원받음.
4. 불가항력적 은혜(Irresistible Grace): 택자들은 구원의 은혜를 거부할 수 없음.
5. 성도의 견인(Perseverance of Saints): 선택받은 성도들을 한때 타락할지라도 결국 구원받음.

칼빈주의 반대편의 알미니안(알미니우스) 주의를 반박하기 위해 제정되었다는 이 교리는 허점투성이다. 선택받은 자는 이미 정해져 있는데 노심초사할 일이 무엇이며 열심히 전도할 이유가 무엇인가? 그래서 이런 교리가 팽배해 있던 시대에는 실제로 선교 운동이 크게 위축되었으니 이로써 이것이 하나님과 성경으로부터 나온 교리가 아님을 우리는 알 수 있다.

자신들이 떠나온 로마 카톨릭교회와 마찬가지로 칼빈도 자신들과 교리가 다른 많은 이들을 정죄했다. 칼빈에게 있어서 세르베투스 사건은 그의 행적 중 가장 큰 오명으로 기록되고 있다. 이것은 삼위일체와 예수님의 인성과 신성에 대한 신학적 반론으로 문제가 된 세르베투스를 이단시하고 화형시킨 일이었는데, 세르베투스는 사형을 당할 만한 사람은 아니었기 때문에 더욱 논란이 됐다. 그밖에도 많은 이들이 칼빈에게 정죄를 받아 극심한 고문을 당하고 목숨을 잃기도 했다.

믿음이 다르고, 아무리 극악무도한 이단이라도 그들을 죽이는 것은 당연히 옳지 않다. 우리는 하나님도 아니며 악마도 아닌데 어떻게 믿음을 강요하고, 나와 생각이 다르다고 핍박하고 죽일 수 있겠는가? 그것은 인간의 권한이 아니다. 자기 양심에 따라 무엇이든지 믿을 수 있는 권리, 심지어 구원받기를 거부하고 지옥에 갈 수 있는 자유까지도 궁극적으로 하나님께서 보장하신 것이기 때문이다. 그렇다고 그들이 정죄할 만한 사람들을 정죄한 것도 아니다. 이런 일들은 스스로 개혁적이라고 주장하나 사실상 로마 카톨릭교회를 여전히 답습하는 갖가지 성례와 미흡한 교리들을 비성경적이라고 반박하는 소수의 무리들을 제압하는 과정에서 벌어지게 된다.

Lordship salvation의 모순

폴 워셔나 존 맥아더, 존 파이퍼(John Piper) 등이 주장한 구원론이 바로 칼빈주의에서 나온 Lordship salvation(로드십 셀베이션 : 주재권 구원)이다. 많은 논쟁을 불러온 이 개념은 쉽게 말해 '믿음에 행위를 더해 얻는 구원'이다. 1988년 존 맥아더는 「복음서에 나타난 구원 얻는 믿음은 무엇인가?」(*The Gospel According to Jesus*)를 통해 이 개념을 제시했다. Lordship salvation이라는 용어는 그가 주창한 것은 아니고, 다른 이들이 이런 개념을 일컬어 붙인 용어라고 한다.

이 개념은, 마태복음 19장에서 부자 청년이 예수님께 나아와 어떻게 구원을 얻을 수 있느냐고 물었을 때, 예수님께서는 가서 재산을 팔아 나누어 주라고 하셨는데, 이를 실천해야 구원을 얻는다는 것이다. 주재권 구원은 예수님과 자기 소유 중 자기 소유를 선택했기 때문에 그에게는 구원이 없다는 개념이다. 예수 그리스도를 구원자로 받아들이는 것만으로는 부족하고 그에 따르는 명확한 실천적 증거들이 드러나야 한다는 주장이다.

이러한 개념을 도입한 이들은 대개 칼빈주의자들인데, Lordship salvation과 TULIP은 서로 상충하는 느낌이다. 워낙에 처음부터 논리가 빈약해서 그런지도 모르겠다. 선택받은 자는 타락을 해도 결국 견인(堅忍)을 통해 구원을 받는다면서 또 무엇을 얼마나 실천해야 구원에 도달한다는 것인가? 이 모두가 하나님의 말씀을 가볍게 여기기 때문에 나온 모순으로 보인다.

칼빈주의는 사람을 인격체가 아닌 로봇처럼 다룬다. 로드십의 개념은 반대로 사람을 두려움에 떠는 노예로 만든다. 대체 어느 장단에 춤을 춰야 하는 것일까? 성경에 관한 정확한 개념이 없이 복음을 강조하고 구원을 말하다 보면 이처럼 자기모순에 빠진다. 무조건 경고하고 무조건 강조하며 목소리만 크면 대단한 것이 아니다.

이렇게 모호한 개념들 속에서 안 그래도 혼란스러운 성도들에게, 부실하게 번역된 성경은 '끝까지' 견뎌야 구원을 받는 것처럼(막13:13, 개역성경) 되어 있으니, 이 때문에 이단과 몰지각한 일부 지도자들은 구원 취소 교리로 성도들을 두려움 속에 몰아넣고 있다.

우리는 예수 그리스도의 사랑에서 떨어질 수 없는 자들이다(롬8:39). 우리 부친이 내게 "네 다리몽둥이를 분지른다"라고 하거나 "너를 호적에서 파 버린다"고 위협하면 좀 무섭긴 하지만, 내가 다른 사람 아들이 될까 봐 두려운 것은 아니다. 그건 불가능한 일이기 때문이다. 그런데도 로드십 개념을 말하는 자들은 '징계와

'구원 번복'을 혼동하게 해 진흙탕을 만들고 있다.

참된 복음에는 평안함이 있다

폴 워셔의 메시지는 마치 그가 자신의 이름처럼 청중들의 죄를 씻어줄 수 있는 세탁기(washer, 워셔)라도 되는 것처럼 드라마틱하게 들리기도 하지만 그는 '복음의 세탁자'(washer, 워셔)라는 비판을 받고 있기도 하다.

하나님은 한 입으로 두말하시는 분이 아니며 실수하지 않으시는 분이다. 칼빈주의나 알미니안주의나 모두 말씀의 한 부분만을 볼 때 생기는 오해에서 생긴다.

예수님께서 "나를 보내신 아버지께서 이끌지 아니하시면 아무도 내게 올 수 없으며(요6:44)"라고 하시면서도 "그분을 받아들인 자들 곧 그분의 이름을 믿는 자들에게는 다 하나님의 아들들이 되는 권능을 그분께서 주셨으니(요1:12)"라고 하신 것은, 구원에는 하나님의 부르심과 우리의 자발적 영접이 모두 필요하다는 것을 보여 주려 하심이다. 그래야만 하나님은 모든 것의 주권자가 되시고, 우리는 하나님의 형상대로 창조된 인격체가 되는 것이다.

하나님께서 세상을 이처럼 사랑하사 자신의 독생자를 주셨으니 이것은 누구든지 그를 믿는 자는 멸망하지 아니하고 영존하는 생명을 얻게 하려 하심이라(요 3:16).

누구나 외우는 이 말씀을 외치면서도 교리는 따로 지닌 사람들… 이들은 모두 육신적 그리스도인들이다. 왜냐하면 아직도 자신의 누더기만도 못한 의를 놓지 못하고 그 누더기로 천국으로 가는 계단을 완성하려 하기 때문이다. 그러나 그것은 참된 길이 아니며 영적인 거룩한 생각이 아니다. 의인은 오직 믿음으로 사는 것이지, 자기 의로 사는 것이 아니기 때문이다. 마르틴 루터가 깨달은 이 말씀은 대언자 하박국의 선명한 진리의 선포다.

보라, 위로 높여진 자의 혼은 그의 속에서 올바르지 아니하나 의인은 자기 믿음으로 살리라(합2:4).

구약이나 신약이나 교회 시대나 대환난의 때나 천년왕국에서나, 유대인이나 이방인이나 그 누구라도 오직 '믿음으로만' 구원을 얻는다. 아무리 애써도 사람의 혼은 곧바르지 않기 때문이다. 이것이 영적인 생각이며 두려움이 아닌 참 평안을 주는 생각이다.

육신적으로 생각하는 것은 사망이요 영적으로 생각하는 것은 생명과 화평이니라(롬8:6).

오직 믿음으로 살리라 하신 말씀과 함께 찾아온 개혁의 기회를 포기한 자들이 다시금 옛 종교와 연합하며 복음을 엉망으로 만들고 있다. 이런 비성경적 교리를 전하는 사람들이 교계의 스타가 되고 추앙받는 이 시대는 진리를 진리라 할 수 없고, 복음을 복음이라 말할 수 없는 것을 넘어 하나님의 말씀을 하나님의 말씀이라 할 수도 없는 일대 혼란의 말세지말이 아닌가 한다.

-- 이 글에 대한 몇 분의 덧글 --

1. 참으로 좋은 글에 감사드립니다. 좋게 보이는 것으로 사람을 죽이는 것이 마귀의 계략입니다. 믿음으로 의롭다 여겨지면 영원히 의로운 사람이 되지요. 그게 성경의 가르침입니다. 워셔 같은 분으로 인해 환난 통과설이 자연히 생기게 됩니다. 자기 의로 무엇인가 해 보려고 하는 시도는 다 더러운 누더기로 드러날 것입니다. 감사합니다. 샬롬.

2. 예전에는 폴 워셔 목사님 설교를 찾아서 많이 듣곤 했었는데 어떤 동영상에서 아마도 청소년 수련회 쯤 되는 집회였던 것으로 기억하고 있는데 청중이던 청소년들에게 거룩해질 것을 장황히 설교하더니 설교 끝나고 청소년들이 박수치자 당신들이 왜 박수를 치고 웃는지 모르겠다고 하며 바로 당신들 이야기라고 정죄를 하더군요. 뭐랄까 균형감을 잃어버리신 것 같은 느낌을 강하게 받아 그 뒤부터 아예 폴 워셔 목사님 설교는 찾아보지 않게 되더군요.

3. "우리 곧 나와 실루아노와 디모데가 너희 가운데서 선포한 하나님의 아들 예수 그리스도는, 예, 하고는, 아니요, 하신 분이 아니었으며 그분 안에는 예만 있었느니라"(고후1:19). 칼빈주의자들의 문제는 예수님을 '예' 하고는 조금 있다가 말을 바꾸어 '아니오'라고 하시는 분으로 생각하는 것입니다. 이것이 참 문제입니다.

4. 위 형제님의 멘트에 공감을 느끼는데 좀 더 자세한 표현이라면 후련할 것 같네요. 다양한 방법으로 확실한 인식이 필요해서요. 칼빈주의자라는 것을 떳떳이 말할 수 있는 현실이 너무 속상하네요.

5. 진짜와 많이 다르면 누구나 쉽게 구별할 수 있겠지만 가짜는 진짜와 너무 비슷해서 자칫하면 속을 가능성이 높다는 것이 문제라고 생각되네요. 거의 진짜 같은데 일부 중요한 부분이 가짜라면 사람들을 미혹시키기에 충분하고요. 가짜가 판치며 대세인 세상에서 오직 바른 말씀으로 깨어서 분별할 수 있는 지혜를 구할 뿐입니다.

부록 13

창조와 진화

예수님을 믿는 기독교의 믿음을 가장 크게 공격하는 것은 인본주의 진화론이다. 따라서 학교에서 가르치는 진화론이 허구이며 하나님께서 모든 것을 특별히 설계해서 창조했다는 믿음이 없이는 결코 예수님을 믿을 수 없다. 따라서 이번 장에서는 진화론의 허구를 여러 가지 증거와 함께 보여 주려 한다.

진화론은 과학인가?

전 세계에 널리 파급되어 큰 영향력을 행사하면서 성경의 진리들에 대항하는 인본주의 철학의 요지는 현대 과학이 생명체의 진화가 사실임을 증명했으며 따라서 창조에 관한 성경기록은 신뢰할 수 없다는 것이다. 그런데 생물체 기원에 관한 이론을 과학적으로 증명한다는 것은 불가능하므로 이 같은 요지에는 치명적 결점이 있다.

실로 과학적 방법의 핵심은 현재 일어나고 있는 일에 대한 관찰과 실험에 그 기반을 두고 있으며 따라서 오래 전에 있었던 온 우주의 생성에 관한 관찰과 실험을 한다는 것은 불가능하다. 뉴턴의 시대나 그 이후에나 사과는 나무에서 잘리면 밑으로 떨어지므로 만유인력의 법칙은 과학이다. 그러나 200억 년 전에 '빅뱅'이 생겼고 100만 년 전에 사람이 생겼다고 주장하는 사람들에게는 아무 근거가 없다. 사실 그들은 그럴 것이라고 믿는 것이다.

1971년도 판 다윈의 「종의 기원」 서문에서 영국의 생물학자 매튜스(L. Harrison Matthews) 역시 이 사실을 인정하고 있다.[1]

진화는 생물학의 중심 지지력이며 따라서 생물학은 '증명되지 않은 이론 위에 세워진 과학'이라는 아주 이상한 학문이 되고 말았다. 그렇다면 이것은 과학인가? 아니면 믿음인가? 진화론에 대한 믿음은 하나님의 특별 창조에 대한 믿음과 마찬가지로

---

1) Matthews, L. H., The Origin of Species, (Introduction by Charles Darwin), J. M. Dent and Sons, Ltd., London, 1971, p. 10.

믿음 혹은 신앙의 범주에 속한다. 이러한 개념들은 한결같이 그것을 믿는 사람들이 진리라고 생각하는 것들이지만 그중 어떤 것도 지금까지 증명된 적이 없다.

과학자들은 미래나 과거에 대해서는 그 무엇도 관찰할 수 없으며 단지 추측해 볼 수만 있을 뿐이다. 다시 한 번 강조하지만 그들은 단지 현재에 대해서만 관찰할 수 있다. 그렇다면 우리 사회에 널리 퍼져 있는 가정 즉 진화가 이미 확고히 정립된 과학적 사실이라는 가정은 절대적으로 거짓이다. <u>따라서 진화는 기원에 대한 믿음이나 주관적 철학 혹은 많은 과학자들의 종교라고 불리는 것이 타당할 것이다.</u>

이런 사실에도 불구하고 오늘날 많은 과학자들과 교사들은 여전히 진화가 확고히 정립된 과학적 사실이라고 주장한다. 예를 들어 지질학에 관한 표준 교과서인 「지구 역사의 본질」은 다음과 같이 말한다.[2]

> 화석 기록은 지구의 생명체가 여러 시대를 거쳐 변화했음을 보여 주는 증거들 즉 반박할 수 없는 증거들을 제시한다. 화석 잔류물에 대한 체계적 연구는 지구의 과거 역사에 대해 새로운 빛을 비추어 주었으며 지난 수천 년 동안 우세하게 전해 내려온 개념 즉 구식이며 미신적인 것들 - 즉 성경적 창조론 - 을 타파해 버렸다. 화석들은 생명이 변화했을 뿐만 아니라 시간이 흘러감에 따라 간단한 것에서 점점 복잡한 것으로 진보되었음을 증명해 준다. 이것들은 모두 사실이다. 어떤 사물에 대해 편견을 갖고 있지 않은 사람들에게는 오직 하나의 결론만이 존재할 수밖에 없다. 즉 지나온 과거와 지금의 모든 생명체는 아주 간단한 시작에서부터 진화하여 이루어진 것이다.

위에서 보았듯이 비록 진화론을 주장하는 과학자들이 진화가 어떻게 이루어졌는가에 대해서는 서로 다른 견해를 보일 수 있어도 진화가 이루어졌다는 사실에 대해서는 다 동의한다.

그러나 우리는 과학자들도 인간임을 기억해야 할 필요가 있다. 그들이 모두 완전히 객관적이며 공정하며 흰 가운을 걸치고 있는 엄숙하고 깨끗한 사람들이라는 생각은 절대적으로 불합리한 것이다. 편견이나 이미 세뇌당한 생각들의 효과, 개인적으로 강하게 갖고 있는 확신에 의한 영향, 소위 전문가라고 불리는 사람들에 대한 영향 등이 일반인들에게 영향을 미치듯이 과학자들에게도 영향을 미친다. 또한 많은 과학자들과 교사들은 기독교를 믿지 않는 사람들이다. 따라서 그들은 생명과 우주의 기원과 운명에 대한 자연주의적 설명을 받아들일 수밖에 없으며 사실 이 모든 요인들이 진화론을 널리 퍼뜨리는 데 굉장히 중요한 역할을

---

2) Strokes, William, and William Lee, Essentials of Earth History, Prentice-Hall, Inc., Englewood Cliffs, New Jersey, 1966, pp. 8-9.

했다.
　어떤 과학자들은 중립적 태도를 취하기 위해 '유신론적 진화론'(Theistic evolution)을 선택했다. '유신론적 진화론자'들은 자기들이 하나님과 성경을 믿는다고 주장하면서도 동시에 모든 생명체가 무기 화학 물질로부터 진화했다고 주장한다. 그러나 이같이 우스운 이론을 받아들이기 위해 그들은 수많은 성경의 사실을 버리고 떠나 그것들을 수정했고 궁극적으로 그것들이 진화론과 타협될 수 있도록 만들어 버렸다. 하지만 참으로 성경이 성령님께서 영감을 주시고 보존하신 '하나님의 말씀'이라고 믿는 크리스천들은 이같은 개념을 단숨에 내던져 버릴 것이다.
　간단히 말해 생물학적 진화론은 살아 있지 않은 물질이 살아 있는 단순한 구조의 조직체를 만들었고 그로부터 여러 형태의 생물체들이 재생되었다는 것이다. 이같은 믿음에 따르면, 모든 박테리아, 식물, 동물, 그리고 사람이 어떤 방식에 의해 존재하게 되었든지 단 하나의 조상으로부터 어떤 지성이나 계획 없이 스스로 일어나고 우연히 생겨났다는 것이다. 또 생물학적 진화론의 바탕에서 생겨난 전제 즉 '분자로부터 사람이 되는 이론'의 전제는 충분한 시간만 주어진다면 수소 가스가 결국 사람이 된다는 것이다.
　한편 이와 정반대의 관점을 갖고 있는 성경적 창조론은 하나님에 의한 초기의 특별한 창조가 있었음을 말한다. 그리고 그 같은 창조를 통해 성경 창세기에 기록된 대로 모든 법칙들, 과정들, 그리고 자연계의 모든 것들이 존재하게 되었음을 말한다. 우리는 역사를 통해 시대마다 거짓 교사들과 사상들이 엄청나게 많이 쏟아져 나왔음을 잊어서는 안 된다.
　대부분의 사람들이 어떤 것을 믿고 있다고 해서 반드시 그것이 진리일 수는 없다는 사실을 우리는 늘 기억해야 한다. 대다수의 의견으로부터 나온 주장이 확신을 주지는 못한다. 사실 과학적 진리는 투표에 의해 결정되는 것이 아니므로 대다수의 의견이냐 아니냐 하는 것은 별로 중요한 것이 못된다. 대다수의 의견이라는 것은 과거에도 종종 그러했듯이 완전히 틀릴 수도 있다.
　<u>진화론 및 성경적 창조론은 둘 다 과학적 방법에 의해서는 증명될 수 없으며 단지 믿음에 의해 받아들여야만 한다.</u> 그렇다고 해서 우리는 결코 이미 알려진 사실이나 관찰된 것들을 다 무용지물로 만들어 폐기시켜야만 한다고 말하지 않는다. 그와 반대로 우리는 어떤 모델이 더 가능성이 큰가를 밝혀내기 위해 과학적 사실들을 사용해야 하며 그렇게 할 때 그 믿음은 지적 믿음이 되며 그 안에 목적을 가질 수 있게 된다.
　우리는 과학의 사실들이 진화론을 부정하고 성경적 창조론을 지지하고 있음을 볼 것이다. 진리는 먼 곳에 있지 않다. 요즘 제주도의 귤이 제맛을 내고 있다.

귤나무는 땅에서 수분을 흡수하고 햇빛을 받아서 귤을 만들어 낸다. 가만히 생각해 보라. 엄청난 신비가 아닌가? 이 땅의 모든 것이 다 그렇다. 사람의 세포 하나가 온 우주보다 더 복잡하다. 그런데 완벽하게, 정교하게 돌아가고 있지 않은가? 이 모든 것이 우연히 오랜 세월에 걸쳐 형성될 수 있다고 믿는 것은 사실 대단한 믿음이다. 나는 그 정도의 믿음이 없다. 다만 나의 머리털, 손톱 하나를 보면서 그 안의 창조의 신비에 놀라고 창조주가 있구나 하는 정도의 작은 믿음만 가지고 있다. 은혜로우신 창조주 하나님께서 이런 작은 믿음의 소유자들에게 영원을 바라보는 큰 믿음을 주실 것이다.

지구의 생성 연대

진화론자들은 지구가 진화되기 위해 수백만 년이 걸렸다고 말한다. 반면에 성경은 지금부터 몇천 년 전에 6일 동안에 모든 창조 세계가 완성되었다고 말한다. 성경대로 지구를 포함한 온 우주가 약 6,000년 전에 창조된 것이 사실이라면 약 200억 년 전에 온 우주가 생성되고 그 이후에 지구가 진화되었으며 약 백만 년 전에 사람의 조상인 유인원이 처음으로 지구에 나타났다는 주장은 허구가 되고 만다.

200억년과 6,000년의 차이를 이렇게 비교하면 이해하기 쉬울 것이다. 200억년을 경부고속도로의 길이인 450km라고 가정하면 6,000년은 약 13.5cm이다. 이런 비교를 통해 창조와 진화 논쟁의 크기가 어떤 것인지 대략 감지할 수 있을 것이다.

진화론의 마술봉은 시간이다. 이 이론을 주장하는 사람들은 비논리적인 것들을 해결하기 위해 무조건 시간을 벌리려 한다. 그렇기 때문에 창조/진화 논쟁에서 연대의 문제는 가장 뜨거운 이슈이다. 만약에 지구와 우주의 생성 연대가 짧다는 것이 과학적으로 증명된다면 진화론은 거짓임이 금방 드러날 것이다. 그래서 진화론자들은 지구의 나이가 젊다는 것을 인정하려 하지 않고 그런 과학적인 자료들을 학교에서 가르치는 것을 막으려고 한다.

지구/우주 연대에 대한 과학적인 자료를 살펴보기 전에 먼저 성경은 무엇이라고 말하는지 살펴보겠다. 성경은 6일 동안에 온 세상과 우주가 창조되었다고 말하며 여기의 '하루'(day)는 지금 우리가 겪고 있는 것과 똑같은 하루 즉 24시간의 하루라고 이야기한다(출20:9-11). 창세기 5장과 10장을 보면 조상들의 족보가 나오는데 그들의 생애의 기간과 그들 이후의 기록들의 연대를 모두 더하면 지구와 우주의 연대는 6,000년이 된다는 것을 알 수 있다.

히브리어 구약 성경의 전문가들과 정통 유대인 랍비들은 한결같이 창세기의

6일 창조의 '하루'가 오늘날의 24시간을 의미한다고 주장한다. 하나님께서 말씀하신 것이 곧 그분이 뜻하신 바라는 것을 믿으면 문제가 간단해진다. 왜냐하면 하나님은 정말 하나님이고 하나님이 우주가 있으라고 말씀하시면 금방이라도 만들어질 수 있기 때문이다.

성경에 근거한 과학적인 연대기는 다음과 같다(27쪽의 '인류 역사 타임라인' 참조 바람).

(a) 지금부터 약 6,000년 전에 우주와 지구와 온 창조물이 하나님의 개입으로 특별하게 무에서 유로 창조되었다.
(b) 지금부터 약 5,000년 전에 노아가 등장한다.
(c) 지금부터 약 4,000년 전에 아브라함이 등장한다.
(d) 지금부터 약 3,000년 전에 다윗이 등장한다.
(e) 지금부터 약 2,000년 전에 예수 그리스도가 등장한다.

지구의 생성 연대가 짧음을 보여 주는 증거들

A. 지구의 자기장

지구 자기장의 세기는 지난 1세기 동안 잘 측정되어 왔고 과학자들은 이것을 통해 예외적으로 좋은 기록을 얻었다. 최근의 한 중요한 연구에서 반스(Thomas G. Barnes)는 지구 자기장의 세기가 1,400년마다 반으로 줄어들며 지수함수의 형태로 감소한다는 것을 보였다. 다시 말해 1,400년 전의 지구 자기장의 세기는 지금의 자기장의 세기의 두 배였다는 것이다. 만일 우리가 이 사실을 가지고 10,000년 전까지 역으로 추산해 보면 그때의 지구는 마치 자석별의 자기장만큼이나 강한 자기장을 갖고 있다는 결론에 다다르게 된다(이런 별에서는 생명이 존재할 수 없다). 물론 이것은 불가능한 일은 아니지만 사실같이 들리지는 않는다. 이처럼 현재의 지구 자기장의 반감기를 기초로 해서 지구의 형성 연대를 추정해 보면 지구 나이의 상한은 10,000년 정도로 볼 수 있다.

B. 유성 먼지

근래에 과학자들은 우주로부터 지구의 대기권 안으로 들어오는 우주 먼지 입자의 양이 거의 일정함을 발견했다. 결국 이러한 먼지 입자들은 지구의 표면에 가라앉아 쌓이게 된다. 피터슨(Hans Petterson)은 먼지 입자의 유입량을 정확히 측정하였고 지구가 연간 약 1,400만 톤의 먼지를 받아들인다고 결론지었다. 이제 진화론자들이 주장하고 있는 바와 같이 지구의 나이가 약 50억 년이라고 가정한다면 전 세계에는 약 60m정도의 두께를 가진 유성 먼지층이 있어야만 한다. 그러나 유감스럽게도 이러한 먼지층은 지구 어느 곳에도 존재하지 않는다. 진화론자들은 사람의 활동 때문에 먼지층이 없어졌다고 주장한다. 그렇다면 사람이 살지 않는 달에서는 어떤가? 적어도 이러한 두께의 먼지층이 있을 것으로 예상해 볼 수 있는 달에서조차도 우주 비행사들은 결코 이런 흔적을 발견하지 못했으며 약 1mm 두께의 먼지층만 발견되었다. 한때 아폴로 11호 등을 포함한 많은 우주선들의 비행사들을 보내면서 미국의 항공 우주국은 이들이 달 표면에 발을 대고 내릴 때 혹시라도 유성 먼지층에 잠기지나 않을까 하는 공포심을 갖고 있었고 그래서 착륙선의 다리 밑부분을 먼지에 빠지지 않게 넓게 설계했다. 그러나 이런 것은 기우에 지나지 않았다. 달의 먼지층 역시 달의 생성 연대가 매우 짧음을 입증한다.

C. 석유와 천연가스

석유와 천연가스는 지하 저장 장소에서 비교적 침투성이 없는 '덮개 암석'(cap rock)에 의해 고압이 유지된 상태로 저장되어 있으며 이 저장고의 압력은 매우 높다. 덮개 암석의 침투성 측정을 근거로 하여 계산을 해 보면 석유와 천연가스의 압력이 이런 상태로 만 년 이상 유지될 수 없음이 드러난다. 따라서 이러한 고압의 화석 연료가 수백만 년 동안 덮개 암석으로부터 새어 나가지 않고 지금처럼 유지되어 왔다고 가정하는 것은 터무니없는 주장이다.

석유와 천연 가스 그리고 더 나아가 해양 식물이나 다른 물질들이 놀랄 만큼 짧은 시간에 석유나 천연가스로 바뀌는 것이 가능하다는 사실이 최근의 여러 실험을 통해 밝혀지고 있다. 예를 들자면 적당한 온도와 압력을 주었을 때 식물로부터 나온 물질이 고급의 석유로 바뀌는 데는 불과 20분밖에 걸리지 않는다. 적당한 조건하에서 목재와 그 외 섬유소 물질들은 단지 서너 시간 안에 석탄이나 석탄류의 물질로 바뀐다. 따라서 이 실험들은 석탄, 석유, 천연가스의 형성을 위해 균일론적 지질학자들이 가정하고 가르쳤던 것과 같이 반드시 수백만 년이 필요한 것이 아님을 확실히 증명하고 있다.

D. 지구의 자전

지구의 자전 속도는 지구에 대한 태양과 달의 중력, 저항력과 다른 원인들로 인해 점차 느려지고 있다. 균일론을 믿는 지질학자들이 고집하는 대로, 만일 지구의 나이가 수십억 년이며 또한 지구의 자전 속도가 일정하게 감속되었다면 현재 지구의 자전 속도는 "0"이 되어야만 한다. 게다가 만일 수십억 년을 거슬러 계산해 보면 그때에는 원심력이 매우 컸을 것이고 따라서 모든 대륙은 다 적도 지역으로 이동했어야만 했을 것이며 지구의 전체 형태는 얇은 판처럼 되었을 것이다. 그러나 우리가 다 알고 있듯이 지구의 모양은 구형이다. 지구 내의 대륙들은 적도 지방으로만 모여 있지도 않으며 또 지구는 그 회전축을 중심으로 적도에서 시간당 약 1600km의 속도로 계속해서 돌고 있다. 분명한 결론은 지구의 연대가 결코 수십억 년이 아니라는 것이다.

E. 달의 퇴행

지구로부터 달이 퇴행한다는 사실은 지구와 달의 형성 연대가 비교적 짧다는 것을 보여 주는 또 다른 간단한 증거이다. 현재 달의 퇴행률은 잘 알려져 있으며 이것은 지구와 달의 형성 연대가 그리 길지 않음을 분명하게 보여 주고 있다. 진화론자들이 자기들의 주장을 입증하기 위해 반드시 변호해야 할 기본적 문제는 현재 달이 지구에 너무 밀접해 있다는 것이다. 잘 알려진 달의 퇴행 속도와 진화론자들이 40억 년에서 50억 년 정도로 가정하고 있는 지구의 형성 연대를 사용하여 달과 지구 사이의 거리에 대한 계산을 해 보면 달은 현재 위치보다 지구로부터 훨씬 더 멀리 있어야만 한다. 지구와 달은 진화론을 믿는 과학자들의 가정처럼 그렇게 오래 전에 형성된 것이 결코 아니다. 생명체의 진화를 설명하기 위해 진화론자들이 꼭 필요로 하는 엄청나게 긴 시간 즉 50억 년이니 200억 년이니 하는 긴 시간은 분명히 신화 속에나 나오는 것이며 실제로는 결코 존재하지 않는 것이다.

지금까지 제시한 예들은 지구와 태양계의 형성 연대가 비교적 짧다는 것을 보여 주는 많은 현상 중 몇 가지에 지나지 않는다. 이 외에도 다른 많은 예를 인용할 수도 있겠지만 지금까지 제시한 것만으로도 지구와 태양계의 형성 연대가 성경의 창조 연대와 비슷함을 알 수 있을 것이다.

사실 사람은 증거에 의해 조금 변할 수 있겠지만 근본적인 마음의 편견은 그렇게 쉽게 변하지 않는다. 예수님은 그 당시의 사람들에게 지옥이 있음을 확실한 진술로 보여 주셨다. 그곳은 영원한 불구덩이요, 유황불이 타는 곳이며 거기 들어간 사람들의 벌레들이 무수히 그들을 갉아먹어도 그들의 몸이 소멸되지 않는 곳이다.

그분께서는 이렇게 사실을 증언하시고는 누가복음 16장에서 지옥에 간 부자의 증언을 직접 소개하셨다. 그 부자는 죄로 인해 지옥에 갔으며 거기서 너무나 뜨거워서 애타게 물 한 방울 얻기를 갈망했지만 거절당했다. 이러한 처참한 사실을 깨달은 그는 비록 자기는 늦었지만 자기 집에 아직 남아 있는 자기 형제들이 생각나서 그들에게 전령을 보내어 지옥이 있으니 제발 그들이 믿고 회개함으로 거기에 오지 않게 해 달라고 아브라함에 간청했다. 그러자 아브라함은 분명히 그에게 대답했다. "그들에게 하나님의 대언자들이 기록해 준 하나님의 말씀이 있으니 그것만 있으면 충분하다. 그것을 믿지 않으면 심지어 죽었다가 다시 살아온 사람이 지옥의 실상을 증언해도 그의 말을 믿지 못할 것이다."

우리 주변에 하나님의 특별 창조를 증언하는 증거들은 수도 없이 많다. 우리 집에는 보스턴 테리어 종류의 개가 하나 있다. 나와 내 아내와 딸들은 그 개의 눈과 털과 발바닥과 혀와 이빨을 보면서 감동에 빠진다. 얼마나 놀라운 신비인가! 사람이 이런 것을 제조할 수 있을까? 이런 것들이 그냥 생길 수 있을까? 한 마디로 기이함 그 자체이다. 그런데 성경은 우리 몸에 대해 무어라 말하는가? 시편 기자는 다음과 같이 기록한다.

내가 주를 찬양하리니 이는 내가 두렵고도 놀랍게 만들어졌기 때문이니이다. 주께서 행하시는 일들이 놀라우므로 내 혼이 그것을 매우 잘 아나이다(시 139:14).

지구의 독특함

창조가 있었다는 사실은 반드시 창조자의 존재를 필요로 한다. 복잡한 설계는 주의 깊고 지적이며 숙련된 설계자를 필요로 하며 모든 조직은 조직체의 주관자를 필요로 한다. 이것은 아주 단순하며 간단한 논리이다. 우주 비행사들이 달에 착륙했을 때 바위 사이에 놓인 아주 섬세한 컴퓨터 시스템을 발견했다고 생각해 보자. 만일 그 컴퓨터가 공간 속에서 생겨난 바위들과 운석들의 우연한 충돌을 통해 또는 어떤 우연한 사건을 통해 진화한 것이라고 결론을 내린다면 과연 그것이 합리적이고 논리적일까? 아니면 그것이 어떤 지적 창조자에 의해 세심하게 고안되었다고 결론짓는 것이 더 논리적일까? 일반적 상식대로라면 물론 후자의 설명이 더 합리적일 것이다.

주스를 만드는 믹서 그 자체가 달 착륙선 아폴로 16호로 변할 가능성은 얼마나 될까? 이것은 완전히 상식을 벗어난 일이며 분별없고 불합리한 일이 아닌가? 분자의 우연한 조합을 통해 우연히 사람이 만들어져서 우연히 지금까지 존재하게 되었다고 말하는 것 역시 이와 같이 분별없고 불합리한 일은 아닐까? 물론 온 우주와 태양계가 하나님에 의해 고안되었다는 증거는 그것들이 단순히 우연에 의해 조합되었다는 그 어떤 가능성보다 훨씬 더 합리적이다. 이제 우리는 생명체를 유지하기 위해 매우 주의 깊고 특별하게 고안된 태양계의 몇 가지 특징을 생각해 보려 한다.

1. 지구는 태양으로부터 매우 적당한 거리에 위치해 있고 이로써 우리는 삶을 영위하기 위해 적당한 열량을 정확하게 받는다. 우리의 태양계 내의 다른 유성들은 태양에서 너무 가깝거나 멀어서 생명체들이 살 수 없다.
2. 지구의 회전 속도에 조그만 변화만 있어도 생명체들은 살 수 없다. 예를 들어 만일 지구가 현재 속도의 1/10로 회전한다면 모든 식물이 밤에는 얼어 버릴 것이고 낮에는 바삭바삭 타 버릴 것이다.
3. 지구가 거의 원형 궤도를 따라 태양의 주위를 돌고 있기 때문에 온도 변화는 적당한 한계 내에서 유지된다.
4. 극한 온도는 대기권 안에서 온실 효과를 나타내는 이산화탄소와 수증기 등에 의해 온화하게 만들어진다.
5. 지구로부터 약 384,000km 정도 떨어진 채 지구 주위를 돌고 있는 달은 지구에 전혀 피해를 끼치지 않으면서 바다의 조류를 일으킨다. 만약 달이 지구에서 현재 거리의 1/5 되는 위치에 있게 되면 대륙은 하루에 두 번씩 완전히 바다에 잠길 것이다.
6. 지구 지각의 두께와 바다의 깊이는 정교하게 고안되어 있다. 만일 지각의 두께가 증가하거나 바다의 길이가 단지 몇 미터 정도 더 길어진다면 자유 산소와 이산화탄소의 흡수율이 갑작스럽게 변해서 식물과 동물이 존재하지 못하게 될 것이다.
7. 지구의 축은 궤도 평면에 대한 수직축으로부터 23.5도 기울어져 있다. 이 같은 경사는 지구가 태양의 주위를 돌고 있는 것과 더불어 먹이 공급을 원활히 하는 데 있어서 절대적으로 필요한 계절의 변화를 일으킨다.
8. 지구의 대기권(오존층)은 무서운 태양의 자외선 복사로부터 우리를 보호해 주는 보호막의 역할을 하는데 만일 이것이 없다면 모든 생물은 사라지게 될 것이다.
9. 지구의 대기권은 날마다 초당 50km의 속도로 들어오는 약 2,000만 개의 운석들로부터 지구를 보호하는 중요한 역할을 한다. 만일 이같이 중요한 방패가 없다면 인류에 대한 위험이 무한대가 될 것이다.
10. 지구는 아주 완전한 물리적 크기와 질량을 갖고 있으므로 대기 압력과 중력 즉 물과 대기를 유지하는데 필수적인 힘 사이에 세심한 균형이 유지되어 생명체가 존속할 수 있다.
11. 지구의 대기권을 이루는 두 가지 주요 성분은 질소(78%)와 산소(21%)이다. 이 두 물질 사이의 기묘한 조성비는 모든 생명체에게 꼭 필요한 것이다.
12. 지구의 자기장은 해로운 우주 방사선으로부터 생명체를 보호하는 매우 중요한

보호막으로서 작용한다.

13. 지구는 필수적인 물리적 성질을 다 갖고 있으며 특히 생명체의 존속에 가장 중요한 요소인 물을 원활하게 공급하는 축복을 지니고 있다.

우리는 지구가 어떤 목적을 위해 세심히 고안되고 창조되었다는 개념을 뒷받침해주는 이런 형태의 예들을 얼마든지 많이 제시할 수 있다. 그러나 이것들만으로 우리의 입장을 설명하기에 충분하리라 생각된다. 결론적으로, 섬세한 생명체들에게 꼭 필요한 상호 의존적 조건들과 요소들이 완전하고 복잡하게 조화를 이루고 있다는 사실은 이 일들을 위해 누군가가 치밀하게 지적이고 목적으로 가득한 설계를 했음을 보여 주고 있다. 이토록 복잡하고 균형을 갖춘 생명체를 유지하기 위한 시스템들이 단지 우연에 의해 생겼다고 믿는 것은 절대적으로 의미가 없는 것이다. 정직하고 객관적인 관찰자라면 태양계가 하나님에 의해 지적으로 그리고 섬세하게 만들어졌다고 결론 내리지 않을 수 없을 것이다.

진화론의 모순 이론

진화론자들이 직면하고 있는 가장 심각한 문제는 생명체들의 진화를 설명해 줄 수 있는 어떤 절차나 과정을 찾아내야만 한다는 것이다. 비록 지난 몇 년 동안 여러 과정이 제안되기는 했지만 그중 어느 것도 유기체 진화에 대한 만족스러운 구조를 제공하지 못했다. 이제부터 어떻게 진화가 일어났는가를 설명해 주는 네 가지 주요한 진화 구조를 간단히 살펴보기로 하겠다.

라마르크의 진화설

'획득된 형질의 유전 이론'(용불용설)으로 알려진 이 이론은 라마르크(Jean Baptiste de Lamarck, 1744~1829)에 의해 처음 제안된 것으로 유기체 진화에 관한 최초의 체계화된 이론이었다. 이 이론의 기본 전제는 계속해서 사용하는 기관은 점점 발달하고 동시에 쓰지 않는 것은 점점 퇴화한다는 것이다. 이처럼 필요에 의해 얻게 되는 특성들은 결국 새로운 종으로 진화될 때까지 계속해서 후대로 계승된다는 것이다. 라마르크는 기린의 긴 목이 바로 이러한 방식으로 발달되었다고 믿었다. 다시 말해, 그는 기린이 나무의 잎사귀들을 먹으며 지속적으로 목을 뻗어 높은 곳에 있는 잎사귀들을 먹으려는 과정을 통해 기린의 목이 가늘고 길게 발달하게 되었다고 믿은 것이다.

이러한 특성들을 유전으로 계승받은 후손들 역시 스스로 이것들을 개선하여 자기들의 후손들에게 넘겨주고 그래서 결국 그런 특성을 갖는 후손이 생겨난다는 것이다. 그러나 지금 우리는 자손에게 유전될 수 있는 변화는 오직 유전자의 변화와 그들이 갖고 있는 DNA에 의해서만 가능하다는 사실을 잘 알고 있다. 라마르크의 진화론에 대한 근본적인 오류가 발견됨으로써 궁극적으로 이 이론은 거부를 당하게 되었고 그 결과 1930년대에 들어서면서부터 '획득한 특성의 계승 이론'(용불용설)은 과학계 전체에 의해 자연스레 버림을 받게 되었다.

다윈의 진화론

이것은 1859년에 다윈(Charles Darwin)에 의해 체계화된 진화론의 구조이다. '자연 선택설'(Theory of natural selection)로 알려진 이 이론은 적자생존의 개념을 핵심으로 한다. 다윈은 어떤 생명체가 먹이와 물과 집 등을 얻기 위해 경쟁하며 생존을 위해 계속되는 투쟁을 하고 있다는 점을 관찰했다. 그는 생명체들 가운데는 다양한 것들이 존재하므로 보다 우수한 특성을 지닌 것만이 잘 싸우게 되고 그 결과 많은 자손을 만든다고 추론했다.

다윈은 기린의 긴 목이 생존을 위한 투쟁의 결과라고 생각했음에 틀림이 없다. 그는 더 긴 목을 가진 기린이 음식물 얻기 경쟁에서 성공할 수 있고 따라서 자신들과 비슷한 자손을 더 많이 만들 수 있다고 생각했다. 그러나 이러한 과정은 더 이상 과학자들이 추측하고 있는 생명체의 진화를 설명해 주는 유일한 구조로서 인정받지 못한다. 자연적 선택은 적자의 생존을 설명하는 것이지 결코 적자의 출현을 설명하는 것이 아니다. 다윈의 저서인 「종의 기원」 등에는 무려 800번이 넘게 "우리는 추측할 수 있다."라는 구절이 나온다.

돌연변이 이론

이것은 1901년에 드브리스(Hugo de Vries)에 의해 제안되었으며 1866년에 유전학자 멘델(Gregor Mendel)이 진행한 연구에 그 바탕을 두고 있다. 완두콩 꽃을 사용한 멘델의 역사적 실험은 다윈의 진화론의 근본적 오류를 드러내 주었다. 원래 빨간색과 흰색의 꽃을 내는 모(母)식물을 교배해서 생긴 제2대 빨간색 꽃식물을 이종 교배했을 때, 멘델은 빨간색 꽃뿐 아니라 하얀색 꽃도 얻을 수 있음을 발견했다. 그러나 이에 대해 다윈은 모 식물이 하얀 특성을 소유하지 않았으므로 하얀색 꽃이 생긴 것은 진화론에 따른 새로운 발전/진보라고 가정하였다. 그러나 멘델은 이러한 특성이 전혀 새로운 것이 아님을 확실히 보여 주었다. 사실 그것은 모 식물의 세대 안에서 우성의 유전자(빨간색)에 의해 일시적으로 감추어진 채 열성의 성질(흰색)로 항상 존재했던 것이다.

다윈의 진화론이 살아남기 위해서는, 이러한 새로운 사실들을 직시하고 그에 따라 주장하는 바를 적당히 바꾸어야만 할 것이다. 이를 위해 아주 편리하게도 유전자가 돌연변이의 과정을 통해 완벽하게 새로운 형태로 변화할 수 있다는 설이 제안되었으니 이것이 바로 돌연변이 이론이다. 이 이론에 따르면, 새로운 종은 유익을 끼치는 돌연변이(DNA 교체의 기회)의 결과로 생겨난다는 것이다. 그러나 현대 과학자들은 이러한 과정 역시 유기체의 진화를 설명하는 유일한 구조로 인정하지 않는다.

신다윈주의

사실 현대 진화론들은 다윈의 사고를 수정하고 추가한 것에 지나지 않으며 따라서 신다윈주의라 불린다. 이러한 형태의 과정을 제안하는 현대 과학자들은 유기체의 진화가 자연 선택(다윈주의), 돌연변이 그리고 지질학적 연대 등의 종합적 효과에 의해 설명될 수 있다고 가정한다. 신다윈주의자들은 돌연변이라는 과정이 진화에 필요한 잡종들을 제공하며 굉장히 긴 시간을 거쳐 자연 자체가 자기의 뜻대로 그중에서 가장 적합한 것을 선택한다고 믿는다. 그들은 돌연변이나 자연 선택 하나만으로는 자기들이 가정하는 생명체의 진화 과정을 설명할 수 없음을 인정한다. 비록 이것이 가장 최근의 진화 이론이긴 하지만 이것 역시 아주 기본적인 결점을 가지고 있으며 따라서 그럴듯한 진화의 구조로는 부적격하다.

예를 들어, 만일 돌연변이가 생명체의 진화 과정에 정말로 필요했다면 돌연변이가 발생하는 생명체의 생존 능력을 증대시켜야만 할 것이다. 그러나 실제로 돌연변이는, 돌연변이가 일어나는 불행한 생명체에게 비록 치명적이지는 않다 해도, 거의 대부분(99.99%) 해로운 것으로 밝혀졌다. 다시 말해, 돌연변이는 더 약하고 살아가기에 불리한 생명체를 생산해 내는 것이다. 돌연변이에 의해 생긴 존재들은 생존을 위해 싸우기가 어렵다. 이러한 사실은 현대 진화론의 가정과 희망적 기대에 회복할 수 없는 큰 타격을 주는 것이다. 또한 돌연변이는 기린의 긴 목에 대해서도 제대로 설명할 수 없다. 목 길이의 작은 차이는 음식의 차이나 혹은 목의 길이를 제어하는 여러 가지 우성 유전자 수의 변화에 의존한다는 사실이 이미 잘 알려져 있기 때문이다.

돌연변이의 99.99%가 해롭고 매우 드물며 완전히 무작위적이라는 사실에도 불구하고 신다윈주의자들은 이러한 어려움들이 지질학적 연대와 자연 선택에 의해 다 해결된다는 '초특급 믿음'을 가지고 있다. 그들은 진화에 의해 만물이 형성되는 데 이용될 수 있는, 풍부하고도 알맞은 돌연변이들이 생산되고 선택되기에 충분한 시간이 있었다고 믿는다. 비록 우연의 과정들에 의해 어떤 것이 생산될 수 있다는 것은 사실이지만 우연에 의해 창조된 것의 대부분이 순간적으로 소멸된다는 것 또한 사실이다. 예를 들어, 우리는 우연한 과정에 의해 지금 이 땅에 존재하지 않는데, 그 이유는 만일 그렇다면 우리가 그와 똑같은 객관적 확률에 의해 이미 오래전에 사라져 버렸을 것이기 때문이다.

결론적으로, 돌연변이와 자연 선택과 시간의 구조를 조합한 신다윈주의는 진화론자들이 가정하는 생명의 진화 과정을 결코 설명할 수 없다. 돌연변이는 항상 이전보다 덜 적합한 생명체를 만들어 낸다. 자연 선택은 적합하지 못한 생명체를 파괴한다. 시간은 죽음과 붕괴만 가져온다. 따라서 이 세 가지로 구성된 진화의 구조는 어떠한 긍정적인 것도 낳을 수 없는 삼중 부정 구조가 되는 것이다. 따라서 오늘날의 진화론자는 자신의 이론에 대한 근거나 혹은 설명도 없이 자신의 이론을 주장하고 있는 것이다. 이제 이러한 사람이 믿는 비과학적인 상상을 계속해서 믿을 수 있겠는가? 이 세상의 신 즉 사탄이 진리를 믿지 않는 자들을 골라 그들의 마음을 멀게 한 것은 참으로 사실이 아닌가?(고후4:4)

생물 발생설

진화의 현대적 개념은 16세기 과학자들이 주장한 자연 발생설 즉 죽어서 부패한 물질로부터 생명체가 자연히 생겨났다는 이론이 세련되게 단장되어 복귀된 것으로 보인다. 역사적으로 볼 때, 자연 발생설의 지지자들은 피상적인 관찰을 통해 여러 가지 '흥미로운' 것들 즉 바나나 껍질에서 과일 파리가 나오고 기름에서 구더기가 나오고 죽은 송아지에서 벌이 나왔다는 것 등과 같은 것을 보았고 그 결과 이 같은 결론을 이끌어냈다.

자연 발생설은 레디, 스팔란자니, 파스퇴르 등과 같은 생물학자들의 신중한 연구에 의해 논박되었다. 이들은 피상적 현상을 넘어선 아주 조심스러운 실험을 진행하였다. 그들은 어떤 물질이 미리 살균되어 가능한 생물학적 오염으로부터 완전히 차단되면 그것으로부터 어떤 생명체도 발생할 수 없음을 증명했다. 그러므로 자연 발생이란 존재하지 않는다. 생명은 오직 먼저 존재하는 생명체로부터만 나오며, 오직 자신의 종류만을 영원토록 존속시킬 것이다.

진화론자들을 당혹케 만들 정도의 복잡하고 다양하고 아름다우며 질서 있는 생명체들이 보여 주는 놀라울 정도의 완벽함은 생명체에 대한 진화론자들의 설명/해석을 완전히 무용지물로 만들어 버렸다. 놀랍도록 정밀한 이주 능력과 그 밖의 다른 본능들이 광범위하게 존재한다는 사실은 진화론의 설명을 필요로 하지 않는다. 생물학의 일관되고 압도적인 증거는 성경적 창조주의를 지지하고 있으며 신화와 동화와 같은 진화론을 확실하게 논박하고 있다. 한때 다윈은 자신의 신학이 '단순한 혼란'에 지나지 않는다고 시인한 적이 있다. 이제는 이 같은 그의 진술이 그의 생물학에 대해서도 그대로 적용될 수 있음이 아주 확실해졌다.

인류학의 허구

진화론자들은 지금부터 약 3천만 년에서 7천만 년 전에 사람과 유인원 모두가 정체를 알 수 없는 어떤 공통의 선조로부터 진화해 왔다고 믿는다. 이러한 주장을 떠받들기 위해 그들은 화석화된 많은 뼈와 치아 등을 그 증거로 내세우고 있다. 반면에 창조론자들은 사람은 단지 수천 년 전에 - 좀 더 정확하게는 약 6,000년 전에 - 초자연적으로 창조되었고 다른 창조물과는 완전히 구별되는 존재라고 주장한다(창1; 고전15:39).

전 세계의 여러 박물관에 가 보면 진화론자들의 주장에 근거하여 사람의 진화를 설명하는 것으로 추정되는 매우 인상적인 진열물이 많이 있다. 사실 이러한 전시품이 아주 적은 양의 조각 증거들에 그 근거를 두고 있음에도 불구하고 각종 화석 전시회에 가보면 진화론자들은 사람의 진화가 아주 정립이 잘 된 확고한 사실로 소개하고 있다.

사람과 유인원 사이의 중간 연결 고리로 불리는 '원인'(ape-men)은 그 화석이 발견된 장소의 이름을 따라 명명되어 왔으며 그 예로는 '네브래스카인', '자바인', '북경원인' 등이 있다. 이제부터는 사람의 진화에 대한 진실성을 평가하기 위해 '화석 원인'(fossil ape-man)이라 불리는 것들 가운데 좀 더 중요한 의미를 갖는 몇 가지를 자세히 살펴보려 한다.

네브래스카인

네브래스카인은 1922년에 미국 중서부의 네브래스카주의 제3기 최신세 지층 속에서 쿡(Harold Cook)에 의해 발견된 화석 유물이다. 진화론자들은 이 유물이 백만 년 전에 산 사람과 유인원 사이의 '잃어버린 중간 연결 고리'라고 대대적인 선전을 했고 그 결과 이 유물에 대하여 수없이 많은 보고서가 쏟아져 나왔다.

그렇다면 도대체 진화론자들이 네브래스카인의 정체를 보여 주기 위해 제시한 명확한 과학적 증거란 무엇이었단 말인가? 그들이 제시한 유일한 증거는 한 개의 이빨이었다. 실로 그들은 단 한 개의 이빨만을 발견했던 것이다. 그들은 이 한 개의 이빨을 조사했고, 그 뒤에 그것이 아메리카 대륙에서 살았던 선사시대의 종족에 대한 긍정적 증거라는 평을 내렸다. 이것은 소위 세계의 최우수 과학자라 불리던 진화론자들이 자기들의 엄청난 상상력을 동원하여 꾸며낸 비극적 사실을 보여 주는 극명한 예인 것이다.

그러나 몇 년이 지난 뒤에 그 첫째 이빨이 나왔던 동물의 전체 뼈대가 발견되었다. 그런데 참으로 재미있는 것은 진화론자들로 하여금 네브래스카인에 대한 확신을 심어 주는 일에 주춧돌 역할을 했던 그 이빨이 멸종된 어떤 돼지 종류의 이빨로 판명되었다는 사실이다. '과학의 권위자들'은 자기들의 상상력을 무한정으로 동원하여 돼지의 이빨로부터 인류의 조상을 창조해 냈던 것이다! 소위 지식층이라 불리는 과학계 전체가 인류의 조상에 대해 이처럼 주목할 만한 주석을 내렸다는 사실은 참으로 얼마나 어리석은 일이었던가! 그런데 과연 이런 사실이 진화론 과학자들을 당혹케 했던가! 두말할 필요도 없이 이렇게 거짓으로 발견된 모순은 공개적으로 잘 알려지지 않게 되었다.

자바 원인

모든 원인 중에서 가장 유명한 것은 자바 원인 즉 '피테칸트로푸스 에렉투스'(Pithecanthropus erectus, 직립 원인)이다. 자바 원인은 열성적 진화론자였던 두보이(Eugine Dubois) 박사가 1891년에 발견한 것이다. 두보이 박사가 발견한 것은 두개골 윗부분의 작은 조각과 왼쪽 대퇴골의 한 부분 그리고 어금니 등 모두 세 개였다. 이 증거들은 확실히 이전의 다른 어떤 증거보다 실제적이긴 했지만 그래도 여전히 신체의 매우 적은 일부분에 지나지 않는 것들이다. 더욱이 이 유물들은 동일한 장소에서 함께 발견된 것이 아니고 약 20m 반경의 범위 안에서 수집되었던 것이었다. 또한 유의해야 할 점은 이 증거들이 동시에 발견된 것이 아니라 약 1년간의 기간을 통해 발견되었다는 사실이다.

이 유물들이 멸종된 다른 동물들의 뼈들이 묻혀 있는 오래된 강의 배사 구조 안에 함께 묻혀 있었다는 사실로 인해 자바 원인이 안고 있는 문제점은 더욱 복잡하게 되었다. 이러한 어려움에도 불구하고, 진화론자들은 자바 원인이 지금부터 약 75만 년 전에 산, 사람과 원숭이 사이의 중간 연결 고리라고 조심스레 확신하고 있다. 이 '과학 전문가들'은 우리로 하여금 이러한 몇몇 조각이 선사 시대 인류의 전체적 모습을 재구성하는 데 충분한 정보를 준다고 믿게 하려 할는지도 모른다. 그러나 여기에도 몇 개의 문제점이 있다. 예를 들어, 도대체 그렇게 빈약한 증거들을 가지고 어떻게 사람 전체를 완전하게 재구성할 수 있단 말인가? 그 전문가들은 도대체 그 모든 조각이 같은 동물로부터 나왔다는 것을 어떻게 확신한단 말인가? 도대체 화석화되지도 않은 이 뼛조각들이 흩어지지도 않고 어떻게 그렇게 오랫동안 남아 있을 수 있었단 말인가?

이것을 발견한 두보이 박사마저도 나중에는 자신의 학설을 수정했다. 그는 그 뼈들이 긴팔원숭이에게 속한 것이라고 결론지었다. 그러나 일반 대중 가운데 박물관 전시회를 찾아보거나 교과서를 읽음으로써 전 세계적으로 그렇게 유명한 자바 원인이라는 증거가 애매모호하다는 것을 아는 사람은 거의 없다. 왜냐하면 그런 전시회나 교과서들이 한결같이 너무 독단적이기 때문이다. 사람이 진화했다는 주장을 펼 때와 비슷하게 진화론자들은 자바 원인 역시 이미 잘 정립된 과학적 사실이라고 선전하고 다님으로써 이 유물에 대한 매우 의심스러운 본질을 숨겨왔다.

필트다운인

지금까지 알려진 바에 의하면, 필트다운인의 유적은 1912년에 아마추어 화석 연구가 도우슨(Charles Dawson)에 의해 발견되었다고 한다. 그는 몇 개의 뼛조각과 이빨 및 원시 도구 몇 점을 만들어 놓고는 마치 자신이 그것들을 영국 서섹스주의 필트다운(Piltdown, Sussex, England)에 있는 자갈 단지에서 발견했다고 주장했다. 그는 이 유물들을 영국 박물관의 저명한 화석학자였던 우드워드 박사에게 들고 갔다.

늘 그러했듯이 인류학자들은 곧바로 이 유물들이 지금부터 약 50만 년 전의 것으로 인정해 버렸다. 여러 박물관과 책의 선전을 통해 그 유물이 아주 위대한 발견인 '필트다운인'(Piltdown Man)으로 알려지자 이 유물에 대해 수많은 문헌이 홍수처럼 쏟아져 나왔다. 500여 명이 넘는 사람들이 이 필트다운인을 주제로 해서 박사 논문을 썼다. 확실히 이번의 발견은 시간의 시험을 다 견디어 내고 진화론을 확고히 증명해 줄 수 있는 과학적 사실로 자리매김을 할 수 있을 것으로 예측되었다. 그런데 정말로 그렇게 되었을까?

1956년 10월, 도우슨이 발견한 것이 거짓으로 들통날 때까지 모든 것은 참으로 순조로워 보였다. 그런데 「대중 과학」(Popular Science)이라는 월간지에서 발췌한 '놀라운 필트다운 사기극'(The Great Piltdown Hoax)이라는 제목의 기사가 「리더스 다이제스트」지에 실렸다. 불소 흡수에 기초한 새로운 방법을 사용해서 그 뼈들의 연대를 측정해 본 결과 필트다운인의 뼈들이 다 거짓으로 판명 나고 말았다. 더욱 정밀하게 조사한 결과 필트다운인의 턱뼈는 그 유물이 발견되기 겨우 5년 전에 죽은 원숭이의 것임이 드러나게 되었다.

사실 필트다운인의 진짜 정체를 감추기 위해 이 사건을 조작한 장본인은 그 이빨들을 줄로 다듬었고 뼈와 이빨은 다 칼륨의 이염화 물로 변색시켜 버렸다. 따라서 필트다운인은 속임수에 기초한 완전 사기극이었으며 그것을 확실하게 지지했던 모든 '과학 전문가들'은 완전히 어리석은 사람들이 되고 말았다. 보우덴에 의하면, 필트다운에서 그 유물들이 들어 있던 구덩이 속에 가짜 화석을 집어넣은 장본인은 샤르뎅이라고 한다. 사실 샤르뎅이라는 인물은 기독교 신앙과 진화론을 조화시키기 위해 몇 권의 철학 서적을 저술한 바 있는 열렬한 진화론자였다. 그러나 자기가 신봉하는 다윈의 진화론에 대한 확실한 증거가 없음으로 인해 그는 심히 분노하게 되었고 그 결과 잃어버린 중간 연결 고리를 스스로 구성함으로써 진화론을 도와주어야겠다는 마음을 먹고 이런 사기극을 저지른 것으로 추정된다.

그런데 이같이 사기극으로 이루어진 필트다운인이 마치 확고한 과학적 사실로서 지난 수십 년간 주요 교과서들에 실리고 많은 연구자들이 이에 대해 연구를 수행했으며 주립/국립 박물관들에서 진화의 증거로 전시되었다는 사실은 결코 간과할 수 없는 일이다.

네안데르탈인

네안데르탈인은 20세기 초에 독일 뒤셀도르프 근처 네안데르탈 계곡에 있는 동굴에서 처음으로 발견되어 세상에 알려지기 시작한 존재이다. 이것은 반직립인으로 원통형 가슴을 갖고 있으며 아주 잔인한 존재로 사람과 원숭이 사이를 연결해 주는 중간 연결 고리로 묘사되곤 했다. 그러나 다른 네안데르탈인의 유골을 발견하고 연구를 수행한 결과 그는 완전한 직립 보행인이었고 더욱이 완전한 인간이었음이 알려지게 되었다. 사실 그의 두개골 용적은 현대인의 두개골 용적보다 무려 13%나 더 컸다. 진화론자들은 두개골의 용적이 크면 클수록 더 많이 진화한 것으로 평가하는데 그런 차원에서 보면 네안데르탈인은 현대인보다 더 많이 진화한 것이다.

네안데르탈인에 대한 그릇된 개념은 두 가지 요인 때문에 생겨났다. 첫째 요인은 네안데르탈인을 재구성한 인류학자들이 이미 진화론에 의해 세뇌를 당했다는 점이다. 둘째 요인은 처음에 평가한 네안데르탈인의 유골이 관절염과 구루병(곱사등)에 걸려 다리를 저는 사람의 뼈였다는 점이다. 오늘날에는 과학자들조차도 네안데르탈인을 완전한 사람인 호모 사피엔스로 분류하고 있다.

공통적으로 인용되는 진화의 증거들 반박

진화론자들은 자기들의 이론을 유지하기 위해 이른바 진화의 증거라는 것들을 종종 제시하며 이런 예들이 생물체의 진화를 확실히 증명해 준다고 믿는다. 이러한 예들은 진화론을 지지해 주는 통합 작용/과정에 대한 긍정적인 예로서 아주 강력하게 제시되곤 한다. 이제 우리는 이미 교과서 등을 통해 알고 있는 유명한 진화의 증거들에 대해 간단히 살펴보려 한다.

흔적 기관

흔적 기관이란 처음에는 완전히 발달되어 그 기능을 제대로 발휘했으나 지금은 전혀 필요가 없게 되었다고 진화론자들이 가정하는 동물의 구조/기관을 말한다. 진화론자들은 이런 구조들이 이전에 있었던 진화의 변화를 나타내 준다고 가정하기 때문에 이것들을 오랫동안 진화의 증거로 인용해 왔다. 그러나 금방 알게 되겠지만 흔적 기관 역시 진화론자들이 확실한 증거도 없이 미리 설쳐서 자기들을 곤경에 밀어 넣은 또 다른 좋은 예에 속한다.

사실 생리학에 대한 지식이 점점 늘어나면서, 진화론자들이 쓸모없다고 가정한 흔적 기관들이 실제로는 아주 유용하며 어떤 경우에는 매우 필수적이라는 것을 우리는 깨닫는다. 예를 들어, 1960년대까지만 해도 많은 교과서들이 갑상선과 뇌하수체를 포함한 약 200가지 이상의 신체 기관들을 흔적 기관으로 목록화했다. 그러나 이러한 기관과 구조에 대한 우리의 지식과 이해도가 증가해 감에 따라 그들이 쓸모없다고 판정한 구조와 기관의 목록이 오늘날에는 크게 감소하고 있다. 그 결과, 이전에 흔적 기관으로 분류된 대부분의 기관/구조가 생명체가 살아가는 동안 어떤 기능을 수행하고 있는 것으로 지금은 알려져 있다. 또한 흔적 기관에 대한 논쟁 속에 들어 있는 치명적 결점이 최근의 유전학에 의해 노출되기도 하였다.

기본적으로 흔적 기관이라는 개념은 구조/기관의 발달과 상실이 필요에 의해 결정된다는 라마르크의 이론으로 되돌아가는 것을 의미한다. 그러나 최근 들어 기관 및 구조 등은 염색체 혹은 DNA 내의 유전자 변화에 의해서만 수정될 수 있음이 알려지게 되었다. 기관/구조가 현재 사용되고 있느냐 사용되고 있지 않느냐 하는 것은 결코 후대에 아무런 영향도 미치지 못하는 것이다.

비록 흔적 기관이라는 개념이 맞는다 하더라도 이 개념은 여전히 진화론을 지지하지 못한다. 그 이유는 흔적 기관이란 반드시 어떤 구조나 기관이 더 나은 것으로 발전하는 것이 아니고 더 나쁜 것으로 퇴화하는 것을 의미하기 때문이다. 진화론자들은, 어떤 창조물이 기능을 잘 갖춘 단위가 되기 위해 초기 발생 조직 등을 반드시 필요로 한다고 주장하지만 사실 그런 조직은 전혀 존재하지 않는다. 따라서 이 같은 사실은 생물체 진화를 반대하는 강력한 논제로 사용되고 있다. 결론적으로 흔적 기관이라는 개념은 결코 생물학적으로 변호할 수 없는 개념이며 옛날에 진화론자들이 과학적 사실들을 일시적으로 덮어버리기 위해 상상 속에서 꾸며낸 그릇된 개념이다. 따라서 일고의 가치도 없는 이런 개념을 완전히 내다

버려도 전혀 문제가 없는 것이다.

점나방

일반적으로 현대 신다윈주의 지지자들은 진화를 증명하는 놀라운 예로 영국의 점나방 사례를 인용한다. 점나방은 항상 밝은 색, 중간색 그리고 어두운 색을 띤 여러 가지 형태로 존재했다. 산업 혁명 이전에는 나무의 줄기들이 밝은 색이었기 때문에 밝은 색의 나방들이 자기 몸을 잘 위장할 수 있었다. 반면에 어두운 색의 나방들은 쉽게 발견되어 새들의 먹이가 되었으며 결과적으로 어두운 색의 나방들은 전체 나방들 가운데 아주 적은 부분을 차지했다. 그러나 산업 혁명이 진행됨에 따라 대기의 공해가 증가하기 시작했고 나무줄기 역시 점점 어둡게 되었다. 그로부터 45년 뒤에 상황은 역전되고 말았다. 예를 들어 맨체스터시 주변의 점나방들 가운데는 95%가 어두운 색을 띠고 있었다.

그런데 과연 이것이 정말로 진화를 증명한단 말인가? 물론 절대로 그렇지 않다. 이 과정은 결코 새로운 어떤 것을 만들어 내지 않았으며 더욱 복잡하고 조직화된 결과를 가져오지도 않았다. 사실 어두운 색깔의 나방들은 항상 존재해 왔다. 다만 공기의 오염이 단순히 어두운 색깔의 나방들과 밝은 색깔의 나방들의 숫자만을 변화시켰을 뿐이다. 점나방의 경우는, 진화론자들이 주장하는 이른바 획기적인 어떤 변화가 나방들 안에 발생한 것을 보여 주는 사례가 아니며 단지 자연 선택의 원리를 설명해 줄 뿐이다. 1971년판 「종의 기원」의 서문에서 매튜스(L. Harrison Matthews)는 다음과 같이 기록하고 있다.[3]

> 점나방 사례는 자연 선택 혹은 적자생존이 실제로 유효함을 설명하고 있다. 그러나 그 사례는 결코 진화가 진행되고 있음을 보여 주지는 않는다. 왜냐하면 색깔에 따른 구성 비율은 변할 수 있지만 그 나방들은 처음부터 점나방이었기 때문이다.

이런 분명한 사실에도 불구하고, 여전히 많은 교과서와 백과사전들은 계속해서 진화론을 지지하는 발전/진보의 예로서 점나방을 인용하고 있다. 그러나 만일 이것이 진화론자들이 자기들의 이론을 증명하기 위해 내놓을 수 있는 가장 좋은 예라면 그들은 정말로 심각한 문제에 부딪히게 된다. 왜냐하면 그것은 결코 진화를 보여 주는 사례가 아니기 때문이다.

---

3) Matthews, L. H., The Origin of Species, (Introduction) by Charles Darwin, J. M. Dent and Sons, Ltd., London, 1971, p. 10.

오리너구리

　진화론자들은 오리너구리가 포유동물과 조류 사이의 진화를 보여 주는 중간 연결 고리라고 주장한다. 오리너구리는 현재 오스트레일리아에서 살고 있는 짐승으로 부드러운 털을 가지고 있으며 다른 포유동물처럼 새끼들에게 젖을 준다. 그런데 새끼 오리너구리는 파충류처럼 알에서 부화하며 오리와 같이 물갈퀴가 있는 다리와 넓적한 부리를 갖고 있다. 또 음식을 옮기기 위해 턱에 주머니를 가지고 있으며 뱀의 독 이빨처럼 독이 있는 발톱을 뒷다리에 가지고 있다. 아주 놀랍게도 오리너구리는 돌고래처럼 반향을 이용해서 위치를 찾는다. 사람들이 이미 잘 알고 있듯이, 오리너구리는 모습과 특징에 있어서 조류와 포유류의 특성을 가진 이상한 혼합체이다.

　그러나 과연 이러한 특징들이 이상하게 조합되었다는 사실이 오리너구리가 진화의 중간 단계에 있는 과도기 동물임을 보여 준단 말인가? 창조론자들은 단순히 오리너구리라는 창조물이 창조적 설계에 의해 모자이크식으로 여러 가지 특징을 가진 모습으로 만들어진 짐승이라고 주장한다. 오리너구리의 예가 서로 다른 관점을 지지해 주기 위해 사용될 수 있는 것처럼 보이는 것은 사실이다. 그러나 오리너구리의 기원에 대한 진화론적 설명을 부인할 수 있는 몇 가지 합당한 이유가 있다.

1. 오리너구리 화석들은 지금 존재하고 있는 오리너구리들과 똑같다.
2. 알과 유선(乳腺)의 복합적 구조는 처음부터 완벽하게 발달되어 있었으며 따라서 이것들은 자궁이나 유선의 성장과 기원 등에 대해 아무런 해답도 제공하지 않는다.
3. 알을 낳는 오리너구리보다 포유동물의 특성을 더 많이 지닌 짐승들의 화석이, 진화론자들의 애용물인 지질 주상도에서, 오리너구리가 발견된 지층보다 훨씬 더 낮은 지층에서 발견된다.

　진화론자들의 이론에 따르자면 저등한 짐승 즉 진화가 덜 이루어진 짐승일수록 그 화석이 지질 주상도의 하부 지층에서 발견되어야만 한다. 그런데 셋째 사실은 이와는 상반되므로, 오리너구리는 복합적 특징을 갖도록 특별하게 설계된 짐승이며 그 자체로 독특한 형태의 동물이라고 우리는 결론지을 수밖에 없다. 다시 말해 오리너구리는 진화의 과도기 형태가 아니고 오히려 창조주 하나님의 예술적 기교와 유머 감각을 잘 나타내주는 멋있는 예이다.

시조새

진화론자들은 조류가 파충류로부터 진화되었다고 주장하는데, 이들이 이 두 계통의 생물체 사이의 과도기 중간 연결 고리로 제안하는 유일한 화석이 바로 저 유명한 시조새 화석이다. 진화론자들은 파충류로부터 조류가 되기까지 약 8,000만 년 정도의 진화 기간이 있었다고 추정한다. 비록 진화론을 믿는 사람이라 하더라도, 그렇게 긴 기간 동안에 서로 다른 이 두 계통의 생물체 사이의 중간 연결 단계로 단 한 개의 화석만이 발견되었다는 사실을 이해하기는 참으로 어려울 것이다.

진화론자들이 가정하는 것처럼 파충류 선조로부터 나와 '비행'(飛行)이라는 놀라운 진화 단계를 거친 수백만/수천만 개의 중간 형태들은 도대체 어디에 있단 말인가? 반은 비늘로 그리고 반은 깃털로 이루어져 있어서 높이 평가를 받아야만 할 조류/파충류 중간 단계 화석 표본들은 도대체 어디에 있단 말인가? 만일 파충류로부터 조류로 진화했다는 것이 사실이라면, 무엇보다도 수없이 많은 과도기 형태가 화석의 기록으로 객관적으로 보존되어야만 한다. 그런데 사실은 전혀 그렇지 않다. 더욱이 시조새가 파충류와 조류의 특징을 겸하고 있다는 사실로 인해 논쟁이 있음에도 불구하고, 대부분의 화석학자들은 시조새가 파충류와 조류 사이의 중간 형태가 아니라 100% 확실한 새라고 분류하고 있다. 그 이유는 시조새의 특징이 진짜 새에서는 나타나지만 많은 파충류에서는 전혀 나타나지 않기 때문이다.

오리너구리가 포유동물과 조류 사이의 중간 연결 고리가 아닌 것처럼 시조새는 결코 파충류와 조류 사이의 중간 연결 고리가 아니다. 파충류로부터 조류로 진화가 이루어졌다고 주장하는 데는 참으로 중요한 난제가 있다. 그것은 그들의 폐와 관련이 있다. 파충류의 폐는 수백만 개의 작은 공기 주머니로 구성되어 있다. 그러나 새들의 폐는 관으로 구성되어 있다. 파충류의 폐에서 조류의 폐로 조금씩 진화하는 것은 실질적으로 불가능하다. 그 이유는 반은 관으로 그리고 나머지 반은 공기주머니로 이루어진 폐를 소유한 과도기 생물체가 살아남을 수 있다는 것이 전적으로 불가능하기 때문이다.

생물 발생 법칙

1866년 해켈(Ernst Haeckel)은 이른바 '속생설의 법칙' 혹은 '생물 발생 법칙'을 발전시켰다. 반복의 법칙으로도 잘 알려진 이 개념은 가끔씩 대학교 교재에도 실리곤 한다. 이미 널리 알려진 상투적 문구로 그 내용을 요약하면 다음과 같다.

"개체 발생(ontogeny)은 계통 발생(phylogeny)을 반복한다." 이것을 풀어서 간단하게 말하자면 태아의 발달 즉 개체 발생이 진화론자들이 가정하고 있는, 이른바 조직체의 진화론적 발달을 따라간다는 것이다.

속생설의 법칙을 지지하기 위해 진화론자들이 자주 사용하여 잘 알려진 예는 사람의 심장이다. 그들은 사람의 심장이 최종적으로 사람의 심장 단계에 다다르기 전에 벌레, 물고기, 개구리, 그리고 파충류의 단계를 거쳤다고 주장한다. 즉 사람의 태아가 가지고 있는 물고기의 아가미를 닮은 심장 구조야말로 사람이 물고기로부터 진화했음을 증명해 주는 것이라는 주장이다. 그러나 최근의 연구 조사들은 이 같은 법칙 안에 많은 착오가 있음을 밝혀 주었다.

예를 들어 여러 연구자들은 태아의 여러 단계는 단일 세포로부터 훨씬 복잡하고 정돈된 조직체로의 발전을 위해 필수적인 것이라고 확신 있게 설명하고 있다. 더욱이 태아가 발전하는 단계에서 발견되는, 수없이 많은 예외, 역전 현상, 삭제 및 첨가 현상 등이 태아 연구에서 잘 관찰되었으며, 최종적으로 분자 유전학이라는 학문은 속생설의 법칙이 불가능함을 보여 주었다.

DNA는 각각의 조직체마다 아주 독특하게 설계되었다. 간단하게 말해, DNA는 결코 지금까지 나온 다른 조직체들의 발전적 단계를 재창조하지 않으며 단지 그 고유의 종류대로 재생산해내는 일만 한다. 현재는 거의 모든 과학자들이 속생설의 법칙을 부정하고 있다. 단지 어리석거나 정보에 어두운 진화론자들만이 자신들의 헛된 이론을 방어하기 위해 이 개념을 여전히 인용하고 있지만 사실 이 개념은 아무런 과학적 토대도 지니고 있지 않다.

비교 해부학

비교 해부학이라는 과학은 동물의 물리적 구조를 다루는 학문이다. 진화론자들은 서로 관련이 없는 동물들 사이에 여러 가지 구조적 유사성이 있다는 사실을 목격한 뒤 이것을 생물체 진화의 강력한 증거로 제시한다. 그들은 유사한 구조 - 모양은 같지만 기능은 다를 수도 있는 구조 - 가 동물들이 공통된 조상을 갖고 있음을 증명하는 것이라고 주장한다.

창조론자들 역시 비교 해부학이 보여 주는 대로 설계와 구조에 있어서 동물들 간에 유사성이 존재한다는 사실을 부정하지 않는다. 그러나 창조론자들이 문제로 여기는 것은 이 같은 현상에 대한 진화론자들의 설명이다. 유사한 구조에 대한 성경적 해석은 한 창조자가 친히 계획한 대로 공통의 기본적 청사진에 따른 특별한 창조를 이루었다는 것이다. 물론 일반적 형태는 여러 종류의 조직체가 미리 결정된 환경에 적응할 수 있도록 하기 위해 기본적 청사진 내에서 충분히 변화되거나 수정될 수 있다. 다시 말해서, 어떤 기본적 형태가 여러 종류의 동물의 기능에 완벽하다면, 각 종류마다 다른 형태나 청사진을 만들 필요나 이유가 없는 것이다.

진화론자들은 위의 두 가지 설명이 다 주관적 선입견에 기초한 것이라고 주장할지도 모른다. 그러나 창조론자들의 관점이 더 경험적이다. 그 예로 화석 내의 기록과 현재 우리가 보고 있는 세상이 서로 완연하게 다른 여러 종류의 조직체를 보여 준다는 사실을 생각해 보라. 만일 진화론자들의 설명이 맞는다면, 우리는 모든 종류의 동식물에서 그것들의 선조들에까지 이르는 연속적이고도 점진적인 중간 연결 고리들을 발견할 수 있어야만 한다. 그러나 이러한 명백한 단계가 전혀 존재하지 않는다는 사실은 진화론에 의거한 설명/해석을 반박하며 오히려 창조론자의 관점을 지지해 주고 있다. 사실 창조의 관점은 일반적으로 자연계 안에서 쉽게 발견할 수 있는 유사성과 차이점 모두를 다 예측해 낸다.

진화론자들은 자신들의 인본주의 철학을 지지하기 위해 이른바 유사 구조 혹은 상사 구조라 하는 것들을 사용함으로써 또 다른 어려움을 자초하고 있다. 그 어려움이란 진화론자들이 어떤 동물의 선조 동물의 구조를 만들어 내는 일을 담당한 것으로 추정하고 있는 동일한 유전자들이 현재에도 그것에 상응하는 동일한 구조를 만들어 낸다는 것이다. 이를 다시 쉬운 말로 바꾸어 말하면, 어떤 개체의 구조를 만드는 것과 관련된 유전자들은 동일하지만 그 구조 자체는 늘 변해 왔다는 것이다. 그런데 도대체 이것이 진화론자들에게 큰 문제를 일으키는 이유는 무엇인가? 그 이유는 아주 간단하다. 수많은 유사 구조/상사 구조들이 전적으로 다른 유전자들에 의해 만들어지기 때문이다.

일반적으로 교과서나 백과사전 등에서 인용되는 유명한 진화의 증거들 - 화석화된 말의 계열, 점나방, 오리너구리, 시조새, 자연 발생 법칙, 밀러와 우레이의 실험, 비교 해부학 - 은 제대로 그 내용이 밝혀지지 않은 가정이거나 잘못된 개념들이다. 진화라는 과정은 과거의 화석 기록으로도 증명된 적이 없으며 오늘날에도 일어나지 않고 있다. 따라서 진화론자들은 자기들의 의심스러운 가설을 지지해 줄 수 있는 어떠한 실험적 증거들도 가지고 있지 못하다.

부록 14

용어 정리

이번 장에서는 구원과 관련된 다음의 용어들을 정리하였다.[1)]
하나님, 예수님, 그리스도, 그리스도의 십자가, 성령님, 사탄, 마귀, 사람, 영, 혼, 복음, 구원, 죄, 죄인, 회개, 믿음, 고백, 구속, 속죄, 칭의, 침례, 자유 의지, 예정, 미리 아심, 선택, 부활, 천국, 지옥, 불 호수 등

● 하나님(God)

이 분은 인격적이고 초월적인 존재로서 영원하고 무한하며 완전한 분이시고 만물의 창조자요, 자신의 권능과 섭리로 모든 것을 지키고 다스리는 분으로 모든 사람들의 유일한 경배의 대상이 되는 분이시다(신6:4-5). 하나님은 의와 사랑이 충만하신 인격적 존재로서 전지전능하시고 무소부재하시며 유일무이하게 살아 계신 신이라는 점에서 세상의 다른 신들과 현저하게 다르다(시18:46; 42:2). 하나님은 사람에게 자신을 계시하시고 인간 역사에 능동적으로 개입하셔서 사람을 구원으로 이끄는 역사의 주님이시며(사40:10) 자연의 신비나 공포심 등에서 발생한 자연 종교의 신이나 사람의 이성에 의해 형성되거나 이해되는 철학적인 신이 아니다. 하나님은 천지를 창조하신 분이시며(창1:1; 사44:24) 전능한 분이시고(창17:1; 대상29:11) 온 세상과 확연히 구분되는 지극히 높으신 분이시고(행7:48) 사람의 모든 능력을 초월하는 거룩한 분이시다(출3:5; 시47:8).

영어 단어 God은 실제로 어디에서 유래되었는지 잘 모르며 히브리 사람들은 하나님을 여호와라 불렀는데 이것이 모세가 그분의 이름을 물을 때에 그분께서 친히 '나는 스스로 존재하는 자'라고 일러 주신 것으로(출3:14) 여호와 하나님의 영원무궁하심과 자존(自存)하심을 잘 보여 준다. 그러나 이 이름이 너무나 두려웠으므로 그들은 성경에서 이것이 나올 때마다 발음하지 않고 대신 주를 뜻하는

---

1) 여기 나오는 용어들과 이 책에 수록된 상세한 성경 선도들은 「에스라 성경 사전」(그리스도 예수안에 출판사)에서 발췌하였다.

아도나이(Adonai)라 읽었다고 전해지며 Adonai Jehovah 즉 Lord Jehovah가 나오면 '주 주'라 할 수 없으므로 Adonai Elohim 즉 '주 하나님'으로 읽었다. 한편 복수형의 엘로힘(Elohim)은 '창조의 하나님'을 가리키는 말로서 그분이 여러 면에서 완전함을 뜻하기도 하고 삼위일체를 암시하기도 한다.

성경은 아무런 변명도 없이 혹은 이유도 주지 않고 하나님이 존재하심을 시작부터 확증한다. "처음에 하나님께서 하늘과 땅을 창조하셨다."(창1:1)는 말씀은 그분의 존재의 가장 강력한 증거이고 그분의 본성과 의지를 보여 주는 교훈이 된다. 하나님이 계시므로 무신론은 존재할 수 없으며 창조주 하나님과 창조물은 전혀 다른 차원에 있으므로 범신론도 존재할 수 없다. 또한 유일한 하나님이 이 모든 것을 창조하셨으므로 다신론도 무효하며 하나님이 온 우주를 창조하셨으므로 물건이나 천체를 숭배하는 유물론도 무효하고 하나님께서 만물을 창조하셨으므로 진화론도 성립되지 않는다. 이처럼 창1:1은 창조 사역 속에 드러난 하나님 자체를 보여 주고 동시에 그분의 섭리 속에 드러난 그분의 길과 그분의 성품의 영화로움을 보여 준다. 그래서 우리는 이런 말씀을 통해 창조주 하나님과 참된 교제를 나눌 수 있다.

성경의 하나님은 한 하나님이시나 세 가지 뚜렷이 다른 인격체 즉 아버지와 아들과 성령님의 삼위일체로 존재하신다. 이 같은 세 인격체는 영원 전부터 존재하며 동등하며 서로에게 종속되어 있지 않다.

구약 시대에 하나님은 이스라엘 민족에게 그리고 그 민족을 통하여 온 세상에게 자신을 보여 주셨다(신7:6-11; 사66:18-21). 하나님은 먼저 족장 아브라함을 은혜로 불러 특별한 사랑과 약속을 주셨으며 부르심에 순종하는 아브라함의 믿음을 보시고 자신의 계획을 이루셨다(창12:1-4). 이후에 계속해서 하나님은 출애굽기에서 모세와 이스라엘에게 자신을 여호와로 알려 주시고(출3:14) 그들의 조상 아브라함에게 주신 약속을 이루시기 위해 모세를 통해 이스라엘을 인도하셨다(출3:13-17). 이때 여호와로 나타나신 하나님은 영원한 존재요 이스라엘이 순종하고 신뢰할 분으로 이스라엘을 속박에서 구출하여 자신의 은혜를 온 천하에 밝히 드러내신 분이시다. 이러한 은혜를 받은 이스라엘은 여호와 하나님을 유일한 경배의 대상으로 삼고 오직 그분께 경배하고 그분의 뜻에 절대 복종하여 은혜에 부응하여야 했다(출20:2). 이스라엘 백성을 택하시고 사랑하시며 지키시는 하나님은 공의의 하나님이며(시9:8) 질투하는 하나님이시므로(출20:5) 자신의 백성이 하나님의 뜻을 어기고 다른 신에게 달려가 불의를 행할 때에는 엄히 심판하신다(신28:15-68). 이스라엘은 하나님의 은혜를 망각하고 우상 숭배의 길을 가다가 결국 하나님의 심판을 받아 멸망하고 70년간의 바빌론 포로 생활을 거쳐 고국에 돌아와 다시는 우상 숭배를 하지 않았으나 율법의 노예가 되어 인격체이신 하나님을 찾지 않고 믿음이 피폐해져서 하나님을 사모하는 소수의 사람들만이 그리스도의 나타나심을 대망하게 되었다(말3:16-18; 눅2:25-39).

한편 신약 시대에는 하나님과 사람 사이의 죄로 인한 공백이 예수 그리스도에 의해 충만하게 채워졌다. 그리스도는 하나님의 아들이시며 동시에 사람의 아들이신데 이것은 하나님께서 그리스도 안에서 자신의 성품과 계획을 온전히 나타내신 것을 뜻한다. 따라서 우리는 그리스도 안에서 하나님의 거룩함, 공의, 긍휼, 사랑, 심판, 통치 등을 모두 볼 수 있다. 또한 하나님은 그리스도 안에서 성령님의 일하심을 통해 믿는 자들을 용서하시고 자신의 아들로 삼으시며(롬4:4-8; 요1:12-13) 이로써 성도들은 하나님을 '아바 아버지'라 부를 수 있다(롬8:14-16).

하나님은 모든 것의 원천이요 소유자요 치리자이시다. 그분은 모든 것을 미리 알고 미리 아심에 근거하여 사건과 사람을 선택하고 예정하신다. 또한 그분은 영원한 재판장이시다. 참된 종교는 하나님을 아는 데서 시작되며 그분을 고귀하게 사랑하고 신실하게 그분에게 순종하는 것이다(요17:4).

● 예수님(Jesus)

하나님의 아들, 세상의 구원자. 이분은 모든 대언의 중심 주제로서 구약 시대에는 모형으로 혹은 예표로 그 모습이 제시되었다. 족장들은 한결같이 그분을 고대하고 바랐으며 이분이야말로 이방인들의 소망이요 구원이며 그리스도인들의 영광이요 행복이며 위로이다. 예수는 히브리말로 여호수아이며 이것은 "여호와가 구원하신다."는 뜻이다. 이 세상의 어느 누구도 자신의 백성의 죄들에서 그들을 구원하는 사역을 감당하여 이런 호칭을 받은 적이 없으며 오직 그분만이 자신을 신뢰하는 모든 자들에게 자신의 피를 통하여 천국을 선물로 주신다. 예수라는 이름은 하나님께서 천사를 통해 직접 주신 이름이며(마1:21) 이분이야말로 유대인들이 그토록 고대하던 구원자이셨다. 구원받아 천국에 이른 수많은 하나님의 백성은 오직 그분만을 자신들의 구원자요 구속자로 시인하고 영화롭게 영원토록 그분을 높일 것이다.

예수는 구원자를 가리키는 보통 이름이고 '기름 부음 받은 자라는 뜻의 그리스도 즉 메시아는 그분의 공식 호칭이다. 이 두 이름은 복음서와 서신서에서 서로 구분되어 사용되었으나 예수는 그분의 생애를 서술한 복음서에서 보통 홀로 쓰였다. 반면에 예수님의 신성과 구속 사역을 기술하는 서신서에서 그분은 그리스도, 그리스도 예수 혹은 주 예수 그리스도 등으로 불렸다.

그리스도의 인간적 이름 예수에는 그분의 인성과 지상에서의 그분의 생애가 묘사되어 있다. 복음서에는 사람의 혼과 몸을 가진 완전한 인간으로서의 예수님이 자세히 묘사되어 있다. 영원히 찬송받을 하나님이신 예수님은 육체에 관한 한 이스라엘 사람이었다(롬9:5). 그분은 자신 위에 완전한 인성을 지니심으로 완전한 구원자가 되셨으며 완전한 사람이신 이 예수님 안에서 확고함과 온유함과 위엄과 겸손과 열정과 고요함과 지혜와 단순함과 거룩함과 사랑과 공의와 긍휼과 동정심과 하나님과 사람을 향한 사랑이 가장 완벽하게 조화를 이루었다. 그분의 인성 안에는 어떤 것도 부족하거나 넘치지 않았으며 이 세상은 그와 같은 인물을 상상해 보거나 만들어 내지 못하였다. 복음서에서 나타난 그분의 모습은 복음서가 하나님에 의해 기록되었음을 보여 주는 확실한 증거이다. 오직 예수님만이 우리를 향한 사랑과 영원한 희생으로 인해 영원토록 우리의 찬양과 경배를 받을 수 있으며 그래서 그분은 사람의 친구요 우리를 위해 희생된 하나님의 어린양으로 영원히 영광을 받으실 것이다.

하나님이시면서 동시에 사람이신 그리스도의 마음은 빛과 같이 투명했다. 예수 그리스도께서 어떤 문제에 대해 답변하실 때에는 어떤 혼란도 주저함도 없었다. 그분은 가장 심오한 진리를 가장 단순한 방법으로 가르쳐 주셨다. 그분은 자신이 세상에 오기 전에 관여했던 일과 사물들에 대해 말씀하셨고 떠나신 후에 일어날 일들과 자신이 어느 것에 관여하실지 예언하셨다. 그분은 결코 다른 사람의 조언을 받지 않았으며 마치 세상의 온갖 지혜가 그분 안에 집중된 것처럼 보였다. 그분께서는 자신이 다룬 모든 주제를 단 하나의 문장으로 끝내셨으며 실로 그분의 비유들은 더 이상 향상시킬 수 없는 완벽한 것들이었다. 그분은 결코 추측하거나 추론하지 않았고 정보를 얻기 위한 질문도 하지 않았으며 단지 자신이 의도했던 것으로 주의를 집중시키기 위해 질문하셨을 뿐이다.

그분은 사람들을 아셨을 뿐만 아니라 그들의 특성을 간파하고 그들의 생각을 읽으셨다. 성경의 다른 인물들은 자신들의 잘못과 죄를 고백했지만 예수님은 결코 그리 하지 않았다. 그분은 처음부터 끝까지 허물이 없었고 완전함을 보여 주셨다. 그분은 결코 자신을 질책하거나 자신이 행하고 말씀하신 어떤 것에 대해 후회하지 않으셨으며 담대하게 "내가 항상 아버지를 기쁘시게 하는 일들을 행한다."고 말씀하셨다. 그분께서는 제자들에게 자신과 함께 깨어 있으라고 하셨지 결코 자신을 위해 기도하라고 하지 않으셨다.

그분은 자신이 메시아이고 죄들을 용서하는 권세가 있으며 안식을 줄 수 있다고 말씀하심으로써 하나님과 동등하심을 주장하셨다. 그분은 첫째 자리를 요구하셨고 어느 누구도 자기를 통하지 않고는 결코 아버지께로 올 수 없다고 말씀하셨다. 그분은 "나는 생명의 빵이라."고 하셨고 "나는 세상의 빛이라.",

"나는 길이요 진리요 생명이라.", "나는 생명수라.", "나는 부활이요 생명이라.", "아브라함이 있기 전에 내가 있다."고 말씀하셨다. 만일 이 예수님께서 하나님의 아들이 아니라면 그는 이 세상에 존재한 사람들 가운데 가장 큰 사기꾼이요 신성 모독자요 따라서 믿을 수 없는 사람이었을 것이다.

그분은 결코 의사가 아니었으므로 수술하기 위해 칼을 사용한 적이 없고 처방전을 준 적도 없지만 그럼에도 불구하고 병든 자를 다 치료하셨고 나병 환자를 깨끗케 하셨으며 소경이 보고 귀머거리가 듣고 죽은 자가 살아나게 하셨다. 그분은 집필가가 아니었다. 우리가 아는 한 그분께서는 단 한 줄의 글만 쓰셨으며 심지어 그 글마저도 모래 위에 썼기 때문에 바람이 다 지워 버렸다. 그러나 그분이 선포한 복음은 제자들의 마음을 극도로 감동시켜 그들로 하여금 글을 쓰게 하였고 이 글은 시대를 타고 내려오면서 인류 역사상 최고의 문학 작품으로 간주되었다.

그분은 이 세상이 생각해 볼 수 있는 그런 연설가가 아니었다. 그분은 사람들이 말하는 것처럼 말하지 않았으나 보통 사람들은 즐거운 마음으로 그분의 말씀을 들었다. 그분은 모든 종류의 연설의 대가였으며 어느 누구도 비유로 말씀하시는 그분의 연설을 능가한 적이 없다. 비록 그분이 시인은 아니었지만 그분의 삶 자체가 이 세상의 가장 위대한 시인들의 마음에 감동을 주었고 성도들에게도 훌륭한 찬송을 주었다. 그분은 음악가가 아니었으나 세상의 가장 위대한 음악가들이 그분으로부터 영감을 받았다. 그분은 예술가가 아니었으나 만일 그분이 없었다면 위대한 미술 작품들이 화폭 위에 그려지지 않았을 것이다. 그분은 단지 겸손한 갈릴리 목수로 나무를 깎고 도끼자루를 만드는 사람이었지만 세상에서 가장 아름답고 예술적인 건물들이 그분을 기념하기 위해 설계되었고 그분에게 봉헌되었다.

이 세상에 그와 같은 분은 결코 없었다. 어떤 작가도 그러한 인물을 만들어 낼 수 없었다. 그분은 외부인이었고 이 세상이 낳은 사람이 아니었으며 다른 영역으로부터 온 분이었다. 그분은 우리를 친족으로 삼기 위해 오셨고 우리의 본성을 지닌 채 자신의 왕국으로 되돌아가셨다.

그분께서 초림 때 초자연적인 방식으로 오셨으므로 재림 때에도 초자연적인 방식으로 오실 것이다. 예수 그리스도는 자신이 주장했던 하나님의 성품의 신비 즉 '육체 안에 나타난 하나님'이셨으므로(딤전3:16) 그분께서 친히 사람의 몸을 입고 이 세상에 오신 성육신 사건은 사람의 역사에서 가장 중요하고 영광스러운 사건이다. 그리스도의 출생은 기원을 가르는 중요한 사건으로 그분은 기원전과 기원후의 주님으로서 첫 사람 아담의 창조 이후 약 4,000년 뒤에 이 땅에 마지막 아담(혹은 둘째 아담)으로 오셨다.

구원자 예수님의 생애는 하나님의 영감을 받아 기록된 사복음서에 자세히 나와 있다. 그분의 공생애는 그분께서 약 서른 살 정도 되었을 때 시작되었으며 3년 반 정도 지속된 것으로 보인다(눅3:23). 비록 여러 사람들이 선한 의도로 그분의 생애를 연대기적으로 배열하려 하였으나 복음서들이 시간별로 기록되지 않았고 그 안의 내용 중 시기를 알 수 없는 것들이 많으므로 연대기적으로 그것들을 완전하게 제시하는 것은 불가능하다.

끝으로 예수는 유대인들에게 흔한 이름이었으므로 마술사 엘루마의 아버지도 이 이름을 가졌고(행13:6) 바울의 동역자요 친구인 유스도도 이 이름을 가졌다(골4:11). 에스라 당시의 대제사장과 약속의 땅으로 이스라엘을 이끌고 간 대장 여호수아 역시 히브리말로 예수라는 이름을 가졌다(삼상6:14; 왕하23:8 참조). 한편 구약 시대의 여호수아는 신약에서 하나님의 백성의 대장으로 표현된 곳에서 그리스말로 두 번 예수라고 표현되어 중요성을 더해 주고 있다(행7:45; 히4:8).

● 그리스도(Christ)

히브리말 메시아에 해당하는 그리스말. 이것은 보통 우리의 구원자 예수 그리스도를 지칭한다. 고대의 유대인들은 대언자들의 가르침을 받아서 메시아에 대해 확실히 알고 있었지만 점차 그 개념이 희박해져서 정작 유대 땅에 예수님이 나타났을 때에 그리스도를 향해 잘못된 개념을 가진 채 로마를 쳐부수고 자기들을 그들의 압제에서 해방해 줄 이 세상의 정복자 혹은 군주를 고대했다. 그러므로 그들은 우리의 구원자의 겸손한 모습과 별것 아닌 듯한 외적 모습에 분개했고 현재의 유대인들 역시 그리스도 당시의 그들의 선조들과 마찬가지로 자기들의 옛 조상들이 구약 시대에 알고 있던 메시아와는 다른 모습의 메시아를 꿈꾸고 있다. 구약 시대의 대언자들은 메시아가 하나님이며 동시에 사람이고 존귀를 받기도 하며 비천해지기도 하고 주인이며 종이고 제사장이며 희생물이고 통치자이며 종이고 죽음에 빠지지만 죽음을 이기는 승리자이고 부하기도 하고 가난하기도 하며 왕이며 동시에 슬픔을 아는 자로 알고 있었다. 실로 이와 같은 모순들은 모두 그리스도 한 분 안에서 완벽하게 해결될 수 있다. 왜냐하면 그분이 바로 그러하기 때문이다.

그리스도께서 공식적으로 기름 부음을 받은 것에 대해서는 기록된 바가 없지만 대언자나 사도들이 말하는 기름 부음은 성령님의 내적/영적 기름 부음이다. 비록 구약 시대에 제사장이나 왕이 기름 부음을 받았지만 그것은 다 상징이요 비유에 지나지 않았고 실체는 모두 그리스도 안에서 발견된다.

그리스도는 우리 구속자의 공식 호칭이며 단순히 우리 주님을 다른 사람과 구분하기 위한 이름이 아니다. 이것을 간과하면 성경의 많은 구절이 힘을 잃게 된다. 그러므로 다음과 같은 구절에서 그리스도 대신 유대인들이 원하는 메시아 즉 '기름 부음 받은 자'를 생각하면 그 의미가 확실히 살아난다. 마2:4에서 헤롯은 제사장들과 서기관들에게 "그리스도가 어디에서 태어나느냐?"고 다그쳐 물었는데 실로 그는 여기서 유대인들의 메시아에 대해 물은 것이다. 베드로가 예수님께 "주님은 그리스도입니다."라고 말할 때에도 그는 그분이 구약의 대언자들이 말한 그 메시아라고 말한 것이다(마16:16). 이 점에서 마귀들도 마찬가지이다(눅4:41). 신약 성경의 후반부로 갈수록 예수라는 이름은 덜 쓰이고 그리스도라는 호칭이 더 많이 사용되었다.

우리가 그리스도 즉 하나님이요 사람이신 분을 깊이 살펴보고 제사장, 왕, 대언자로서의 그분의 직무와 겸손과 영광의 상태에 계신 그분을 볼 때에 어떻게 하나님이 그분 안에 그리고 그분과 함께 계시는지 볼 수 있다. 그분 안에서 하나님의 완전함이 드러나고 그분 안에서 하나님의 진리가 밝혀진다. 그래서 하나님의 목적과 언약과 규례 등과 관련된 그분의 관계와 성도들의 특권과 의무와 섬김 등을 생각해 볼 때 우리는 감히 그분을 모든 것의 모든 것이라고 말할 수 있다(골3:11).

- 그리스도 안에(In Christ)

바울 서신에서 자주 나오는 관용구. 이 표현은 150회 이상 나오며 그리스도에게 소속되어 그리스도의 소유가 되는 것을 뜻한다. 따라서 하나님은 그리스도 안에 있는 자만 보시고 그들에게만 복을 주신다(고후5:17). 그래서 그리스도 안에 있는 신자는 그분의 죽으심과 부활에 참여할 수 있다(롬6:1-5).

- 그리스도의 십자가(Cross of Christ)

기독교의 중심은 성경이고 성경의 중심은 그리스도의 십자가이며 십자가의 중심은 하나님이다. 십자가에서 우리는 공의를 이루기 위해 아들을 죄로 삼아 내버리는 하나님의 찢어지는 마음과 사람들을 사랑하는 마음을 동시에 볼 수 있다. 십자가를 바로 이해하지 못하는 자들에게는 그것이 어리석은 것이지만 구원받은 자들에게는 그것이 하나님의 권능이 된다(고전1:18).

십자가의 목적은 다음과 같다.

1. 십자가는 거룩한 하나님의 승리를 선포한다. 무한한 분의 무한한 가치의 피와

생명에 의해 하나님의 무한한 공의가 무한하게 만족되었다(골2:14-15; 엡2:13).
2. 십자가는 사랑과 희생을 선포한다. 십자가는 아버지의 사랑과 아들의 희생을 나타낸다(요3:16; 엡5:2). 우리 주님은 스스로 이렇게 말씀하셨다(마20:28).
3. 십자가는 하나님과의 화평을 선포한다(롬5:1; 고후5:19).
4. 십자가는 구약과 신약을 통합시킨다. 유대인과 이방이 하나가 되게 되었다(엡2:14-15). 교회라는 유기체를 탄생시켰다.
5. 십자가는 마귀의 일을 멸한다(요일3:8).
6. 십자가는 마귀의 무기인 사망을 폐하고 부활을 가져온다(히2:14-18).
7. 십자가는 세상에서 멸시받는 자들에게 구원과 권능을 준다(고전1:18).
8. 십자가는 하나님의 지혜이다(고전1:30).
    a. 모든 사람의 모든 죄를 단 한 번에 영원히 제거하는 수단(히9:15; 10:10)
    b. 동시에 하나님의 공의를 만족시키는 수단
    c. 영적인 존재들에게 하나님의 의와 지혜를 드러내는 수단(골2:15-16)
    d. 세상의 창건 이전에 세운 계획을 시간 속에서 이루는 수단(행2:23; 계13:8)

뼈에 사무치도록 이것을 음미하고 마음속에 그 의미를 넣으면 하나님의 공의와 사랑이 입을 맞춘 유일한 십자가 사건이 좀 더 확실하게 우리의 것이 될 것이다.

● 성령님(Holy Ghost)

삼위일체 하나님의 한 인격체. 성령님은 아버지 하나님, 아들 하나님과 본질에서, 능력에서, 존재 면에서 동등하며 아버지나 아들에게서 발출된 열등한 존재가 아니다. 그분은 사람들에게 보내진 경우에 한해서 아버지에게서 나와 아버지와 아들에 의해 제자들에게 보내어졌다(요14:26; 15:26). 이분은 아버지의 영이며(마10:20; 고전2:11) 또 그리스도의 영이다(갈4:6; 빌1:19).

성령님이 하나님의 영향력이나 힘이 아니고 인격을 가진 존재라는 사실은 성경의 많은 구절에서 분명히 나타난다. 이분은 스스로 행동을 하고 생각하며 감정을 드러내는 인격체이시다. 이분이 인격체가 아니라면 기뻐하거나 괴로워하거나 슬퍼할 수 없으며 또 말씀하거나 위로하거나 중보하거나 자신의 선물(은사)들을 나누어 줄 수 없다. 물론 그리스말이나 영어에서 이분은 남성을 가리키는 he로 표현되어 있다.

성령님께서 신성을 지닌 인격체로서 아버지와 아들과 동등하다는 사실은 그분께서 다른 두 분과 함께 오직 하나님만이 할 수 있는 일들을 하는 것으로부터 증명될 수 있다. 예를 들어 창조의 사역에서(창1:2; 시33:6; 104:30) 그분이 함께 하셨다. 성령님은 또한 침례를 주는 방식에서도 다른 두 인격체와 함께 찬송을 받으시며(마28:19) 사도 바울의 축복 기도에서도 다른 두 분과 함께 나타나고(고후 13:14) 이름을 받으시고(고후3:17) 하나님의 특성들을 행하고 보여 주신다(롬 8:14; 고전2:10; 6:19; 히9:14). 물론 그분이 하나님이므로 그분께 기도드릴 수도 있으며(계1:4-5) 그분께 죄를 짓는 것은 하나님께 죄를 짓는 것이고(행5:3-4; 엡4:30) 그분께 신성 모독을 범하면 용서받을 수 없다(마12:31).

성령님의 일은 신성을 띠고 있다. 그분은 옛날부터 성경 기록자들을 감동시켜 하나님의 영감된 말씀을 기록하게 하였고 여러 사람들에게 기적의 선물(은사)들을 나누어 주었다. 교회 시대에 그분은 그리스도의 구원을 사람들의 마음에 적용시키며 그들에게 죄를 깨닫게 하고(요16:8-9) 그리스도에게 속한 것들을 보여 주며 조명을 주사 그들을 다시 태어나게 하신다(요3:5; 엡2:1). 성령님은 교회의 위로자 이시며 기도하는 성도들에게 도움을 주고 그들과 함께 증언하며 그들을 위해 중보하고 그들을 인도하며 성화시킨다.

그리스도인은 그리스도의 영이 있는 사람이며 따라서 반드시 성령의 증거가 그 안에 있어야 한다. 이것은 마치 살아 있는 사과나무가 반드시 사과를 내야 하는 것과 같은 이치이다(고후13:5). 성령이 있는 사람에게는 다음과 같은 특징이 있다.

(1) 예수 그리스도를 알고자 하는 갈급함: 성령은 자신을 드러내지 않고 예수님만을 드러내며 그분을 영화롭게 한다(요15:26; 16:14-15; 고전12:3). 그러므로 성령이 있는 사람에게는 예수 그리스도가 실제적 인물로 가장 매력적인 존재가 되며 그래서 그분을 알기 위해 성경을 탐구하려는 열망이 생긴다(요5:39-40). 그러므로 성령의 역사는 성경 읽기와 탐구 열정을 불러일으킨다.

(2) 예수 그리스도를 닮고자 하는 갈급함: 성령이 있으면 필연적으로 성령의 열매를 맺을 수밖에 없다(갈5:22-23). 성령의 열매는 한 마디로 그리스도의 인격이라 할 수 있으므로 성령이 있는 사람은 주변 사람들과 주변 환경과 자기 자신에 대한 태도에 변화를 보인다. 그러므로 역경과 시험이 있을 때에 그 사람의 열매를 보아 성령 충만을 짐작해 볼 수 있다. 성령은 결코 우리를 제어하지 않으며 다만 우리가 우리 자신을 제어할 수 있도록 도우신다. 그러므로 그리스도인에게는 부단히 자기 성찰을 통해 그리스도의 인격을 닮는 삶이 매우 필요하다.

(3) 예수 그리스도를 섬기고자 하는 갈급함: 성령이 있는 사람은 자신이 하나님의 복의 통로가 되도록 자신을 내어놓으며 사람들을 섬기려 한다. 성령의 선물(은사)은 여러 가지지만 모든 선물은 섬기고 교회를 세우기 위해 주어졌다(벧전4:10; 고전

12:7). 그러므로 성도의 생활은 선물(은사) 중심이 아니라 섬김 중심이 되어야 한다. 그러면 그의 선물이 효력을 발휘할 것이다.

영어 킹제임스 성경은 성령님을 표현하면서 그분께서 외적으로 나타나시는 것을 강조할 때는 the Holy Ghost로, 내적으로 일하시는 것을 강조할 때는 the Spirit으로 구분하여 표기하므로 한글로 번역된 킹제임스 흠정역 성경에서도 the Holy Ghost는 성령님으로 the Spirit은 성령으로 구분하여 표기했다.

● 성령 모독 죄(Blasphemy against the Holy Ghost)

이것은 보통 '성령 훼방 죄'로 알려져 있으며 은사주의 교회에 다니는 사람들이 비성경적인 선물(은사)을 이야기할 때 그것이 성경에 없는 것이라고 지적하면 그들은 대개 '성령 훼방 죄'를 운운하며 진리를 보여 주는 성도들을 저주하려 하지만 실제로 성령 모독죄는 그런 것이 아니다. 마12:31-32; 막3:28; 눅12:10을 종합적으로 살펴볼 때 예수님이 이 땅에 계시는 동안 그분이 베푸시는 기적들이 마귀들의 통치자 바알세붑의 힘으로 일어난다고 주장한 사람들에게 성령 모독죄가 적용되었다. 그러므로 이 죄는 땅에 계시던 예수님과 관련된 죄이며 현시대 사람들은 이런 죄를 지을 수 없다. 현시대에서 하나님이 용서하지 못할 죄는 하나도 없으며 누구든지 무슨 죄라도 고백하고 회개하며 하나님께 나아가면 하나님께서 모두 용서해 주신다.

● 사탄

대적하는 자(왕상11:14; 시109:6). 예수님은 베드로를 이런 의미로 꾸짖으셨다(마16:23; 막8:33). 그러므로 사탄은 사람의 혼의 가장 큰 대적자 즉 마귀, 타락한 천사들의 통치자, 하나님 앞에서 사람들을 고소하는 자를 가리킨다(욥1:7, 12; 슥3:1-2; 계12:10). 그는 사람들을 유인하여 죄를 짓게 하고(대상21:1; 눅22:31) 따라서 사람에게 고통을 주는 육신적 도덕적 죄의 창시자이며 특히 각종 재난 특히 죽음까지도 가져오는 악한 성향을 만드는 장본인이다(눅13:16; 히2:14). 그러므로 사탄은 사람을 부추겨 죄를 짓게 하고 또 기독교를 가로막는 모든 방해 요소의 근원이다. 그래서 그는 이런 방해 요소들을 사용하여 그리스도인들이 마음과 삶을 개혁하려는 것을 크게 저지하고 있다(마4:10; 요13:27; 롬16:20; 엡2:2).

사탄은 단순한 악의 원리가 아니라 한 인격체이다. "정신을 차리라. 깨어 있으라. 너희 대적 마귀가 울부짖는 사자같이 두루 다니며 삼킬 자를 찾나니"(벧전5:8).

사탄은 대단한 능력을 가진 우주의 권세자이고 '공중의 권세 잡은 통치자'이며(엡 2:2) '이 세상의 신'(고후4:4)이다.

사탄의 기원은 다소 신비 속에 가려져 있지만 한 가지 분명한 사실은 그가 창조물이고 한때 극도로 높여진 존재라는 점이다. 타락하기 전 사탄은 기름 부음을 받은 '덮는 그룹'이었다. 그는 하나님의 왕좌의 근위병이었으며 창조된 날로부터 죄악이 그 안에 발견되기까지 모든 길에서 완전했다. 비록 그에게 지혜의 충만함과 완전한 아름다움이 있었지만 이 모든 것은 그의 마음속에 창조주와 같게 되려는 교만을 일으켰고 결국 그의 타락으로 이어졌다(사14:12-20; 딤전3:6). 그는 가장 귀하고 보배로운 보석들로 덮여 있었고 금으로 짠 옷을 입었으며 하나님의 동산 에덴에 거주했고 하나님의 거룩한 산에 살았다(겔 28:11-19).

많은 사람들은 지금 사탄이 자신의 천사들과 더불어 지옥에 감금되어 있다고 생각하지만 그것은 사실이 아니다. 현재 사탄과 그의 천사들은 자유로운 상태에 있으며 욥1:7; 2:2 등은 이를 잘 보여 준다. "네가 어디에서 오느냐?"라고 주님께서 사탄에게 묻자 그는 "땅에서 이리저리 다니고 그 안에서 위아래로 거닐다가 오나이다."라고 대답하였다. 그때나 지금이나 사탄은 하늘에서 완전히 추방되지 않았으며 여전히 하늘의 영역에서와 땅에서 자유로운 상태로 움직이고 있다(벧전 5:8).

사탄은 왕으로서 왕국을 가지고 있으며 예수님도 "만일 사탄이 사탄을 내쫓는다면 그가 자기를 대적하여 분열되었나니 그러면 어떻게 그의 왕국이 서겠느냐?"라고 하시면서 이것을 확증하셨다(마12:26). 이와 더불어 엡6:12는 사탄의 왕국이 정사들, 권세들, 이 세상 어둠의 주관자들, 그리고 높은 곳들에 있는 악의 영들로 구성되어 있음을 보여 준다.

그는 세상을 속이는 존재이다. 여기서 세상이란 사탄의 체제에 속하는 모든 사람과 사탄의 올가미에 사로잡힌 모든 사람을 의미한다(요일5:19). 사탄은 세상에 속한 사람들의 눈을 가림으로써 그들을 속이고 있다(고후4:3-4). 말세에 사탄은 다른 복음을 전하는 자신의 설교자들을 관장하는데(갈1:6-9) 이 복음은 마귀들의 교리이다(딤전4:1). 그는 엄청난 배도의 선동자이며 베드로는 마지막 때에 도처에서 일어날 거짓 교사들에 대해 자세하게 설명한다(벧후2:1-2). 그들은 '예수님의 처녀 탄생', '그리스도의 신성', '몸의 부활', 그리고 '주 예수 그리스도의 전천년 재림'을 부인한다. 사탄은 사람들을 미혹하면서 아주 교활한 방법을 사용하고 이로써 심지어 선택받은 자들조차 속이려 한다. 사탄은 폭력과 박해로는 교회를 파멸시킬 수 없다는 것을 알고 전술을 바꾸어서 지금은 교회가 세상과 연합하도록 미혹하고 있으며 하나님께서 멸하시려고 작정하신 이 세상을 좀 더 발전시키려 하고 있다. 현재 그가 추구하는 것은 웅대한 문명을 건설하는 것이며 교회를 미혹하여 사회의 개선을 통해 그리스도 없는 천년왕국의 도래를 믿도록 하는 것이다.

사탄은 여전히 자신의 처소를 하늘에 속한 곳에 두고 있으며 하나님께로 나아갈 수 있다. 그러나 그가 하늘에 속한 곳에서 쫓겨나 땅에 거할 때가 가까이 오고 있다(계12:9-12). 그리고 그 이후에 사탄은 자신의 때가 단지 3년 반밖에 남지 않았음을 알게 될 것이고 그의 분노로 인해 지구에는 엄청난 공포가 있을 것이며 이때에 그는 짐승인 적그리스도를 통해 자신의 일을 하게 될 것이다(계13:2-8). 7년 환난 기간의 종말에 이르러서 그의 짐승과 거짓 대언자는 산 채로 불 호수에 던져질 것이며 하늘로부터 내려온 한 천사가 사탄을 사로잡아 이미 만들어진 거대한 사슬로 그를 결박하여 끝없이 깊은 구덩이 속에 던져 버릴 것이다(계20:1-3). 1,000년이 다 찰 즈음에 사탄은 잠시 동안 풀려나지만 곧 그의 천사들과 함께 그를 위해 오래 전에 예비된 불 호수에 영원토록 던져질 것이다(계20:7-10; 마25:41). 이로써 마침내 하나님의 의가 거하는 시대가 온다.

계2:9, 13의 '사탄의 회당'은 아마도 믿지 않는 유대인들 즉 모세의 율법을 수호한다고 하면서 복음의 초기에 그리스도인들을 몹시 박해한 자들을 가리키는 것으로 보인다. 그들은 특히 순교자를 많이 배출한 서머나 교회에 많았다.

- 마귀(Devil)

I. 타락한 천사들의 우두머리 사탄. 사탄은 세상의 모든 악한 세력의 우두머리이며 하나님이 행하고자 하는 선을 방해하고 막는 것을 최우선 과제로 삼는다. 그는 자신의 마귀들과 함께 사람의 혼을 미혹하여 예수 그리스도를 통한 구원을 받지 못하게 한다. 그의 이름은 '대적하는 자' 혹은 '거짓으로 비방하는 자'라는 뜻을 가지고 있으며 성경은 그에게 여러 개의 다른 이름을 주고 있다. 그는 '이 세상의 통치자'(요12:31), '공중의 권세 잡은 통치자'(엡2:2), '이 세상의 신'(고후4:4), '용, 저 옛 뱀, 마귀'(계20:2), '저 사악한 자'(요일5:18), '울부짖는 사자'(벧전5:8), '살인자요 거짓말쟁이'(요8:44), '바알세붑'(마12:24), '벨리알'(고후6:15), '형제들을 고소하는 자'(계12:10) 등으로 불린다. 성경 전체를 통해 그는 적개심과 잔인함과 속임수로 가득한 존재로서 하나님과 사람을 미워하는 존재로 나타난다. 그는 끊임없이 노력을 기울여 혼들을 멸하고 있으며 사람의 형편과 상태에 따라 여러 계략과 전술을 사용하고 자기의 일을 진척시키기 위해 악한 자와 심지어 선한 자도 유혹한다. 지금 온 세상은 그의 지배하에 있으나 그는 결국

멸망당할 원수이다. 그리스도께서 그의 머리를 부수고 그를 결박하여 그와 그의 천사들을 위해 마련된 불과 유황의 호수로 집어넣을 것이다(마25:41).

II. 마귀들(devils)은 마귀와 같은 성품을 가진 존재들로 사탄 마귀의 지배를 받는 존재들이다. 영어 킹제임스 성경은 유일한 사탄 마귀에게 정관사 the를 붙이고 그의 부하들에게는 단수인 경우 부정관사 a를 붙이고 복수인 경우 devils라 표기한다. 신약 성경에는 마귀들린 사람들의 예가 많이 나오며 보통 '마귀들린 자'란 표현을 사용한다. 어떤 사람들은 그들이 정신병을 앓았으며 악한 영에 사로잡히지 않았다고 주장하지만 우리 주님은 마귀들에게 그 사람에게서 나오라고 명령하셨고 그러면 마귀들이 그분의 말에 순종하여 몸에서 나왔으며 또 나올 때에 그 사람에게 심한 고통을 가해 이것이 단순히 정신병 같은 증세가 아님을 보여 주었다.

그리스도께서는 분명히 자기의 사명을 보여 주는 증거가 마귀들을 내쫓는 것이라고 말씀하셨고 또 자신의 사도들에게도 그들을 제압하는 권능을 주셨다(눅9:1). 따라서 마귀들에게 사로잡히는 현상을 정신병으로 생각해서는 안 되며 또 모든 병을 마귀들이 주는 것으로 생각해서도 안 된다. 마귀들이 일으키는 문제가 있고 육신의 과로와 불량 식품 섭취 등으로 인한 질병이 있다.

마귀들은 어둠의 권능들에 속해 있으며 수가 많을 뿐만 아니라 큰 군대로서 사탄을 위하는 일에 능숙한 자들이다. 그들은 특별히 말세에 자신들의 지도자의 명령에 따라 바닥 없는 구덩이에 있는 중앙 정부에서 나와 활동한다(계9:1-11). 마귀들이 사람이나 돼지 같은 짐승 속에 들어가 그 몸을 소유하고 조절한다는 사실은 그들이 몸을 갖고 있지 않은 영임을 보여 준다. 마귀들이 인격과 개성을 갖고 있다는 사실은 예수님께서 그들과 대화를 나누고 질문을 하고 답변을 받았다는 점에서 매우 명확하게 드러난다(눅8:26-36). 물론 마귀들은 보통 사람 이상의 지능을 소유하고 있으며 예수님께서 하나님의 아들이라는 것과 자기들이 궁극적으로는 고통의 장소에 갇힐 것을 잘 알고 있다(마8:29; 눅8:31). 끝으로 정관사가 붙은 유일한 마귀와 그의 부하들을 구분하기 위해 우리말 킹제임스 흠정역 성경에서 '**마귀**'(The devil)는 진하게 표시되었다.

● 사람(Man)

하나님의 형상을 따라 창조된 존재로서 하나님의 으뜸가는 창조물(창1:26-31; 2:7-25). 하나님은 이전에 존재하던 다른 창조물을 사용하여 사람을 만들지 않았고 땅의 흙으로 사람을 빚어 그에게 생명의 숨을 주사 완전한 인격체가 되게 하셨다. 이 같은 사람의 창조는 주전 4004년경에 이루어졌으며 이것은 허구를 신뢰하는 진화론자들의 주장을 완전히 무너뜨린다.

사람은 물질적인 존재이며 동시에 영적인 존재로서 두 개의 세계 즉 물질세계와 영의 세계를 체험하도록 지어졌다. 데살로니가 사람들과 히브리 사람들에게 편지를 쓰며 사도 바울은 하나님께서 그들의 온 영과 혼과 몸을 우리 주 예수 그리스도께서 다시 오실 때까지 흠 없이 보존해 주시기를 원하였다(살전5:23). 이 구절과 히4:12 등은 사람이 '몸'과 '혼'과 '영'으로 구성된 삼위일체임을 보여 준다.

구약 시대의 성막은 성소와 지성소 그리고 밖에 있는 뜰로 구성되었는데 이것은 사람의 세 구성 요소를 보여 주는 예표로서 뜰은 몸을, 성소는 혼을, 그리고 지성소는 영을 나타낸다. 성소를 통하지 않고 뜰에서 지성소로 들어갈 수 없듯이 사람의 경우에도 혼을 통해서만 영과 몸이 통할 수 있다. 성막이 완성된 후에도 하나님의 영께서 지성소에 자신의 거처를 정하기 전까지 그분의 임재가 없었듯이 비록 사람이 영과 혼과 몸으로 완성되어 있다 할지라도 그의 영적 상태는 성령님께서 들어오셔서 사람의 중심인 영의 방을 소유하기 전까지 새롭게 되지 못한 채 남아 있다. 그리고 이런 일은 새로 태어나는 것 즉 다시 태어남이 일어날 때에야 비로소 생긴다.

몸은 세상을 의식하는 기관으로 다섯 가지 감각 즉 '보는 것', '냄새 맡는 것', '듣는 것', '맛보는 것', '만지는 것'을 통해 물질 세상과 접촉한다. 혼은 자기 자신을 의식하는 기관이며 혼에 이르는 문에는 상상, 양심, 기억, 이성, 애정 등이 있다. 한편 영은 하나님을 의식하는 기관으로 혼을 통해 외부에 있는 물질적인 것들에 대한 인상을 받는다. 영이 갖고 있는 기능은 믿음, 소망, 경외심, 기도, 경배 등이다.

타락하기 전에는 사람의 영이 하늘로부터 조명을 받았으나 인류가 아담 안에서 타락했을 때 죄가 영의 창문을 막아 버리고 커튼을 내림으로써 영의 방은 죽음의 방이 되고 말았다. 새롭게 태어나지 못한 사람들에게는 이 같은 상태가 지금도 그대로 유지되고 있으며 생명과 빛을 주시는 성령님의 능력이 이 영의 방을 그리스도 예수님 안에 있는 새 생명의 능력 즉 생명과 빛을 주시는 능력으로 채우실 때에야 비로소 바뀌게 된다. 따라서 본성에 속한 자연인의 경우 그의 의지가 문지기 역할을 하면서 성령님께서 들어가는 것을 막으므로 영적인 것을 깨달을 수 없다(고전2:13-14).

사람이 죽게 되면 그의 혼과 영은 몸으로부터 분리되고 몸은 무덤 속에 놓이지만 혼은 결코 몸이 없는 상태로 있지 않고 영화로운 몸을 입기 전의 어떤 중간 단계의 몸을 입고 있으며 이 같은 몸은 듣고 말하고 생각하고 느낄 수 있다(눅

16:19-31 참조).

사람은 하나님과 교제를 나누며 그분의 영광을 드러내기 위하여 창조되었고 그래서 다른 창조물과 달리 그분의 모습과 형상대로 창조되어(창1:26-27) 그분과 만나 직접 이야기하였다(창2:15-17). 이것이 처음에 사람을 창조하신 하나님의 목적이었으며 지금도 그분은 사람이 그와 같이 되기를 바라면서 은혜를 베푸신다. 사람은 또한 하나님의 뜻과 그분의 일을 하도록 지어졌으므로 그분의 위임을 받아 모든 창조물을 다스릴 책임이 있다(창1:26, 28). 사람은 타락 이전에 이 같은 사명을 받아 잘 감당했으나 타락 후에는 이 일을 수행하는 것이 고통이 되고 말았다(창3:17-19).

하나님은 타락한 사람을 이전의 에덴동산에서처럼 무죄인 상태로, 하나님과 교제를 나누는 상태로 회복시키기 원하며 그래서 이 일을 위하여 자신의 아들을 보내시고 자신과 사람 사이에 화평을 가져다 줄 화목 제물이 되게 하셨다(요일2:2; 고후5:20). 그래서 누구든지 하나님의 아들을 믿는 자는 영존하는 생명을 얻는다.

신약 시대에 온 인류는 유대인, 이방인, 그리고 하나님의 교회 즉 유대인이나 이방인이나 오직 믿음으로 예수 그리스도의 피로 다시 태어난 사람들의 세 부류로 나뉜다(고전10:32; 참조 갈6:16).

끝으로 계13:18의 '사람의 수'(the number of a man)는 하나님의 수와 대비되는 사람의 수가 아니라 어떤 한 사람 즉 적그리스도의 수이다.

- 영(Spirit)

성경에는 이 단어가 여러 용례로 사용되었다.

I. 성령님. 삼위일체의 한 인격체인 성령님은 대언자들에게 영감을 주고 선한 사람을 움직이며 성도들의 마음에 기름 부음을 주고 생명을 주신다. 성도들은 아버지와 아들과 성령님의 이름으로 침례를 받고 복을 받는다. '거룩하다'는 holy와 영(spirit)이 붙으면 대개 성령님으로 이해해야 하며 holy가 없더라도 Spirit처럼 대문자 S가 쓰이면 성령님으로 이해해야 한다.

II. 숨. 이것은 사람과 짐승에게 공통적으로 있는 호흡을 가리키며 하나님은 숨을 주시고 생명을 취하실 때에 호흡을 가져가신다(전3:21).

III. 사람을 구성하는 세 요소인 몸과 혼과 영의 한 부분. 이것은 하나님을 의식하는 기관으로 영적인 것을 추구하고 판단하는 기관이다. 모든 사람은 영을 갖고 태어나지만 구원받기 전에는 영이 하나님과 교제하지 못하므로 "영적으로 죽었다."고 말한다(엡2:1).

벧전3:19의 '감옥에 있는 영들'은 노아의 대홍수 이전에 나타난 악한 천사들이나 또는 노아의 선포를 받아들이지 않은 죄인들(거인들)을 가리킨다. 후자의 경우 그리스도께서는 성령님에 의해 노아라는 선포자를 통하여 그들이 육체를 입고 있는 동안 그들에게 회개와 심판을 선포하신 것으로 볼 수도 있다(벧후2:5). 이것은 마치 그리스도께서 에베소에 가서 직접 선포하지 않고 바울을 통하여 하였으나 그분께서 오셔서 그들에게 복음을 선포했다고 기록하는 엡2:17과 같은 의미로 이해할 수 있다.

IV. 천사(히1:14; 마10:1). 사두개인들은 천사나 영을 다 부인하였다(행23:8).

V. 기질, 성품. 질투의 영, 음행의 영, 기도의 영, 병약하게 하는 영, 지혜와 명철의 영, 주를 두려워하는 영(호4:12; 슥12:10; 눅13:11; 사11:2).

VI. 다시 태어난 신자들의 새로운 본성. 이런 차원의 영은 육신 혹은 육 혹은 육체와 반대가 된다(요3:6). 성령님으로 말미암아 혹은 그리스도의 영으로 새롭게 된 사람은 담대하게 하나님을 아바 아버지라 부를 수 있으며(롬8:15) 육신과 함께 그것의 애착과 정욕을 십자가에 못 박았다(갈5:24).

영을 분별하는 것은 어떤 사람이 하나님께 속하는가 마귀에게 속하는가를 구분하는 것이며 이로써 진리와 오류를 판단할 수 있다. 사도 바울은 복음의 초기에 영을 분별하는 선물(은사)이 있음을 보여 주었고(고전12:10) 또한 사도들이 보여 준 사도의 권능에 따라 참 사도인가 아닌가를 판단하라고 하였다(고후12:12).

'성령의 *불길을 끄는 것*'(살전5:19)은 불처럼 일하시려는 성령님에게 물을 끼얹어 일을 하지 못하게 하는 것을 뜻한다. 이 말은 곧 예수 믿는 사람이라 하더라도 죄와 무지와 욕심 등으로 인해 성령님의 소욕을 방해할 수 있음을 보여 준다. 그리스도인들도 성령님의 감동과 그분의 은혜를 가로막음으로 혹은 미적지근한 삶을 통해 그분의 선물(은사)들을 멸시하거나 무시함으로 그분을 슬프게 할 수 있다. 반면에 우리는 덕을 행하고 그분의 감동에 따라 바르게 행하며 감사하고 봉사함으로 부지런히 그리스도를 섬김으로 우리 안에 계신 성령님을 기쁘게 할 수 있다.

성경은 짐승에게도 영이 있다고 말한다. "위로 올라가는 사람의 영과 땅으로 내려가는 짐승의 영을 누가 알리오?"(전3:21) 이 구절의 영은 영이나 바람을 의미하는 히브리어 '루아흐'를 번역한 것으로 여기서는 사람 및 짐승과 관계가 있으므로 마땅히 영이 되어야 한다. 성경은 전3:19에 있듯이 사람이나 짐승이 다 숨을 가졌고 영을 가졌음을 분명히 보여 주며 노아의 대홍수 때에도 사람과 짐승 등 코에 생명의 숨을 가진 육체만 죽임을 당했다(창2:7; 6:17; 7:15; 7:22).

한편 하나님께서는 짐승도 영을 가졌으므로 특별히 허락을 받으면 말을 할 수 있음을 보여 주시기 위하여 민22에서 단 한 번 나귀가 말하는 기사를 영감으로 기록하셨다. 하나님께서 허락하시자 영을 가진 나귀는 곧바로 천사를 알아보고 말을 하게 되었다. 한편 짐승의 영은 죽어서 소멸되므로 짐승은 영을 가졌으나 천사와 마찬가지로 하나님의 구원 계획과는 상관없다.

● 혼(Soul)

성경에서 혼은 사람을 구성하는 몸과 혼과 영의 세 요소 중 한 부분을 가리키기도 하고 사람 자체를 가리키기도 하므로 문맥상 어떤 것을 의미하는지 잘 살펴보아야 한다.

혼의 불멸은 계시 종교의 근본 교리이며 고대의 족장들은 이 같은 진리를 확신하고 이 땅에서 살면서 다가오는 영원한 삶을 고대하고 그 안에서 약속들을 받았다(창50:24; 민23:10; 삼상28:13-15; 삼하12:23; 욥19:25-26; 전12:7; 히 11:13-16 비교). 그래서 예수님은 아브라함 등이 죽은 지 오래되었음에도 불구하고 '아브라함의 하나님, 이삭의 하나님, 야곱의 하나님'이라고 하시면서 '하나님이 죽은 자의 하나님이 아니라 산 자의 하나님'이심을 보여 주시고(마22:32) 또 생명과 혼의 불멸 그리고 혼의 소중함 등을 몸소 보여 주셨다(마16:26; 고전 15:45-57; 딤후1:10).

고대 히브리 사람들은 생명을 부여하는 부분 즉 혼이 숨 속에 있으며 그래서 사람이 죽으면 숨과 함께 혼이 떠난다고 믿었다(창35:18). 그래서 히브리, 그리스 성경에서 사람을 가리키는 '혼'이라는 말은 짐승에게 적용되는 경우 종종 생명으로 번역되었다(창2:7; 7:15; 민16:22; 욥12:10; 34:14-15; 시104:29; 전12:7; 행17:25). 그러나 사람과 짐승 모두에게 공통으로 있으며 짐승의 경우 몸과 함께 사라지는 생명 외에 사람 속에는 사람의 생각과 사랑과 사고를 지배하는 불멸의 혼이 있다. 바로 이 혼 때문에 사람은 짐승과 확연히 구별되며 바로 이 점 때문에 사람은 하나님과 닮았다(창1:26). 혼은 육적인 것이 아니라 영적인 것이다. 왜냐하면 혼이 생각하고 영원히 불멸하기 때문이다.

성경에서 혼은 다음의 경우에서처럼 사람 자체를 가리키기도 한다. "주 하나님께서 땅의 흙으로 사람을 지으시고 생명의 숨을 그의 콧구멍에 불어넣으시니 사람이 살아 있는 혼이 되니라"(창2:7; 고전15:45 비교). "누룩 있는 빵을 먹으면 그 혼은 이스라엘에서 끊어지리라"(출12:15). 그래서 사람을 주님께로 데려오기 위해 전도하는 것은 '혼을 구원하다'의 뜻을 가진 soul winning이라 한다. 그러므로 사도행전에서 처음 교회가 세워질 때에도 하나님은 많은 혼을 구원하셨다. "그때에 그의 말을 기쁘게 받아들인 자들이 침례를 받으니 바로 그날 삼천 혼가량이 그들에게 더해졌더라"(행2:41). 또 하나님은 사람의 혼을 구하는 자를 지혜롭다고 하신다. "의로운 자의 열매는 생명나무니 혼들을 얻는 자는 지혜로우니라"(잠 11:30).

성경에는 혼이라는 단어가 535회 나오는데 기존의 우리말 성경은 히4:12같이 꼭 혼이 나와야 되는 구절에서만 혼으로 번역했고 대부분의 경우 '영혼' 혹은 '자'(者) 등으로 바꾸어서 혼의 개념을 모호하게 만들었다. 그리스도께서 사람의 혼을 구하기 위해 죽음의 고통을 기꺼이 감당하셨으므로 그리스도인은 그분이 귀히 여기는 혼들의 구원을 위하여 복음을 선포하는 수고를 아끼지 말아야 한다.

● 복음(Gospel)

이것은 하나님께서 우리의 구원자요 구속자이신 예수 그리스도를 통해 죄 많은 사람들에게 알려 주신 계시요 경륜이다. 성경은 '왕국의 복음'(마24:14), '하나님의 은혜의 복음'(행20:24), '그리스도의 복음', '화평의 복음'(롬1:16; 10:15) 등을 제시한다. 한편 그리스도의 복음은 영광스러운 복음이기도 한데(딤전1:11) 우리 주 예수님의 삶과 가르침과 죽음과 부활과 승천을 통해 이 복음이 우리에게 선포되었다. 우리 주님의 삶과 기적과 죽음과 부활과 교리 등을 자세히 보여 주는 책들을 보통 복음서라고 하며 여기에는 마태, 마가, 누가, 요한의 복음서가 있다. 모든 사람이 이것들을 받아들이지는 않지만 복음의 초기에 그리스도인들은 이것들이 예수님의 교리와 행적을 담은 표준 책으로 받아들였다.

성경에는 몇 가지 복음이 나와 있다.

I. 왕국의 복음. 마24:14에 나오는 이 복음은 눅1:32-33에 예언된 것으로 다윗의 자손이신 예수 그리스도께서 친히 통치하실 지상 왕국(王國)을 하나님께서 건설하려 하신다는 것을 알리는 좋은 소식이다. 성경에서 이 복음은 두 번 선포되었다. 처음에 침례자 요한의 사역과 함께 왕국의 복음이 선포되기 시작했고 후에 예수 그리스도와 그분의 제자들이 이 복음을 선포했지만 유대인들이 왕으로 오신 예수 그리스도를 거절했기 때문에 끝이 나고 말았다. 그러나 교회가 공중으로 들려진 이후에 이 왕국의 복음은 다시 선포될 것이며 그것이야말로 마24:14에 있는 예언 즉 "왕국의 이 복음이 모든 민족들에게 증언으로 온 세상에 선포되리니 그제야 끝(세상의 끝)이 오리라."는 말씀의 성취이다. 이 말씀은 현재 각 민족에게 전파되고 있는 은혜의 복음에 대한 것이 아니다. 지금 이 시간에 전파되고 있는 것은 구원의 복음으로서 하나님의 은혜의 복음이지 하늘의 왕국의 복음이 아니다. 하늘의 왕국의 복음은 구원을 위한 것이 아니라 증거를 위한 것으로 왕국을

건설할 때가 임박했음을 통보하는 것이다. 하늘의 왕국의 복음은 7년 환난기에 선두 주자 엘리야와(말4:5-6) 다윗의 왕좌에 앉으실 왕으로 오시는 예수님에 대한 소식을 모든 민족에게 전할 것을 위임받은 다른 사람들 - 계시록 7장과 14장의 십사만 사천 명 - 이 선포할 것이며 그것의 목적 중 하나는 온 땅에 흩어진 이스라엘을 약속의 땅으로 다시 모으는 것이다.

II. 하나님의 은혜의 복음. 행20:24에 나오는 이 복음은 유대인들에게 배척당한 예수 그리스도께서 우리를 구원하시기 위해 십자가에서 못 박혀 죽으시고 부활하사 누구든지 그분을 믿는 자는 구원을 받는다는 좋은 소식이다. 이 복음은 다양한 방법으로 묘사되어 있다. 롬1:1에서는 이것을 가리켜 하나님의 복음이라고 하는데 그 이유는 이 복음의 원천이 하나님의 사랑이기 때문이다(요3:16). 이 복음의 성격은 은혜이고(행20:24) 주제는 주 예수 그리스도이며(롬1:16; 고후10:14) 이것이야말로 사람을 구원에 이르게 하는 하나님의 능력이다. 또 이 복음은 화평의 복음이라고도 하는데 그 이유는 이것이 하나님과 죄인 사이를 화목하게 하고 우리 혼에 화평을 가져다주기 때문이다(엡6:15). 한편 이것은 영광스러운 복음이라고도 하는데(고후4:4; 딤전1:11) 이 복음 역시 하나님의 은혜의 복음으로서 특별히 영광 중에 계시고 영화롭게 되셨으며 많은 아들들에게 영광을 가져다주실 주 예수님에 대해 언급하는 복음이다(히2:10). 이 복음은 그분의 재림과 관계가 있으며 특별히 그분의 영광스러운 나타나심을 기다리고 있는 사람들에게 위로를 준다.

III. 영존하는 복음. 계14:6에 나오는 이 복음은 계시록에서 일곱 대접의 심판이 있기 바로 전에 한 천사가 선포하는 복음이다. 이것은 천사에게 맡겨진 유일한 복음으로 하늘의 왕국의 복음도, 은혜의 복음도 아니다. 이 복음의 목적은 구원이 아니라 심판이다(계14:7). 이 복음은 7년 환난기의 심판의 시간을 통과하는 이스라엘과 이방인 신자들에게 기쁜 소식이 될 터인데 그 까닭은 적그리스도와 그의 추종자들의 심판과 멸망으로 말미암아 그들의 고통이 곧 끝날 것을 이 복음이 보여 주기 때문이다. 이 복음은 사람들에게 구원자로서의 하나님이 아니라 창조주로서의 하나님께 경배할 것을 요구한다. 족장들과 대언자들이 에덴동산 이후로부터 계속해서 이 복음을 선포해 왔다. 이 복음은 영생을 주기 위해 사람들을 모두 구원한다는 의미에서의 영원한 복음이 아니다. 또한 이 복음의 핵심은 "회개하라." 혹은 "이것을 하라." 또는 "저것을 하라."는 명령이 아니다. 단지 이 복음은 하나님의 심판의 시각이 왔으니 창조주 하나님을 두려워하고 그분께 영광을 돌리며 경배하라는 것이다.

IV. 다른 복음. 갈1:6-12; 고후11:4는 위의 복음들 이외의 다른 형태의 복음이 있음을 말하지 않는다. 이것은 참된 복음을 왜곡시킨 것으로 여러 가지 미혹하는 형태를 취하며 주로 믿음만으로 구원에 이르기에 부족하고 선한 행위가 있어야 한다고 가르치는 거짓 복음이다(골2:18-23; 히6:2). 그러나 이 가르침은 비성경적인 것으로 사도 바울은 갈1:8-9에서 이것을 가르치는 설교자들과 교사들을 강하게 저주하였다.

- 구원(Salvation)

이것은 엄격한 의미에서 구출하는 것을 뜻하며 그래서 종종 잠정적인 구출을 뜻하는 데도 쓰였다(창14:13; 삼상14:45). 그러나 우리의 구속자 주님을 통해 죄와 죽음에서 영적으로 구출되는 것(마1:21)이야 말로 이보다 훨씬 더 큰 구원이며 그래서 구원은 대개 이와 같은 영적 의미로 이해되고 있다. 한편 구원은 구출뿐만 아니라 구출의 결과 즉 우리 주님의 왕국에서의 영원한 생명과 행복을 뜻하기도 한다(고후7:10; 엡1:13). 그래서 구원은 '이 큰 구원'이라고 합당하게 묘사되어 있다(히2:3).

히브리 사람들은 구체적인 용어보다 추상적인 용어를 많이 사용한다. 그래서 하나님이 자기들을 구원하고 보호하신다는 것을 표현하기 위해 "하나님은 우리의 구원이다."라고 말한다. 그러므로 구원의 소리, 구원의 소식, 구원의 반석, 구원의 방패, 구원의 뿔은 구출을 선포하는 목소리, 큰 위험에서 빠져나올 때의 기쁨, 피신하여 안전히 거할 수 있는 바위, 적군의 공격으로부터 보호하는 방패, 영광과 기쁨의 뿔을 의미한다. 그러므로 "이스라엘에서 큰 구원을 이루었다."는 것은 "다가오는 큰 위험에서 이스라엘을 구출하였다."는 뜻이다. 구원의 옷은 명절 등에 입는 화려한 옷을 말하며(사61:10) 이는 상징적으로 하나님으로부터 호의를 입는 것 즉 큰 위험에서 구출받는 것을 뜻한다. 끝으로 딤전2:15의 "여자가 수태와 해산을 거칠 때에 구원을 받으리라."는 말씀은 여자가 맑은 정신으로 믿음과 사랑과 거룩함 안에 거하면서 이브로 말미암은 해산의 저주의 고통을 느끼며 자신을 낮추면 이브가 당했던 속임수에서 구출받는 것을 말한다.

- 죄(Sin)

하나님의 법에 위배되거나 그것과 비교하여 부족한 것으로 드러나는 생각, 말, 욕망, 행동. 성경에서 죄는 불법, 범죄, 허물, 빚, 불순종, 반역, 거역, 실족, 완고, 무지, 위선 등으로 표현되어 있는데 이것들은 한 마디로 하나님의 거룩한 수준에 이르지 못하는 것이라 할 수 있다. 그래서 그리스말에서는 죄가 '과녁을 벗어난 것'으로 표현되어 있으며 사도 바울은 "모든 사람이 죄를 지어 하나님의 영광에 이르지 못했다."(롬3:23)고 말함으로써 죄가 곧 하나님의 영광에서 벗어난 것임을 보여 준다.

기독교를 제외한 세상의 모든 종교는 선행을 통해 죄를 덮거나 죗값을 낮추려 하지만 성경의 기준에 따르면 아무리 선한 사람도 하나님 앞에서 다 죄인이다. 이것은 기차 출발 시간이 오후 5시이면 그로부터 1분 지나서 온 사람이나 1시간 지나서 온 사람이나 다 기차를 놓치는 것으로 비유될 수 있다. 세상의 종교는 기준 혹은 과녁에서 얼마나 가깝게 갈 수 있는가를 보여 주지만 기독교는 기준 혹은 과녁 자체를 맞추어야 구원받을 수 있음을 보여 준다. 이런 차원에서 성경의 죄는 세상이 정한 죄와 다른데 그 이유는 후자가 사람들의 법규나 기준에 의해 결정되기 때문이다.

창세기는 하나님의 말씀을 어김으로 이 땅에 죄가 들어왔음을 확실하게 보여 준다. 죄의 형벌과 권능에서 벗어나서 자유를 얻을 수 있는 유일한 길은 죄 없이 사탄의 가장 큰 무기인 사망을 이기고 부활하신 예수님을 신뢰하는 길뿐이다. 죄가 이 세상에 들어와서 온 인류를 오염시킨 것과 죄의 본성, 형태, 효과 등에 대해서는 창6:5; 시51:5; 마15:19; 롬5:12; 약1:14-15 등을 참조하기 바란다.

하나님께 경배하고 그분을 사랑하며 섬기는 것과 비교해서 죄는 '경건하지 못한 것'(ungodliness)으로 불릴 수 있다. 우리말에서 종종 경건으로 번역된 말은 원래 '하나님을 닮는 것'을 뜻하므로 죄는 하나님과 정반대를 닮는 것을 뜻한다. 하나님의 법을 어긴다는 측면에서 죄는 범법이라 불리며 영원한 정직성에서 벗어난다는 뜻으로 불법 혹은 불의라 불린다. 또 죄는 모든 범법의 사악한 원천으로서 우리의 첫 조상으로부터 모든 사람에게 전달되는 부패이므로 원죄라 불리기도 한다. 성경은 죄를 가리켜 육 혹은 육신, 죄와 사망의 법 등이라 한다(롬8:1-2; 요일3:4; 5:17). 죄의 형벌은 사망이며 하나님은 분명히 아담이 죄를 지으면 죽으리라고 말씀하셨다(창2:17). 그래서 죄를 짓는 혼은 반드시 죽는다. 단 하나의 죄라도 사람의 혼을 완전히 멸절시키는데 이것은 마치 전깃줄의 한 부분이라도 끊어지면 전기가 흐르지 않는 것과 같다. 죄의 사악함은 죄로 인해 손상된 하나님의 법의 거룩함과 공정함과 선함 등에 의해 또 죄로 인해 놓치는 영원과 죄를 속죄하기 위해 필요한 희생 제물의 위대함 등에 의해 측정될 수 있다.

사도 바울은 죄를 알지도 못한 예수님이 우리를 위해 속죄 제물이 되신 것을 하나님이 기뻐하셨다고 기록한다. "하나님께서 죄를 알지 못한 그분을 우리를 위해 죄가 되게 하신 것은 우리가 그분 안에서 하나님의 의가 되게 하려 하심이라"(고후5:21).

- 죄인(Sinner)

세상에서는 법규를 어기면 죄인이라 하지만 성경은 사람이 본질적으로 죄성을 가지고 태어나기 때문에 죄인이라고 한다. 사과나무는 사과나무이기 때문에 사과를 낸다. 사과가 열리기 때문에 사과나무라고 하지 않는다. 그러므로 성경이 사람을 죄인이라 하는 것은 근본적으로 그가 죄성을 지녔기 때문이다. 즉 그가 죄를 짓는 것은 열매이지 근본 뿌리가 아니다. 그래서 모든 사람은 - 심지어 갓 태어난 아기들조차도 - 태어나면서부터 죄인이다(롬5:12-14; 시51:5; 욥15:14; 25:4-6). 그러므로 이런 죄인은 거룩하신 하나님의 공의를 만족시킬 수 없으며 이로 인해 사망이라는 형벌을 받을 수밖에 없다(창2:17; 롬6:23). 창조주 하나님이 공평하다는 것은 그분께서 죄를 그냥 두지 않고 벌하신다는 것을 뜻한다. 즉 사람이 어떤 것을 만들었는데 그것이 제 기능을 못하면 폐기 처분하듯이 하나님도 사람을 내시고 그 사람이 원래의 의도된 목적을 수행하지 못하면 폐기 처분하시며 성경은 이것을 둘째 사망이라고 말한다(계20:11-15).

죄인이 살 수 있는 길은 그를 지으신 하나님이 원하시는 기준을 만족시키는 것인데 사람은 창조물이며 하나님은 창조주이시므로 사람이 스스로 노력해서 그분의 기준을 만족시킬 수 없다. 이것은 마치 토기가 토기장이의 기준을 만족시킬 수 없음과 같다. 그러므로 하나님은 자신의 가장 선한 방법대로 죄인이 구원을 받을 수 있는 길을 마련하셨으며 이것은 거룩하신 하나님 자신이 죄인 대신 죄의 형벌을 지고 지옥의 고통을 대신 맛보며 그를 의인으로 선고하는 것이다. "다른 사람 안에는 구원이 없나니 하늘 아래에서 우리를 구원할 다른 어떤 이름도 주께서 사람들 가운데에 주지 아니하셨느니라"(행4:12). 그러므로 죄인은 이 사실을 믿고 하나님이 거저 주시는 은혜를 수용함으로써 자기의 행위와 상관없이 의인이 된다. 병자가 자신이 병든 것을 알지 못하면 의원에게 올 수 없듯이 죄인도 자신이 태어나면서부터 죄인이며 그래서 필연적으로 죄를 지을 수밖에 없음을 인정하고 자기의 의지를 굽혀 하나님께 겸손히 나올 때 구원받을 수 있다.

- 회개(Repentance)

어떤 일을 행한 것에 대한 유감과 슬픔과 더불어 그렇게 하지 않았어야 한다는 간절한 소원이 나타나면서 마음을 바꾸어 행동으로 돌이키는 것.

가룟 유다처럼 단순히 자기가 행한 일을 후회하는 경우에도 영어로 같은 단어가 쓰였다(마27:3). 에서가 눈물을 흘렸음에도 불구하고 뜻을 돌릴 곳을 찾지 못하였다는 히12:17 말씀은 그의 아버지 이삭이 자기가 행한 것 즉 야곱에게 축복한 것을 되돌리려 하지 않았음을 뜻한다(창27:1-46). 한편 성경은 하나님도 repent한다고 표현하는데(창6:6; 욘3:9-10 등) 이것은 결코 그분께서 사람처럼 무언가 잘못한 일에 대해 후회하는 것을 뜻하지 않으며 다만 그분께서 어떤 일에 대해 심히 슬퍼하는 것이나 그분의 섭리 속에서 사람이 마음을 바꾸듯 마음을 바꾸어 다른 행동을 취하는 것을 뜻한다.

한편 복음이 말하는 회개 즉 생명에 이르게 하는 회개는 죄를 슬퍼하고 죄 지은 것을 미워하며 그것을 철저히 증오하면서 되돌아서서 진실한 마음으로 하나님의 은혜와 성령님의 인도를 받아들이고 하나님의 뜻과 명령들에 순종하며 사는 것을 뜻한다. 사람이 예수 그리스도를 믿는 믿음을 가지면 반드시 참된 회개가 나타나며 이때에 예수 그리스도의 공로로 말미암은 죄들의 용서가 거저 주어진다(마4:17; 행3:19; 11:18; 20:21; 26:20). 따라서 사람의 구원에 있어서 회개와 믿음은 떼려 해도 뗄 수 없는 불가분의 관계이다.

참된 회개는 다윗이 밧세바와 간음하고 그녀의 남편 우리야를 살해한 뒤에 나단 대언자의 책망을 듣고 하나님께로 돌이키는 데서 발견된다(시51). 신약 성경에서 침례자 요한과 예수 그리스도는 회개하라는 메시지를 가지고 유대인들에게 나타났으며 회개하지 않으면 멸망한다고 말씀하셨다(눅13:3, 5). 예수님은 또한 죄인 하나가 회개하면 하나님의 천사들의 눈앞에서 기쁨이 있다고 말씀하셨다(눅15:10). 예수님의 부활 이후에 그분의 제자들은 줄곧 회개와 믿음의 메시지를 선포하였다(행2:38; 3:19; 20:21; 26:20). 회개가 일어난 곳에서는 악을 버리고 죽은 행위로부터 떠나는 일과(행8:22; 히6:1) 하나님을 향해 그분의 영광을 구하는 일이 발생한다(행20:21; 계16:9).

성경적 회개는 기도(왕상8:47), 믿음(막1:15), 침례(행2:38), 회심(행3:19), 겸손(마11:21) 등과 관계가 있다. 회개는 하나님의 뜻이며(눅15:7-10; 벧후3:9) 그분의 명령이다(막6:12; 행17:30). 따라서 회개 없이 구원받는 일은 불가능하다. 한 사람이 죄에서 벗어나 하나님께로 180도 돌아서는 회개는 일생에 단 한 번 일어나며 그 이후에 자신이 지은 죄를 회개하는 것은 죄를 고백한다고 말한다(요일1:9).

- 믿음(Faith)

믿음은 어떤 진리를 이해하며 동의하는 것이다. 기독교의 믿음은 하나님의 계시의 진리와 그 안에 들어 있는 사건들과 교리들을 인정하고 동의하는 것이다. 믿음이 단지 역사적 믿음일 때에는 우리 삶에 아무 영향을 미치지 못하고 결국 마귀들의 믿음같이 죽은 믿음이 되고 만다(약2:19). 그러나 산 믿음 혹은 사람을 구원하는 믿음은 기독교의 교리를 진리로 믿고 온 마음과 열정으로 그것들을 받아들인다. 그러므로 이런 믿음은 하나님의 뜻에 순종하려는 신실한 마음의 근원이 되며 삶에서 그리고 행위에서 열매로 표출된다. 예수 그리스도를 믿는 믿음을 통해 우리는 그분을 우리의 구원자요 왕이요 대언자요 대제사장으로 받아들이며 그분을 그런 존재로 인정하고 그분에게 순종한다. 바로 이런 믿음을 통해 우리의 행위와 상관없이 우리는 하나님의 전적인 은혜로 구원을 얻으며 이런 믿음이 없이는 아무도 죄들의 용서와 거룩한 삶을 살 수 없다.

또한 믿음으로 의롭게 된 자들만이 믿음으로 살고 걸을 수 있으므로(막16:16; 요3:15-16; 행16:31; 요일5:10) 이런 믿음이야말로 그리스도인 삶의 원천이라 할 수 있다. 믿음을 통해 우리는 세상과 육신과 마귀를 이기고 의의 관을 얻으며(딤후4:7-8) 바로 이런 믿음으로 과거의 믿음의 선진들은 놀라운 이적을 이루었고(히11:1-40; 행14:9; 고전13:2) 그래서 하나님께서 원하시는 일을 하며 그분의 전능하심 속에 거할 수 있었다(마17:20; 막9:23; 11:23-24). 참된 믿음은 그것의 열매로 인하여 온 세상에 두루 알려진다(롬1:8).

믿음은 우격다짐으로 믿어 어떤 일이 일어나게 하는 신비한 능력이나 자기 확신 혹은 소원을 표현하는 것이 아니다. 또한 믿음은 스스로 존재할 수 없고 사랑처럼 반드시 어떤 대상을 향한 태도로서만 존재한다. 그러므로 어떤 대상에 대한 신뢰의 태도로서 그 대상이 반응하게 만드는 것이 믿음이다. 그래서 믿음이 효력이 있느냐 없느냐는 그 대상에 의해 결정되며 그러므로 믿음에서 가장 중요한 것은 믿음 자체가 아니라 믿는 대상이다. 그리스도인의 삶에서 믿음의 대상은 주 예수 그리스도이다. 그러므로 그리스도인의 믿음은 그분에 대한 신뢰 태도이며 그분으로 하여금 자신의 삶 속에서 그분의 성품과 능력을 나타내시도록 허락하는 것이다.

사람은 이런 믿음으로 구원을 받으며 동시에 그 후의 삶에서도 이런 믿음으로 신앙의 여정을 걷는다. 즉 신자의 삶은 처음부터 끝까지 믿음의 여정이다. 그러나 많은 그리스도인들이 믿음으로 구원받은 이후에는 자신의 힘으로 살려고 하며 그 결과 능력과 열매를 상실한다. 우리는 그리스도를 위해서 살려고 하지 말고 그리스도께서 내 안에서 살게 해야 한다(갈2:20). 그것이 진정한 의미의 그리스도인이며 믿음의 사람이다.

- 고백(Confession)

구약 성경에서 이 말은 주로 사람의 죄를 시인하는 데 쓰였다(레5:5; 욥40:14; 시32:5). 솔로몬 왕은 성전을 봉헌하면서 "주의 이름을 시인한다."는 표현을 사용하는데(왕상8:33-35; 대하6:24-26) 이것은 이스라엘이 주 하나님께만 죄를 지을 수 있으며 이로 인한 형벌도 주님으로부터만 나옴을 시인하는 것이다. 한편 신약에서 이 말은 같은 것을 말하다를 뜻하며 그래서 부인하지 않고 인정하는 것을 말한다. 또한 이 말은 어떤 사람이 회심한 것을 인정하고 밝히는 의미로도 쓰였다(요12:42; 롬10:9-10; 딤전6:13). 어떤 이들은 요일1:8에 따라 사람이 구원받으면 더 이상 죄의 용서를 구하면 안 되고 단지 죄를 고백하기만 하면 된다고 주장한다. 그러나 죄를 인정하는 것은 곧 기술적으로 죄의 용서를 구하는 것이다. 우리가 죄 없다 하면 스스로를 속이는 것이다(요일1:8). 심지어 구원받은 바울도 여전히 죄를 짓는 자신의 모습을 보고 "내가 죄인들 중에 우두머리이다."라는 현재형 고백을 했다(딤전1:15). 그러므로 그리스도인이 주님께 죄를 고백하고 용서를 구하는 것은 관계의 회복이 아니라 교제의 회복을 위한 중요한 것이다.

● 구속(Redemption)

속죄와 구속은 동일한 의미를 가진 것처럼 이해된다. 이 두 용어는 십자가상에서 그리스도께서 단번에 완성하신 사역의 결과이지만 조금 차이가 있다. 구속이란 현재는 다른 사람이 소유하고 있으나 합법적으로 자신의 소유인 것을 되찾는 것을 의미하며 우리말에서는 '무르다' 혹은 '속량하다'로도 표현되었다. 그런데 소유물을 되찾기 위해서는 먼저 그것의 법적 문제를 해결해야 한다.

"이 영께서는 값 주고 사신 그 소유물이 구속받을 때까지 우리의 상속 유업의 보증이 되사 하나님의 영광을 찬양하게 하시느니라."(엡1:14)는 말씀에 나오는 소유물 즉 구속받아야 할 소유물은 바로 바울이 롬8:22-23에서 말하는 양자 삼으심의 대상인 우리 몸이다.

아담은 죄를 범했을 때 몸의 영원성과 땅의 상속권을 상실했으며 그 후 아담의 씨가 받아야 할 모든 상속물이 사탄의 수하에 들어가고 말았다(눅4:6). 아담은 잃어버린 것을 되찾을 수 있는 능력이 없었지만 성경은 소유주의 가까운 친족이 소유주가 잃어버린 소유물을 되찾을 수 있다고 규정하며(레25:23-24) 하나님은 예수 그리스도를 이 친족으로 예비하셨다. 친족이 되기 위해 먼저 그분은 사람으로 태어나셔야만 했고 하나님은 처녀 탄생으로 이 일을 성취하셨다. 예수님께서는 자신의 피를 구속의 값으로 지불하셨다(벧전 1:18-20). 사람이 예수 그리스도를 개인의 구원자로 받아들이는 순간 그의 영과 혼은 구속되지만 그의 몸은 그분께서 오실 때에 부활하며 완전히 구속된다(빌3:20-21). 또한 주님은 마귀에게 넘어가서 신음하는 창조 세계를 천년왕국 때에 구속하여 원래의 모습으로 바꾸시고 궁극적으로는 새 하늘과 새 땅의 도래로 완전한 구속을 이루신다.

● 속죄(Atonement)

예수 그리스도께서 모든 인류의 죄로 인해 자신의 죽음으로 하나님의 공의를 만족시킨 것. 이 대신 속죄의 죽음으로 인해 회개하고 그리스도를 믿는 모든 사람은 하나님과 화해하고 죄의 형벌에서 벗어나며 영원한 생명을 누린다. 예수 그리스도의 속죄는 복음의 위대한 특징이며 신구약 성경에서 여러 가지 용어와 실례로 묘사되었다.

사람의 타락으로 인해 하나님과 사람은 둘이 되어 서로 간격이 벌어진 채 분리되었는데 속죄의 목적은 이 둘을 합쳐 다시 하나가 되게 하는 것이다. 법을 어긴 것에 대한 형벌은 법을 어긴 사람이나 혹은 대리자나 보증인에게 내려져야 한다. 그렇지 않으면 그 법은 아무 효력도 없게 된다. 사람이 두려워하는 것은 사실 법이 아니라 그것의 형벌이다. 속죄란 행정부에 존재하는 예비 규정으로 법률 위반에 따른 형벌로부터 범법자를 사면하기 위해 공의롭고 안전하며 받아들일 만한 근거 위에 마련한 법률 규정이다.

하나님은 에덴동산에서 아담과 이브의 행동을 규제하기 위해 법을 만드셨고 그것을 어길 경우의 형벌을 제정하셨다(창2:16-17). 그런데 아담과 이브는 금지된 열매를 먹어 그분의 법을 어기고 그로 인해 죽게 되었으며 이제 하나님은 자신의 거룩한 말씀을 어기지 않고서는 죽음의 형벌을 철회할 수 없게 되었다. 또 그분께서 자신이 말씀하신 것을 지키지 않을 경우 아담과 하와는 미래에도 계속해서 그분의 말씀이 참되다는 것을 의심할 것이다. 그러나 하나님의 공의로 인한 형벌은 창조물인 사람이 감당할 수 없는 것이며 그래서 하나님은 자신의 공의를 완벽하게 만족시킬 수 있는 방법으로 누군가에게 형벌을 내려야만 했다. 그 결과 하나님께서 사랑과 공의로 마련하여 인류를 대신해서 속죄하게 만든 존재 즉 대속자는 육체로 나타나신 하나님 곧 자신의 아들 예수 그리스도이시다.

그러나 이러한 대속 사역은 즉시로 준비될 수 없었다. 예수님께서 십자가에서 죽으심으로 아담의 불순종에 대한 형벌을 실제로 받으신 것은 그로부터 약 4,000년이 지난 후였다. 그러나 그 4,000년 동안 수소나 염소 또는 흠 없는 어린양이 히브리 사람들의 제단 위에서 타면서 연기를 냈는데 이는 피 흘림이 없이는 죄들의 사면이 없음을 시청각적으로 보여 주기 위함이었다. 또한 유월절마다 어린양의 피를 뿌린 것은 세상 죄를 제거하시는 하나님의 어린양이 되셔야 했던 분을 암시하였다(요1:29). 드디어 참된 희생물을 드릴 충만한 때가 이르자(갈 4:4) 예수님은 십자가에 못 박혀 죽으심으로 율법과 하나님의 공의를 충족시켰고 하나님께서는 이때에 자신의 의를 밝히 드러내사 자신도 의로우시며 또한 예수님 믿는 자를 의롭게 하시는 이가 되셨다(롬3:26).
　구약 시대의 유대인들은 그리스도의 예표가 되는 특별한 희생 체계를 통해 하나님의 말씀을 믿음으로 속죄를 얻었다. 신약 성경은 그리스도만이 인류를 위한 유일한 죄 헌물이요, 하나님의 어린양임을 분명하게 보여 준다. 그분께서 자신의 몸을 단 한 번 영원하게 드려 세상의 모든 죄를 제거했으므로 그분 이후에는 더 이상 짐승의 희생 제물이 필요 없다(요1:29; 고전5:7; 엡1:7; 히9:26).
　한편 그리스도의 속죄는 단순히 대속만을 의미하지 않고 서로 결합하여 하나가 되는 것을 의미하며 이러한 연합은 하나님께서 율법을 충족시키기 위해 가차 없이 자신의 아들에게서 죄의 대가를 거둘 정도로 공정한 것이었다. 그러므로 성도들은 믿는 자로서 우리 자신을 율법에 대하여 죽은 자로 여겨야 한다(롬7:4).
　어떤 이들은 선택받은 자들에게만 예수님의 속죄가 적용된다는 '제한 속죄' 이론을 주장한다. 그러나 그리스도께서는 몇몇 사람만을 구원하시려고 돌아가시지 않고 아담의 불순종에 대한 형벌을 치르기 위해 돌아가셨다. 그 죽음의 형벌로 인해 그분께서는 죄의 저주로부터 인류를 구속해서 구원받을 수 있는 위치에 두셨다. "그분은 우리 죄들로 인한 화해 헌물이시며 우리 죄들뿐만 아니요 또한 온 세상 죄들로 인한 화해 헌물이시니라"(요일2:2). 그러므로 세상의 창건 때부터 죽임을 당한 그리스도의 피의 효력을 제한시키는 것은 비성경적이다. 누구든지 그분의 피를 믿는 자는 구원을 받는다.
　한편 화해라는 말은 화목하게 하는 행위를 의미한다. 그리스도의 죽음은 하나님께서 긍휼로 온 세상을 대할 수 있는 근거가 된다(롬5:10). 그래서 하나님께서는 자신의 아들의 십자가의 피를 통하여 화평을 이루사 모든 것 곧 땅에 있는 것이나 하늘에 있는 것들이 그분에 의해 자신과 화해하게 하셨다(골1:20).
　비록 십자가에서의 그리스도의 속죄가 온 인류를 위한 것이지만 모든 사람이 구원받지는 않으므로 이것은 결코 보편적 구원을 의미하지 않는다. 왜냐하면 모든 사람이 구원의 조건 곧 그리스도께서 이미 완성하신 사역을 받아들이지 않기 때문이다.

● 칭의(Justification)

　죄 없는 것으로 여겨지는 것 혹은 하나님의 재판정 앞에서 죄로 인한 결과들에서 벗어나 무죄가 되는 것. 믿음으로 의롭다고 여겨지는 것은 그리스도를 믿는 믿음으로 인해 죄로 말미암은 모든 형벌에서 구조되는 것을 뜻하며 그 결과 당사자는 모든 죄를 용서받고 마치 죄가 없는 자처럼 거룩한 자로 여겨진다. 그러므로 죄들의 용서와 형벌의 면제뿐만 아니라 하나님의 호의를 입어 그분의 사랑을 영원히 받는 것도 이에 포함된다. 사람은 오직 그리스도를 믿는 믿음으로 의롭게 되며 여기에는 사람의 행위가 단 하나도 포함되지 않는다. 우리를 무죄로 만드는 일에서 하나님은 사람의 행위는 전혀 보지 않고 오직 그리스도의 속죄 사역만 보신다. 그분은 우리를 의롭게 하기 위해 스스로 죄인이 되셨으며 그래서 그리스도 예수님 안에 있는 자들에게는 더 이상 정죄가 없다(롬8:1).

우리가 주님을 구원자로 맞이하는 순간 칭의가 이루어지고 그것은 우리의 구속자 주님이 무한대로 완전하신 것같이 완전하다. 칭의는 사람이 얼마나 확실한 소망을 가지고 있느냐에 따라 혹은 얼마나 거룩한 삶을 사느냐에 따라 변하지 않는다. 칭의와 함께 성화 즉 거룩함 가운데서 자라는 일이 시작되지만 칭의는 단숨에 이루어지는 일이고 성화는 평생 동안 이루어지는 일이라는 차이가 있다. 한편 사람이 육신을 가지고 있으므로 사는 동안 완전 성화를 이루어 죄 없는 삶을 사는 것은 불가능하다. 우리 주님이 주시는 칭의의 선물은 거룩한 삶을 사는 촉진제가 되며 이 일과 함께 양자 삼으심과 양심의 평안과 성령님의 열매가 우리 삶에서 생긴다(롬3:20-31; 5:1-21; 8:1-4; 10:4-10; 갈2:16-21; 엡2:4-10).

- 침례(Baptism)

침례로 번역된 그리스어는 '밥티조', '밥티스마', '밥티스테스' 등이며 이 단어들은 모두 그리스어 '밥토'에서 나왔다. 신약 성경에서 115회 사용된 '밥토'는 '물로 뿌리는 세례'를 의미하지 않고 '물 속에 담그는 침례'를 의미한다. 침례를 주려면 많은 물이 필요하나 세례를 주는 데는 많은 물이 필요 없다(요3:23). 또한 침례를 받으려면 물 있는 곳에 가야 하지만 세례를 받으려면 물을 가져와야 한다(행8:36). 또한 침례를 받으려면 '물 속으로'(into the water) 내려가야 하지만 세례의 경우에는 그렇지 않으며 침례를 받은 후에는 '물 속에서'(out of the water) 나와야 하지만 세례의 경우에는 그렇지 않다(행8:38-39).

성경은 한결같이 침례가 '물 속에 잠기는 것'이라고 명확하게 규정하며 불 침례와 성령 침례 역시 '잠기는 것'으로 규정한다. 마3:11-12를 그릇되게 해석하여 성령 침례가 곧 불 침례이므로 뜨거운 불을 받아야 한다고 주장하는 사람들이 있지만 침례자 요한은 이 구절에서 결코 그런 것을 뜻하지 않았다. 문맥과 함께 이 구절을 읽어 보면 성령 침례를 받는 자는 예수님의 곳간에 즉 천국에 들어가지만 불 침례를 받는 자는 꺼지지 않는 지옥 불에 들어감을 알 수 있다. 이처럼 성경은 분명하게 침례라는 단어가 처음부터 끝까지 '온 몸이 물 속에, 성령님 안에, 불 속에 잠기는 것'임을 보여 준다.

그리스도인의 침례는 구원을 이루신 예수님의 죽음, 매장, 부활을 상징적으로 보여 주면서 특별히 성도들도 예수님과 똑같이 죽었다가 부활한 자들임을 보여 주는 매우 중요한 규례이다. 그러나 세례에서는 성도들이 그리스도와 함께 죽고 묻혔다가 일어나는 것 즉 사망과 매장과 부활이 전혀 드러나지 않는다(골2:12). 세례에서는 그리스도의 죽음과 매장과 부활이 상징적으로 전혀 드러나지 않는다 (롬6:3-4). 세례에서는 우리의 옛사람이 죽고 우리가 그리스도로 새로이 옷 입어 생명의 새로움 속에서 걷는 것이 전혀 드러나지 않는다(갈3:27).

어떤 이들은 침례를 통해 구원을 받을 수 있다는 침례 중생 교리를 믿고 가르치며 특히 유아 세례를 주는 천주교회에서는 이 의식을 통해 사람이 다시 태어난다고 주장한다. 그러나 성경은 결코 침례 중생을 지지하지 않으며 다만 구원받은 사람들이 침례를 통해 자기의 다시 태어남을 하나님과 하나님의 천사들, 마귀와 마귀의 천사들 및 사람들 앞에서 증거로 보인다고 말한다. 즉 믿고 거듭난 뒤에 침례를 받는 것이지 침례를 받아 거듭나는 것이 아니다(행8:12).

천주교에서는 어른들에게 세례를 주기 전에 교리 문답서 공부를 위한 학습 기간을 두는 전통을 세웠으며 이 기간이 지나야 비로소 세례를 준다. 또한 천주교인들은 세례가 '은혜를 가져다주는 대성사' 중 하나라고 믿는다. 그러나 성경은 결코 침례가 은혜를 가져다주는 성사가 아닐뿐더러 구원 또는 은혜도 가져다주지 못함을 분명히 보여 준다(엡2:8-9). 성경은 이 같은 천주교의 관행과는 달리 누구든지 믿으면 곧바로 침례를 주라고 명령한다. 그래서 에티오피아 내시는 믿음 고백과 함께 즉시 침례를 받았고 사도행전 16장의 자주색 옷감 장사 루디아도 믿은 즉시 침례를 받았으며(13-14절) 같은 장에 나오는 빌립보 감옥의 간수 역시 믿은 즉시 침례를 받았다(33절).

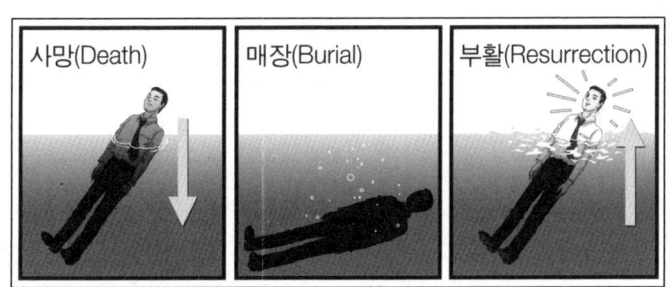

위에서 보았듯이 어떤 사람은 요르단 강에서, 어떤 사람은 광야의 오아시스에서, 어떤 사람은 집에서 침례를 받았다. 즉 몸을 담을 수 있는 곳이면 강이든 호수든 바다든 침례 탕이든 상관이 없다. 침례가 교회의 회원권과 관련 있는 경우가 많으므로 특별한 경우가 아니면 지역 교회에서 침례를 행하는 것이 가장 좋다고 할 수 있다.

　침례를 행할 때에 침례를 주는 사람이나 받는 사람은 편한 옷을 입고 물 속에 들어가고 침례를 주는 사람은 먼저 침례를 받는 사람에게 많은 사람들이 보는 데서 믿음의 고백을 할 것을 요청한다. 침례를 받는 사람이 예수 그리스도에 대한 믿음을 고백하면 침례를 주는 사람이 다음과 같이 말하고 침례를 준다. "○○○형제님의 믿음 고백과 우리 주 예수님의 명령에 따라 제가 아버지와 아들과 성령의 이름으로 침례를 줍니다." 이렇게 선포한 뒤에 침례받는 사람을 뒤로 눕혀 물속에 잠근 뒤 그를 물속에서 들어 올린다. 이렇게 해서 이 형제의 옛사람이 그리스도와 함께 죽어 매장되었고 새사람이 그리스도와 함께 살아났음이 상징적으로 드러난다.

- 자유 의지(Free will)

　하나님은 처음부터 사람에게 자유 의지를 주셔서 취사선택할 수 있게 했으며 그 결과 첫 사람 아담은 자신의 선택대로 죄를 짓고 타락하였다. 의지는 선택하는 능력이며 이것은 스스로 생기지 않는다. 또한 그것은 정신이 아니며 단지 사람이 취할 행로를 결정하는 기구이다. 마음이 사람을 다스리므로 마음이 악하면 의지도 악하고 마음이 선하면 의지도 선하다. 그런데 본성에 속한 사람에게는 선이 하나도 없으며 마음은 계속해서 악한 일을 꾀하려 한다. "마음은 모든 것보다 거짓되고 극도로 사악하니 누가 그것을 알 수 있으리오?"(렘17:9)

　그러므로 만일 사람의 의지가 마음의 자연적 성향을 거슬러 행동하려면 그 사람의 밖에 있는 어떤 힘에 의해 조절을 받아야 하며 성경은 이 힘이 성령님이라고 말한다. 그러므로 다시 태어나지 못한 사람은 성령님의 힘 아래에서 자기의 의지를 쳐서 복종시킬 때에야 비로소 하나님께 나아올 수 있다. 죄의 지배하에 있는 본성은 스스로 거룩한 것을 만들어 낼 수 없다.

　예수님께서는 "나를 보내신 아버지께서 이끌지 아니하시면 아무도 내게 올 수 없다."(요6:44)고 말씀하셨는데 여기에서 우리는 다시 태어나지 못한 사람의 무능함을 보게 된다. 그렇다고 해도 이 사실이 사람에게 변명의 기회를 주어 구원을 찾지 못하게 하지는 않는다. 왜냐하면 위의 말씀을 주신 예수님께서 곧바로 "내가 땅에서부터 들리면 모든 사람들을 내게로 이끌리라."(요12:32)고 말씀하셨기 때문이다. 따라서 주님께서 주신 빛에 따라 구원받아야겠다고 느끼며 또 그것이 자기 밖에 있는 힘에 의해 일어나야 한다는 것을 깨닫는 순간부터 사람은 어디에서 어떻게 그 힘을 찾을지 살펴보아야 한다. 왜냐하면 예수님이 참 빛으로 세상에 들어오는 모든 사람에게 빛을 주시므로(요1:9) 아무도 변명할 수 없기 때문이다(롬1:19-23).

바로 이런 이유로 인해 우리는 복음을 선포하라는 명령을 받았다. 왜냐하면 이 복음이 믿는 모든 자에게 구원을 주시는 하나님의 능력이 되기 때문이다(롬 1:16). 그런데 이 믿음은 들음에서 오며 들음은 하나님의 말씀에서 온다(롬10:17). 따라서 사람이 무엇을 믿을지 알지 못한다면 어떤 것도 믿을 수 없다. 사람으로 하여금 구원의 필요성을 느끼도록 하기 위해 그리고 그 사람 안에 새 본성을 만들어 내기 위해 성령님께서 사용하는 도구는 다름 아닌 하나님의 말씀이다(요 3:5).

결론적으로 교만하고 완악한 마음의 지배를 받는 의지에 따라 사는 사람은 성령님의 간구를 거부하고 자신을 멸망으로 이끌고 간다(행7:51). 이처럼 성령님의 사역에 복종하기를 거부하는 사람들의 경우는 그들이 자기 의지에 역행하면서 구원받을 수 없음을 분명히 보여 준다.

● 예정(Predestination)

성경에서 '예정된다'는 말은 앞으로 다가올 영원한 미래에서의 우리의 상속이 예정되었거나 구원받을 자들이 하나님의 아들의 형상과 같은 모습이 되도록 예정되었다는 경우에 적용된다(엡1:11; 롬8:29). 하나님이 무조건적으로 어떤 사람을 예정해서 천국에 보내고 어떤 사람은 지옥에 보낸다면 그 하나님은 공평하지 않고 잔인한 하나님일 것이다. 그러나 성경의 예정과 선택은 하나님의 미리 아심에 근거한 합당한 예정이며 여기에는 편파적 요소가 전혀 없다. "야곱은 내가 사랑하였으나 에서는 미워하였다."(롬9:10-13)는 말씀은 개인의 선택에 관한 것이 아니라 이스라엘 민족의 선택에 관한 것이다. 하나님께서 이렇게 이스라엘 민족을 택하셨으나 그 안에서 개인적으로 구원받은 자들은 오직 하나님의 말씀을 믿는 자들뿐이었다(롬4:9-13). 따라서 민족의 선택을 개인의 선택으로 오해하면 안 되며 더더욱 이것을 무조건적인 개인 예정 교리에 적용하는 것은 합당하지도 않고 매우 위험하다.

● 미리 아심(Foreknowledge)

하나님은 전지전능하시므로 세상의 창건 이전에 이미 모든 것을 알고 계신다. 성경의 모든 예언은 하나님의 '미리 아심'에 기반을 두고 있지만 예언 자체가 사람의 행위나 사건을 미리 결정짓지 않는다. 사람이 어떻게 할지를 하나님이 미리 아신다는 사실이 사람으로 하여금 반드시 그 일을 하게 만들지는 않는다.

하나님은 아담이 타락할 것과 가룟 유다가 예수님을 배반할 것도 미리 알고 계셨지만, 그들이 무엇을 할지 하나님이 미리 아신다는 사실이 그들로 하여금 그들이 했던 일을 반드시 하게 강요하지는 않았다. 그들은 스스로 원했기 때문에 그 일들을 했으며 하나님은 그들이 선택한 일들에 대해 그들이 책임을 지게 하셨다. 바로 여기에 사람의 자유 의지가 작용한다. 그러므로 지옥에 가는 사람은 복음이 제시되었음에도 불구하고 그것을 거부하는 사람이며 이것을 미리 아시는 하나님은 그를 지옥에 가게 정하실 뿐이다. 지옥에서도 그는 하나님이 공평하지 못하다고 할 수 없다. 왜냐하면 하나님의 은혜를 그가 거부하였기 때문이다.

- 선택(Election)

성경은 분명히 하나님의 선택과 사람의 자유 의지를 보여 준다. 이 둘은 구원 교리를 이루는 데 필요한 두 개의 짝으로 선택은 하나님 편에서의 일이고 자유 의지는 사람 편에서의 일이다. 선택의 교리가 왜곡되면 운명론 혹은 무능력 교리에 빠지게 되고 이로써 사람은 자유 의지를 부인하며 구원받는 일에 자기가 할 일이 전혀 없다는 잘못된 결정을 하게 된다.

하나님의 선택이란 "하나님이 무조건적으로 어떤 사람은 선택해서 구원하시고 어떤 사람은 버리신다."는 것을 뜻하지 않는다. 하나님은 구원받을 사람들의 숫자에 제한을 두시지 않는다. 왜냐하면 구원의 문이 누구에게나 열려 있기 때문이다. 하나님의 선택은 성경 전체를 통해 나타난다. 하나님은 가인 대신 아벨, 함과 야벳 대신 셈을, 나홀 대신 아브라함을, 에서 대신 야곱을, 므낫세 대신 에브라임을 택하셨다. 하나님은 개인뿐만 아니라 민족도 선택하신다(롬 9:15-21; 참조 요15:16; 행13:48; 엡1:4-5; 살후2:13; 딤후1:9). 하나님은 심지어 세상의 창건 이전에 어떤 이들을 선택하셨으며 따라서 "영원한 생명에 이르도록 정해진 자들은 다 믿더라."(행13:48)는 말씀은 참으로 놀라운 말씀이다.

한편 성경은 사람의 자유 의지에 대해서도 분명하게 가르친다. "아버지께서 내게 주시는 모든 자는 내게 올 것이요, 내게 오는 자는 내가 결코 내쫓지 아니하리라"(요6:37; 참조 요1:12; 5:40). 또 성경 맨 끝에서 하나님은 특정한 자들이 아니라 모두를 초청하신다. "성령과 신부가 말씀하시기를, 오라, 하시는도다. 듣는 자도, 오라, 할 것이요, 목마른 자도 올 것이며 누구든지 원하는 자는 값없이 생명수를 취할지니라"(계22:17).

하나님의 선택과 사람의 자유 의지에는 모순이 있는 듯하지만 실제로 여기에는 모순이 전혀 없다. 하나님의 예지 즉 미리 아심이 이 모든 문제를 풀어 주기 때문이다.

예수 그리스도의 사도 베드로는 본도와 갈라디아와 갑바도기아와 아시아와 비두니아에 두루 흩어진 나그네들 곧 하나님 아버지의 미리 아심에 따라 *성령의 거룩히 구별하심을 통해 순종함과 예수 그리스도의 피 뿌림에 이르도록 선택받은 자들에게 편지하노니*(벧전1:1-2)

하나님께서 자신이 미리 아신 자들을 또한 예정하사 자신의 아들의 형상과 같은 모습이 되게 하셨나니…그뿐만 아니라 하나님께서는 자신이 예정하신 그들을 또한 부르시고 자신이 부르신 그들을 또한 의롭다 하시고 자신이 의롭다 하신 그들을 또한 영화롭게 하셨느니라(롬8:29-30).

개인에 대한 하나님의 선택이나 예정은 그 사람이 그리스도의 복음을 접했을 때 그것을 받아들일지 혹은 거부할지 미리 아시는 하나님의 선견지명에 기초를 두고 있다. 즉 하나님은 이런 '미리 아심'을 통해 복음을 받아들이는 자들을 예정하셔서 구원에 이르게 하시고 복음을 거부하는 자들을 예정하셔서 정죄에 이르게 하신다. 그러므로 하나님의 선택은 임의적이거나 강압적이지 않으며 사람의 자유 의지와도 전혀 모순을 일으키지 않는다.

하나님은 그리스도를 통한 죄들의 용서를 모든 사람에게 선포하셨고(행13:38) 모든 지역에 사는 모든 사람에게 회개할 것을 명령하시며(행17:30) 사람들이 자신과 화목할 것을 간청하신다(고후5:18-20). 그러므로 그리스도께서 십자가에서 이루신 사역과 그로 인한 은혜는 무조건적으로 선택받은 자들에게만 제한적으로 적용되지 않는다. 하나님께서는 누구든지 자신에게 나아오는 자들에게 구원을 주시겠다고 진실하게 약속하셨다. 단 이러한 은혜가 은혜가 되려면 개인이 마음 문을 열고 의지적으로 복음을 수용해야 한다. 성령님은 자기 의지로 복음을 거부하는 사람의 마음의 문을 강제적으로 열지 않는다. 그러므로 하나님께서 어떤 이를 구원하려고 택하셨으므로 그가 믿든지 믿지 않든지 궁극적으로 구원받을 것이라고 생각하는 것은 큰 잘못이다. 따라서 땅에 사는 동안 성도들은 모든 사람에게 예수 그리스도의 복음을 선포해야 한다. 왜냐하면 이 복음이 믿는 모든 자에게 구원을 주시는 하나님의 능력이기 때문이다(롬1:16). 그런데 이 믿음은 들음에 의해 오며 들음은 하나님의 말씀에 의해 오므로(롬10:17) 사람이 무엇을 믿을지 알지 못한다면 아무 것도 믿을 수 없다. 그래서 복음의 선포가 사람의 구원에 필수적이며 영혼 구원이 교회의 가장 큰 사명이다.

결론적으로 하나님은 이 문제에 대해 이렇게 말씀하신다. "선택받은 자들은 다 구원받고자 하는 사람들이고 선택받지 못한 자들은 다 구원받고자 하지 않는 자들이다."

- 부활(Resurrection)

성경은 적어도 세 종류의 부활을 말한다.

I. 몸의 부활. 사람이 죽는다 해도 사람의 영은 죽지 않고 그 영을 주신 하나님께로 돌아간다. 무덤에 들어가는 것은 몸뿐이며 따라서 무덤에서 나올 수 있는 것도 몸뿐이다. 예수님은 무덤으로부터의 몸의 부활에 대해 명쾌하고도 뚜렷한 가르침을 주셨다. "이 말에 놀라지 말라. 무덤 속에 있는 모든 자들이 그의 음성을 듣고 나올 때가 오고 있는데 선을 행한 자들은 생명의 부활로, 악을 행한 자들은 정죄의 부활로 나오리라"(요5:28-29). 여기에서 예수님께서는 의로운 자들과 사악한 자들의 부활을 가르치며 사도 바울도 동일한 것 즉 의로운 자들의 부활과 불의한 자들의 부활을 가르쳤다(행24:15). 이런 말씀이 '육체적 죽음'과 '육체적 부활'을 의미한다는 것은 분명한 사실이다. 왜냐하면 바울이 설교하고 있는 대상은 사람의 몸이지 영이 아니기 때문이다.

어떤 사람들은 의로운 자들과 사악한 자들이 동시에 부활할 것으로 믿지만 요한계시록은 의로운 자들이 사악한 자들보다 먼저 부활하며 이 두 부류의 부활 사이에 약 1,000년의 기간이 있음을 보여 준다.

> 그들이 살아서 그리스도와 함께 천 년 동안 통치하였으나 그 나머지 죽은 자들은 그 천 년이 끝날 때까지 다시 살지 못하였더라. 이것이 첫째 부활이니라(계 20:4-5).

죽은 자들이 서로 다른 그룹으로 시간의 간격을 두고 부활하는 것은 고전 15:23-24에 묘사되어 있다.

> 그러나 각 사람이 자기 차례대로 되리니 *먼저는* 첫 열매인 그리스도시요, 그다음은 그리스도께서 오실 때에 그분께 속한 자들이니라. 그 뒤에 끝이 오는데

바울은 여기에서 분명하게 부활의 순서를 부여하고 있다. 첫째 부활에도 세 그룹(혹은 단계)이 있으며 예수님의 부활 시 부활한 사람들과 함께 그리스도의 부활은 '첫 열매'이고 의로운 자들의 부활은 '수확'이며 7년 환난기에 죽었다가 부활하는 성도들의 부활은 '이삭줍기'이다. 구약 시대의 성도들 역시 7년 환난기의 한 부분에서 부활할 것이다(사26:19; 단12:13).

한편 '죽은 자들로부터의 부활'은 이미 한 차례 있었다. 예수님께서 십자가 위에서 죽고 부활하실 때 "땅이 진동하며 바위들이 터지고 무덤들이 열리며 잠든 성도들의 많은 몸이 일어나 그분의 부활 뒤에 무덤 밖으로 나와서 거룩한 도시로 들어가 많은 사람에게 나타났다"(마27:51-53). 예루살렘에 들어갔던 이

사람들은 예수님과 함께 첫 열매를 이루었고 지금 그분과 함께 부활한 몸으로 영광 중에 있다.

지금의 사람의 몸은 하늘에서 존재할 수 없으며 따라서 변화가 있어야 하고 이 변화는 부활에 의해 이루어진다.

> 그것은 썩는 것 가운데서 뿌려지고 썩지 않는 것 가운데서 일으켜지며 수치 가운데서 뿌려지고 영광 가운데서 일으켜지며 연약함 가운데서 뿌려지고 권능 가운데서 일으켜지며 본성에 속한 몸으로 뿌려지고 영에 속한 몸으로 일으켜지나니(고전15:42-44).

이 구절은 결코 부활한 몸이 어떠한 실체도 소유하지 못할 것을 의미하지 않는다. 사실 형체와 실체를 가지고 있지 않으면서 영의 몸의 기능을 소유한 몸이란 생각해 볼 수도 없다. 그리스도의 부활하신 몸은 우리의 부활한 몸이 어떠하리라는 것을 보여 주는 본보기이다. 그분의 몸이 썩음을 보지 않고 무덤에 누우셨던 것과 똑같은 몸으로 일어났음은 확실한 사실이지만 부활한 몸의 특성은 달랐다. 그 몸은 닫힌 문을 통과할 수 있었고 의지대로 나타났다가 사라질 수 있었다. 그분의 몸은 살과 뼈는 가졌지만 피는 없었다(눅24:39-43). 이와 마찬가지로 우리의 부활한 몸은 가시적인 형태와 모양을 지니고 살과 뼈로 된 골격을 갖출 것이다.

II. 민족적 부활. 이 부활은 1948년까지 민족적으로 죽어서 여러 민족의 무덤 속에 매장되어 있다가 다시 살아나 자기들의 본토로 돌아가게 된 이스라엘에 대한 것이다(겔37:1-14).

III. 영적 부활. 이 부활은 범법들과 죄들 가운데서 영적으로 죽어 있는 모든 사람들에게 해당된다(엡2:1-6; 5:14; 참조 롬6:11). 이것은 지금도 진행되고 있는 부활로서 계속해서 도처에서 일어나고 있다. 한 영혼이 다시 태어나면 사망에서 생명으로 넘어가는 일이 생기고 이것은 '영적 부활'이라 할 수 있다(요5:24).

- 천국(Heaven)

신자가 죽어서 가는 천국은 성경에서 하늘로 번역되었다. 기존의 우리말 성경에서 "회개하라 천국이 가까이 왔느니라."(마3:2; 4:17) 등에 나오는 천국은 원래 '하늘의 왕국'이며 이것은 결코 신자가 죽어서 가는 천국 즉 하늘나라가 아니다. 신자가 죽어서 가는 천국은 딤후4:18에 하늘 왕국(Heavenly kingdom)으로 되어 있다.

● 하늘(Heaven)

성경은 세 개의 하늘이 있음을 보여 준다.

I. 첫째 하늘 - 새들과 구름이 거하는 곳. "내가 보니, 보라, 사람이 없었고 하늘들의 모든 새들이 도망갔으며"(렘4:25; 단4:12; 마6:26; 8:20 비교). 첫째 하늘은 아름다운 곳이지만 구원받은 사람들이 영원히 거할 처소는 아니다.

II. 둘째 하늘 - 해와 달과 별이 있는 곳. "내가 네게 복을 주고 복을 주며 내가 네 씨를 하늘의 별들같이 바닷가의 모래같이 번성하게 하고 번성하게 하리니 네 씨가 자기 원수들의 문을 소유하리라"(창22:17, 시19:1 비교). 1960년대에 이르러서야 사람들은 처음으로 첫째 하늘을 가로질러 둘째 하늘로 가는 우주선을 만들었다. 비록 둘째 하늘이 광대하고 아름답다 해도 첫째 하늘처럼 구원받은 하나님의 자녀들이 영원히 거하는 처소는 아니다.

III. 셋째 하늘 - 하나님께서 거하시는 곳. "내가 그리스도 안에 있는 한 사람을 알았는데 그 사람은 십사여 년 전에 셋째 하늘로 채여 올라갔느니라. (몸 안에 있었는지 내가 말할 수 없고 몸 밖에 있었는지 내가 말할 수 없으나 하나님은 아시느니라)"(고후12:2, 왕상8:27, 30 비교). 바로 이곳이 하나님께서 거하시는 실제의 셋째 하늘이다. 수천 년의 노력 끝에 사람들은 첫째 하늘에서 둘째 하늘로 갈 수 있었지만 아무리 우주 공학이 발달해도 둘째 하늘에서 셋째 하늘로 사람을 데려다 줄 우주 왕복선을 만드는 것은 불가능하다. 이런 여행은 '뇌'에 의해 가능하지 않고 오직 '피'에 의해서만 가능하다. 그래서 우리 주 예수님께서는 사람이 다시 태어나지 않으면 이런 하늘에 들어갈 수 없고 심지어 볼 수도 없다고 말씀하셨다.

이 하늘은 셋째 하늘, 하늘의 하늘, 가장 높은 하늘 등으로 불리며 하나님뿐만 아니라 그분의 거룩한 천사들이 여기에 거한다(마6:9). 우리 주 예수 그리스도는 바로 이 하늘에 가셔서 우리를 위해 중보하며 자신의 백성이 와서 영원히 거하게 될 처소를 준비하고 계신다(엡4:10; 히8:1; 9:24-28). 한편 예수님 안에서 죽은 자들은 모두 죽는 순간 바로 이 셋째 하늘에 간다. "내가 말하노니 우리는 확신에 차 있으며 오히려 몸을 떠나 주와 함께 있기를 원하노라"(고후5:8; 참조 빌1:23). 여기서 '몸을 떠난다는 것'은 육체적 죽음을 가리키며 우리 성도들은 죽으면 곧바로 주님과 함께 셋째 하늘에 있게 된다. 중간 대기소나 연옥 같은 장소로 간다는 것은 성경과는 동떨어진 미신이다.

하나님께서 거하시는 이 셋째 하늘에는 구원받은 사람들이 거할 도시가 있으며 신구약 성도들은 바로 이 도시를 바라보았다. "이는 그가 기초들이 있는 한

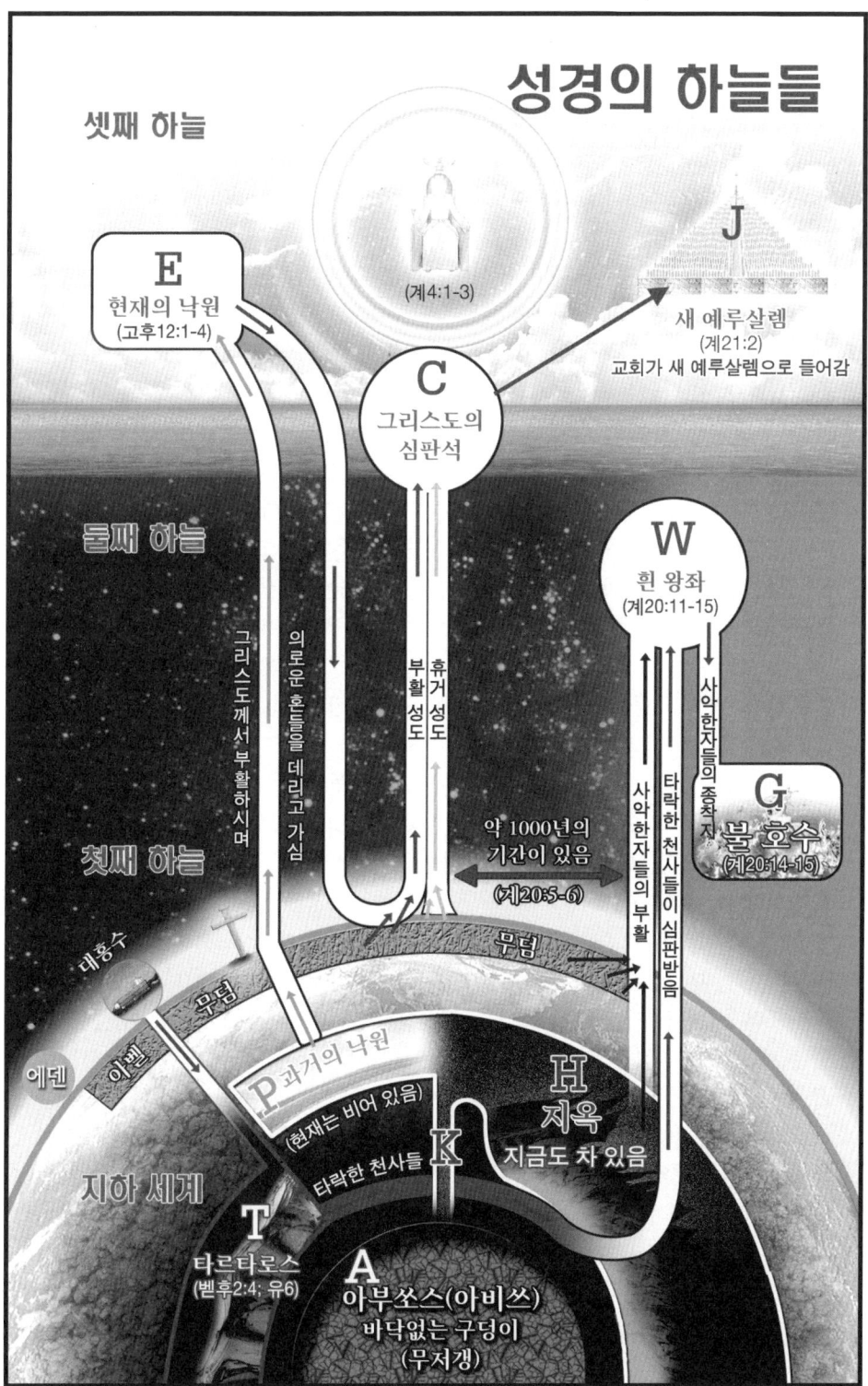

〈성경의 하늘들〉

도시를 바랐기 때문이라. 그것의 건축자와 만드신 분은 하나님이시니라"(히11:10; 참조 시46:4; 87:3; 요14:2-3). 그런데 이 도시 즉 새 예루살렘은 영원히 셋째 하늘에 있지 않고 하나님의 인류 구속 계획이 끝나면 하늘에서 새 땅으로 내려온다(계21:2). 바로 이 도시 새 예루살렘이 구원받은 성도들이 영원히 거할 천국이다.

● 지옥(Hell)

지옥은 '스올'이라는 히브리말과 '하데스'라는 그리스말을 번역한 것으로 성경에 총 54회 나온다(시16:10; 사14:9; 겔31:16; 눅16:23). 이 경우는 지옥이란 단어가 실제로 쓰인 경우이고 이외에도 성경에는 영원한 불, 영원한 멸망, 바깥 어두운 곳, 불 호수, 바닥없는 구덩이 등과 같이 지옥을 묘사하는 표현이 많이 나온다. 이런 구절들은 지옥이 하나님의 심판이 있는 분명한 장소임을 보여 준다.

영어의 지옥 즉 hell은 '감추다' 또는 '덮다'라는 뜻의 앵글로색슨어에서 유래한 말로서 1차적으로는 '죽은 사람들이 가는 지하 세계'를 뜻하고 좀 더 구체적으로는 '지하 세계에서 악한 사람들이 고통받는 곳'을 뜻한다. 그러므로 한자의 '지옥' 즉 '땅의 감옥'이란 표현은 아주 적절하다. 바벨탑에서 언어가 혼잡해졌음에도 불구하고 하나님께서는 우리말 성경에 아주 근사한 용어를 허락해 주셨다.

성경은 지옥이 땅의 심장부에 있다고 말한다. "그분께서 그들에게 응답하여 이르시되, 악하고 음란한 세대가 표적을 구하지만 대언자 요나의 표적 외에는 내가 아무 표적도 그 세대에게 주지 아니하리라. 요나가 밤낮으로 사흘 동안 고래 배 속에 있었던 것같이 그렇게 사람의 아들도 밤낮으로 사흘 동안 땅의 심장부에 있으리라"(마12:39-40). 예수님은 이 말씀대로 밤낮으로 사흘 동안 땅의 심장부에 가셨고(행2:31) 아브라함의 품에 있던 구약 성도들을 하늘로 옮기셨다(엡4:9-10).

"몸은 죽여도 혼은 죽일 수 없는 자들을 두려워하지 말고 오히려 혼과 몸을 둘 다 지옥에서 멸하실 수 있는 분을 두려워하라"(마10:28)에 나오는 지옥은 그리스어 '게헨나'를 번역한 것으로 신약에서 열두 번 사용되었는데 이 중 열한 번은 예수님께서 직접 말씀하신 것이다. 게헨나는 '결코 끝이 없는 불, 사람이 끌 수 없는 불이 타는 곳'을 의미하며 '힌놈의 골짜기'를 뜻하는 '게힌놈'이라는 히브리어에서 파생되었다. 이 골짜기는 예루살렘 도시의 쓰레기를 버리는 곳으로 유대인들은 대대로 계속해서 불타는 이 골짜기에다 쓰레기, 죽은 짐승, 범죄자의 시체 등을 내다 버렸다. 게헨나는 꺼지지 않는 영원한 불을 표현하는 기술적인 용어였으며 단 한 번도 무덤을 뜻한 적이 없다.

지옥을 만드신 창조주는 지옥의 소름끼치는 본질을 강조하시면서 그곳을 어둠의 장소라고 말씀하셨다(마8:12; 22:13; 25:30). 사도 베드로 역시 지옥의 어둠에

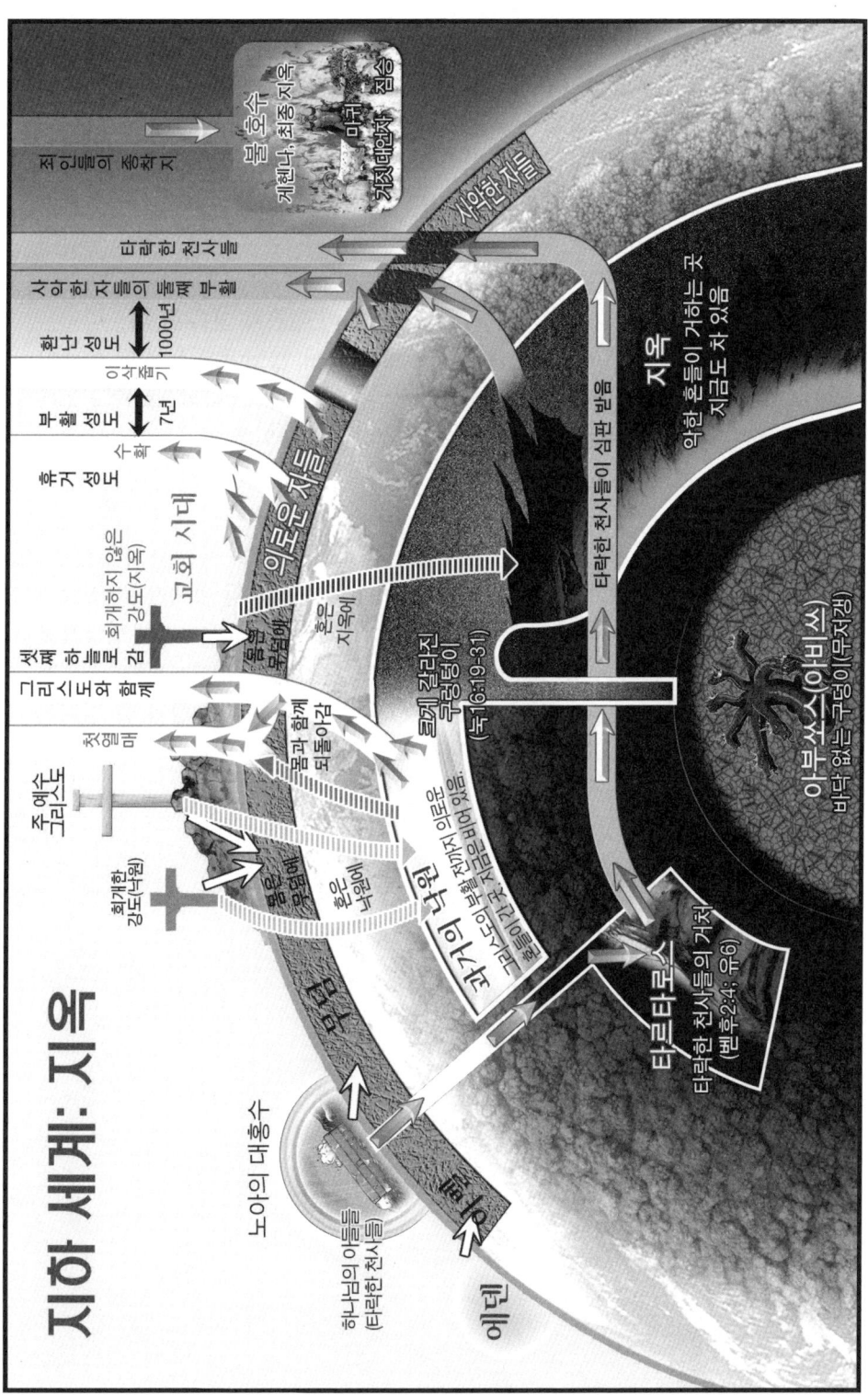

〈지하 세계: 지옥〉

대해 기록했고(벧후2:4) 사도 유다도 짧지만 권능 있는 자신의 글에서 지옥의 끔찍한 어둠에 대해 기록했다(유13).

지옥의 특성 중 또 하나는 그것이 깊고 넓다는 것이다. 계시록에는 지옥이 바닥없는 구덩이 즉 무저갱으로 일곱 번 언급된다(계11:7, 17:8, 20:1, 3 등). 지옥으로 가고자 하는 모든 이들을 위해 거기에는 그들을 수용할 충분한 공간이 있고 그래서 그 길이 좁아지기 시작하면 지옥은 스스로를 키운다(사5:14). 또 지옥은 절망의 장소이다(계14:11). 지옥에는 희망이 없으며 지옥에 있는 자들은 산 채로 불 호수에 던져져서 영원히 산 채로 남아 있어야만 하는데 이것이 바로 지옥의 본질이다(계19:20). 예수 믿지 않은 악인들이 궁극적으로 영원토록 살 불 호수 즉 불로 가득한 호수의 위치는 정확히 언급되어 있지 않다(계19:20; 20:14).

● 불 호수(Lake of fire)

불과 유황이 타는 최종 지옥(계19:20; 21:8). "그들을 속인 마귀가 그 짐승과 거짓 대언자가 있는 불과 유황 호수에 던져져서 그들이 영원무궁토록 밤낮으로 고통을 받으리라"(계20:10). 사망과 지옥도 불 호수에 던져지고 누구든지 생명책에 기록되지 못한 자는 다 불 호수에 던져져서 영원토록 불에 잠겨 불 침례를 받는다(계20:14-15; 참조 마3:11-12).

구원의 원리

필요성
모든 물건에는 그것들을 만든 존재 즉 메이커가 있습니다. 주변을 보십시오. 펜, 의자, 자동차, 책 등이 모두 메이커에 의해 만들어졌습니다. 그런데 모든 메이커는 자기가 원하는 대로 만들어지지 않은 물건을 판단하여 폐기 처분합니다. 이와 마찬 가지로 사람에게도 메이커가 있습니다. 물건도 메이커가 있는데 하물며 물건을 설계하는 고등 존재인 사람이 흙에서 그냥 생길 수 있겠습니까? 그러므로 사람을 만든 메이커가 그 사람이 자신의 목적에 부합되는 삶을 살았는지 여부를 판단하는 때가 있습니다(행17:31; 히9:27). 이 같은 심판에서 부적격자로 드러난 사람은 메이커가 폐기시킵니다. 성경은 이 같은 메이커를 '창조주 하나님'이라고 말하며 폐기 처분되는 것을 '유황 불 지옥에서 영원히 사는 것'이라고 말합니다(계20:10). 그러므로 구원받기 원하는 사람은 먼저 "내게 메이커가 있는가, 없는가?"를 곰곰이 생각해 보아야 합니다.

방해물
사람과 물건의 차이는 사람에게 자유 의지가 있다는 점입니다. 성경은 하나님이 어떤 사람을 부적격자로 판정내리는 근거가 죄라고 말하는데 근본적으로 죄란 '목표에서 벗어난 것'을 뜻합니다. 하나님은 처음에 사람을 만드시며 사람이 자신의 영광에 이르기를 원했습니다. 그러나 사람은 자유 의지를 이용하여 고의로 하나님의 명령을 거부하고 그분의 목적에서 벗어나 그분의 영광에 이르지 못하는 죄를 지었습니다(롬3:23). 첫 사람 아담에게서 시작된 이 죄라는 독은 사람의 핏줄을 타고 전 인류에게 퍼졌습니다(창5:3; 롬3:10). 죄의 삯은 사망이라는 하나님의 준엄한 심판에 따라 그 이후 모든 사람에게 육체적인 사망이 왔고(롬6:23) 하나님의 영광에 이르지 못한 모든 사람은 영원히 하나님과 떨어져서 지옥 불속에서 지낼 수밖에 없게 되었습니다. 왜냐하면 하나님은 눈이 정결하셔서 티끌만큼의 죄도 차마 보지 못하기 때문입니다(합1:13). 그러므로 구원받기 원하는 사람은 "과연 나는 죄인인가, 아닌가?"를 곰곰이 생각해 보아야 합니다.

계획
설사 펜 공장에서 나오는 펜이 자기가 잘못되었음을 알았다 해도 자기 자신이나 혹은 그 옆의 펜이 그 펜을 고칠 수 없습니다. 마찬가지로 사람의 죄의 병은 똑같은 상태에 있는 사람 즉 공자, 석가모니, 마호메트, 소크라테스, 마리아, 마더 테레사 등이 고칠 수 없습니다. 펜을 설계한 메이커가 펜을 고칠 수 있듯이 사람의 설계자인 하나님 즉 사람과 차원이 다른 외부의 존재만이 사람의 죄의 독을 제거할 수 있습니다(행4:12).

방법
사람의 죄의 병을 고치기 위해 하나님은 직접 사람의 몸을 입고 처녀 탄생을 통해 죄 없이 이 땅에 내려와서 죄 없는 삶을 사시고 온 인류를 위해 십자가에서 완전한 희생 예물이 되어 단 번에 하나님의 공의를 만족시키셨습니다(히1:23; 고후5:21; 히9:26). 즉 예수 그리스도께서 스스로 죄가 되셔서 하나님의 뜨거운 지옥 불의 심판을 다 담당한 뒤 사람들이 무서워하는 사망의 권세를 이기고 몸으로 부활해서 자신을 믿는 모든 사람에게 하나님의 영광에 이르는 길을 열어 주셨습니다. 하나님은 공기나 햇빛같이 사람에게 필수불가결한 모든 것을 거저 주십니다. 이런 것은 너무 귀하기 때문에 사람이 자기 선행이나 노력으로 구할 수 없습니다. 마찬가지로 영원한 생명 역시 오직 하나님의 선물로, 은혜로 주어집니다(롬5:15). 그러므로 누구든지 예수 그리스도의 대신 속죄 사역을 믿기만 하면 행위와 상관없이 은혜로, 선물로 구원을 받습니다(엡2:8-9).

확신
우리는 어떻게 다른 사람의 말을 믿습니까? 그 사람의 신실함에 근거해서 믿지 않습니까? 그런데 거짓말하실 수 없는 하나님 곧 온 천하 만물을 만드신 분께서 분명히 이렇게 말씀하셨습니다. "하나님께서 세상을 이처럼 사랑하사 자신의 독생자를 주셨으니 이것은 누구든지 그를 믿는 자는 멸망하지 아니하고 영존하는 생명을 얻게 하려 하심이라"(요3:16). 사람의 말을 신뢰하지 말기 바랍니다. 구원을 주시는 분은 하나님뿐입니다. 창조 주이신 그분께서 영원한 생명을 약속하기에 우리는 그분의 말씀이 진리임을 믿습니다(요14:6). "죄의 삯은 사망이나 하나님의 선물은 예수 그리스도 우리 주를 통해 얻는 영원한 생명이니라"(롬6:23).

초청
인생은 마치 기차역을 향해 달리는 사람과 같습니다. 많은 사람이 단 몇 시간을 아끼려고 열차 시간에 늦지 않으려고 부지런히 역을 달리고 있습니다. 그렇지만 영원이라는 무궁한 시간을 아끼려 하는 사람은 많지 않습니다. 지혜로운 사람이 되십시오. 하나님의 심판의 시간은 언제 닥칠지 모릅니다(히3:13). 나이와 직업과 성별과 지위 고하에 상관없이 언제 그 시간이 닥칠 수 있습니다. 그러므로 사람을 만드신 창조주 하나님을 기억하고 그분이 베푸시는 방법을 그대로 믿고 수용하십시오. 그러면 우리에게 다시 태어나는 기적이 일어납니다(벧전1:23). 그분의 말씀을 신뢰하십시오. 그분께서 약속하신 대로 누구나 그분을 신뢰하는 사람은 값 없이 구원의 기쁨을 누릴 수 있습니다. 더 이상 미루지 마십시오. 오늘 주님께 나오기 바랍니다!

〈구원의 원리〉

하나님께서 말씀하심

거룩한 사람들이 기록함

בְּרֵאשִׁית בָּרָא אֱלֹהִים אֵת הַשָּׁמַיִם וְאֵת הָאָרֶץ: וְהָאָרֶץ הָיְתָה תֹהוּ וָבֹהוּ וְחֹשֶׁךְ עַל־פְּנֵי תְהוֹם וְרוּחַ אֱלֹהִים מְרַחֶפֶת

히브리어 구약성경

ΒΙΒΛΟΣ γενέσεως Ἰησοῦ χριστοῦ, υἱοῦ Δαβὶδ, υἱοῦ Ἀβραάμ. Ἀβραὰμ ἐγέννησεν

그리스어 신약성경

원래의 기록 (자필원본)

히브리어/그리스어 전통본문
모든 사본 중 가장 신실한 것들

번역자들
오직 경건하고 신실한 사람들

번역기술
단어 대 단어의
'축자 번역'
'동적 일치 배제'

번역본들

프로테스탄트 종교개혁 성경

종교개혁의 정신과 함께 중요 교리들과 하나님의 말씀의 권위가 완전히 보존됨

킹제임스 성경의 선구자들

위클리프 성경	1382
틴데일 성경	1525
커버데일 성경	1535
매튜 성경	1537
그레이트 성경	1539
제네바 성경	1560

1611년 킹제임스 흠정역 성경

〈하나님의 말씀 성경의 보존〉

MEMO

MEMO

추천 참고도서

● 킹제임스 흠정역 성경

1. 킹제임스 흠정역 성경(한영대역, 스터디, 큰글자, 박사, 신약 성경 등) 그리스도예수안에(www.KeepBible.com)
2. 킹제임스 성경의 역사 S. 깁 저, 정동수 역, 그리스도예수안에
3. 킹제임스 성경 답변서(구 '킹제임스 성경에 관한 100가지 질문과 대답') S. 깁 저, 정동수 역, 그리스도예수안에
4. 킹제임스 성경 입문서(구 '킹제임스 성경 길라잡이') B. 버튼 저, 정동수 역, 그리스도예수안에
5. 킹제임스 성경 변호 E. 힐즈 저, 정동수 역, 그리스도예수안에
6. 킹제임스 성경의 4중 우수성 D. 웨이트 저, 정동수 역, 그리스도예수안에
7. 킹제임스 성경의 영광 T. 홀랜드 저, 정동수 역, 그리스도예수안에
8. 신약분석성경(한/헬/영 대역판) 송종섭 저, 신약원어연구소
9. 뉴바이블 송종섭 저, 신약원어연구소
10. 우리말 성경 연구 나채운 저, 기독교문사
11. New Age Bible Versions, Gail Riplinger(www.Chick.com 혹은 www.amazon.com)
12. Final Authority, William P. Grady(www.Chick.com 혹은 www.amazon.com)
13. Did the Catholic Church Give Us the Bible?
    David W. Daniels(www.Chick.com 혹은 www.amazon.com)

● 천주교

1. 천주교는 기독교와 완전히 다릅니다 R. 존스 저, 정동수 박노찬 역, 그리스도예수안에
2. 천주교의 유래 R. 우드로우 저, 정동수 역, 그리스도예수안에
3. 마틴 로이드 존스의 천주교 사상 평가 M. 로이드 존스 외, 정동수 역, 그리스도예수안에
4. 무엇이 다른가? F. 리데나워 저, 생명의말씀사
5. 교황 대신 예수를 선택한 49인의 신부들 R. 베닛 & M. 버킹엄 저, 이길상 역, 아가페
6. 종교에 매이지 않은 그리스도인 F. 리데나워 저, 정창영 역, 생명의말씀사
7. 무모한 신앙과 영적 분별력 맥아더 저, 안보헌 역, 생명의말씀사
8. 로마 카톨릭 사상평가 로레인 뵈트너 저, 이송훈 역, 기독교문서선교회
9. 천주교도 기독교인가? 유선호 저, 하늘기획
10. A Woman Rides the Beast Dave Hunt(www.Chick.com 혹은 www.amazon.com)
11. Babylon Religion David W. Daniels(www.Chick.com 혹은 www.amazon.com)
12. Queen of All Jim Tetlow(www.Chick.com 혹은 www.amazon.com)

● 뉴에이지 운동

1. 천사와 UFO 바로 알기(구 '천사는 있다', 'UFO는 있다') 정동수 편역, 그리스도예수안에
2. 뉴에이지 신비주의 – 이교주의와 뉴에이지 운동의 현재 김태용 저, 라이트하우스
3. 뉴에이지 운동 평가 박영호 저, 기독교문서선교회

4. 뉴에이지 운동(IVP소책자57) D. 그릇하이스 저, 김기영 역, 한국기독학생회출판부(IVP)
5. 뉴에이지 운동(비교종교시리즈7) 론 로우즈 저, 은성
6. 뉴에이지에 대한 연구와 대책(울타리 문화교재시리즈6) 낮은울타리

● 오순절 은사 운동

1. 오순절 은사 운동 바로 알기 W. 유인 외, 정동수 역, 그리스도예수안에
2. 무질서한 은사주의 존 맥아더 저, 이용중 역, 부흥과개혁사
3. 사단은 성도를 어떻게 속이는가? 제시 펜 루이스 저, 전의우 역, 기독교문서선교회
4. 방언 정말 하늘의 언어인가? 옥성호 저, 부흥과개혁사

● 창조와 진화

1. 1318 창조과학 A to Z 김재욱 저, 생명의말씀사
2. 창세기연구(상,하) 헨리 M. 모리스 저, 전도출판사
3. 기원 과학 한국창조과학회, 두란노
4. 놀라운 창조 이야기 듀안 기쉬 저, 국민일보
5. 밝혀진 만물 기원과 창조 신비(창조과학시리즈1) 데니스 피터슨, 나침반
6. 숨겨진 공룡의 비밀 듀안 기쉬, 서용연 역, 꿈을이루는사람들
7. 자연과학과 기원 이웅상 외 저, 한국창조과학회
8. 한 손에 잡히는 창조과학 이은일 저, 두란노
9. 가자! 신비한 공룡의 세계로 폴 테일러 저, 송지윤 역, 꿈을이루는사람들
10. 고대 한자 속에 감추어진 창세기 이야기 넬슨 외 저, 전광호, 우제태 역, 기독교출판공동체
11. 심판대의 다윈 제2판 : 지적설계논쟁 필립 E. 존슨 저, 이승엽 이수현 역, 까치
12. 젊은 지구 J. 모리스 저, 홍기범 조정일 역, 한국창조과학회
13. 창세기에 답이 있다 (구 '신앙 대 신념') 켄 함 & 폴 테일러 저, 한국창조과학회
14. 재창조는 없다 정동수 외, 그리스도예수안에(근간)

● 기타

1. 설교와 설교자 마틴 로이드 존스 저, 정근두 역, 복있는사람
2. 설교자는 불꽃처럼 타올라야 한다 김남준 저, 생명의말씀사
3. 청중을 하나님 앞에 세우는 설교자 김남준 저, 생명의말씀사
4. 영혼을 인도하는 이들에게 주는 글 호라티우스 보나 저, 생명의말씀사
5. 윌밍턴 종합성경연구 1,2,3 H. L. 윌밍턴 저, 박광철 역, 생명의 말씀사
6. 하나님이 주신 보장된 삶 빌 길햄 저, 유상훈 역, 도서출판NCD엔시디
7. 성경은 해답을 가지고 있다 헨리 모리스 저, 전도출판사
8. 마케팅에 물든 부족한 기독교 옥성호 저, 부흥과개혁사
9. 심리학에 물든 부족한 기독교 옥성호 저, 부흥과개혁사
10. 엔터테인먼트에 물든 부족한 기독교 옥성호 저, 부흥과개혁사
11. 하나님이 계획하신 교회 존 맥아더 저, 생명의 말씀사

개역성경 분석

〈표준새번역·공동번역·NIV·NASB 등 포함〉

성경은 단 두 종류뿐이다!!
당신의 성경은 확실한 하나님의 말씀인가?

육체 밖에서	**욥기 19:26**	육체 안에서
(없음)	**사도행전 8:37**	(있음)
짐승의 혼	**전도서 3:21**	짐승의 영
삼위일체 삭제	**요한일서 5:7-8**	삼위일체 하나님 있음
계명성	**이사야 14:12**	루시퍼
해골	**누가복음 23:33**	갈보리

당신의 성경, 어느 쪽인가?
왜 킹제임스 성경인가?

그리스도 예수안에

개역성경에서 삭제된 구절들

	성경 위치	개역성경	킹제임스 흠정역 성경
1	마17:21	(없음)	그럼에도 불구하고 이런 종류는 기도와 금식에 의하지 않고서는 나가지 아니하느니라, 하시니라.
2	마18:11	(없음)	사람의 아들은 잃어버린 것을 구원하려고 왔느니라.
3	마23:14	(없음)	서기관들과 바리새인들, 위선자들아, 너희에게 화가 있을지어다! 너희가 과부들의 집을 삼키고 위장하려고 길게 기도하니 그러므로 너희가 더 큰 정죄를 받으리라.
4	막9:44	(없음)	거기서는 그들의 벌레도 죽지 아니하고 불도 꺼지지 아니하느니라.
5	막9:46	(없음)	거기서는 그들의 벌레도 죽지 아니하고 불도 꺼지지 아니하느니라.
6	막11:26	(없음)	그러나 너희가 용서하지 아니하면 하늘에 계신 너희 아버지께서도 너희 범법들을 용서하지 아니하시리라, 하시니라.
7	막15:28	(없음)	이로써, 그는 범법자들과 함께 계수되었도다, 하고 말하는 성경기록이 성취되었더라.
8	눅17:36	(없음)	두 남자가 들에 있을 터인데 하나는 붙잡혀 가고 다른 하나는 남겨지리라, 하시니라.
9	눅23:17	(없음)	(이는 그 명절이 되면 필히 빌라도가 반드시 한 사람을 그들에게 놓아 주어야 하기 때문이더라.)
10	행8:37	(없음)	빌립이 이르되, 만일 그대가 마음을 다하여 믿으면 받을 수 있느니라, 하매 시가 응답하여 이르되, 예수 그리스도께서 하나님의 아들이심을 내가 믿노라, 하고
11	행15:34	(없음)	그럼에도 불구하고 실라는 거기에 그대로 머무는 것을 기뻐하였으며
12	행28:29	(없음)	그가 이 말들을 하매 유대인들이 떠나 자기들끼리 큰 논쟁을 벌이더라.
13	롬16:24	(없음)	우리 주 예수 그리스도의 은혜가 너희 모두와 함께 있기를 원하노라. 아멘.
14	요일 5:7~8	증언하는 이가 셋이니 성령과 물과 피라 또한 이 셋은 합하여 하나이니라	7 하늘에 증언하는 세 분이 계시니 곧 아버지와 말씀과 성령님이시라. 또 이 세 분은 하나이시니라. 8 땅에 증언하는 셋이 있으니 영과 물과 피라. 또 이 셋은 하나로 일치하느니라. (← 개역성경은 7절을 빼고 8절을 둘로 나누어 8절 전반부를 7절에 넣음.)

표준새번역, 공동번역, NIV, NASB 등도 위의 구절들을 빼거나 또는 원래 없는 것처럼 괄호나 각주 처리함

하늘과 땅은 없어지겠으나 내 말들은 없어지지 아니하리라(마24:35).

총판 : 생명의말씀사　www.lifebook.co.kr

www.KeepBible.com　NAVER 성경지킴이 검색

도서출판 그리스도 예수안에

KING JAMES BIBLE 1611

킹제임스 흠정역

1611년 킹제임스 바이블
인류 역사 최고의 성경

마제스티에디션
한영대역 큰글자성경
스터디바이블 작은성경

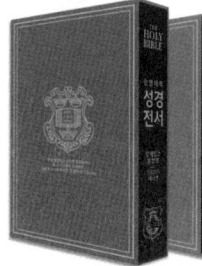

없음이 없는 하나님의 말씀!

거대 로마 가톨릭 교회의 권력 하에서 중세 암흑시대를 살았던 민초들은 성경을 읽을 수 없었지만, 성경을 번역한 죄로 화형당한 선조들의 기도가 응답되어, 왕의 명령에 의해 탄생한 하나님의 말씀이 있었습니다. 지난 400년간 세상을 비춘 진리의 빛 1611년 킹제임스 영어성경. 이제 우리에게도 하나님의 온전한 말씀 킹제임스 흠정역 성경이 있습니다.

영어 킹제임스 성경은
- 원어의 단어들을 있는 그대로 일대일 대응시켜 번역한 성경입니다.
- 지난 400년 동안 한 번의 개정도 없이 순수하게 보존된 성경입니다.
- 영어권에서 모든 성경과 모든 신학 서적의 표준이 된 성경입니다.
- 전세계 모든 성경 중에서 가장 많이 판매되고 읽히고 번역된 성경입니다.

우리말 킹제임스 흠정역 성경은
- 1611년 영어 킹제임스 성경을 충실하게 번역한 성경입니다.
- 읽기 쉽고 이해하기 쉬우며 운율이 유지되어 영감을 불러 일으킵니다.
- 용어 색인이 가능하도록 모든 중요 단어를 통일하였습니다.
- 역사성과 현실성을 인정하여 번역하였습니다.
- 원어와 영어의 감동 그대로를 전달하는 하나님의 말씀입니다.
- 마제스티 에디션은 30년 동안 번역/교정하여 완성한 성경입니다.

총판 : 생명의말씀사 www.lifebook.co.kr
본 출판사는 생명의말씀사 온라인서점에서 '8대 성경 출판사'로 꼽히며, 10년 전 처음 출간된 흠정역 성경은 이미 베스트 성경으로 자리잡았습니다.

돌선 그리스도 예수안에 www.KeepBible.com NAVER 성경지킴이

바른 신앙을 위한 크리스천의 필독서!!

성경 바로 보기 라킨 외 / 정동수 역
그림과 도표 등 알기 쉬운 자료들이 컬러로 수록된 책. 라킨의 책과 부록들로 성경 신자의 필수 지식을 담아 성경에 대한 정확한 이해를 돕는 책. 세대주의(경륜)에 관한 책 합본.

구원 바로 알기 정동수
누구나 꼭 알아야 할 영혼 구원의 이유와 방법과 바른 구원에 관한 진리를 쉽게 설명한 책으로 불신자는 물론 구원의 개념이 명확치 않은 모든 크리스천을 위한 내용. 강의 MP3포함.

천주교 시리즈 3권 우드로우, 릭 존스, 로이드 존스 외
천주교의 유래/ 천주교는 기독교와 완전히 다릅니다/ 마틴 로이드 존스의 천주교 사상 평가
로마 가톨릭 교회에 대해 철저히 파헤치는 책으로 기원과 교리는 물론 장차 일어날 마지막 때의 일까지 알게 해주는 책. 3권 중 한 권만으로도 그 심각성과 문제점을 잘 알 수 있다.

킹제임스 시리즈 3권 사무엘 깁, 버튼 외
킹제임스 성경의 역사/ 답변서/ 입문서
역사 : 성경의 기록과 보존 과정, 번역 과정, 번역상의 문제와 오류 등을 짚어 준다./ 답변서 : 100가지 질문과 답을 통해 킹제임스 성경의 오해를 풀고 왜 오류가 없는지 밝힌다./ 입문서 : 길라잡이 역할, 흠정역 사용자들의 생생한 체험담 수록.

예수님의 피 바로 알기 레이시 외
레이시 목사, 디한 박사 등의 책이 합본으로 담긴 책. 피의 성분과 성경적 원리를 통한 구원의 놀라운 섭리를 담은 책. 예수님 피의 복음이 왜 필요한지 알려주는 책.

천국과 지옥 바로 알기 레이시
레이시 목사의 천국 지옥에 관한 저서 2권 합본. 철저히 성경으로 천국과 지옥에 대한 잘못된 개념 설명. 놀라움과 두려움을 넘어 희망과 소망을 주며 전도에 대한 위급함을 일깨우는 책.

천사와 UFO 바로 알기 정동수
천사와 네피림, 마귀의 천사들의 땅속 음모와 미확인 비행물체에 대해 속시원히 풀어주는 흥미로운 책.

오순절 은사운동 바로 알기 유인 외
유인 목사의 저서와 부록들로 구성해 사도행전을 오해해서 생기는 은사운동의 양상과 폐해를 파헤치고, 체험 주의 은사운동의 신비함을 추구하는 이들에게 참된 믿음을 알려 주는 책.

행위 종교와 은혜 복음 잭슨 외 / 고정인 역
모든 것을 끝낸 복음과 행위로 이루어가는 불완전한 종교를 대비하여 구원의 영원성과 완결성을 일러스트와 함께 설명한 책.

성경의 역사: 어둠 속의 등불 핀토 / 정동수 역
성경의 언어, 성경의 영감, 그리고 성경의 보존. 하나님의 말씀 성경이 우리의 손에 오기까지의 섭리 등 성경의 모든 역사와 바른 성경의 뿌리, 기타 역본들의 실체를 한눈에 보여 주는 책.

이슬람교 바로 알기 클라우드 외 / 박용찬 외 역
테러와 우상숭배의 종교 이슬람의 정체 및 마지막 때의 역할을 분석한 책, 한국 이란인교회 이만석 목사의 글 등 부록에 수록.

죽음의 공포 극복하기 잭 맥엘로이
불신자들과 확신 없는 교인들에게 다른 종교들을 모두 비교해 기독교와의 차이점을 알리면서, 영혼을 온전히 살릴 수 있는 분은 주 예수 그리스도뿐임을 변증한 책.

세상을 바꾼 책 킹제임스 성경(1611)
그리스도예수안에 편저 / 김용묵 외 역
영어성경의 역사와 함께 킹제임스 성경의 탄생 과정을 소개한 다큐멘터리 영화를 지면으로 볼 수 있도록 소개한 책.

왜 안 하는가? 정동수
사도신경, 주기도문, 축도, 새벽기도, 통성기도, 구약의 십일조, 일천 번제, 열린 예배와 록 음악, 방언/신유, 축사 등을 신약교회에서 하지 않는 이유를 설명한 책.

요한계시록 바로 알기 김재욱 / 정동수 책임감수
유대인의 역사, 세계 정세, 다니엘서 해석, 배교 현황 등을 통해 말세의 징조를 돌아보고 시각 자료를 통해 시대를 분별할 수 있도록 한 책. 바른 성경 해석과 베리칩 등 종말론 총정리!

재림과 휴거 시리즈 2권 모리스, 정동수 외
역사와 영원의 파노라마 / 바로 알기
창조과학의 아버지 헨리 모리스 박사가 성경을 추적한 종말 분석서와 재림과 휴거에 관한 기본 지식을 모은 두 권의 시리즈.

에스라성경사전/지도 2권 정동수 외
성경을 바르게 공부하는 데 필요한 용어 색인 사전, 낱말 풀이 사전, 다양한 지도 및 선도 등을 제공한다.

킹제임스 흠정역
한영대역 / 스터디 바이블 / 큰글자 성경
다른 한국어 성경들은 물론, 기타 킹제임스 한글 번역본들과도 비교할 수 없는 가장 정확한 번역본 흠정역!! 이미 많은 그리스도인들이 증인이 되고 있다. 한영대역은 영문 원본과 대조할 수 있고, 스터디 바이블은 에스라 성경사전과 지도 및 선도 등을 포함하고 있다. 큰글자 성경과 작은 성경도 있다.

박사 성경
현대 역본 성경들이 안고 있는 문제의 핵심은 번역의 대본인 본문이 킹제임스 성경, 루터 성경 등과 다르다는 데 있다. 박사 성경은 NIV같이 소수 사본에 근거한 신약 성경에서 구체적으로 어떤 것들이 잘못되었는지 킹제임스 흠정역 성경에 표시하여 누구라도 문제를 쉽게 볼 수 있게 하였다.

비교 성경
이것은 한글 킹제임스 흠정역 성경, 개역성경, 영어 킹제임스 성경(KJV), NIV 신약 성경을 4개의 열에 병행해서 배열하여 누구라도 쉽게 4개의 성경을 비교/분석할 수 있게 한 성경이다.

개역성경분석
한국 사람들이 가장 많이 사용해 온 개역성경이 신학적으로 어떤 문제들을 가지고 있는지 보여 주고 왜 킹제임스 성경이 하나님의 바른 말씀인가를 보여 준다.

도서 그리스도예수안에   www.KeepBible.com